JN411626

제8판

실무자를 위한

저작권법

한국저작권위원회
KOREA COPYRIGHT COMMISSION

제8판 실무자를 위한 저작권법

초 판 1 쇄	2006년 12월 22일
제8판 2쇄	2026년 1월
지 은 이	임원선
펴 낸 곳	한국저작권위원회
주 소	52851 경남 진주시 소호로 117
전 화	055-792-0000
팩 스	055-792-0049
홈 페 이 지	www.copyright.or.kr
고 유 번 호	120-82-09301
편집·디자인	유-파트너 보호작업장

I S B N 978-89-6120-626-6 (93360)

값 20,000원

제8판

실무자를 위한
저작권법

임 원 선

한국저작권위원회
KOREA COPYRIGHT COMMISSION

일러두기

1. 각 국가의 저작권법 또는 조약 등은 달리 표시되지 않았다면 2025년 11월 당시 시행되고 있는 법 또는 조약을 말합니다.

2. 법 규정을 인용하는 경우에 이해를 돕기 위해 그 의미를 손상하지 않는 범위 내에서 일상의 용어로 대체한 것이 있으므로, 정확한 문구가 필요한 경우에는 관련 법 조문을 참조하기 바랍니다.

3. '짚어보기'는 논란의 여지가 있는 이슈에 대한 필자의 견해를 정리한 것이므로 주류적인 견해가 아닐 수 있습니다.

4. 우리나라의 저작권법은 1957년에 제정되고 1986년(1987년 시행)과 2006년(2007년 시행) 두 차례 전부개정되었는바, 편의상 각각 아래와 같이 표기했습니다.

- 1957년 제정 법률(제정 1957. 1. 28. 법률 제432호) → 1957년 제정법
- 1986년 전부개정 1987년 시행법률(전부개정 1986. 12. 31. 법률 제3916호) → 1986년법
- 2006년 전부개정 2007년 시행법률(전부개정 2006. 12. 28. 법률 제8101호) → 2006년법

5. 일부 개정 법률은 개정 공포된 해를 기준으로 '○○년 개정법'이라 표기했습니다. 단, 한·EU FTA 이행을 위한 개정법은 한·EU FTA 개정법, 한·미 FTA 이행을 위한 개정법은 한·미 FTA 개정법으로 표기했습니다.

명칭 약어

국제조약

로마협약	International Convention for the Protection of Performers, Producers of Phonograms and Broadcasting Organizations
마라케시조약	Marrakesh Treaty to Facilitate Access to Published Works for Persons Who Are Blind, Visually Impaired, or Otherwise Print Disabled
베른협약	Berne Convention for the Protection of Literary and Artistic Works
베이징조약	Beijing Treaty on Audiovisual Performances
부에노스아이레스협약	Buenos Aires Convention
세계저작권협약	Universal Copyright Convention
위성협약	Convention Relating to the Distribution of Programme-Carrying Signals Transmitted by Satellite
음반협약	Convention for the Protection of Producers of Phonograms against Unauthorized Duplication of Their Phonograms
파리협약	Paris Convention for the Protection of Industrial Property
한·미 FTA	Free Trade Agreement between the Republic of Korea and the United States of America
한·EU FTA	Free Trade Agreement between the Republic of Korea, of the One Part, and the European Union and Its Member States, of the Other Part
WTO협정	Agreement Establishing the World Trade Organization
TRIPs협정	Agreement on Trade-related Aspects of Intellectual Property Rights, including Trade of Counterfeit Goods
WIPO저작권조약	WIPO Copyright Treaty
WIPO실연·음반조약	WIPO Performances and Phonograms Treaty

유럽연합지침

고아저작물지침	Directive 2012/28/EU of the European Parliament and of the Council of 25 October 2012 on certain permitted uses of orphan works
대여권 및 대출권지침	Directive 2006/115/EC of the European Parliament and of the Council of 12 December 2006 on rental right and lending right and on certain rights related to copyright in the field of intellectual property
데이터베이스보호지침	Directive 96/9/EC of the European Parliament and of the Council of 11 March 1996 on the legal protection of databases
디지털단일시장저작권지침	Directive 2019/790/EU of the European Parliament and of the Council of 17 April 2019 on copyright and related rights in the Digital Single Market and amending Directives 96/9/EC and 2001/29/EC
디자인보호지침	Directive 98/71/EC of the European Parliament and of the Council of 13 October 1998 on the legal protection of designs
미술품재판매지침	Directive 2001/84/EC of the European Parliament and of the Council of 27 September 2001 on the resale right for the benefit of the author of an original work of art
시각장애인지침	Directive 2017/1564 of the European Parliament and of the Council of 13 September 2017 on certain permitted uses of certain works and other subject matter protected by copyright and related rights for the benefit of persons who are blind, visually impaired or otherwise print-disabled and amending Directive 2001/29/EC on the harmonisation of certain aspects of copyright and related rights in the information society
저작권보호기간조화지침	Directive 2006/116/EC of the European Parliament and of the Council of 12 December 2006 on the term of protection of copyright and certain related rights (amended by Directive 2011/77/EU on 27 September 2011)
저작권집중관리지침	Directive 2014/26/EU of the European Parliament and of the Council of 26 February 2014 on collective management of copyright and related rights and multi-territorial licensing of rights in musical works for online use in the internal market
전자상거래지침	Directive 2000/31/EC of the European Parliament and of the Council of 8 June 2000 on certain legal aspects of information society services, in particular electronic commerce, in the internal market
정보사회저작권지침	Directive 2001/29/EC of the European Parliament and of the Council of 22 May 2001 on the harmonisation of certain aspects of copyright and related rights in the information society
컴퓨터프로그램보호지침	Directive 2009/24/EC of the European Parliament and of the Council of 23 April 2009 on the legal protection of computer programs

차 례

제5장

저작권 보호의 제한과 예외

머리말

유튜브와 페이스북, 인스타그램으로 대표되는 1인 미디어와 SNS를 하루라도 이용하지 않은 적이 있으신가요? 초등학생들의 장래희망으로 유튜버가 손꼽히게 된 지도 벌써 좀 되었습니다.

어린 학생에서 나이 지긋한 어르신까지 많은 이들이 1인 미디어와 SNS에 자신의 콘텐츠를 올리게 되면서 스스로 저작자이면서 이용자가 되고 있고, 의식하지 못하는 사이에 저작권과 관련된 행위를 하고 있습니다. 그래서 이전 같으면 작사·작곡가나 소설가, 또는 출판사나 음반사, 그리고 방송사만 알면 되었을 저작권법이 이제는 국민 모두가 알아야 할 상식이 되어버렸습니다.

저작권 보호를 기반으로 하는 문화 관련 산업이 급속하게 성장하고 있습니다. 우리나라는 케이팝을 선두로 웹툰과 드라마 등 방송 프로그램, 게임, 그리고 영화까지 거의 모든 부문에서 세계적으로도 인정을 받고 있습니다. 이와 함께 관련 업무를 하는 분도 많이 늘어나고 있고, 그래서 좀 더 쉽게 저작권 보호를 이해하려는 분도 많아졌습니다.

『실무자를 위한 저작권법』은 이처럼 직접 창작활동을 하거나 영화제작이나 공연 또는 웹툰이나 그 밖에 문화콘텐츠 관련 비즈니스와 관련된 업무를 담당하는 분들이 저작권 보호의 기본 원리를 이해하고 업무 수행 중에 부딪히는 저작권 문제에 대해 올바른 해결책을 찾을 수 있도록 돕는 데에 초점을 맞추고 있습니다.

이 분들에게는 정리되지 않은 학설의 나열보다는 법 규정과 제도의 본질을 쉽게 이해하는 것이 더 중요하다고 생각합니다. 그래서 이 책은 저작권 보호에 대한 이해가 필요한 문화콘텐츠 관련 학과 전공생들은 물론 저작권법을 전문적으로 공부하려는 분들이 본격적인 공부에 앞서 법의 요지와 원리를 쉽게 이해하는 데에 도움이 될 것입니다.

이를 위해 이 책은 다음 몇 가지에 중점을 두었습니다.

첫째, 법을 설명하기에 앞서 법이 해결하려고 하는 문제에 주목했습니다. 법이란 그 사회가 당면한 문제에 대해 정부(입법부, 행정부, 사법부)가 제시한 답입니다. 법이 답하려는 문제가 무엇인지 알아야 그 의미를 보다 선명하게 이해할 수 있고, 환경이 바뀌어 문제가 달라졌을 때에도 적절하게 대응할 수 있습니다.

둘째, '짚어보기'를 통해 고민을 함께 나누고자 했습니다. 하루가 멀다 하고 새로운 저작권 문제가 등장하고 있지만 이를 규율할 법과 관행은 아직 마련되지 않은 경우가 많습니다. 그럼에도 불구하고 판단을 늦출 수는 없기에 함께 고민하며 답을 찾아보고자 합니다.

특히, 인공지능기술의 발전과 활용으로 저작권 분야에도 많은 이슈가 제기되고 있습니다. 하지만 아직 많은 것이 정해지지 않았습니다. 짚어보기는 이 이슈들에 대해 살펴보는 적절한 방법입니다.

셋째, 책 한 권 안에서 답을 구할 수 있도록 했습니다. 꼭 필요한 자료라면, 그리고 양이 많지 않다면 책에 수록해서 다른 곳에서 찾는 수고를 덜도록 했습니다.

2006년 말 초판을 낸 이후에 판을 거듭하면서 내용을 보완했지만 책의 두께가 두꺼워져서 읽는 분의 부담도 늘어났습니다. 이번 개정을 통해 불필요하게 자세한 부분을 많이 덜어내고 전체적으로 문맥을 다듬어 가능한 한 부드럽게 읽히도록 했습니다.

끝으로 개정판 초안을 읽고 귀중한 조언을 해준 한국저작권위원회 김혜창 정책연구본부장에게 고마움을 전합니다.

모쪼록 저작권법을 처음 접하시는 분들이 저작권법을 쉽고 재미있게 이해할 수 있는 지침서가 될 수 있기를 희망합니다.

2025년 11월

임원선

1장

이해의 기초

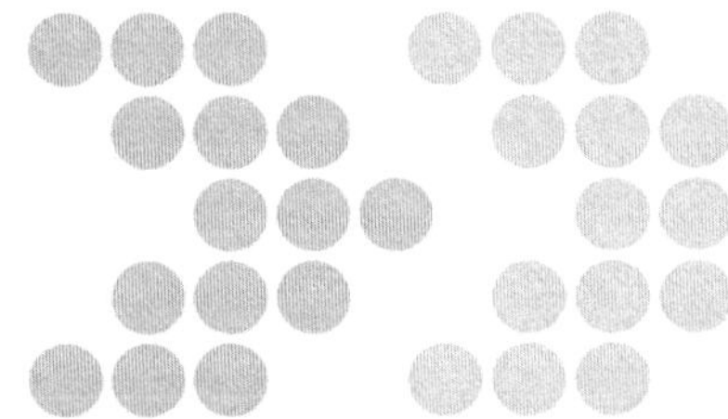

제1절

저작권이란?

1. 저작권이란?

저작권이란 저작자가 자신이 창작한 저작물의 이용을 통제할 수 있는 권리이다. 저작물을 이용하려는 사람은 저작물을 이용하기 전에 저작권자의 허락을 받아야 하며, 허락을 받아야 함에도 받지 않고 이용하면 저작권 침해가 된다. 저작권법은 권리를 침해당한 권리자에게 손해배상이나 형사 처벌 등 민사적이거나 형사적인 구제수단을 제공한다.

저작권은 저작물의 이용을 통제하는 목적에 따라 저작인격권과 저작재산권으로 구분된다.

저작인격권은 저작자가 자신의 저작물을 통해 사회와 소통하는 과정에 왜곡이 발생함으로 인하여 저작자의 인격이 훼손되지 않도록 할 수 있는 권리이다. 저작자가 완성된 자신의 저작물을 공표할지 또는 언제 어떻게 공표할지를 정하거나, 그 저작자가 자신임을 표시하고, 저작물을 자신이 창작한 그대로 바꾸지 않고 이용하도록 하는 권리가 이에 포함된다.

저작재산권은 저작물을 복제, 공연, 공중송신, 전시, 배포, 대여, 2차적저작물작성 등 법이 정하고 있는 일정한 방식으로 이용하는 것을 허락하거나 금지할 수 있는 권리이다. 저작권자는 저작물을 이용하는 사람에게 그 허락에 대한 대가를 받을 수 있다. 저작자는 이를 통해 생계를 유지하고 새로운 창작을 이어갈 수 있다.

하지만 저작권은 무소불위의 권리가 아니라 제한적인 권리이다.

우선, 저작물이라고 해서 모두가 보호되는 것은 아니다. 저작물이라고 할 수 있는 것 중에서도 기보(棋譜)나 글자체 디자인처럼 보호되지 않는 것이 있다. 또 법률이나 판결문처럼 보호받지 못하는 저작물로 법이 명시적으로 정한 것도 있다.

둘째, 저작물을 이용하는 행위라고 해서 저작자가 모두 이를 허락하거나 금지할 수 있는 것은 아니다. 복제나 배포, 공연 등 저작권법이 정하고 있는 일정한 방식으로 이용하는 것만 그리할 수 있다. 저작권은 원칙적으로 저작물을 공개적으로(publicly) 이용하는 것에 적용된다. 저작권으로 보호되는 악보나 음반이라도 사적으로 연주하거나 감상하는 것에는 저작권이 미치지 않는다.

셋째, 권리가 부여되었다고 해서 언제나 행사할 수 있는 것은 아니다. 일정한 보호기간이 지나면 권리가 소멸되고, 교육목적 등 일정한 목적의 이용에 대해서는 권리를 행사할 수 없거나 행사방법이 제한된다.

2. 관련 용어

저작권과 유사하지만 구별해야 하는 개념들이 있다.

저작권은 우선 '지식재산권'과 구별된다. 지식재산권은 저작권보다 더 넓은 개념이다. 여기에는 저작권뿐만 아니라 특허나 산업디자인 등 산업적 창작에 대한 보호와 공정한 경쟁 환경을 조성하기 위한 상표법이나 부정경쟁방지 및 영업비밀보호에 관한 법률(이제부터 "부정경쟁방지법"이라 한다.)에 의한 보호 등 산업재산권도 포함된다. 지식재산권은 물건이나 부동산에 대한 일반 재산권과 구별해 '무체재산권'이라 불리기도 한다. 과거에는 이 권리의 배타적 성격에 주목해 '지적소유권'이라 하기도 했고, 최근까지는 '지적재산권'이라는 용어가 널리 사용되었다. 용어별로 강조하는 바에 차이가 있을 뿐 개념 범위에 차이가 있는 것은 아니다.[1]

저작권은 다시 '좁은 의미의 저작권'과 '저작인접권'으로 나뉜다. 저작권은 시인, 소설가, 작사·작곡가와 같은 창작자들에게 그들이 창작한 저작물의 이용과 관련해 부여되는 권리를 말하며, 저작인접권은 가수나 연주자, 음반제작자나 방송사업자처럼 그러한 저작물을 해석하거나 전달하는 사람에게 그들이 기여한 부분의 이용과 관련해 부여되는 권리를 말한다.

저작권에 인접한 권리 또는 이와 관계된 권리(neighbouring rights 또는 related rights)라는 의미이다. 저작권법상 저작인접권으로 보호되는 것에는 실연, 음반, 그리고 방송이 있다. 저작권법은 녹음물(phonogram 또는 sound recording)과 이를 수록한 CD나 LP 등 매체(phonorecord)[2]를 구별하지 않고 '음반'이라는 용어를 사용하는데, 저작인접권의 대상인 음반은 녹음물을 말한다. 업계에서는 이를 명확히 하기 위해 '음원'이라는 용어를 사용하기도 한다.

출판 실무에서는 저작권을 대신해 '판권'이라는 용어가 널리 사용되기도 했는데, 이는 활자 인쇄 시기에 조판된 판각 또는 판형이 거래되던 관행이 남은 것이다.

그리고 비록 창작성이 없더라도 그 제작과 갱신 등에 상당한 투자가 이루어진 데이터베이스에 대해서도 독자적인 보호를 부여해 이를 보호하는 것도 넓은 의미의 저작권 보호에 포함되었다. 그리고 흔히 넓게 초상권이라고도 불리는 인격표지권(publicity right, 퍼블리시티권)이 있는데, 인격표지권은 자신의 성명이나 용모 등 인격표지(人格標識)를 광

---

1 다만, '지식재산권'이라는 용어는 지식기반경제(knowledge-based economy) 논의에서 강조하는 암묵지(暗默知, tacit knowledge)를 중시하는 번역어로서, 표현된 그래서 경험을 공유하지 않고도 다른 사람에게 전달 가능한 지식인 형식지(形式知, explicit knowledge)를 중시하는 intellectual property rights의 번역어로는 적당하지 않다는 지적이 있을 수 있다.

2 저작권법 제2조(정의) 제24호, 제21조(대여권), 제71조(대여권) 및 제80조(대여권)에서의 '음반'이 그 예이다.

고 등에 상업적으로 이용하는 것을 통제할 수 있는 권한이다.

이를 도표로 나타내면 〈그림 1〉과 같다.

그림 1 | **지식재산권의 구성**

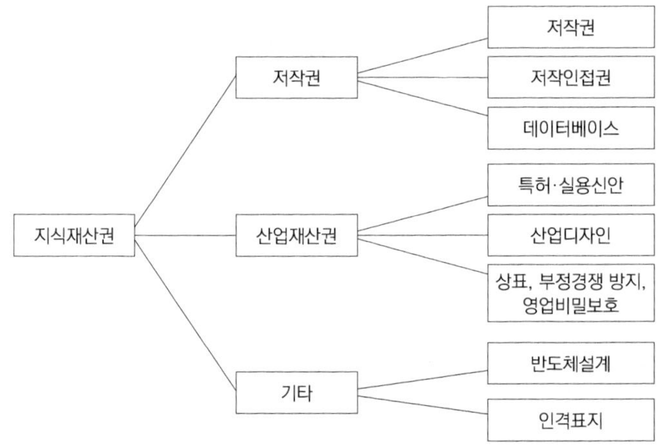

- 지식재산권
  - 저작권
    - 저작권
    - 저작인접권
    - 데이터베이스
  - 산업재산권
    - 특허·실용신안
    - 산업디자인
    - 상표, 부정경쟁 방지, 영업비밀보호
  - 기타
    - 반도체설계
    - 인격표지

제2절

저작권 보호의 역사

1. 저작권 보호의 원형

인류의 역사가 시작된 이래 인간의 지적인 창작과 보급은 꾸준히 지속되어 왔다. 따라서 오늘날과 같은 저작권 개념이 정립된 것은 비교적 최근의 일이지만, 그 원형이라 할 만한 의식과 현상은 오래전부터 있었다. 이런 저작권 보호의 원형으로는 다음 세 가지를 들 수 있다.

첫째, 표절(剽竊, plagiarism)에 대한 경계이다. 다른 사람의 창작물을 마치 자기 것인 양 속이는 표절행위는 저작자 개인에게는 물론 사회적으로도 용납될 수 없는 것으로 인식되었다.[3] 저작권 제도가 자리 잡은 오늘날에도 표절은 저작권 침해와는 별개로 창작자들 사이에 그리고 사회 일반의 신뢰에 대한 윤리적 규범의 역할을 하고 있다.

둘째, 출판 검열이다. 동서고금을 통해 많은 집권세력이 사회적으로 억제해야 할 지식을 선별하고 이를 통제하기 위해 출판물의 생산과 유통을 검열하려 했다. 출판 검열은 저작권 보호와 그 목적은 다르지만, 이를 시행하는 주체(국가 권력)와 주된 대상(출판물)이 같다.

셋째, 출판 독점권이다. 인쇄술의 발전으로 상업적 출판이 늘어나자 출판사는 다른 출판사가 자신의 성공적인 출판물을 허락 없이 출판하지

3 『조선왕조실록』을 보면 특히 과거시험 등에서의 표절 문제를 윤리적인 차원에서 지적하는 대목을 여러 곳에서 접할 수 있다.

못하도록 출판 독점권을 부여받기를 원하게 되었다. 출판 독점권은 근대적인 복제권과 유사하지만, 저작자가 아닌 출판사에 부여되는 점에서 차이가 있다.

일반적으로 16세기 중반 유럽에서 시행된 출판 특권(Imprimatur) 제도가 근대 저작권 제도를 이해하는 출발점으로 인식되는데, 이는 앞서 말한 세 가지 원형 중에서도 특히 출판 검열과 출판 독점권의 결합이라고 할 수 있다. 집권자는 이를 통해 출판사에게 특정 저작물의 독점 출판을 인정하는 동시에 출판물을 검열하고 통제할 수 있었다. 독점 출판을 보장받으려는 출판사와 출판물을 검열하고 통제하려는 집권자의 이해관계가 맞아떨어진 결과였다.[4] 그러다가 근대적인 개인주의 사상이 확산되고 개인의 소유권에 대한 법의식이 발전하면서 저작권도 저작물에 대한 저작자의 권리라는 본연의 모습을 갖추게 되었다.

2. 저작권 보호의 두 가지 흐름

근대적인 저작권의 모습은 크게 두 가지 방향에서 갖추어졌는데, 하나는 프랑스를 중심으로 한 대륙법계 법 전통이고 다른 하나는 영국과 미국을 중심으로 한 영미법계 법 전통이다.

대륙법계 법 전통에서는 저작물을 저작자의 인격적 분신(brain child)으로 보아 저작물에 대한 권리는 인격적 창작 행위에서 생기고 저

4 동양에서 일찍이 인쇄술이 발전했음에도 저작권 제도가 발전하지 못한 것은 주로 상업적 출판이 성장하지 못한 것에 기인한다. 근본적으로는 지식과 사상의 전파를 권력이 엄격하게 통제했기 때문이기도 하다. 출판이 주로 관변 기관에 의해 이루어졌기에 검열이나 독점권 확보에 대한 필요성도 높지 않았다. 이 외에도 동양에서는 공법 체계만 발달하고 저작권법과 같은 사법체계는 발달하지 않았다거나, 고전을 중시하는 사회문화적 배경 등에서 원인을 찾는 견해도 있다. 윌리엄 앨포드, 『책 도둑질은 고상한 범죄』, 이주연·홍대운 옮김(LawBridge, 2018).

작물은 저작자의 인격을 표현한 그의 일부이며 저작물의 일생을 통해 저작자와 연결되어 있다고 본다. 이런 이유에서 그 권리를 '저작자의 권리(author's right)'라고 한다.

역사적으로 '저작자의 권리' 개념은 프랑스 혁명의 산물이며 프랑스 저작권법에 가장 적극적으로 반영되었다. 이탈리아와 스페인 등의 이베리아 국가, 그리고 이로부터 영향을 받은 브라질과 멕시코 등의 라틴 아메리카 국가가 이 체제를 택했다. 독일 등의 게르만 국가나 핀란드 등의 스칸디나비아 국가도 이 체제를 택했으나, 프랑스와는 상당한 차이를 보이며 나름의 독특한 제도를 발전시켜 왔다.

영미법계 법 전통에서는 저작권을 저작물의 창작을 장려하기 위한 경제적 유인으로 본다. '저작권(copyright)'은 그 용어가 말하고 있듯이 저작권자가 허락하지 않은 자료의 복제[5]로부터 그를 보호하는 것을 의미한다. 이를 통해 저작자가 저작물을 작성하는 데 들인 노력을 회수할 수 있도록 함으로써 저작자가 저작물의 창작과 보급에 나서도록 유인한다. 이 체제에서는 저작자와 저작물 사이에 인격적 연결고리를 찾기 어렵다.

영미법계 전통은 최초의 근대적인 저작권법이라고 할 수 있는 1710년 영국의앤 여왕법(Statute of Anne)에 그대로 담겨 있다. 영미법계 법 전통에서의 저작권 개념은 미국과 캐나다, 호주 등 영연방 국가를 중심으로 확산되었다.

우리나라를 포함해 일본 등은 일반적으로 대륙법계 법 전통에 속한다. 하지만 우리 저작권법은 업무상저작물 등 일부 측면에서는 오히려 영미법계 법 전통에 가까운 제도를 가지고 있다. 영국과 미국도 대륙법계 법 전통의 핵심인 저작인격권을 도입하는 등 이 두 가지 법 전통은 서로 배타적이기보다는 보완적으로 발전해 왔다. 이것은 저작물의 국제적인 교

---

5 초기에는 '복제'였지만 차츰 전체 저작물 '이용'을 포괄하는 의미로 확대된다.

류가 확대되면서 저작권 보호의 국제적인 조화가 요청되고 이를 위해 국제조약이 마련되고 이행된 결과이기도 하다.

우리나라에서 근대적인 저작권 보호가 처음 시작된 것은 1908년 「한국저작권령」(일본 칙령 제200호, 1908. 8. 12.)에 의해서였다. 이는 그 해 일본이 미국과 맺은 「한국에서의 발명, 의장, 상표 및 저작권의 보호에 관한 일미조약」(1908. 5. 19)에 따른 것이었다.[6]

이것은 나중에 일제의 강점으로 조선통감부령, 조선총독부령으로 바뀌었고, 광복과 더불어 실시된 군정에서는 군정령으로, 1948년 정부 수립 후에는 제헌헌법(제100조)으로 바뀌었다. 그러나 이런 명칭과 근거의 변경에도 불구하고 그 내용은 모두 우리나라에 일본의 저작권법을 적용[의용(依用) 또는 시행]한다는 것이었고, 실질적인 내용에는 아무런 변화도 없었다.

실질적으로 우리나라 최초의 저작권법은 1957년에 제정된 저작권법이라고 할 수 있다.[7] 이 법은 1986년(1987년 시행)과 2006년(2007년 시행) 두 차례의 전부개정과 여러 차례의 부분개정을 거쳐 오늘에 이르고 있다.

---

6 당시는 1905년 을사늑약으로 우리나라의 외교권을 일본에 빼앗긴 상태였다.

7 1957년 제정된 저작권법은 앞서 언급한 법령들과는 아무런 연결고리도 가지고 있지 않다.

제3절

저작권 보호의 논거

저작권은 왜 보호해야 하는가? 저작권을 보호하지 않으면 무슨 문제가 있는가?

앞서 저작권 보호의 역사에서 보았듯이 저작권 보호의 목적과 논거는 사회·정치 철학의 변화에 따라, 그리고 시대와 관점에 따라 달라질 수 있다. 이 시대에 공감할 수 있는 저작권 보호의 논거는 대체로 인간행동에 대한 동기부여이론으로 설명될 수 있는데, 이는 저작재산권과 저작인격권의 보호 논거로 나누어볼 수 있다. 저작재산권이 주로 생리적 욕구나 안전 욕구 등 경제적인 동기와 관련된다면, 저작인격권은 자존감이나 자아실현의 동기와 관련된다고 할 수 있다.

1. 저작재산권

저작물은 속성상 그에 체화된 노력과 투자의 결과를 쉽게 복제(모방 포함)하고 전달함으로써 다른 사람이 가로챌 수 있다. 이러한 무임승차를 막기 위해 저작재산권의 보호가 필요하다.[8]

예를 들어, 단순한 나무 의자는 누군가 그것을 처음 만드는 데 하루가 걸렸다면, 같은 숙련도를 가진 다른 사람이 이를 본떠서 만드는 데에도 비슷하게 하루가 걸릴 것이다. 하지만 저작물, 예를 들어 소설책이라면

---

8 이러한 논리는 저작권 보호뿐만 아니라 사실상 지재권 전반에 모두 적용될 수 있다.

사정이 다르다. 다른 사람은 이를 쉽게 복제해서 판매할 수 있다.

그는 소설책을 출판하는 소설가와 출판사가 부담하는 다음의 비용을 부담하지 않아도 되기 때문에 손쉽게 먼저 소설책을 출판한 소설가와 출판사를 밀어내고 시장의 승자가 될 수 있다. 이 비용(부담)은 저작물의 보급 규모가 늘거나 줄어도 그에 영향을 받지 않는 고정 비용이다.

첫째, 최초 복제물 비용(first-copy-cost)[9]이다. 저작물의 보급을 위한 최초 하나의 복제물[10]을 손에 쥐기까지 들어가는 비용을 말한다. 여기에는 창작을 위한 비용과 보급을 위한 준비 비용이 포함된다.

소설책의 경우에, 우선 소설 원고가 필요하다. 훌륭한 작품은 보통 오랜 훈련과 경험, 그리고 창작의 고통의 산물이다. 또한 이를 책으로 출판하기 위해서는 원고를 편집하여 조판하고 표지도 디자인해야 한다. 소설가와 출판사는 이렇게 소설을 편집본으로 완성하고 최종적으로 인쇄하는 데까지 소요되는 노력과 투자를 부담한다.

둘째, 높은 위험부담이다. 어느 저작물의 성공 가능성을 사전에 확인하기란 매우 어렵다.[11] 이 때문에 출판사는 때로 높은 위험부담을 감수해야 한다. 하지만, 침해자는 시장에서 이미 성공한 저작물을 고를 수 있으므로 이런 위험부담을 지지 않아도 된다.

---

9 표현 비용(cost of expression) 또는 저작물 창작 비용(cost of creating the work)이라 불리기도 한다. William Landes and Richard Posner, The Economic Structure of Intellectual Property Law, The Belknap Press of Harvard University Press (2003), at 37. 배리언은 디지털 자료가 최초 복제물을 만드는 데에는 많은 비용이 들지만(높은 고정 비용), 이를 복제하는 데에는 거의 비용이 들지 않는(낮은 가변비용) 현상에 주목하였다. Hal R. Varian, "Pricing Information Goods," Symposium on "Scholarship in the New Information Environment" held at Harvard Law School (1995).

10 엄격하게는 최초의 복제물이 아니라 복제물을 대량으로 생산할 수 있는 마지막 단계의 결과물을 말한다. 음반 제작의 경우라면 원반(master)이 이에 해당한다.

11 전 세계적으로 2018년까지 80개 언어로 번역되어 5억 부가 판매되었다고 알려진, 소설 '해리포터'조차도 12개 출판사에서 출판을 거절당했다고 한다. 나무위키, "해리포터 시리즈" (2022. 1. 13. 방문).

셋째, 홍보비용이다. 저작물은 일반적으로 경험을 하기 전에는 그 가치를 평가하기 어려운 경험재(experience goods)이다. 그래서 저작물을 시장에 내놓을 때에는 홍보를 위해 상당한 비용을 지출하는 것이 일반적이다. 하지만, 침해자는 시장에 이미 알려진 동일한 상품을 내놓게 되므로 추가로 홍보비용을 지출할 필요가 없게 된다.

디지털 네트워크 기술이 발전하면서 최초 복제물 비용 등의 고정 비용은 크게 달라지지 않았으나, 저작물을 복제하거나 전달하는 비용, 즉 가변비용이 크게 낮아져서 무임승차 현상이 더욱 두드러지게 되었다. 이로 인해 디지털 네트워크 환경에서는 불법복제물 문제가 더욱 심각하게 제기된다.

이때에 저작권 보호가 없다면 저작물의 시장 가격은 저작물을 복제하고 유통하는 데 소요되는 한계비용까지 내려갈 것이다. 이렇게 되면 저작자와 출판사는 최초 복제물 비용을 회수할 수 없게 된다. 이런 상황에서는 누구도 선뜻 최초 복제물 비용을 들여서 저작물을 창작하거나 보급하려 하지 않을 것이다.

저작권(저작재산권)의 보호는 저작자로 하여금 다른 사람이 자신의 저작물을 복제(모방 포함)하거나 공연, 방송, 전송하는 등 이용하는 것을 통제할 수 있도록 한다. 이를 통해 저작물을 창작하고 보급하는 사람은 최초 복제물 비용을 회수하고, 나아가 새로운 창작과 보급을 할 수 있는 여력을 확보할 수 있다. 이로써 저작자와 출판사는 생업을 영위하며 그 업을 지속할 수 있게 된다.[12]

인터넷 환경에서는 이런 현상이 저작물을 넘어서서 다른 정보 자료에까지 확대되는 양상을 보인다. 비록 저작물이 아니더라도 어떤 정보

12 저작권 보호가 가진 한계의 하나는 그것이 성공한 저작물만 도울 수 있다는 것이다. 소비자의 관심을 받지 못한 저작물에는 저작권 보호가 그렇게 중요하지 않을 수 있다.

자료가 디지털 형태로 저장되면 누구라도 비록 저작물이 아니더라도 정보 자료는, 특히 그것이 디지털 형태로 저장되는 경우에는 누구라도 쉽게 베껴서 보급할 수 있기 때문이다. 이 때문에 본래는 저작권으로는 보호되지 않던 창작성 없는 데이터베이스의 경우에도 일정 부분 저작권과 유사한 보호(저작인접권적 보호)가 부여되기도 한다.

한편, 3D 프린팅 기술이 발전하면서 디지털화되기 어렵다고 생각되었던 대상(물품)이 디지털화되고 그럼으로써 쉽게 전달되고 복제(프린팅)되는 시대가 오고 있다. 최초 복제물 비용을 보호한다는 저작재산권의 보호 논거가 여기에도 적용될 수 있을지 주목된다.

짚어보기 **역사적으로 저작권이 지금처럼 보호되기 전에도 지적인 창작행위가 지속되어 오지 않았는가?**

예전에도 지적인 창작행위는 꾸준히 있었다. 살펴보면, 이것은 대체로 다른 직업을 가진 사람이 자신의 직업과 관련해 또는 취미로 하거나, 귀족이나 지배층의 경제적 후원을 받았기에 가능했다. 이러한 창작행위는 그 폭이 넓지 않을뿐더러 후원자의 취향에 많은 것이 좌우된다는 한계가 있다. 전적으로 후원자에게 의지할 수밖에 없었던 모차르트와 자신의 음악을 좋아하는 사람들과 직접 만날 수 있었던 베토벤의 서로 다른 인생역정이 이를 잘 말해준다.[13]

동기부여에 대한 그간의 연구결과는 지적인 창작활동이 인간의 본능이고 그것은 상대적으로 높은 단계의 욕구에 의해 추동되는 것임을 말해준다. 경제적인 동기는 인간으로 하여금 어떤 행위를 하게 하는 다양한 동기유발 요인의 하나에 지나지 않는다. 하지만 경제

---

13 베토벤은 음악 역사상 첫 프리랜서로 꼽힌다. 그도 저작권료만으로는 생활할 수 없어서 일부 귀족의 재정 지원을 받았으나 고용되지는 않았다. Staffan Albinsson, "Early Music Copyrights: Did They Matter for Beethoven and Schumann?" *International Review of the Aesthetics and Sociology of Music*, Vol.43, No.2 (2012), at 265-302.

적인 동기가 창작에 대한 강력하고도 지속적인 유인임은 분명하다.

기업의 경우에 특히 그렇다. 근대사회에 이르러 사회적으로 가치 있고 유용한 저작물의 상당 부분은 이를 업으로 하는 개인이나 기업에 의해 창작 및 보급되었고, 이러한 추세는 더욱 강화되어 왔다. 저작권 제도를 통한 경제적 지원이 없었더라면 이렇듯 다양하고 풍요로운 문화가 발전하기 어려웠을 것이다.

다만, 시장경제에서의 소비자 선택 메커니즘은 '대중의 취향'이라는 또 다른 압박으로 나타나기도 한다. 문화의 균형적 발전을 위해서는 예술에 대한 정부 지원 등을 통해 이를 보완할 필요가 있다.

2. 저작인격권

경제적 동기에서 출발하는 저작재산권과 달리, 저작인격권을 보호하는 논거는 저작물을 저작자의 인격적 분신으로 보는 관점에서 출발한다. 저작자는 저작물을 통해 자신의 생각을 표현하고 사회와 소통한다. 그리고 이를 통해 자존감과 자아실현을 추구한다. 저작인격권은 이러한 소통과정에 왜곡이 발생함으로 인하여 저작자의 인격이 훼손되는 것을 방지하려는 것이다. 여기에는 보통 다음의 세 가지 권리가 포함된다.

첫째, 저작자는 저작물의 공표 여부 또는 그 시기나 방법을 관리할 수 있어야 한다.

창작이 마무리되지 않았거나 마무리되었더라도 저작자의 마음에 들지 않는 저작물이 공표되어 그로써 저작자가 평가된다면 그의 평판이 심각하게 훼손될 수 있다. 또 같은 저작물이라도 공표의 시기나 방법에 따라 사회적으로 다른 의미를 가질 수도 있다.

둘째, 저작물에 자신의 이름을 원하는 방식대로 표시할 수 있어야 한다.

저작물은 저작자가 자신의 생각을 기록하고 사회와 소통하는 방식으로서, 그 기록과 소통의 주체가 생략되거나 왜곡되어 사회에 잘못 알려지면 소통 자체에 왜곡이 발생하여 저작자의 인격에 영향을 미칠 수 있다.

셋째, 저작물이 저작자가 창작한 모습 그대로 이용되어야 한다.

저작물이 저작자가 창작하여 공표한 것과 달리 왜곡되어 이용된다면 저작자의 소통 의도가 왜곡되어 저작자의 평판에 부정적인 영향을 미칠 수 있다.

저작물이 풍요롭게 창작되어 공유되면 문화가 발전되어 국민의 정신적 삶이 풍요로워질 뿐만 아니라, 공통된 저작물의 향유를 통해 사회구성원의 인식과 가치관이 폭넓게 공유됨으로써 사회적 결속이 강화된다. 이를 촉진하고 담보하는 저작권 보호는 문화와 사회가 발전하기 위한 디딤돌이라 할 수 있다.

제4절

저작권 보호의 적정 수준

1. 저작권 정책과 공유 정책

저작권 보호는 동전의 양면과도 같은 속성이 있다. 저작권을 어느 정도로 보호하는 것— 즉, 그럼으로써 이를 권리자의 사적인 자산으로 삼아 창작을 촉진하는 것 — 이 적정한가를 결정하는 것은 거꾸로 저작권을 어느 정도로 보호하지 않는 것 — 즉, 그럼으로써 이를 공공의 자산으로 삼아 자유로운 이용을 촉진하는 것 — 이 적정한가를 결정하는 것이 된다.

전자를 저작권 정책(copyright policy)이라고 하고, 후자를 공유 정책(public domain policy)이라고 하는데, 관점의 차이만 있을 뿐 근본적으로 이 둘은 하나이다. 이 둘은 늘 동시에 이루어지는 하나의 판단이다. 하나를 정하면 다른 것도 정해진다. 어느 하나가 늘어나면 다른 것은 그만큼 줄어들고, 반대로 하나가 줄어들면 다른 하나가 그만큼 늘어난다.

저작권법은 저작물에 담겨 있는 아이디어나 사실, 그 밖의 비표현적 자료는 보호하지 않는다. 이것은 이를 간과하여 빠뜨린 것이 아니라 이를 공공의 영역으로 보존하기 위하여 적극적으로 그리 한 것이다.[14] 이제까지 공유 정책은 저작권 정책의 결정으로부터 파생되는 것으로 이해되

---

14 *NBA v. Motorola*, 105 F.3d 841, 849-850 (2d Cir. 1997) 참조.

어온 경향이 있으나, 차츰 그 독자적인 중요성이 부각되고 있다.

저작권법은 한편으로는 저작권 정책을 통해 저작물의 창작과 유통을 촉진하고, 다른 한편으로는 공유 정책을 통해 저작권으로 보호하지 않는 영역을 보장함으로써 이의 자유로운 이용을 촉진한다. 저작권법의 목적은 이 두 가지 수단의 조화로운 적용을 통해 달성될 수 있다. 이를 위해서는 보호 대상이 실효적으로 보호되도록 보장하는 것뿐만 아니라 보호하지 않는 대상이 또한 자유롭게 이용되도록 보장하는 것도 중요하다.

저작권 보호가 필요하다고 하더라도 어느 것을 어느 정도로 보호하는 것이 적정한가는 시대와 상황에 따라 달라질 수 있다.

가. 저작권 낙관론과 저작권 회의론

저작권 보호의 적정 수준을 판단하는 시각은 저작권 낙관론과 저작권 회의론으로 나누어볼 수 있다.

낙관론자는 저작권자가 저작물로부터 창출되는 모든 경제적 편익을 가질 자격이 있다고 믿는다. 그들은 저작물을 창작하는 데 대한 인센티브로서 저작권자의 권리를 보다 광범위하고 강하게 확충하는 것을 선호한다.

이에 대해 회의론자는 저작권자에 대한 보상은 저작물의 창작을 자극하기에 충분한 최소한의 수준으로 제한되어야 한다고 믿는다. 그들은 저작권자의 광범위하고 강한 권리로 인해 이용자가 저작물에 접근하는 것이 부당하게 제한되지 않을까 우려한다.

예를 들면, 저작권 보호를 받고자 하는 사람으로 하여금 이를 등록 또는 납본하거나 저작물에 저작권 표시를 하도록 하는 방식주의가 있는데, 회의론자들은 이를 바람직하다고 선호하는 반면에, 낙관론자들은 이런 방식과 관계없이 보호가 주어져야 한다고 본다.

일반적으로 권리자들과 미국이나 유럽연합 등 저작권을 주로 수출하는 선진국들이 저작권 낙관론을 견지하고 있는 반면에, 이용자들과 저작권을 주로 수입하는 개발도상국들은 어느 정도 저작권 회의론의 편에 서 있다고 할 수 있다. 그러므로 이러한 입장은 상황에 따라 바뀌기도 한다.

우리나라는 과거 개발도상국에서 선진국으로 발전하면서 저작권 보호의 적정수준에 대한 입장도 저작권 회의론에서 낙관론으로 변화한 대표적인 사례이다.

나. 후발 창작자를 위한 배려

저작권 보호의 적정 수준을 검토함에 있어 또 하나 고려해야 할 점은 후발 창작자, 즉 기존의 저작물을 활용해 새로운 저작물을 창작하려는 사람을 위한 배려이다.

저작자가 창작한 저작물도 그 모두를 스스로 창작한 것이라고는 할 수 없다. 창작물이라고 하더라도 사실 앞선 창작자들이 오랜 기간에 걸쳐 쌓아놓은 토대 위에서 단지 부분적인 기여를 덧보탠 것일 수 있기 때문이다. 앞으로 세상에 나오는 저작물도 같은 방식으로 창작될 것이다.

"거인의 어깨 위에 올라선 난쟁이가 거인보다 더 멀리 본다"라는 격언처럼 지식과 문화는 이렇게 발전한다. 지식과 문화의 발전을 목적으로 하는 저작권법은 더 많은 난쟁이가 보다 쉽게 거인의 어깨 위에 올라설 수 있도록, 그래서 더 멀리 볼 수 있도록 해야 하고, 이를 위해 저작권의 보호 수준을 적절히 관리할 필요가 있다.

특히 후발 창작자는 기성 저작자와 잠재적으로 경쟁하는 위치에 있다는 점에 주목해야 한다. 기성 저작자는 자신의 저작물을 이용해 경쟁적인 저작물을 작성하려는 후발 창작자를 자신의 저작권을 행사해 억제하려는 성향을 가질 수 있다. 이렇게 되면 창작을 북돋우려는 저작권이 오히려 이를 억제하는 수단으로 사용되는 문제가 발생한다. 이런 부작용을 최소화하기 위해서 저작권법은 패러디 등 공정이용을 판단할 때 변형적 이용

(transformative use)에 대해 보다 관대한 기준을 적용하기도 한다.

저작권 보호의 적정 수준이란 결국 저작물의 지속 가능한 창작을 자극하기에 상대적으로 충분하되, 이로 인해 저작물에의 접근, 특히 후발 창작자의 접근이 위축되어 지식과 문화의 폭넓은 향유와 지속적인 발전이 저해되지 않는 수준이라고 할 수 있다. 이 수준은 사회와 나라마다 차이가 있으며 또 시대와 상황에 따라 역동적으로 변화된다.

2. 적정 보호 수준의 유지 : 저작권법 우선 적용의 원칙

저작권 보호의 적정 수준은 저작권 정책과 공유 정책의 조화를 통해 결정된다. 그런데, 저작권법이 이렇게 보호의 균형을 이룬다 해도, 저작권법이 보호하지 않는(보호하지 않기로 한) 대상에 대해 다른 법에서 이를 보호하게 되면 저작권법에서 정교하게 조율한 균형이 훼손될 수 있다.[15] 따라서 다른 법에서 이러한 저작권법의 균형을 해치지 않도록 할 필요가 있다. 이를 "저작권법 우선 적용의 원칙(copyright preemption doctrine)"이라 한다.

이 원칙은 법이 정하고 있는 일정한 영역에 속하는 보호 대상 중에서 일정한 보호 요건을 갖춘 대상에 대해서만 일정한 기간 동안 배타적 권리를 부여하여 보호하고, 이를 충족하지 못하는 대상에 대해서는 보호하지 않는 형식을 취하는, 저작권법을 포함하여 특허법 등 지식재산권법 전반에 공통적으로 적용된다. 다만, 경쟁질서의 확립을 목적으로 하는 부정경쟁방지법은 이에 해당하지 않는다. 미국 저작권법은 이를 명시적으로 규정하고 있다.[16] 우리나라의 경우, 미국처럼 저작권법에서 이를 적

---

15 Joseph P. Bauer, "Addressing the Incoherency of the Preemption Provision of the Copyright Act of 1976," 10 *Vanderbilt Journal of Entertainment and Technology Law* 1 (2007), at 14.

극적으로 규정하지 않고 부정경쟁방지법에서 소극적으로 저작권법에서 규율하고 있는 것에 대해서는 부정경쟁방지법의 관련 규정을 적용하지 않도록 하는 방식으로 규정하고 있다.[17]

하지만 이 원칙의 적용에 대해서는 저작권법은 물론 부정경쟁방지법에서도 구체적인 기준을 제시하지 않고 있다. 이에 이와 관련한 미국 저작권법과 판례를 통해 발전해온 법리를 참고해서 살펴보면, 다음과 같다.

미국 저작권법은 다른 법에서 "저작권법에서 정한 보호 대상"에 대해 "저작권의 일반적 범위에 해당하는 배타적인 권리 또는 이에 상응하는 권리"를 부여할 수 없도록 하고 있다.[18] 전자를 "보호 대상 검사(subject matter test)", 후자를 "일반적 범위 검사(general scope test)"라 한다. 다른 법에 의한 어느 보호가 이 두 가지 검사 중에서 어느 하나라도 통과하지 못하면 저작권법이 우선 적용되어 해당 법규정이 무효화(우선 적용, preemption)된다.

"저작권법에서 정한 보호 대상"에는 보호가 부여되는 대상뿐만 아니라 보호가 부여되지 않는 대상도 포함된다.[19] 즉, 아이디어나 절차처럼 명시적으로 보호가 배제된 것은 물론 일반적인 보호 대상의 범주에는 해당하지만 그것이 보호 요건을 충족하지 못해서 보호되지 않는 것, 그리고 보호기간의 경과 등으로 더 이상 보호되지 않게 된 것도 포함된다.[20]

"저작권의 일반적 범위에 해당하는 배타적인 권리 또는 이에 상응하

---

16 미국 저작권법 제301조 참조.

17 부정경쟁방지법 제15조(다른 법률과의 관계) 제1항은 "특허법, 실용신안법, 상표법, 농수산물품질관리법, 저작권법 또는 개인정보보호법에 제2조부터 제6조까지 및 제18조 제3항과 다른 규정이 있으면 그 법에 따른다."고 규정하고 있다.

18 미국 저작권법 제301조 제1항.

19 H.R. Rep. No. 1476, 94th Cong., 2d Sess. 51, 131 (1976).

20 임원선, "데이터의 법적 보호와 저작권법 우선적용의 원칙," 「경영법률」 제31집 제3호 (2021), 72-74쪽 참조.

는 권리"라 함은 대상이 되는 행위가 어떤 용어를 사용했는지에 관계없이 사실상 저작권법이 열거하고 있는 이용행위의 유형에 해당하는 것을 말한다.

예를 들어, 유럽연합 데이터베이스 지침의 경우에는 데이터베이스제작자에게 보호되는 데이터베이스의 추출 및 재이용(extraction and re-utilization)을 통제할 권리를 부여하고 있는데,[21] 데이터베이스에서 데이터를 추출하고 재이용하는 행위는 사실상 저작권법상의 복제 및 전송 등에 해당하므로 결국 저작권법의 배타적 권리와 동등한 권리를 부여한 것으로 이해된다. 성과물 도용과 관련하여 금지청구권 등을 부여하는 부정경쟁방지법에 의한 보호도 '준물권적 권리(quasi-property right)'로서 이에 해당한다고 본다.[22]

다만, 일반적 범위에 속하는 권리에 해당하는 것이라도, 거기에 추가적 요소(extra-element)가 있다면 우선 적용되지 않을 수 있다. 추가적인 요소의 대표적인 예로 계약법에 의한 권리 주장(contract law claims)과 성과물 도용의 법리(misappropriation doctrine)가 있다. 계약법에 의한 권리 주장처럼 그것이 소인(訴因, cause of action)을 구성하기 위해서는 '계약 위반'이라는 추가적 요건을 필요로 해서 일반적 범위 요건에 해당하지 않는 경우에는 우선 적용의 대상이 되지 않는다.[23]

성과물 도용의 법리는 미국에서 시사뉴스와 관련한 법원의 판결을 중심으로 발전하였기에 시사뉴스의 법리(hot-news doctrine)라고도 하는데, 대체로 다음 다섯 가지의 요건을 모두 충족하는 경우에는 저작권

---

21 유럽연합 데이터베이스지침 제8조 제1항 참조.

22 Jane C. Ginsburg, No 'Sweat'? Copyright and Other Protection of Works of Information after Feist v. Rural Telephone, 92 *Columbia Law Review* 338, 354-355 (1992)

23 *ProCD, Inc. v. Zeidenberg*, 86 F.3d 1447, 1455 (7th Cir. 1996).

법 우선 적용의 대상이 되지 않는다.[24]

① 원고가 비용을 들여 정보를 생산하거나 수집했을 것

② 정보가 시간의 경과에 따라 영향을 받을 것(시간적으로 민감할 것)

③ 피고의 이용이 원고의 노력에 대한 무임승차를 구성할 것

④ 피고의 사업이 원고가 제공하는 제품이나 서비스와 직접적인 경쟁 관계에 있을 것

⑤ 원고의 노력에 대한 피고의 무임승차가 그 제품이나 서비스의 생산에 대한 유인을 줄여서 그의 존재나 질을 실질적으로 위협할 것.

이와 관련하여 우리나라 법원의 판결과 부정경쟁방지법의 관련 규정은 보다 광범위하고 추상적이다. 법원은 법률상 보호할 가치가 있는 경쟁자의 상당한 노력과 투자에 의해 만들어진 성과를 무단으로 사용하여 영업상 이익을 침해하는 행위에 대해 민법 제750조의 불법행위 책임을 인정하였다.[25]

부정경쟁방지법은 이를 참고하여, "타인의 상당한 투자나 노력으로 만들어진 성과 등을 공정한 상거래 관행이나 경쟁질서에 반하는 방법으로 자신의 영업을 위하여 무단으로 사용함으로써 타인의 경제적 이익을 침해하는 행위"를 부정경쟁행위의 하나로 추가하고, 최근에는 데이터의 부정 취득이나 사용 및 데이터의 보호를 위한 기술조치의 무력화 예비행위를 이에 추가하였다.[26]

법원의 관련 판결과 부정경쟁방지법 제2조 제1항 '파목'의 성과물 도

---

24 미국 제2연방순회항소법원이 1918년 미국 연방대법원의 판결로부터 발전한 그간의 판례를 종합하여 제시한 기준으로서 널리 인용되고 있다. *National Basketball Association v. Motorola, Inc.*, 105 F.3d 841, 845 (2d Cir. 1997).

25 대법원 2001.2.9. 선고 99다55434판결 등

26 부정경쟁방지법 제2조 제1호 파목 및 카목.

용 규정은 위 판례에서 저작권법에 의해 우선 적용된다고 명시한 “상업적 부도덕성(commercial immorality)”이나 “사회 윤리(society's ethics)”같은 모호한 개념들에 기초한 포괄적인 성과물 도용 법리에 해당[27]하는 것으로 보인다.

저작권법 등 지식재산법제와의 조화로운 균형을 위해, 앞서 미국 판례가 제시한 요건 중 두 번째(정보의 시간 민감성)와 네 번째의 기준(직접적 경쟁관계)을 참고하여 “특별한 사정”을 보다 좁고 구체적으로 명시하는 것이 바람직하다고 생각한다.[28]

그리고 '카목'의 경우에도, 그 적용 대상은 대부분 저작권법이 규정하고 있는 '데이터베이스제작자의 보호'[29]의 일부를 구성할 것으로 보인다. 따라서, 부정경쟁방지법 제15조에 따라 이 경우에는 저작권법이 적용되므로, 실제로 이 규정이 적용될 수 있는 사례는 상당히 제한적일 것으로 판단된다.[30]

---

27 *National Basketball Association*, 105 F.3d at 851.

28 현행 '파목'을 적용하면, 창작성 없는 전화번호부에 대해 보호를 부인한 미국 연방대법원의 판결과는 명백히 정반대의 결과가 나올 수 있다는 점에 유의할 필요가 있다. *Feist Publications, Inc., v. Rural Telephone Service Co.*, 499 U.S. 340 (1991) 참조.

29 저작권법 제4장 데이터베이스제작자의 보호(제91조부터 제98조까지) 참조.

30 '카목'은 일본의 부정경쟁방지법상 '한정제공데이터' 관련 부정경쟁행위에 관한 규정(법 제2조 제1항 제11호 내지 제16호)을 참고한 것으로 보이나, 이는 일본 저작권법이 우리와 달리 '데이터베이스제작자의 보호'에 관한 규정을 두고 있지 않은 상황을 고려하지 않은 것으로 판단된다.

제5절

저작권 보호체계

저작권 보호와 관련한 저작자와 매개자, 그리고 이용자 등 여러 역할자와 이들 사이의 관계도 사회 시스템의 일부라는 관점에서 이해할 필요가 있다.

우선 역할자로는 저작물을 창작하고 이에 대해 권리를 가지는 저작권자와 이런 저작물을 해석하고 전달하는 데 대해 권리를 가지는 저작인접권자, 그리고 이런 저작물을 소비하는 이용자가 있다. 이용자에는 저작물을 단순히 사용하거나 향유하는 소비적 이용자와, 이를 활용해 또 다른 창작을 꾀하는 생산적 이용자가 있는가 하면, 도서관처럼 저작물을 보존하고 접근을 제공하는 기관들인 매개적 이용자도 있다.

저작물의 창작과 전달, 그리고 그의 이용을 둘러싼 이들 각 역할자 사이의 관계는 기본적으로 저작권법 등의 법규와 이에 기초한 계약, 그리고 각종 제도에 의해 규율된다. 저작물의 창작과 이용, 그리고 권리 침해를 억지하기 위해 활용되는 기술과 각 역할자의 법의식 등 행동윤리 역시 이들 간의 관계에 중대한 영향을 미친다.

저작권 보호체계는 개방된 시스템으로서, 단순히 국내의 저작자와 이용자뿐만 아니라 이해관계를 가진 외국의 권리자나 이용자, 그리고 이를 대변하는 외국 정부 등과 상호 영향을 주고받는다. 특히 저작권 보호에 관한 다자 또는 양자 조약은 이 관계를 설정하는 규범이다. 각 구성요소로 이루어진 저작권 보호체계는 정태적인 체계가 아니라, 각 역할자가 서로 영향을 주고받으며 발전하는 역동적인 체계이다. 이를 도표로 표시하면 〈표 1〉과 같다.

표 1 | **저작권 보호체계**

②저작자	**①권리(저작권)**	③저작물	**④매개자(저작인접권자)**	⑦권리구제	**⑥보호의 제한과 예외**	⑤이용자
•자연인 - 작가 - 작사가, 작곡가 - 디자이너 - 화가 - 사진사 - 설계사 - 안무가 - 프로그래머 등 •법인(단체, 기업 등)	•저작인격권 - 공표권 - 성명표시권 - 동일성유지권 •저작재산권 - 복제권 - 배포권 - 대여권 - 공연권 - 공중송신권 - 전시권 - 2차적저작물 작성권	•어문저작물 •음악저작물 •연극저작물 •미술저작물 •사진저작물 •영상저작물 •도형저작물 •컴퓨터프로그램저작물 •2차적저작물 •편집저작물	•실연자 •음반제작자 •방송사업자 •(데이터베이스 제작자) 저작권 위탁관리업 •신탁업 •대리중개업	•민사적 구제 - 손해배상 - 금지명령 •형사적 제재 •행정적 구제	•보호기간 •아이디어/표현 이분법 •최초 판매의 원칙 •비자발적 허락 •각종 제한 및 예외규정 •교육목적 복제 •사적복제 •도서관에서의 복제 등	•생산적 이용자(후발 창작자) •소비적 이용자 •매개적 이용자(접근 제공자)
⑧ 그 밖의 요소: 법(저작권법, 국제조약), 제도(등록, 법원 등), 기술, 계약, 사회규범(윤리·도덕)						

① **저작권**이란 저작물을 창작한 저작자가 하여금 자신이 창작한 저작물을 일정한 형태로 이용하는 것을 통제할 수 있는 권리이다. 저작권은 인격적인 권리인 저작인격권과 경제적인 권리인 저작재산권으로 나뉜다. 저작재산권을 구성하는 각각의 권리는 다른 사람이 그러한 방식으로(예를 들어, 방송권의 경우에는 저작물을 방송하는 방식으로) 저작물을 이용할 때에 저작권자의 허락을 받아야 한다는 것을 의미한다. 저작권자는 이를 허락할 수도 있지만 금지할 수도 있다. 기술 발달에 따라 저작물의 이용 방식이 다양해지면서 저작권에 해당하는 권리가 더욱 확대되고 다양해지고 있다. 음악저작물의 경우에 악보의 출판에 국한되었던 이용이 녹음 기술이 발전하면서 음반의 출판으로, 그 이후에는 방송기술이나 인터넷 기술의 발달에 따라 방송 또는 전송의 방식으로 이용되면서 복제권의 범위가 확대되고 방송권과 전송권이 추가로 부여되었다.

② **저작자**에는 창작자인 소설가나 시인 같은 작가와 작사·작곡가 등 자연인이 있는가 하면, 실제로 창작을 하지는 않지만 창작자를 고용하여

창작케 함으로써 창작자로 의제되는 단체나 기업 같은 법인도 있다. 저작권은 저작자에게 주어지므로 처음에는 저작자와 저작권자가 같지만, 저작재산권이 다른 사람에게 양도되는 등 이전되면 저작자와 저작권자가 분리된다.

저작자가 창작한 ③ **저작물**은 소설이나 시 같은 어문저작물과 가곡 같은 음악저작물 등 다양한 종류로 나뉜다. 저작권법은 저작물의 종류를 예시적으로 나열하고 있다. 저작권법에 언급된 종류 가운데 하나에 속하지 않는다고 해서 그 저작물이 보호되지 않는 것은 아니다. 어문저작물과 음악저작물, 또는 편집저작물 등의 성격을 모두 가질 수 있는 멀티미디어저작물은 저작권법에 예시되어 있지 않지만 저작권법에 의해 보호된다.

저작물은 악보의 경우처럼 그 형태 그대로라면 대부분의 이용자가 쉽게 이용하거나 접근할 수 없는 경우도 많다. 이용자가 쉽게 이용하거나 접근할 수 있도록 이를 해석하고 전달하는 ④ **매개자**들이 있는데, 저작권법은 그중 가수와 연주자 같은 실연자, 음반을 기획하고 제작하는 음반제작자, 그리고 방송을 행하는 방송사업자, 이 셋을 특별히 보호한다. 이들을 저작인접권자라고 한다. 이들에게 자신의 실연이나 음반, 또는 방송의 이용을 통제할 수 있는 일정한 권리를 부여하는데 이를 저작인접권이라고 한다.

저작인접권에 준해 보호되는 권리도 있다. 데이터베이스의 경우, 그것이 창작성이 없어서 저작물로 보호될 수 없을 때에도 그 제작 및 갱신 등에 상당한 투자가 이루어졌다면 그러한 투자를 보호하기 위해 일정한 보호를 부여한다. 독일 등에서는 저작권으로 보호되지 않는 학술자료의 발굴과 발행을 진작하기 위해 특정한 학술적 판본을 발행한 사람을 저작인접권에 유사한 권리로 보호하기도 한다.

저작물은 최종적으로 이용자에 의해 이용됨으로써 그 가치가 실현된다. ⑤ **이용자**는 크게 소비적 이용자와 생산적 이용자로 나눌 수 있다.

소비적 이용자란 저작물을 보거나 듣거나 읽음으로써 또는 소프트웨어를 사용함으로써 최종적으로 향유하는 사람을 말한다. 이렇게 저작물을 보고 읽고 듣고 또 작동하는 소비적 이용에는 원칙적으로 저작권이 미치지 않는다. 생산적 이용자란 기존 저작물을 새로운 저작물을 창작하는 데 이용하는 후발 창작자를 말하며 변형적 이용자라고도 불린다.

이 밖에도 저작물을 이렇듯 소비적이거나 생산적인 방법으로 직접 이용하지는 않지만 이런 이용자들에게 편의를 제공하기 위해 저작물을 수집·보존하거나 이에 대한 폭넓은 접근을 제공하는 도서관이나 기록관 등 매개적 이용자도 넓은 의미에서 이용자에 해당될 수 있다. 또 저작물을 해석하고 전달하는 실연자, 음반제작자, 그리고 방송사업자 등 저작인접권자도 한편으로는 권리자이면서 다른 한편으로는 저작물의 이용자이다.

저작자에게 주어지는 저작권은 무제한적인 권리가 아니다. 저작권법은 저작자에게 일정한 권리를 부여해 저작물의 창작을 진작하는 한편 그 권리가 부여되는 대상과 범위를 일정하게 제한하고, 나아가 일단 부여된 권리라도 일정한 목적을 위해 권리 자체에 예외를 두거나 권리의 행사방법을 제한하고 있다. 이를 통해 문화와 관련 산업의 향상 발전이라는 궁극적인 목적의 실현을 도모하려는 것이다. 이를 저작권에 대한 ⑥ **제한과 예외**라 한다.

다른 사람의 저작물은 그의 허락을 받아 허락받은 범위 내에서 이용해야 한다. 저작권자 또는 저작인접권자의 허락 없이 또는 허락받은 범위를 벗어나서 일정한 이용행위를 하는 경우에 그것이 저작권에 대한 제한과 예외에 해당하지 않는다면 저작권 침해가 된다. 이에 대해 권리자는 민·형사상의 ⑦ **권리 구제**를 받을 수 있다. 침해를 효과적으로 억지하기 위해 정부가 보완적으로 침해 단속 및 시정명령 등 행정적 구제를 강구하기도 한다.

이런 저작권 보호체계를 제도화하고 이 보호체계가 정상적으로 작동하는 데에는 다음과 같은 ⑧ **그 밖의 요소**가 영향을 미친다.

먼저, 국제조약은 국내 저작권 보호의 토대를 정하고, 저작물의 해외 보호를 가능하게 한다. 저작권법은 저작권자가 향유할 수 있는 권리의 범위와 이용자가 향유할 수 있는 권리에 대한 제한과 예외를 구체화하는 등 보호체계 전반을 제도화한다. 이는 포괄적으로 입법 권한에 해당한다. 이렇게 제도화된 저작권 보호체계는 관련 정책을 수립하고 집행하는 행정부와 분쟁 해결을 담당하는 법원을 통해 집행되거나 유지된다.

기술의 발전은 저작물의 창작과 유통, 그리고 향유의 방식에 영향을 미쳐 기존 보호체계를 시대에 뒤떨어진 것으로 만들곤 한다. 또 일부 영악한 사람들은 새로운 기술을 이용해 저작권자를 곤혹스럽게 하기도 한다. 하지만 새로운 보호체계가 잘 갖추어지면 이용허락과 보상 시스템의 작동을 통해 기술 발전이 촉진되고 관련 산업이 발전하는 계기가 된다. 권리자는 저작물의 복제를 방지하거나 이용허락을 관리하는 데 기술을 활용하기도 한다.

저작물의 이용허락은 권리자와 이용자 사이의 계약을 통해 이루어지는데, 실제 계약서의 작성 관행이나 두 당사자가 공정한 지위를 가지는지 등이 보호체계의 작동에 영향을 미친다. 무엇보다도 저작권 보호체계가 정상적으로 작동하려면 국민들의 저작권에 대한 인식과 저작권 보호에 대한 의식 수준이 향상되어야 한다.

저작권 보호체계는 이 모든 구성요소를 고려하는 종합적인 맥락 속에서 이해될 필요가 있다.

제6절

저작권의 속성

저작권은 다른 권리, 특히 물건이나 부동산 등 유형물에 대한 권리와는 구별되는 다음과 같은 속성을 가지고 있다.

1. 저작권은 무체재산권이다

물건이나 부동산 등 유형물에 대한 권리와 달리 저작권의 대상인 저작물은 정신의 산물로서 감각기관을 통해 느낄 수는 있으되 반드시 형체를 가지지는 않는다. 저작물은 보통 책이나 CD 같은 유형적인 매체에 수록되기 때문에 그 매체와 혼동되기 쉽고, 미술품, 특히 조소 작품처럼 저작물과 그 저작물이 수록된 매체를 분리하기 어려운 경우도 있지만, 최소한 개념적으로는 저작물과 그 저작물이 수록된 매체는 구별된다. 저작권은 무형적 재산인 저작물에 대한 지배권을 말한다.

저작물은 무체물로서 일반적으로 저작물이 수록되는 매체와 쉽게 분리되고 디지털화될 수 있다. 이로 인해 저작물은 일반 정보와 마찬가지로 '정보재(information goods)'의 성격을 가지며 경제학적으로는 '공공재(public goods)'의 성격을 가진다. 그중에서도 누군가가 어느 저작물을 사용해도 다른 사람이 그 저작물을 사용하는 데 영향을 받지 않는, 비경합적 소비(non-rivalrous consumption)의 성향이 중요하다. 의자나 책상은 누군가 사용하고 있으면 다른 사람이 사용할 수 없지만, 음악은 누군가 듣고 있어도 아무런 문제없이 같은 음악을 들을 수 있다. 이런 성격은 인터넷 기술의 발전으로 더욱 두드러지게 나타나고 있다.

2. 저작권은 시간적으로 제한된 권리이다

법률로 정해진 기간이 지나면 저작물에 대한 권리가 소멸되고 그 저작물은 누구나 자유롭게 이용할 수 있게 된다. 이때 그 저작물이 공유(public domain)에 속하게 되었다고 한다.[31]

유형적 재산에 대한 권리가 의자나 집처럼 권리의 대상이 되는 물건이 존속하는 동안에는 다른 사람의 취득시효에 걸리지 않는 한 언제까지나 지속되는 것과는 다르다. 저작권의 대상이 되는 저작물은 시간이 흘러도 닳거나 상하지 않으므로, 저작권을 유형적 재산에 대한 권리처럼 보호하면 저작권 보호가 영속적이 되는 문제가 있다.

일반적으로 저작물은 시간이 경과하면서 소비자의 취향이나 시대 상황과 멀어지거나 새로운 지식의 발견 등으로 이용 가치는 하락하는 반면에 거꾸로 권리자를 찾기는 어려워지는 등 저작물 이용허락에 소요되는 비용은 상승한다. 여기에 저작물의 복제와 배포 등 보급에 필요한 비용도 수반되기 때문에 대다수의 저작물은 일정 시간이 지나면 비록 보호기간이 남아 있더라도 시장에 더 이상 공급되지 않는다. 절판되는 것이다.

물론 온라인 음악 서비스가 활성화된 요즘에는 과거 CD로 보급되다가 절판되었던 음반이 새롭게 시장으로 돌아오기도 한다. 그 때에 비해 단위 보급 비용이 현저하게 낮아졌기 때문이다. 어느 경우이든 보호기간이 아직 끝나지 않았다면 권리는 여전히 유효하다.

---

31 이 경우에도 그 저작물이 수록된 매체에 대한 소유권은 여전히 남아 있다. 그러므로 미술 작품 등의 경우에 그 소유자는 사진 촬영을 통제하는 등의 방법으로 저작물의 이용을 제한할 수 있다.

3. 저작권은 배타적 권리이다

'배타적 권리'란 다른 사람이 저작물을 이용하려면 사전에 권리자의 허락을 받아야 한다는 것을 말한다. 사전에 허락을 받지 않거나 허락받은 범위를 벗어나 저작물을 이용하면 저작권 침해가 된다. 이 점에서 허락을 받지 않고 저작물을 이용하더라도 단지 채권적 책임만 지는 보상청구권과 구별된다.

권리의 배타적 성격은 저작물에 대해 시장의 원리가 작동할 수 있게 한다. 권리자는 저작물 시장에서 이용자가 제시한 이용조건이 객관적으로 아무리 좋더라도 그것이 권리자의 의도와 이익에 부합하지 않으면 이를 거절할 수 있다. 권리자는 저작물의 이용과 보급을 통제할 수 있으며, 이로써 자신의 저작물이 이용되는 조건과 그에 대한 보상을 스스로 결정할 수 있다.

저작권의 배타적 성격은 저작권자가 개별 협상을 통해 저작물 이용을 허락하는 상황에서 가장 잘 작동될 수 있다. 하지만 음악저작물의 방송이나 공연, 그리고 온라인 음악 서비스처럼 저작권자가 자신의 권리를 개별적으로 행사하는 것이 불가능하거나 최소한 합리적이지 않은 영역이 점차 확대되고 있다.

이 경우에는 저작권의 배타적인 성격이 거꾸로 저작물의 원활한 이용을 지나치게 어렵게 해서 저작권자에게 오히려 거추장스럽거나 때로 저작권자의 이익에 반하는 결과가 초래될 수 있다. 이 때문에 음반을 방송하는 경우처럼, 일정한 경우에 예외적으로 권리의 배타적 성격을 완화해 보상청구권화하거나, 우회적으로 권리의 집중관리를 강화함으로써 권리의 배타성을 완화하는 효과를 유도하기도 한다.

저작권의 이런 배타적인 성격은 산업재산권의 배타적인 성격과 비교해 상대적인 것으로 이해된다. 비록 동일하거나 유사한 저작물일지라도 어떤 사람이 기존 저작물에 의존하지 않고 독자적으로 창작한 때에는 기존 저작물과 동등하게 보호받는다.

특허나 산업디자인 보호 등 산업재산권의 경우에는 어느 것이 기존에 등록된 것과 같은 것이기만 하면 비록 독자적으로 창작한 것이더라도 아무런 권리를 보호받을 수 없는 것과 차이가 있다. 산업재산권의 신규성(novelty) 요건과 구분해 이를 저작권의 독창성(originality) 요건이라 한다. 이 점에서 저작권을 단지 '모방금지권'이라 부르기도 한다.

4. 저작권은 여러 권리의 집합체이다

저작권은 특정 저작물에 대한 여러 권리를 묶은, 한 다발의 권리(a bundle of rights)이다. 즉, 저작권은 복제권, 배포권, 공연권, 공중송신권, 대여권, 전시권, 그리고 2차적저작물작성권 등 다양한 지분권을 하나로 묶어서 통칭하는 것이다. 각 지분권은 저작물을 특정한 방식으로 이용하는 것을 통제할 수 있는 법적 권한을 말한다. 예를 들어, 방송권이란 저작물을 방송의 방식으로 이용하는 것을 통제할 수 있는 권리이다. 그러므로 저작권은 저작물을 법이 정하는 특정한 방식으로 이용하는 것을 통제할 수 있는 권리로 이해된다.

저작권을 구성하는 각 지분권은 시간과 공간을 기준으로 나눌 수도 있다. 즉, 어느 저작물을 앞으로 3년간 우리나라 내에서만 방송하는 것을 허락하는 것도 가능하다. 저작권자는 이 권리들을 한꺼번에 또는 나누어서 양도하거나 그 이용을 허락할 수도 있다.[32]

---

32 지금으로서는 이해하기 쉽지 않지만, 미국에서는 1976년 저작권법이 시행(1978년 1월 1일)되기 전에는 저작권 분리불가 이론(doctrine of indivisibility)이 적용되었다. 이로 인해 저작권자는 저작권을 전체로만 이전할 수 있었다. 일부만을 이전하는 경우에는 권리의 이전이 아닌 이용허락(license)으로 간주되었다. 이는 소송의 남용으로부터 이용자들을 보호하기 위해 소송을 제기할 권한을 저작권자와 이를 양도받은 자로 제한하려는 취지에서 비롯되었다. 지금도 그 흔적으로 미국에서는 출판사가 단지 출판 허락을 받지 않고 저작권을 양도받는 관행이 남아 있다.

기술의 발전에 따라서 저작물을 이용할 수 있는 방식이 늘어남에 따라 저작권 다발에 포함되는 권리도 점차 확대되어 왔다. 저작권은 당초 복제권 또는 출판권이라는 하나의 권리로 출발했으나, 기술이 발전함에 따라서 차츰 공연권, 방송권 등의 권리가 추가되었고, 근래에는 인터넷 등을 통한 저작물의 주문형(on-demand) 전달에 관한 권리인 전송권이 추가되었다.

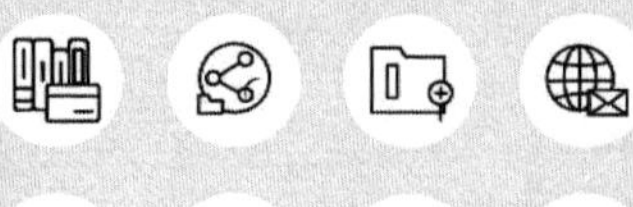

2장

저작물

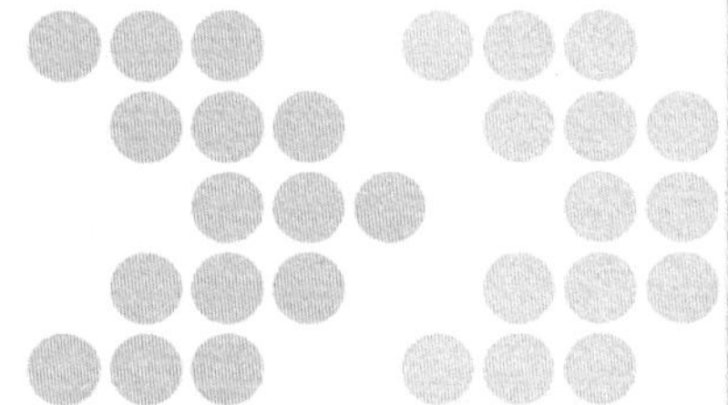

제1절

저작물이란?

저작물이란 인간의 사상 또는 감정을 표현한 창작물을 말한다(법 제2조 제1호). 그 의미를 구성요소별로 나누어서 살펴보자.

1. 저작물은 인간의 사상 또는 감정을 표현한 것이어야 한다

저작물은 저작자가 자신의 사상 또는 감정을 표현한 것이어야 한다. 다만, 그 사상이나 감정이 고차원적인 철학적 사상이나 심리학적 감정이어야 하는 것은 아니다. 사상 또는 감정에 대한 것이라는 의미도 아니다. 적극적으로는 인간의 생각의 산물일 필요가 있다는 것이고, 소극적으로는 인간의 생각이 배제된 자연현상이나 그 결과물 등은 저작권 보호의 대상이 아니라는 의미이다. 아름다운 저녁노을이나 오랜 기간의 침식이 만들어낸 계곡 등 자연현상이나 그로 인한 결과물이 엄청난 감동을 주는 경우가 있지만 저작권으로 보호되지는 않는다. 다만, 자연현상을 촬영한 사진의 경우 그 사진에 촬영자의 사상이나 감정이 표현되었다면 저작물이 될 수 있다.

인간의 사상 또는 감정이 표현되어야 하므로 인간만이 저작물의 창작자가 될 수 있다. 저작물을 이렇게 정의하면 두 가지 경우가 문제 된다. 동물이 창작하는 경우와 인공지능(AI)이 창작하는 경우가 그것이다.

1950년대 미국 볼티모어 동물원의 침팬지 벳시(Betsy)나 1970-1980년대 미국 피닉스 동물원의 코끼리 루비(Ruby)처럼 동물이 그림을 그리고 때로 그 그림이 비싼 값에 팔리는 사례가 있었다. 인도네시아의 원숭이가 자신을 찍은 셀카가 문제 되기도 했다. 어느 경우에나 단순히 침팬지 등 동물이 그린 그림이나 찍은 사진 중에서 좋은 것을 고른 것이라면 거기에 저작자(인간)의 사상 또는 감정이 표현되었다고 할 수 없다. 따라서 저작권으로 보호될 수 없다.[1]

그렇지만 지렁이의 속성을 이해하고 지렁이에 물감을 묻혀서 그 궤적을 활용해 그림을 그리는 것처럼 저작자가 동물을 자신의 사상 또는 감정을 표현하기 위한 도구로 사용한 것이라면 저작물성을 인정할 수 있을 것이다.

짚어보기 **챗지피티 등 생성형 AI를 활용해 작성한 출력물도 저작권으로 보호될 수 있는가?**

챗지피티 등 생성형 AI를 활용해 작성한 출력물이 저작권으로 보호될 수 있는지에 대해 차이는 있지만 대부분의 국가에서 이를 인간저작(human authorship)의 결과물로 볼 수 있는지에 달려 있다는 입장을 취하고 있다.[2]

중국 베이징 인터넷 법원이 이러한 전제 하에, 스테이블 디퓨전(Stable Diffusion)을 사용해 이미지를 작성한 사람을 저작자로 인정하며, 150개 이상의 프롬프트를 선택하고 이후의 조정 및 수정을 결합함으로써 그 이미지가 저작자의 개인적 표현을 반영하는 그의 지적인 성과를 보여준다고 판결한 바 있다.[3]

미국 저작권청은 보고서에서 AI 생성 출력물은 AI가 도구로 사용되고 인간이 거기에 포

---

1 *NARUTO v. Slater*, 888 F.3d 418 (9th Cir. 2018) 참조.

2 미국 저작권청, 「인공지능과 저작권: 제2부」, 임원선 옮김, 한국저작권위원회 (2025), 126-130쪽 참조.

3 李某某诉刘某某侵害作品署名权, 信息网络传播权纠纷案) [Li v. Liu, 성명표시권 및 정보네트워크 전파권 침해 분쟁], 14쪽(베이징 인터넷 법원, 2023. 11. 27.), https://english.bjinternetcourt.gov.cn/pdf/BeijingInternetCourtCivilJudgment112792023.pdf.

함된 표현적 요소를 통제할 수 있는 범위에서 저작권 보호를 받을 수 있지만, 현재의 기술 상태에서 프롬프트만으로는 이러한 요건을 충족할 것 같지 않다고 결론지었다.[4]

AI는 프롬프트에 의한 인간의 지시 중 일부는 따르지 않고, 일부는 지시하지 않은 것을 출력하는 등, 인간의 통제력이 미치지 않으므로 저작물 창작의 도구로 볼 수 없으며, 프롬프트를 반복적으로 수정해도 마치 주사위를 다시 굴리는 것과 같이 이 결론은 달라지지 않는다. 최종 출력물은 프롬프트에 의한 표현의 저작이라기보다는 AI 시스템의 해석을 사용자가 수용한 것일 뿐이라고 한다.[5]

하지만, AI에 대한 인간의 통제력이 충분하지 않기 때문에 이를 창작의 도구로 인정하지 않은 미국 저작권청의 결론은 인간의 창작 행위를 살펴보면 반드시 옳다고 하기 어렵다. 미국의 추상표현주의 화가 잭슨 폴록(J. Pollock)은 원한다면 자신의 작품을 재현할 수 있을까? 하고자 했으나 재현할 수 없다면 작품에 대한 그의 통제력이 충분하지 않다고 할 수 있다. 그렇다고 그의 작품이 저작물로 보호될 수 없다고 말하는 사람은 없을 것이다.

예술가들 사이에는 "작품보다 제품이 어렵다"는 농담 섞인 말이 자연스럽게 오간다. 저작물의 창작에 있어 어느 정도의 우연과 확산은 오히려 그의 본질일 수 있지 않을까?[6] 그렇다면, 저작권 보호의 목적에 기초하여, AI 출력물도 인간 저작의 결과물로서 저작권 보호를 받을 수 있는 기준을 새로 세워야 할 수 있을 것이다.

4 미국 저작권청, 위의 각주 2, 142쪽. 보고서는 인간의 예측가능성과 통제가능성을 기준으로 제시하고 그 중에서 통제가능성이 중요하다고 결론지었다.

5 미국 저작권청, 위의 각주 2, 108-120쪽.

6 임원선, "챗지피티가 생성한 자료의 저작자는 누구일까," 국립어린이청소년도서관, 「도서관이야기」, Vol. 165 (2023. 5.), 29-33쪽 참조.

2. 저작물은 창작적으로 표현되어야 한다

창작성이 있는 저작물이 보호된다. 저작권 보호와 관련해 창작성은 두 가지 개념 요소로 나누어볼 수 있다. 하나는 독창성(originality)이고, 다른 하나는 최소한의 창작적 개성(modicum of creativity)이다.

가. 독창성

독창성이란 저작자가 다른 사람의 저작물 또는 기존 저작물을 모방하지 않고 독자적으로 작성하는 것을 말한다.

이는 특허 보호 요건의 하나인 '신규성(novelty)'과 구별된다. 신규성은 '기존에 존재하는 것과는 다른 새로운 것'을 의미한다. 산업재산권 분야에서는 비록 독자적으로 작성한 것이라도 같거나 유사한 것이 이미 존재한다면 보호받을 수 없다. 그래서 산업재산권에서는 기존에 같거나 유사한 것, 즉 선행기술(prior art)이 있는지 찾아보는 것이 중요하다. 그렇지 않으면 발명을 해도 보호받지 못하거나, 자칫 다른 사람의 권리를 침해하는 것이 될 수 있다.

이에 반해 독창성 요건이 적용되는 저작권 분야에서는 어느 저작물이 비록 기존 저작물과 같거나 유사하더라도 저작자가 독자적으로 창작한 것이라면 마찬가지로 보호받을 수 있다. 저작물의 창작은 대체로 기존 저작물에 대한 창작적 덧보탬이라는 형식을 띤다. 한 시대의 저작자들은 창작의 바탕이 되는 문화적 자산과 삶의 배경을 공유하기 때문에 어느 정도 유사성이 있는 저작물의 존재는 오히려 자연스럽다.

이런 상황에서 다른 사람이 비슷한 저작물을 이미 창작하지 않았는지를 살피도록 하는 것은 저작자에게 지나친 부담을 지우고 자유로운 창작을 저해하며, 나아가 모방의 의심을 키울 수 있으므로 조심해야 한다.

미국 연방대법원의 러니드 핸드(Learned Hand) 판사는 이를 "특허 보호는 공중(public)에 대한 독창성을 요구하는 반면에 저작권 보호는 저작자에 대한 독창성을 요구한다"[7]라고 정리했다.

짚어보기 산업재산권과 달리 저작권에서는 신규성이 아닌 독창성을 보호의 요건으로 하는 이유는?

저작권과 산업재산권은 그 보호의 목적과 보호 기준 적용의 실행가능성에서 차이가 있기 때문이다.

우선 보호 목적에 차이가 있다. 산업재산권은 특정 분야의 기술적 문제들을 가장 먼저 해결하는 사람에게 그에 따른 과실을 몰아주는, 그럼으로써 경쟁을 촉진하려는 것이다. 그래서 어느 발명이 그 분야에서 가장 먼저 이루어진 것인지(신규성) 확인하는 것이 중요하다. 이 신규성 요건을 충족 여부를 확인하려면 앞서 창작된 작품(선행기술)을 빠짐없이 탐색해야 한다. 이와 달리 저작권은 창작의 선후에 관계없이 창작의 결과를 보호함으로써 개인의 창의성 발현을 촉진하는 제도이다. 그래서 비슷한 저작물이 이미 있었는지는 중요하지 않다. 단지 기존의 저작물을 모방한 것이 아니라 스스로 창작한 것(독창성)이면 족하다.

탐색비용 등 보호 기준 적용의 실행가능성에서도 차이가 있다. 특허는 수많은 발명 중에서 엄격한 요건을 충족하는 예외적인 것에만 부여된다. 그래서 탐색비용을 줄이기 위해 특허명세서를 통해 발명을 특정하고 발명이 속하는 분야를 좁게 설정함으로써 탐색 범위를 제한하는 것이 비교적 쉽다. 하지만, 저작권은 대부분의 저작물에 창작과 동시에 부여된다. 그래서 저작물의 보호되는 표현을 특정하거나 보호가 미치는 분야를 한정하기

7 *Feist Publications, Inc. v. Rural Telephone Service Co.*, 499 U.S. 340, 345 (1991).

> 어렵다. 이런 상황에 선행 저작물을 탐색하는 것은 거의 불가능하거나 가능하더라도 비용이 너무 많이 소요되어 저작권 보호의 편익을 쉽게 초과한다.

나. 최소한의 창작적 개성

최소한의 창작적 개성이란 저작물에 저작자의 개성이 최소한이라도 표현되어야 한다는 것이다.[8] 저작물을 작성하는 데 아무리 많은 시간과 노력을 들였음에도 누가 하더라도 같거나 비슷한 결과가 나온다면, 즉 거기에 저작자의 창작적 개성이 표현되지 않았다면 보호되지 않는다.

저작권으로 보호받기 위해 높은 수준의 창작적 개성이 요구되는 것은 아니다. 저작권 보호에 있어 '창작성(creativity)'이란 단지 저작자 자신의 독자적인 사상 또는 감정의 표현을 담고 있음을 의미할 뿐이다. 저작자 나름의 정신적 노력의 소산으로서의 특성이 부여되어 있을 정도면 족하다.[9] 이는 특허 보호 요건의 하나인 진보성(inventive step/non-obviousness)과 구별된다. 특허 보호에서는 해당 분야에서 통상의 기술을 가진 사람(당업자)이 선행기술을 통해 쉽게 발명할 수 있는 것일 때에는 특허를 받을 수 없다.[10]

그러므로 저작권 보호를 위해 충족해야 할 창작성의 문턱은 특허에 비해 상당히 낮다고 할 수 있다. 이것은 다음의 법언으로 잘 대변된다. "원고가 한 것이 별것이 아니어서 아주 적은 노력으로도 스스로 할 수 있다고

---

8 미국 저작권법은 디자인의 독창성과 관련하여, 이를 "디자이너의 창의적 노력의 결과로 유사한 물건과 관련한 이전 저작물을 넘어서는 아주 사소한 것 이상으로(more than merely trivial) 구별되는 변화를 제공하는 것"이라고 설명한다. 미국 저작권법 제1301조 (b)(정의) (1) 참조.

9 대법원 2003. 10. 23. 선고 2002도 446 판결 등 참조.

10 특허법 제29조 제2항 참조.

말한다면, 그렇다면 당신이 하라. 그리고 그에 대해 저작권을 가져라. 그러지 않고 원고의 것을 베낀다면 그것에 대해 대가를 지불해야 한다."[11]

저작권 보호를 위해 요구되는 창작성의 정도는 법 전통에 따라서, 그리고 저작물의 종류에 따라서 다소 차이가 있을 수 있다.

일반적으로 대륙법계 법 전통을 가진 국가에서는 영미법계 법 전통을 가진 국가에서보다 높은 수준의 창작성을 요구하는 것으로 이해된다. 이는 저작물을 저작자의 인격적 분신으로 보고 저작자에게 저작인격권을 부여해 이를 보호하는 것과 관련되어 있다.

저작물의 종류에 따라 요구되는 창작성의 요구 정도를 달리했던 부분은 차츰 사라지고 있다. 예를 들어, 종래 디자인 등 응용미술 저작물의 경우에 저작권 보호를 위해서는 "그 자체가 독립적인 예술적 특징과 가치"[12]를 가지고 있어야 한다는 보다 높은 창작적 독창성을 요구"하는 독일의 단계이론에 기초한 기준이 적용되었다. 그러나 이 이론이 이를 정립한 독일 연방대법원에 의해 포기되었고, 저작권법도 2000년 응용미술저작물의 보호를 명시적으로 도입하였으므로, 응용미술도 별도의 엄격한 기준에 의해서가 아니라 순수미술과 마찬가지로 그 예술적 수준의 높고 낮음에 관계없이 보호하여야 한다는 주장이 설득력을 얻고 있다.[13]

저작권 보호를 위해 최소한의 창작적 개성이 필요하다는 명제로부터 다음 두 가지 결과가 파생된다.

첫째, 사실(fact) 그 자체에는 저작권이 미치지 않는다. 실제 사건 또는 자연현상이나 역사적 사실을 기술한 것은 저작권으로 보호되지 않는

---

11 Stephen M. Stewart and Hamish Sandison, *International Copyright and Neighboring Rights*, 2nd ed. (Butterworths, 1989), at 8.

12 대법원 1996. 2. 23. 선고 94도 3266 판결.

13 이들 저작물에 대해 일반 저작물과 다른 창작성 기준을 적용할 이론적 근거나 타당성이 없다고 한다. 차상육, "독일 판례상 응용미술의 보호-저작권법을 중심으로-," 계간 저작권 통권 133호, 한국저작권위원회 (2021), 165쪽 참조.

다. 전화번호와 그의 소유자 정보를 수록한 전화번호부를 만들고 관리하는 데에는 보통 엄청난 시간과 노력이 들어간다. 하지만 일정한 지역 내의 모든 전화 가입자의 성명과 전화번호를 모두 그리고 단순히 가나다순으로 정리한 것이라면 거기에 창작성이 인정되기 어렵다. 누가 하더라도 같은 결과가 될 것이기 때문이다.

둘째, 단지 기술적 고려나 제약 또는 제작 규칙에 따른 표현도 창작성을 인정받기 어렵다. 디자인 등 응용미술저작물이나 사진저작물 등 기능적이거나 사실적 성격의 저작물의 경우에는 "그 분야에서의 일반적인 표현 방법, 규격 또는 그 용도나 기능 자체, 저작물 이용자의 이해의 편의성 등에 의하여 그 표현이 제한되는 경우가 많으므로,"[14] 창작성을 발휘할 여지가 많지 않고 따라서 누가 작성하더라도 같거나 유사해질 가능성이 높다. 그만큼 보호의 폭이 좁아질 수 있다.

3. 저작물은 표현되어야 한다

저작권으로 보호되는 것은 사상이나 감정의 표현이지, 사상이나 감정 그 자체가 아니다. 사상이나 감정이 아무리 심오하고 훌륭해도 표현되지 않는다면 저작권으로는 보호되지 않는다.

표현이란 사상과 감정을 외부로 나타내는 것을 말한다. 그 표현의 방법에는 제한이 없다. 인간의 오감을 통해 직접 또는 재생장치를 통해 인지할 수 있는 것이면 족하다. 반드시 글로 적거나 그림으로 그려야 하는 것은 아니며 동작이나 소리로도 표현될 수 있다. 또 디지털 저작물처럼 이를 보고 읽고 듣고 또 작동하기 위해 일정한 장치가 필요한 방식으로 표현될 수도 있다. 또한 인지할 수 있으면 족하고 반드시 누구나 이해할

14 대법원 1995. 11. 14. 선고 94도 2238 판결.

수 있어야 하는 것도 아니다. 목적코드(object code) 형태의 컴퓨터프로그램이 이에 해당한다.

나아가 저작권 보호는 표현된 것에 미칠 뿐, 그 표현의 바탕이 되는 사상이나 감정(아이디어) 그 자체에는 미치지 않는다. 이 점에서 방법 등 구체화된 아이디어도 보호하는 특허와 차이가 있다.

요리책에 수록된 요리법을 베껴 다른 요리책을 내는 것은 저작권 침해이지만, 이를 참조해 직접 요리를 만드는 것은 저작권 침해가 아니다. 발명을 묘사하고 설명하는 도면이나 설명서도 그 표현이 창작적이라면 보호될 수 있으나, 저작권 보호는 그 발명에는 미치지 않는다. 그 발명이 특허 보호 요건을 충족한다면 특허법에 의해 보호될 수 있을 뿐이다.[15]

가. 표현이 고정될 필요는 없다.

저작권으로 보호받기 위해서는 저작물이 고정되어야 하는가? 저작권법은 저작물이 표현되면 족하고 반드시 어떤 매체에 고정될 것을 요구하지 않는다.[16] 모임에서 즉흥적으로 시를 발표하거나 연주를 하거나 또는 원고에 없는 발표를 한 경우에도 저작물이 되기에는 부족함이 없다. 따라서 다른 사람이 이를 허락 없이 녹음 또는 녹화하거나, 이를 듣거나 본 뒤에 나중에 이용했더라도 저작권 침해가 된다.

베른협약은 저작물의 성립 요건으로 고정을 요구할 것인지 여부를 각국의 입법에 위임하였다.[17] 이에 따라 미국처럼 유형물에 고정되어야만 저작권으로 보호받을 수 있는 경우도 있다.[18] 하지만 미국에서도 보호되는 음악

15 U.S. Copyright Office, Circular 33: Works Not Protected by Copyright, at 1-2.

16 '음반'이나 '영상저작물'처럼 보호 대상의 존재 양태가 고정을 전제로 한 것도 있다.

17 베른협약 제2조 제2항.

18 미국 저작권법 제102조(a) 및 영국 저작권, 디자인, 특허법(이제부터 "영국 저작권법"이라 한다.) 제3조 제2항.

공연을 허락받지 않고 녹음 또는 녹화하거나 그렇게 녹음 또는 녹화된 것을 전송하는 경우에는 별도의 처벌 규정을 두어 이를 금지하고 있다.[19]

저작물은 표현되면 족하고 '공표'되거나 '발행'되어야 하는 것은 아니다.[20] 하지만 고정되지 않은 저작물의 경우에 그것이 공표조차 되지 않았다면, 예를 들어 혼자만의 독백에 그친 것이었다면 문제가 될 수 있다. 그 저작물이 창작되었다는 것을 증명하기 어려울 수 있기 때문이다.

나. 표현은 구체적이고 객관적이어야 한다.

표현은 다른 사람에게 전달될 수 있을 만큼 충분하게 구체적이고 객관적이어야 한다. 저작물이 표현되어야 한다는 것은 저작권이 지식의 형태 중에서 형식지(形式知, explicit knowledge)만을 보호하고 암묵지(暗默知, tacit knowledge)[21]는 보호하지 않음을 의미한다.

학습과 경험을 통해 개인에게 체화되어 있으나 표현할 수 없고 다른 사람에게 전달되기 어려운 암묵지는 보호되지 않는다. 이는 저작권 보호가 지식과 정보의 창작뿐만 아니라 그의 전달과 공유를 목적으로 하는 것과 관련이 있다. 이 점은 영업비밀 보호를 제외한, 특허나 산업디자인 보호 등 산업재산권의 경우에도 같다.

이는 후각이나 미각 또는 촉각으로 인지되는 저작물을 찾아보기 어려운 것과 관련된다. 대부분의 저작물은 시각이나 청각, 또는 시청각으로 인지할 수 있는 것이다. 후각이나 미각을 통해서는 사상과 감정을 '구체

---

19 미국 저작권법 제1101조.

20 발행이란 저작물 또는 음반을 공중의 수요를 충족시키기 위하여 '유형물로' 복제·배포하는 것을 말하고, 공표란 발행을 포함하여, 저작물을 공연, 공중송신, 또는 전시 그 밖의 방법으로 저작물을 공개하는 것을 말한다. 다만, 저작권법은 베른협약과 달리 발행에 있어 "저작자의 동의를 얻어" 발행될 것을 요건으로 하지 않음에 유의하여야 한다. 저작권법 제2조 제24호 및 제25호 및 베른협약 제3조 제3항 참조.

21 예를 들어, 컴퓨터 자판을 보지 않고도 입력할 수는 있으나 자판 배열을 자세히 그릴 수는 없는 것이 이에 해당한다.

적으로' 표현하고 이를 다른 사람에게 '객관적으로' 전달하기가 현재로서는 (불가능에 가깝게) 어렵기 때문이다.

특정한 향(향수)이나 맛(치즈)은 저작권으로 보호되기 어렵다.[22] 나아가 비록 특정한 향이나 맛이 구체적이고 객관적이어도 특정한 향이나 맛은 그 자체로는 아이디어일 뿐이어서 그것만으로는 저작권으로 보호되기 어렵다고 보아야 할 것이다. 특정한 단음이나 단색이 저작권으로 보호되기 어려운 것과 같다. 그것이 식별력을 가져서 상표로 보호되는 것은 별개의 문제이다.

언어와 문자를 사용하기 전의 원시인들은 마치 어린아이가 우는 것처럼 소리와 몸짓으로만 자신의 감정이나 의사를 표현하고 전달해야 했을 것이다. 오늘날 우리가 사상과 감정을 구체적이고 객관적으로 표현하고 전달할 수 있는 것은 언어와 문자, 그리고 색상 코드와 악보 같은 기록과 의사소통 시스템이 발전했기 때문이다. 우리의 후각이나 미각이 청각이나 시각만큼 예민하게 훈련될 수 있을지는 의문이지만 향이나 맛으로도 우리의 사상과 감정을 표현하고 전달할 수 있는 가능성은 열려 있다.

---

22 향수의 향에 대해 네덜란드 최고법원은 저작권 보호를 인정[*Lancome v Kecofa*, NL:HR:2006:AU8940(2006)]한 반면 프랑스 최고법원(파기원)은 향수의 향은 노하우 적용의 결과물로서 저작권 보호를 받아야 할 창작적 표현이 될 수 없다고 부정[FR:CCASS:2013:CO01205(2013)]한 바 있다. 치즈의 맛에 대해 유럽사법재판소는 그 맛이 구체적으로 정의될 수 없고 객관적으로 전달될 수 없으므로 보호될 수 없다고 판시했다. *Levola Hengelo BV v. Smilde Foods BV*, C-310/17, EU:C:2018:899(2018) 참조.

제2절

보호 저작물과 비보호 저작물

1. 보호 저작물

저작권으로 보호되는 요건을 충족하는 저작물이라고 하더라도 그 모두가 우리나라에서 보호되는 것은 아니다. 저작물이 우리나라에서 보호받으려면 특히 그 저작자와 관련해 다음 세 가지 중 어느 하나에 해당해야 한다.

① 우리나라 사람이 창작한 저작물

② 우리나라가 가입 또는 체결한 조약에 의해 보호되는 저작물

③ 우리나라에서 상시 거주하는 외국인의 저작물 또는 우리나라에서 최초로 공표된 저작물

우선, 국적이 우리나라인 사람이 창작한 저작물이어야 한다. 저작자가 외국인인 경우에는 다음 두 가지 중에서 어느 하나에 해당해야 한다. 하나는 저작자가 우리나라가 가입 또는 체결한 조약(예를 들면, 베른협약)에 함께 가입하고 있어서 우리나라가 보호의 의무를 지는 나라의 국민인 경우이다. 다른 하나는 저작자가 조약에 의해 보호되는 나라의 국민은 아니지만 우리나라에 상시 거주하는 사람(무국적자 및 우리나라에 주된 사무소가 있는 외국 법인을 포함)이거나 또는 그 저작물을 우리나라에서 맨 처음 공표한 경우이다.

사실 전 세계 거의 모든 나라가 우리나라가 가입한 베른협약이나 WTO 협정 등에 가입하고 있으므로 우리가 접하는 거의 모든 외국인의 저작물

은 보호기간이 종료되지 않은 경우라면 모두 보호받는 것으로 보아도 무방하다. 하지만 우리나라와 외교관계를 가지고 있지 않은 대만과 북한, 두 나라에 대해서는 검토가 필요하다.

첫째, 대만의 경우, 1992년 외교관계가 단절된 이후 서로 상대방 국민의 저작권을 보호하는 데 문제가 있었다. 하지만 대만이 WTO협정에 가입해 2003년부터는 이 문제가 해결되었다. 다만, 대만과의 연결고리가 WTO협정 하나이고, 협정에 따라 내국민대우의 의무가 저작권에 대해서는 포괄적으로 미치지만 실연자, 음반제작자, 그리고 방송사업자의 권리에 대해서는 협정에 규정된 권리에만 미치므로 새로운 조약에 의한 추가적인 보호에서는 공백이 있을 수 있다.[23]

둘째, 북한의 경우, 북한저작물은 헌법상의 영토조항에 따라 보호된다는 것이 법원의 일관된 입장이다. 우리가 1996년에, 그리고 북한이 2003년에 베른협약에 가입했음에도, 남북한 사이에 이에 기초한 보호는 작동하지 않는다. 서로 상대를 국가로 승인하고 있지 않기 때문이다.[24] 1991년 체결된 기본합의서는 "남과 북은 나라와 나라 사이의 관계가 아닌 통일을 지향하는 과정에서 잠정적으로 형성되는 특수 관계"로 정의하고 있다.[25]

국제조약에 따른 보호와 관계없이, 법원은 저작권법의 적용과 관련해

---

23 TRIPs협정 제3조 제1항 참조. 하지만 대부분의 국가에서는 저작인접권에 대해서도 내국민대우를 적용한다.

24 일본은 북한이 베른협약에 가입했음에도 북한과 외교관계가 없기 때문에 국제조약상의 권리·의무 관계가 발생하지 않는다는 입장을 취하고 있다. 일본은 과거 독일 통일 전 동독에 대해서도 같은 입장을 취해왔다고 한다. 著作権情報センター, "北朝鮮のベルヌ條約加盟と日本との關係について,"『月刊コピライト』, No.507 (2003. 7), 13面 참조. 일본 최고재판소도 북한 영화의 일부를 방송프로그램에서 이용한 것과 관련하여 베른협약이 보편적 가치를 가지는 일반 국제법상의 의무를 체결국에게 부담시키는 것은 아니어서, 일본은 미승인국인 북한의 가입과 관계없이 베른협약에 의거한 권리 의무관계는 발생하지 않는다는 외무성과 문부과학성의 입장을 수용하여 보호를 부인하였다. 平成21(受)602 平成23年(2011년) 12月8日 最高裁判所第一小法廷 判決 참조.

25 남북기본합의서(1991) 전문 참조.

헌법 제3조의 효력이 북한에도 미치고 따라서 우리의 법률이 북한 지역과 주민에게 미치므로, "북한저작물은 상호주의에 관계없이 우리 저작권법상의 보호를 받는다"라는 입장을 일관되게 유지해 왔다.[26] 이에 기초해 북한저작물의 남한 내 이용에 대해 대리중개를 하는 단체도 있다.[27] 북한이 우리 국민의 저작물에 대해 실질적으로 어떠한 보호를 부여하는지에 대해서는 확인된 바가 없다.

남북한 사이의 저작권 보호 문제를 해결하기 위해서는, 남북기본합의서의 부속합의서에서 예정한[28] 저작권 보호를 위한 특별협정(합의서)을 체결하는 것이 바람직하다. 북한도 저작권법(2001년)과 콤퓨터 쏘프트웨어보호법(2003년)을 제정해 시행하고 있다. 따라서 특별협정을 통해 내국민대우의 원칙을 천명해 각자의 사정에 부합하는 보호를 상호 부여하되, 북한도 가입하고 있는 베른협약을 최소 보호의 기준으로 삼아 보호 수준을 단계적으로 상향할 필요가 있다.

2. 비보호 저작물

저작권법은 나아가 다음과 같은 저작물은 보호받지 못한다고 규정하

26 대법원 1990. 9. 28. 선고 89누6396 판결, 서울지방법원 1994. 2. 14. 93카합2009 판결, 서울지방법원 1996. 9. 12. 96노3819 판결, 서울고등법원 1999. 10. 12. 99라130 결정 및 서울고등법원 2006. 3. 29. 2004나14033 판결 참조. 다만, 다른 법(외국환거래법)의 적용과 관련해서는, "북한 지역을 외국에 준하는 지역으로, 북한 주민 등을 외국인에 준하는 지위에 있는 자로 규정할 수 있다"는 태도를 보이고 있다. 대법원 2004. 11. 12. 선고 2004도4044 판결 및 헌법재판소 2005. 6. 30. 선고 2003헌바114 참조.

27 통일부는 2006년 3월 15일, 북측의 '저작권 사무국'과 '민족 화해 협의회(민화협)'를 협력 상대로 하면서 북측 저작권에 대한 대리·중개 사업을 하는 사회문화협력사업자로 '남북 경제 문화협력재단(경문협)'을 승인했다.

28 '남북 사이의 화해와 불가침 및 교류·협력에 관한 합의서'의 '제3장 남북 교류·협력'의 이행과 준수를 위한 부속합의서(1992. 9. 17) 제9조 제5항은 "남과 북은 쌍방이 합의해 정한 데 따라 상대측의 각종 저작물에 대한 권리를 보호하기 위한 조치를 취한다"라고 규정하고 있다.

고 있다(법 제7조). 이는 베른협약 등 국제규범의 관련 규정과도 맥을 같이한다.[29] 다음의 저작물은 비록 저작물의 본국에서는 보호받을지라도 우리나라에서는 보호받지 못한다.

① 헌법, 법률, 조약, 명령, 조례 및 규칙

② 국가 또는 지방공공단체의 고시, 공고, 훈령, 그 밖에 이와 유사한 것

③ 법원의 판결, 결정, 명령 및 심판이나 행정심판절차, 그 밖에 이와 유사한 절차에 의한 의결, 결정 등

④ 국가 또는 지방자치단체가 작성한 것으로 ①부터 ③까지의 편집물 또는 번역물

⑤ 사실의 전달에 불과한 시사보도

이들 저작물은 모두 사회의 통합과 원활한 기능을 위해서 국민에게 널리 알려야 할 필요성이 높은 것들이다. 이들 저작물이나 자료의 이용을 특정인이나 단체, 또는 기관이 통제할 수 있도록 하면 그 이용이 부당하게 저해되어 사회의 통합과 원활한 기능이 저해될 수 있으므로 이를 방지하기 위해 저작권 보호를 부인한 것이다.

이 중에서 '사실의 전달에 불과한 시사보도'를 제외하고는 모두 국가 또는 지방자치단체의 저작물, 즉 정부저작물에 해당한다. 정부저작물의 보호와 관련해서는, 미국처럼 정부저작물 모두에 대해 저작권 보호를 부인하는 사례가 있지만, 대부분의 국가에서는 비록 정부저작물일지라도 법령 등 일부 저작물을 제외하고는 일반 저작물과 마찬가지로 보호하고 있다.

우리나라는 후자의 입장을 택하면서도 국가와 지방자치단체가 저작권을 가지는 공공저작물은 자유롭게 이용할 수 있도록 해서 적극적으로

---

29 베른협약은 입법·행정 및 사법적 성격의 공문서와 그 공식 번역물에 부여하는 보호는 동맹국의 입법에 맡기고 있다. 베른협약 제2조 제4항.

이용을 활성화하는 한편, 예외적으로 필요한 경우에만 저작권 등록을 통해 권리를 행사할 수 있도록 하고 있다(법 제24조의2).

사실의 전달에 불과한 시사보도는 저작권으로 보호되지 않지만, 시간에 민감한 보도를 다른 매체에 다시 싣는, 전재(轉載)는 공정한 경쟁을 해치는 행위로서 규제되기도 한다. 이를 핫뉴스 독트린(hot news doctrine)이라 한다.[30]

짚어보기 **음란물이나 이적표현물처럼 관련법에 의해 배포나 열람이 금지되는 저작물도 저작권으로 보호되는가?**

어느 저작물이 사회적으로 또는 법률적으로 용인되는 것인지 여부는 그 저작물에 대한 저작권 보호와는 무관하다. 그 표현 대상이나 내용에 관계없이 보호 요건을 충족하는 모든 저작물은 저작권으로 보호된다. 대법원도 "저작권법의 보호 대상인 저작물이라 함은 문학, 학술 또는 예술의 범위에 속하는 것이면 되고 윤리성 여하는 문제 되지 아니하므로, 설사 그 내용 중에 부도덕하거나 위법한 부분이 포함되어 있더라도 저작권법상 저작물로 보호된다"[31]는 입장을 견지하고 있다.

또한 이러한 보호는 국제조약상의 의무이기도 하다. 과거 중국 저작권법(제4조)은 "법으로 출판·배포가 금지된 저작물은 이 법의 보호를 받지 못한다"라고 규정했었으나, 미국에 의해 WTO에 제소되어 관련 국제조약의 의무에 합치되지 않는다는 결정이 내려짐[32]

30 이 원칙은 1918년 미국 연방대법원 판결에 의해 정립되었다. *International News Service v. Associated Press*, 248 U.S. 215(1918. 12) 참조. 다만, 이를 법으로 규정하려는 미국 연방거래위원회(FTC)의 시도는 저작권법 및 언론의 자유 등과 상치된다는 반대 주장으로 좌절된 바 있고, 그 후의 여러 판례에 의해 일부 수정 보완되었다. H. Sherrod, "The 'Hot News' Doctrine: It's not 1918 Anymore – Why the 'Hot news' Doctrine Shouldn't Be Used to Save the Newspapers," 48 *Houston Law Review* 1205(2012) 참조.

31 대법원 1990. 10. 23. 선고 90다카8845 판결.

32 WTO, *Report of the Panel: China - Measures Affecting the Protection and Enforcement of Intellectual Property Rights* (WT/DS362/R)(2009).

에 따라 이 조항을 삭제했다.

한편, 저작권 보호와 이의 행사는 구분할 필요가 있다. 형법 등 관련법에 의해 배포나 열람이 규제되는 저작물은 저작물의 복제·배포나 전송 등이 통제되므로 저작권을 행사하는 데에도 제약이 있을 수 있다.

짚어보기 **외국에서는 보호받지 못하는 저작물이 국내에서는 보호받을 수 있는가?**

미국의 정부저작물은 미국 저작권법에 의해 보호가 부인된다. 그렇다면 미국 정부가 발간한 연구보고서를 국내에서 허락받지 않고 번역 발간할 수 있는가?

비록 저작물의 본국에서 보호받지 못하는 저작물이라도, 그 나라에서 보호기간이 만료된 저작물을 제외하고는 모두 내국민대우의 원칙이 적용되므로, 저작권법에 따라 기준을 충족하는 저작물은 국내에서 보호된다. 즉, 미국에서는 보호되지 않는 미국 정부의 연구보고서라도 국내에서는 보호된다. 미국 저작권법의 관련 입법경위서도 이 점을 언급하고 있다.[33] 다만, 실제로 미국 정부가 이에 대해 저작권 행사에 나설 가능성은 높지 않고, 우리 저작권법(법 제24조의2)도 공공저작물의 자유이용을 규정하고 있어서 문제가 되기는 어렵다.

33 H.R. Report 94-1476(1976), at 59 참조. 베른협약도 "권리의 향유와 행사는 저작물의 본국에서 보호가 존재하는지 여부와 무관하다"고 규정하고 있다. 베른협약 제5조 제2항.

제3절

저작물의 종류

저작물은 분류 기준에 따라 다양하게 나눌 수 있다. 저작권법은 저작물을 표현하는 방법에 따라 어문저작물, 음악저작물, 미술저작물 등으로 분류하고 있다. 하지만 필요에 따라 다음과 같이 다른 기준을 적용하기도 한다. 이런 분류는 서로 배타적이지 않으므로 중첩해서 적용할 수 있다.

첫째, 저작물의 작성 방법에 따라 '원저작물'과 이에 기초해 작성되는 '2차적저작물' 및 '편집저작물'로,

둘째, 저작자의 이름을 표시하는 방법에 따라 '실명저작물'과 '무명저작물' 또는 '이명저작물'로,

셋째, 저작물 창작에 기여한 저작자의 수에 따라 '단독저작물', '공동저작물' 또는 '결합저작물'로,

넷째, 저작물의 공표 여부에 따라 '공표저작물'과 '미공표저작물'로, 그리고

다섯째, 공표의 계속성 여부에 따라 '일회적 저작물'과 '계속적 저작물'[34]로 나눌 수 있다.

저작권법은 표현 방법에 따라 저작물을 아홉 가지로 분류한다. 이는 저작물에 어떤 것이 있는지를 예시해서 이해를 돕기 위한 것으로, 어느 저작물이 예시된 종류에 속하지 않는다고 해서 보호받지 못하는 것은 아니다.

---

34 계속적 저작물은 다시 저작물들의 독립성 여부에 따라 다큐멘터리 방송 프로그램처럼 매회 별도의 주제를 다루어 독립성이 있는 축차저작물(逐次著作物)과 신문이나 잡지 등 정기간행물에 연재되는 소설처럼 독립성이 없는 순차저작물(順次著作物)로 나뉜다.

하지만 이런 구분이 저작권법상 전혀 의미가 없는 것은 아니다. 어떤 권리 또는 제한 및 예외는 특정한 종류의 저작물에만 적용되기 때문이다. 전시권은 미술저작물, 건축저작물 그리고 사진저작물에만 적용된다. 이것은 그러한 종류의 저작물이 가지고 있는 내재적인 속성과 관련이 깊다.

저작권법에서 예시하고 있는 저작물의 종류에 대해 살펴보자.

1. 어문저작물

말과 글에 의해 표현되는 저작물을 말한다. 소설, 시, 논문, 강연, 연술, 각본 등이 여기에 속한다. 어문저작물에는 문자나 기호로 기록된 것은 물론, 기록되지 않은 구술 또는 구연 상태의 것도 포함된다. 읽거나 듣는 이가 쉽게 이해할 수 있는 말과 글에 의한 표현은 물론, 암호나 점자, 또는 수학 공식처럼 이해할 수 있는 사람이 적은 표현방식으로 표현된 것도 어문저작물에 해당한다.

컴퓨터프로그램에 대해서는 초기에 많은 논란이 있었으나 현재는 이를 베른협약상의 어문저작물로서 (또는 어문저작물처럼, as literary works under the Berne Convention) 보호하는 것으로 일단락되었다.[35] 저작권법에서는 컴퓨터프로그램을 별도의 저작물로 분류하고 있다.

2. 음악저작물

음에 의해 표현되는 저작물을 말한다. 음의 표현이 악기에 의한 것이

---

35 TRIPs협정 제10조 제1항 및 WIPO저작권조약 제4조 참조.

든 사람에 의한 것이든 가리지 않는다. 주의할 점은 악곡뿐만 아니라 그에 수반되는 가사도 음악저작물에 해당된다는 것이다. 김소월의 시를 가곡으로 작곡한 경우에 그 시는 음악저작물이 된다. 이 경우에 가사는 어문저작물이 되기도 하고 음악저작물이 되기도 한다.

음악저작물은 반드시 악보의 형태로 존재해야 하는 것은 아니다. 직접 연주하거나 부르는 노래도 음악저작물에 해당되어 저작권으로 보호받는 데 아무런 문제가 없다.

음악저작물이 오페라나 뮤지컬, 발레에서 연주되는 음악처럼 연극저작물과 결합되는 경우가 있다. 이를 연극적 음악저작물(dramatico-musical works)이라 한다. 처음부터 연극저작물에 활용하기 위해 작성되는 경우도 있지만, 나중에 활용되는 경우도 있다. 이러한 연극적 음악저작물은 보통 비연극적 음악저작물과는 구별되어 이용 허락된다.

짚어보기 **존 케이지(John cage)의 곡 「4분 33초」도 저작권법상 보호되는 음악저작물이라고 할 수 있는가?**

미국의 실험적 작곡가였던 존 케이지는 1952년에 30초, 2분 23초, 그리고 1분 40초의 3악장 4분 33초 동안(또는 연주자가 선택하는 시간 동안) 연주자에게 연주하지 말 것 [악보에는 '타셋(Tacet, 길게 쉼)'으로만 표시되어 있다]을 지시하는 「4분 33초」를 작곡(?)했다.[36] 과연 이 곡을 음악저작물이라고 할 수 있을까?

음악저작물을 '음에 의해 표현되는 저작물'이라 하고, 작곡을 음의 표현을 통한 창작행위라고 할 때, 이 「4분 33초」는 저작권법상 보호되는 음악저작물이라고 하기 어렵다.

36 이 작품은 미국의 화가 로버트 라우셴버그(Robert Rauschenberg)가 1951년에 몇 개(3개 또는 7개)의 연이은 캔버스에 하얀색 이외의 아무런 색도 칠하지 않은 '하얀 그림(White paintings)'을 발표한 데서 영향을 받은 것이라고 한다. "Robert Rauschenberg," available at http://pastexhibitions.guggenheim.org/singular_forms/highlights_1a.html.

연주의 '쉼'도 음악저작물의 일부를 구성할 수는 있으나, 그것만으로는 저작물이 될 수 없다. 거기에는 단지 쉼의 '기간' 외의 다른 것이 존재하지 않으며, 구태여 음악이란 것이 있다면 그것은 작곡가의 의지와는 관계없는 청중이나 그 밖의 환경으로부터 들리는 소리뿐이므로 보호해야 할 창작성이 있다고 하기 어렵다.

케이지가 다른 사람이 쉽게 할 수 없는 참신한 착상을 처음 한 사람으로서 평가받을 수는 있지만, 저작권법상 이 곡에 다른 사람의 모방으로부터 보호되어야 할 표현은 없다고 할 수 있다.[37]

3. 연극저작물

저작권법상 연극저작물은 연극저작물과 무용 또는 무언극으로 나누어 볼 수 있다.

연극저작물이란 무대 등 관객 앞에서 배우들의 대사와 몸짓 등의 연기로 표현되는 저작물을 말하며, 연극을 포함하여 뮤지컬이나 오페라도 이에 해당한다. 연극저작물은 그것이 무대에서 공연되고 무대에서의 공연이 저작물의 최종적인 형태인 점에서 차이가 있을 뿐, 희곡과 시나리오를 대본으로 하여 배우들이 연기한다는 점에서 영상저작물(영화)과 많은 점에서 유사하다.

무용 및 무언극은 인간의 신체의 자세와 동작 또는 표정 등 몸짓으로 표현되는 저작물로서, 일련의 몸짓의 조합과 배열로써 표현되는 저작물

---

37 비슷하게 남자 소변기를 그대로 가져다 '샘(Fountain)'이란 제목을 붙여서 전시한 마르셀 뒤샹(Marcel Duchamp)의 경우처럼 이른바 개념예술(conceptional art)에도 같은 결론을 내릴 수 있다. 이것은 모스트 모던 예술이 표현보다는 의미와 가치를 부여하고 전달하는 방법론, 즉 개념적 접근을 중시한 것과 관련된다. David W. Galeson, *Painting Outside the Lines: Patterns of Creativity in Modern Art* (2001), at 162 참조.

을 말한다. 둘 이상의 사람이 함께 할 수도 있고, 리본 등 소품이나 도구를 활용할 수도 있다. 몸짓 등을 직접 몸으로 표현할 수도 있지만 글로 서술하거나 무보(舞譜)로 기록할 수도 있다.

저작권법은 무용과 무언극을 연극저작물의 하나로 분류하였으나, 국제적으로는 오히려 무용과 무언극은 연극저작물과 별도로 분류하는 경우도 많다.[38] 무대에서 공연된다는 공통점이 있으나, 연극저작물은 연극(뮤지컬 또는 오페라 포함) 대본, 즉 어문저작물이나 음악저작물의 실연에 해당하는 것이어서, 인간의 몸짓으로 표현되는 무용 또는 무언극과는 본질적으로 차이가 있다.

무용 및 무언극은 인간의 몸짓으로 표현되는 것을 전제로 하므로, 마술(馬術)이나 훈련된 동물의 루틴처럼 동물이나 로봇 등 기계의 움직임에 관한 것은 무용 또는 무언극으로 보호될 수 없다.[39] 하지만, 인간의 형상을 한 로봇이나 인간을 흉내 내는 아바타에 의해 표현되는 안무의 경우에는 안무저작물을 기록하는 방식이나 기존의 무용 또는 무언극을 이용하는 방식이 될 수도 있으므로 보호의 대상으로 할 필요가 있다.[40]

요가 동작 같은 일반적인 몸동작이나 사교댄스, 운동 루틴이나 골프 스윙 같은 일반적인 제스처나 운동 동작으로 구성된 안무 등은 저작권 보호를 받기에 충분한 창작성을 인정받기 어려울 수 있다.[41] 일반적으로 사용되는 기본 스텝과 그 변형에 대해 특정한 사람에게 독점을 인정하면

38 미국 저작권법 제102조(a), 독일 저작권법 제2조 제1항, 일본 저작권법 제10조 제1항 및 프랑스 지적재산권법 제112조의2 제1항 참조.

39 미국 저작권청은 저작권 등록과 관련해 이를 명시하고 있다. U.S. Copyright Office, Circular 52 Copyright Registration of Choreography and Pantomime, at 4. https://www.copyright.gov/circs/circ52.pdf 〈〈2022. 2. 11. 방문〉〉.

40 다만, 이 경우에도 로봇이나 아바타는 인간 신체의 한계가 없으므로, 점프, 동작의 속도 또는 관절의 꺾임 등에서 인간으로서는 표현할 수 없는 구성요소를 담고 있는 경우에는 문제가 될 수 있다.

41 U.S. Copyright Office, Circular 52 Copyright Registration of Choreography and Pantomime, at 1-4.

인간의 몸의 움직임을 과도하게 제약할 수 있기 때문이다.[42]

스포츠댄스나 피겨스케이트 또는 리듬체조처럼 예술과 스포츠가 결합되는 경우 그 안무가 저작물로서 보호되는가에 대해서는 이견이 있다.[43]

4. 미술저작물

색채 또는 형상에 의해 표현되는 저작물을 말한다. 회화, 서예, 조각, 판화 및 공예 등이 이에 해당한다.

디자인 같은 응용미술저작물의 경우에는 그것이 산업적으로 이용된다고 하더라도 이용된 물품과 구분되어 독자성이 인정될 수 있다면 역시 미술저작물로서 보호된다. 저작권법은 디자인을 미술저작물에 포함해 규정하고 있다(법 제2조 제15호).

응용미술저작물이란 경제적 동기에 의해 양산되는 실용품의 형상이나 디자인을 의미하므로 일반적으로 산업의 범위에 포함되는 것으로 볼 수 있다. 그러나 사회 일반의 미적 감각이 고도화되면서 응용미술을 순수미술과 구별하는 것 자체가 무의미할 만큼 미술이 일상생활에까지 깊숙이 침투하고 있으며, 순수미술작품이 실생활에 응용되는 사례도 늘고 있다. 저작권법은 이런 추세를 반영해 응용미술저작물에 대해서도 '그 이용된 물품과 구분되어 독자성을 인정할 수 있는 것'은 저작권법의 보

---

42 일본 법원은 영화 〈셸 위 댄스〉에 사용된 댄스 안무에 대해 같은 이유로 보호를 부인했다. 東京地裁 平成24年(2012年) 2月 28日 宣告 平成20年(ワ)第9300号 判決. 이와 달리 법원은 사건 안무가 각종 댄스 장르의 전형적인 춤 동작과 이미 공개된 춤에서 발견되는 특징들과 유사한 측면이 있음에도, 배경음악의 전체적인 흐름, 분위기, 가사 진행에 맞게 종합적으로 재구성되었고, 실연자들의 각자 역할에 맞게 춤의 방식과 동선을 유기적으로 구성했으며, 기존의 춤 동작도 특정 악곡의 느낌에 맞게 창조적으로 변형되었고, 동작들이 곡의 흐름에 맞게 완결되어 전체적으로 안무가의 작품으로 인식되는 점을 들어 보호를 인정했다. 서울고등법원 2012. 10. 24. 선고 2011나104668 판결 참조.

43 마찬가지로 이런 종목의 선수를 저작권법상 실연자로 보호해야 하는가도 논란의 대상이다.

호 대상으로 하고 있다. 물품과 구분되는 독자성이란 물품의 기능적 요소와 구분되는 미적인 요소를 말한다.

저작권법과 달리 디자인보호법상 디자인은 '물품 그 자체'의 디자인을 말한다. 이를 물품성 요건이라 한다. 따라서 디자인보호법상의 보호는 디자인의 대상인 물품을 떠나서는 보호되지 않는다. 예를 들어, 벽지 디자인으로 등록된 패턴은 벽지에 미칠 뿐, 이를 머그컵에 활용하는 것에는 적용되지 않는다. 다만, 디자인보호법은 예외적으로 글자체(한 벌의 컴퓨터용 글자꼴)와 화상디자인(기기의 조작에 이용되거나 기능이 발휘되는 것에 한정)에 대해 물품성을 의제하여 보호한다.[44]

우리 법원은 글자체 디자인은 보호하지 않은 채 이를 컴퓨터에서 사용할 수 있도록 변환한 폰트(font)는 컴퓨터프로그램으로 인정하여 보호하고 있다.[45] 그러나 이것은 최종 사용자에 의한 복제 문제에는 효과적으로 대처할 수 있으나, 다른 개발자에 의한 모방에 대해서는 아무런 보호도 부여하지 못하는 문제가 있다.

---

44 디자인보호법에서 글자체에 물품성을 의제한 것은 그것이 과거 납 활자로 쓰일 때에는 물품에 해당되어 보호 대상이었다가, 컴퓨터로 구현되면서 보호되지 않게 된 문제를 해소하기 위한 것이다. 그러나 타자·조판 또는 인쇄 등의 일반적인 과정에서 글자체를 사용하거나, 글자체를 사용해 생산된 결과물에는 디자인보호법에 의한 보호가 미치지 않게 함으로써 종래의 보호 범위가 지나치게 확대되지 않도록 했다. 디자인보호법 제2조 제1호 내지 제2의2호 및 제94조 제2항 참조.

45 대법원 2001. 6. 29. 선고 , 99다23246 판결. 공교롭게도 이 판결은 미국의 앞선 판결과 결론이 같다. *Adobe Systems Inc. v. Southern Software Inc.*, 45 U.S.P.Q.2d 1827 (N. D.Cal. 1998). 이에 대해서는, 임원선, "글자체의 법적 보호," 「계간 저작권」, 2001 가을호, 38-44쪽 참조.

짚어보기 **디자인보호법에 의한 보호가 종료된 디자인도 저작권법에 의한 보호를 받을 수 있는가?**

응용미술저작물은 디자인보호법과 저작권법 모두에 의해 보호될 수 있다. 문제는 디자인보호법에 따라 등록되어 그 보호기간이 종료된 디자인도 여전히 저작권법에 의한 보호를 받을 수 있는가, 그리고 그것이 바람직한가 하는 것이다.

나라마다 접근 방법이 다른데, 우리나라는 중복 보호를 허용하고 있다.[46] 이에 대해 디자인보호법에 따른 보호기간이 종료된 디자인에 대해 다시 저작권법에 의한 보호를 허용하는 것은 디자인보호법이 일정한 보호를 마친 디자인을 공유에 처하도록 한 취지를 해치는 것이라는 주장이 있을 수 있다. 보호기간의 조정 등 조화 방안을 고민할 필요가 있다. 실제로 영국은 미술저작물이나 그 부분이 공업적 방법으로 복제되어 그 물품이 시장에 공급된 경우에 그러한 복제 또는 복제된 물품의 이용에 대해서는 보호기간을 25년으로 단축한 적이 있다.[47]

하지만, 저작권법과 디자인보호법의 보호요건과 목적에 차이가 있으므로 중복 보호를 허용한다고 해도 문제되지 않는 것으로 판단된다.

5. 건축저작물

건축물에 의해 표현되는 저작물을 말한다. 여기에는 건축물뿐만 아니라 건축을 위한 모형이나 설계도 등도 포함된다. 여기서 건축물이란 인간의 거주를 위해 디자인된 영구적이나 고정될 것이 의도된 구조물을 말한다.[48] 따라서 다리나 캠핑카, 보트 등은 건축저작물이라고 할 수 없다.

---

46 외국인 디자인의 경우에 그 본국에서 저작권으로는 보호하지 않고 디자인으로만 보호하는 경우에는 우리나라에서도 저작권법이 아닌 디자인보호법에 의한 보호만 받을 수 있다. 베른협약 제2조 제7항 참조.

47 이 규정은 디자인에 대한 저작권 보호와 디자인 보호의 중첩을 인정하고, 저작권 보호의 정도와 조건을 회원국에 맡기고 있는 유럽연합 디자인 지침에 따라 2013년 삭제되었다. 삭제 이전 영국 저작권법 제52조(미술저작물로부터 파생된 디자인 이용의 효과) 참조.

48 37 C.F.R. § 202.11. Architectural works 참조.

건축물은 건물의 외관은 물론 각종 구성요소가 공간적으로 배치된 전체적인 조합을 말한다. 그러나 건축물을 구성하는 장식품과 같은 개별 구성요소나 인테리어 디자인은 건축저작물이 아니다.

건축저작물을 보호하는 것은 건축물에 의해 표현되는 예술성을 모방으로부터 보호하기 위함이다. 일반주택 등 생활의 편의를 위한 일상적인 건축물은 저작권법의 보호 대상이 되는 건축저작물이라고 보기 어렵다. 하지만 저작권법에 의해 보호받기 위해 반드시 고도의 예술성을 갖추어야 하는 것은 아니어서 저작권법에 의한 보호가 주장되는 건축물 대부분에 대해 그 보호가 부인될 가능성은 높지 않다.

대법원도 "건축물이 건축 분야의 일반적 표현 방법, 그 용도나 기능 자체, 저작물 이용자의 편의성 등에 따라 기능 또는 실용적 사상을 나타내고 있을 뿐이라면 창작성을 인정하기 어렵지만, 사상이나 감정에 대한 자신의 독자적인 표현을 담고 있어 창작자의 창조적 개성이 나타나 있는 경우라면 창작성을 인정할 수 있다."라고 판시하였다.[49]

6. 사진저작물

사진의 방법에 의해 표현되는 저작물을 말한다. 청사진과 같이 사진과 유사한 방법으로 표현되는 것도 이에 해당한다.

사진저작물의 경우에는 그 보호 가능성과 보호범위에 관해 많은 논란이 있다.

우선 사진의 보호 가능성에 대해서는 사진기술을 활용한 사진이 처음 나왔을 때부터 논란이 많았다. 사진이 주로 기계적인 방법에 의해 만들어지기 때문이다. 사진은 국제적으로도 상당한 기간 동안 다른 저작물에

49 대법원 2020. 4. 29. 선고 2019도9601 판결.

비해 보호에 차별을 받아왔으나, 사진이 예술적 표현의 중요한 기법으로 자리 잡으면서 이러한 상황은 점차 개선되고 있다.[50]

사진은 피사체의 선택, 구도의 설정, 빛의 방향이나 양의 조절, 카메라 각도의 설정, 셔터의 속도, 셔터 찬스의 포착, 기타 촬영방법, 현상 및 인화 등의 과정에서 촬영자의 주관적 판단과 의도에 의해 그 결과가 좌우되며 촬영자가 이를 통해 자신의 사상과 감정을 표현하는 점에서 다른 저작물과 크게 다르지 않다는 점이 인정되어 보호를 받게 되었다.[51] 따라서 촬영자의 이런 주관적 판단에 의한 조작 없이 기계적으로 촬영되는 증명사진 등은 여전히 보호받기 어려울 수 있다.

보호 범위와 관련해 법원은 사진에 대해 비교적 엄격한 잣대를 적용하고 있다. 대법원은 광고사진을 제품 자체만을 충실하게 표현한 제품사진과 제품의 이미지를 부각시켜 효과를 극대화하기 위한 이미지 사진으로 분류하고, "제품 사진에 있어 중요한 것은 얼마나 그 피사체를 충실하게 표현하였나 하는 사진 기술적인 문제이고, 그 표현하는 방법이나 표현에 있어서의 창작성이 아니"며, 비록 거기에 원고의 창작이 전혀 개재되어 있지 않다고는 할 수 없을지는 몰라도 그와 같은 창작의 정도가 "저작권법에 의해 보호할 만한 원고의 어떤 창작적 노력 내지 개성을 인정하기 어렵다"라는 이유로 보호를 부인한 원심을 인용(認容)한 바 있다.[52]

---

50 예를 들어, 베른협약도 사진저작물에 대해서는 다른 저작물과 달리 작성된 때부터 25년의 보호기간을 규정하고 있다가, 1996년에 이르러서야 WIPO저작권조약에서 이런 차별적 규정을 더 이상 적용하지 않도록 했고, 저작권법도 1957년 제정법에서 10년의 짧은 보호기간을 적용하다가 1986년법에서야 일반 저작물과 같이 취급하게 되었다. 베른협약 제7조 제4항, WIPO저작권조약 제9조 및 1957년 제정법 제35조.

51 *Burrow-Giles Lithographic Co. v. Sarony*, 111 U.S. 53(1884). 대법원도 사진저작물이 보호되는 저작물이 되기 위해서는 피사체의 선정, 구도의 설정, 빛의 방향과 양의 조절, 카메라 각도의 설정, 셔터의 속도, 셔터 찬스의 포착, 기타 촬영방법, 현상과 인화 등의 과정에서 촬영자의 개성과 창조성이 인정되어야만 한다고 판시해 이 기준을 수용하고 있다. 대법원 2010. 12. 23. 선고 2008다44542 판결 참조.

또 풍경 사진에 관한 판례에서, 법원은 동일한 피사체를 촬영하는 경우 이미 존재하고 있는 자연물이나 풍경을 어느 계절의 어느 시간에 어느 장소에서 어떠한 앵글로 촬영하느냐의 선택은 일종의 아이디어로서 저작권의 보호 대상이 될 수 없고, 자연 경관은 만인에게 공유되는 창작의 소재로서 촬영자가 피사체에 어떠한 변경을 가하는 것이 사실상 불가능하다는 점을 고려할 때 다양한 표현 가능성이 있다고 보기 어려우므로, 전체적인 콘셉트나 느낌에 의해 저작물로서의 창작성을 인정하는 것은 다른 저작자나 예술가의 창작의 기회 및 자유를 심하게 박탈하는 결과를 초래할 것이 우려되어 그 자체만으로는 보호 대상이 된다고 보기 어렵다고 판시한 바 있다.[53]

7. 영상저작물

서로 관련된 연속적인 영상[54]으로 표현되는 저작물을 말한다. 소리가 나거나 나지 않는 것과 관계없이 영화처럼 동영상으로 표현되는 것이 이

---

52 대법원 2001. 5. 8. 선고 98다43366 판결. 원심은 서울고등법원 1998. 7. 22. 선고 96나39570 판결.

53 서울지방법원 2014. 3. 27. 선고 2013가합527718 판결 및 서울고등법원 2014. 12. 4. 선고 2014나2011480 판결 참조. 판례와 유사하게 침해를 부정한 사례로는 미국의 *L. Sahuc v. L.Tucker and S. Molividdin*, 300 F.Supp.2d 461(E.D.La. 2004), 침해를 인정한 사례로는 영국의 *Temple Island Collections Ltd v. New English Teas* [2012] EWPCC 1 참조.
'솔섬 사진' 판결은 다른 저작자나 예술가의 창작의 기회 및 자유를 심하게 박탈할 것이라는 우려 때문에 풍경사진 전반에 대해 저작권 보호를 부인하는 부당한 결과를 초래할 수도 있다. 이는 사진을 공개하면서 사진기의 기종, 셔터 속도, 조리개 개방 정도 등의 기본정보를 함께 공개하고, 그럼으로써 때로 아마추어 사진가들의 모방을 부추기는 사진계의 관행이 고려되지 않은 결과이다. 이런 관행을 고려하면 저작권법의 일반 원리에 따라 침해로 보되 공정이용의 잣대를 적용해 비영리적인 행위 등에 대해 폭넓게 예외를 인정하는 방식으로 접근하는 것이 적절했다고 본다.

54 엄밀하게 말하면 영상은 우리 눈의 잔상효과를 이용해 연속적인 영상으로 보이도록 매우 짧은 일정한 간격을 두고 촬영한 일련의 사진이다.

에 속한다. 영화의 한 장면 등과 같이 정지된 화상을 별도로 이용하는 경우에는 이를 영상저작물이 아니라 사진저작물로 취급한다. 뮤직비디오의 경우에는 그것이 주로 음악을 표현하기 위한 것이기는 하지만 영상을 우선하여 영상저작물로 분류하는 점에 유의할 필요가 있다(법 제2조 제5호).[55] 연극이나 음악회 등을 촬영한 자료는 연극저작물이나 음악저작물을 담고 있는 영상저작물이라고 할 수 있다.

비디오게임 영상의 경우, 플레이 모드에서는 게이머의 조작에 따라 영상이 계속해서 바뀌기 때문에 완성된(고정된) 영상저작물이 아니라는 주장이 있으나, 게이머의 조작에 의한 변화에도 불구하고 많은 부분은 변함없이 유지되므로 고정되어 있다고 할 수 있다.[56]

영상저작물에는 제작 과정의 특수성 때문에 일반적으로 많은 사람의 권리가 매우 복잡하게 얽히게 된다. 이 때문에 영상저작물의 원활한 이용을 위해서, 그리고 이를 통해 영상저작물 제작에 대한 투자가 원활하게 이루어지도록 하기 위해서 제작에 관여하는 사람들의 권리관계를 단순화할 필요가 있다. 따라서 저작권법은 영상저작물에 대해서는 별도로 권리관계와 이용에 관한 특례를 규정하고 있다.[57]

8. 도형저작물

지도, 도표, 설계도, 약도, 모형, 그 밖의 도형에 의해 표현되는 저작물을 말한다. 건축설계도는 별도로 건축저작물에 속하기도 하는 점에 유의

55 WIPO실연·음반조약 제2조(b) 또한 같다. 다만, 저작물의 관리와 관련해서 이를 반드시 음반과 분리해야 하는 것은 아니다.

56 *Williams Electronics, Inc. v. Artic International, Inc.*, 685 F.2d 870(3d Cir. 1982). 미국 저작권법이 고정을 보호요건으로 보기 때문에 문제가 되었지만, 비디오 게임이 컴퓨터프로그램으로 보호되면서 이 문제는 더 이상 중요하지 않게 되었다.

57 저작권법 제99조부터 제101조까지 참조.

할 필요가 있다.

도형저작물은 예술성의 표현보다는 기능이나 실용적인 사상의 표현을 주된 목적으로 하는 이른바 기능적 저작물이다. 따라서 표현하려는 기능 또는 실용적인 사상이 속하는 분야에서의 일반적이거나 표준적인 표현 방법, 규격 또는 그 용도나 기능 자체, 저작물 이용자의 이해 편의성 등에 의해 표현이 제한되는 경우가 많으므로 작성자의 창작적 개성을 드러내기 어렵다.[58] 이로 인해 보호도 어렵고 보호가 미치는 범위도 일반 저작물보다 좁을 수 있다.

대법원도 지도의 저작물성과 관련하여 "일반적으로 지도는 지표상의 산맥·하천 등의 자연적 현상과 도로, 도시, 건물 등의 인문적 현상을 일정한 축적으로 약속된 특정한 기호를 사용하여 객관적으로 표현한 것으로서, 지도상에 표현되는 자연적 현상과 인문적 현상은 사실 그 자체일 뿐 저작권의 보호 대상은 아니라고 할 것이므로, 지도의 창작성 유무를 판단할 때에는 지도의 내용이 되는 자연적 현상과 인문적 현상을 종래와 다른 새로운 방식으로 표현하였는지, 그 표현된 내용의 취사선택에 창작성이 있는지 등이 판단의 기준이 된다고 판시한 바 있다.[59]

도형저작물에서 특히 문제가 되는 것은 설계도나 모형 등에 따라 물품을 제작하는 것이 저작권 침해가 되느냐 하는 것이다. 설계도나 모형은 물품을 제작하는 방법을 표현하는 수단이고, 물품을 제작하는 방법은 저작권법상 보호되지 않는다. 단지 그 표현만 보호될 뿐이다. 따라서 설계도 자체를 복제하는 것과는 달리 설계도나 모형 등에 따라 물품을 제작하는 것은 저작권 침해가 되지 않는다.[60]

그러나 저작권법은 건축설계도에 따라 건축물을 시공하는 것은 저작

---

58 대법원 2005. 1. 27. 선고 2002도965 판결 참조.

59 대법원 2011. 2. 10. 선고 2009도291 판결 참조

60 영국은 이를 명시적으로 규정하고 있다. 영국 저작권법 제51조.

물의 복제에 해당하는 것으로 보아 특별히 보호하고 있음에 유의할 필요가 있다(법 제2조 제22호). 이에 관한 자세한 내용은 복제의 개념과 관련해 다시 살펴볼 것이다.

짚어보기 **기계설비의 설계도면도 저작권법에 의해 보호받을 수 있는가?**

기계설비의 설계도면도 저작권법에 의해 보호될 수 있다. 그러나 도형저작물의 특성상 작성자의 창작적 개성이 드러날 여지가 많지 않기 때문에 저작권으로 보호되는 폭은 넓지 않다. 설계도면과 비슷한 예로 지도가 있는데, 지도의 경우에도 자연 또는 인문 현상을 표현하기 위한 축척이나 지도상의 여러 표기 방법 등이 표준화되어 있어서 지도가 저작권법의 보호를 받는다고 하더라도 실제로 보호되는 범위는 넓지 않을 수 있다.

하지만 도형저작물이 예술성의 표현을 담고 있어 예술적 감상의 대상이어야만 보호되는 것은 아니다. 그것이 학술적이거나 기술적 사상을 표현하고 있더라도 거기에 창작적 개성이 표현되어 있기만 하면 저작권 보호의 대상이 될 수 있다.

9. 컴퓨터프로그램저작물

컴퓨터프로그램이란 특정한 결과를 얻기 위해 컴퓨터 등 정보처리능력을 가진 장치 내에서 직접 또는 간접으로 사용되는 일련의 지시나 명령으로 표현되는 창작물을 말한다. 지시나 명령만을 말하는 점에서 프로그램 기술서나 프로그램 명세서를 포함하는 '소프트웨어'와는 차이가 있다.[61] 저작권법은 컴퓨터프로그램저작물의 보호에 대해서는 별도의 법으로 정하도록 했었으나, 2009년 개정법에 의해 저작권법으로 일관되게

61 소프트웨어산업진흥법 제2조 제1호 참조.

보호하게 되었다. 다만, 컴퓨터프로그램의 특수성을 고려해 저작재산권 제한 등에 대해 일부 특례 규정을 두고 있다.

저작권법은 이렇듯 저작물이 표현되는 방법에 따라 아홉 가지로 저작물을 분류한다. 이 외에도 저작물의 작성 방법에 따라 '원저작물'에 상대되는 두 가지, 즉 '2차적저작물'과 '편집저작물', 그리고 저작자의 수에 따라 '단독저작물'에 상대되는 한 가지, 즉 '공동저작물' 등 모두 세 종류의 저작물을 별도로 언급하고 있다.

10. 2차적저작물

2차적저작물이란 기존의 원저작물을 번역, 편곡, 변형, 각색, 영상 제작, 또는 그 밖의 방법으로 작성한 '창작물'을 말한다(법 제5조).

소설을 원작으로 해서 드라마나 영화를 제작하는 경우나 외국의 문학작품을 우리말로 번역하는 경우에 그 드라마나 영화 또는 번역된 문학작품이 이에 해당한다. 법에서 언급하고 있는 '그 밖의 방법'에는 축약이나 발췌 또는 수정 등이 있다. 따라서 기존 저작물의 개정판 역시 2차적저작물이 된다.

2차적저작물이 되기 위해서는 원저작물을 기초로 수정 및 증감을 가하여 새로운 저작물이 되기에 충분한 창작성이 부가되어야 하고 원저작물과 실질적 유사성을 유지하여야 한다.

단순히 번역, 편곡 등을 한 것만이 아니라 이를 통해 원저작물과 구별되어 저작권으로 보호될 수 있는 정도의 창작적 덧보탬이 있는 경우에라야 2차적저작물이라 할 수 있고 별도로 보호를 받을 수 있다. 하지만, 각색 등을 통하여 새로운 저작물을 작성한 경우에 원저작물과의 실질적 유사성이 유지되지 않는 정도에 이르렀다면 단지 새로운 저작물일 뿐 2차적저작물이라고 할 수 없다.

짚어보기 **건축저작물인 설계도에 따라 지어진 건축물도 2차적저작물이 될 수 있는가?**

설계도에 따라 건축물을 시공하고 그 결과 지어진 건축물이 건축저작물로 보호되는 경우에 그것이 그 설계도의 2차적저작물이 될 수 있을까?

설계도에 따라 건축물을 시공하는 과정에서는 소설을 영화화하는 과정에서 이루어지는 것과 같은, 저작권으로 보호될 수 있는 창작적 행위가 인정되기 어렵다. 따라서 설계도에 따라 건축물을 시공하는 것은 설계도에 표현된 창작적 표현을 단순히 기계적으로 구현한 것에 불과해 2차적저작물 창작행위에는 해당하기 어려운 것으로 이해된다. 저작권법도 이를 복제에 해당하는 것으로 명시하고 있다.[62]

11. 편집저작물

저작물이나 부호, 문자, 음성, 음향, 영상, 그 밖의 자료 등 소재의 집합물을 편집물이라 하고, 이런 편집물로서 그 소재의 선택이나 배열 또는 구성에 창작성이 있는 것을 편집저작물이라 한다(법 제2조 제17호 및 제18호). 편집물 중에서 소재를 체계적으로 배열 또는 구성한 편집물로서 그 소재를 개별적으로 접근 또는 검색할 수 있도록 한 것을 데이터베이스라고 하는데(법 제2조 제19호), 이 경우에도 소재의 선택이나 배열 또는 구성에 창작성이 있다면 편집저작물로서 보호된다.

편집저작물은 소재의 선택이나 배열 또는 구성에 창작성이 있어야 하며, 보호는 창작성 있는 그러한 선택이나 배열 또는 구성에만 미친다. 예를 들어, 인명 전화번호부처럼 방대한 편집물의 경우, 해당 구역에 있는 모든 전화번호를 가입자 성명의 가나다순에 따라 배열해 소재의 선택과

62 저작권법 제2조(정의) 제22호 참조.

배열에 있어 아무런 창작성을 인정할 수 없다면 저작권으로는 보호될 수 없다. 또 소재의 배열에 창작성이 있어서 보호되는 편집저작물일지라도 다른 사람이 그 편집저작물에 포함된 자료들을 다른 방법으로 선택하고 배열했다면 저작권 침해가 되지 않는다.[63]

소재의 선택과 배열이라는 편집저작물의 보호 논리는 간혹 다른 저작물의 보호에도 활용된다. 예를 들어, 방송 포맷의 보호와 관련하여 방송 프로그램을 구성하는 각 구성요소가 아이디어이거나 그 자체로서 창작성을 인정하기 어렵다고 하더라도, 구성요소의 선택이나 배열이 충분히 구체적으로 어우러져서 다른 프로그램과 구별되는 창작적 개성이 있다면 그 프로그램 포맷의 저작물성이 인정된다.[64]

무용저작물의 경우에도 비록 각각의 동작은 각종 댄스 장르에서 보이는 전형적인 것이지만, 여러 동작들이 곡 리듬과 느낌에 어울리도록 조합되어 결과적으로 하나의 독특한 안무를 이룬다면 저작권으로 보호될 수 있다는 식이다.[65]

---

63 이렇듯 편집저작물의 엄격한 보호 기준과 협소한 보호 범위는 방대한 투자를 필요로 하는 데이터베이스를 효과적으로 보호하는 데 한계가 있어, 유럽연합 국가들을 중심으로 이에 대해 독자적인 보호를 제공하곤 한다. 우리나라 저작권법도 창작성이 없는 데이터베이스의 경우에도 이를 제작 또는 갱신하는 데 상당한 투자가 이루어졌다면 저작권 보호와는 별도로 제작 또는 갱신된 때부터 5년간의 보호를 부여하고 있다. 법 제4장 데이터베이스제작자의 보호 참조.

64 대법원 2017. 11. 9. 선고 2014다49180 판결.

65 서울고등법원 2012. 10. 24. 선고 2011나104668 판결. 시의 경우에도 결국 시어의 선택과 배열이 아니냐는 반론이 있을 수 있지만, 특정 상황에 활용 가능한 제한된 대안 중에서의 선택과 배열이라는 점에서 일반 저작물의 창작과는 구별된다고 할 수 있다.

12. 공동저작물

가. 개념

공동저작물이란 2명 이상이 공동으로 창작한 저작물로서 각자의 이바지한 부분을 분리해 이용할 수 없는 것을 말한다(법 제2조 제21호).

2인 이상이 공동창작의 의사를 가지고 창작적인 표현형식 자체에 공동의 기여를 함으로써 각자의 이바지한 부분을 분리하여 이용할 수 없는 단일한 저작물을 창작한 경우 이들은 그 저작물의 공동저작자가 된다. 공동으로 집필한 교재 등이 이에 속한다.

저작권은 구체적으로 외부에 표현한 창작적인 표현만을 보호 대상으로 하므로, 2명 이상이 저작물의 작성에 관여한 경우에 창작적인 표현 자체에 기여한 사람만이 그 저작물의 저작자가 된다. 창작적인 표현 형식에 기여하지 않은 사람은 비록 저작물의 창작 과정에서 아이디어나 소재 또는 필요한 자료를 제공하는 등의 관여를 하였더라도 공동저작자가 될 수 없다. 이러한 사실은 저작자로 인정되는 사람이 그를 공동저작자로 표시하는 데 동의하더라도 달라지지 않는다.[66]

공동저작물의 경우에는 그 보호기간이 공동저작자 중에서 맨 마지막으로 사망한 저작자를 기준으로 하는가 하면, 저작권 행사도 저작자 전원이 합의해서 해야 하는 등 일반 단독저작물과는 다른 예외가 적용된다. 각 저작자가 공동저작물에 대해 이바지한 부분은 달리 정하지 않았다면 동등한 것으로 취급된다.

나. 요건

어느 저작물이 공동저작물이 되려면 다음 세 가지 요건을 모두 충족해

66 대법원 2021.7. 8. 선고 2018도525 판결.

야 한다.

첫째, 2인 이상이 공동으로 창작하여야 한다. 공동의 창작은 다시 공동 창작의 사실과 공동 창작의 의사로 나누어 볼 수 있다. 공동 창작의 사실이란 하나의 저작물을 2인 이상이 함께 창작했다는 것을, 공동 창작의 의사란 공동저작물이 될 것이라는 의사를 가지고 창작하는 것을 말한다.

공동창작의 의사가 중요한 것은 저작물의 창작 과정에 그들이 서로 영향을 주고받기 때문이다. 저작권법은 공동 창작에 대한 의사의 존재를 요건으로 명시하고 있지 않으나, 저작물을 '공동으로 창작'하는 데는 그러한 의사가 당연히 존재하는 것으로 보아야 한다.[67]

비록 각 공동저작자의 이바지한 부분이 물리적으로 구분될 수 있다고 하더라도 다른 공동저작자의 존재와 그 의견 등에 영향을 받아서 전체로서 하나의 저작물이 되었다면 다른 조건을 충족하는 한 공동저작물이라고 할 수 있다. 이 점에서 저작자 상호간에 아무런 영향을 주고받음이 없이 창작해 나중에 합친 결합저작물과 구분된다.

문제는 그러한 영향을 주고받음이 저작물을 창작하는 때에 이루어져야 하는가 하는 것이다. 미국 저작권법은 공동의 창작 외에도 저작자들이 그것이 공동저작물이 될 것이라는 의사를 가지고 작성하는 것을 요건으로 하고 있고,[68] 그 시점은 '창작을 하는 때'로 이해된다.[69]

하지만 공동저작자 모두가 반드시 창작을 할 때에 공동의 창작 의사를

---

67 대법원의 판결도 같다. 대법원 2014. 12. 11. 선고 2012도16066 판결 및 대법원 2016. 7. 29. 선고 2014도16517 판결 참조. 특허법상 공동발명자의 경우에도 대법원은 "공동발명자가 되기 위해서는 발명의 완성을 위하여 실질적으로 상호 협력하는 관계가 있어야" 한다고 함으로써 유사한 기준을 적용하였다. 대법원 2011. 7. 28. 선고 2009다75178 판결 참조.

68 미국 저작권법 제101조(정의).

69 이것은 기성작가가 자신의 저작물에 대한 보호기간을 연장할 목적으로 나중에 젊은 신예작가에게 공동저작물을 만들게 할 수 있다는 우려를 불식시키려는 목적도 지니고 있다고 한다. H.R. Report, 94-1476(1976), at 120.

가질 필요는 없다. 작사가가 작곡가의 존재를 모르는 상황에서 작사를 하는 경우에도 그것이 하나의 곡으로 만들어질 것이라는 의사가 있는 한 공동저작물로 인정될 수 있다.[70]

짚어보기 **김소월의 시 〈개여울〉처럼 처음에는 문학작품으로 발표되었다가 나중에 작곡가가 이에 곡을 붙여 만든 가요들은 공동저작물로 인정될 수 있는가?**

이런 가요들은 공동의 창작, 특히 공동 창작의 의사라는 요건을 충족하지 못하므로 공동저작물이라고 할 수 없다. 단지 기존 저작물을 이용해 새로운 저작물을 작성한 것으로 이해될 수 있을 것이다. 이런 저작물에는 보호기간이나 지분 등에 관한 공동저작물의 특례가 적용되지 않는다. 기존 저작물의 저작자는 그러한 이용에 대해 허락할 권리를 가질 뿐, 새롭게 작성된 저작물에 대해 공동저작자의 지위를 가질 수는 없다.

둘째, 저작권으로 보호될 수 있는, 창작적으로 이바지한 저작자가 2인 이상이어야 한다.[71] 저작권은 구체적으로 외부에 표현한 창작적인 표현만을 보호하므로, 비록 2인 이상이 창작에 관여하였더라도 아이디어나 소재 또는 필요한 자료를 제공하는 정도에 그쳤다면 창작적인 표현 형식에 기여하지 않았으므로 저작자로 인정될 수 없고 따라서 공동저작자가 될 수 없다. 이러한 기여자를 제외하고도 저작자가 2인 이상이어야 공동저작자가 될 수 있다.

셋째, 각자의 이바지한 부분을 분리하여 이용할 수 없어야 한다. 여기에서 '분리 이용 불가능'은 두 가지로 이해할 수 있다. 하나는, 각자가 이

---

70 *Edward B. Marks Music Corp. v. Jerry Vogel Music Co.*, 140 F.2d 266, 267(2d Cir. 1944).

71 이는 첫 번째 요건의 세부 요건으로 이해될 수도 있다.

바지한 부분을 분리할 수 없어서 이를 분리하여 이용하는 것이 불가능한, '명목적인 분리 이용 불가능'이고, 다른 하나는 분리하여 이용하는 것은 가능하지만 이를 분리해 이용하는 경우에는 저작물을 본래의 목적대로 이용할 수 없거나 저작물 본래의 가치가 현저히 저하될 수밖에 없는, '실질적인 분리 이용 불가능'이다. 제도의 취지로 보면 후자를 포함하는 것으로 이해하는 것이 타당하다.

가사와 악곡으로 이루어진 음악저작물의 경우를 예로 들어보자. 음악저작물의 경우에는 가사와 악곡을 분리해서 별도로 이용하는 것이 가능하기 때문에 비록 작사가와 작곡가가 서로 공동창작의 의사를 가지고 창작했더라도 공동저작물이 아닌 결합저작물로 보는 것이 국내의 주류적인 견해이다.[72]

음악저작물은 가사와 악곡을 분리해 단순히 시나 악보처럼 이용할 수 있다. 그러나 비록 분리해서 이용하는 것이 가능하더라도, 이처럼 분리되어 이용될 것을 전제로 창작되지 않으며, 분리해서 이용하면 가치가 현저히 저하되는 경우에 그것이 공동으로 창작된 것이라면 공동저작물로 보는 것이 타당하다.[73] 이는 글과 그림으로 이루어진 만화의 경우에도 같다.[74]

이런 차이는 실질적인 의미를 가지기도 한다. 예를 들어, 가수 이정현이 부른 가요 「바꿔」는 가사의 메시지 때문에 선거용 로고송으로 쓰는

---

72 오승종, 『저작권법』(박영사, 2008), 313쪽 및 최경수, 『저작권법개론』(한울, 2010), 177쪽 참조. 다만, 오승종 교수는 최근 입장을 일부 완화한 것으로 이해된다. 오승종, "악곡과 가사로 이루어진 대중가요의 성격", ≪법률신문≫(2019. 6. 10) 참조.

73 같은 취지, Paul Goldstein, *Copyright - 2nd edition*(Aspen Law & Business, 1998), at 4:7-4:13. 이것은 미국 저작권법이 공동저작물의 정의에서 "분리불가능한(inseparable)" 것뿐만 아니라 "상호의존적인(interdependent)" 것도 포함하는 것과 관련이 있을 것이다. 미국 저작권법 제101조(정의) 참조. 이것이 저작권법이 공동저작물을 별도로 취급하는 취지에 보다 부합한다.

74 서울북부지방법원 2008. 12. 30. 선고 2007가합5940 판결 참조.

경우가 많은데, 단지 악곡만 사용하고 가사는 모두 새롭게 바꾸어서 사용하는 경우도 흔하다. 음악저작물을 결합저작물로 보면 작곡 부분에 대해서만 사용료를 지불하면 되지만 공동저작물로 보면 모두에 대해 지불해야 한다.[75] 참고로, 작사·작곡가의 권리를 신탁관리하는 (사)한국음악저작권협회는 이를 일관되게 공동저작물로 취급해 관리하고 있다.

짚어보기 **과학 논문 등에서는 논문 작성에 기여한 모든 연구자를 공동저자로 기록하는데, 이들 모두를 공동저작자라고 할 수 있는가?**

과학 논문에서는 일반적으로 논문 작성에 기여한 사람 모두를 공동저자로 기록하는 관행이 있다. 하지만 저작권법상 공동저작자가 되기 위해서는 저작권으로 보호되는 대상에 대해 저작권으로 보호되는 수준의 일정한 이바지를 할 필요가 있다. 논문의 작성에 창작적으로 기여하지 아니한, 단지 아이디어를 제공했거나 실험을 진행한 연구자 등은 특허 등의 권리자가 될 수는 있을지언정 저작권법상의 저작자는 될 수 없다. 또한 단순히 다른 사람의 원고를 편집하는 정도의 기여라면 이를 공동저작물에 이르게 할 정도의 이바지라고 하기 어렵다.[76]

75 동 협회 사용료 징수규정 및 분배규정에서 악곡 및 가사를 별도로 이용한 경우를 상정해 작사가 및 작곡가의 권리처리만을 별도로 다루고 있는 규정은 없다. 한국음악저작권협회 음악저작물 사용료 징수규정(2025. 5. 7.) 및 음악저작물 사용료 분배규정(2024. 7. 29.) 참조.

76 *Childless v. Taylor*, 945 F.2d 500, 507(2d Cir. 1991) 참조.

3장

저작자

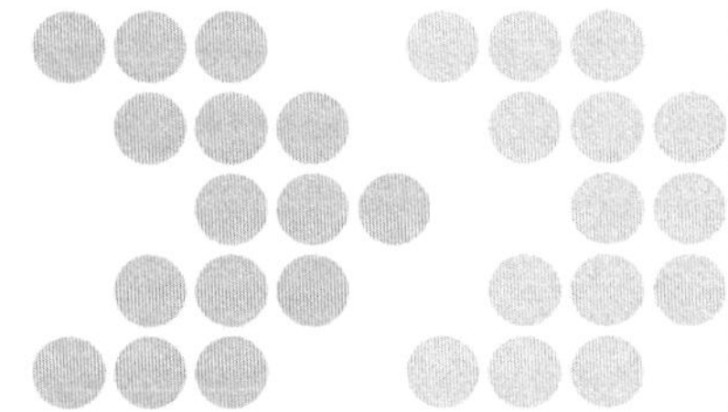

제1절

창작자 원칙과 예외

1. 창작자 원칙

저작물을 창작한 사람이 저작자가 되고 그에게 저작권이 귀속된다. 이를 '창작자 원칙'이라 한다. 따라서 누가 창작자인지를 가려내는 것이 중요하다.

저작물의 창작에 한 사람이 아니라 여러 사람이 관여한 경우에는 누가 저작권법상의 저작자인지를 가려내는 것이 쉽지 않다. 몇 가지 사례를 살펴보자.

첫째, 저작물의 창작을 위한 아이디어나 힌트를 제공한 사람은 저작자가 아니다.

저작물이란 인간의 사상이나 감정을 표현한 창작물을 말하므로, 저작자는 직접 그 표현을 한 사람이다. 아이디어나 힌트를 활용해 구체적으로 표현한 사람이 저작자인 것이다. 하지만 아이디어가 구체적이고 풍부해서 표현에 이른 정도라면 공동저작자가 될 수 있다.

둘째, 저작물의 창작을 의뢰한 사람은 저작자가 아니다.

사진 촬영이나 건축 또는 연구 용역을 의뢰하는 경우에 저작자는 사진가나 건축가 또는 연구자이지, 이를 의뢰한 사람이 아니다. 계약에 다른 정함이 없다면 의뢰자는 의뢰의 목적에 따라 그 결과물을 활용하는 권한만 가지는 것으로 이해된다. 미국 등에서는 영화의 일부, 번역, 편집물, 삽화와 같은 보조적 저작물과 교과서, 시험 등 일부 저작물에 대해 이를 업무상저작물로 간주한다고 문서로 명시적으로 합의한 경우에 이를 업무상저작물로 보아 의뢰자를 저작자로 보기도 한다.[1] 하지만 저작권법은 이러한 예외를 인정하지 않고 있다.[2]

셋째, 구전되어 오던 가사나 악보 또는 설화 등을 채보하거나 기록하는 경우에 채보하거나 기록한 사람은 저작자가 아니다.

이런 채보나 기록은 창작적인 기여라고 볼 수 없다. 다만, 채보나 기록 과정에서는 불완전하거나 망실된 부분을 보완 또는 손질하는 것이 일반적인데 이때에는 그 기여한 정도에 따라 저작자로 인정될 수도 있다.

짚어보기 **한 유명 인사가 자신의 자서전을 다른 사람에게 집필하게 하고 이를 자신의 이름으로 발간하면서 저작자를 자신으로 하기로 합의한 경우, 그 자서전의 저작자는 누구인가?**

집필을 의뢰한 사람을 저작자로 표시하기로 합의했다고 해서 실제 저작자가 달라지지는 않는다. 당사자 사이의 합의로 저작권법상의 저작자를 바꿀 수는 없다.[3] 이 합의는 단지 집필자가 스스로 저작자임을 주장하지 않겠다고 약속한 것으로 이해될 수 있다.

유명 인사가 작가를 고용해 자서전을 내면서 단지 관련된 사실과 정황만을 제공하는 정도에 그쳤다면 자신의 자서전으로 발표되었더라도 저작권법상 저작자가 될 수 없다. 다만, 저작권으로 보호되는 정도에 이를 만큼 상세하고 풍부하게 집필의 방향이나 표현을 지시하거나 수정했다면 집필자와 공동저작자가 될 수 있을 것이다.

---

1 미국 저작권법 제101조 정의 규정 및 제201조(b) 참조.

2 1957년 제정법은 "타인의 촉탁에 의하여 저작된 사진, 초상의 저작권은 그 촉탁자에 속한다"라고 했으나, 1986년법은 이를 삭제해 창작자 원칙을 관철했다.

3 대법원 1992. 12. 24. 선고 92다31309 판결 및 대법원 2009. 12. 10. 선고 2007도7181 판결 참조.

짚어보기 생성형 AI를 활용하여 생성한 출력물의 저작자는 누구인가?

앞서 언급하였듯이 현재로서는 인공지능을 활용하여 생성한 출력물은 저작권으로 보호되는 저작물이 되기 어렵다.[4] 따라서 아무도 그의 저작자가 될 수 없다.

다만, 장차 그 출력물이 보호되는 저작물로 인정된다면, 그의 저작자가 될 가능성이 있는 것은 조작자, 개발자 또는 서비스업체, 그리고 AI 자체, 이 셋이다. 다만, 충족해야 할 조건이 서로 다르다.

첫째, 생성형 AI가 여전히 CAD 프로그램처럼 창작의 도구에 지나지 않는다고 보게 된다면, 이를 조작한 사람이 저작자가 될 것이다.[5]

둘째, 인간 저작의 요건이 완화되어, AI 출력물이 보호되는 저작물로 인정된다면 그리고 미국 저작권청의 견해대로 AI에 대한 인간의 통제가능성이 계속 부인된다면,[6] 이에 위탁저작물의 원칙이 적용되게 되므로, AI 개발자 또는 서비스업체가 저작자가 될 것이다.[7]

셋째, 궁극적으로 기술이 발전하여 AI가 조작자의 개입없이도 스스로의 판단에 따라 출력물을 생성하고 AI에 대해 법인과 같이 법상 권리의무능력이 부여된다면, AI 자체가 저작자가 될 수도 있을 것이다.

AI 기술은 한편으로는 AI에 대한 인간의 통제력 강화를 향해, 다른 한편으로는 범용 AI(강한 인공지능)의 완성을 향해 발전해왔다. 전자가 충분한 수준에 도달한다면 AI가 도구로 인정될 것이므로 조작자가, 후자가 성공하면 AI 그 자체가 저작자가 되어야 한다는 목소리가 높이질 것이다. 어느 쪽이 먼저 성공할지 또는 둘 모두 성공한 결과가 어떨지는

4 AI 출력물에 대한 저작권 보호가능성을 검토한 짚어보기 참조. 이 책 쪽.

5 영국 저작권법은 "컴퓨터에 의해 생성된 어문, 연극, 음악 또는 미술저작물의 경우에 저작자는 그 저작물의 창작을 위해 필요한 조작을 한 자로 본다"라고 규정하고 있다. 영국 저작권법 제9조 제3항.

6 AI기술이 점차 사용자의 의도에 맞게 출력물을 생성해내는 방향으로 발전하고 있으므로, 머지않아 통제가능성 문제가 완화될 가능성이 높다.

7 오픈AI는 권리의 구체적인 내용을 언급하지 않은 채 챗지피티 등의 출력물에 대해 있을 수 있는 자신의 모든 권리를 사용자에게 양도한다는 입장을 유지하고 있다. OpenAI, Terms of use, available at 〈〈https://openai.com/policies/terms-of-use/〉〉 (2023. 3. 14. 및 2025. 11. 19. 방문). 다만, AI 출력물에 저작권 보호가 부여되어도 이 정책이 지속될지는 두고 보아야 할 것이다.

예측하기 어렵다. 하지만, 현재처럼 이를 위탁저작물에 비유하는 해법은 과도기적인 것이 될 가능성이 높다.

AI 출력물의 보호 여부, 저작권의 귀속, 그리고 보호의 정도 등은 저작권 보호의 목적 즉 무엇을 어떻게 보호하는 것이 그것의 창작과 보급, 그리고 투자를 촉진하고, 그로써 문화와 관련 산업의 발전을 위해 바람직한가를 기준으로 판단할 필요가 있다.

2. 예외: 업무상저작물

특정한 경우에는 저작물의 실제 창작자가 아니라 그를 사용(고용)한 개인이나 기업 또는 단체 등이 저작자가 되기도 하는데, 이를 창작자 원칙에 대해 '업무상저작물의 예외'라 한다.[8]

저작권법은 법인·단체 그 밖의 사용자(이하 '법인 등'이라 한다)의 기획하에 법인 등의 업무에 종사하는 자가 업무상 작성하는 저작물을 업무상저작물로 정의하고, 법인 등의 명의로 공표되는 업무상저작물의 경우에는 계약 또는 근무규칙 등에 다른 정함이 없는 때에 그 법인 등이 저작자가 되도록 하고 있다(법 제2조 제31호 및 제9조).

이 업무상저작물 개념은 1903년 미국 연방대법원이 소송의 대상이 된 저작물이 "바로 그것을 작성하기 위해 원고에 의해 고용되고 임금을 받은 사람들에 의해 그의 작업장에서 작성되었다"라는 이유로 원고에게 저작권을 부여함이 타당하다고 판결한 데서 출발하였고, 미국의 1909년 저작권법이 "'저작자(author)'란 용어에는 업무상저작물의 경우에 사용자를 포함한다"라고 명시함으로써 제도적으로 정립되었다.[9]

업무상저작물의 예외가 필요한 이유는 대체로 실용주의적 관점에서

---

8 1986년법에서는 이를 '단체명의저작물'이라 불렀다. 1986년법 제9조 참조.

9 *Bleistein v. Donaldson Lithographing Co.*, 188 U.S. 239, 248 (1903) 및 미국 1909년 저작권법 제26조 참조.

다음 세 가지가 제시된다.

첫째 영화나 컴퓨터프로그램처럼 주로 사용자가 기획하는 저작물은 많은 인력이 참여하여 창작하기에, 창작자 원칙에 따르면 저작물에 대한 권리관계가 너무 복잡해져서 사용자가 투자한 저작물을 사업화하기에 충분한 통제력을 확보하기 어렵고, 결국 이러한 저작물의 창작에 대한 투자를 위축시킬 수 있다.

둘째, 업무상저작물의 경우에는 창작 과정에 창작자 개인보다 사용자의 지휘와 감독 및 지원이 중요한 역할을 한다.

셋째, 업무상저작물의 경우에는 사용자의 명의로 공표되므로 창작자인 종업원의 인격적 이익보다는 사용자가 더 강한 이해관계를 가지는 경우가 많다.

이런 이유에서 미국과 일본 등 많은 나라에서 업무상저작물 제도를 도입하고 있지만, 프랑스 등 대륙법계 법 전통의 국가들에서는 창작자만이 저작자라는 원칙을 고수해 왔다.[10] 그러나 이 원칙의 종주국이라 할 독일과 프랑스에서도 유사한 제도를 도입하는 등 이제는 전 세계 거의 모든 국가가 업무상저작물의 예외를 인정하게 되었다.[11] 우리나라와 일본도 대체로 대륙법계 법 전통을 따르고 있지만 미국식의 업무상저작물 제도를 수용하고 있다.

---

10 이 경우에도 학설과 판례는 종업원이 묵시적으로 업무상저작물에 대한 배타적 이용권을 고용계약의 목적을 이행하는 데 필요한 범위 내에서 사용자에게 허락하고, 이에 대한 이용료는 종업원이 받은 임금으로 갈음된다고 해석한다고 한다. 이상희, 『업무상 창작에 대한 지적재산권의 귀속에 관한 연구 - 업무상저작물과 직무발명 제도 간 비교를 중심으로 -』 서울대 법학박사학위 논문 (2017. 8), 102-103쪽 참조.

11 독일도 컴퓨터프로그램에 관하여는 재산권에 대하여 업무상저작물과 유사한 규정을 도입하였고, 프랑스도 법인 등이 발의하고 그의 지시와 명의로 공표된 저작물로서 그 작성에 다수 창작자의 기여가 저작물에 융합되어 개인에게 권리를 귀속시킬 수 없는 단체 저작물(collective l'oeuvre)에 대해서는 법인의 명의로 공표되면 저작권을 단체에 귀속시키는 제도를 도입하였다. 독일 저작권법 제69조의b 및 프랑스 지적재산권법 제113조의2 및 제113조의5 참조.

어느 저작물이 업무상저작물로서 창작자가 아닌 법인 등이 저작물의 저작자가 되는 요건은 다음 다섯 가지이다.[12] 다섯 가지 요건을 모두 충족해야 한다. 이 중 하나라도 충족하지 못하면 창작자가 그 저작물의 저작자가 되는 창작자 원칙이 적용된다.

가. 법인 등이 저작물의 작성을 기획했을 것

법인 등이 저작물의 작성을 기획하고 직원에게 지시하는 등의 방법으로 저작물을 작성하게 한 경우이다. 단체나 기업뿐만 아니라 개인도 사용자가 될 수 있다. 다만, 법인 등이 저작물의 작성에 대해 적극적이고 능동적으로 기획했을 것을 요구하는 것은 아니다. 근무규칙 등에 직원의 직무를 정하고 직원이 그러한 직무상의 필요에 따라 작성한 것이면 넓은 의미에서 사용자의 기획에 의한 것으로 본다.

나. 법인 등의 업무에 종사하는 사람에 의해 작성되었을 것

법인 등과 저작물 작성자 사이에 사용관계가 있어야 한다. 저작물의 작성자가 법인 등에게 고용되어 있거나 실질적인 지휘·감독 관계가 있으면 된다. 두 가지가 경합하는 경우에는 실질적인 지휘·감독 관계가 우선한다. 예를 들어, A 회사의 직원이 B 회사에 파견된 경우, B 회사의 지휘를 받아 작성한 저작물의 저작자는 A 회사가 아니라 B 회사가 된다.

저작권법은 미국 등 일부 국가와 달리 사용관계에 있지 않은 사람에게 주문 또는 위탁해 작성된 저작물, 즉 위탁저작물(commissioned work)은 업무상저작물로 보지 않는다. 외부에 연구보고서의 작성이나 사진 촬영 등을 주문 또는 의뢰해서 작성된 연구 보고서나 사진 등은 업무상저작물이 아니다. 따라서 저작자는 위탁한 사람이 아니라 직접 작성 또는 촬영

---

12 저작권법은 정의 규정에서 세 가지 조건만 언급하고 나머지 두 가지는 그 업무상저작물의 저작권 귀속 규정에서 언급하고 있어 자칫 업무상저작물에 대해서도 창작자 원칙이 적용되는 것처럼 오해할 여지가 있다.

한 사람이 된다.

연구보고서 작성이나 사진 촬영을 의뢰할 때에는 주문 또는 의뢰한 사람이 저작권을 가진다는 내용의 계약을 미리 하는 경우가 많다. 이 경우에는 직접 보고서 작성이나 촬영을 한 사람에게 일단 귀속된 저작권을 주문 또는 의뢰한 사람에게 양도하는 계약을 한 것으로 이해될 수 있다. 하지만 이 경우에는 업무상저작물과 달리 저작인격권이 여전히 저작자에게 남아 있다는 점에 유의할 필요가 있다.

법인 등과 저작물 작성자가 실제로 사용관계인지 또는 단순한 위탁관계인지를 판단하는 것이 쉽지 않은 경우가 많다. 대법원은 사용관계에 해당하는지 여부는 계약의 형식이 고용계약인지 도급계약인지보다 그 실질에 있어 근로자가 임금을 목적으로 종속적인 관계에서 사용자에게 근로를 제공하였는지 여부에 따라 판단하여야 한다고 보았다.[13] 이는 미국 연방대법원의 견해와 크게 다르지 않다.[14]

---

13 대법원 2006. 12. 7. 선고 2004다29736 판결. 대법원은 종속적인 관계가 있는지 여부는 업무 내용을 사용자가 정하고 취업규칙 또는 복무(인사) 규정 등의 적용을 받으며 업무 수행 과정에서 사용자가 상당한 지휘·감독을 하는지, 사용자가 근무시간과 근무장소를 지정하고 근로자가 이에 구속을 받는지, 노무제공자가 스스로 비품·원자재나 작업도구 등을 소유하거나 제3자를 고용하여 업무를 대행케 하는 등 독립하여 자신의 계산으로 사업을 영위할 수 있는지, 노무 제공을 통한 이윤의 창출과 손실의 초래 등 위험을 스스로 안고 있는지, 보수의 성격이 근로 자체의 대상적 성격인지, 기본급이나 고정급이 정하여졌는지 및 근로소득세의 원천징수 여부 등 보수에 관한 사항, 근로 제공 관계의 계속성과 사용자에 대한 전속성의 유무와 그 정도, 사회보장제도에 관한 법령에서 근로자로서 지위를 인정받는지 등의 경제적·사회적 여러 조건을 종합하여 판단하되, 기본급이나 고정급이 정하여졌는지, 근로소득세를 원천징수하였는지, 사회보장제도에 관하여 근로자로 인정받는지 등의 사정은 사용자가 경제적으로 우월한 지위를 이용하여 임의로 정할 여지가 크기 때문에, 이 점들이 인정되지 않는다는 것만으로 근로자성을 쉽게 부정해서는 안 된다고 판시하였다.

14 *Community for Creative Non-Violence v. Reid*, 490 U.S. 730, 751-2(1989). 미국 연방대법원은 Restatement of the Law of Agency(1957) §220(2) 등을 인용하여, 요구되는 기술의 숙련도, 재료와 도구의 출처, 작업 장소, 관계의 지속 기간, 추가 작업을 할당할 권한 유무, 작업의 시기와 방법에 관한 재량 범위, 대가 지불 방법, 보조자 고용 및 대가 지불 권한, 작업이 의뢰자의 일반적인 사업 범위에 속하는지 여부, 의뢰자가 사업을 영위하고 있는지 여부, 직원에 대한 복지 제공 여부, 그리고 피의뢰자의 세금 처리 등의 기준을 제시하고 있다.

다. 업무상 작성했을 것

직원이 작성했더라도 주어진 업무의 범위에 속하는 것이 아닌 때에는 업무상저작물이 되지 않는다. 업무 수행의 결과 단지 파생적으로 작성되거나 업무와 간접적으로만 관련되어 작성되는 데에 불과한 경우에는 업무상저작물이 되지 않는다. 직원이 업무상 얻은 지식이나 경험을 활용해 업무상 요구되지 않는 저작물을 작성한 경우 에도 그러하다.

짚어보기 대학교수나 중·고등학교 교사가 작성한 강의안은 업무상저작물인가?

미국에서는 대학교수의 강의안에 대한 저작권은 교수에게 귀속된다는 판례가 있다.[15] 학문의 자유 또는 연구의 자유라는 헌법적 가치가 존중되어야 하므로, 대학 당국이 교수의 강의 내용에 대해 지시 또는 규율할 수 없다는 이유에서였다.[16] 이를 '업무상저작물에 대한 교사의 예외 또는 학문의 예외(teacher exception or academic exception)'라 한다. 하지만 이 예외는 1976년 저작권법 전면 개정에 반영되지 않았기 때문에 여전히 유효한 것이냐에 대해 의견이 나뉘었다. 그러다가 1989년 연방대법원 판결 이후로는 이런 예외를 범주적으로 인정하지 않고 개별 사안별로 판단하고 있다.[17]

우리나라에서도 교수나 교사의 저작물을 일괄해서 업무상저작물로 취급하거나 이에서

---

15 *Hays v. Sony Corp. of America*, 847 F.2d 412, 416-417 (7th Cir. 1988) 및 *Weinstein v. University of Illinois,* 811 F.2d 1091 (7th Cir. 1987) 참조.

16 Chanani Sandler, "Copyright Ownership: A Fundamental of 'Academic Freedom,'" 12 *Albany Law Journal of Science and Technology* 231, 240-244 (2001) 및 Robert A. Gorman, "Copyright Conflicts on the University Campus," 47 *Journal of the Copyright Society* 297, 302-305 (2000) 참조.

17 몇 가지 판례를 살펴보면, *Shaul v. Cherry Valley-Springfield Cent. School*, 363 F.3d 177(2d Cir. 2004)(고등학교 교사가 준비한 시험, 퀴즈, 그리고 숙제는 교사보다 교육청에 저작권이 있다고 판결), *Vanderhurst v. Colorado Mountain College Dist.*, 16 F.Supp.2d 1297(D. Colo. 1998)(교수가 작성한 강의안은 비록 업무 외 시간에 자신의 자료로 제작했더라도 그의 업무에 따른 것이라면 업무상저작물이라고 판결), 그리고 *Genzmer v. Public Health Trust of Miami-Dade*, 219 F.Supp.2d 1275(S.D.Fla. 2002)(지역 병원에서 연구과정을 밟고 있는 내과 의사가 과제연구의 하나로 작성한 컴퓨터프로그램은 업무상저작물에 해당해 병원이 저작권자라고 판결)를 들 수 있다.

배제하기보다는 개별 사안별로 기준에 따라 판단해야 할 것이다. 다만, 교수의 강의안이 나 연구 성과물은 '학문의 자유'와 관련해 업무상저작물로 보기 어려운 점도 있다. 초중고 교사의 교안이나 시험문제 등의 경우에는 의무교육의 일환으로 진행되므로 교사가 무엇을 어떻게 가르쳐야 하는지에 대해 자율성이 충분히 높다고 할 수 없으므로, 이와 달리 업무상저작물이 될 가능성이 좀 더 높아질 수 있다.[18]

라. 법인 등의 이름으로 공표될 것

그 저작물이 법인 등의 이름으로 공표되어야 한다.[19] 아직 공표되지 않은 저작물이라도 법인 등의 공표가 예정되어 있다면 이에 해당한다. 법인 등이 아니라 창작자의 이름으로 공표된다면 업무상저작물이 되지 않는다. 창작자의 이름과 사용자의 이름이 함께 표시되는 경우에, 창작자의 이름이 저작명의로서가 아니라 단지 업무분담을 밝히기 위한 것이라면 업무상저작물이 되지만, 저작물에 대한 책임과 평가를 적극적으로 창작자에게 돌리기 위해 표시된 것이라면 법인 등이 아니라 창작자에게 저작권이 귀속되는 것으로 보아야 한다.

다만, 컴퓨터프로그램의 경우에는 공표될 필요가 없다(법 제9조 단서). 프로그램의 경우, 공표되지 않고 다른 프로그램의 일부로 사용되거나 영업비밀로서 보호받기를 원하는 경우도 많기 때문이다.

마. 계약 또는 근무규칙 등에 다른 정함이 없을 것

이상의 요건을 모두 충족하는 경우에도 창작자를 저작자로 한다는 계

18 서울시내 공립고등학교 교사들이 출제한 교내 중간 및 기말시험 문제에 대해 법원은 이를 업무상저작물로 보아 저작권이 해당 학교의 설립과 경영의 주체인 서울시에 귀속된다고 판시한 바 있다. 서울고등법원 2006. 12. 12. 선고 2006나110270 판결 참조.

19 저작권법은 '공표되는'이라는 표현을 사용해 공표될 것이 예정된 경우도 포함하고 있다. 법 제9조 참조.

약 등이 있다면 단체 등이 저작자가 되지 않는다.

그러나 이런 계약은 일반적으로 존재하지 않는다. 오히려 법인 등은 앞서 말한 몇 가지 요건에 해당하지 않음에도 직원이 창작한 저작물을 업무상저작물로 보고 또 그 저작권을 법인 등에 귀속하도록 하는 계약을 체결하곤 한다. 하지만 비록 이런 계약에 그 직원이 동의했더라도 업무상저작물이 아닌 것이 업무상저작물로 되는 것은 아니다. 단지 저작물에 대한 저작권을 법인 등에 양도하는 데 동의한 것으로 해석될 수 있다.

이 경우에는 업무상저작물과 몇 가지 차이가 생긴다. 우선 보호기간에서 업무상저작물은 저작물을 공표한 때부터 70년간 보호되지만, 창작자에게 발생한 저작권을 양도받은 경우에는 저작물을 창작한 사람이 사망한 때부터 70년간 보호된다. 또 저작인격권의 경우, 저작자 한 사람에게만 속하고 양도되지 않으므로 단체 등이 가지는 권리, 즉 양도받은 권리는 저작재산권에 국한된다.

짚어보기 **저작권법상 업무상저작물에 관한 규정은 산업재산권 분야의 직무발명에 비해 창작자에게 지나치게 가혹한 것이 아닌가?**

발명진흥법은 종업원이 그 직무에 관해 발명한 것이 성질상 사용자의 업무 범위에 속하고 그 발명 행위가 종업원의 현재 또는 과거의 직무에 속하는 발명을 직무발명이라 정의하고, 직무발명에 대해 특허, 실용신안등록, 디자인 등록을 받은 경우에 사용자는 그 특허권, 실용신안권, 디자인권에 대해 통상실시권을 가진다고 규정한다. 또 직무발명에 대한 특허권 등을 계약이나 근무규정으로 사용자에게 승계시키는 경우에는 정당한 보상을 하도록 한다.[20] 이에 비해 업무상저작물의 경우에는 처음부터 사용자를 저작자로 보고 저작인격권을 포함하여 저작권 모두를 그에게 귀속시킨다.

---

20 발명진흥법 제2조 제2호, 제10조 제1항 및 제15조 제1항 참조.

이러한 차이는 특허와 저작권의 속성상 차이로 설명될 수 있다. 특허는 저작권에 비하여 보다 엄격한 창작성(신규성과 진보성)을 요건으로 하고 있어, 연구 등 발명을 위해 고용된 경우조차도 업무 수행의 결과가 당연히 특허로 이어지지 않는 등 창작에 있어 개인의 탁월함이 발휘되어야 하는 성격이 강하고, 이용에서도 개인이 기여한 부분이 개별적으로 이용되는 성향이 강하다. 이에 따라 권리를 종업원에게 귀속시킬 필요성이 상대적으로 크다.[21]

이와 달리 저작권은 비록 완성도에는 차이가 있을지언정 업무 수행의 결과인 저작물에 당연히 부여되고, 이용에서도 일반적으로 개인의 기여 부분이 구분되어 이용되기보다는 전체가 이용된다.

다만, 그렇더라도 업무상저작물의 경우에 저작인격권을 포함한 모든 저작권을 원천적으로 사용자에게 귀속시키는 것은 제도의 취지에 비추어 지나치다. 업무상저작물이라도 그에 기여한 주요 창작자에 대해서는 저작인격권 중 성명표시권을 인정한다거나, 고용관계에 있더라도 직무범위에 속하지 않는 저작물의 경우에 이를 사용자에게 양도하도록 하는 근무계약 등은 원칙적으로 무효로 하는 등의 조치가 검토될 필요가 있다.[22]

---

21 헌법재판소 2018. 8. 30. 선고 2016헌가12 결정 참조.

22 이와 관련해 중국 저작권법의 관련 규정은 흥미롭다. 중국 저작권법은 '법인 또는 비법인 조직(법인 등)이 주관하고 그의 의지를 대표하여 창작하고 그가 책임을 지는 저작물'과 '자연인이 법인 등의 임무를 수행하기 위해 창작한 직무 저작물'을 구별하고, 전자의 경우에는 법인 등을 저작자로 간주하되 후자의 경우에는 발명진흥법상 직무발명의 경우와 유사하게 창작자가 저작자로서 저작권을 향유하되, 법인 등은 그 업무의 범위 내에서 저작물을 우선적으로 이용할 수 있고, 저작자는 저작물 창작 후 2년 이내에는 이를 다른 사람에게 법인 등이 이용하는 방식과 같은 방식으로 이용하도록 허락할 수 없다. 다만, 법인 등의 자원을 활용하여 창작되고 법인 등이 책임을 부담하는 설계도, 지도, 컴퓨터 소프트웨어나 신문사나 방송사 등 언론기관의 직원이 창작한 직무 저작물 또는 법률이나 계약으로 법인 등이 저작권을 향유하기로 한 직무 저작물의 경우에는 법인 등이 저작권을 향유하며 저작자는 성명표시권을 향유하고 법인 등은 저작자에게 보상할 수 있다. 중국 저작권법(2020) 제11조 및 제18조 참조.

3. 저작자 추정

창작을 한 사람이 저작자가 되고 그에게 저작권이 귀속된다. 그러므로 저작자가 자신의 권리를 주장하려면 자신이 창작자임을 입증해야 한다. 하지만 자신이 어느 저작물을 창작했다는 사실을 입증하기가 때로는 쉽지 않다. 외국에서 권리를 행사하려는 경우에는 더욱 그렇다. 이 부담을 줄이기 위해 베른협약은 저작자 추정 규정을 두었고,[23] 저작권법도 그러하다.

저작물의 원작품이나 그 복제물에, 또는 저작물을 공연하거나 공중송신하는 경우에 그 실명이나 이명으로서 널리 알려진 것이 일반적인 방법으로 표시된 사람이 저작자로서 그 저작물에 대한 저작권을 가지는 것으로 추정하며, 이런 표시가 없는 경우에는 발행자나 공연자 또는 공표자로 표시된 사람이 저작권을 가지는 것으로 추정한다(법 제8조).[24] 이는 반대되는 증거에 의해 번복이 가능한 추정이다. 따라서 원저작자가 가려지면 그 사람이 저작자가 된다.

이런 추정은 저작자가 누구인지를 확인할 필요 없이 조약의 동맹국에서 소송 등을 진행할 수 있도록 하려는 것이다. 이 규정에 따라 저작자로 표시된 사람은 소송에서 자신이 저작자임을 입증할 필요가 없다. 입증책임이 전환되어 거꾸로 소송의 상대가 그가 저작자가 아님을 입증해야 한다.

---

23 베른협약 제15조 제1항.

24 저작권법은 실연자, 음반제작자 및 방송사업자 등 저작인접권자에 대해서도 마찬가지로 그의 실명 또는 널리 알려진 이명이 일반적인 방법으로 표시된 경우에 그 실연, 음반 및 방송에 대해 각각 실연자, 음반제작자 또는 방송사업자의 권리를 가지는 것으로 추정하도록 했다. 저작권법 제64조의2 참조.

제2절

저작자와 저작권자

저작권은 저작물을 창작함과 동시에 저작자에게 부여된다. 그러므로 처음에는 저작자와 저작권자가 일치한다. 업무상저작물의 경우에도 최소한 저작자로 의제된 법인 등이 저작자가 되므로 이 원칙은 유지된다. 그러나 저작권이 양도되거나 상속되면 저작자와 저작권자는 달라질 수 있다.

저작권 중에서도 저작재산권만이 양도 또는 상속될 수 있다. 저작권이 양도되더라도 저작인격권은 여전히 저작자에게 남아 있으므로, 일반적으로 저작자와 구별해 저작권자라고 하면 저작재산권자를 말하는 것이다.

반대로 국제조약이나 저작권법에서 저작권자와 구별해 저작자를 언급하는 경우가 있는데, 이는 재산적 권리 이외에 저작자의 인격적 권리를 염두에 둔 경우가 많다.

예를 들어, 베른협약에서 복제권의 제한을 언급하면서 저작자를 언급한 것은 복제로 인해 저작자의 인격권이 침해되는 것도 포함하는 것으로 이해된다.[25] 저작권법에서도 배타적발행권자가 배타적발행권의 목적인 저작물을 발행 등의 방법으로 다시 이용하려는 경우에 저작권자가 아닌 저작자에게 그 사실을 알리도록 한 것은 저작자의 수정·증감권을 효과적으로 보호하려는 취지이다(법 제58조의2).

저작권은 복제권, 배포권, 대여권, 공연권, 공중송신권, 전시권 그리고 2차적저작물작성권 등 다양한 권리의 집합체이고, 권리자는 이 권리들

25 베른협약 제9조 제2항 참조.

을 한꺼번에 또는 각각 나누어 양도할 수 있다. 권리자가 각각의 권리를 나누어 양도했다면, 하나의 저작물에 대해서도 복제권자와 공연권자가 달라질 수 있다.

4장

저작자의 권리

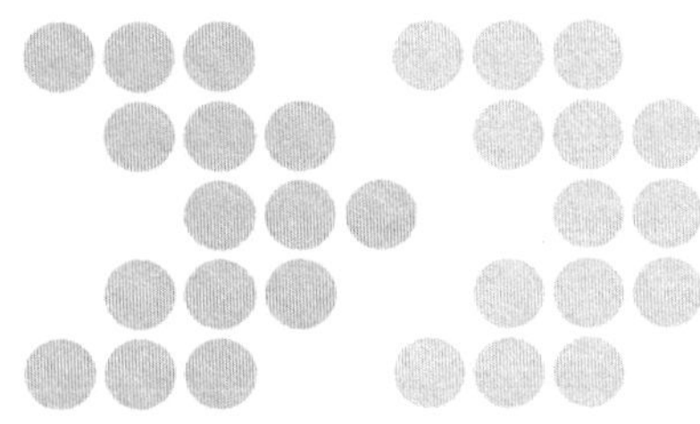

제1절

개관

1. 저작권의 발생과 소멸

가. 저작권의 발생: 무방식주의

저작권은 저작물을 창작한 때부터 발생하며, 어떠한 절차나 형식의 이행을 필요로 하지 아니한다(법 제10조 제2항). 이를 '무방식주의(無方式主義, doctrine of formality-free protection)'라 한다.

방식이란 권리의 보호를 위한 조건으로서, 이를 충족하지 않으면 저작권으로 보호받지 못하거나 또는 보호받지 못하는 것과 같은 효과를 가지는 것을 말한다.[1] 역사적으로 납본이나 등록, 저작권 표시, 공증인에 의한 증명, 수수료의 지급, 또는 자국에서의 제조나 발행 요건 등이 있었다.[2]

창작 과정이 아직 마무리되지 않은 저작물도 저작물로서의 최소한의 모습을 갖추면 공표나 저작권 표시 또는 등록 등을 기다릴 필요 없이 그때부터 보호가 부여된다.[3]

무방식주의의 목적은 당초에는 저작권의 국제적 보호를 쉽게 하려는 것이었다. 1886년 베른협약을 체결할 당시만 해도 본국에서 보호되는

---

1 Michaly Ficsor, *Guide to the Copyright and Related Rights Treaties Administered by WIPO and Glossary of Copyright and Related Rights Terms*, WIPO Publication No.891(E)(2004), at 41-41.

2 세계저작권협약 제3조 제1항 참조.

3 보호가 시작되는 것과 보호기간의 계산이 시작되는 것은 구별할 필요가 있다. 저작권법상 보호기간의 계산은 보호가 시작된 이듬해의 1월 1일부터 시작된다.

저작물이 다른 회원국에서도 보호받으려면 그 나라에서 등록 등의 방식을 이행해야 했다.[4] 이 때문에 저작권의 국제적인 보호가 매우 어려웠다. 이런 이유에서 외국 저작물에 대해서는 어떠한 방식도 보호의 조건으로 하지 못하도록 했다.

그러나 이제 무방식주의는 보편적 권리부여의 원칙이 되었다. 외국인 저작물과 달리 내국인 저작물에만 방식주의를 적용하는 것은 내국인에 대한 역차별이어서 정치적으로 용납될 수 없었기 때문이다.[5] 결국 국내외의 모든 저작물에 무방식주의가 적용되었고, 모든 저작물은 창작과 동시에 국내는 물론 국제적으로도 보호받게 되었다. 이는 등록을 효력 발생 요건으로 하고 있는 특허나 상표 등 산업재산권과 대비된다.

출판물에서 흔히 볼 수 있는 ⓒ 표시는 세계저작권협약에 따른 것으로, 방식주의를 택하고 있던 미국이 당시 대세였던 무방식주의 국가들과 절묘하게 타협한 결과이다. 세계저작권협약은 외국인의 저작물이 ⓒ 표시와 함께 저작재산권자의 성명과 최초 발행연도 등을 적당한 위치에 표시하면, 방식주의를 택하고 있는 국가에서 그러한 방식을 충족한 것으로 인정토록 했다.[6]

하지만 방식주의를 고집하던 미국이 이미 베른협약에 가입했고 전 세계 대부분의 국가가 베른협약 또는 그 실체 규정의 준수를 의무화하고 있는 WTO협정에 가입했으므로, 오늘날 ⓒ 표시는 단지 저작권자가 권

---

4 Sam Ricketson, *The Berne Convention for the Protection of Literary and Artistic Works: 1886-1986* (1987), at 200-201. 스페인과 이탈리아에서는 저작권 보호가 부인되었고, 프랑스 등 다른 나라에서는 권리를 인정하기는 하되 이를 집행할 수가 없었다. Sam Ricketson and Jane C. Ginsburg, *International Copyright and Neighbouring Rights: The Berne Convention and Beyond, 2nd ed.*(Oxford University Press, 2006), at 18, para 1.19.

5 미국에는 예외적으로 예전 방식주의의 흔적이 남아 있는데, 미국 국민의 경우에 인격권에 관한 것 외에 침해소송을 제기하기 위해서는 여전히 저작권 등록이 필요하다. 미국 저작권법 제411조(a).

6 세계저작권협약 제3조 제1항.

리를 보호받고자 한다는 상징으로서만 의미가 있다. ⓒ 표시와 함께 많이 사용되고 있는 '모든 권리 유보(all rights reserved)'라는 표현은 1910년, 미국과 중남미 국가들 사이에 저작권 보호를 위해 마련된 국제조약인 부에노스아이레스협약에서 기원[7]한 것인데, 역시 상징적인 의미만 남았다.

나. 저작재산권의 소멸

저작권의 가장 일반적인 소멸사유는 보호기간의 만료이다. 저작권은 소유권 등 다른 권리와 달리 한시적인 권리이다. 저작권법이 부여한 보호기간이 만료되면 그 권리는 자동적으로 소멸한다. 보호기간에 대해서는 별도로 살펴보기로 한다.

저작권 중 저작재산권은 보호기간 외에도 저작재산권이 국가에 귀속되는 경우에 소멸된다. 즉, 저작재산권은 권리자가 상속인 없이 사망하거나 저작재산권자인 법인 또는 단체가 해산되어 그 권리가 민법 그 밖의 법률에 따라 국가에 귀속되는 경우에 소멸한다(법 제49조).[8]

저작재산권의 지분권인 복제권, 공연권, 전송권 등 각각의 권리 또한 같다. 다만, 공동저작물의 경우에 권리자의 일부가 자신의 권리를 포기하거나 상속인 없이 사망하면 그 지분은 국가에 귀속되지 않고 다른 저작재산권자에게 그 지분의 비율에 따라 배분된다(법 제48조 제3항).

상속인이 없는 등의 이유로 국가에 귀속되는 저작재산권을 소멸시키는 이유는 저작권의 속성과 관련이 있다.

일반적으로 유체물의 경우 어떤 사람이 소비하면 다른 사람은 같은 자

---

7 부에노스아이레스협약 제4조는 다음과 같이 규정하고 있다. "어느 국가에서 그 국가의 법에 따라 취득된 저작권의 인정은 다른 모든 국가에서, 재산권의 유보를 알리는 진술이 늘 그 저작물에 나타나야 한다는 것을 제외하고는 그 밖의 방식에 따를 필요 없이 완전한 권리로서 효력을 갖는다."

8 일본 저작권법도 같은 취지의 규정을 두고 있다. 일본 저작권법 제62조 참조.

원을 소비할 수 없다. 이를 소비의 경합이라 한다. 이런 자원은 배타적 권리에 의해 관리되지 않으면 과도하게 소비되어 결국 그 가치가 훼손되는, 이른바 공유지의 비극(tragedy of commons) 현상이 발생한다.

하지만 저작물처럼 소비가 서로 경합하지 않는 무체물의 경우에는 이런 문제가 발생하지 않는다. 그러므로 저작재산권이 국가에 귀속되는 경우에도 이를 국가가 관리하기보다는 권리를 소멸시켜 공유저작물로서 누구나 제한 없이 이용할 수 있도록 하는 것이 사회적 후생을 극대화하는 방법이 된다.[9]

2. 무방식주의와 고아저작물

베른협약의 무방식주의는 당초의 목적인 저작권의 국제적 보호를 효과적으로 보장하는 것을 넘어서서 국내에서도 저작자의 지위를 보다 확고히 하는 데 크게 기여했다. 그러나 이에 대해 최근 반성의 목소리가 일부 제기되고 있다.

무방식주의는 보호기간의 연장과 함께 고아저작물(orphan works)이 증가하는 주요 원인이다. 고아저작물이란 저작물을 이용하려는 사람이 저작권자를 알 수 없거나 알더라도 연락할 수 없어서 이용허락을 받을 수 없는 저작물을 말한다.[10] 저작권은 배타적 허락권으로서 저작물을 이용하려면 사전에 저작권자의 허락을 받아야 하는데, 고아저작물은 허락을 받을 수 없으므로 합법적으로 이용될 수 없다. 무방식주의 때문에 저작자가 저작권 보호를 원하지 않는 경우에도 권리가 부여되고, 부여된 권리나 권리자에 대한 정보도 관리되지 않기 때문에 고아저작물이 늘어

---

9 특허권 및 디자인권이 상속이 개시된 때 상속인이 없는 경우에는 (국가에 귀속되는 절차 없이) 소멸되도록 한 것도 같은 취지이다. 특허법 제124조 및 디자인보호법 제59조 참조.

10 U.S. Copyright Office, *Report on Orphan Works*(2006), at 1.

나게 된다. 무방식주의가 권리 보호에는 도움이 되었지만 저작물을 활용하는 데에는 걸림돌이 되고 있는 것이다.

무방식주의가 초래한 문제에 대한 대책으로 다음 세 가지가 논의된다.

첫째, 저작권 등록의 장려이다. 저작권법도 무방식주의의 원칙을 유지하면서도 여러 가지 혜택을 부여함으로써 저작권 등록을 장려하고 있다.[11]

둘째, 강제허락제도의 활용이다.

저작권법은 상당한 노력을 기울였어도 권리자를 알 수 없거나 권리자의 소재를 알 수 없는 경우에 일정한 절차를 밟아 저작물을 이용할 수 있도록 강제허락제도[12]를 마련하고 있다(법 제50조). 저작자 불명 저작물에 대한 강제허락제도는 비록 국제조약에 근거한 것은 아니지만 일단 합리적인 제한으로 인정된다.

셋째, 저작권 기증 또는 나눔 표시(CCL 등)의 활용이다.

저작권을 보호받기 보다는 자신의 저작물이 널리 이용되기를 원하는 권리자는 자신의 저작물을 문화체육관광부장관에게 기증하거나 자신의 이런 의사를 저작물에 직접 표시할 수 있다. 이 표시를 적극 활용하도록 홍보하고, 표시가 되어 공표된 저작물을 쉽게 찾아서 이용할 수 있도록 사업을 운영하기도 한다. 저작권법이 문화체육관광부장관으로 하여금 저작권이 소멸된 저작물 등에 대한 정보 제공 등 저작물의 공정한 이용을 도모하기 위해 필요한 사업을 할 수 있도록 한 것(법 제134조)도 같은 맥락에서 이해될 수 있다.

---

11 이에 대해서는 이 책 제9장 제1절 저작권의 등록 등 참조.

12 저작권법에서는 '법정허락'이라는 포괄적인 용어를 사용하고 있다.

3. 저작권과 저작물이 수록된 매체의 소유권

저작물에 대한 저작권과 그 저작물이 수록된 매체에 대한 소유권은 서로 독립된 별개의 권리이다. 소설에 대한 저작권과 그 소설이 수록된 소설책에 대한 소유권은 독립된 권리이고 따라서 분리해 처분할 수 있다. 하지만 이 두 가지 권리가 흔히 하나의 대상에 미치기 때문에 혼동하는 경우가 많다.[13]

특히 저작물과 그 저작물이 수록된 매체를 분리하기 어려운 미술저작물의 경우에는 더욱 그렇다. 그림이 그려진 캔버스나 조각품처럼 저작물과 매체를 분리하기 어렵거나 불가능한 경우에는 단지 저작물이 수록된 매체, 예를 들어 그림이 그려진 캔버스를 구매하고는 그 캔버스에 대한 소유권을 가지고 있는 것만으로 저작권까지 양도받은 것으로 오해하곤 한다. 따로 협의하지 않았다면 그림(이 그려진 캔버스)의 매매가 곧 그 그림에 대한 저작권 양도를 포함하는 것은 아니다.[14] 달력 제작을 위해 그림을 이용하는 경우에는 그림의 소유자뿐만 아니라 반드시 저작권자까지 확인해 허락을 받아야 한다.

저작권과 저작물이 수록된 매체의 소유권은 하나의 대상에 미치기 때문에 서로 충돌하는 경우가 있다. 저작권을 구성하는 지분권 중에서도 특히 배포권, 즉 저작물이 수록된 유형적 매체를 공중에게 보급하는 것을 의미하는 '배포'를 통제할 수 있는 권리는 자칫 그 매체에 대한 소유권의 행사를 심각하게 제약할 수 있다. 예를 들어, 소설책의 경우에 이를 판매하는 것은 저작권법상 배포에 해당하므로 저작권자에게 허락을 받

---

13 그래서 이 두 권리가 다른 것임을 명시적으로 규정하기도 한다. 미국 저작권법 제202조 및 중국 저작권법 제20조 제1항 참조.

14 이 때문에 미술계에서는 저작권 양도에 대해서는 서면계약을 요건으로 할 것을 요구하기도 한다.

아야 한다. 거기에 소설이라는 저작물이 수록되어 있기 때문이다.

하지만 누군가 그 소설책을 사서 다른 사람에게 선물하거나 도서관에서 구입해 대출하는 경우에도 일일이 허락을 받아야 한다면 그 책의 유통을 지나치게 제한하게 된다. 이런 불합리한 결과를 피하기 위해 저작권법은 그 책을 처음 판매 등의 방법으로 배포하는 것에 대해서만 저작권자의 허락을 받도록 하고 그 이후에 이루어지는 배포에 대해서는 저작권자의 배포권이 미치지 않도록 하고 있다(법 제20조).[15] 이를 최초 판매의 원칙(first sale doctrine)이라 한다.

저작권법은 또 저작물과 그 저작물이 수록된 매체를 분리하기 어려운 미술저작물의 경우에는 앞서 언급한 배포권 이외에 추가로 전시권도 제한하고 있다. 즉, 미술저작물의 원본을 소유하고 있거나 소유자의 동의를 얻은 사람은 저작권자의 허락을 받지 않고도 그 미술품 원본을 전시할 수 있다(법 제35조).

---

15 이 규정은 저작권뿐만 아니라 배포권을 부여받은 다른 권리자, 즉 실연자, 음반제작자, 그리고 데이터베이스제작자의 권리에 대해서도 마찬가지로 적용된다(법 제70조, 제79조 및 제96조).

제2절

저작인격권

1. 저작인격권이란?

저작인격권은 저작자가 자신의 저작물을 통해 사회와 소통하는 과정에 왜곡이 발생함으로 인하여 그의 인격이 훼손되는 것을 방지할 수 있는 권리이다. 저작인격권은 저작물을 저작자의 인격적 발현 또는 분리체로 보는 데서 출발한다. 저작자인격권이라고도 하는데 저작물의 이용을 통제함으로써 경제적인 이득을 추구하는 권리인 저작재산권과 구별된다.

저작인격권에는 대표적으로 공표권, 성명표시권 및 동일성유지권이 있다. 이 외에도 우리나라에서는 인정되지 않지만 철회권이나 원작 접촉권 등을 인정하는 국가도 있다. 저작인격권은 주로 대륙법계 법 전통을 가진 국가들에서 인정되어 오다가 1928년 로마의정서부터는 베른협약에도 반영되었다.[16]

2. 저작인격권의 속성

저작인격권은 저작재산권 또는 일반 인격권과 비교되는 두 가지의 속

16 참고로 미국은 1989년 베른협약에 가입했음에도 불구하고 저작인격권 보호를 도입하지 않다가, 1990년에서야 시각예술저작물에 한해, 그리고 저작자가 자연인인 경우에만 한정적으로 성명표시권과 동일성유지권을 부여했다. 시각예술저작물에는 그림이나 조소 작품뿐만 아니라 사진 등도 포함되며, 응용미술저작물은 제외된다. 미국 저작권법 제101조(정의) 및 제106조A 참조.

성을 가진다.

첫째, 저작인격권은 저작자의 일신(一身)에 전속(專屬)한다(법 제14조 제1항). 저작인격권은 다른 사람에게 양도하거나 상속할 수 없으며, 자연인 저작자가 사망하거나 법인 저작자가 해산하면 소멸한다. 다만, 저작권법은 저작자 사후에도 그의 인격적 이익을 보호하기 위해 저작자가 생존했더라면 그 저작인격권의 침해가 될 만한 행위를 해서는 안 된다고 규정하고, 저작자의 유족이나 유언 집행인에게 침해 정지나 명예 회복 등을 청구할 수 있도록 하고 있다(법 제14조 제2항 및 법 제128조).

짚어보기 **저작자는 자신의 저작인격권을 양도하거나 상속할 수는 없지만 이의 행사를 미리 포기(renunciation 또는 waiver)할 수는 있지 않을까?**

저작권법은 이에 대해 규정하고 있지 않다. 따라서 저작자는 자유롭게 자신의 저작인격권을 포기할 수 있다고 볼 수 있다. 하지만, 저작인격권을 제한 없이 포기할 수 있다면 이는 저작인격권을 저작자의 일신에 전속하게 한 취지에 맞지 않을 수 있다.

저작재산권을 양도받거나 이용허락을 받는 사람은 나중에 저작자의 저작인격권의 행사로 인해 저작물의 이용이 제약될 것을 우려해 저작자에게 저작인격권의 행사를 사전에 일괄해서 포기하도록 요구하는 경향이 있고, 보통 협상력이 약한 저작자는 법이 부여한 권리를 하릴없이 포기할 가능성이 높다. 또 대필 계약처럼 처음부터 저작인격권(성명표시권)의 포기를 전제로 하는 경우도 있다. 하지만 저작인격권의 전면적 포기는 저작인격권을 저작자 일신에 전속하게 한 취지에도 맞지 않고 저작자에게 인격적 자살을 의미할 수도 있으므로 일정한 제한이 필요하다.

그렇다고 저작인격권의 행사를 포기할 수 없도록 금지하는 것은 저작자의 자율성을 제약해 그의 지위 개선에 도움이 되지 않을 수 있다. 저작자의 자율성을 보장하면서도 권리 포기에 대한 부당한 압력으로부터 저작자를 보호하기 위해서는 저작물과 그 저작물의

이용행위를 구체적으로 정해서 포기할 수 있도록 하는 것이 합리적일 수 있다.[17]

둘째, 저작인격권의 보호 대상은 저작물이다. 일반적인 인격권은 인격 그 자체가 보호 대상이지만 저작인격권은 저작물을 보호함으로써 그 저작물과 관계를 가지는 저작자의 인격을 보호하는 방법을 취한다는 점에서 차이가 있다. 이것은 저작물을 저작자의 인격적 발현 또는 분리체로 보는 데 따른 것이다.

3. 저작인격권의 종류

가. 공표권

공표권(right of disclosure 또는 right of divulgation)이란 자신의 저작물을 공표하거나 공표하지 아니할 권리를 말한다. 여기에는 공표하는 경우에 언제 어떤 방법으로 할 것인지를 정할 수 있는 권리가 포함된다. 아직 완성되지 않았거나 완성되었더라도 저작자가 자신의 작품으로서 공개하기에는 미흡하다고 판단하는 저작물이 저작자의 의사와 다르게 공표되어 이로써 저작자가 평가되면 저작자의 인격이 훼손될 수 있으므로 이를 통제할 수 있게 하려는 것이다.[18]

공표권은 소극적 권리이다. 즉, 다른 사람에게 자신의 저작물을 적극적으로 공표하게 할 수 있는 권리가 아니라, 다른 사람이 허락 없이 공표하는 것을 금지하거나 공표하는 경우에 이에 조건을 붙일 수 있는 권리이다.

---

17 참고로 미국 저작권법은 저작자가 서명한 문서에 의해, 포기가 적용되는 저작물과 그 이용을 명백히 확인할 수 있도록 하고 있다. 미국 저작권법 제106조A(e) 및 U.S. Copyright Office, *Final Report on Waiver of Moral Rights in Visual Artworks*(1996) 참조.

18 도공은 공들여 만들었음에도 마음에 차지 않는 도자기를 깨버리고, 화가는 그림이 마무리되기까지 사인을 하지 않음으로써 이를 관리한다.

공표권은 또한 공표되지 않은 저작물에만 적용된다. 다만, 공표권의 소멸과 관계하여 다음 두 가지의 경우가 문제 된다.

첫째, 어느 저작물이 저작자의 허락을 받지 않고 공표된 경우이다. 공표는 일회적인 행위이고 저작권법이 달리 규정하고 있지도 않으므로, 비록 허락받지 않고 공표된 경우에도 일단 공표되면 공표권은 소멸한다고 보아야 할 것이다.

그러나 어느 저작물이 저작자의 허락 없이 공표된 경우에도 저작자가 추가적인 공표를 통제할 실익이 있을 수 있다. 아직 완성되지 않은 저작물이 저작자의 허락 없이 공표된 경우에 이를 해명하고 그 저작물이 더 이상 보급되지 않도록 할 필요가 있다. 이 점에서 저작자의 허락을 받지 않고 공표된 것에 대해서는 공표권이 소멸되지 않도록 할 필요가 있다.[19]

둘째, 다른 국가나 지역에서 공표된 경우이다. 이때에도 국내에서 공표된 것과 마찬가지로 공표권이 소멸되는가? 즉, 공표권의 소진 범위의 문제이다.

책이나 CD 등 저작물의 유형적인 복제물을 보급하는 것과 관련해서는 일정한 국가나 지역에 대해서만 배포를 허락하는 것이 가능하다. 발행의 경우에도 특정 지역이나 국가에서 발행되었다고 해서 당연히 다른 지역이나 국가에서 발행으로 인정되지는 않는다. 그러나 공연이나 방송 등 저작물의 무형적인 보급까지를 포함하는 '공표'의 경우에는 일반적으로 어느 국가나 지역에서 공표되면 그것으로 다른 국가나 지역에서도 공표된 것으로 보아야 할 것이다.[20]

배포권의 경우에는 미국이나 유럽연합처럼 그 소진의 범위를 국내나 지

19 일본 저작권법(제18조 제1항)은 공표권의 대상을 "저작물로서 공표되지 않은 것(그의 동의를 얻지 않고 공표된 저작물을 포함한다.)"으로 하여, 이를 명시적으로 확인하고 있다.

20 따라서 저작재산권 제한 규정 중 "인용"이나 "공정이용"처럼 저작물이 공표되었을 것을 조건으로 하는 경우에는 공표된 장소에 관계없이 일단 공표된 저작물이면 족하게 된다.

역 내로 한정하는 경우가 있지만, 공표권의 경우에는 이를 제한한 예는 찾아보기 어렵다. 주로 상업적 이용행위와 결부되는 배포나 발행과 달리 공표는 단지 저작자가 저작물을 통해 사회와 소통하는 출발점이므로 이를 국가나 지역적으로 통제할 필요가 크다고 할 수 없다.

저작물의 공표는 어떤 형태로든 저작물이 이용되려면 반드시 거쳐야 하는 과정이므로 저작물의 이용허락에 대한 권리와 별개로 저작자의 권리로서 이를 유보할 실익이 있는지 의문이 제기될 수 있다. 저작자가 저작권을 이미 양도하거나 이용을 허락했더라도 그 저작물을 언제 어떤 방법으로 공표할 것인가는 그에게 중요한 사안일 수 있다. 이때, 공표권은 저작자가 이를 통제할 수 있게 한다.[21]

저작권법은 저작자의 공표권에도 불구하고 저작물 이용의 편의를 도모하기 위해 다음 몇 가지 경우 저작자가 공표를 허락한 것으로 추정하거나 간주한다(법 제11조 제2항 내지 제5항).[22]

우선, 저작재산권을 양도하거나 저작물에 대해 이용허락을 한 경우, 그리고 배타적발행권이나 출판권을 설정한 경우에는 저작물의 공표를 동의한 것으로 추정한다. 하지만 양도나 이용허락을 하면서 공표하지 않기로 했거나 그 시기나 방법 등에 대해 다른 약정을 했다면 그렇지 않다.

둘째, 미술저작물, 건축저작물 또는 사진저작물의 원작품을 양도한 경우에는 저작물의 원작품을 전시하는 방법으로 공표하는 데 동의한 것으로 추정한다. 다만, 그 범위는 전시의 방법에 의한 공표로 한정된다.

셋째, 원저작자의 동의를 얻어 2차적저작물 또는 편집저작물이 공표

---

21 공표권은 저작권 양수자 또는 이용허락을 받은 사람의 이익과 조화되기 어렵다는 이유로 베른협약에는 포함되지 못했다. Sam Ricketson, *The Berne Convention for the Protection of Literary and Artistic Works*: 1886-1986, at 462.

22 한편, 일본 저작권법(제18조 제3항 및 제4항)은 국가 및 지방자치단체에 제공된 미공표저작물을 정보공개법 등에 따라 공표하는 경우에도 이를 허락한 것으로 보고, 국가 및 지방자치단체가 정보공개법 등에 따라 저작물을 공표하는 경우에는 공표권이 미치지 않도록 하였다

된 경우에는 그 원저작물도 공표된 것으로 본다. 2차적저작물이나 편집저작물은 원저작물을 바탕이나 소재로 해서 작성된다. 원저작자가 2차적저작물이나 편집저작물의 공표에 동의했다면 당연히 그에 포함된 원저작물의 내용도 공표될 것임을 인식했다고 할 수 있다.[23]

넷째, 저작물을 도서관 등에 기증한 경우 별도의 의사표시를 하지 않는 한 공표에 동의한 것으로 추정한다. 도서관은 저작물을 공중에게 열람케 하는 것을 주된 임무로 하는 시설이므로 기증자의 의도를 이에 부합하게 추정하는 것이다.

나. 성명표시권

성명표시권(right of paternity 또는 right to claim authorship of the work)이란 저작자가 자신의 저작물에 대해 자신이 저작자임을 주장하고 표시할 권리를 말한다. 저작자는 자신의 이름을 다른 형태, 즉 예명이나 가명 또는 필명으로 표시하거나 아예 표시하지 않을 수도 있다.

성명표시권은 그 저작물을 원저작물로 해서 작성된 2차적저작물에도 미친다.[24] 다수의 저작자가 참여한 경우 또는 어느 저작물이 다른 저작물 작성에 이용된 경우에는 저작자의 기여 부분이나 역할이 명시되어야 한다.

저작물과 저작자의 성명 표시 사이의 관계는 세 가지 경우로 나누어볼 수 있다. 첫째, 자신의 저작물에 자신의 성명을 표시하는 경우, 둘째, 자신의 저작물에 다른 사람의 성명을 표시하는 경우, 셋째, 다른 사람의 저작물에 자신의 성명을 표시하는 경우이다.

---

23 일본의 경우, 원저작물 저작자의 공표권이 이를 원저작물로 하는 2차적저작물에도 미치는 것으로 명시하고 있는데, 이는 2차적저작물이 공표되면 원저작물도 공표된 것으로 보기 때문이다. 일본 저작권법 제18조 제1항 참조.

24 일본과 영국의 저작권법은 이를 명시적으로 규정하고 있다. 일본 저작권법 제19조 제1항 및 영국 저작권법 제77조 참조.

저작권법은 저작물에의 성명 표시와 관련하여, 저작자가 자신의 저작물에 대해 자신이 저작자임을 주장하고 표시할 권리에 더하여, 저작자 아닌 자를 저작자로 하여 실명이나 이명을 표시하여 공표한 사람을 형사 처벌 하도록 하는 규정을 두고 있다.[25] 이를 '부정발행 등의 죄'라 한다.

이는 저작자 명의에 대한 사회 일반의 신뢰를 보호하려는 것으로서, 저작자의 인격을 보호하기 위한 성명표시권과 구별된다.[26] 이러한 이유에서 이 죄는 친고죄의 대상에서도 제외되었다(법 제140조 제2호).

성명표시권이 앞서 사례의 첫째와 둘째의 경우에 해당한다면, 부정발행 등의 죄는 둘째와 셋째의 경우에 해당한다. 둘째의 경우에 저작자는 다른 사람이 자신의 저작물에 저작자로 표시되는 것을 통제할 수 있다. 그러나 부정발행 등의 죄와 관련하여 비록 저작자라도 그 저작물의 작성에 창작적으로 관여하지 않은 사람을 적극적으로 저작자로 표시할 권한까지 가지는 것은 아니다.[27]

하지만 성명표시권을 모든 경우에 예외 없이 관철하면 저작물의 원활한 이용이 제약될 수 있다. 쇼핑센터 등에서 배경음악을 활용하는 경우에, 일일이 작사가·작곡가를 안내하는 것은 배경음악의 속성에 맞지 않는다. 이에 저작권법은 저작물의 성질, 그 이용목적 또는 형태에 비추어 부득이하다고 인정되는 경우에는 저작자의 성명 표시를 하지 않아도 되도록 했다(법 제12조 제2항).

25 법 제137조 제1항 제1호. 저작권법은 실연자 아닌 자를 실연자로 하여 실명 또는 이명을 표시하여 실연을 공연 또는 공중송신하거나 복제물을 배포한 사람에 대해서도 형사 처벌한다고 규정하고 있다. 동 제2호.

26 미국 저작권법은 이 두 가지를 아울러 성명표시권(right of attribution)에 포괄하고 있다. 미국 저작권법 제106조A(a)(1)(B) 참조.

27 따라서 저작자의 허락을 받았다고 하더라도, 부정발행 등의 죄는 성립하고 처벌될 수 있다. 대법원 2017. 10. 26. 선고 2016도16031 판결 참조.

짚어보기 성명표시권은 그 저작물을 홍보하는 광고 선전물에도 적용되는가?

저작권법은 "저작자는 저작물의 원본이나 그 복제물에 또는 저작물의 공표 매체에 그의 실명이나 이명을 표시할 권리를 가진다"라고 규정하고 있다(법 제12조 제1항). 규정을 그대로 해석하면, 광고 선전물에는 저작물 자체가 공중에게 직접 제공되지 않으므로 성명표시권이 적용되지 않는 것으로 이해된다. 대법원도 성명표시권의 취지는 '저작권의 귀속을 저작물에 표시할 권리가 있다는 것으로서, 저작물이 아닌 선전광고문에 책자의 저자 표시를 하지 않'은 것은 권리를 침해하는 것이라고 할 수 없다고 판시한 바 있다.[28]

다. 동일성유지권

동일성유지권(right of integrity)이란 저작물이 저작자가 창작해 공표한 그 모습 그대로 이용되도록 할 권리이다.

저작권법은 이를 "저작자는 그 저작물의 내용, 형식 및 제호의 동일성을 유지할 권리를 가진다(법 제13조 제1항)"고 표현하고 있다. 저작물은 저작자의 사상이나 감정을 표현한 인격적 분신으로 이해된다. 따라서 다른 사람이 이를 변경하거나 삭제해 이용하면 저작물에 구현된 저작자의 사상이나 감정이 왜곡될 수 있고 이는 저작자의 인격을 훼손하게 된다.

저작물의 변경과 관련된다는 점에서 동일성유지권은 저작재산권 중에서 2차적저작물작성권과 관련이 깊다. 하지만 인격권으로서의 동일성유지권이 저작물의 왜곡에 이르는 변경을 통제할 수 있는 권리라면, 저작재산권으로서의 2차적저작물작성권은 저작물의 왜곡에는 이르지 않는 변경을 통제할 수 있는 권리로 이해된다. 즉, 어느 저작물을 저작자의 의도에 충실하게 다른 언어로 번역했다면 2차적저작물작성권에는 해당

---

28 대법원 1989. 1. 17. 선고 87도2604 판결 참조. 참고로 법원이 참조한 규정은 1957년 제정법 제14조로서, 당시에는 베른협약의 표현대로 '그 저작물의 창작자임을 주장할 권리'라고 되어 있었다.

하지만 동일성유지권의 문제는 발생하지 않는다. 즉, 왜곡에 이르지 않는 한, 어느 저작물이 변경되었다고 해서 바로 동일성유지권이 문제되는 것은 아니다.

단순한 서적의 제호는 저작물과 분리된 그 자체로서는 저작물로 보호받을 수 없지만,[29] 저작물과의 관계에서 동일성유지권의 대상으로는 이를 보호받을 수 있다. 제호가 저작물과 결합되어 전체로서 동일성을 형성하므로 제호의 변경은 이를 훼손하는 것이 된다.

동일성유지권은 오자나 탈자의 정정과 같이 조금만 변경되거나, 원래의 저작물을 인식할 수 없을 정도로 내용이나 형식이 완전히 바뀌는 경우에는 문제 되지 않는다. 미세한 변경이라면 동일성이 손상되었다고 하기 어렵다. 거꾸로 너무 많이 바뀌어서 원래의 저작물과의 관계를 알아볼 수 없는 경우에도 원작과의 동일성 문제는 생기지 않으므로 역시 동일성이 손상되었다고 하기 어렵다.

짚어보기 그림이 그려진 캔버스를 폐기하는 것과 같이 저작물을 파괴하는 것에 대해서도 동일성유지권이 적용되는가?

그림이 그려진 캔버스가 폐기되면 동일성 비교의 대상이 사라져 오히려 동일성유지권이 적용되기 어렵다. 그러나 그림의 폐기는 저작자에게는 자신의 창작물이, 사회적으로는 시대의 문화적 자산이 이 세상에서 영원히 사라지는 것을 의미하므로 저작물의 일부가 변경되는 것보다 훨씬 심각한 문제이다.

베른협약 개정을 위한 1948년 브뤼셀 외교회의에서 이 문제가 논의되었으나 조약안에는 포함되지 못하고, 각 국가가 저작물 파괴를 금지하는 조치를 도입하도록 건의하는 데

29 대법원 1996. 8. 23. 선고 96다273 판결. "저작권법에 의하여 보호되는 저작물이라 함은 문학·학술 또는 예술에 속하는 것으로서 사상 또는 감정을 창작적으로 표현한 것을 말하므로, 어문 저작물인 서적 중 저작자의 사상 또는 감정을 창작적으로 표현한 부분이라고 볼 수 없는 단순한 서적의 제호나 저작자 또는 출판사의 상호 등은 저작물로서 보호받을 수 없다."고 판시.

그쳤다.[30] 이로 인해 역설적으로 베른협약은 저작물의 파괴를 금지하지 않는다고 해석되기도 한다.

저작자의 인격권 보호에 미치는 영향을 고려할 때 문화재적 가치가 있는 저작물의 보존과는 별도로 저작물의 파괴를 금지하는 논의가 필요하다. 다만, 저작물 소유자(또는 저작물이 수록된 매체의 소유자)에게 미치는 부담도 고려해야 한다. 미국 저작권법처럼 보호 대상을 인지도가 있는 저작물로 제한하거나,[31] 파괴하기 전에 저작자에게 사전에 회수 기회를 제공하되 저작자가 회수하는 경우에 소유자는 재료비 이상을 요구할 수 없도록 하는 등[32]의 방법도 검토될 수 있다.

법원도 저작물 파괴 행위가 발생한 경우에 저작권법상 저작인격권의 침해로는 인정되지 않으나, 저작자가 자신의 저작물에 대하여 가지는 인격적 이익에 대한 권리가 위와 같은 저작권법 규정에 해당하는 경우로만 한정된다고 할 수 없고, 저작물 파괴 행위로 인하여 저작자의 인격적 법익 침해가 발생한 경우에는 피고들의 파괴 행위가 원고가 예술창작자로서 갖는 인격적 이익을 침해하는 위법한 행위로서 저작자의 일반적 인격권을 침해하는 위법행위가 된다는 입장을 취하고 있다.[33]

저작물을 왜곡, 훼손 또는 그 밖의 변경을 하는 것만으로 동일성유지권이 침해되는지 또는 이로 인해 저작자의 명예나 명성이 훼손되어야 비

30 Sam Ricketson, *The Berne Convention for the Protection of Literary and Artistic Works: 1886-1986*, at 470.

31 미국은 시각예술저작물의 저작자에게 '인지도가 있는 저작물(a work of recognized stature)'에 대해 파괴를 금지할 권리를 부여하고, 고의 또는 중대한 과실에 의한 파괴를 침해로 규정하고 있다. 다만, 건축저작물에 수록된 저작물에 대해서는 예외를 인정하고 있다. 미국 저작권법 제106조A(3)(A) 및 제113조(d) 참조. '인지도가 있는 저작물'을 판단하는 기준과 관련해, 미국 법원은 전문가, 예술가, 그리고 사회적인 평가에 기초해 이를 판단한 바 있다. *Carter v. Helmsley-Spear*, 861 F.Supp 303, 325-326(S.D.N.Y, 1994) 및 *Martin v. City of Indianapolis,* 192 F.3d 608 (7th Cir. 1999) 참조.

32 스위스 저작권법 제15조 참조.

33 대법원 2015. 8. 27. 선고 2012다204587 판결, 서울남부지방법원 2020. 1. 9. 선고 2019나52728 판결 및 서울동부지방법원 2020. 1. 20. 선고 2019가단132651 판결 참조.

로소 동일성유지권이 침해되는지에 대한 논의가 있다.

1957년 제정법은 베른협약을 반영해 "그 저작물의 내용 또는 제호를 개찬, 절제 또는 기타 변경을 가하여 그 명예와 성망을 해한 자에 대하여 이의를 주장할 권리가 있다"라고 규정해 명예나 명성의 훼손을 동일성유지권 침해의 요건으로 하고 있었다(1957년 제정법 제16조). 그러나 1986년법은 이를 삭제하고 "저작자는 그의 저작물의 내용·형식 및 제호의 동일성을 유지할 권리를 가진다"라고 규정함으로써 명예나 명성의 훼손과 관계없이 권리를 주장할 수 있음을 명확히 한 것으로 보인다(1986년법 제13조). 2006년법에서 도입한 실연자의 동일성유지권도 명예의 훼손을 요건으로 하는 WIPO실연·음반조약(제5조 제1항)에도 불구하고 저작자의 동일성유지권과 동일하게 규정했다(법 제67조).[34] 다만, 벌칙규정에서는 "저작인격권 또는 실연자의 인격권을 침해하여 저작자 또는 실연자의 명예를 훼손한 자"를 처벌 대상으로 하였다(법 제136조 제1항 1호).

따라서 저작물의 왜곡에 이르는 변경 행위는 그것이 저작자의 명예나 명성을 훼손하지 않더라도 동일성유지권의 침해가 되며, 저작자는 이에 대해 침해정지 또는 침해 예방을 청구할 수 있으며, 침해행위에 의해 만들어진 물건의 폐기나 그 밖의 필요한 조치를 청구할 수 있다. 다만, 이로 인한 손해배상을 청구하는 경우에는 정신적 손해를 입증해야 하므로 명예나 명성의 훼손을 입증해야 할 것이다. 형사 처벌을 구하는 경우에도 역시 같다. 이는 공표권이나 성명표시권의 경우에도 같다.[35]

---

34 일본은 저작자의 동일성유지권에 대해서는 명예나 명성의 훼손을 요건으로 하지 않으면서도 실연자의 동일성유지권에 대해서는 이를 요건으로 하는 점이 특이하다. 일본 저작권법 제20조 제1항 및 제90조의3 제1항 참조.

35 미국은 저작물이 단순히 왜곡된 경우에는 그의 이름이 저작자로서 사용되는 것을 금지할 수 있게 해 성명표시권으로, 그 왜곡이 명예나 명성을 훼손할 수 있는 경우에는 그러한 변경을 금지할 수 있도록 해 동일성유지권으로 대응하게 하였다. 미국 저작권법 제106조A(2) 및 (3)(A) 참조.

저작물의 형식 및 제호가 변경되는 경우에도 그 저작물에 표현된 저작자의 사상과 감정이 왜곡되거나 오인될 수 있으므로, 저작자가 이에 대해 이의를 제기할 수 있도록 할 필요가 있다.

동일성유지권을 모든 경우에 예외 없이 관철하는 것은 성명표시권과 마찬가지로 저작물의 원활한 이용을 어렵게 할 수 있다. 이에 저작권법은 다음 몇 가지 제한을 두고 있다. 다만, 이 경우에도 본질적인 내용을 변경하는 경우에는 허락을 받아야 한다(법 제13조 제2항).

첫째, 학교 교육 목적상 부득이하다고 인정되는 범위 안에서 표현을 변경할 수 있다. 학생들의 학습능력에 맞추어 저작물의 표현을 쉽게 변경할 수 있다.

둘째, 건축저작물의 경우에 이를 증축, 개축하거나 그 밖의 변형을 할 수 있다. 낡은 건축물의 실용성을 유지하기 위해 이를 변형하는 경우에는 저작자의 허락을 받지 않아도 된다.

셋째, 일정한 컴퓨터 외에는 이용할 수 없는 프로그램을 다른 종류의 컴퓨터에서 이용할 수 있도록 또는 어느 프로그램을 특정한 컴퓨터에서 효과적으로 이용할 수 있도록 필요한 범위 안에서 변경하는 것에 대해서는 저작자가 이의를 제기할 수 없다.

그 밖에 저작물의 성질 등에 비추어 부득이하다고 인정되는 범위 안에서 변경하는 것에 대해서도 동일성유지권이 제한된다. 추상적인 규정이라서 폭넓게 해석될 여지가 있으므로 동일성유지권 보호의 목적에 비추어 지나치게 확대 해석되지 않도록 할 필요가 있다.

예를 들어, 극장에서 상영될 것을 목적으로 제작된 영화를 텔레비전으로 방송하는 경우 영화 화면의 양쪽 가장자리가 잘리거나 가로와 세로의 비율이 변형되는데, 이는 영화와 텔레비전의 화면 비율이 달라서 발생하는 부득이한 일이라고 할 수 있다. 그렇지만 광고 등을 삽입하기 위한 시간적 제약을 이유로 내용의 상당한 부분을 삭제하는 것은 부득이하다고

보기 어렵다.[36]

짚어보기 **건축저작물이나 외부에 설치된 조형물 등이 세월이 지나면서 낡거나 낙서 등으로 훼손될 수 있다. 이를 복구하지 않으면 저작자의 동일성유지권을 침해하는 것인가?**

저작권법은 시간의 경과나 관리 부주의로 인한 훼손과 같은 소극적인 (부작위에 의한) 저작물의 변경에 대해서는 규정하고 있지 않다. 훼손을 방치하는 것은 저작자의 창작 의도를 훼손하므로 저작인격권 보호의 범위 내에서 판단되어야 한다는 견해와 작품이 일단 발표되면 작가의 의도와는 다른 의미를 가지게 된다[37]는 취지에서 일정 부분 저작자가 감내해야 한다는 견해가 있을 수 있다.

미술저작물의 소유자 또는 관리자가 선량한 관리자로서의 주의 의무를 다했다면 시간의 경과나 그 밖의 사유로 인한 훼손에 대해서는 책임을 물을 수 없다고 보아야 할 것이다. 참고로 미국 저작권법은 "시간의 경과나 소재의 고유한 성질로 인한" 또는 "조명 및 배치를 포함해 저작물의 보존이나 전시로 인한 시각예술저작물의 변경은, 그것이 중대한 과실에 의한 것이 아닌 한" 저작자의 허락을 받아야 하는 파괴, 왜곡, 훼절이나 그 밖의 변경이 아니라고 규정하고 있다.[38]

---

36 *Gilliam v. ABC*, 538 F.2d 14(2nd Cir. June 30, 1976) 참조. 법원은 비록 (당시) 미국 내에서 저작인격권이 보호되지는 않지만, 이런 변경이 미국 상표법(Lanham Act)상 보호되는 권리에 대한 침해가 된다고 판단하고 있다.

37 이를 소격화(疏隔化, distantiation)라 한다.

38 미국 저작권법 제106조A(c)(1)과 (2) 참조.

짚어보기 **공원 등에 설치된 조형물의 경우에 설치된 장소에서 조형물을 옮기면 가치가 훼손되는 경우가 있다. 이에 대해서도 저작자의 허락을 받아야 하는가?**

특정한 장소에 설치될 목적으로 창작되는 미술저작물을 장소 특정형 예술(site-specific art)이라 한다. 이는 예술가가 어느 작품의 의미나 완결성을 유지하기 위해 함께 있어야 한다고 의도하는 두 개 이상의 물건으로 구성되는 종합예술 저작물(work of integrated art)의 하나이다.[39]

장소 특정형 저작물은 일정한 장소와 관련해서 의미를 가지므로 설치된 장소도 저작물의 일부가 되는 속성을 가진다. 이 점에서 작품을 원래 설치된 장소에서 다른 곳으로 옮기거나 주변 환경을 바꾸는 것도 그 작품을 변형하는 것이 될 수 있다. 이 때문에 장소 특정형 저작물에 대해 동일성유지권을 부여하는 데는 신중할 필요가 있다. 설치된 미술저작물로 인해 그 장소에 대한 재산권이 지나치게 제약될 수 있기 때문이다. 미술저작물의 파괴에 대해 권리를 부여하고 있는 미국에서도 장소 특정형 예술에 대해서는 신중론이 우세하다.[40]

라. 저작자 사망 후의 인격적 이익의 보호

권리로서의 저작인격권은 저작자가 사망하면 일단 소멸하지만, 그의 저작물을 이용하는 사람은 저작자가 사망한 후에도 그가 생존했더라면 그 저작인격권의 침해가 될 행위를 해서는 안 된다. 그 유족이나 유언집행자는 이를 위반하거나 위반할 우려가 있는 사람에게 침해의 정지나 예

---

39 *Phillips v. Pembroke Real Estate, Inc.*, 459 F.3d 128, 128(1st Cir. 2006).

40 예를 들어, 뉴욕시의 페더럴 프라자에 설치되었던 철제 조형물(Tilted Arc)이나 보스턴 항구의 공원에 설치되었던 바다를 테마로 한 28점의 조형물을 철거한 데 대해 인격권의 보호가 미치지 않는다는 판례가 있다. *Serra v. U.S. General Services Administration*, 847 F.2d 1045, 1051(2nd Cir. 1988) 및 *Phillips v. Pembroke Real Estate, Inc.*, 459 F.3d, 142-143 참조. 다만, 세라(Serra) 사건은 미국에서 1990년 시각예술저작물에 대해 인격권 보호가 부여되기 전에 발생했다. 장소특정형 예술의 보호에 관해서는 김형진, 『미술법』(메이문화, 2011), 249-256쪽 참조.

방 또는 손해배상의 담보를 청구하거나, 손해배상 또는 명예 회복을 위하여 필요한 조치를 청구할 수 있다. 다만, 그 행위의 성질 및 정도에 비추어 사회통념상 그 저작자의 명예를 훼손하는 것이 아니라고 인정되는 경우에는 그렇지 않다(법 제14조 제2항 및 제128조).

저작자 사망 후에도 저작인격권을 권리로서 보호하는 것은 저작인격권이 저작자 일신에 전속한다는 속성과 어긋날 수 있다. 하지만, 저작자가 사망하더라도 저작자가 자신의 저작물을 통해 공동체와 소통하는 관계는 지속된다. 따라서 여전히 저작인격권이 존중될 필요가 있다. 이 때문에 저작자가 사망한 후에도 그 인격적 이익을 보호한다.

다만, 저작자가 이미 사망하였으므로 그의 의사를 확인할 수 없다. 저작자 사망 후의 인격적 이익의 보호는 저작인격권이나 저작재산권과 달리 기간의 제한을 받지도 않는다. 이 보호는 심지어 까마득한 역사 속 인물의 저작물에도 적용될 수 있다. 또 이를 위반한 경우에는 형사 처벌의 대상이 된다(법 제137조 제1항 제3호).

이 때문에 저작인격권의 보호와 달리 저작자 사망 후에 그의 인격적 이익의 보호와 관련해서는 사회통념에 비추어 그 저작자의 명예를 훼손하는지를 고려하게 된다.

이 규정은 문언적으로 저작자가 자연인인 경우만을 상정하고 있으나, 업무상저작물과 관련해 법인 등의 해산에 대해서도 적용되는 것으로 이해해야 할 것이다.[41]

41 일본 저작권법은 "저작자의 사망 후에" 대신에 "그 저작물의 저작자가 존재하지 않게 된 후에"라고 규정함으로써 이 문제를 처리하고 있다. 일본 저작권법 제60조 제2항 참조. 법인 등이 합병하는 경우 종전 법인의 동일성이 존속하는 것으로 인정되는 흡수합병과 달리 종전 법인이 소멸하는 신설합병의 경우에는 저작자의 지위가 승계되지 않는 것으로 보아야 할 것이다.

마. 그 밖의 저작인격권

(1) 출판물의 수정·증감권 또는 철회권

독일, 일본 등 일부 국가에서는 저작자에게 철회권(撤回權, right of withdrawal)을 부여하고 있다. 철회권은 자신이 창작한 저작물이 더 이상 자신의 신념에 부합하지 않으며 그래서 더 이상 그 이용이 기대되지 않는 경우 합법적으로 공표된 저작물일지라도 추가적인 이용을 중단시킬 수 있는 권리를 말한다.[42] 독일의 경우 저작자가 이 권리를 사전에 포기할 수 없도록 하고 있고, 이탈리아는 '심각한 인격적 사유'를 철회권의 행사 요건으로 규정[43]해 이의 인격권적인 성격을 강조하고 있다. 철회권을 도입하고 있는 나라는 제1, 2차 세계대전 등 심각한 정치적·사회적 격변을 겪었다는 공통점을 지니고 있다.

철회란 저작물을 더 이상 공표하거나 발행하지 않는 것이지, 이미 공중에게 전달된 저작물을 다시 거둬들이는 것을 의미하는 것은 아니다. 일단 공표를 허락했더라도 저작자의 주관적 판단에 따라 더 이상의 공표를 거절할 수 있게 하는 점에서 철회권은 공표권의 소극적 측면으로 이해될 수 있다.

이와는 조금 다른 접근방법도 있다. 저작물이 발행된 후에 자신의 사상이나 감정이 변화되거나 그 밖의 다른 사유가 발생한 경우에, 이를 철회하는 대신에 변화된 사상이나 감정에 맞게 저작물을 수정 또는 증감할 수 있도록 하는 것이다. 과거 저작물에 표현된 사상이나 감정이 현재의 그것과 괴리되어 발생하는 저작자의 인격적 고민을 덜어줄 수 있는 적극적 방법이다.

저작권법은 저작자에게 철회권 대신 수정·증감권을 부여하고 있다. 배타적발행권자가 저작물을 다시 발행하는 경우에 저작자는 정당한 범위

---

42 독일 저작권법 제42조, 프랑스 지식재산권법 제L121-4조 및 일본 저작권법 제84조 제3항 참조. 일본은 다만 이를 출판권에 대해서만 적용한다.

43 이탈리아 저작권법(1997) 제142조 참조.

안에서 저작물의 내용을 수정하거나 증감할 수 있다(법 제58조의2). 배타적발행권자가 저작물을 다시 발행하는 경우에 저작자가 이를 제때에 알지 못한다면 저작물을 수정 또는 증감하고자 해도 할 수 없다. 이를 방지하기 위해 저작권법은 배타적발행권자가 저작물을 다시 발행하고자 할 때마다 그 사실을 저작자에게 알리도록 하고 있다(법 제58조의2 제2항). 이 수정·증감권은 저작인격권의 하나로 인정되므로 저작자에게 부여되며, 따라서 통지도 저작재산권자가 아닌 저작자에게 해야 한다.

(2) 접촉권

접촉권이란, 우리나라에서는 인정되지 않지만, 미술품의 경우에 작가가 이를 양도한 후에 자신의 저작물에 접근해 스케치 또는 촬영하는 등 저작물이 수록되어 있는 원본에 접근해 사본을 제작할 수 있는 권리이다.[44] 접촉권은 미술저작물처럼 저작물을 그 저작물이 수록된 매체로부터 분리하기 어려운 경우에 주로 적용된다.

저작자는 자신이 창작한 저작물이지만 나중에 자신의 작품 활동을 위해 다시 참조할 필요를 느낄 수 있다. 기성작가의 경우에 일정한 시기에 창작한 미술저작물에서 그의 소재나 재료 또는 표현기법 등에서 일정한 패턴을 일관되게 유지하는 경우가 있는데, 이러한 노력의 일환으로 과거 작품의 참조가 필요할 수 있다. 이를 위해 저작물이 수록된 매체를 점유하고 있는 사람의 권리를 일부 제한하는 것이다. 다만, 이 경우에도 접촉 시간 및 장소 등 조건에 관해서는 점유자의 이익을 고려해야 한다.

---

44 독일 저작권법 제25조 참조. 이 권리는 베른협약 개정을 위한 1967년 스톡홀름 외교회의에서 제기되었으나 조약에는 포함되지 못했다.

(3) 명예권

저작권법은 저작자의 명예를 훼손하는 방법으로 저작물을 이용하는 행위를 저작인격권의 침해행위로 간주한다(법 제124조 제4항).[45] 특정한 이용행위가 비록 공표권, 성명표시권 또는 동일성유지권 등 저작권법이 정하고 있는 저작인격권을 침해하는 것은 아닐지라도, 그것이 저작자의 명예를 훼손하는 정도에 이른 경우에는 이를 저작인격권의 침해로 본다.

어느 미술저작물의 복제물을 길바닥에 깔아서 사람들이 밟고 지나가게 하거나 외설적인 상품의 광고에 활용하는 것은 저작물 자체를 변경하지 않으므로 동일성유지권의 적용을 받지는 않지만 저작자의 명예를 훼손하는 방법으로 저작물을 이용하는 행위가 될 수 있다. 다만, 저작자의 명예가 훼손되었는가는 저작자의 주관적 판단보다 사회통념에 따라 결정되어야 한다.

45 이것은 특히, 베른협약 제6조의2 제1항 규정상 동일성유지권으로 포섭되지 않는 '그 밖의 훼손적인 행위(other derogatory action)'에 해당하는 행위로부터 저작자를 보호하려는 취지에서 규정된 것이다.

제3절

저작재산권

1. 개관

저작재산권이란 저작물을 일정한 방식으로 이용하는 것으로부터 발생하는 경제적인 이익을 보호하기 위한 권리를 말한다. 저작권법상 저작재산권에는 복제권, 공연권, 공중송신권(방송권, 전송권, 디지털음성송신권), 전시권, 배포권, 대여권, 그리고 2차적저작물작성권이 있다. 이 권리들은 기술의 발달에 따라 저작물의 이용 형태가 다양해지면서 그 범위가 지속적으로 확대되어 왔다.

저작재산권을 구성하는 여러 권리 가운데서는 저작권법에 명시적으로 열거된 것만 유효하다. 언급되지 않은 이용행위는 비록 자신의 저작물을 이용하는 것이더라도 저작권자가 이를 통제할 수 없다. 예를 들어, 저작권법은 음반을 개인적으로 재생해 듣는 것에 대해서는 아무런 권리도 부여하지 않았다. 저작권자는 어떤 사람이 자신의 음반을, 비록 그것이 불법적으로 취득한 것이라도, 사적으로 재생해서 듣는 행위를 통제할 수 없다.

이 권리들은 저작권을 구성하는 지분권이다. 저작권자는 각각의 권리를 나누어서 개별적으로 행사하거나 양도 또는 상속하는 등 처분할 수 있다. 또한 시간과 장소를 기준으로 나누어서 행사하거나 처분할 수도 있다. 개별적으로 권리를 양도 또는 상속받은 사람은 그 권리를 원저작권자와 동일하게 행사할 수 있고 그에 대해 모든 보호와 구제를 받을 수

있다.[46]

이 권리들은 각각 독자적으로 의미를 갖는다. 하나의 행위가 여러 권리 범위에 해당하는 경우에는 해당하는 모든 권리에 대해 이용허락을 받아야 한다.

예를 들어, 온라인 음악사이트로부터 구매한 가요를 카페에서 배경음악으로 사용하는 경우에, 가요를 온라인으로 합법적으로 구매하였더라도(온라인 음악사업자가 전송에 대해 허락받았더라도), 이를 카페에서 배경음악으로 사용하는 행위(공연)에 대해서는 별도로 (한국음악저작권협회가 정한 사용료를 지불함으로써) 허락을 받아야 한다.[47]

2. 저작재산권의 구도

저작재산권의 여러 권리를 저작물 이용의 양태를 중심으로 분류하면 그림 2와 같다.

저작물의 이용은 그 방식에 따라 복제와 전달로, 다시 그 형태에 따라 유형적인 것과 무형적인 것으로 나누어볼 수 있다. 복제란 저작물을 본디의 것과 같게 하나 이상 다시 만드는 것이고, 전달이란 저작물을 직접 접하고 있지 않은 이용자가 저작물을 이용할 수 있도록 유형적이거나 무형적인 방법으로 저작물을 이용자에게 미치게 하는 것을 말한다.

이 분류는 배타적이지 않다. 방송이나 전송의 경우에는 발신자에게 원본이 남으므로 불가피하게 복제가 발생한다. 전달이자 동시에 복제가 되는 것이다. 다만 어느 것이 주된 행위이냐에 따라 전달로 분류할 뿐이다.

---

46 미국 저작권법 제201조(d), H.R. Report, 94-1476(1976), at 123 및 M. Nimmer and D. Nimmer, *Nimmer on Copyright*(2019), §10.02 참조.

47 특허법에서는 이를 "실시행위 독립의 원칙"이라 한다.

그림 2 | **저작재산권의 구도**

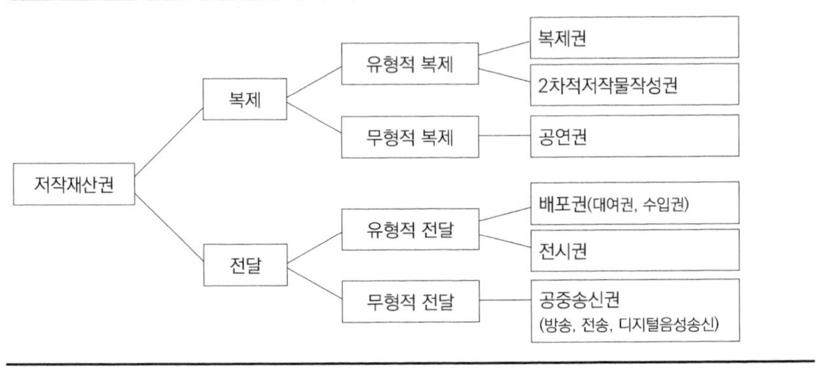

3. 저작재산권의 종류

저작권법이 정하고 있는 저작재산권의 종류와 그 내용은 다음과 같다.

가. 복제권

저작자는 자신의 저작물을 복제할 권리를 가진다. 다른 사람이 어느 저작물을 복제하려는 경우에는 저작권자의 허락을 받아야 한다. 복제란 인쇄, 사진, 복사, 녹음, 녹화, 그 밖의 방법에 의해 일시적 또는 영구적으로 유형물에 고정하거나 다시 제작하는 것을 말한다.

건축물의 경우에는 그 건축을 위한 모형 또는 설계도서에 따라 이를 시공하는 것을 포함한다(법 제2조 제22호). 저작권법은 2000년 개정을 통해 '유형물에 고정'하는 것을 포함함으로써 이른바 저작물의 디지털화도 복제의 개념에 포함됨을 명확히 했고, 2011년 한·미 FTA 개정법을 통해 이른바 '일시적 복제'도 이에 포괄했다.

(1) 복제권의 포괄 범위

복제권은 저작권 인식이 싹트고 저작권 보호가 제도화된 초기 단계부터 저작권의 가장 기본적인 권리로 인정되었고, 심지어는 그 영문표기(copyright)가 암시하듯이 저작권 그 자체로 인식되었다. 당시로서는 복제(출판)가 저작물을 이용하는 거의 유일한 방법이었기 때문이다.

복제권의 개념적 포괄범위는 복제기술이 발달하고 이에 따라 저작물 이용 양태가 다양해지면서 꾸준히 확대되었다.[48] 복제권이 미치는 범위에 대해서는 역사적으로 다른 어떤 권리보다도 많은 논의가 있어왔으며, 심지어 일부 논의는 아직도 마무리되지 않았다.

평면의 미술저작물을 입체적인 것으로 만드는 것, 음악저작물(악보)을 자동으로 연주할 수 있는 피아노 롤(piano roll)로 만들거나 재생해서 들을 수 있도록 축음기판에 기록하는 것, 그리고 어느 저작물을 다른 언어로 번역 또는 각색하거나 영화화하는 것도 폭넓게 저작물의 복제에 해당한다. 이 중에서 음악저작물을 피아노 롤이나 축음기판에 기록하는 것은 그대로 복제권에 포섭되었지만, 저작물을 번역 또는 각색하거나 영화화하는 것은 2차적저작물작성권이라는 별도의 권리로 분리되었다.[49]

공연이나 공중송신도 넓은 의미의 복제에 해당한다. 그러나 저작권법은 저작물을 유형물에 고정하거나 다시 제작하는 것만을 복제권의 개념에 포괄하고, 공연이나 공중송신은 각각 별도의 권리로 분리하고 있다.

저작권법상의 복제는 책을 복사기로 복사하는 것처럼 일대일로 대응되는 복제에 국한되지 않는다. 라디오나 텔레비전 방송을 듣거나 보다가 이를 녹음 또는 녹화하는 간접적인 복제도 복제에 해당한다. 심지어

---

48 오히려 이런 이유로 복제권은 비교적 늦은 1967년에야 일반적 권리로서 베른협약에 규정되었다. Sam Ricketson, *The Berne Convention for the Protection of Literary and Artistic Works: 1886-1986*, at 370.

49 베른협약 제12조(개작권) 및 제14조(영화화권) 참조.

다른 사람의 강연을 듣고 기억에 의존해 강연록을 작성하는 것도 복제이다.

각본, 악보, 그 밖에 이와 유사한 저작물의 경우에 그 저작물의 공연, 실연 또는 방송을 녹음하거나 녹화하는 것도 복제의 범위에 포함된다. 이에 관한 사항은 베른협약에 규정되어 있는데, 이는 당시에 이와 관련한 논란이 있어 이를 명확히 하려는 것이었다.[50]

한편, 음악저작물은 단독으로 녹음되어 활용되기도 하지만 광고나 드라마 또는 영화 같은 영상저작물에 배경음악으로 활용되기도 한다. 이를 동기화(synchronization)라 하는데, 음악과 영상을 맞추어 연결하는 데서 나온 표현이다. 이에 대해서도 당연히 저작권자의 복제권이 미친다.[51]

짚어보기 저작권법은 특별히 건축물의 경우에 그 건축을 위한 모형이나 설계도서에 따라 시공하는 것을 복제의 개념에 포함하는 것으로 규정하고 있는데, 이는 무엇을 의미할까?

모형이나 설계도서는 물품을 제작하는 방법을 표현하는 수단이다. 그런데 물품을 제작하는 방법에는 저작권법의 보호가 미치지 않는다. 그러므로 모형이나 설계도서에 따라 물품을 제작하는 것은 저작권 침해가 되지 않는다.[52] 단지 그 표현만이 보호되므로 모형이나 설계도서가 저작권으로 보호된다면 그 자체를 복제하는 행위는 침해가 될 수 있다. 저작권법은 유독 건축물의 경우에 모형이나 설계도서에 따라 시공하는 것을 복제의 개념

50 베른협약 제9조 제3항. 저작권법도 이를 옮겨서 규정하고 있었으나, 2006년법은 이를 삭제했다(법 제2조 제22호). 명확화를 위한 것이었으므로 복제의 개념 범위와 관련해 변동이 있는 것은 아니다.

51 업계에서는 이를 음반을 제작하는 데서의 '작은 권리(small right)'와 구분해 '큰 권리(grand right)'라 부른다.

52 영국 저작권법은 이를 명시적으로 규정하고 있다. 영국 저작권법 제51조 제1항.

에 포함하고 이에 대해 저작권자의 권리를 인정했다.[53] 이 규정은 없던 권리를 창설하는 것인가, 아니면 단지 분명하지 않은 것을 명확하게 하려는 것인가?

건축저작물에서는 기계 설비와는 달리 모형이나 설계도서에 따른 시공을 통해 완성된 건축물 역시 저작물로 보호된다. 건축저작물의 저작물로서의 표현은 그 모형이나 설계도서에 이미 관념적으로 표현되어 있고, 따라서 이에 따라 시공하는 것은 곧 이 표현을 현실화하는 것이다.[54] 그러므로 모형이나 설계도서에 따른 시공 역시 복제에 해당한다고 볼 수 있다.[55] 따라서 이 규정은 확인적인 것으로 이해된다. 같은 이유로 완성된 건축저작물을 거꾸로 모형이나 설계도서로 제작하는 것이나 다른 건축저작물로 모방하는 것도 역시 복제에 해당한다.

저작권법은 건축저작물만 언급하고 있으나 이 규정은 대형 야외조각처럼 제작을 위해 모형이나 설계도서를 작성할 필요가 있는 다른 저작물에도 마찬가지로 적용될 수 있다.[56]

디지털화도 복제에 해당한다. 책을 디지털화하면 저장 및 검색이 용이해지고 인터넷으로 전송할 수 있다. 이 때문에 도서관이 소장하고 있는 자료를 디지털화하는 경우가 있는데, 이러한 디지털화도 저작권법상 복제에 해당하므로 법에 의해 허용되는 경우가 아니라면 저작권자의 허락을 받아야 한다.

한편, 저작물의 일부 또는 전부를 그대로 복제하는 것은 물론 이를 변경해 복제하는 것도 상당한 유사성이 인정된다면 역시 저작권법상 복제

53 일본 저작권법과 프랑스 저작권법도 유사한 규정을 두고 있다. 일본 저작권법 제2조 제1항 제15호 및 프랑스 저작권법 제L-122-3조 참조.

54 이것은 마치 배우가 극본이나 시나리오에 따라 연기를 하는 것과 같다.

55 완성된 결과물이 건축저작물로 보호되지 않는다면, 설계도서대로 시공해도 복제권을 침해하는 것은 아니라는 결론에 이르게 된다.

56 법원도 도안에 따라 조형물을 제작한 것에 대해 필자의 견해와 같은 취지의 판결을 내렸다. 대법원 2019. 5. 10. 선고 2016도15974 판결 참조.

가 된다. 즉, 이른바 '모방'도 복제에 해당한다. 이 점에서 저작자의 복제권은, 그들이 기여한 실연과 음반의 직접적이거나 간접적인 복제에만 미치고 모방에는 미치지 않는 실연자, 음반제작자 및 방송사업자 등 저작인접권자의 복제권과 구별된다.[57]

(2) 일시적 저장의 문제

복제권이 어디까지 미치는가 하는 문제의 중심에는 저작물의 '일시적 저장'이 있다. 일시적 저장이란 컴퓨터 등 정보처리장치가 정보를 처리하기 위해 주기억장치(RAM)에 일시적으로 저장하는 것을 말한다. 디지털 저작물을 보고 읽고 듣고 또 작동하기 위해서는 일시적 저장이 기술적으로 불가피하고 또 원활하고 효율적인 처리를 위해서도 일시적 저장이 필요하다. 현재의 기술로는 이 과정을 피할 수 없다.

문제는 이것이 전통적인 의미의 복제와 닮았다는 것이다. 이 일시적 저장을 복제권의 개념 범위에 포함시키면 이제까지는 저작권자의 통제가 미치지 않던 디지털 저작물의 사용 또는 그에의 접근에 대해 저작권자가 전면적으로 통제할 수 있는 권한을 갖게 된다.

저작물은 궁극적으로 사용자들이 이를 보고 읽고 듣고 또 작동함으로써 활용되고 그 가치가 실현된다. 하지만 종이책처럼 아날로그의 유형적 매체환경에서는 이렇게 저작물을 보고 읽고 듣고 또 작동하는 것을 저작권자가 일일이 통제할 수 없었다. 설사 가능하더라도 그 비용이 지나치게 많이 들거나 사용자의 프라이버시 등 다른 보호법익과 충돌하기 때문에 최소한 현실적이지 않았다. 그래서 권리자들은 대신 저작물이 수록된 매체를 복제해 판매하는 것을 통제하는 방법으로 권리를 행사해 왔다.

---

57 미국 저작권법도 우리법상 음반에 해당하는 '녹음물(sound recording)'에 대해서는 그 복제권이 "직접 또는 간접으로 녹음물에 고정된 실제음을 재포착하는 음반과 복제물의 형태로 녹음물을 복제하는 권리에 한한다."고 규정하였다. 미국 저작권법 제114조(b) 참조.

복제권은 아날로그 환경에서의 이러한 한계를 인정하고 비교적 통제가 가능한 복제 행위(또는 이어지는 배포행위)의 통제를 통해 저작물의 활용을 통제하는 수단으로 이용되었다.[58] 저작권자의 입장에서는 사용자들이 저작물을 보고 읽고 듣고 또 작동하면서 저작물의 가치를 누리는 만큼에 대해 낱낱이 보상을 받을 수 없었으므로 많은 누수(漏水)가 있었다고 할 수 있다.[59]

이렇게 보면 일시적 저장을 복제의 개념 범위에 포함시킬지 여부는 결국 저작권자에게 디지털 저작물에 대해 사용권 또는 접근권을 부여할 것인가 하는 문제임을 알 수 있다. 이는 단순히 복제권의 포괄 범위가 어디까지인가 하는 문제를 넘어선다.[60] 하지만 국제적으로는 미국과 유럽연합의 선도로 복제권의 포괄 범위의 문제로 단순화되어 논의되었고,[61] 신중한 입장을 취하던 우리나라와 일본[62] 등도 결과적으로 이에 합류했다.

다만, 각국은 이 새로운 보호에 따른 부작용을 최소화하기 위해 공통

---

58 극단적으로 말하면 저작물을 수없이 많이 복제했더라도 그것을 그냥 창고에 쌓아둔다면 저작권자에게 아무런 영향을 미치지 않는다. 내셔널 리서치 카운슬, 『디지털 딜레마: 정보화 시대의 지적 재산권』, 임원선 옮김(한울아카데미, 2001), 213-220쪽 참조.

59 이런 누수를 저작권 시스템에 내재된 것으로 보고, 디지털 네트워크 환경에서도 이것이 온전히 보존되어야 한다는 입장이 있다. James Boyle, "Symposium: Taking Stock: The Law and Economics of Intellectual Property Rights: Cruel, Mean, or Lavish? Economic Analysis, Price Discrimination and Digital Intellectual Property," 53 *Vanderbilt Law Review* 2007, 2030(2000) 참조.

60 임원선, 「새로운 비즈니스모델과 일시적 복제의 보호」, 저작권심의조정위원회, ≪계간 저작권≫, 2002년 여름호(통권 제58호).

61 미국은 수리를 위해 컴퓨터를 켜는 순간 자동으로 시스템소프트웨어가 주기억장치에 저장되는 것을 복제권 침해로 판시한 판례[*MAI Systems v. Peak Computer*, 991 F.2d 511(9th Cir. 1993)]가 야기한 문제를 해결하기 위해 이를 복제권의 예외로 규정한 제117조를 반대 해석하는 방식으로, 유럽연합은 정보사회저작권지침에 이를 명시적으로 삽입하는 방식으로 이를 저작권자의 복제권에 포괄하고 있다. 미국 저작권법 제117조 및 유럽연합 정보사회저작권지침 제2조 참조.

62 우리나라는 한·미 FTA 이행의 일환으로 이를 도입했고, 일본은 '스타디지오(*スターデジオ*) 사건' 판결[(東京地方裁判所 2000. 5. 16., 民事 第46部 判決(1998년(ワ) 제17018호)]을 통해 이에 대한 보호를 부인하다가 2009년 저작권법 개정으로 이의 보호에 대한 예외를 규정하는 방식으로 보호를 명확히 했다. 일본 저작권법 제47조의5 및 제47조의8 참조.

적으로 포괄적인 예외를 도입했다. 그리고 명시적인 법 규정에도 불구하고 판례 등을 통해 일부 형태의 일시적 저장은 이에 해당하지 않는 것으로 확인되고 있어서, 실제 효과는 다소 다르게 나타나고 있다. 미국에서는 네트워크에서의 송신을 위해 버퍼메모리에 저장하는 것처럼 단지 순간적으로만 이루어졌다가 이내 사라지는 것은 고정되었다고 할 수 없고 따라서 비록 일시적으로라도 복제되었다고 할 수 없다는 판례가 있고, 일본 정부도 이처럼 순간적·과도적인 저장은 복제에 해당하지 않는다는 견해를 밝힌 바 있다.[63] 우리나라 또한 같은 입장이다.[64]

나. 공연권

저작자는 자신의 저작물을 공연할 권리를 가진다. 공연이란 저작물 또는 실연·음반·방송을 상연, 연주, 가창, 구연, 낭독, 상영, 재생 등의 방법으로 공중에게 공개하는 것을 말한다(법 제2조 제3호). 즉, 저작물을 공중에게 공개적으로 실연하거나 그 녹음 또는 녹화물을 재생해 공중에게 공개하는 것을 말한다. 그러므로 혼자서 또는 가족 모임에서 노래를 부른다거나 하는 것은 공연에 해당하지 않는다.

저작권법상 '공중'이란 불특정 다수인을 말하는데, 특별히 특정 다수인을 포함하는 것으로 하였다(법 제2조 제32호). 저작권 보호의 목적상 가정 및 이에 준하는 한정된 범위를 벗어난 특정 다수인도 이에 포함되는 것으로 정한 것이다. 회원제 카페에서 저작물을 공개하는 경우에도 비록 그 범위가 특정되어 있지만 사적인 범위를 벗어나 있으므로 이는

---

63 *The Cartoon Network v. CSC Holdings*, 536 F.3d 121, 130(2d Cir. 2008). 이로써 지속시간에 관계없이 그로부터 저작물이 복제될 수 있으면 고정된 것이라고 본 미국 행정부의 입장[U.S. Copyright Office, *DMCA Section 104 Report*(2001)]이 번복되었다. 일본의 입장에 관해서는 文化審議會, 「文化審議會 著作權分科會 報告書」(2006, 2009) 참조.

64 문화체육관광부·한국저작권위원회, 『한·미 FTA 이행을 위한 개정 저작권법 설명자료』(2011. 12. 14), 8쪽.

공연에 해당한다고 할 수 있다.

공중이란 가능성이 있는 것으로 족하며, 반드시 다수의 공중이 실제로 참여해야 하는 것은 아니다. 영화관이나 음악회에 관객이 단 한 명만 입장했더라도 그를 대상으로 저작물을 공개했다면 공연에 해당한다.

저작권법은 '동일인의 점유에 속하는 연결된 장소 안에서' 이루어지는 송신에 의한 것도 공연에 포함하고 있다. 이는 2000년 개정법의 방송의 정의에서 "차단되지 아니한 동일구역 안에서 단순히 음을 증폭 송신하는 것을 제외"한 것을 공연의 정의에 옮겨 규정한 것이다. 대형 공연장에서는 뒤쪽의 객석에서도 공연을 제대로 감상할 수 있도록 송신설비를 활용하는데 기술 현상만으로 보면 공연을 관람한 것이 아니라 유선방송을 시청한 것이 되는 문제가 있어 이를 시정하려는 것이다.

'차단되지 아니한 동일 구역 안'을 '동일인의 점유에 속하는 연결된 장소 안'으로 변경함으로써 일부 저작물 이용이 방송에서 공연으로 재분류되었다. 예를 들어, 회사나 학교에서 각 사무실이나 교실에 설치된 확성기를 통해 음악을 들려주는 경우에 일반적으로 우리는 이것을 구내방송이라 부르지만 저작권법상으로는 공연에 해당한다. 이는 구 유선방송관리법에서 '자가유선방송'[65]을 삭제해 방송의 범주에서 제외한 것을 반영한 것이다.

이를 방송이 아니라 공연으로 보면, 저작권법 제29조 제2항에 따라 상업용 음반의 재생에 의한 비영리 공연에 대한 예외가 적용되지만, 방송으로 보면 이 예외가 적용되지 않는다. 하지만 백화점이나 열차 또는 비행기 안에서의 공연 등 개정 전에 방송에 대한 저작권료를 징수하던

65 구 유선방송관리법은 "자가유선방송"을 "일정한 시설의 운영자가 그 시설 안에서 당해 시설의 이용자에게 「음반 및 비디오물에 관한 법률」에 의해 판매·배포되는 음반(음반에 수록된 내용을 말한다. 이하 같다)이나 스스로 제작한 음반 또는 비디오물·음성·음향 또는 영상을 송신하는 것"으로 정의했었다. 유선방송관리법(1993) 제2조 제4호.

음악저작물의 이용에 대해서는 이런 예외가 적용되지 않는 사항으로 시행령에 별도로 규정하고 있다.

다만, 이 경우에도 저작권법은 특별히 전송을 제외하고 있으므로 전송에 의한 것은 별도로 전송권에서 다루어져야 할 것이다. 회사나 학교 등에서 컴퓨터프로그램이나 데이터베이스 등을 서버에 설치하고 각 사무실에서 이를 공유해 사용하는 것이 이에 해당한다.

짚어보기 **대규모 쇼핑몰처럼 서로 다른 임차인이 점유한 공간들로 구성되는 곳에서 이루어지는 구내방송도 공연이라고 할 수 있는가?**

연결된 장소이지만 동일인의 점유에 속하지 않은 장소 또는 시설에서 이루어지는 송신에 의한 것도 이에 해당하는지의 문제이다.
규정의 취지상 '점유'란 포괄적인 의미에서의 관리 범위로 이해함이 타당하다. 비록 서로 다른 임차인들이 점유한 공간들로 구성되는 쇼핑몰일지라도 시설의 운영 관리를 동일인이 하고 있다면 그의 일환으로 행해지는 구내방송도 저작권법상 공연에 해당한다고 할 수 있을 것이다.

공연권은 복제권과는 독립된 별개의 권리이다. 음반이나 영상물을 합법적으로 취득했더라도 이를 사용해 공연하는 경우에는 별도로 허락을 받아야 한다. 노래방에서 사용되는 가요 반주기에 반주음악을 수록하기 위해 반주기 제조회사는 저작권자에게 복제에 대한 허락을 받는다. 이 가요 반주기를 구입해 가정에서 사용하는 경우에는 문제가 되지 않지만, 노래방 등에서 영업을 하는 경우에는 공연에 대한 허락을 별도로 받아야 한다.[66]

---

66 대법원 1994. 5. 10. 선고 94도690 판결 참조. 나중에 살펴보겠지만 이는 노래방 면적을 기준으로 산정된 일정 사용료를 한국음악저작권협회에 납부하는 것으로서 쉽게 허락받을 수 있다.

다. 공중송신권

저작자는 자신의 저작물을 공중송신할 권리를 가진다. 공중송신이란 저작물을 공중이 수신하거나 이에 접근하게 할 목적으로 무선 또는 유선통신의 방법에 의해 송신하거나 이용에 제공하는 것을 말한다(법 제2조 제7호). '배포'가 저작물을 멀리 떨어져 있는 이용자에게 유형적으로 전달하는 것이라면, '공중송신'은 이를 무형적으로 전달하는 것을 말한다.

현재 저작권법상 공중송신에는 방송과 전송, 그리고 디지털음성송신이 포함되는데, 반드시 이에 국한되지는 않는다. 기술 발전에 따라 다른 형태의 송신이 새롭게 등장하면 그것도 공중송신이 될 것이다.

이 점에서 공중송신과 관련해 저작권과 저작인접권의 권리부여 방식에 차이가 있다. 저작권자에게는 포괄적인 공중송신권이 부여된 반면에 실연자, 음반제작자 및 방송사업자 등 저작인접권자에게는 공중송신의 특정한 형태별로 권리가 부여된다. 저작권자는 어느 송신이 비록 저작권법이 정하고 있는 기존의 특정한 송신 형태로 분류되지 않아도 이에 대해 통제권을 가지지만, 저작인접권자는 법에 규정된 특정한 형태의 송신에 대해서만 권리를 가진다.

공중송신을 구성하는 이용 형태는 다음과 같다. 저작권법이 저작자에게 공중송신권이라는 포괄적인 권리를 부여하고 있으나, 저작물 이용은 분야별로 이루어지기 때문에 실제 이용허락은 보통 이용 형태별로 이루어진다.

(1) 방송

방송이란 공중이 동시에 수신하게 할 목적으로 무선 또는 유선통신의 방법에 의해 음성, 음향 또는 영상 등을 송신하는 것을 말한다(법 제2조 제8호). 일반적인 라디오나 텔레비전 방송뿐만 아니라 위성방송이나 데이터 방송 등도 저작권법상 방송에 해당한다.

무선뿐만 아니라 유선통신의 방법에 의한 것까지 방송에 포함하는 저작권법의 접근방법은 국제적인 관행과는 차이가 있다. 저작권과 저작인접권 보호에 관한 대표적인 국제조약인 베른협약과 로마협약에서는 무선통신에 의한 것만 방송으로 보기 때문이다.

방송의 속성으로 공중이 동시에 수신하게 할 목적으로 송신되는 것, 그리고 그 수단으로 전파(헤르츠파)가 활용되는 것을 드는데, 저작권법은 단지 수신의 동시성만을 기준으로 방송을 정의한다. '수신의 동시성'이란 송신의 수신자가 송신되는 프로그램의 어느 지점에 접근하게 될지를 통제할 수 없는 것을 말한다.

녹음물이나 녹화물에 의한 방송도 방송이다. 방송되는 내용도 음이나 영상에 국한되지 않고 문자나 데이터 등도 그 대상이 될 수 있으며, 주식 시세나 경마 상황 등도 대상이 될 수 있다.

(2) 전송

전송이란 공중의 구성원이 개별적으로 선택한 시간과 장소에서 접근할 수 있도록 저작물 등을 이용에 제공하는 것을 말하며, 그에 따라 이루어지는 송신을 포함한다(법 제2조 제10호). 즉, 인터넷 사이트에 자료를 게시하거나 검색할 수 있도록 저장해서 다른 사람들이 원하는 시간에 이에 접속해 자료를 다운로드 하거나 또는 스트리밍 방식으로 보거나 들을 수 있도록 제공하는 것을 말한다.

전송은 수신자가 저작물에 접근하는 시기와 장소를 개별적으로 선택할 수 있다는 점에서 방송과 구별된다. 그것이 디지털 방식인가, 그리고 수신자가 받은 자료 파일을 소유할 수 있는가는 중요하지 않다. 인터넷을 통해 음악이나 방송 프로그램을 검색하고 이를 스트리밍 방식으로 송신하는,

이른바 주문형 스트리밍 서비스는 저작권법상 전송에 해당한다.[67]

'공연'에서와 마찬가지로 '전송'도 공중을 대상으로 한 것이어야 한다. 가족 모임처럼 특정 다수이더라도 구성원이 송신자와 밀접한 사적인 유대감을 가지고 있어서 저작권법상 '사적인 범위'에 속한다면 이를 공중이라고 할 수 없으므로 이에 대한 송신은 전송에 해당하지 않는다. 하지만 비록 소수라도 업무상 모임이거나, 단순히 같은 취미를 가지고 있는 정도로 사적인 유대가 깊지 않은 모임의 경우라면 이들 사이의 송신은 전송에 해당할 수 있다.

한편, 랜(LAN)을 활용해 회사나 학교 등에서 특정한 컴퓨터프로그램이나 데이터베이스를 공유해서 사용하는 경우가 있는데, 이것도 저작권법상 전송에 해당하므로 미리 저작권자의 허락을 받아야 한다.[68]

게시판이나 자료실에 직접 게재하지 않고 단지 다른 사이트에 게재된 정보에 링크를 설정함으로써 정보를 제공하는 경우도 있다. 이에 대해 법원은 링크는 저작물의 웹 위치 정보 또는 경로를 나타낸 것에 불과하므로 링크를 설정하는 행위 자체는 저작물의 복제 또는 전송에 해당하지 않는다는 종래의 입장[69]을 유지하면서도, 저작권 침해물 링크 사이트에

67 일본 저작권법은 우리의 전송에 해당하는 '자동공중송신'과 구별해 '송신가능화'를 정의하고 있다. 이는 인터넷에 접속되어 있는 서버의 저장장치에 정보를 입력하거나 정보가 입력되어 있는 저장장치를 그러한 서버에 설치하는 것, 또는 그러한 정보가 입력되어 있는 저장장치가 설치되어 있는 서버를 인터넷에 접속하는 것을 말한다. 일본 저작권법 제2조 제1항 9-5. 일본 저작권법은 우리와 달리 저작인접권자에게는 송신가능화권만을 부여하고 있다.

68 일본 저작권법은 우리와 달리 동일구내에서의 유선전기통신에 의한 송신을 공중송신에서 제외하고 있는데, 이는 자칫 회사나 학교에서 컴퓨터프로그램이나 데이터베이스를 하나만 구입해서 공유하는 것을 허용하는 것이 될 수 있다. 일본 저작권법도 이를 우려해 컴퓨터프로그램을 예외로 하고 있지만, 데이터베이스 등 디지털 형태의 모든 저작물은 마찬가지로 공유 사용될 수 있음에 유의해야 한다. 일본 저작권법 제2조 제1항 제7의2호 참조.

69 대법원 2009. 11. 26. 선고 2008다77405 판결 및 대법원 2015. 3. 12. 선고 2012도13748 판결 참조.

서 침해 게시물에 연결되는 링크를 제공하는 경우처럼 링크 행위자가 공중송신권을 침해한다는 사실을 충분히 인식하면서 그러한 침해 게시물 등에 연결되는 링크를 인터넷 사이트에 영리적 · 계속적으로 게시하는 등으로 공중의 구성원이 개별적으로 선택한 시간과 장소에서 침해 게시물에 쉽게 접근할 수 있도록 링크 행위를 한 경우에는 침해 게시물을 공중의 이용에 제공하는 범죄를 용이하게 하므로 공중송신권 침해의 방조가 된다고 판시하였다.[70]

유럽 사법재판소도 링크가 단지 접근의 편의만을 제고하는 것이라면 비록 프레이밍의 방법을 썼더라도 공중송신(communication to the public)에 해당하지 않지만,[71] 원사이트에서 권리자의 동의를 받아 허용된 접근의 범위가 (접근의 제한을 우회할 수 있게 하는 등의 방법으로) 새로운 공중(new public)에게로 확대되었다면 공중송신에 해당한다고 보았다.[72]

짚어보기 **유럽연합 디지털 단일시장 저작권 지침에서 온라인 콘텐츠 공유 서비스 제공자(OCSSP)가 공중에게 이용자가 업로드 한 콘텐츠에 대해 접근을 제공하는 행위를 공중송신(전송) 행위로 규정하도록 한 것은 기존의 공중송신 개념의 범위를 확대한 것인가?**

디지털 단일시장 저작권 지침 제17조는 가치 격차(Value-gap) 문제에 대처하기 위해 권리자와 OCSSP가 균형 잡힌 협상을 할 수 있도록, OCSSP가 공중에게 이용자가 업로

70 대법원 2021. 9. 9. 선고 2017도19025 전원합의체 판결

71 *Best Water International*, C-348/13, EU:C:2014:2315(2014) 참조.

72 *Svensson and Others*, C-466/12, EU:C:2014:76(2014) 및 GS Media, C-160/15, EU:C:2016:644(2016) 참조. 다만, 사용료 지불을 조건으로 접근할 수 있는 콘텐츠에 무료로 접근할 수 있게 하는 링크는 단지 기술조치의 우회 행위에 해당하는데도 이를 공중송신에 해당하는 것으로 판단한 데에는 오류가 있다. 임원선, "저작권법상 링크와 링크사이트의 법적 성격에 관한 검토," 「계간 저작권」 2017년 가을호, 138-147쪽 참조.

드 한 콘텐츠에 대해 접근을 제공하는 행위를 공중송신으로 규정하고, 이에 대해 권리자에게 이용허락을 받도록 규정하였다. 이는 OCSSP에게 기존 전자상거래 지침이 정하고 있는 OSP에 대한 것보다 엄격한 책임 요건을 부과하여 권리자의 이용허락을 받아 콘텐츠를 서비스하는 콘텐츠제공자(CP)와 공정한 경쟁을 하도록 하는 효과가 기대된다.

그러나 이를 공중송신 개념의 확대로 보기는 어렵다. 이 규정이 OCSSP의 접근 제공행위를 공중송신 행위로 판단한 여러 건의 유럽 사법재판소 판결을 근거로 하고 있다고 설명되고 있으나, 이를 공중송신 개념의 확대로 보기는 어렵다. 이는 유럽연합 차원에서 저작권 침해에 대한 이차 책임에 대한 통일된 규범이 없는 상태에서 각 회원국이 서로 다른 해결책에 의존하는 것을 피하기 위해 찾은 해결책 정도로 이해하는 것이 타당하다.[73] 지침도 이 규정이 기존의 다른 지침에 어떤 방식으로든 영향을 미치지 않도록 하고 있으므로,[74] 저작자에게 부여되는 권리를 규정한 정보사회저작권지침상의 공중송신의 개념도 그대로 유지된다.

이러한 이해가 이용자 업로드 콘텐츠 플랫폼과 관련하여서는 이용자가 저작물을 업로드하는 행위가 전송에 해당하고, 플랫폼이 이에 대해 공중에게 접근을 제공하는 행위는 직접적인 침해행위라기보다 방조행위가 될 수 있다고 보는 주류적인 견해와도 부합한다. 따라서 가치 격차 문제의 해결을 위해 이 제도의 도입을 적극적으로 검토하는 경우에도 OCSSP의 접근 제공 행위를 직접 전송행위로 규정하기보다는 저작권법 제124조의 '침해로 보는 행위'의 하나로 규정하는 것이 합리적이라고 할 수 있다.[75]

(3) 디지털음성송신

디지털음성송신이란 공중으로 하여금 동시에 수신하게 할 목적으로

---

73 Giancarlo Frosio, "It's all linked: How Communication to the Public Affects Internet Architecture," 37 *Computer Law & Security Review* 1 (July 2020) at 20.

74 디지털단일시장저작권지침 제1조 제2항 참조.

75 이에 관해서는, 임원선, "가치격차 현상과 온라인서비스제공자책임제한 제도 재검토," 경영법률 제32집 제4호 (2022. 7.), 124-128쪽 참조.

공중의 구성원의 요청에 의해 개시되는 디지털 방식의 음의 송신을 말하며, 전송은 여기에서 제외된다.[76] 음반을 공중이 동시에 수신하게 할 목적으로 인터넷 스트리밍 기술을 활용해 실시간으로 송신하는 것을 말한다. 웹 캐스팅 중 음반의 송신이 이에 해당한다.

이는 현행 저작권법상 방송에 해당한다. 방송 중에서 "공중의 구성원의 요청에 의하여 개시"와 "디지털 방식"이라는 두 가지 추가적인 제한을 충족하는 송신을 별도로 규정한 것이라고 이해된다.

웹 캐스팅은 전통적인 의미의 방송과 다음 세 가지 점에서 구별된다. 첫째, 인터넷을 활용하므로 주파수의 도달 범위로 한정되는 수신 권역에 제한이 없다. 인터넷이 연결된 곳이면 전 세계 어디든지 미칠 수 있다.

둘째, 제한된 수의 주파수를 할당받아야 하는 전통적인 방송과 달리 채널 제한을 받지 않으므로 대역이 허용하는 범위 내에서 다양한 채널을 개설할 수 있다.

셋째, 웹 캐스팅은 또한 인터넷의 특징인 대화형 속성(interactivity)을 활용해 수신자의 수요에 보다 적극적으로 부응하거나 다양한 부가가치를 창출할 수 있다.

이에 웹 캐스팅을 방송과 분리해 규율할 필요가 제기되었고, 디지털음성송신은 그중에서 음반의 송신을 규정한 것이다. 상업용 음반을 활용한 디지털음성송신에 대해 저작권법은 방송과 마찬가지로 실연자와 음반 제작자에게 보상청구권을 부여하고 있다.

76 '공중의 구성원의 요청에 의해 개시되는'이라는 표현은 자칫 전송에 해당하는 것으로 오해될 수 있으므로 유의해야 한다.

짚어보기 인터넷 방송(웹 캐스팅)은 저작권법상 어떤 성격을 지니고 있는가?

흔히 인터넷 방송이라 불리는 스트리밍 방식에 의한 인터넷 송신은 저작권법상 디지털음성송신, 방송, 그리고 전송의 세 가지로 구별된다.

인터넷 방송은 매체가 인터넷일 뿐 일반 방송처럼 듣거나 보는 이가 선택의 여지없이 일방적으로 수신만 하는 경우, 송신되는 내용이 음반이라면 디지털음성송신이 되고 영상 또는 그 밖의 저작물이라면 방송이 된다. 저작권법은 음반의 송신만을 규정하고 그 밖에 영상 등(문자나 데이터 등 포함)의 송신에 대해서는 규정하지 않아서 이를 "기타의 공중송신"[77] "제3의 송신"이라 부르고 실연자와 음반제작자 등의 권리는 이에 대해서는 미치지 않는 것으로 보는 등 논란이 있지만, 현행 저작권법상 이는 방송에 해당한다. 저작권법이 송신의 대상이나 수단을 가리지 않고 다만 공중이 동시에 수신하게 할 목적으로 송신하는 것을 모두 방송으로 정의하고 있기 때문이다. 방송에 포함하여 정의하더라도 이러한 방송을 전통적인 방송과 구별해 이용을 허락하거나 별도의 보상금 체계를 구성하는 것은 아무런 문제가 없다.

다음으로, 이용자가 원하는 정보를 선택해서 원하는 때에 듣거나 볼 수 있도록 하는 것은 비록 그것이 스트리밍 방식이어서 정보를 다운로드 할 수는 없다고 하더라도 전송에 해당한다. 방송된 프로그램을 방송 후 일정 시간이 경과한 후에 인터넷을 통해 원하는 시간에 다시 볼 수 있도록 하는 다시 보기 서비스도 역시 방송이 아니라 전송에 해당한다.

---

77 이해완, "저작권법상 공중송신의 유형 및 그 법적 취급에 관한 연구," 「성균관법학」 제24권 제4호(2012), 396-401 참조. 이러한 주장은 문화부가 당시에 발간한 해설서 등을 그 근거로 들고 있으나, 해석론으로 다르게 보기에는 법문의 내용이 너무나 명백하다. 다만, 실연자와 음반제작자에게 방송과 별개로 디지털음성송신에 대한 보상청구권을 추가한 점 등을 볼 때, 개정을 추진한 취지가 디지털음성송신을 방송의 일부로서가 아니라 이와 구별하여 신설하고자 했다는 의구심도 든다. 이러한 취지였다면, 방송의 정의 규정에 "디지털음성송신을 제외한다."고 추가했어야 했다. 하지만, 이 경우에도 디지털 영상등의 송신은 여전히 방송에 해당하는 점에는 차이가 없다.

짚어보기 **인터넷 음악방송 채널 개설 서비스는 디지털음성송신에 해당할 수 있는가?**

디지털음성송신사업자가 직접 채널을 개설해 서비스하는 경우와 달리, 이용자가 원하는 곡들을 선정해 이를 들려주는 음악방송 채널을 개설할 수 있도록 하는 서비스가 있다. 이 서비스는 두 가지 점에서 일반적인 디지털음성송신과 구별된다. 하나는 다른 사람이 개설한 채널에 접속해서 청취하는 사람과 달리 스스로 원하는 곡을 선정해서 채널을 개설해서 듣는 경우에는 사실상 자기가 선곡한 곡들을 듣게 된다. 다른 하나는 다른 사람을 위한 채널이라도 특정한 가수가 부르거나 특정 앨범에 수록된 곡들만을 선정하거나 최신 히트곡만 선정하여 방송을 개설하면 사실상 원하는 곡들만을 골라듣는 것에 가까운 효과를 낼 수 있다. 이처럼 디지털음성송신 중에서 전송과 유사한 효과를 가지는 형태를 구별해 규율할 필요가 있다.[78]

참고로, 미국 저작권법은 유사한 문제에 대처하기 위해, 방송 편성이 주로 신청곡을 받은 지 1시간 이내에 이루어지는 음반들로 구성되거나, 특정 앨범이나 특정 가수의 곡을 중심으로 이루어지는 경우에는 권리자의 허락을 받도록 규정하고 있다.[79]

라. 전시권

저작자는 자신의 미술저작물 등의 원작품이나 그 복제물을 전시할 권리를 가진다. 미술저작물 등이란 미술저작물, 건축저작물, 그리고 사진저작물을 말한다. 전시권은 이 세 가 지 저작물에만 해당한다. 어문저작물 등 그 밖의 저작물에는 전시권이 적용되지 않는다. 다만, 영화의 스틸컷처럼 사진저작물로 볼 수 있는 경우에는 전시권이 적용될 수 있다.

---

78 법원도 이른바 〈딩가라디오〉 사건에서 같은 취지로 '채널 만들기' 서비스에 대해 이용자가 "자신이 새로운 채널을 생성해 (직접 고른) 음원을 청취하는 것이 일반적"이라는 이유로 전송에 해당한다고 판시했다. 서울고등법원 2018. 5. 3. 선고 2017나2058510 판결 참조.

79 미국 저작권법 제114조 참조.

전시권은 유형물의 전시에만 적용되는 권리이다. 모니터나 프로젝터가 커지고 그의 해상도가 높아지면서 이를 통해 원본보다 더 자세하고 실감 나는 감상을 할 수 있게 되기도 하고, 처음부터 모니터나 스크린으로 보여주려는 목적으로 창작되는 미술저작물도 존재한다. 하지만, 이렇게 미술저작물 등을 모니터나 스크린으로 보여주는 것은 전시권에 해당되지 않고, 이는 저작권법상 공연에 해당한다.[80]

공표되지 않은 미술저작물 또는 사진저작물의 전시에 대해서만[81] 또는 원본에 의한 전시에 대해서만[82] 전시권을 인정하는 국가도 있으나, 저작권법은 이런 제한을 두고 있지 않다. 이미 공개된 저작물일지라도, 그리고 복제물에 의한 전시일지라도 전시권이 미친다.

전시권은 공중에게 보일 것을 목적으로 하는 전시, 즉 공개 전시에만 미치고 가정 및 이에 준하는 한정된 범위 내에서의 전시에는 미치지 않는다.

짚어보기 **달력에 인쇄된 그림을 따로 표구해 병원 등 공공연한 장소에 게시하는 것은 저작권자의 전시권을 침해하는 것인가?**

법원은 전년도 달력 중에서 그림 부분만 따로 표구해 병원에 게시한 데 대해, "달력을 구입한 사람들이 달력에 게재된 방법으로 이 사건 각 사진을 전시하지 않고 달력에서 이 사건 각 사진을 오려낸 후 액자에 넣어 공중이 볼 수 있는 장소에 전시하는 행위는 허락된 범위를 넘는 것"이라고 판시한 바 있다.[83] 저작자가 사진을 액자용 사진으로도 허락하면서 달력용보다 고가의 이용료를 받고 있으므로 달력용 사진을 별도로 전시하는 것에 대해 허락을 유보한 것으로 본 것이다.

---

80 小泉直樹 外, 「條解 著作權法」, 弘文堂 (2023), 352面 참조.

81 독일 저작권법 제18조 참조.

82 일본 저작권법 제25조 참조.

83 서울중앙지방법원 2004. 11. 11. 선고 2003나51230 판결.

그러나 저작자가 사진을 달력에 게재하도록 허락한 것은 달력의 용도를 고려하면 달력에 포함된 사진의 전시를 허락한 것으로 이해함이 타당하다. 사진 부분을 달력의 날짜와 요일이 인쇄된 부분과 분리해 전시하거나 달력에 해당하는 기간을 지나서 전시하는 것에 제한이 있다고 보는 것도 무리이다.

미술저작물 등의 경우, 저작물(그림)과 저작물이 수록되어 있는 매체(캔버스)가 분리 가능하지 않은 경우가 일반적이다. 이때 저작권자와 매체의 소유권자가 다르면 저작권과 매체의 소유권이 충돌할 가능성이 높다. 이에 저작권법은 미술저작물 등의 원본 소유자나 그의 동의를 얻은 자는 그 저작물을 원본에 의해 전시할 수 있도록 해서 두 권리의 충돌을 조정했다. 이에 대해서는 제5장 '저작권 보호의 제한과 예외'에서 자세히 살펴볼 것이다.

한편, 위탁에 의한 초상화 또는 이와 유사한 사진저작물의 경우 위탁자의 동의가 없는 때에는 이를 이용할 수 없다(법 제35조 제4항). 이는 저작권과 초상권이 충돌하는 경우에 대비한 규정이다. 저작권법은 위탁자라고 표현하고 있으나 실제로는 초상화의 대상이거나 또는 사진저작물의 피사체여서 결과적으로 초상화나 사진저작물에 대해 초상권을 가지는 사람을 의미하는 것으로 이해된다.

마. 배포권

저작자는 자신의 저작물 등의 원본이나 그 복제물[84]을 배포할 권리를 가진다. 배포란 저작물의 원작품 또는 그 복제물을 공중에게 대가를 받거나 또는 받지 않고 양도 또는 대여하는 것을 말한다. 배포는 저작물 등

84 여기서 '복제물'은 유형적 복제물(copy 또는 tangible copy)을 말한다. 무형적인 것까지를 포괄하는 복제물(reproduction)과 구별할 필요가 있다.

을 유형적인 형태로 공중에게 보급하는 것으로, 저작물 등을 무형적인 형태로 보급하는 것을 의미하는 공중송신과 구별된다.

법원은 이를 넓게 해석해 배포를 위한 사전 행위로서 구매를 제안하는 행위나 광고행위만도 이를 배포권의 침해로 판단하고 있다.[85]

배포권은 과거에는 단지 복제권에 부수적으로 수반되는 권리로 인식되어 독자적인 권리로서 인정받지 못했다. 복제를 허락할 때에 그 복제물의 배포에 관한 사항도 함께 처리하는 것이 일반적이고 또 당연한 것으로 여겨졌기 때문이다. 베른협약도 영상저작물에 대해서만 배포권을 인정[86]하고(영화의 배급이 이에 해당한다), 그 밖의 일반 저작물에 대해서는 별도로 규정하지 않았었다.

그러다가 1996년 체결된 WIPO저작권조약과 WIPO실연·음반조약에서 이를 저작권자 및 저작인접권자의 독자적인 권리로 규정했다.[87] 그 이유로 두 가지를 들 수 있다.

첫째, 종래의 출판이나 음반 시장에서와 달리 다양한 배포수단이 발달했고, 수입권, 대여권(rental right) 및 공공대출권(public lending right)과 같이 배포권의 파생적인 권리로 이해되는 권리의 중요성이 높아졌기 때문이다.

둘째, 배포권은 불법복제물의 유통에도 효과적으로 대응할 수 있게 한다. 배포를 하는 사람이 불법복제에 직접 관여하지 않은 경우에는 복제권만으로는 그 배포를 통제할 수 없다. 독자적인 배포권이 주어지면 이 경우에도 효과적으로 권리를 구제받을 수 있다.

배포권은 저작물의 원본이나 복제물이 처음 판매되거나 그 밖의 방법으로 소유권이 이전된 후에는 소진(消盡)된다. 즉, 그 이후의 배포에는

---

85 *Michele Labiance v. Knoll International*, c-516/13(2015) 참조.

86 베른협약 제14조 및 제14조의2.

87 WIPO저작권조약 제6조 및 WIPO실연·음반조약 제8조와 제12조.

이 권리가 미치지 않는다. 이를 '최초 판매의 원칙' 또는 '소진의 원칙'이라고 하는데, 이에 대해서는 제5장 제4절에서 별도로 살펴보기로 한다.

바. 대여권

배포권은 저작물의 원본이나 합법적으로 제작된 복제물이 일단 판매 등의 방법으로 거래에 제공되고 나면 그 이후에는 소진된다. 이를 구입한 사람은 아무런 제한 없이 그 복제물을 다른 사람에게 판매, 대여 또는 그 밖의 방법으로 처분할 수 있다. 그런데 저작권법은 이런 소진의 원칙에도 불구하고 상업용 음반과 컴퓨터프로그램의 경우에 이를 상업적으로 대여하는 것에 대해 다시 저작권자의 허락을 받도록 했다(법 제21조).

대여권은 배포권 소진의 예외이다. 따라서 배포권과 마찬가지로 유형적 복제물에만 적용되고 저작물의 전송 등에 의한 무형적 보급에는 적용되지 않는다.[88]

대여권은 대여 자체보다는 대여를 통한 복제를 통제하기 위해 도입되었다. 1980년대 초 일본에서 휴대용 카세트테이프 레코더 워크맨이 보급되자 많은 사람들이 비싼 CD를 사기보다 이를 대여점에서 대여해서 테이프로 복제한 후 이용했다. 이렇게 되자 음반 매출이 줄어들었고, 음반 대여에 대해 권리자에게 통제권을 부여할 필요가 생겼다.

컴퓨터프로그램 역시 음반과 마찬가지로 대여에 의해 그 판매가 현저히 줄어들 것을 예상할 수 있다. 이런 이유에서 TRIPs협정에서는 음반과 컴퓨터프로그램에 대해 저작권자 및 실연자와 음반제작자에게 대여권을 부여하게 되었다.

우리나라는 음반과 컴퓨터프로그램에 대해서는 대여권을 부여하면서

---

88 출판업계에서 논의되는 '전자책 대여' 모델에서 말하는 대여는 저작권법상 이용기간의 정함이 있는 '전송'에 해당한다.

도 당시 사실상 대여가 많이 이루어지던 만화를 포함한 도서류와 비디오 등 영상저작물에 대해서는 대여권을 부여하지 않았다. 이것은 대여권 부여의 배경이 대여 자체를 통제하는 것이 아니라 이를 통한 복제를 통제하기 위한 것과 관련이 있다.[89]

대여권을 부여하는 방식은 둘로 나뉜다. 하나는 포지티브 시스템(positive system)으로, 우리나라나 미국처럼 음반과 컴퓨터프로그램 등 일정한 저작물에만 대여권을 부여하고 나머지 저작물에는 부여하지 않는 방식이고, 다른 하나는 네거티브 시스템(negative system)으로, 일본이나 유럽연합처럼 모든 저작물에 대해 일괄적으로 대여권을 부여하고 일정한 종류의 저작물에 대해서만 예외를 인정하는 방식이다.[90]

사. 2차적저작물작성권

저작자는 자신의 저작물을 원저작물로 하는 2차적저작물을 작성하여 이용할 권리를 가진다(법 제22조). 2차적저작물이란 기존의 원저작물을 번역, 편곡, 변형, 각색, 영상 제작, 그 밖의 방법으로 작성하는 창작물을 말한다. 저작재산권으로서의 2차적저작물작성권은 저작인격권인 동일성유지권과 달리 원저작물을 왜곡하지 않고 변경해서 이용하는 권리를 말한다. 흔히, 개작권(adaptation right)이라 불리기도 한다.[91]

원저작물을 번역, 편곡, 변형, 각색, 영상 제작 등 개변하는 방법으로 새로운 저작물을 작성하는 것이므로, 단순히 원저작물의 일부를 가져다

---

89 TRIPs협정은 영상저작물의 경우 대여가 복제권을 실질적으로 침해하는, 저작물의 광범위한 복제를 초래하지 않는 경우 이 의무에서 면제된다고 규정하고 있다. TRIPs협정 제11조 참조.

90 일본은 1971년 모든 저작물에 대해 대여권을 인정하고는 부칙에서 서적이나 잡지에 대해서는 이의 적용을 유보해 오다가 2004년 개정을 통해 이에 대해서도 대여권이 미치도록 한 바 있다.

91 U.S. Copyright Office, Circular 14: Copyright Registration for Derivative Works, at 1.

다른 저작물을 작성하는 데에 이용하는 것과는 구별하여야 한다. 거꾸로 개변의 정도가 지나쳐서 원저작물과의 관계를 확인할 수 없을 정도가 되었다면 역시 2차적저작물이라고는 할 수 없다.

저작자는 단순히 2차적저작물의 작성에 대해서뿐만 아니라 그렇게 작성된 2차적저작물의 이용에 대해서도 권리를 가진다. 이것은 2차적저작물이 이용되는 때에 2차적저작물의 바탕이 되는 원저작물이 동시에 이용되기 때문이다. 저작권법은 친절하게 이를 '2차적저작물을 작성하여 이용할 권리'라고 명시하고 있다.

소설가는 자신의 소설을 원작으로 드라마나 영화를 제작하는 경우는 물론, 그렇게 제작된 드라마나 영화를 인터넷을 통해 전송하는 등 저작권법이 정한 방법으로 이용하는 경우에도 역시 권리를 가진다. 종종 이런 허락은 영상화를 허락할 때에 한꺼번에 일괄해서 이루어지기도 한다. 저작권법은 영상저작물과 관련해 저작재산권자가 저작물의 영상화를 허락한 때에는 특약이 없으면 그 본래의 목적으로 이용하는 것을 포함해 허락한 것으로 추정토록 하고 있다(법 제99조).

짚어보기 **톨스토이 전집을 번역·출판하면서 일본에서 일어로 출간된 자료를 참조했다면 일본어판의 저작권자에게도 허락을 받아야 하는가?**

원저작물을 번역한 2차적저작물에 대해서는 원저작자의 권리뿐만 아니라 2차적저작물 작성자의 권리도 미친다. 톨스토이의 러시아어 원본이 아닌 일본어 번역본을 우리말로 번역·출판하고자 한다면 마땅히 원어본의 저작권자는 물론 일본어판의 저작권자에게도 허락을 받아야 한다. 그러나 원본을 번역하면서 단순히 참조하는 데 그친 것이라면 그에게서 창작적 기여를 가져왔다고 할 수 없으므로 원어본의 저작권자에게 허락을 받는 것으로 족하고 일본어판의 저작권자에게 별도로 허락받을 필요는 없을 것이다.

2차적저작물의 보호는 그 원저작물의 저작자의 권리에 영향을 미치지 아니한다(법 제5조 제2항). 2차적저작물의 보호는 원저작물에 대한 저작자의 권리에 중첩적으로 적용된다. 2차적저작물의 저작자의 허락을 받았다고 하더라도 원저작물에 대한 권리자의 허락도 또한 받아야 한다.

저작권 보호기간이 만료된 저작물을 바탕으로 작성된 2차적저작물의 경우에는 비록 원저작물의 저작권은 더 이상 보호되지 않지만 새로 작성된 2차적저작물에 대해서는 별도의 저작권 보호기간이 시작된다.

원작자로부터 허락을 받지 않고 2차적저작물을 작성한 경우에, 2차적저작물 작성자가 원저작자의 저작권을 침해한 데 대한 책임을 지는 것과 원저작물에 추가로 덧보탠 부분이 보호되는 것과는 별개의 문제이다. 미국 저작권법은 2차적저작물 중 허락받지 않고 사용된 부분에 대해서는 저작권 보호가 되지 않음을 명시하고 있다.[92] 그 2차적저작물을 이용하려면 불가피하게 원저작자의 허락을 받아야 하므로 결과적으로 효과는 같아질 수 있다.[93]

참고로 2006년법은 종전 법에 있던 편집저작물작성권을 삭제했는데, 이는 편집저작물작성권이 사실상 복제권의 일부를 구성하고, 따라서 복제권의 행사를 통해 통제될 수 있는 것으로 이해되었기 때문이다.[94] 편집저작물이란 편집물로서 그 소재의 선택이나 배열 또는 구성에 창작성이 있는 것을 말하는데, 편집물은 저작물이나 부호, 문자, 음성, 음향, 영상, 그 밖의 자료 등 소재의 집합물을 말한다.

---

92 미국 저작권법 제103조(a) 참조.

93 실제로 음악저작물의 편곡에 대해 사용료를 분배받기 위해 한국음악저작권협회에 등록하려면 원저작자(작사자, 작곡자)의 승인서를 첨부해야 한다. 한국음악저작권협회, 음악저작물 신고·등록에 관한 규정(2024. 1. 29.) 제4조 제3항 참조. 하지만 원저작자로서는 편곡을 인정하면 자신의 몫이 줄어들기 때문에 이에 인색할 수 있다. 따라서 편곡심사위원회를 두어 객관적으로 평가하는 것이 바람직하다.

94 하지만 복제가 아니라 단지 묶음을 달리해서 다시 배포하는 초배포(super-distribution)의 경우에는 복제권으로 통제할 수 없는 문제가 있다.

아. 그 밖의 권리

우리나라 저작권법에서는 도입하고 있지 않지만, 국제협약이나 다른 나라의 저작권법에서 보호하고 있는 권리에는 다음과 같은 것이 있다.

(1) 수입권

수입권(right of importation)은 대여권과 함께 최초 판매의 원칙에 대한 예외의 하나로, 저작물의 원본이나 합법적으로 제작된 복제물이 외국에서 판매 등의 방법으로 거래에 제공된 이후에도 이를 자국 내로 수입하는 것을 통제할 수 있도록 하는 권리이다. 다만, 휴대물품에는 적용되지 않는다.

저작권자는 나라별로 소비자의 소득수준이나 소비성향 등을 고려해 최대의 수익을 낼 수 있도록 판매 가격을 정한다. 그런데 나라별로 가격 차이가 크면 가격이 낮은 곳에서 높은 곳으로 수출입될 것이고, 관세 등 다른 제약이 크지 않다면 합리적인 수준에서 그 차이가 조율될 것이다. 그래서 시장이 분할되어 있지 않으면 높은 가격을 매길 수 있는 시장에서도 가격을 높게 매길 수 없다. 수입권은 저작권자가 나라별로 또는 지역별로 시장을 분할할 수 있도록 해서 가격차별을 가능하게 하고 이익을 극대화할 수 있게 한다.

현재는 미국과 유럽연합 등이 채택하고 있고,[95] 일본도 2004년 개정(2005년 1월 1일 시행)을 통해 음반에 대해 7년을 넘지 않는 범위 내에서 수입으로 인해 해당 저작권자 또는 저작인접권자의 예상되는 이익이 부당하게 침해되는 경우에 한해 제한적으로 이를 '침해로 보는 행위'로

---

95 유럽연합의 경우에는 그 범위를 유럽연합 지역으로 규정해 역내 국가 사이의 교역은 이에 해당하지 않는다. 유럽연합 정보사회저작권지침 제4조 제2항. 미국의 경우에는 외국을 포함해 어느 곳에서든 합법적으로 제작된 복제물에는 최초 판매의 원칙이 우선적으로 적용된다는 연방대법원의 판례로 인해 그 적용대상이 크게 축소되었다. *Kirtsaeng v. John Wiley & Sons, Inc.*, 133 S. Ct. 1351(2013) 참조.

규정했다.[96]

(2) 미술품 재판매 보상청구권

(가) 취지

미술품 재판매 보상청구권(resale royalty right, droit de suite)은 추급권(追及權)이라고도 불리는데, 작가(저작자)가 자신의 미술품(미술저작물)을 판매한 이후에도 그 미술품이 경매나 화랑 등 공개시장을 통해 매매되는 경우 매매가의 일부를 보상금으로 청구할 수 있는 권리를 말한다.

음악저작물이나 어문저작물은 주로 악보나 원고가 아닌 음반이나 책 등 복제물의 형태로 이용되기도 하고 인터넷 전송이나 영화로 활용되는 등 다양하게 이용되고 시장 평가에 따라 저작자에 대한 보상도 달라진다. 이와 달리 미술품은 원작품의 거래가 주된 이용이고, 작가는 작품의 최초 거래에만 관여할 수 있는 특성이 있다.

보통 미술품의 가치는 작가의 명성이 높아지면서 작가가 살아있는 동안, 그리고 그의 사후에도 지속적으로 상승하지만 정작 작가는 이로부터 아무런 보상을 받을 수 없다. 이러한 불합리를 시정하기 위해 미술품이 공개시장을 통해 매매되는 경우에 그 판매 이익의 일부에 대해 보상받을 권리를 인정할 필요가 있다.

베른협약에서도 이 권리를 도입했으나 회원국이 선택적으로 이행할 수 있도록 허용한다.[97] 베른협약은 이 권리를 다른 사람에게 양도할 수 없도록 함으로써 이 권리의 저작인격권적인 속성을 암시하고 있다. 미술

96 일본은 우리나라와 중국 등 인근 국가에 비해 자국의 음반가격이 높아서 시장을 분리할 필요성이 있었다. 이 수입권은 음반이 발행된 때부터 4년간 보호된다. 일본 저작권법 제113조 제10항 및 동 시행령(2024) 제79조 참조.

97 베른협약 제14조의3 참조.

저작물 재판매 보상청구권은 유럽연합 국가들과 브라질, 우루과이, 모로코, 필리핀, 그리고 뉴질랜드 등이 도입하고 있다.[98]

(나) 도입과 권리의 내용

미술품 재판매 보상청구권은 2021년부터 미술시장의 공정성 확보와 지속가능한 생태계 조성을 위해 추진된 미술진흥법의 중심 과제로 포함되었다. 이 점에서 저작권법에 관련 규정을 두고 있는 독일이나 프랑스 등의 국가와는 차이가 있다. 자연스럽게 재판매 보상청구권의 저작권적 성격보다는 예술가의 복지 향상이나 미술시장 구조 개선을 통한 미술진흥이 보다 강조되었다고 볼 수 있다.

이 법은 2023년 7월 25일 공포되었고, 재판매 보상청구권 관련 조항(제24조부터 제26조까지)은 이때부터 4년이 지나 2027년 7월 26일부터 시행된다. 그 구체적인 내용은 다음과 같다.

첫째, 권리의 발생 요건과 배제 사유

작가는 일정한 미술품의 소유권이 작가로부터 최초로 이전된 이후에 화랑업, 미술품 경매업, 미술품 자문업 또는 미술품 대여 · 판매업을 하는 자가 매도인, 매수인 또는 중개인으로 개입하여 해당 미술품이 재판매되는 경우, 즉 그 과정에 상업적 유통이 개입하는 경우에 해당 매도인에게 재판매 보상금을 청구할 권리를 가진다. 다만, 다음의 경우에는 예외이다.[99]

① 미술품의 재판매가가 500만원 미만인 경우

98 Cameron Andrews, "*Droit de Suite* Scheme Introduced into Parliament," International Law Office(2009). 미국 내에서는 캘리포니아주가 유일하게 이를 보호하고 있다. 2011년 발효된 한·EU FTA는 발효 후 2년 이내에 도입의 타당성 및 실행가능성을 검토하기 위한 당사자 사이의 협의를 개시하도록 하고 있지만, 그간 구체적인 협의는 진행되지 않았다. 한·EU FTA 제10.10조 참조.

99 미술진흥법 제24조(미술품재판매에 대한 작가보상금) 제1항.

② 저작권법 제9조에 따른 업무상저작물에 해당하는 미술품이 재판매되는 경우

③ 매도인이 원작자인 작가로부터 직접 취득한 후 3년 이내에 재판매하는 경우로서 미술품의 재판매가가 2천만원 미만인 경우

둘째, 권리의 보호기간 및 양도가능성

작가의 재판매 보상청구권은 양도될 수 없으며, 작가가 생존하는 동안과 사망한 후 30년간 존속한다. 다만, 작가가 사망한 경우에는 법정상속인이 재판매보상청구권을 행사할 수 있다.

이 권리는 양도될 수 없지만 포기될 수는 있는 것으로 이해된다. 이 제도가 주로 미술계에 첫발을 내딛는 초년병을 위한 것임을 고려할 때, 이것은 제도의 실효성을 심각하게 저해하는 결과로 이어질 수 있다. 이들은 구매자의 권리 포기 요구에 하릴없이 동의할 수밖에 없을 것이기 때문이다.[100]

셋째, 외국인 작가의 재판매보상청구권

외국인 작가의 재판매 보상청구권의 보호는 상호주의에 따른다.[101] 그 외국에서 우리 국민의 작가에게 재판매 보상청구권을 인정하지 아니하는 때에는 그 외국인 작가에게 재판매 보상청구권을 인정하지 않는다.

(다) 보상금의 징수 및 분배

재판매 보상청구권은 문화체육관광부장관이 미술진흥을 위한 사업을 효율적으로 수행하기 위해 지정하는 미술진흥전담기관 또는 별도로 지정하는 단체를 통하여 행사되어야 한다.[102]

---

100 유럽연합은 관련 지침에서 이 권리는 포기 불가능한 권리로 정하고 있다. 유럽연합 미술품 재판매지침 제1조 제1항 참조. 이것은 저작인격권의 포기에 관한 규정을 두지 않은 저작권법의 문제이기도 하다.

101 미술진흥법 제24조 제3항.

102 미술진흥법 제25조 제1항.

이 기관 또는 단체는 재판매 보상청구권자로부터 신청이 있을 때에는 정당한 사유가 없는 한 그 권리행사를 거부할 수 없다. 이것은 저작권법상 보상금 수령단체를 통한 보상금 수령 관련 사항을 참고로 한 것으로 보인다.

(라) 정보의 제공

미술진흥전담기관 또는 지정 단체는 화랑업, 미술품 경매업, 미술품 자문업 또는 미술품 대여·판매업을 하는 자에게 재판매 보상금 지급을 위하여 필요한 정보를 요청할 수 있다.[103] 요청을 받은 사람은 정당한 사유가 없으면 이에 따라야 한다.

다만, 요청에 응하지 않을 경우에 이를 강제할 수 있는 제재나 강제 조치가 없어서 실효성에 의문이 제기된다.

(마) 시행령에 위임된 사항

미술진흥법은 미술품 재판매 보상청구권을 도입하면서 제도의 상당 부분을 시행령에 위임하였다. 그 내용은 다음과 같다.

첫째, 적용 대상 미술품의 범위

미술진흥법은 대상 미술품의 범위가 시대적이거나 기술적인 변화에 따라 달라질 수 있으므로 이를 하위 법령에 위임하였다. 하지만, 가능한 이를 구체화해야 법적 불확실성을 해소할 수 있다는 점을 고려하면, 법에서 대체적인 지침과 예시를 제공하는 것이 바람직하다.[104]

둘째, 요율체계

---

103 미술진흥법 제26조 제1항.

104 유럽연합 관련 지침은 대상이 되는 미술작품을 원본에 한정하고, 그 예시로 그림, 드로인, 조각 등을 들고 있으며, 작가가 직접 제작하거나 작가의 허락 하에 소량으로 제작된 사본도 원본으로 간주하되, 작가가 서명, 번호 매김 또는 그 밖의 허락 표시를 한 것으로 한정하였다. 유럽연합 미술품재판매지침 제2조 제1항 및 제2항 참조.

미술진흥법은 보상금 요율을 시행령에 위임하였다. 유럽연합 미술품재판매지침은 그 요율을 직접 구체적으로 정하고 있다. 그 요율은 대체로 역누진 체계로 되어 있다. 예를 들어, 판매가가 5만 유로 이하인 경우에는 4%이지만 50만 유로 이상인 경우에는 0.25%를 보상금으로 한다.[105] 이것은 고가의 거래에 대해 지나친 부담을 지우지 않으면서도, 저가거래에서는 실질적인 경제적 혜택을 보장하려는 것이다.

셋째, 업무규정 제출

재판매 보상금 수령단체로 지정받으려면 문화체육관광부장관에게 시행령이 정하는 바에 따라 업무규정을 제출하여야 한다.

미술진흥법은 미술품 재판매 보상청구권의 관리를 지정 단체에 집중관리하는 구도를 택하고 있는 것으로 보인다. 이 경우, 이 지정단체는 독점적으로 운영되므로 그 독점적 지위를 남용하지 않도록 해야 하고, 보상금 청구권자들의 권리를 대신해서 행사하는 데 있어서, 대리인 문제(agency problem)가 최소화되도록 정부가 일정 부분 관여하게 된다. 지정 단체의 업무 규정에 대한 정부의 관여는 이러한 노력의 일부라고 할 수 있다.

(3) 공공대출권

공공대출권(public lending right)은 상업적 대여가 아니라 공공도서관에서 이루어지는 비상업적 대출에 대해 부여되는 권리로서, 상업적인 대여에 대한 권리인 대여권(rental right)과 구별된다.

도서관은 도서를 구매하여 이용자에게 대출하면서 출판시장에 크게 세 가지 영향을 미친다. 첫째, 도서 구매자로서, 특히 전문 학술서적 등의 기초 수요를 형성하고, 둘째, 도서 홍보자로서, 도서를 홍보해 이용자

105 유럽연합 미술품재판매지침 제4조 참조.

의 구매 욕구를 자극하며, 셋째, 구매 대체자로서, 이용자의 도서 구매 수요를 대체한다. 특히, 베스트셀러 등 기획출판물의 경우에 수요를 대체하는 효과가 크다.

도서관의 존재가 출판산업에 미치는 효과가 긍정적인지 부정적인지에 대해서는 의견이 분분하다.[106] 하지만 도서관이 출판시장에 미치는 세 가지 영향은 출판물의 종류에 따라 다르게 나타날 가능성이 높다. 대체로 전문 학술출판물에 대해서는 긍정적인 효과가, 기획 대중 출판물에 대해서는 부정적인 효과가 좀 더 클 것으로 예상된다. 하지만 국가나 지방자치단체가 도서관이라는 공공서비스를 제공하면서 출판물이라는 사적 재산을 활용하고 있는 점은 분명하다. 이에 대해 적절하게 보상할 필요가 있다.

유럽연합 대여권 및 대출권지침은 회원국들에게 대출권 보호를 의무화하고 있다. 다만 배타적 권리에 대신해 공공대출권을 보상청구권으로 부여할 수도 있도록 허용한다.[107] 노르웨이를 제외한 대부분의 국가에서는 공공대출권을 보상청구권으로 부여하면서 그 지급의무를 도서관이 아닌 정부가 지도록 하고 있고, 공공대출권을 출판 등 문화진흥을 위한 보조 수단으로 활용하고 있다. 이런 이유에서 많은 국가가 공공대출권을 저작권법으로 규정하지 않고 있으며 그 수혜자도 자국민 또는 자국어로 쓰인 도서로 한정하는 등 저작권 보호를 위한 조약의 내국민대우 의무를 회피하고 있다.

---

106 일본에서는 "도서관의 장서수 증가가 기준(Benchmark) 도서와 신간 도서 판매량에 미치는 효과의 크기는 작으며 그 효과 또한 유의성이 미미한 반면에 매출 상위 1/6인 도서와 베스트셀러 도서는 도서관의 장서수의 증가로 인해 도서 판매량이 감소하는 경향"을 보인다는 연구결과가 있으며, 우리나라에서는 도서 대출권수가 도서 판매권수에 미치는 영향이, 특히 어린이도서와 베스트셀러의 경우에도 미미한(통계적으로 유의미하지 않은) 것으로 나타났다고 함. 문화체육관광부, 『도서대출이 출판 매출에 미치는 영향 연구』, 한국문화관광연구원 (2019) 참조.

107 대여권 및 대출권지침 제5조.

(4) 판면권

판면권이란 출판사가 출판물의 조판(typographical arrangement)에 대해 가지는 권리를 말한다. 조판이란 도서 출판을 위해 글자체의 선택이나 판면 배열 등 외관을 꾸미는 것을 말하며, 표지 디자인 등의 창작성이 인정되어 미술저작물로 보호되는 것과는 별개이다.

독자가 글자체나 판면 배열을 취향에 맞게 바꿀 수 있는 전자책에서라면 판면권이 주장되기 어렵다. 판면권은 1956년 영국에서 처음 도입된 이후, 영연방 국가인 뉴질랜드, 홍콩 등과 중국 및 대만과 독일[108] 등 10여 개 국가에서 보호되고 있다.

판면권 보호의 논거는 크게 두 가지이다. 첫째, 출판사 사이의 부정경쟁을 방지하기 위해 필요하다.[109] 저작권자에게 받은 출판 허락만으로는 출판계약이 종료되었거나 저작권으로 보호받지 못하는 저작물을 출판한 경우에 다른 출판사가 기존 출판물을 그대로 복제해서 출판하는 것을 막을 수 없다. 새로 전자책 출판을 허락받은 출판사가 기존 인쇄 책을 그대로 스캔해서 활용하는 경우에도 기존 출판사는 이를 막을 수 없다.

둘째, 출판물을 조판이 유지된 상태에서 이용하는 경우, 예를 들어 출판물을 복사하거나 스캔하는 등 사진 복제(facsimile copy)하거나 그것을 전송하는 경우에는 조판에 관한 출판사의 기여를 활용하게 되므로 이에 대해 정당한 보상이 주어져야 한다. 하지만, 이 부분은 당초 판면권이

---

108 대만과 독일의 저작권법은 저작재산권이 없거나 만료된 저작물을 최초 발행한 경우에 보호하는 점에서는 같다. 다만, 대만 저작권법은 제판에 대해 등록을 전제로 발행 후 10년간 보호하는 데 비해, 독일 저작권법은 제판(디자인)이 아닌 판본(내용)의 발행에 대해 25년간 보호하는 점에서 구별된다. 따라서 독일 저작권법의 보호는 일반 판면권 보호와는 차이가 있다. 있다. 중국 저작권법 제36조, 대만 저작권법 제79조 및 독일 저작권법 제70조 및 제71조 참조.

109 영국출판협회는 다른 나라와 달리 영국에는 부정경쟁법에 의한 구제수단이 없기 때문에 판면권 도입이 필요하다고 주장했다. Board of Trade, *Report of the Copyright Committee*(1951, *reprinted* in 1959)(Cmd 8662), at 111, para. 306 참조.

부여되었던 취지에 비추어 과도한 것일 수 있다.

출판사가 저작권자로부터 설정받은 배타적발행권만으로는 권리 구제에 한계가 있는지 또는 조판에 관해 출판사가 기여한 부분이 이러한 배타적발행권에 기초해 받는 보상과 구별해 별도로 보호받아야 하는지에 대해서는 검토가 필요하다.[110]

110 일본에서도 판면권 도입이 논의되었으나, 일본출판협회도 경쟁자가 아닌 일반 이용에 출판사의 권리가 확대되는 것을 원치 않았다. 결국 우리나라의 배타적발행권처럼 출판권을 전자책에도 확대 적용하는 것을 검토하는 것으로 일단락되었다. 일본 文化審議會 著作權分科會 出版關聯小委員會, 「文化審議會 著作權分科會 出版關聯小委員會 報告書(案)」(2013. 12) 참조.

5장

저작권 보호의 제한과 예외

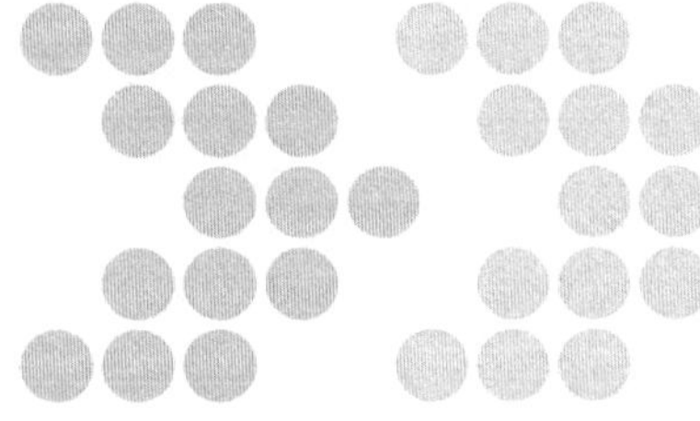

제1절

개관

저작권법은 한편으로는 저작자의 권리를 보호함으로써 저작물의 창작을 진작하고 다른 한편으로는 보호의 범위를 일정하게 제한함으로써 저작물의 공정한 이용을 도모한다. 그러므로 저작권 보호에 대한 제한과 예외는 권리의 보호와 함께 저작권 제도를 구성하는 두 기둥 가운데 하나라고 할 수 있다.

제한과 예외는 처음부터 권리의 부여 범위를 제한하는 것과 일단 부여된 권리의 행사를 제한하는 것으로 구별할 수 있다. 강학상 전자를 보호의 제한(limitations on protection), 후자를 보호의 예외(exceptions to protection)라 하는데, 반드시 일관되지는 않다.

권리의 부여 범위를 제한하는 것으로는 아이디어/표현의 이분법과 저작권 보호기간 제한이, 그리고 일단 부여된 권리의 행사를 제한하는 것으로는 최초 판매의 원칙, 사용목적과 형태에 따른 각종 예외, 그리고 저작권자의 자발성을 제한하는 강제허락 또는 법정허락제도가 있다.

어느 정도의 제한과 예외가 적정한지는 선험적으로 정해진 것이 아니며 시대와 장소에 따라 달라질 수 있다. 이를 그림으로 나타내면 〈그림 3〉과 같다.

저작권 정책은 저작권 보호를 통해 창작을 진작하면서도 그 보호에 대한 제한과 예외를 통해 저작물의 공정한 이용을 도모하는, 때로 서로 상충하면서도 보완하는 두 가지 지향 사이에서 끊임없이 밀고 당기는 과정에서 결정된다. 그 결과 〈그림 3〉의 저작권 보호의 원이 커지기도 하고

그림 3 | **저작권 보호의 제한과 예외**

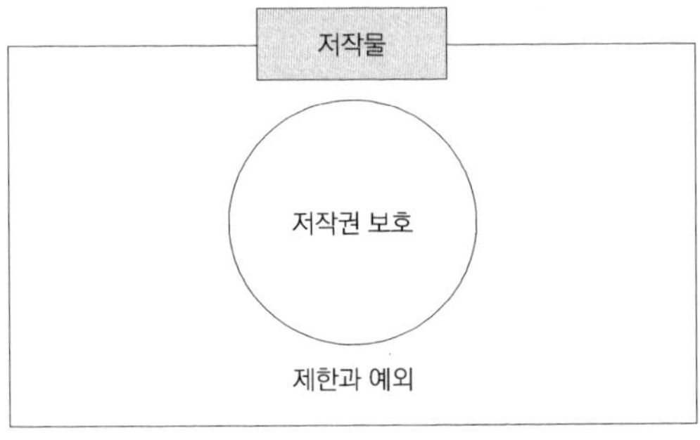

또 작아지기도 한다. 어느 저작물을 보호 대상으로 할 것인지, 즉 그 저작물을 특정한 형태로 이용하는 것에 대해 저작권자에게 권리를 부여해 다른 사람들이 이용하고자 할 때 그의 허락을 받도록 함으로써 창작을 진작하는 것이 바람직한지, 아니면 이를 공유의 것으로 하여 모든 사람이 자유로이 이용하게 함으로써 이용을 활성화하는 것이 바람직한지를 결정하는 것은 바로 그 저작물을 이 원의 안에 둘 것인지 바깥에 둘 것인지를 결정하는 것이다.

1. 제한과 예외의 법적 성격

저작권법이 정하고 있는 제한과 예외를 적극적인 권리로 해석하는 견해도 있으나,[1] 현재로서는 법에 달리 정한 경우를 제외하고는, 법이 저작

---

1 이런 입장을 지닌 대표적인 학자로는 L. R. 패터슨(L. R. Patterson)을 꼽을 수 있다. L. R. Patterson and S. W. Lindberg, *The Nature of Copyright: A Law of Users's Rights* (University of Georgia Press, 1991).

권자에게 부여한 권리를 제한함으로써 발생하는 '반사적 이익'으로 이해하는 것이 일반적이다. 이에 따르면 제한과 예외는 저작권 보호라는 원칙에 대한 예외로서, 허용되는 범위도 소극적으로 그 목적에 필요한 최소한도에 그치는 것으로 해석되어야 한다.

그러나 변화의 조짐이 있다. 이는 논리적으로 예견되었던 것으로, 저작권을 어느 정도로 보호하는 것 — 즉, 이를 사적인 권리의 대상으로 하는 것 — 이 적정한가를 결정하는 저작권 정책(copyright policy)은 거꾸로 저작권을 어느 정도로 보호하지 않는 것 — 즉, 이를 공공의 자산으로 하는 것 — 이 적정한가를 결정하는 공유 정책(public domain policy)과 동전의 양면이다. 저작권 정책이 아니라 공유 정책의 관점에서 본다면 저작권 제한과 예외는 반사적으로 주어지는 것이 아니라 적극적으로 지켜야 할 대상이 된다. 이는 저작권법상 제한과 예외의 수혜자가 저작권자 또는 국가에 그러한 혜택을 향유할 수 있도록 요구하는 권리를 인정하는 것으로 나타난다.

예를 들어, 영국 저작권법은 계약의 유효성 인정과 관련해, 비상업적 연구 목적의 이용이나 비상업적 연구를 위한 데이터 분석 목적의 복제, 비상업적 교육을 위한 설명 목적의 이용 등의 세 가지 예외에 대해 그 이용이 권리의 침해가 되지 않는 한 법에 의해 허용되는 행위를 억지하거나 제한하는 계약 조건은 집행할 수 없도록 하고 있다.[2]

또한 기술적 보호조치의 보호와 관련해, 저작권자의 기술적 보호조치 적용으로 저작권법상 제한과 예외를 활용할 수 없게 된 사람에게는 정부에 민원을 제기할 수 있도록 하고 있으며, 정부에게는 저작권자에게 민원인과 자발적인 약정을 체결하거나 민원의 대상인 행위를 할 수 있는

2 영국 저작권법 제29조, 제29조의A 및 제32조 등 참조. 일반 사용자 이용허락(mass market license)뿐만 아니라, 협상된 이용허락의 경우에도 적용하고 있는 점이 특이하다.

수단 제공을 지시할 수 있도록 하고 있다.[3]

독일 저작권법은 같은 경우에 권리자에게 그 예외의 수혜자들에게 필요한 수단을 제공할 의무를 지우고, 의무를 이행하지 않으면 수혜자가 필요한 수단의 제공을 청구할 수 있도록 하고 있다.[4]

2. 제한과 예외의 논거

저작권법은 제1조에서 저작권법의 목적을 "저작자의 권리와 이에 인접하는 권리를 보호하고 저작물의 공정한 이용을 도모함으로써 문화 및 관련 산업의 향상 발전에 이바지"하는 것이라고 규정하고 있다. 저작권 보호는 그 자체가 궁극적 목적이라기보다 문화 및 관련 산업의 향상 발전이라는 더 큰 목적을 달성하기 위한 수단임을 선언한 것이다.

이는 저작권 보호를 통해 저작자의 인격을 보호하고 경제적 유인을 제공함으로써 저작물의 창작과 보급을 진작하는 한편, 보호가 지나치면 저작물의 원활한 이용이 제약되어 오히려 국민의 문화생활이 위축되고 새로운 저작물의 창작을 저해하므로 보호의 범위를 적절하게 제한함으로써 문화 및 관련 산업의 향상발전에 이바지하기 위함이다. 이러한 저작권법의 제한과 예외는 헌법의 재산권 보장과 제한 규정(헌법 제23조)에 따른 것이다.

저작권 보호의 제한과 예외가 필요한 논거로는 다음 네 가지를 들 수 있다.

첫째, 공익 추구를 위해 필요하다.

사회적으로 필요한 공적 업무의 수행이나 지식과 정보의 공유와 전승

3 영국 저작권법 제296조의ZE 참조.

4 독일 저작권법 제95조의b 참조. 독일 부작위청구소송법 제2조의a는 이런 위반에 대해 부작위청구 소송을 제기할 수 있도록 하고 있다.

이라는 공익 추구를 위해 필요하다. 재판 절차상 필요하거나 입법과 행정 목적을 위한 내부 자료로서 필요한 경우의 복제 또는 학교 교육목적을 위한 이용, 그리고 도서관에서의 복제 등이 이에 해당한다.

둘째, 다른 기본권과의 조화를 위해 필요하다.

저작권은 헌법상 보장된 재산권의 하나이지만, 이를 관철하는 것이 언론의 자유나 프라이버시 보호처럼 헌법상의 다른 기본권을 보장하는 데 영향을 미치는 경우에는 이를 일부 제한할 필요가 있다. 시사보도를 위한 이용이나 사적 이용을 위한 복제, 그리고 배포권의 소진 등이 이에 해당한다.

셋째, 소수자 배려를 위해 필요하다.

신체적이거나 정신적인 장애로 인해 저작물 이용이 어려운 소수자들이 저작물에 보다 쉽게 접근할 수 있도록 할 필요가 있다. 시각장애인이나 청각장애인 등을 위한 복제 등이 이에 해당한다.

넷째, 거래비용 문제에 대처하기 위해 필요하다.

거래비용이 과다하게 소요되어 저작권을 행사하는 것이 사실상 불가능한 경우가 있다. 저작물을 이용하기 위해서는 저작권료뿐만 아니라 권리자 확인과 저작물 이용의 조건 및 방법 협상, 그리고 저작물 이용에 대한 모니터링 등에도 상당한 비용이 소요된다. 이를 저작권료와 구별해 거래비용이라 한다. 저작물의 이용이 소규모로 빈번하게 이루어지는 경우에는 거래비용이 저작권료보다 훨씬 커지는 경우도 많다. 디지털 환경의 도래로 이러한 이용이 예전에 비해 폭넓게 확대되었다.

이런 경우에도 일일이 저작권자에게 허락을 받아야 한다면, 저작권자의 권익도 신장시키지 못하면서 국민의 문화생활을 위축시키거나 자칫 전 국민을 잠재적 범법자로 만들 수 있다. 불필요하게 저작권 관련 다툼이 번질 우려도 높다. 따라서 저작권자의 이익을 부당하게 저해하지 않는 소규모의 비영리적 이용에 대해서는 저작권을 제한할 필요가 있다. 사적 이용을 위한 복제나 영리를 목적으로 하지 않는 공연이나 방송 등이 이에 해당한다.

다만, 디지털 권리 관리 기술이 발달하고 절차가 자동화되면서 거래비용이 현저히 감소하고 있어서 이 논거의 설득력은 차츰 줄어들고 있다. 사적 이용을 제한하거나 금지하기 위한 기술적 수단이 있다면 더 이상 사적 복제의 예외가 정당화되기 어렵다는 주장도 있다.[5]

3. 제한과 예외의 한계: 3단계 검사법

제한과 예외가 필요하다고 해서 각국이 이를 임의로 도입하면 저작권 보호의 국제적 균형과 통일을 해칠 수 있다. 이에 국제조약은 각국이 보호 의무를 지는 권리뿐만 아니라 도입할 수 있는 제한과 예외의 한계에 대해서도 규정하고 있다. 이의 일반 원칙에 해당하는 것이 '3단계 검사(3-step test)'로, 각국이 도입하는 제한과 예외는 다음 세 가지 조건을 충족해야 한다. 첫째, 일정한 특별한 경우(certain special cases)에 한정될 것, 둘째, 저작물의 일반적인 이용 방법과 충돌하지 않을 것(do not conflict with a normal exploitation of the work), 셋째, 저작자의 정당한 이익을 부당하게 저해하지 않을 것(do not unreasonably prejudice the legitimate interests of the author)이다.

3단계 검사는 당초 베른협약에서 정한, 각국이 복제권에 대한 제한과 예외를 정함에 있어서 따라야 할 세 가지 기준을 말하는 것이었다. 그러다가 TRIPs협정과 WIPO 저작권조약 및 WIPO실연·음반조약, 그리고 베이징조약에서 복제권뿐만 아니라 이 조약들에 포함된 다른 모든 권리에 대해서도 적용함으로써 제한과 예외의 한계를 정하는 일반 기준으로

5 Commission of the European Communities, *Green Paper - Copyright and Related Rights in the Information Society*(1995), at 50.

확립되었다.[6]

3단계 검사는 각국이 도입하는 제한과 예외가 정당한 범위 내에 속하는가를 검사하는 기준이다. 하지만 때에 따라 이 기준이 그 제한과 예외 규정 내에 직접 포함되기도 한다. 저작권법에서 공정이용에 대해 저작물의 이용이 저작물의 일반적인 이용방법과 충돌하지 아니하고 저작자의 정당한 이익을 부당하게 해치지 아니하도록 규정하는 경우가 그렇다(법 제35조의5). 보다 구체적으로 규정하는 것이 바람직하지만 복잡다기한 이용 환경을 규율하기 위해 불가피한 측면도 있다.

3단계 검사법의 해석에 대해서는 많은 논의가 있었지만, TRIPs협정의 이행과 관련해 권위 있는 해석이 있다. 1998년에 개정된 미국 저작권법 제110조(5)가 TRIPs협정의 관련 규정을 위반했다는 유럽연합의 제소에 대한 2000년의 WTO 패널 보고서가 그것이다.[7] 이 조항은 일정한 규모나 시설 이하의 음식점이나 주점 등에서 음악방송 등을 스피커로 손님들에게 들려주는 데 대해 저작자의 공연권을 제한하는 내용을 담고 있었다. 패널은 어떤 예외가 3단계 검사를 통과하려면 다음 세 가지 기준을 충족해야 한다고 결론을 내렸다.[8]

첫째, 그 예외가 구체적으로 정의되어야 하며 좁고 특별히 제한된(well-defined and of limited application) 범주의 이용에 국한되어야 한다. 그러나 회원국이 그러한 예외가 기초하고 있는 공익목적 등 정책을 설명할 필요는 없다.

둘째, 그러한 예외에 따라 행해지는 행위가 문제가 되는 권리의 일반

6 TRIPs협정 제13조, WIPO저작권조약 제10조, WIPO실연·음반조약 제16조 및 베이징조약 제13조 참조.

7 WTO Panel, "United States-Section 110(5) of the US Copyright Act: Report of the Panel," WT/DS/160/R(June 15, 2000).

8 *Ibid,* at 31, para. 6.97.

적인 행사로부터 권리자가 얻을 수 있는 실제적이거나 잠재적인 경제적 이득과 충돌하지 않아야 한다.

셋째, 그러한 예외에 따라 행해지는 행위가, 일반적인 저작권의 목적으로부터 얻어져야 하며 그와 상응하는 권리자의 이익을 부당하게 저해하지 않아야 한다.

이 3단계 검사는 각 요소가 차례대로 준수되어야 하는 계층적 명제이다.[9] 즉, 우선 그것이 '일정한 특별한 경우'의 예외인가? 그렇다면, 그 예외에 의해 행해지는 사용이 저작물의 일반적인 이용과 충돌하지 않는가? 그렇지 않다면, 그 사용이 권리자의 정당한 이익을 부당하게 저해하지는 않는가? 이렇게 세 가지 검토가 차례대로 이루어져야 한다는 것이다. 각각의 요소를 구체적으로 살펴보기로 하자.

가. 일정한 특별한 경우일 것

예외의 범위가 잘 정의되어야 하고['일정한(certain)'], 좁게 제한되어야 한다['특별한(special)']. 패널은 '특별한'이 그 예외가 일정한 가치 있는 목적과 결부될 필요가 있는가에 대해 검토했으나, 그러한 해석이 국가의 공공정책에 대한 평가를 요구하는 것이라는 이유로 이를 거절했다. 비교적 작은 규모의 음식점이나 주점 등에 대한 사회적 지원 필요성 등 공공정책적 목적은 고려되지 않는다는 의미이다.[10]

패널은 문제가 된 예외가 '좁은' 것으로 간주될 수 없다고 결정하는 데 이 분야의 통계를 참고했다. 당시의 통계를 기준으로 모든 음식점의 73%, 모든 주점의 70%, 그리고 모든 소매점의 45%가 미국 저작권법의

---

9 Nic Garnett, "WIPO Study on Automated Rights Management Systems and Copyright Limitations and Exceptions," WIPO Document SCCR/14/5(April 27, 2006), at 8.

10 WTO Panel, "United States-Section 110(5) of the US Copyright Act: Report of the Panel," at 32-34, para. 6.102-113.

규모 기준에 해당하고 따라서 면책의 수혜자가 된다. 이것은 결코 '특별한'에 해당할 만큼 좁은 대상이라고 할 수 없다는 것이다.

나. 저작물의 일반적인 이용과 충돌하지 않을 것

저작물의 '일반적인 이용(normal exploitation)'이란 그 저작물이 일반적으로 지향하고 있는 시장을 말한다. 학습 보조교재라면 학교 수업 시간에 활용되는 것이 일반적이므로 이를 일반적인 이용이라 할 수 있다.

패널은 각각의 권리가 아니라 저작물의 권리 전체가 검토되어야 한다는 미국의 주장을 거절했다. 공연권의 제한을 통해 음악저작물이 널리 알려져서 음반이 더 많이 팔릴 수 있다는 이유로 문제가 상쇄되거나 정당화될 수 없다는 이유에서였다.[11]

패널은 일반적인 이용의 규범적 의미를 측정하는 방법으로, 현재 상당하거나 가시적인 수익을 창출하는 이용 형태에 덧붙여, 일정한 정도의 가능성과 개연성을 가지고 경제적이거나 실제적인 중요성이 상당히 큰 이용의 형태들을 고려할 것을 제시하고, "어떤 제한이나 예외에 의해 면책되는 사용이 권리자가 일반적으로 경제적 가치를 획득하고 그로부터 상당하거나 가시적인 상업적 이득을 얻고 있는 방법과 경제적으로 경쟁한다면 저작물의 일반적인 이용과 충돌하는 수준에 이르게 된다"[12]고 결론지었다.

이 두 번째 단계 검사와 관련해서는, 저작물의 이용에 대해 공정한 보상을 지불하는 것이 '저작물의 일반적인 이용과의 충돌' 여부를 판단하는 데 고려될 수 있느냐 하는 문제가 있다. 법정허락에 의해 주어지는 보상이 저작권자가 이용허락을 통해 받을 수 있는 보상보다 많은 경우에는 공정한 보상의 의무와 결합한 제한과 예외가 오히려 저작권자의 이익에

11 *Ibid*, at 44-46, para. 6.163-174.
12 *Ibid*, at 48, para. 6.173.

기여할 수도 있다.

조약이나 저작권법이 아닌 당사자인 저작권자의 입장에서라면, 이런 주장이 설득력을 가질 수도 있다.[13] 그러나 공정한 보상의 지불 문제는 이 단계에서는 고려될 수 없다.[14] 보상은 원칙적으로 세 번째 단계의 검사에서만 고려될 수 있다. 이 점에서 3단계 검사법이 저작권의 배타적 성격을 보존하기 위한 수단으로 인식될 수도 있다.

다. 권리자의 정당한 이익을 부당하게 저해하지 않을 것

패널은 조약의 문구가 제한과 예외로 인해 저작권자의 이익이 어느 정도 저해될 수 있음을 허용한다는 것을 인정하면서도, 제한과 예외가 저작권자 이익의 부당한 손실을 초래하거나 초래할 가능성이 있는 경우에는 그 저해가 '부당한' 수준에 이를 수 있다고 결정했다.[15]

이 경우에는 회원국이 법정허락이나 그 밖의 보상 체계를 강구하는 것이 어느 제한과 예외가 무효로 결정되는 것을 막는 수단이 될 수 있다. 프라이버시 보호나 거래비용 문제 때문에 사적복제라는 예외를 인정할 경우, 자동복사기나 녹음 녹화기가 일상적으로 사용되어 권리자의 정당한 이익이 부당하게 저해될 수 있다. 이 경우에 사적복제보상금 제도를 통해 권리자의 이익을 일정 부분 보상해 준다면 사적복제의 예외가 허용될 수도 있다.[16]

---

13 실제로 방송실연자는 일본의 예를 들어 그의 방송권을 보상청구권으로 일부 완화해 달라고 요구하기도 한다. 일본저작권법 제94조 제2항 참조.

14 Christophe Geiger, "The Role of the Three-Step Test in the Adaptation of Copyright Law to the Information Society," *e-Copyright Bulletin* (January - March 2007).

15 WTO Panel, "United States-Section 110(5) of the US Copyright Act: Report of the Panel," at 59, para. 6.229.

16 저작권법은 복사에 대해서는 공중용 복사기에 의한 복제를 사적복제의 예외에서 제외하고 있지만, 녹음 및 녹화에 대해서는 아무런 조치도 취하지 않아 3단계 검사를 통과하기 어렵다는 문제 제기가 있을 수 있다.

제2절

시간적 제한: 보호기간

1. 보호기간 제한의 논거

일단 획득하면 그 대상이 존재하는 한 권리가 지속되는 유형적인 재산에 대한 권리와 달리 저작권은 제한된 기간 동안만 존속한다. 저작물은 무체물로서 마모되거나 소실되지 않으므로 일반 재산권과 같이 권리의 대상이 존속하는 때까지 보호를 부여한다면 그 보호가 실질적으로 영속화된다. 저작권의 영속적인 보호를 부정하는 국제규범은 존재하지 않지만 현재 이를 택하고 있는 나라는 없는 것으로 보인다.[17] 왜 그럴까?

가. 소극적 논거

일반적으로 저작물이 창작되어 보급된 후 시간이 지나면서 저작권 보호로 얻을 수 있는 이익은 급격하게 감소한다. 명작의 반열에 오른 소설이나 영화 등 일부 예외가 있지만 대부분의 저작물에 대한 관심은 곧 시들해지기 때문이다.

이와 반대로 저작권 관리와 보호에 소요되는 비용은 오히려 날로 증가한다. 날이 갈수록 저작권자를 확인하고 추적하는 것이 어려워지고, 양도나 상속을 통해 여러 사람에게 권리가 분산 소유되어 저작물 이용허락을

---

17 역사적으로 포르투갈이 1927년 저작권법에서 저작권의 영속적인 보호를 규정한 적이 있다고 한다. Sam Ricketson, *The Berne Convention for the Protection of Literary and Artistic Works: 1886-1986*, at 318-319.

받기가 더욱 어려워진다. 또 음반이나 도서 등 복제물의 경우 보관과 판매를 위한 전시 등 관리비용이 지속적으로 소요된다.

저작권을 영속적으로 보호하더라도 일정 기간이 지나면 저작물이 더 이상 이용되지 않거나 저작권의 실질적인 행사가 어려워져서 저작권 보호의 실익이 없어진다.

나. 적극적 논거

저작물은 그 시대 사회의 문화와 학문 발전에 기여하고, 시간이 지나면서 문화적 자산으로 축적되는 특징이 있다. 더구나 저작물은 누군가 그 저작물을 소비해도 다른 사람의 소비를 방해하지 않는, 이른바 소비에 있어서의 비경합성이 작용하는, 정보재의 속성을 가지고 있다. 사회적 편익을 극대화하려면 저작물의 이용을 극대화할 필요가 있고 이를 위해서는 가능한 한 빨리 저작권 보호를 종결시키는 것이 바람직하다.

저작권 보호기간을 제한하는 것은 일정하게 보호기간을 정하고 그 기간 중에는 저작물의 이용에 대해 저작권자에게 배타적인 허락권을 부여함으로써 저작물의 창작과 보급을 진작하는 한편, 그 이후에는 공유에 처하게 하여 누구든지 자유롭게 이용하게 함으로써 사회적 편익을 극대화하는 두 가지 목적을 모두 그리고 조화롭게 달성하기 위함이다.

2. 보호기간 연장의 역사

저작권 보호기간은 저작권 보호의 역사와 더불어 지속적으로 연장되어 왔다. 이는 저작권 보호의 대상이 출판사에서 저작자로 바뀌고 다시 여기에 저작자뿐만 아니라 그의 후손에 대한 보호가 추가되면서 이루어진 결과이다.

최초의 저작권법으로 불리는 1710년 영국의 앤 여왕법에서 저작권은 특허권과 마찬가지로 저작물의 출간 후 14년간 보호되었다. 이 기간 후에도 저작자가 생존하고 있다면 저작자는 다시 한번 14년의 보호기간을 누릴 수 있었다.[18] 이런 원칙은 1790년 미국 최초의 연방 저작권법에서도 그대로 확인되었다.[19] 베른협약에 오래도록 가입하지 않았던 미국의 경우에 저작물의 발행을 기준으로 보호기간을 정하는 기조는 1976년법에서 저작자의 수명을 기준으로 한 보호기간이 도입될 때까지 지속되었다.

당초 저작물 발행일을 기준으로 하던 보호기간을 저작자의 수명과 연계시키는 것은 저작권 보호를 출판사가 아닌 저작자 보호와 연결시키는 것으로 가능했다. 하지만 이를 그 저작자의 사망 이후까지 연장하는 것은 쉬운 일이 아니었다. 저작권 보호가 처음으로 저작자의 사망 후까지 연장된 것은 1842년 영국 저작권법에서였는데, 보호기간을 저작자 사후 7년 또는 발행 후 42년 가운데 긴 기간으로 정했다. 이것은 저작자가 사망함과 동시에 그의 모든 업적을 그의 자녀들로부터 빼앗는 것은 정의롭지 못하며, 따라서 저작권이 하나의 재산권으로서 상속될 수 있어야 한다는 주장에 따른 것이었다.

저작권 보호기간에 대해서는 베른협약의 저작자 사후 50년 기준이 오랫동안 전 세계적으로 보편화되었다. 베른협약이 체결되던 1886년에는 합의를 도출하지 못해 보호기간에 관한 아무런 규정도 두지 못하다가, 1908년 베를린 개정에서야 저작자 사후 50년 기준이 채택되었다. 하지만 당시 회원국들은 이를 유보할 수 있었다. 저작권 보호기간이 의무화

18 기존 저작물에 대해서는 21년간의 보호기간이 주어졌다.

19 미국 저작권법의 보호기간은 1831년법에 의해 최초 보호기간이 28년으로 연장되었고, 1909년법에서는 갱신 보호기간도 28년으로 연장되었다. 그리고 1976년법에 의해 1978년 1월 1일 전에 발행된 저작물은 갱신 보호기간이 47년으로 연장되었고, 그 이후에 발행된 저작물은 저작자 사후 50년의 보호기간이 주어졌다. 1976년법의 갱신보호기간 47년(최초 보호기간과 합하면 발행 후 75년)은 저작자 사후 50년이라는 보호기간과 균형을 맞추기 위한 것이었다. U.S. Copyright Office, *Register's Report on the General Revision of the U.S. Copyright Law*(1961), at 50-51 참조.

된 것은 1948년이 되어서였다. 1994년에 체결된 TRIPs협정이나 1996년에 체결된 WIPO저작권조약도 베른협약의 이 보호기간을 답습했다.

하지만 국가별로는 보호기간의 연장이 지속되었다. 독일에서는 두 번의 세계대전 기간 중 저작권을 행사할 기회를 사실상 박탈당한 것을 보전한다는 이유로 1965년 보호기간을 저작자 사후 70년으로 연장했는데, 이를 시작으로 유럽연합은 1994년 회원국 사이에 보호기간을 조화시키기 위해 기준을 보호기간이 긴 국가에 맞추었다. 그리고 미국이 유럽연합과의 교역에서 당하는 불이익을 이유로 유럽연합 기준을 따라 저작자 사후 70년으로 연장한 것을 비롯해 많은 국가들이 이를 따랐다. 국제적으로는 이제 저작자 사후 70년 보호가 오히려 대세를 이루고 있다.

우리나라는 1957년 제정법에서 저작자 사후 30년 보호를 원칙으로 하고 있었다. 1986년법은 저작권에 대해 이를 50년으로 연장하는 한편, 처음으로 저작인접권을 분리했고 저작인접권에 대해서는 기산일부터 20년의 보호를 부여했다. 그 후 1994년 개정법은 저작인접권에 대해서도 50년으로 연장했다.[20] 그러다가 2011년 한·EU FTA와 한·미 FTA의 이행을 위한 법 개정을 통해 저작물과 실연 및 음반에 대해 2013년부터 이를 70년간 보호하게 되었다.

저작권 제도가 정립된 이래 저작권 보호기간은 국제조약에서든 각국의 국내법에서든 시간의 경과에 따라 예외 없이 꾸준히 연장되어 오늘에 이르고 있다. 이처럼 기간이 연장됨에 따라 저작권 보호가 사실상 영속화되었다는 비판도 있다.

---

20 음반의 보호와 관련해, 1957년 제정법에서 이를 저작물로 분류하고 원저작물을 음반에 녹음하는 자를 개작자로서 저작자로 규정하였고, 1986년법에서도 법 시행 전에 공표된 음반에 대해서는 종전 규정을 적용하도록 해서 저작인접권이 아닌 저작권 보호기간을 적용했다. 1957년 제정법 제2조와 제5조 제2항 제4호 및 1986년법 부칙 제2조 제2항 참조.

3. 적정 보호기간

저작권 보호기간이 제한되어야 한다는 데에는 이론이 없다. 하지만 적정 보호기간이 어느 정도인지에 대해서는 거의 논의가 없었다. 저작권 보호기간의 연장을 추진할 때조차 이를 양적으로 산정해서 타당성을 주장하거나 반박한 예는 찾아보기 어렵다.

이제까지 제시된 대표적인 논거는 베른협약의 개정 작업에서 확인된, "저작자와 그의 첫 2세대 후손(the first two generations)"에 대한 보호 필요성이다. 첫 2세대 후손이란 저작자가 직접적인 부양의 책임을 지는 자식과 손자까지의 가족을 말한다.[21] 당시에 이 기간은 저작자 사후 50년으로 인식되어 베른협약에도 그렇게 반영되었다. 이 논거는 유럽연합 저작권보호기간조화지침이 보호기간을 저작자 사후 70년으로 연장하면서도 활용되었다. 공동체 내의 평균수명이 길어져서 50년으로는 충분하지 않다는 것이었다.[22]

보편화된 보호기간의 논거는 그 적정성에 대한 경제적 계산보다는 단지 다수 국가의 동의라는 정치적 합의에 기초한 것으로 보인다. 조약뿐만 아니라 국내법에서도 보호기간의 설정이나 연장 과정에 그 적정성을 명시적으로 검토한 사례는 찾아보기 어렵다. 단지 정치적으로 받아들여질 수 있는 가장 긴 보호기간이 채택되었다.[23] 이 점은 저작권 보호를 경제적 유인의 관점에서 보는 영미법계 국가에서도 다르지 않다. 이렇게 결정된 보호기간은 여러 다자 조약이나 양자 조약을 통해 이미 견고하게

---

21 Christian N. Gifford, "The Sonny Bono Copyright Term Extension Act," 30 *Univ. Memphis L. Rev.* 363, 394(2000) 참조.

22 유럽연합 저작권보호기간조화지침 설명조항 제6조.

23 Sam Ricketson, *The Berne Convention for the Protection of Literary and Artistic Works: 1886-1986*, at 321.

자리 잡아서 이제는 근본적인 검토를 허용하지 않는 것처럼 보인다.

이런 현실을 인정하더라도 적정 보호기간과 관련해 다음 세 가지 사항이 검토될 수 있다.

첫째, 업무상저작물의 보호기간이다.

저작자가 자연인이 아닌 저작물에 대해서도 저작자가 자연인인 저작물에 상응하는 보호기간을 부여해야 하는가의 문제이다. 베른협약은 영상저작물 또는 무명이나 이명저작물 등 저작자의 수명을 기준으로 하지 않는 저작물의 보호기간을 해당 저작물이 공중의 이용에 제공[24]된 때부터 50년으로 하고 있다.[25] 유럽연합을 포함한 대부분의 국가에서 업무상저작물에 대해 자연인 저작자의 저작물보다 짧은 기간을 부여하고 있다.[26] 하지만 미국 등 일부 국가에서는 업무상저작물에 대해서도 상응하는 보호기간을 부여하고 있기도 하다.[27]

경제적 부양의 필요성에 기초해 저작자의 생존기간 및 그의 첫 2세대 후손의 보호라는 기준이 나온 것인 만큼 업무상저작물에 대해서는 유인론에 기초해 보호기간을 산정하는 것이 타당하다. 기업이 저작물 작성과 관련된 투자를 계획하면서 고려하는 기간이 기준이 될 수 있다.

그 기간은 여러 요소의 영향을 받겠지만, 최소한 지금 시행되는 공표 후 50년 또는 70년보다는 길지 않을 것으로 예상된다. 참고로, 미국의 경우 저작권 등록 통계분석을 통해 도출된 갱신등록률과 가치 하락률에

---

24 이것은 발행(publication)보다 넓은 개념으로, 저작권법상 공표와 유사한 것으로 이해된다. *Ibid,* at 339.

25 베른협약 로마 개정회의와 브뤼셀 개정회의에서는 업무상저작물에 대해서도 같은 기간으로 한다는 데 대체적인 합의가 이루어졌으나 오히려 어떤 기관이 이에 해당하느냐에 대해 합의가 이루어지지 않아 조약에 포함되지 못했다. *Ibid,* at 346-348 참조.

26 유럽연합 저작권보호기간조화지침 제1조부터 제3조까지 참조.

27 미국 저작권법은 자연인의 수명을 기준으로 하는 저작물의 보호기간을 그의 사망 후 70년으로, 업무상저작물은 발행 후 95년으로 하고 있는데, 이 둘은 사실상 상응하는(compatible) 것으로 이해된다.

기초해 저작자가 기대하는 저작권의 의지 수명인 기대수명을 도출한 결과 평균적으로 15년 정도이고, 기대수명이 긴 음악의 경우에도 25년에 지나지 않는다고 한다.[28]

둘째, 이미 창작된 저작물의 보호기간 연장 문제이다.

보호기간을 연장할 경우에 이미 창작된 저작물의 보호기간도 마찬가지로 연장해야 하는가의 문제이다. 자연권론의 입장에서는 문제 되지 않지만 유인론의 입장에서는 이미 창작된 저작물에 대해 창작의 유인을 논하는 것 자체가 어불성설이다.

보호기간 연장을 통해 저작자가 새로운 저작물을 창작하기 위한 여력을 확보할 수 있도록 하거나, 기존 저작물을 디지털화해서 온라인으로 제공하는 등 새로운 이용을 위한 유인을 제공할 수 있다는 옹호론이 있는 반면에, 저작물의 상당 부분이 이전되어 이용되므로 보호기간 연장의 혜택은 대부분 저작물을 이전 받은 출판사 등에게 돌아가며, 저작물의 새로운 이용은 오히려 그 저작물이 공유의 영역에 있을 때 촉진된다는 반론이 있다.

저작권법은 대체로[29] 이미 창작된 저작물에도 연장된 보호기간을 적용했다. 1986년법에서 보호기간을 저작자 사후 30년에서 50년으로 연장하면서, 그리고 2011년 한미FTA 개정법에서 다시 70년으로 연장하면서, 법을 시행하기 이전 종전 규정에 따라 저작권의 전부 또는 일부가 소

---

28 이영록, 「저작권 보호기간의 헌법적 한계에 관한 연구: 미국의 저작권 보호기간 연장과 그 영향을 중심으로」, 연세대 법학박사학위 논문(2004), 196-208쪽 참조.

29 저작권법도 1994년 개정법에서 저작인접권의 보호기간을 기산일부터 20년에서 50년으로 연장하면서 법 시행 전에 발생된 저작인접권에 대해서는 적용하지 않은 예가 있다. 사실 이 부분은 보호되는 실연과 음반의 보호기간을 베른협약 제18조에 따르도록 한 TRIPs협정의 규정에 위배되는 것이어서, 2011년 한·미 FTA 개정법에서 연장된 보호기간을 소급해 적용하는 것으로 개정되었다. TRIPs협정 제14조 제6항, 1994년 개정법 부칙 제3조(저작인접권의 보호기간에 관한 경과조치) 및 2011년 12월 개정법 부칙 제4조(저작인접권 보호기간의 특례) 참조.

멸했거나 보호를 받지 못한 저작물에 대해서만 적용하지 않았을 뿐, 보호기간 중인 저작물에 대해서는 연장된 보호기간을 적용했다.[30]

셋째, 보호기간이 종료된, 새로 발굴된 저작물의 보급 문제이다.

저작권 보호는 저작물의 창작뿐만 아니라 이의 보급을 위한 인센티브로서도 중요하다. 저작권 보호의 논거로서 언급되는 '최초 복제물 비용' 등에는 저작물의 창작에 소요된 비용뿐만 아니라 저작물의 보급을 위한 편집과 조판 및 홍보 마케팅을 위한 비용과 무엇보다 실패의 위험 부담이 포함된다.

그런데, 보호기간은 원칙적으로 저작자의 수명을 기준으로 부여되므로, 오래전에 창작되어서 보호기간이 종료되었다면 사회적으로 중요한 저작물이라고 해도 이를 발굴하고, 편집하고, 다듬어서 보급할 인센티브가 사라지게 된다. 보급을 위한 투자를 보호받을 수 없다면 누구도 애써 그 저작물을 발행하거나 보급하려 하지 않을 것이다.

학술적 조사활동의 결과로 확인된 학술적 판본을 발행하거나, 보호기간 중에 발행되지 않은 저작물을 저작권이 소멸된 후에 발행하는 경우에 일정한 보호기간을 부여함으로써 이의 보급을 촉진할 필요가 있다.[31] 다만, 이러한 보호는 창작에 대한 보호가 아니라 투자에 대한 보호이므로 저작인접권에 준하는 권리로서 보호하는 것을 검토할 필요가 있다.

4. 보호기간의 원칙

저작재산권은 특별한 규정이 있는 경우를 제외하고는 저작자가 생존

---

30 참고로 1957년 제정법상 사진저작물의 보호기간은 발행 후 10년이었으므로 1976년 이전의 사진저작물은 보호기간이 종료되었고 연장된 보호기간이 적용되지 않았다.

31 독일 저작권법은 학술적 판본에 대해서는 발행 후 25년(이 기간 내에 발행되지 않으면 판본이 작성된 때부터 10년), 사후 저작물에 대해서는 공표 또는 발행 후 25년의 보호기간을 부여한다. 독일 저작권법 제70조 및 제71조 참조.

하는 동안과 그의 사망 후 70년간 존속한다(법 제39조).

공동저작물의 보호기간은 맨 마지막으로 사망한 저작자를 기준으로 산정한다. 따라서 일반 저작물보다 더 길어질 수 있다. 저작자가 여러 명이어도 하나의 보호기간을 부여할 수밖에 없는데 먼저 사망한 저작자를 기준으로 하면 다른 저작자의 이익을 불합리하게 저해하는 결과를 초래할 수 있기 때문이다.[32]

보호기간은 저작자가 사망하거나 저작물을 창작 또는 공표한 다음 해부터 계산한다.[33] 즉, 저작자가 사망하거나 저작물이 창작 또는 공표된 날부터 계산하는 것이 아니라 그다음 해의 1월 1일부터 계산한다. 어느 한 해에 저작자가 사망하거나 저작물이 창작 또는 공표되었다면 구체적인 날짜는 중요하지 않게 된다.

짚어보기 **구체적인 사망 시기를 확인할 수 없는 납북 작가의 작품의 보호기간은?**

납북 작가의 경우에는 이미 사망한 것으로 추정되지만 구체적인 사망 시기는 알 수 없는 경우가 많다. 이 경우 저작물 보호기간을 계산하기 어렵다.

저작자가 누구인지 알고 있으므로 무명 또는 이명저작물에 대한 보호기간을 적용할 수도 없다. 소설가 이광수처럼 일정 시기에 사망했다는 보도나 관련 인사의 증언을 토대로 사망 시기를 정한 판례가 있으나,[34] 일반적인 경우는 아니다. 결국 저작자의 사망 시기를 추정할 수 있는 증거가 없는 한 민법상 실종선고 또는 인정사망 규정에 따라 처리될 수밖에 없다. 이 경우 실종선고의 청구가 있다면, 실종기간이 전쟁이 종료된 때부터 1년인 전

32 1911년 영국 저작권법은 처음 사망한 저작자의 사후 50년 또는 마지막 생존 저작자가 사망한 때 중에서 나중의 때까지 보호된다고 규정하고 있었다. 이것은 기성 저작자가 젊은 저작자의 참여를 유도해 보호기간의 연장을 꾀할 것을 우려했기 때문이었다고 한다. Sam Ricketson, *The Berne Convention for the Protection of Literary and Artistic Works: 1886-1986*, at 341-342 참조.

33 이는 베른협약 제7조 제5항에 따른 것이다.

34 서울고등법원 1993. 12. 7. 선고 93나7923 판결.

쟁 실종에 해당하므로 1954년에 사망한 것으로 간주된다.[35] 따라서 그의 작품의 보호 기간은 모두 종료되었다.

5. 무명 또는 이명저작물의 보호기간

무명저작물 또는 널리 알려지지 않은 이명(異名)이 표시된 저작물의 보호기간은 공표된 때부터 70년간이다(법 제40조).

이명이란 가명, 예명 또는 필명을 말한다. 저작물에 저작자가 필명으로 표시되었더라도 그가 누구인지 알려져 있다면 이에 해당하지 않는다. 저작자가 누구인지 모르면 그 사망 시기를 확정하기 어렵다. 이 경우에는 저작물의 공표를 기준으로 보호기간을 정한다. 나중에 누가 저작자인지가 밝혀지면 앞서 언급한 보호기간의 원칙에 따라 보호기간이 다시 정해진다.

다만, 시기를 확정할 수는 없지만 저작자가 사망한 지 70년이 지났다고 인정할 만한 정당한 사유가 있는 경우에는 저작자 사망 후 70년이 지났다고 인정되는 때에 저작재산권이 소멸한 것으로 본다.

예를 들어, 조선시대에 발행된 문집이 발견되는 경우처럼 누가 저작자인지 또는 저작자의 사망 시기는 언제인지 모르지만 저작자가 사망한 지 70년이 지났을 것으로 당연히 인정되는 때에도 공표 후 70년간 보호하는 폐단을 막기 위한 것으로서 베른협약의 규정을 따른 것이다.[36]

---

35 민법 제27조 및 제28조 참조.

36 베른협약 제7조 제3항.

6. 업무상저작물 등의 보호기간

업무상저작물은 공표한 때부터 70년간 보호된다. 보호기간을 저작자의 수명에 연결함에 따라 자연스럽게 기업이나 단체가 저작자인 경우에는 어떻게 할 것인가 하는 문제가 생겨났다. 기업이나 단체에도 자연인의 사망에 해당하는 해산이 있긴 하지만, 해산하지 않으면 보호가 영속화되는 문제가 있다. 저작물의 공표를 기준으로 한 것은 이 때문이다.

업무상저작물이 창작된 때부터 50년 이내에 공표되지 않은 경우에는 창작된 때로부터 70년간 보호된다. 이는 TRIPs협정의 규정을 따른 것이다.[37] 이는 어느 저작물이 공표되지 않은 채로 있을 경우 보호가 언제까지나 지속되는 문제를 해결하기 위한 것이다. 영상저작물에도 업무상저작물과 같은 규정이 적용된다.[38]

한 번 나오고 마는 저작물은 공표시기를 쉽게 정할 수 있지만 신문이나 잡지 또는 방송드라마처럼 계속해서 나오는 저작물의 경우에는 언제 공표된 것으로 할 것인지 분명하지 않다. 신문이나 주간지처럼 호(號) 또는 회(回)로 나오는 저작물의 경우에는 매호 또는 매회 공표되는 시기마다 독립적인 보호기간이 부여된다. 한편 저작물이 일부분씩 차례로 공표되다가 마지막 부분이 공표됨으로써 하나의 저작물이 완성되는 텔레비전 연속극의 경우에는 마지막 부분이 공표되는 때부터 보호기간의 계산이 시작된다(법 제43조).

---

37 TRIPs협정 제12조.

38 컴퓨터프로그램도 업무상저작물과 같은 보호기간이 적용되는 대상이었으나, TRIPs협정과 WIPO저작권조약에서 컴퓨터프로그램을 어문저작물로서 보호하도록 규정하고 있는 것과 차이가 있다. 따라서 한·EU FTA 개정법에서는 프로그램에 대한 특례를 삭제해 2013년부터 프로그램에 대해서도 보호기간의 원칙이 적용되게 되었다. TRIPs협정 제10조 및 WIPO저작권조약 제4조.

7. 저작인격권의 보호기간

저작권법은 저작인격권의 보호기간에 대해서는 따로 정하고 있지 않다. 저작권법에서는 "저작인격권은 저작자 일신에 전속한다"라고 규정하고 있으므로 저작자가 사망한 경우에는 사망과 동시에 저작인격권이 소멸한다고 볼 수 있다. 그렇지만 저작자가 사망한 후에도 그의 인격적 이익을 보호하고 있음은 앞서 살펴본 바와 같다.

업무상저작물의 경우에는 저작재산권이 소멸한 이후에도 그 단체가 해산할 때까지는 언제까지나 보호될 수 있다. 그러나 그 단체가 조기에 해산하는 경우에는 저작재산권이 아직 유효한 중에도 저작인격권이 소멸할 수 있다.

참고로, 베른협약(1967년 스톡홀름 의정서)은 저작인격권은 저작자의 사망 후에 적어도 재산권의 만기까지 계속되고, 권한 있는 사람이나 단체에 의해 행사될 수 있다고 규정함으로써 최소한 저작인격권의 보호기간은 저작재산권보다 길어야 한다는 원칙을 채택했다. 그러나 베른협약을 비준하거나 가입할 당시에 저작자의 사망 후의 권리 보호를 입법화하지 않은 국가에서는 이를 따르지 않아도 되도록 타협안도 제시하고 있다.[39]

저작권법은 권리로서의 저작인격권은 저작자가 사망하면 일단 소멸하지만, 저작자가 사망한 후에도 저작자가 생존했더라면 저작인격권의 침해가 될 행위를 금지하고 이를 보장하기 위해 유족이나 유언 집행인에게 그러한 침해행위에 대해 침해정지 및 예방과 손해배상 또는 명예 회복 등을 청구할 수 있도록 했다(법 제14조 제2항 및 제128조). 저작자 사망 후에도 저작인격권을 권리로서 보호하는 것은 저작인격권이 저작

---

39 베른협약 제6조의2 제2항 참조.

자 일신에 전속한다는 규정과 서로 어긋날 수 있으므로, 이를 조화시키기 위해 이런 방식을 택한 것으로 이해된다.

8. 외국인 저작물의 보호기간

외국인의 저작물이 국내에서 보호될 때에는 내국민대우의 원칙에 따라 국내 저작물과 마찬가지로 보호된다. 따라서 보호기간 역시 같다. 다만, 다음 두 가지 점에 유의할 필요가 있다.

첫째, 저작물의 본국에서 보호기간이 만료된 경우에는 비록 저작권법에서 정한 보호기간이 만료되지 않았더라도 국내에서 보호가 종료된다. 이는 베른협약의 보호기간 비교의 원칙에 따른 것이다. 베른협약은 보호기간은 보호가 주장되는 국가의 입법의 지배를 받으며, 그 국가의 입법으로 다르게 규정하지 않는 한 그 기간은 저작물의 본국에서 정한 기간을 초과할 수 없다고 규정하고 있다.[40]

둘째, 저작물의 보호기간은 저작권법에 따라 정해진다. 잘 알려진 캐릭터인 미키마우스의 경우, 미국 저작권법에 따라 발행된 때부터 95년간 보호되는 것이 아니라 우리 저작권법에 따라 저작자인 월트 디즈니가 사망한 때부터 70년간 보호된다.[41]

---

40 베른협약 제7조 제8항.

41 1928년에 공표된 미키마우스는 기록상 만화영화 〈스팀보트 윌리(Steamboat Willie)〉의 한 캐릭터 디자인으로 월트 디즈니가 창작해 권리를 회사에 양도한 것으로 확인된다. 저작권법에 따르면 월트 디즈니가 사망한 1966년에서 70년이 지나는 2036년 말에 보호기간이 만료된다. 하지만 미국에서는 미국 저작권법에 따라 발행된 때부터 95년이 지난 2023년에 먼저 보호기간이 만료되었으므로 우리나라에서도 더 이상 보호되지 않는다. 다만, 처음 발행된 이후 변경된 디자인에 대한 보호는 아직 만료되지 않았다.

짚어보기 **우리나라에서 보호기간이 만료된 저작물의 현황은?**

우리나라에서 보호기간의 만료로 인해 더 이상 저작권법에 의한 보호가 부여되지 않는 저작물 현황은 다음과 같다.

2013년 보호기간이 70년으로 연장되면서 종전의 보호기간 50년이 지난 저작물에 대해서는 연장된 보호기간을 적용하지 않았기 때문에 1962년 12월 31일이 중요한 기준이 된다. 그 이전에 저작자가 사망했거나 발행된 저작물의 경우 더 이상 보호되지 않는다. 우리나라보다 보호기간이 짧은 국가(중국이나 일본 등)의 저작물은 그 나라에서 보호기간이 만료되면 우리나라에서의 보호도 종료된다. 일본인 저작자의 저작물은 저작자가 1963년 이후에 사망한 경우에도 70년이 되는 2033년까지 기다릴 것 없이 1년 단위로 매년 보호기간이 만료되고 있다. 이를 정리하면 아래와 같다.

- 일반 저작물: 1962년 12월 31일 이전에 저작자(공동저작물의 경우에는 최후 생존 저작자)가 사망한 저작물
- 업무상저작물, 영상저작물 등: 1962년 12월 31일 이전에 공표된 저작물

※ 번역물의 경우에는 원작자와 번역자의 저작권 보호기간이 독립적으로 진행하고, 어느 하나가 만료되었더라도 다른 하나가 만료되지 않았다면 여전히 보호된다.

- 사진저작물: 1976년 12월 31일 이전에 발행된 사진

※ 1977년 이후에 공표된 사진의 경우, 보호기간의 원칙이 적용되어 저작자 사후 70년간 보호된다.

9. 유상 공유

유상 공유(paying public domain)란 보호기간이 만료되어 공유에 처한 저작물에 대해 미리 허락을 받을 필요는 없지만 그 이용에 대해 일

정한 이용료를 부과해 이를 공공의 목적으로 활용하는 제도를 말한다. 저작권 보호기간이 만료되지 않은 저작물은 해당하지 않으므로 저작권자가 자신의 저작권을 행사하는 데에는 아무런 지장이 없다. 오히려 보호기간의 만료가 임박한 때에는 만료 시까지 기다려야 할 이유가 없으므로 오히려 저작물의 이용을 촉진하는 효과도 있다.

저작권법으로 이를 도입했다가 1996년에 폐지한 이탈리아의 예를 보면, 보호기간이 만료된 음악저작물의 공연에 대해 그로부터 40년간 총수입의 5%를 국가에 지불하도록 하고 국가는 이를 공연예술의 진흥을 위해 활용했다. 1941년에는 그 대상이 음악저작물의 방송으로까지 확대되었다. 나중에는 문학·학술 및 음악저작물의 복제물 판매로까지 확대되었고, 이용료는 저작자, 작사·작곡가, 그리고 실연자 지원 및 보험 기금(the Assistance and Insurance Fund of Authors, Writers and Musicians)에 납부되었다.[42]

이 제도는 나라마다 적용하는 데 차이가 있는데, 우선 그 목적이 저작자와 그의 가족을 지원하기 위한 것에서 전반적인 문화 창조력을 발전시키기 위한 것까지 다양하며, 관리주체도 국가가 직접 관리하는 것에서 저작자 단체가 관리하는 것에 이르기까지 다양하다.[43] 대체로 개도국에서는 문화 활동 지원에 필요한 재원을 조달하기 위해 이 제도가 활용되었다. 이 제도는 특정 국가 내에서 이용되는 저작물의 상당 부분이 외국

---

42 이탈리아 저작권법(1996년 이전) 제175조부터 제179조까지 참조.

43 1980년대에는 아르헨티나, 우루과이, 체코슬로바키아, 세네갈 등 19개국이, 2010년에는 알제리, 케냐, 세네갈, 파라과이 등 7개국이 이 제도를 채택하고 있었다. Sam Ricketson, *The Berne Convention for the Protection of Literary and Artistic Works: 1886-1986*, at 741 및 WIPO, "Note on the Meanings of the Term 'Public Domain' in the Intellectual Property System with Special Reference to the Protection of Traditional Knowledge and Traditional Cultural Expressions/Expressions of Folklore," WIPO/GRTKF/IC/17/INF/8 ANNEX(2010. 11. 24), at 12, n.75.

저작물인 경우 국내 문화 진흥을 위해 외국 저작물에 대해 세금을 매기는 것과 유사한 효과를 가질 수 있다.

이 제도는 보호기간 연장에 대한 대안으로 검토되기도 한다.[44] 저작권 보호기간 연장은 그 혜택이 저작자의 후손에게 돌아가지만, 이 제도는 혜택을 동시대의 다른 저작자나 실연자에게 돌리는 효과가 있다. 이런 이유에서 저작권자들은 이 제도에 대해 여전히 아쉬움을 가지고 있는 것으로 보인다.[45] 미술저작물 재판매보상금이나 보호기간이 만료된 저작물을 도서관에서 디지털 저작물로 송신하는 것에 대해서도 같은 논의가 있다.[46]

짚어보기 **미술관에서 보호기간이 만료된 소장 미술품의 사진에 대해 출판 등 일정한 용도로의 이용을 통제함으로써 저작권 유사의 권리를 행사하는 것은 문제가 없는가?**

미술관이 보호기간이 만료된 소장 미술품의 정밀 사진을 찍어 출판 등 특정 용도로 사용하는 것에 대해 별도의 사용료를 받는 경우가 있다.

이 사용료가 사진 파일 제공에 대한 대가라면 문제가 없다. 그러나 이를 다른 용도로 사용할 수 없게 하거나, 다른 방법으로 취득한 사진 파일에도 사용료를 내게 하는 경우가

44 1962년 독일에서, 그리고 1993년 유럽연합 저작권보호기간조화지침을 마련하는 과정에서 보호기간을 저작자 사후 70년으로 연장하는 것의 대안으로 검토되었다. Alfred Dietz, "Term of Protection in Copyright Law and Paying Public Domain: A New German Initiative," *European Intellectual Property Review,* 22(11)(2000), at 506-511 참조.

45 1999년 독일 작가동맹(German Writers' Guild)은 공유저작물의 이용에 대해 보상금을 징수하자는 제안을 한 바 있다. *Ibid.*, at 507 참조.

46 같은 이유에서 작가들은 미술저작물 재판매보상금에 대해 반대의견을 내기도 하고, 도서관에서 보호기간이 만료된 저작물을 디지털화해 서비스하는 것에 대해 저작자 개인이 아니라 저작자 그룹 전체에게 일종의 공동체적 권리(Authors' Communal Right)를 부여할 것을 주장하기도 한다. Strokes, Art and Copyright(2012) at 64 및 유럽작가회의(European Writers' Congress)가 i2010 프로젝트와 관련해 유럽공동체 DG INFOSO E4의 장에게 보낸 공개서신(2006. 1. 20), available at http://www.european-writers-congress.org/upload/i2010_DigiLib_Trond_final.pdf 참조.

있는데, 이는 그 사진 자체가 저작권으로 보호받을 만한 창작성을 갖춘 때에만 가능하다. 하지만, 실제로는 미술관이 전문적으로 촬영한 미술품 사진의 창작성과 관람객의 사진 촬영을 통제하는 관람 규칙의 유효성을 부인하기 어렵기 때문에 미술관의 이러한 시도는 대체로 성공하는 것으로 보인다.[47]

미술관이 사진 촬영을 통제하고 이를 통해 보호기간의 만료로 이미 공유에 처한 미술품에 대한 저작권 보호를 사실상 연장하려는 시도는 문화와 문화유산에 대한 접근과 향유를 제한하는 결과를 초래하므로 자제해야 한다.

유럽연합 디지털단일시장 저작권지침도 이러한 우려를 인식하여 "회원국은 미술저작물의 보호기간이 만료된 경우에, 그 저작물의 복제행위로부터 결과되는 자료가 저작자 자신의 지적인 창작물이라는 관점에서 독창적이지 않은 한, 저작권이나 저작인접권의 대상이 되지 않는다고 규정하여야 한다."[48]고 명시하고 있다.

47 독일 만하임시립박물관이 소장 미술품의 고화질 사진에 대해 저작권을 주장하며 이를 위키미디어 커먼즈에 게시한 것에 대해 소송을 제기한 데 대해, 독일 연방법원은 해당 사진의 창작성을 인정하고 관람 규칙을 위반해 촬영한 사진에 대해서도 인터넷 게시를 금지할 수 있다고 판시하였다. *Reiss-Engelhorn Museum v. Wikimedia Commons et al.* ECLI:DE:BGH:2018:201218UIZR104.17.0 (2018).

48 유럽연합 디지털단일시장 저작권지침, 제14조.

제3절

내용적 제한: 아이디어/표현 이분법

1. 의의

저작권은 표현에는 미치지만, 그 표현의 바탕이 되는 아이디어에는 미치지 않는다. 이를 아이디어/표현 이분법(idea/expression dichotomy)이라 한다. 보호되는 저작물이라도 보호는 저작물의 내용 모두가 아니라 단지 표현에 국한된다. 저작물 보호 요건인 창작성 판단 역시 표현에만 적용된다. 비록 아이디어는 진부할지라도 표현이 참신하다면 문제가 없다.

저작권법은 이를 당연시하고 별도로 규정하지 않았다. 다만, 컴퓨터프로그램에 대해서만 프로그램을 작성하기 위해 사용하는 프로그램 언어, 규약 및 해법(language, protocol and algorithm)에 대해서는 보호가 적용되지 않음을 명시적으로 규정하고 있다(법 제101조의2). 미국 저작권법은 "저작권 보호는 어떤 경우에도 아이디어, 절차, 공정, 체제, 조작 방법, 개념, 원칙, 또는 발견에는 미치지 않는다"라고 규정하고 있는데,[49] TRIPs협정과 WIPO저작권조약에도 비슷한 표현으로 반영되었다.[50]

이렇게 표현과 아이디어를 구별해 표현은 보호하되 아이디어는 보호하지 않는 이유는 어떤 아이디어를 사회 구성원 누군가의 소유로 하는 것이 문화와 사회의 발전을 위해 바람직하지 않기 때문이다. 누군가가

49 미국 저작권법 제102조(b).

50 TRIPs협정 제9조 제2항 및 WIPO저작권조약 제2조.

먼저 문화와 예술, 학술 분야에서 어떤 아이디어를 착안했다는 이유만으로 그에게 그에 대해 독점권을 부여해 통제할 수 있도록 하는 것은 바람직하지 않다. 자칫 헌법적 권리인 사상과 표현의 자유 또는 언론의 자유가 제약될 수 있고, 이에 따라 민주주의의 토대인 자유로운 토론이 제약될 수 있기 때문이다. 저작물의 바탕인 아이디어는 제한 없이 공유되고 소통될 수 있어야 한다.

아이디어/표현의 이분법은 아이디어와 표현을 분리하고 아이디어에 대해서는 권리가 미치지 않도록 함으로써 누구나 이를 기초로 자신의 표현을 할 수 있도록 하기 위함이다.

2. 아이디어의 종류

저작권으로 보호되지 않는 아이디어는 다음 세 가지로 나누어 볼 수 있다.[51]

첫째 추상적인 아이디어

저작물을 작성하기 위한 플롯, 주제(theme), 모티브 또는 캐릭터 설정 등에 대해 구체화되지 않은 구상이 이에 해당한다. 예를 들어, 소설이나 영화를 제작하기 위한 플롯은 비록 그것이 독창적이라도 구체화되지 않으면 저작권으로 보호될 수 없다.

아이디어가 추상적일수록 이를 창작하기는 쉽지만 그것이 포괄하는 영역은 더 넓어진다. 이를 구체화할 수 있는 가능성의 수가 많아지기 때문이다. 이런 아이디어를 보호하면 사회 일반이 그 결과물을 향유할 수 있는 자유를 위축시키고 다른 사람의 창작의 자유를 박탈할 가능성은 더 높아지는 반면에, 이를 구체화하기 위해 많은 노력을 들이지도 않은 사람에게

51 골드스타인 교수는 저작물 창작을 위한 콘셉트(concept), 해법(solution) 그리고 창작적 표현의 소재(building blocks)로 나눈다. Paul Goldstein, *Copyright* (2nd ed.), Little, Brown and Company (2001), chapter 2, 2:26–2:30

는 더 많은 보상을 주게 된다. 충분히 구체화되지 않은 추상적인 아이디어를 보호하지 않는 것은 그러한 보호로부터 사회 전체가 얻는 편익과 비용의 균형을 유지하기 위한 것이다.[52]

이러한 논리를 처음 착안한 핸드(Learned Hand) 판사는 이를 "캐릭터가 덜 개발될수록 저작권으로 보호받을 가능성은 줄어든다. 이것이 캐릭터를 너무 모호하게 만든 작가에 대한 처벌이다."[53]라고 설명하였다.

둘째, 해법으로서의 아이디어

해법으로서의 아이디어는 다시 기술적 문제에 대한 해법, 저작물을 작성하거나 실연하는 방법 그리고 영업방법으로 나누어 볼 수 있다.

기술적 문제에 대한 해법으로서의 아이디어는 그것이 충분히 구체화되었더라도 저작권으로는 보호될 수 없다. 단지 그에 관하여 설명하고 서술하였다는 이유로 저작권으로 보호돼서는 안 된다는 것이다. 이런 아이디어는 각국의 특허청 등 권한 있는 기관이 신규성(novelty)과 진보성(non-obviousness) 등 엄격한 기준을 적용한 심사를 통해 제한적으로 특허로서 보호되며, 저작권으로는 보호되지 않는다.

예를 들어서, 어떤 처방이 치유에 큰 효험이 있다는 것을 발견한 경우에 이를 발견한 사람이 이에 대해 책을 써서 출판한다 해도, 그 약을 제조하거나 판매하는 데에 배타적인 권리를 받을 수는 없으며, 단지 그는 그의 책을 인쇄해서 출판하는 배타적인 권리를 확보할 수 있을 뿐이다.[54]

그러나 저작물을 작성하는 방법 또는 실연하는 방법으로서의 아이디어는 그것이 충분히 구체화되고 거기에 저작자의 창조적 개성이 독창적으로 표현되어 있다면 저작권으로 보호될 수 있다.[55] 건축설계도에 따라 시공하

---

52 특허의 경우에도, 기술적 문제에 대한 해법이 비록 참신(novel)하더라도 충분히 구체화(reduction to practice)되지 않았다면, 미완성 발명으로서 특허를 받을 수 없다.

53 *Nichols v. Universal Pictures Corp.* 45 F.2d 119 (2d Cir. 1930).

54 *Baker v. Selden*, 101 U.S. 99, 102-103 (1879).

거나 안무저작물(무보) 또는 악보에 따라 공개적으로 연주하는 것은 그 저작권자의 허락을 받아야 하는 행위이다.

영업방법으로서의 아이디어는 충분히 구체화되고 저작자의 창조적 개성이 표현되었더라도 특허나 저작권으로 보호되지 않는다. 다만, 부정경쟁방지법[56] 또는 경쟁자들 사이의 협정[57]에 의해 보호될 수 있을 것이다.

셋째, 법칙이나 원리

만유인력의 법칙, 피타고라스의 정리, 소수 지배의 법칙 등과 같이 자연 현상과 수학 또는 인간과 사회를 설명하기 위한 법칙이나 원리 등은 특허나 저작권으로 보호될 수 없다.

비록 누군가 그것을 처음 발견하거나 주장했다고 하더라도, 그리고 이를 구체적으로 기술했다고 하더라도, 그 자체를 특정인의 소유로 하는 것이 적당하지 않기 때문에 정책적으로 이에 대한 보호가 부인된다.

3. 아이디어/표현의 구분과 그 한계

저작권 보호가 표현에만 미치고 아이디어에는 미치지 않게 하려면 우선 이 둘을 구별해야 한다. 하지만 실제로 저작물에서 보호 대상이 아닌 아이디어와 보호 대상인 표현을 분리하기란 쉽지 않다. 어느 소설에서 개별 사건을 묘사하는 것은 표현에 가까울 것이다. 하지만 그러한 묘사

---

55 이에 대한 자세한 사항은, 임원선, "방송 포맷에 대한 저작권 보호와 아이디어/표현 이분법의 재검토," 한국저작권위원회, 계간 저작권 2024 겨울호, 78-88쪽 참조. 다만, 건축설계도, 무보 또는 악보는 그 자체로 저작물이 아니고 단지 저작자가 건축물, 무용 또는 음악이라는 저작물을 표현하는 방법에 불과하다고 볼 수도 있다.

56 부정경쟁방지 및 영업비밀보호에 관한 법률 제2조(정의) 제1호 차목.

57 보험사들은 일정하게 인정된 신상품에 대해 개발회사의 선출발 이익 보호를 위해 일정 기간(1년 이내) 다른 회사가 유사한 상품을 판매할 수 없도록 독점적 판매권한을 부여하고, 이를 어길 경우 1억 원 이하의 제재금을 부과하거나 1년간 배타적 사용권 신청을 금지하는 등의 제재를 하는 협정을 체결해 운영하기도 한다. 생명보험 신상품 개발 이익 보호에 관한 협정 (2023) 참조.

로 드러나는 등장인물의 성격(character)이나 개별 사건들로 구성되는 줄거리는 아이디어의 속성도 가지고 있다. 아이디어는 구체적인 표현을 통해서 드러난다. 결국 저작물에서 아이디어와 표현은 혼재되어 있다고 할 수 있다.

텔레비전 드라마로 인기가 높았던 〈사랑이 뭐길래〉와 〈여우와 솜사탕〉은 모두 가부장적인 아버지와 늘 눌려 지내지만 결정적인 대목에서는 자기 목소리를 내는 어머니를 둔 아들과 비교적 자유로운 분위기의 아버지와 어머니를 둔 딸의 사랑 이야기라는 점에서 공통점이 있다. 그러나 이렇게 캐릭터와 구도의 공통성만으로는 저작권 침해가 있다고 하기는 어렵다. 이런 캐릭터와 구도는 급격한 사회변동을 겪고 있는 우리 사회에서는 전형적인 것일 수 있다. 구체적인 사건의 전개와 이를 구성하는 대사 등에서 상당한 유사성이 있을 때라야 비로소 저작권 침해가 있다고 할 수 있다.[58]

나아가 저작권으로 보호될 수 있는 표현이라도 특정한 아이디어를 효과적으로 표현할 수 있는 방법이 사실로든 논리로든 매우 제한되어 있다면 저작권 보호가 부인되는 경우가 있다. 합체의 원칙(merger doctrine)과 필수장면(Scènes à Faire) 이론, 그리고 사실상의 표준(de facto standard)이 그것이다. 합체의 원칙이 주로 기능적인 저작물에 적용된다면, 필수장면 이론은 주로 시나리오나 희곡 같은 픽션물에 적용된다는 점에 차이가 있다.

---

58 TV 드라마 〈사랑이 뭐길래〉의 작가가 제기한 TV 드라마 〈여우와 솜사탕〉의 방송금지 가처분 판결에서 법원은 구체적 사건의 전개와 구성이 극히 유사하고 사건 전개의 구체적 표현을 포함해 창작적 표현들 상호간에도 상당한 문자적 유사성이 있음을 근거로 저작권 침해를 인정했다. 서울남부지원 2002. 3. 28. 선고 2002카합370 판결. 그러나 법원은 방영을 금지해야 할 보전의 필요성은 인정하지 않았다.

가. 합체의 원칙

합체의 원칙이란 특정한 아이디어를 표현하는 방법이 한 가지밖에 없거나 지극히 제한된 경우에 표현을 보호하면 곧 아이디어를 보호하는 결과가 초래되므로 이런 때에는 비록 표현일지라도 저작권 보호가 제한되는 것을 말한다. 장부 작성 시스템을 고안하고 이에 필요한 빈칸 서식을 제작한 경우에 이 서식을 보호하면 장부 작성 시스템 자체에 대한 독점을 허용하는 결과가 초래된다.[59]

컴퓨터프로그램처럼 기능적인 저작물에서는 일정한 기능을 수행하게 하는 방법이 제한적인 경우가 많다. 특히 효율성을 높여야 하는 상황에서는 선택할 수 있는 방법이 더욱 제한될 수 있다. 이런 경우에도 보호를 관철하면 어느 저작물이 단지 표현을 먼저 했다는 이유만으로 보호가 되고, 나중 사람은 이를 피하기 위해 결국 덜 효율적인 방법으로 프로그래밍을 해야 하는 불합리한 결과가 초래될 수 있다.

나. 필수장면 이론

필수장면 이론이란 일정한 아이디어를 효과적으로 표현하기 위해 필수적으로 수반되어야 하는 장면을 말한다. 영화의 배경이 제2차 세계대전이라는 것을 나타내기 위해 나치 완장을 찬 군인을 등장시키거나 군중 앞에서 연설하는 히틀러를 묘사하는 것, 그리고 서부영화에서 결투 장면이나 왁자지껄한 술집 장면을 묘사하는 것이 이에 해당한다.

이를 보호하면 특정한 아이디어를 가장 효율적이고 효과적으로 표현하는 방법을 특정인이 독점하게 되고 이것은 다른 많은 작가의 표현의 자유를 제약하는 것이 될 수 있다. 이런 것들은 누구나 자유롭게 이용할

---

59 *Baker v. Seldon*, 101 U.S. 99 (1879). 또한 사회보장번호(social security number)를 이용한 추첨식 판촉과 관련해 단지 제한된 수의 표현만 가능하다는 이유로 저작권 보호가 부인된 사례가 있다. *Morrissey v. Procter & Gamble Co.*, 379 F.2d 675(1st Cir. 1967).

수 있는 자산이 되어야 한다.[60]

클리셰(Cliché)나 관용적 표현 등도 이에 해당할 수 있다. 법원도 "소설 등에 있어서 추상적인 인물의 유형 혹은 어떤 주제를 다루는 데 있어 전형적으로 수반되는 사건이나 배경 등은 아이디어의 영역에 속하는 것들로서 저작권법에 의한 보호를 받을 수 없다"[61]고 판시하고 있다.

다. 사실상의 표준

사실상의 표준이란 특정한 표현이 이미 사용자나 업계에 널리 알려지거나 관행으로 굳어져 있는 경우를 말한다. 컴퓨터프로그램의 사용자 인터페이스가 대표적이다. '복사(copy)'나 '저장(save)' 등을 다른 용어로 대체할 수도 있지만 이렇게 되면 기존 용어에 익숙한 사용자로부터 외면당하기 쉽다. 이를 보호하면, 후발사업자는 경쟁에서 불리한 처지에 처하게 된다. 저작권 보호로 인해 경쟁이 제한되는 결과가 초래되지 않도록 보호가 제한되기도 한다.[62]

그 밖에 아이디어/표현의 이분법과 관련해 보호되지 않는 것으로는 창작 스타일(작풍)을 들 수 있다.

저명한 화가들은 대부분 자신의 작품에서 다른 작가의 작품과 뚜렷하게 구별되는 독특한 스타일을 구현한다. 색조, 구성, 소재, 재료나 그 밖의 표현 기법에서 나름의 스타일을 완성한 경우, 이것만으로 작품의 작가와 창작 시기를 구체적으로 가늠하기도 하고 작품의 진품 여부를 추정하기도 한다. 전문 화가들 사이에서는 기성작가의 창작 스타일(작풍)을

---

60 *Schwarz v. Universal Pictures Co.*, 85 F.Supp. 270, 275-6(1945).

61 대법원 2000. 10. 24. 선고 99다10813 판결.

62 *Lotus Development Corp. v. Borland International Inc.*, 49 F.3d 807(1st Cir. 1995). 이 판결은 미국 연방대법원에서 가부 동수로 확정되었다. *Lotus Development Corp. v. Borland International Inc.*, 516 U.S. 233(1996). 법원도 PDA 증권프로그램 화면 설계에 관한 사건에서 같은 취지로 판결한 바 있다. 서울고등법원 2008. 6. 10. 선고 2007나58805 판결 참조.

모방하는 것이 금기시되기도 하지만, 이는 아이디어에 해당하므로 저작권으로 보호되는 대상은 아니다.

짚어보기 생성형 AI로 특정 작가의 창작 스타일대로 이미지를 생성하는 것은 저작권 침해가 되지 않는가?

챗지피티로 지브리스타일의 이미지를 생성하는 것이 유행했던 적이 있다. 생성형 AI로 특정 작가의 시그니처 스타일을 대량으로 복제할 수 있다면, 그 작가의 작품의 시장 가치에 부정적 영향을 미칠 것으로 예상할 수 있다. 하지만, 이의 보호에 대해서는 찬반 양론이 있다.

이의 보호는 필연적으로 창작의 자유를 위축시킬 것이며, 보호하려 해도 아이디어/표현 이분법이라는 저작권 보호의 전통적인 기준을 넘어서기 어려울 것이라는 견해가 주류이다.

창작 스타일이란 작가 또는 작가들의 여러 작품을 통해 일관되게 유지되는 특징적 요소를 말하는데, 이는 저작권 보호의 대상이 되기에는 너무 추상적일 수 있다. 특정한 저작물과 구분하거나 구체적으로 정의하는 것도 쉽지 않다.

하지만, 특정 스타일이 충분히 구체화되고 그것이 저작권으로 보호가능한 요소로 인정될 수 있다면, 저작권으로 보호될 수 있을 것이다. 인상파 또는 입체파 스타일과 달리 그에 속한 특정 작가, 즉 고흐 또는 피카소 스타일의 보호가능성에는 차이가 있을 수 있다. 또한 "...의 스타일로(in the style of ...)"라는 프롬프트가 저작물의 보호가능한 요소까지 출력물에 복제하는 경우에는 저작권 침해가 될 수 있다.[63]

---

63 미국 저작권청, 「인공지능과 저작권: 제1부」, 임원선 옮김, 한국저작권위원회 (2025.4.), 70쪽. 이러한 우려를 반영하여, 챗지피티의 시스템 프롬프트는 달리(Dall-E) 프롬프트 생성 방법과 관련해, "1912년 이후에 저작물을 창작한 예술가, 전문 창작자나 스튜디오의 스타일로 이미지를 생성하지 말 것"을 포함하고 있는 것으로 보인다는 견해가 있다. 미국 저작권청, 「인공지능과 저작권: 제3부」, 임원선 옮김, 한국저작권위원회 (2025. 10.), 33쪽, 각주 140 참조.

한편, 특정 작가의 스타일 모방에 특화된 AI를 개발하기 위해 그의 작품을 모두 학습시키는 행위에 대해서는 우려가 제기되기도 한다.[64]

짚어보기 **방송 프로그램 포맷은 저작권으로 보호될 수 있는가?**

방송 프로그램 포맷이란 주로 리얼리티 프로그램에서 사용하는, 프로그램의 구성이나 전개 등에 관한 개략적인 기획안을 말한다. 프로그램 포맷은 첫째, 프로그램 포맷에 포함된 명백하게 식별 가능한 수많은 특징이 하나로 합쳐지는 경우에 그 프로그램이 유사한 유형의 다른 프로그램과 구별되어야 하고, 둘째, 이러한 현저한 특징들이 일관성 있는 틀 안에서 서로 연결되어 해당 프로그램이 인식 가능한 형태로 반복적으로 복제될 수 있어야 한다.[65]

프로그램 포맷은 아이디어에 해당하기 때문에 저작권으로 보호되기 어렵다는 것이 학설과 판례의 대체적인 입장이다. 하지만 방송사 간 경쟁이 치열하고 프로그램의 포맷이 프로그램의 흥행에 미치는 효과가 크기 때문에 표절 여부를 둘러싸고 분쟁이 잦다. 이 때문에 프로그램 포맷의 보호 가능성에 대해 많은 검토가 이루어지고 있다. 대법원도 프로그램을 구성하는 각 구성요소가 아이디어이거나 그 자체로서 창작성을 인정하기 어렵다고 하더라도, 구성요소의 선택이나 배열이 충분히 구체적으로 어우러져서 다른 프로그램과 구별되는 창작적 개성이 있다면 그 프로그램 포맷의 저작물성이 인정된다고 판시해,[66] 보호의 가능성을 열어두었다.

한편, 이렇게 프로그램 포맷의 보호에 대한 불확실성이 높음에도 방송계에서는 프로그램 포맷이 광범위하게 거래되고 있다. 그 이유는 대체로 다음 두 가지로 이해된다.

---

64 愛知靖之, "日本法における権利制限—著作権法30条の4を中心に," 上野達弘 · 奥邨弘司編『AIと著作権』(勁草書房, 2024), 32-41面.

65 *Banner Universal Motion Pictures v. Endemol Shine Group*, EWHC 2600(Ch) (2017).

66 대법원 2017. 11. 9. 선고 2014다49180 판결.

첫째, 법적인 불확실성을 제거하기 위해서이다. 방송 프로그램 제작에는 보통 상당한 비용이 소요되는데 광고주와의 관계에서도 프로그램이 방송된 후에 문제가 제기되면 소송 결과와 관계없이 상당한 피해가 예상된다. 미리 불확실성을 제거하는 것이 현명하다. 둘째, 프로그램 제작의 노하우를 확보하기 위해서이다. 포맷은 보통 프로그램 제작 지침서인 '바이블(bible)'과 함께 거래되는데, 이를 통해 프로그램 제작 과정에서의 시행착오를 줄이고 작품의 완성도를 높일 수 있다.

제4절

다른 권리와의 충돌에 따른 제한: 최초 판매의 원칙

저작자는 저작물의 원본이나 그 복제물을 배포할 권리를 가진다. 다만, 저작물의 원본이나 그 복제물이 해당 저작재산권자의 허락을 받아 판매 등의 방법으로 거래에 제공된 경우에는 그러하지 아니하다(법 제20조).

저작자의 배포권에도 불구하고, 저작권자가 일단 저작물의 원본이나 그 복제물의 판매에 동의하여 배포가 이루어진 경우에는 그 원본이나 복제물에 대해서는 더 이상 배포권이 미치지 않는다(배포권이 소진된다).[67] 그 원본이나 복제물의 소유자는 마음대로 이를 배포하는 등 처분할 수 있다. 이를 최초 판매의 원칙(first sale doctrine) 또는 배포권이 소진된다는 의미에서 권리 소진(exhaustion of rights)의 원칙이라고 한다.

"해당 저작재산권자의 허락"에는 저작재산권자의 직접 허락뿐만 아니라 그의 허락을 받은 사람(예를 들면, 출판사)의 허락과 저작권법의 관련 규정에 의해 부여되는 허락도 포함된다. 해당 저작재산권자의 허락없이 배포되었다면, 이 원칙이 적용되지 않는다. 배포권자는 자신의 허락없이 배포된 저작물의 원본이나 복제물의 추가 배포를 금지할 수 있다.

"판매 등의 방법"에는 교환이나 증여 또는 상속 등이 포함되며, 이에 의해 그 원본이나 복제물의 처분권이 이전되는 것을 의미한다. 따라서 단순히 "거래에 제공"된 경우뿐만 아니라 교환이나 증여 또는 상속 등의

67 그 저작물의 아직 배포되지 않은, 다른 복제물은 관계가 없다.

방법에 의해 처분권이 이전된 경우에도 배포권이 소진된다.[68]

1. 법리적 배경

최초 판매의 원칙은 저작물에 대한 권리인 저작권과 그 저작물이 수록된 매체에 대한 권리인 소유권 간의 경합을 조정하기 위한 것이다. 따라서 저작물이나 음반이 수록된 책이나 CD와 같은 유형물에만 적용된다. 무형물에는 저작권과의 충돌을 조율해야 할 소유권이 존재하지 않기 때문이다.

최초 판매의 원칙이 없다면, 저작물의 유형적 복제물이 다른 사람에게 이전된 후에도 저작권자는 계속해서 배포권을 행사할 수 있다. 이렇게 되면 서점에서 책이나 음반을 구입했더라도 이것을 친구에게 빌려주거나 선물로 주려면 저작권자에게 허락을 받아야 한다. 이는 유형적 재산의 소유자가 그 재산에 대해 완전한 지배권을 가지며 마음대로 처분할 수 있어야 한다는 일반법 원칙과 충돌한다. 최초 판매의 원칙은 저작권자의 배포권이 최초 판매에 대해서만 행사될 수 있도록 제한하고 그 후에는 매체의 소유권이 우선하도록 해서 이런 충돌을 조율하려는 것이다.

2. 기능

처음에 미국에서 판례[69]를 통해 확인된 이 원칙은 다음 두 가지의 기능

---

68 교환이나 증여 또는 상속은 일반적으로 '공중'에 대한 것이 아니므로 저작권법상 '배포'에 해당하지 않고, 따라서 저작재산권자의 허락의 대상이 아니다. 그럼에도 그 원본이나 복제물의 처분권이 이전되는 점에서는 같으므로 저작재산권자의 배포권을 소진시키는 것이 합리적이다. 일본 저작권법은 이를 명시적으로 규정하였다. 일본 저작권법 제26조의2 제2항 참조.

69 *Bobbs-Merrill Co. v. Straus*, 210 U.S. 339(1908). 출판사 봅스 메릴(Bobbs-Merrill)은 책에 '책의 소매가격이 1달러이며, 이보다 낮은 가격에 판매하는 것은 허락되지 않는다. 그리하면 저작권 침해로 간주될 것이다'라는 문구를 인쇄했다. 그런데 피고(메이시(Macy) 백화점 대표)는 이를 도매가격에 구입해 권당 89센트에 판매하다가 피소되었다. 이에 대해 미국 연방대법원은 최초 판매의 원칙을 정립하면서 원고의 청구를 기각했다.

을 수행해 온 것으로 평가된다.

첫째, 당시 판례에서도 드러나듯이 저작권자는 배포권을 이용해 복제물의 배포 과정에 지속적으로 관여하고자 한다.[70] 최초 판매의 원칙은 이를 차단함으로써 저작권자가 저작권을 경쟁을 제한하는 수단으로 사용하는 것을 막는다. 특허권과 마찬가지로 저작권을 경쟁을 제한하는 수단으로 사용하는 것은 저작권을 보호하는 법의 목적을 넘어서는 남용에 해당한다.

둘째, 일단 유통된 저작물은 저작권자의 간섭 없이 자유로이 처분될 수 있도록 함으로써 정보의 자유로운 유통을 보장한다. 저작물은 한 사람이 이를 소비하더라도 다른 사람의 소비에 영향을 미치지 않는 '비경합적 소비(non-rivalrous consumption)'를 특징으로 한다. 그러므로 저작권자에게 일단 보상의 기회가 주어지면 가능한 한 폭넓게 유통되도록 하는 것이 사회적 편익을 극대화하는 길이다.

최초 판매의 원칙은 저작자에게 부여한 배타적 독점권이 잠재적으로 내포할 수 있는 독소적 요소를 완화하는 동시에 저작재산권 제한을 통해 공익 목적의 달성을 꾀하는 중요한 정책수단이라고 할 수 있다. 도서관은 이 원칙을 효과적으로 활용하고 있는 대표적인 제도이다.

짚어보기 **도서정가제는 최초 판매의 원칙에 어긋나는 것 아닌가?**

출판문화산업진흥법은 서적(전자출판물 포함)에 대해 가격 할인과 마일리지 등 경제상의 이익의 제공을 포함한 할인율을 출판사가 표시한 가격의 15% 이내로 제한하는 도서정가제를 규정하고 있다. 이렇게 할인율을 제한하는 행위는 「독점규제 및 공정거래에 관한 법률」(이제부터 "공정거래법"이라 한다.) 상 '재판매가격 유지행위'로서 금지된다.

---

70 당시 출판사가 의도했던 것이 바로 책을 일정 가격 이하에 팔지 못하도록 하는 도서정가제였다.

하지만, 공정거래법은 책값의 과열 인하 경쟁으로 학술·문예 분야의 고급 서적 출간이 위축되는 것을 막고, 중소 서점의 경쟁력을 보완하기 위해 예외적으로, 공정거래위원회가 고시하는 출판된 저작물(전자출판물을 포함한다)에 대해 이를 허용하고 있다.[71] 이런 조치는 저작권법상의 배포권에 기초해 시행되는 것이 아니라, 배포권의 소진을 전제로 별도의 법에 의해 시행되는 사항이므로 최초 판매의 원칙에 어긋난다고 볼 수 없다.

3. 적용 범위

최초 판매의 원칙에 따라 배포권이 소진되는 경우에 권리가 소진되는 범위를 어디까지로 설정하느냐의 문제가 있다. 특허의 경우에는 '특허독립의 원칙'이 적용되어 등록을 받은 국가로 그 효력이 제한되지만,[72] 저작권의 경우에는 관련 조약이 이를 각 국가가 정책적으로 판단할 문제라고 인정하였다.[73] 그래서 권리가 소진되는 범위를 최초 판매가 이루어진 어느 국가나 지역의 영역 내로 제한할 수도 있고, 이런 제한 없이 전 세계로 할 수도 있다.

최초 판매가 이루어진 어느 국가나 지역으로 제한하면, 그 국가 또는 지역 밖에서는 여전히 배포권이 소진되지 않는다. 비록 합법적으로 제작되어 판매된 저작물이더라도 저작권자는 그 영역을 넘나드는 저작물의 이동을 제한할 수 있다.

이는 저작권자에게 '수입권'이라는 형태로 부여된다. 우리나라에서 〈마이클 잭슨〉의 음반을 합법적으로 제작했더라도 음반에 대해 수입권을

71 출판문화산업진흥법 제22조 및 공정거래법 제46조 제2호 참조.

72 파리협약 제4조의2 제1항 참조.

73 TRIPs협정 제6조, WIPO저작권조약 제6조 제2항 및 WIPO실연·음반조약 제8조 제2항.

인정하고 있는 미국에 그 음반을 수출하려면 그곳에서 그 음반에 대해 배포권을 가지고 있는 권리자의 허락을 받아야 한다.[74]

최초 판매의 원칙이 적용되는 범위를 국가나 지역 단위로 제한하는 것은 저작권자가 저작물 시장을 국가별 또는 지역별로 분할해 관리할 수 있게 하기 위해서이다. 즉, 국가별 또는 지역별로 가격차별이 가능하다. 일반적으로 어느 상품의 가격을 올리면 그 상품의 수요는 줄어든다. 그 비율을 가격탄력성이라 하는데, 이것은 시장마다 차이가 있다. 어느 시장의 가격탄력성이 다른 시장보다 작으면 가격탄력성이 큰 시장보다 가격을 높게 책정함으로써 이윤을 극대화할 수 있다.

하지만 가격차별이 가능하려면 관세·비관세 장벽이나 운송비용 때문에 시장이 분할되어 저작물이 쉽게 이동할 수 없어야 한다. 수입권은 저작권자에게 자의적으로 시장을 분할해서 가격을 차별할 수 있도록 하는 효과가 있다. 결국 수입권의 존재는 저작권으로 보호되는 대상을 수록한 상품의 자유로운 무역과 이동을 제한하는 효과를 가지며, 결과적으로 특정지역에서 상품 가격을 상승시키는 효과가 있다.[75]

국가 소진 또는 지역 소진의 논거로는, 베른협약에서 명시적으로 규정하고 있지는 않지만, 내국민대우의 원칙 등을 통해 묵시적으로 인정하고 있는 저작권의 국지성(territoriality) 원칙이 제시된다.[76] 하지만 국가 또는 지역별로 등록을 통해 권리를 취득해야 하는 특허 등 산업재산권과

---

74 수입권이 존재하지 않는다면 비록 권리자가 제작사와 해외 수출을 금지하는 계약을 하더라도 계약의 의무를 지지 않는 제3자는 시중에서 음반을 구입해 수출하는 것이 가능하다.

75 호주는 자국의 물가감독국(Price Surveillance Authority)이 도서류(1989년), 음반(1990년) 및 컴퓨터소프트웨어(1992년)에 대한 연구에서 이런 결과를 도출했으며, 이에 따라 수입을 허락하거나 금지하는 저작권자의 권리를 제한하는 입법을 취했다고 한다. WIPO, "Memorandum prepared by the International Bureau on Questions Concerning a Possible Protocol to the Berne Convention," *Copyright* (1994), at 224.

76 *Ibid*, at 220, para. 52. 한편, 수입은 반드시 소유나 점유의 이전을 필요로 하지는 않는다는 점에서 소유나 점유의 이전을 의미하는 일반적인 배포와는 차이가 있다는 점에 유의해야 한다.

달리 저작권의 경우에는 무방식주의에 따라 창작과 동시에 국제적으로 권리가 발생하므로 그 소진도 국제적으로 이루어지는 것이 타당하다는 반론 또한 가능하다. 어느 주장도 절대적으로 우월하지는 않다. 결국 수입권의 허용 여부는 저작권자에게 보다 강한 권리를 부여해 창작을 장려할 것인지, 저작물의 자유로운 이동을 보장해 원활한 이용을 도모할 것인지에 대한 정책 판단의 문제로 이해할 수 있다.

이 때문에 권리소진의 범위에 대한 입장은 어느 나라가 저작권 순수출국인지 순수입국인지에 따라 확연히 나뉜다.[77] 같은 이유에서 그 나라의 산업 상황에 따라 입장이 바뀌기도 한다.[78] 다만, 수입권이 인정되더라도 개인이 수하물의 일부로서 사적으로, 그리고 비상업적인 목적으로 저작물을 수입하는 경우에는 예외로 인정된다.[79]

4. 디지털 시대의 최초 판매의 원칙

가. 문제의 확인

인터넷 등 디지털 네트워크 기술의 발전으로 저작물의 보급 형태가 크게 바뀌고 있다. 과거에는 저작물이 책이나 CD 또는 DVD와 같은 유형적인 매체에 저장되어 판매되는 것이 일반적이었다. 이제는 주로 공중송신하는(디지털 파일로 다운로드 하거나 스트리밍 하는) 방식으로 보급되

77 실제로 1996년 WIPO저작권조약과 WIPO실연·음반조약을 마련하기 위한 논의과정에서 미국과 유럽연합이 국내소진 또는 지역소진 원칙을 강하게 주장했으나, 호주, 일본, 캐나다 등은 이에 반대했다. 결국 장기간에 걸친 격렬한 논의 끝에 결론을 내리지 못하고 이를 각 조약체결 당사자가 재량으로 정할 수 있도록 했다. WIPO저작권조약 제6조 제2항 및 WIPO실연·음반조약 제8조 제2항. 이는 WTO 협상 과정의 결과와 같다. TRIPs협정 제6조 참조.

78 일본은 2004년, 일본에서 발행된 지 7년 이내의 음반에 대해 그 수입으로 인해 권리자의 이익이 부당하게 침해될 경우 이를 '침해로 보는 행위'로 규정함으로써 종래의 입장을 다소 수정했다. 일본 저작권법 제113조 제10항 참조.

79 미국 저작권법 제602조(a)(2) 참조.

고 있다. 그리고 흔히 저작물은 판매가 아니라 이용허락의 형태로, 그것도 특정 저작물이 아닌 일정 기간 동안 일정한 범위의 콘텐츠에 대한 포괄적 이용허락의 형태로 보급되고 있다.

그런데 최초 판매의 원칙은 단지 유형물의 배포에만 적용되므로 이렇듯 확산일로인 공중송신을 통한 무형적 보급에 대해서는 원칙적으로 적용될 여지가 없다.[80] 공중송신을 통한 무형적 보급에서는 저장매체의 배포를 통한 보급과 달리 저작권(배포권)과 그 저작물이 수록된 매체에 대한 소유권 사이에 경합이 발생하지 않기 때문이다.

하지만 디지털 시대에 최초 판매의 원칙이 적용될 수 있는 범위가 축소되고 있다는 사실은 당초 최초 판매의 원칙이 지녔던 중요한 기능들, 즉 저작권을 경쟁 제한적 목적으로 남용하는 것을 막는 기능과 정보의 자유로운 유통을 촉진하는 기능 역시 그만큼 위축되고, 나아가 기존에 유형물의 배포와 최초 판매의 원칙을 기반으로 형성된 제도와 관행이 위협받게 되었다는 것을 의미한다. 즉, 도서관처럼 정보의 수집과 보존, 그리고 보급 역할을 수행해 온 제도들이 그 역할을 온전히 수행할 수 있는 토대가 점차 사라지고 있다는 것을 의미한다.[81]

디지털 시대에 저작물의 주된 보급 방식인 공중송신에 대해 최초 판매의 원칙이 적용될 수 없다면, 최초 판매의 원칙은 결국 구시대의 유물로 도태되고 말 것이다. 하지만 최초 판매의 원칙이 담당해 온 기능과 역할은 디지털 시대에도 마땅히 손상됨이 없이 이어질 필요가 있고 무형적 보급에도 유형물의 배포와 같은(실제로는 유사한) 조건이 있을 수 있다는 주장도 있다.

---

80 유럽연합 정보사회저작권지침은 온라인 송신에 대해서는 최초 판매의 원칙이 적용되지 않음을 명시적으로 규정하고 있다. 유럽연합 정보사회저작권지침 제29조.

81 실제로 전자책의 경우에 도서관의 대출로 인하여 구매대체효과가 두드러지는 베스트셀러나 동화책의 경우에는 도서관에는 공급하지 않는(라이선스를 체결하지 않는) 사례가 등장하였다.

나. 해결을 위한 시도

공중송신을 통한 무형적 보급은 송신이 완료된 시점에도 송신자가 대상이 되는 저작물을 그대로 가지고 있다는 점에서 유형물의 배포와 차이가 있다. 즉, 저작물의 송신은 마치 팩시밀리로 저작물을 보내는 것처럼 새로 복제물을 만들어 그 복제물을 상대방에게 전달하는 방식으로 저작물을 보급하는 것이다. 그러므로 저작물을 다른 사람에게 송신할 때에 송신자가 가지고 있는 저작물을 삭제하면 결과적으로 배포와 같아지므로 이 경우에도 최초 판매의 원칙이 적용되어야 한다는 주장이 가능하다.[82] 이를 디지털 최초 판매의 원칙(digital first sale doctrine)이라 한다.[83]

이는 송신을 물리적 세계에서의 상품의 순환과 같은 것으로 유추하는 데에서 출발한다. 송신자가 송신 후에 송신에 사용된 자신의 복제물을 삭제한다면(컴퓨터프로그램처럼 기능적 저작물의 경우에는 이용을 불가능하게 한다면) 유형물을 이전하는 것과 결과적으로 차이가 없으므로 여기에도 최초 판매의 원칙을 적용해야 한다는 주장이다.

이에 대해서는 두 가지의 비판이 제기된다.[84]

첫째, 송신자가 송신 후에 자발적으로 송신에 사용된 저작물의 복제물을 삭제(또는 이용 불능화)하는 것에 의지하는 것은 사실상 사적 복제를 자발적으로 신고하라는 것과 차이가 없다. 저작권자가 그 복제물이 삭제되지 않았다는 것을 입증하기란 사실상 불가능하다. 거꾸로 이를 피고에

---

82 미국에서는 이를 입법화하려는 시도가 있었다. "Digital Era Copyright Enhancement Act," HR 3048 IH, 105th Cong., 1st Sess.(1997)('Boucher-Campbell bill'이라 불린다) 참조. 미국 저작권청이 2001년 발간한 *DMCA Section 104 Report*도 이 법안이 제기한 문제에 대한 답변의 성격을 가진다.

83 1995년 가을에 발간된 미국 국가정보기반 지식재산권 작업반의 최종보고서에서도 이 문제를 검토한 바 있다. 미국NII지적소유권작업반, 『초고속통신망과 저작권』, 임원선 옮김(한울아카데미, 1996), 87-88쪽 참조.

84 U.S. Copyright Office, *DMCA Section 104 Report*(2001), at 97.

게 항변하도록 하는 것도 문제가 있다. 피고의 하드 드라이브에 그 복제물이 없다는 것을 보여주기만 하면 된다면 거의 무소불위의 항변이 될 것이기 때문이다.[85]

둘째, '보내고 삭제하기(forward-and-delete)' 기술에 의지하는 것 역시 그럴듯하지 않다. 앞으로 이런 기술이 개발된다 해도 실제 사용되려면 충분히 강력하고 지속적이어야 하며 또 사용이 간편해야 한다. 그러려면 저작권자가 상당한 비용을 들여야 하거나 그 부담이 소비자에게 전가될 수밖에 없다.

최근 발전하고 있는 대체불가 토큰(NFT, non-fungible token)은 블록체인 기술을 활용해 개별 디지털 저작물에 복제가 불가능한 고유한 값을 부여하여 그 유통경로까지 확인할 수 있게 한다고 한다. 이렇게 되면 저작물의 특정 복제물이 유체물인 매체에 수록된 것과 유사한 효과를 가질 수 있어서 최초 판매의 원칙이 법 개정을 통해 디지털 세계에까지 확대될 가능성도 열릴 수 있을 것으로 기대된다.[86]

나아가 기술적으로 송신 후에 오직 하나의 복제물만 남겨지도록 보장되더라도 여전히 문제는 있다. 유형적 복제물은 시간이 가고 사용이 거듭될수록 질이 떨어지지만 디지털 파일은 그렇지 않다. 디지털 최초 판매의 원칙이 도입되면 특정 저작물을 구매해서 사용한 사람, 그럼으로써 그 저작물의 가치를 향유한 사람이 저작권자의 판매 가격, 즉 자신이 구입한 가격보다 낮은 가격에 같은 품질의 복제물을 시장가치에 거의 변화가 없는 상태에서 재판매할 수 있다.

컴퓨터프로그램과 같은 기능적 저작물은 복제물을 지속적으로 보유해야 하지만, 소설이나 영화가 담긴 디지털 파일은 대개 한 번 보는 것으로 사용이 끝나고 그 이후에는 소장가치만 가지므로 이러한 상황에 특히

---

85 *Ibid,* at 98.

86 네이버 지식백과, "NFT," 시사상식사전(2025. 11. 18. 방문) 참조.

민감할 수 있다. 이 경우 디지털 최초 판매의 원칙은 유형물의 배포에 적용되는 최초 판매의 원칙보다 권리자에게 불리한 결과를 초래할 수 있다. 디지털 최초 판매의 원칙이 도입되더라도 이전 가능한 횟수를 제한하거나 시간적 제한을 두는 방안이 필요할 수 있다.

시장의 중심이 책과 CD 구매에서 온라인 구독으로 이동하면서, 소비자가 구매한(구매했다고 생각하는) 전자책이나 음악파일을 재판매할 수 있는지가 문제시된다. 판례는 대체적으로 부정적인 결론을 내리고 있다.[87]

이와 관련해 유럽사법재판소가 내린 판결은 흥미롭다. 컴퓨터프로그램과 일반 저작물에 대해 상반된 결론을 내렸기 때문이다. 컴퓨터프로그램에 대해서는 유럽연합 컴퓨터프로그램보호지침에 근거해, 비록 인터넷 다운로드 방식으로 소프트웨어가 제공되더라도 비용을 지불하고 소프트웨어의 무기한 사용권을 받았다면 그것은 '판매'에 해당하므로, '이용허락 계약'의 금지에도 불구하고 저작권자는 그 재판매를 금지할 수 없다고 판결했다. 다만, 재판매 시점에 원구매자는 보유한 소프트웨어 복제본의 이용을 불가능하게 해야 하고, 저작권자는 이를 보장하기 위해 기술적 보호조치를 강구할 수 있다.

하지만 전자책에 대해서는 인터넷 다운로드 방식으로 무기한 사용을 위해 제공되었더라도 그것은 공중전달에 해당하므로 배포권이 소진되지 않는다고 판결했다. 유럽연합 컴퓨터프로그램보호지침에서 유형물과 무형물을 명시적으로 구분하지 않았기 때문이다.[88] 이런 차이는 논리

87 미국 법원은 아이튠즈에서 구매한 음악 파일을 재판매하는 것과 관련해, 독일 법원은 오디오북의 재판매와 관련해 디지털 콘텐츠에 대해서는 최초 판매의 원칙이 적용되지 않는다고 판시한 바 있다. *Capitol Records, LLC v. ReDigi Inc.*, 910 F.3d 649(2d Cir. 2018) 및 OLG Hamm, Urteil vom 15.05.2014, 22 U 60/13 참조.

88 *UsedSoft v. Oracle*, C-128/11(2012) 및 *Nederlands Uitgeversverbond v. Tom Kabinet Internet BV*, C-263/18(2019) 참조.

적으로는 문제가 있지만, 시장에 미치는 효과 측면에서는 합리적인 부분도 있다. 컴퓨터프로그램은 지속적으로 보유하고 사용해야 하는 저작물이어서 배포권을 소진시켜도 시장에 미치는 효과가 미미한 데 비해, 일반 저작물은 한 번의 이용만으로도 그 이용 가치가 사라지기 때문에 시장에 미치는 효과가 클 수 있기 때문이다.

이 문제는 코로나 사태로 이용자의 도서관 방문이 어렵게 되자, 일부 도서관이 소장도서를 디지털화 하여 소장 도서 수만큼 디지털 형태로 대출하는, 통제된 디지털 대출(CDL, controlled digital lending)을 시도하면서 다시 논의 대상이 된 바 있다. 이에 대해 법원은 최초판매의 원칙은 디지털 콘텐츠에는 적용될 수 없으며, 전송은 기존 복제본의 이전이 아니라 복제가 선행되는 구조이며, 이것은 최초판매의 원칙이 전제하는 법리 구조와 상충한다고 확인하였다.[89]

---

89 *Hachette Book Group, Inc. v. Internet Archive*, 664 F. Supp. 3d 370 (S.D.N.Y. 2023), aff'd, 115 F.4th 163 (2d Cir. 2024).

제5절

이용목적과 형태에 따른 각종 제한과 예외

저작권법은 저작물의 이용목적과 형태에 따라 공익을 위해 또는 장애인과 같은 사회적 약자를 배려하기 위해 저작물을 일정한 목적으로 이용하는 것에 대해 저작권자의 허락 없이, 경우에 따라 무상으로 또는 보상금을 지급하고 저작물을 사용할 수 있도록 하고 있다.

이용목적과 형태에 따라 제한과 예외를 규정하는 데에는 크게 두 가지 방법이 있다. 하나는 일반규정을 두어, 제한과 예외에 해당하는지를 판단하는 일정한 기준만 두고 어느 사안이 구체적으로 이에 해당하는지는 법원이 판단하도록 하는 방법이다. 다른 하나는 제한과 예외에 해당하는 각각의 목적과 형태를 구체적으로 열거하는 방법이다.

이 두 가지 방법은 서로 배타적이지 않으며, 일반규정을 두더라도 구체적인 예외규정도 아울러 두는 것이 일반적이다. 이 경우 일반규정은 구체적인 예외규정에서 언급하고 있지 않은 목적과 형태의 이용에 대해 보완적으로 적용된다. 구체적인 예외규정에서 언급된 분야(학교교육, 도서관 등)라 하더라도, 구체적으로 그 대상이 되지 않은 목적과 이용에 대해서라면 여전히 적용될 수 있다. 저작권법은 한·미 FTA 개정법을 통해 일반 공정이용 규정을 도입했다(법 제35조의5).

저작권법상의 제한과 예외규정에 따라 저작물을 이용하는 경우에는 저작권법이 정하는 바에 따라 이를 번역, 편곡 또는 개작해 이용할 수도 있다. 다만, 다음의 몇 가지를 제외하고는 그 출처를 명시해야 한다(법 제36조 및 제37조). 시사보도를 위한 이용, 비영리 공연·방송, 사적 이용을 위한 복제, 도서관 등에서의 복제 등, 문화시설에 의한 복제 등, 시험문제로서의 복제, 그리고 방송사업자의 일시적 녹음·녹화가 그것인데, 대체로 이용의 성격상 출처 표시가 적당하지 않은 경우에 해당한다.

여기서 출처 명시 의무는 저작인격권의 하나인 성명표시권보다 그 폭이 더 넓다는 것에 유의할 필요가 있다. 출처의 표시는 저작인격권 보호기간이 만료된 후에도 해야 하며, 단순히 저작자의 성명만이 아니라 이용된 저작물을 확인할 수 있는 출처까지 저작물의 이용 상황에 따라 합리적이라고 인정되는 방법(관행)에 따라 표시해야 한다.

2009년 개정법은 컴퓨터프로그램보호법을 저작권법에 통합하면서 일부의 제한과 예외규정을 기존 조항들에 통합하지 않고, 별도의 장을 신설해 옮겨놓았다. 그리고 이에 대해서는 기존 제한 규정의 일부가 적용되지 않도록 했다(법 제37조의2). 하지만 여기서는 이해의 편의를 위해 기존의 저작권 제한 및 예외규정과 함께 설명한다.

1. 일반 공정이용

가. 개요

저작권법은 저작권법이 규정하고 있는 구체적인 예외규정 외에, 저작물의 일반적인 이용 방법과 충돌하지 않고 저작자의 정당한 이익을 부당하게 해치지 않는 경우 저작권자의 허락을 받지 않고도 저작물을 이용할 수 있도록 하고 있으며, 어느 저작물 이용행위가 이에 해당하는지를 판단할 때 고려되어야 할 사항으로 다음 네 가지를 예시하고 있다(법 제35조의5).

이 규정은 한·미 FTA 개정법에 의해 미국 저작권법의 관련 규정을 참조해 도입된 것으로, 미국과 우리나라에서의 적용 예를 기준으로 살펴보면 다음과 같다.[90]

---

90 주로 대법원 2024. 7. 11. 선고 2021다272001 판결 및 *Andy Warhol Foundation for the Visual Arts, Inc. v. Goldsmith*, 598 U.S. 508 (2023) 참조.

첫째, 이용의 목적과 성격이다. 주로 그 이용의 변형성(transformativeness)과 상업성(commerciality)을 평가한다. 접근의 합법성을 검토하기도 한다.

변형성이란 새로운 저작물이 단순히 원 저작물의 목표를 대체하는 수준을 넘어 새로운 표현, 의미, 메시지로 변경하는지를 말한다. 새로운 목적 달성을 위해 합리적으로 필요한 한도에서 그러한 정당성이 인정될 수 있다. 변형적 이용이 되는 데 필요한 변형의 정도는 2차적 저작물로 간주되는데 필요한 수준을 넘어서야 한다.

상업성은 대가를 지불하지 않으면서 경제적 이익을 위해 저작물을 이용하는 것의 잠재적 불공정성과 관련된다. 피고의 이용 목적이 원저작물과 유사하거나 상업적인 경우에는 정당화되기 어렵다. 다만, 상업적인 목적의 이용이라도 공정이용이 될 수 없는 것은 아니다.[91] 새로운 저작물이 더 변형적일수록 상업성의 중요성이 줄어들 수 있다.

접근의 합법성은 불법적으로 접근된 저작물의 사용이 공정이용에 불리하게 평가되어야 한다는 것이다. 이에 대해 법원들은 엇갈린 판단을 내렸지만,[92] 미국 저작권청은 이의 인정에 긍정적인 견해를 표명했다.[93]

둘째, 저작물의 종류와 용도이다. 일부 저작물은 저작권 보호의 의도된 목적에 더 부합하는 것으로 인식된다. 소설, 영화, 미술, 음악 등 좀 더 창의적이거나 표현적인 저작물의 이용은 사실적이거나 기능적인 저작물의 이용보다 공정이용이 될 가능성이 낮다. 발행된 저작물에 비해 미

---

91 *Campbell v. Acuff-Rose Music, Inc.*, 510 U.S. 569 (1994) 참조.

92 Harper & Row Publishers, Inc. v. Nation Enters., 471 U.S. 539, 562-63(1985) 및 Campbell v. Acuff-Rose Music, Inc., 510 U.S. 569, 585 n.18(1994) 참조.

93 미국 저작권청, 「인공지능과 저작권: 제3부」, 임원선 옮김, 한국저작권위원회 (2025. 10.), 67-68쪽.

발행 저작물의 경우 더 엄격한 기준을 적용한다.[94]

셋째, 이용된 부분이 원 저작물 전체에서 차지하는 비중과 중요성이다. 이용된 부분이 원저작물에서 양적·질적으로 차지하는 비중[95] 이 이용의 목적과 관련하여 합리적인가가 고려된다.[96] 전체를 이용하더라도 목적에 비추어 합리적이라면 허용될 수 있다.[97] 피고가 비공개의 중간사본을 만든 사건에서는 실제 이용된 부분의 양과 중요성이 아니라, 경쟁적인 대체물로 사용될 수 있는, 공중에게 접근하게 된 것의 양과 중요성이 더 중요하다.[98]

넷째, 저작물의 이용이 그 저작물의 현재 또는 잠재적인 시장 또는 가치에 미치는 영향이다.

저작물의 이용이 원저작물 또는 그의 2차적저작물에 대한 현재 시장의 수요나 장래 개발될 합리적인 개연성이 있는 일반적인 시장의 수요를 대체하거나 그 시장가치를 훼손할 우려가 있는지를 고려할 수 있다. 부정적인 영향을 미치거나 그럴 가능성이 높은 경우에는 보다 엄격한 기준을 적용한다.

고려될 수 있는 시장가치에는 판매 손실, 시장 희석(market dilution), 이용허락 기회 상실, 그리고 공공의 이익 등 네 가지가 검토

94 미국 저작권법은 "저작물이 미공표라는 사실은 . . . 그 자체로 공정이용에 대한 판단을 배제하는 것은 아니다."라고 규정하고 있지만, 법원은 계속해서 공표 상태를 고려하고 있다. 미국 저작권법 제107조 및 미국 저작권청, 「인공지능과 저작권: 제3부」, 69쪽 각주 297 참조.

95 이 기준은 이용된 부분이 원저작물에서 차지하는 비중과 중요성을 문제 삼는 점에서 이용된 부분이 피고저작물에서 차지하는 비중과 중요성을 문제 삼는 공정한 인용(법 제28조)과 정반대라는 점에 유의할 필요가 있다.

96 *Campbell v. Acuff-Rose Music, Inc.*, 510 U.S. 569, 586(1994).

97 구글이 수백만 권의 책을 스캔한 것에 대해, 책 전체를 복사하는 것이 도서 검색 엔진을 만든다는 구글의 변형적 목적에 합리적으로 적절하고 그 목적을 달성하는 데에 필요하다는 이유로 공정이용을 인정하였다. *Authors Guild v. Google Books*, 804 F.3d 202, 221 (2nd Cir. 2015).

98 *Google Books*, 804 F.3d at 222.

될 수 있다.

판매 손실은 잠재적 구매자가 원 저작물보다 침해물을 구매하게 됨으로써 권리자가 상실하게 되는 소득이다.

시장 희석은 값싼 콘텐츠의 과잉공급으로 인해 판매 경쟁이 치열해지고 독자가 원 저작물을 찾기가 더 어려워지게 되는 것을 말한다. 이것은 이용된 특정 저작물이 아니라 전체 저작물 또는 시장 전체에 끼치는 영향을 고려하는 것이어서 논란의 대상이 된다.[99]

이용허락 기회 상실은 실제 또는 잠재적 이용허락 시장에서의 수익 손실을 말한다. 이용허락을 받을 수 있는 상황에서 허락을 받지 않고 이용하는 것은 저작물의 잠재적인 시장을 빼앗는 것이 되어 공정이용이 될 수 없다는 것이다.[100] 하지만, 이러한 논리는 공정이용에 해당하면 저작권자로부터 허락을 받거나 이용료를 지불할 필요가 없게 되므로 자칫 순환론에 빠지는 문제가 있다.[101]

공공의 이익은 피고의 이용이 창출할 수 있는 공공의 이익이 저작권의 목적과 어떤 관련이 있는지를 고려하는 것이다.

이 네 가지 공정이용 판단 요소의 적용에 일반적인 우선순위나 중요도에 차이가 있는 것은 아니지만, 사안별로는 판단에 결정적인 영향을 미치는 기준이 달라지곤 한다. 하지만, 대체로 첫 번째와 네 번째 요소가 분석에서 상당한 비중을 차지할 것으로 예상할 수 있다. 이제까지의 판례에서는 첫 번째 요소에서의 변형성과 상업성, 그리고 네 번째 요소의 시장가치에의 영향, 이 세 가지가 다른 요소보다 대체로 중시되어 온 것

99 미국 저작권청은 미국 저작권법의 해당 문구가 잠재 시장에 대한 모든 영향을 포함한다는 입장을 표명하였다. 미국 저작권청, 「인공지능과 저작권: 제3부」, 81-84쪽 참조.

100 *American Geophysical Union v. Texaco, Inc.*, 60 F.3d 913 (2d Cir. 1995).

101 이런 이유에서 싱가포르가 공정이용 조항을 도입하면서 "합리적인 가격에 이용허락을 받을 가능성"을 제5요소로 이를 명시했다가 삭제한바 있다. 싱가포르 저작권법 제91조 (2021) 참조.

을 알 수 있다.

나. 법적 성격

공정이용은 원고의 저작권 침해 주장에 맞서 피고가 직접 주장하여 관철시켜야 하는 적극적 항변(affirmative defence) 사유로서, 개별 사례별로 판단되어야 한다. 저작권 침해로 주장되는 이용을 한 사람은 그 이용이 공정이용에 해당하므로 저작권 침해가 성립하지 않음을 적극적으로 입증해야 한다. 저작권자는 자신의 저작물에 대해 유효한 저작권을 가지고 있으며, 침해로 주장되는 이용이 저작권법에 의해 권리로서 보호되는 대상임을 입증하는 것으로 족하며, 그 이용이 저작권 보호의 예외에 해당하지 않음을 적극적으로 입증할 필요는 없다.[102]

공정이용 규정은 다른 예외규정과 달리 일정한 범주의 저작물 이용을 예외로 규정한 것이 아니라, 특정한 이용이 공정이용에 해당하는가를 판단하는 기준을 제시한 것이다. 어느 이용이 공정이용에 해당하는가는 법에 언급된 네 가지 기준을 포함해 이를 판단하기 위한 기준에 따라 검토되어야 한다.[103] 판례가 쌓여 일정한 형태의 이용이 공정이용으로 인정되는 성향이 생기고, 특정 분야에서 권리자와 이용자 단체 사이에 공정이용의 범위에 관한 가이드라인이 만들어진다면 법적인 안정성과 예측가능성을 확보하는 데 도움이 될 것이다.[104] 그럼에도 공정이용에 해당하는

---

102 블로그에 게시된, 음악저작물을 포함하는 사용자 제작 콘텐츠(UCC)에 대해 이의 중단을 요구하기 위해서는 "저작물 등의 복제·전송이 '공정이용' 등에 해당해 결과적으로 저작권을 침해하는 것이 아닌 경우"까지를 권리자가 사전에 검토해야 한다는 관련 판례는 재검토가 필요하다. 서울고등법원 2010. 10. 13. 선고 2010나35260 판결 참조.

103 *Sony Corp. of America v. Universal City Studios, Inc.*, 464 U.S. 417, 448, and n. 31(1984); *Harper & Row, Publishers, Inc. v. Nation Enterprises*, 471 U.S. 539, 560(1985).

104 미국 저작권청은 이를 위해 공정이용 관련 판례를 모아 유형별로 검색할 수 있도록 하고 있다. U.S. Copyright Office Fair Use Index 참조. 가이드라인으로는 미국의 수업목적 저작물 이용과 관련한 공정이용 가이드라인이 대표적인 예이다.

지는 개별 사례별로 기준에 따라 검토되어야 하고 최종적으로는 법원의 판단을 기다려야 한다는 점은 달라지지 않는다.

다. 공정이용 제도의 의의

대부분의 국가에서는 저작권 보호에 대한 예외를 열거적으로 규정하고 있다. 즉, 법에 규정된 제한과 예외 이외에 다른 제한과 예외는 고려되지 않는다. 하지만 영국과 미국 등 일부 국가에서는 이에 더해 일반적인 기준을 두어 열거되지 않은 이용에 대해서도 구체적인 개별 사안별로 이 일반 기준에 부합하면 저작권 침해에 따른 책임을 지지 않도록 하고 있다.

저작권법이 모델로 삼은 미국 저작권법의 관련 규정은 그간 미국의 판례를 통해 정립된 원칙을 1976년에 저작권법에 수용한 것으로서 법원이 침해 여부를 판단하는 과정에 고려해야할 요소의 성격을 가진다.[105] 하지만 미국에서도 이런 기준이 늘 엄격하게 적용되는 것은 아니다. 상황에 따라 특정 기준이 배제되거나 더욱 엄격하게 적용되기도 한다.[106]

제한과 예외의 내용을 구체적으로 열거하면 그 범위가 비교적 단순하고 명백하게 이해될 수 있기 때문에 예측가능성과 거래의 안정성을 높일 수 있다. 그런데 디지털 네트워크 환경에서는 짧은 시간 내에 많은 새로운 이용 형태가 생겨나거나 사라진다.

이런 환경에서는 고정적이고 세부적인 제한과 예외규정만으로는 법 적용의 구체적인 타당성을 확보하기 어렵기 때문에, 일반적 기준을 설정

---

105 미국 저작권법 제107조. 관련 입법경위서는 "이 조항은 공정이용이라는 현재의 사법적 원칙을 규정하려는 것일 뿐, 이를 어떻게든 변경, 축소, 또는 확대하려는 것이 아니며, 법원이 공정이용의 보통법 전통을 이어갈 것을 의도했다"라고 언급하고 있다. H. R. Rep. No.94-1476(1976), at 66; S. Rep. No.94-473(1975), at 62.

106 특히 패러디 항변과 관련해 이 기준은 그대로 적용되기 어려운 점이 있는 것으로 보인다. 미국의 연방대법원은 패러디 항변이 제기된 사건에서 첫째와 셋째 기준의 적용을 사실상 배제한 바 있다. *Campbell v. Acuff-Rose Music, Inc.*, 510 U.S. 569 (1994) 참조.

해 구체적인 사례에 보다 탄력적으로 대응할 필요성이 높아진다. 하지만 우리나라는 판례를 통한 확립된 법 원칙이 존재하지 않는 상황에서 일반 공정이용을 도입했으므로 보다 신중한 적용이 필요하다.[107]

짚어보기 **일반 공정이용 조항은 3단계 검사에 위배되는 것 아닌가?**

3단계 검사의 첫 단계는 그 제한과 예외가 '일정한 특별한 경우'로 국한되어야 한다는 것이다. 즉, 제한과 예외가 좁고 특별히 제한된 범주의 이용에 국한되어야 한다. 하지만 일반 공정이용은 사실상 모든 저작물 이용에 적용될 수 있기 때문에 오래전부터 3단계 검사에 위배될 수 있다는 지적이 있었다.

저작권법도 마치 두 번째 단계와 세 번째 단계 검사만 충족되면 어떤 이용도 가능한 것처럼 규정되어 있기 때문에 문제가 될 수 있다. 하지만 일반 공정이용 조항은 다음과 같은 이유에서 3단계 검사에 위배되지 않는다고 보는 것이 일반적이다.

첫째, 3단계 검사법이 국제조약에 도입된 역사와 맥락에서 보건대, 새로 도입되는 복제권을 해칠 수 있는 보다 광범위한 예외를 허용하지 않으려 했을 뿐, 도입 당시 존재했던 다양한 예외를 배척하려는 것은 아니었으며, 베른협약에서 수용 가능한 것으로 인정된 제한과 예외를 디지털 환경으로 연장하거나 그에 맞게 새롭게 고안해 내는 것도 허용되었다.[108]

둘째, 합리적으로 예측 가능한 한 포괄적인(open-ended) 제한과 예외의 도입은 금지되지 않는다[109]는 것이 일반적인 이해이고, 공정이용은 권리자와 이해관계자에게 충분히 예측 가능한 방법으로 운영될 수 있다.

---

107 일반규정의 전통을 지닌 영국이 회원국이던 유럽연합에서조차 관련 지침에서 이 방식을 따르지 않은 것은 이 점을 고려한 것으로 이해된다. 유럽연합 정보사회저작권지침 제5조 참조.

108 WIPO저작권조약(제10조) 및 실연·음반조약(제16조)의 3단계 검사법에 대한 합의선언문 참조.

109 뮌헨 선언[Declaration on a Balanced Interpretation of the 'Three-Step Test' in Copyright Law(2008)] 3(a) 참조.

셋째, 미국을 비롯한 많은 국가에서 이 제도를 운용해 왔음에도 공식적으로 조약 위반에 대한 도전이 없었으며, 당사자인 미국이 오히려 3단계 검사법을 국제적으로 일반 원칙으로 격상하는 것을 주도해 왔다.

3단계 검사법과의 상충 가능성에도 불구하고 일반 공정이용 조항은 미국을 비롯한 세계 주요 국가에서 채택하고 있고, 상당수의 국가에서도 도입을 고려하고 있다. 학계에서는 이 문제를 극복하기 위해서 유연한 해석을 통한 의제된 모호성(constructive ambiguity)을 제시하기도 한다. 문언의 해석에 집착하지 않고 대립하는 두 입장이 공존할 여지를 의도적으로 남겨두자는 것이다.

그렇지만 우리나라는 아직 판례를 통한 원칙이 확립되지 않았으므로 제도의 취지에서 벗어나지 않도록 유의할 필요가 있다.

라. 공정이용으로 예상되는 이용

이제까지 국내외에서 공정이용에 해당하는 것으로 인정될 수 있는 이용행위로는 다음과 같은 것이 거론된다.

첫째, 공중파 방송을 나중에 보기 위해 녹화하는 것(time-shifting)이다.

자유롭게 시청이 가능한 방송 프로그램을 나중에 보기 위해서 녹화하는 경우로, 직접 녹화기기를 작동해서 녹화하는 것뿐만 아니라, 인터넷을 통해 원격으로 녹화하는 것도 이용자가 직접 수행할 경우에는 이에 해당하는 것으로 본다.[110]

둘째, 도서관 등에서 디지털 형태로 저장된 소장 자료의 재생 가능성을 확보하기 위해 포맷을 변환하는 것(format-shifting)이다.

---

110 *Sony Corp. of America v. Universal City Studios, Inc.* 및 *The Cartoon Network v. CSC Holdings, Inc.*, 536 F.3d 121, 130(2d Cir. 2008) 참조.

도서관 등에서 일정한 디지털 포맷으로 저장된 소장 자료를 재생하는 기기나 소프트웨어가 더 이상 판매되지 않거나 쓰이지 않게 된 경우, 이를 적절한 다른 포맷으로 변환해 보존하거나 이용자에게 서비스할 수 있다. 디지털 형태로 저장된 저작물을 인간이 오감을 통해 인지하기 위해서는 반드시 그 저작물을 재생하는 기기나 소프트웨어가 있어야 한다. 그런데 그러한 기기나 소프트웨어가 더 이상 제조되지 않거나 시장에서 합리적인 가격에 구할 수 없게 되면 소장 자료를 더 이상 이용할 수 없게 된다. 도서관 등은 이러한 상황에 대비할 수 있어야 한다.[111]

셋째, 정보 분석을 위해 저작물을 이용하는 것[빅 데이터 분석 또는 텍스트/데이터 마이닝(text/data mining)]이다.

저작물 그 자체를 향유하는 것이 아니라 단지 정보를 습득하기 위해 그 저작물을 구성하는 언어나 기호 등을 통계적으로 분석하는 경우, 그 저작물 등을 복제하거나 번역 등 필요한 형태로 변환할 수 있다. 일본[112]과 영국[113]은 이를 명문으로 규정하고 있다.

넷째, 저작물의 합법적인 이용과정에서 발생하는 이용이다.

---

111 미국은 이를 명문으로 규정하고 있다. 미국 저작권법 제108조(c) 참조.

112 일본 저작권법은 정보분석(다수의 저작물, 그 밖에 대량의 정보로부터 해당 정보를 구성하는 언어, 소리, 영상, 그 밖의 요소에 관한 정보를 추출, 비교, 분류, 그 밖에 분석하는 것을 말한다.)용으로 제공하는 경우를 포함하여 해당 저작물에 표현된 사상 또는 감정을 향수하거나 다른 사람에게 향수하게 하는 것을 목적으로 하지 않는 경우에는, 필요하다고 인정되는 한도에서 어떤 방법으로든지 이용할 수 있도록 하고 있다. 일본 저작권법 제30조의4 제2호.
일본 저작권법의 이 조항은 저작권의 내재적 한계에 근거하고 있다고 설명된다. 즉, 상표의 경우에 비록 상표를 사용하였더라도 그것을 출처표시나 자타상품 식별 등 상표적으로 사용한 것이 아니라면 상표권 침해가 되지 않는 것처럼, 비록 저작물을 사용한 것이라도 통상적인 저작물의 향수 목적이 아니라면 저작권이 미치지 않는다는 것이다. 미국 상표법 제1115조(b)(5), 일본 文化審議会 著作権分科会 報告書(2017. 4.) 41項 및 上野達弘, "諸外国における情報解析規定と日本法," 上野達弘・奥邨弘司編, 『AIと著作権』(勁草書房, 2024), 73面 참조.

113 영국 저작권법 제29조의A 참조. 일본 저작권법과 달리 영국 저작권법은 이를 비상업적인 조사연구 목적에 한해서만 적용하고 있다.

저작권자의 허락을 받아 음반을 제작하는 과정에서 마스터 테이프를 제작한다거나, 시각장애인 등을 위해 저작물을 전자 점자 같은 전용기록 방식으로 제작하기 위해 그 저작물을 컴퓨터에 입력해 중간복제물(intermediate copy)을 만드는 것[114]처럼 저작권자로부터 허락을 받았거나 법에 의해 허용된 저작물 이용의 과정에서 발생하는 복제 등이 이에 해당한다.

다섯째, 작고 해상도가 낮은 형태로 이미지를 표출하는 것이다.

인터넷에서 검색을 하는 경우에 이용자가 검색된 이미지를 일일이 열어보지 않고도 원하는 이미지를 쉽게 확인할 수 있도록 검색엔진의 작동 결과로 산출된 정보를 미리 작고 해상도가 낮은 이미지(thumbnail images)로 보여주는 경우가 이에 해당한다.[115]

여섯째, 비영리 목적의 사용자 제작 콘텐츠(UCC 또는 UGC)[116]를 제작하기 위한 이용이다.

개방과 공유 및 참여를 강조하는 흐름에 발맞추어 이용자는 더 이상 저작물의 단순한 소비자에 머물지 않고 적극적으로 자신의 목소리를 담은 저작물을 제작해 발표하고 있다.

개인이 이렇게 UCC를 제작하고 웹사이트나 SNS에 게재하는 경우 기존 저작물이 다양하게 활용되는데, 그것이 비영리적으로 이루어지고 기존 저작물의 일반적인 이용과 충돌하지 않으며 현재 또는 미래 시장에

---

114 영국은 이 중간복제물의 제작에 대해서도 명시적으로 저작권을 제한하고 있다. 영국 저작권법 제31조의C 참조.

115 대법원 2006. 2. 9. 선고 2005도7793 판결 및 *Perfect 10, Inc. v. Amazon.com, Inc.*, 508 F.3d 1146, 16 1165(9th Cir. 2007) 및 *Kelly v. Arriba Soft Corp.*, 336 F.3d 811, 818-2217(9th Cir. 2002) 참조.

116 OECD는 UGC를 특징짓는 요소로 웹사이트나 SNS를 통한 발표, 콘텐츠의 제작이나 기존 저작물을 활용하는 데서의 창작적 노력, 그리고 직업적 영역 밖에서의 창작 등 세 가지를 들고 있다. OECD, *Participative Web: User-Created Content(UCC)*, DSTI/ICCP/IE(2006)7/FINAL(2007), at 8-9.

부정적인 영향을 미치지 않는 경우에는 공정이용에 해당하는 것으로 이해된다.[117] 법원은 저작권법에 공정이용 조항이 도입되기 전에도 저작권법의 공정한 인용에 관한 조항을 활용해 비슷한 판결을 내린 바 있다.[118]

일곱째, 시험적인 제작을 위한 이용이다.

공모전에 응모하거나 주문자가 선택하기 용이하도록 시제품을 제작하면서 공표된 다른 저작물을 이용하는 경우가 있는데, 이런 이용은 본격적인 이용에 앞서 행사 주최자나 발주자의 선택을 돕기 위해 이루어진다. 기존 저작물 시장에 영향을 미치지 않으면서 저작물을 원활하게 이용하기 위해서는 꼭 필요한 절차이기도 하다.

특허법에서 시험을 위해 특허발명을 실시하는 것에 대해 특허권의 효력이 미치지 않도록 하고 있는 것과도 같은 맥락이고, 일본 저작권법도 검토 과정의 이용이나 시험용으로 제공하는 경우에 대해 이를 명시적으로 규정하고 있다.[119]

여덟째, 학술 또는 기술적 논문의 요약문의 이용이다.

학술 또는 기술적 논문의 경우에, 그 논문의 내용이 요약문과 함께 발표되는 경우가 일반적이다. 이때 논문 자체와 달리 요약문은 논문의 내용을 신속하고 용이하게 파악하기 위한 중요한 자료로서 도서관 등을 통해 데이터베이스화 되거나 널리 공유될 필요가 있다. 영국 저작권법은 이를 명시적으로 규정하고 있다.[120]

---

117 캐나다는 이에 더해 출처표시와 함께 이용되는 저작물이 불법복제물이 아니라는 믿음이 있을 것을 요건으로 해서 이를 저작재산권 제한의 대상으로 규정하고 있다. 캐나다 저작권법 제29.21조 참조.

118 법원은 어린아이가 가수 〈손담비〉를 흉내 내어 춤추며 〈미쳤어〉 노래를 부르는 장면을 부모가 녹화해 개인 블로그에 올린 것에 대해 이를 공정한 인용에 해당한다고 판시했다. 서울고등법원 2010. 10. 13. 선고 2010나35260 판결. 미국에서도 어린아이가 가수 〈프린스(Prince)〉의 노래 〈렛츠 고 크레이지(Let's go crazy)〉에 맞추어 노는 장면을 부모가 녹화해 유튜브에 올린 것에 대해 유사한 판결을 내렸다. *Lenz v. Universal Music Co.*, 801 F.3d 1126(9th Cir. 2015) 참조.

119 특허법 제96조 제1항 제1호 및 일본 저작권법 제30조의3 및 제30조의4 참조.

아홉째, 온라인 음악의 미리듣기 서비스를 위한 이용이다. 소비자가 어떤 음악의 구매여부를 판단하기 전에 미리 들어볼 수 있도록 할 필요가 있다. 우리나라에서는 권리자와의 협의를 통해 보통 30초 정도를 허용하지만, 미국 저작권법은 45초까지 허용한다.[121]

다. 다른 예외규정과의 관계

저작권법은 공정이용 규정이 기존의 예외규정에 더해 적용되는 것임을 분명히 하고 있다(법 제35조의5 제1항). 다만, 그 관계는 보충적인 것으로 이해되어야 한다.

도서관이나 학교에서의 저작물 이용 등 이미 예외규정이 존재하는 분야에도 공정이용 규정이 중첩적으로 적용될 수 있다. 도서관이나 학교에서 저작물을 이용할 경우 각 예외규정에서 다루지 않은 이용이 있다면 그에 대해서는 공정이용 규정이 적용될 수 있을 것이다.[122] 각 예외규정에서 다룬 이용에 대해서도 적용될 수 있을 것이나, 그 제한의 수준이 각 예외규정에서 규정한 수준을 초과하거나 이를 변경하는 것으로 해석될 수는 없다고 보아야 한다. 이 경우 공정이용 규정으로 기존의 예외규정을 보완하려는 취지를 해치기 때문이다.

미국의 관련 판례에서도 이런 예는 발견되지 않는다. 공정이용 규정은 저작권법상의 각 예외규정이 대상으로 하고 있지 않거나 대상으로 하더라도 구체적으로 다루지 않은 저작물 이용에 대해 보충적으로 적용되는 것으로 이해되어야 한다.

---

120 영국 저작권법 제60조 참조.

121 미국 저작권법 제114조(d)(3)(B)(ii) 참조.

122 미국 저작권청, 「도서관을 위한 저작권 예외조항의 검토: 미국 저작권청장의 토론 자료」, 임원선 옮김(한국저작권위원회, 2018), 16-18 참조.

짚어보기 **공정이용 규정이 도입되었으므로 예외규정 적용과 관련된 보상금의 수준도 낮아져야 하는 것 아닌가?**

저작권법은, 첫째, 공표된 저작물을 교과용도서에 게재하거나 수업목적을 위해 공표된 저작물의 일부분을 복제, 공연, 방송 또는 전송하는 경우(법 제25조)에, 둘째, 도서관 등에서 디지털화된 저작물을 출력하거나 다른 도서관 등의 안에서 열람할 수 있도록 저작물을 전송하는 경우(법 제28조)에, 저작권자의 허락을 받지 않고 이용하되 그 이용에 대해 저작권자에게 일정한 보상금을 지급하도록 하고 있다. 이에 공정이용 규정이 추가로 도입되었으므로 이를 고려해 기존의 보상금 수준을 낮추어야 한다는 지적이 있을 수 있다. 공정이용 규정의 도입으로 기존의 각 예외규정이 정하고 있는 저작권 제한의 수준이 변경되었다면 저작권자에 대한 보상금의 수준도 마땅히 그에 맞게 변경되어야 한다. 그러나 공정이용 규정은 열거적으로 규정된 기존의 각 예외규정이 가지는 한계를 보완하려는 것일 뿐, 기존의 각 예외규정에 영향을 미치려는 것으로 볼 수는 없다. 공정이용 규정의 도입으로 각 예외규정이 정하고 있는 저작권 제한의 수준이 변경되었다고 할 수 없으므로 보상금의 수준이 변경될 이유는 없다.

2. 재판 등에서의 복제

재판 또는 수사를 위해 필요하거나 입법·행정 목적을 위한 내부 자료로 필요한 경우에는 그 한도 안에서 저작물을 복제할 수 있다. 다만, 해당 저작물의 종류와 복제의 부수 및 형태 등에 비추어 해당 저작재산권자의 이익을 부당하게 침해하는 경우에는 그렇지 않다(법 제23조).

컴퓨터프로그램의 경우에도 재판 또는 수사를 위해 복제할 수 있으나, 입법·행정 목적을 위한 내부 자료로 이용하는 경우에는 저작권자의 허락 없이는 복제할 수 없다. 다만, 한국저작권위원회에서 감정을 받기 위해 복제하는 것은 허용된다(법 제101조의3 제1항 제1호 및 제1호의 2). 이는 기능적 저작물로서 반복적으로 사용되는 프로그램의 성격상 합리적인 접근이다.

저작권자의 허락을 받지 못해 재판 또는 수사 절차에 필요한 자료를 사용할 수 없게 된다면 저작권 보호로 인해 사회정의의 실현이 제약되는 불합리한 결과가 초래될 수 있다. 판사나 검사뿐만 아니라 피고, 변호인 또는 감정인 등 재판 절차에 관여하는 사람들은 모두 이 규정의 도움을 받을 수 있다. 다만, 이 규정에 따라 저작물을 이용하더라도 출처를 명시해야 하고 저작자의 저작인격권을 여전히 존중해야 한다(법 제37조 및 제38조).[123]

국회나 지방자치단체의 의회 등에서 법안이나 조례 등을 입안하거나 심의하기 위해 또는 행정부에서 소관 사무를 수행하기 위해 필요한 경우에도 저작물을 복제할 수 있다. 다만, 재판 절차를 위해 필요한 경우와 달리 해당 입법이나 행정 목적을 위해 종사하는 직원이 내부 자료로서 활용하는 경우로 한정된다는 점에 유의해야 한다. 외부에 제공하거나 홍보용 자료로 활용하는 경우는 해당되지 않는다. 수사의 경우에는 행정 목적을 위한 것으로 이해될 수 있으나, 저작권법은 이를 재판에 준하는 것으로 별도로 규정하고 있다.

3. 정치적 연설 등의 이용

공개적으로 행한 정치적 연설 및 법정, 국회 또는 지방의회에서 공개적으로 행한 진술은 어떤 방법으로도 이용할 수 있다. 다만, 동일한 저작자

123 이 점에서 법원의 판결문이 판결문 이외의 인용에 대해 출처를 밝히지 않는 것은 법원이 저작권법을 위반하는 것이어서 문제가 될 수 있다.

의 연설이나 진술을 편집해 이용하는 경우에는 그렇지 않다(법 제24조). 특정인의 연설문을 모아 연설문집을 발행하는 경우가 이에 해당한다.

이는 민주주의의 토대인 정치적 의견의 공유와 이에 대한 자유로운 토론을 보장하려는 것이다. 당초 저작권법은 이를 보호받지 못하는 저작물로 규정해 이에 대한 보호를 부인했었으나, 2006년 개정법에서 이를 저작권 보호의 예외로 옮겨 규정했다. 이런 이유에서 다른 예외와 달리 정치적 연설 등은 이용방법이 복제 등에 국한되지 않으며 공중송신 등 다양한 방법으로 이용할 수 있다.

4. 공공저작물의 자유이용

국가와 지방자치단체는 업무 수행 과정에 수많은 저작물을 직접 작성하거나 외부에 위탁해 작성하고 그에 대해 저작권을 확보한다. 이를 공공저작물이라 한다. 공공저작물은 국가와 지방자치단체의 정책 수립이나 집행 또는 평가에 관한 자료 또는 국민 생활 실태에 관한 자료로서 가치가 높다. 특히 공공저작물은 국민의 부담(세금)으로 작성된 것이므로 부담자인 국민이 자유롭게 이용할 수 있어야 한다는 주장도 가능하다.

저작권법은 공공저작물 중에서 법률이나 고시 또는 판결처럼 공유의 필요성이 특히 높은 저작물에 대해서는 처음부터 저작권 보호를 부인하고(법 제7조), 그 밖의 저작물에 대해서는 그 이용을 활성화하기 위해 저작권을 폭넓게 제한하고 있다.

우선 국가 또는 지방자치단체가 업무상 작성해 공표한 저작물이나 계약에 따라 저작재산권의 전부를 보유한 저작물은 누구나 자유롭게 이용할 수 있다. 나아가 공공기관 등은 자유이용이 바람직하다고 판단되는 공공저작물의 경우에 제3자에게 창작을 의뢰하는 등 계약을 체결하는 때에 2차적저작물작성권을 포함한 저작재산권을 취득하는 등 이를 자유

이용할 수 있도록 적극적으로 조치하도록 하여,[124] 공공저작물의 자유이용이 활성화되도록 하고 있다.

짚어보기 **국립 및 공립 중·고등학교 중간 및 기말시험 문제의 경우에는 "공표된" 저작물이 아니므로 이 규정의 적용을 받지 않는가?**

중고등학교 중간 및 기말시험 문제는 보통 제한적으로만 제공되므로 그것이 공표된 저작물인지 여부는 실제 상황에 따라 다툼이 있을 수 있다.

하지만, 이 규정의 취지는 정부와 지방자치단체가 국민의 부담(세금)으로 작성한 저작물을 부담자인 국민이 자유롭게 이용할 수 있도록 하려는 것이다. 업무상저작물로서 또는 위탁하여 작성된 저작물이지만 계약에 의해 정부나 지방자치단체가 저작재산권 전부를 보유하는 경우에는 그것의 공표 여부는 중요하지 않다고 보아야 할 것이다. 즉, 정부나 지방자치단체의 업무저작물로서 공표된 것만을 대상으로 하려는 것은 아니다.

다만, 시험 문제를 널리 공유하는 것이 교육정책상 바람직하지 않은 경우에는 비밀이 유지되도록 적극적인 조치를 취하거나, 저작권 등록을 통해 국유재산 또는 공유재산으로 관리할 수 있을 것이다.

다만, 한국저작권위원회에 등록된 저작물로서 국유재산법에 따른 국유재산 또는 공유재산 및 물품 관리법에 따른 공유재산으로 관리되는 저작물의 경우에는 허락을 받아야 한다.[125] 이 경우에도 국가 또는 지방자치단체는 필요한 경우 국유재산법 또는 공유재산 및 물품 관리법에도 불

124 문화체육관광부 고시(제2022-0054호), "공공저작물 저작권관리 및 이용지침"(2023.1.1.), 제6조 제2항 참조.

125 저작권법 제24조의2 제1항. 저작권법은 국가안전보장에 관련되는 정보를 포함하고 있거나, 개인의 사생활 또는 사업상 비밀에 해당하는 경우, 다른 법률에 따라 공개가 제한되는 정보를 포함하는 경우 등도 언급하고 있으나, 이는 저작권 보호와 관계없이 이용이 제한되는 경우이다.

구하고 누구든지 자유롭게 이용하도록 할 수 있고, 그 내용을 문화체육관광부장관이 정한 기준에 따라 저작물에 표시할 수 있다.

이를 '공공누리(Korea Open Government License: KOGL)' 제도라 하는데, 국민들이 특정 공공저작물에 대해 허용되는 이용의 형태를 쉽게 확인할 수 있도록 하려는 것이다. 이것은 저작권 나눔 표시로서, 공공저작물의 이용을 활성화 하기 위해 비교적 널리 알려진 크리에이티브 커먼스 라이선스(Creative Commons License: CCL)를 단순화한 것이다.

짚어보기 **저작권 등록이 되지 않은 공공저작물에 상업적 이용과 변경 이용을 금지하는 제4유형의 표시가 되어 있다면 어떻게 해야 할까?**

표시에 구애됨이 없이 자유롭게 이용하되 법에 따라 출처 표시만 하면 된다. 이 경우 비록 제4유형의 표시가 되어 있더라도 이미 자유이용을 허락한 법 규정이 우선 적용되므로 이용자는 이에 구애됨 없이 자유롭게 이용할 수 있다. 이러한 상황은 공공누리 제도가 보급된 후에 공공저작물의 자유이용을 위한 법 개정이 이루어졌으나 관련 기관들이 이에 적절하게 대응하지 못했기 때문에 발생했다.

문제 상황에서는 공공누리 표시를 붙이지 말았어야 했다. 다만, 실제 상황에서 이용자는 어느 저작물이 공공저작물인지 확인하기 어렵고 이용 범위에 대해서도 확신하기 어렵다. 이 경우 국가나 지방자치단체는 이용자가 쉽게 확인할 수 있도록 공공누리 표시를 하는 것이 도움이 된다. 다만, 출처 표시만 하면 자유롭게 이용할 수 있는 공공누리 제1유형의 표시를 해야 한다.

저작권법은 국가나 지방자치단체의 저작물과 달리 공공기관이 업무상 작성해 공표한 저작물이나 계약에 따라 저작재산권의 전부를 보유한 저작물에 대해서는 이를 일괄해서 자유이용의 대상으로 하지 않고, 그 이용을 활성화할 수 있는 시책을 별도로 수립해 시행하도록 하고 있다(법 제24조의2 제2항). 여기에는 공공저작물의 이용허락을 효율적으로 처리하기 위해 이를 신탁관리하거나 공공누리 표시를 폭넓게 적용하는 것 등이 포함될 수 있다.[126]

5. 학교 교육목적 등에의 이용

학교에서는 교육과정을 통해 동서고금의 폭넓은 지식과 정보가 논의되고 전달되므로 자연스럽게 다양하고 많은 저작물이 활용된다. 교육은 사회를 유지하고 발전시키기 위한 기본 기능으로서, 저작물에 대한 감식과 향유 능력을 배양하고 후발 창작자를 양성한다는 측면에서 저작권 분야에 대해서도 높은 공공성을 지닌다.

교육과정에는 다양한 저작물이 빈번하게 사용될뿐더러 많은 경우에 시간적 여유 없이 준비되거나 수시로 변경된다. 이에 대해 일일이 저작권 허락을 받아야 한다면 이용허락을 받지 못해 저작물을 이용하지 못할 수도 있고 저작권 이용허락을 위해 소요되는 거래비용이 과다해 교육 활동 자체가 위축될 우려도 있다. 이런 이유에서 저작권법은 교육목적 등에의 이용에 대해 폭넓은 예외를 인정하고 있다.

가. 교과용도서에의 게재와 이용

고등학교 및 이에 준하는 학교 이하의 학교의 교육목적상 필요한 교과용도서에는 공표된 저작물을 게재할 수 있으며, 교과용도서를 발행한 자는 그 도서를 본래의 목적으로 이용하기 위해 필요한 한도 내에서 게재

126 문화체육관광부 고시(제2019-6호), "공공저작물 저작권 관리 및 이용 지침"(2019) 참조.

한 저작물을 복제, 배포, 공중송신할 수 있다(법 제25조 제1항 및 제2항). 컴퓨터프로그램의 경우에는 이를 교과용도서에 게재하기 위해 복제할 수 있을 뿐, 이렇게 게재된 프로그램을 복제, 배포, 공중송신하기 위해서는 권리자의 허락을 받아야 한다(법 제101조의3 제1항 제3호).

교과용도서에 공표된 저작물을 게재하고 이를 이용하는 경우에는 문화체육관광부장관이 정해 고시하는 기준에 따른 보상금을 저작재산권자에게 지급해야 한다(법 제25조 제6항).

'고등학교 및 이에 준하는 학교 이하의 학교'란 초·중등교육법의 적용대상이 되는 학교를 말하는데, 유치원, 초등학교, 중학교, 고등학교, 특수학교, 그리고 각종 학교가 이에 해당한다. 초·중·고등학교에 해당하는 공민학교, 고등공민학교, 그리고 고등기술학교도 포함된다. 대학이나 전문대학 등 고등교육법의 적용을 받는 교육기관은 이에 포함되지 않는다.

'교과용도서'란 교과서와 지도서를 말한다. 교과서란 학교에서 교육을 위해 사용되는 학생용의 자료를, 지도서란 교사용의 자료를 말한다. 교과서나 지도서가 없는 경우, 또는 있더라도 이를 사용하기 곤란하거나 이를 보충할 필요가 있는 경우에 사용하기 위해 교육부 장관의 인정을 받은 교재와 그 보완 교재인 인정도서도 교과용도서이다.[127] 교과서와 지도서, 그리고 인정도서 모두가 저작권법상의 교과용도서에 해당한다. 하지만 교사가 직접 교육에 활용하기 위해 제작한 참고 자료는 이에 해당하지 않는다.

나아가 교과용도서를 발행한 자는 그 도서를 본래의 목적으로 이용하기 위해 필요한 한도 내에서 그에 게재한 저작물을 복제, 배포 또는 공중송신할 수 있다. 교과용도서를 종전처럼 복제해 배포하는 것 외에 인터넷이나 교내의 지역 통신망(LAN) 등을 활용해 전송하는 것도 가능하다.

127 교과용도서에 관한 규정(2017) 제2조(정의) 제1호 내지 제6호.

다만, 저작권, 그 밖에 이 법에 의해 보호되는 권리의 침해를 방지하기 위해 복제방지조치 등 필요한 조치를 해야 한다(법 제25조 제12항).

나. 교육기관에서의 수업 목적 복제 등

일정한 학교·교육기관 또는 교육훈련기관은 그 수업목적상 필요하다고 인정되는 경우에는 공표된 저작물의 일부분을 복제, 배포, 공연, 전시 또는 공중송신(복제 등)할 수 있다. 다만, 저작물의 성질이나 그 이용의 목적 및 형태 등에 비추어 저작물의 전부를 이용하는 것이 부득이한 경우에는 전부를 이용할 수 있다(법 제25조 제3항). 그 교육기관에서 교육을 받는 사람도 수업목적상 필요하다고 인정되는 경우에는 그 범위 내에서 공표된 저작물을 복제하거나 공중송신할 수 있다(법 제25조 제5항).

제1항과 제2항이 교육목적상 필요한 경우에 저작권자의 허락을 받지 않고 공표된 저작물을 교과용도서에 게재해 이용할 수 있도록 한다면, 이 조항은 그 밖에 수업목적을 위해 기존에 공표된 저작물을 활용할 수 있도록 한다. 이 규정의 적용을 받는 학교·교육기관 또는 교육훈련기관에는 다음이 포함된다.

① 특별법에 따라 설립된 학교

② 유아교육법, 초·중등교육법 또는 고등교육법에 따른 학교[128]

③ 국가나 지방자치단체가 운영하는 교육기관

④ 「학점인정 등에 관한 법률」 제3조에 따라 평가인정을 받은 학습과정을 운영하는 교육훈련기관(정보통신매체를 이용한 원격수업기반 학습과정에 한정한다)

---

128 컴퓨터프로그램의 경우에는 "초등학교, 중학교 또는 고등학교를 졸업한 것과 같은 수준의 학력이 인정되거나 학위를 수여하는 교육기관으로 한정한다"라는 단서가 추가되어 있는데, 이는 학원 등을 명시적으로 배제하려는 것으로 이해된다(법 제101조의3 제1항 제2호).

저작권법이 복제 등을 할 수 있는 주체로 학교 등 교육기관을 언급하고 있지만 실제로는 직접 교육을 담당하는 교사가 그 주체이다. 하지만 학교에서 행정지원 업무를 담당하는 직원이나 학생이 교사의 요청을 받아 이를 대신할 수도 있다.

여기서 '수업목적'이란 직접 교수 행위(teaching)를 위한 것을 말한다. 교사(校舍)의 건립이나 환경미화 같은 교육환경의 조성이나 개선을 위한 것은 포함되지 않는다. 환경미화를 위해 미술저작물을 복제하는 것은 대상이 될 수 없다.[129] 수업목적을 벗어나 관련 자료집을 제작하거나 학생 수보다 더 많은 수의 복제물을 제작하는 것도 해당하지 않는다.

과거 이런 교수 행위가 실제 교실학습, 즉 대면학습(face-to-face instruction)에 국한되는가를 두고 논의가 있었으나, 저작권법은 허용되는 행위에 공중송신을 명시해 인터넷 등을 활용한 원격교육도 이에 포함됨을 확인했다. 매우 진보적인 입법이다. 저작권법은 한걸음 더 나아가 해당 교육기관에서 교육을 받는 학생도 그 범위 내에서 공표된 저작물을 복제하거나 공중송신할 수 있도록 했다. 수업이 교사에게서 학생에게로 이르는 일방적인 전달이 아니라 쌍방향으로 이루어지는 소통 과정임을 고려한 것이다.

하지만 원격교육은 디지털 방식으로 온라인상에서 이루어지므로 자칫 저작물의 일반적인 이용과 충돌하거나 저작권자의 이익을 부당하게 해칠 우려가 있다. 저작권법은 이를 고려해 학교, 교육기관, 교육훈련기관 및 수업지원기관이 공중송신을 하는 경우에 저작권과 그 밖에 이 법에 의해 보호되는 권리의 침해를 방지하기 위해 복제방지조치 등 시행령으로 정하는 필요한 조치를 하도록 의무화했다(법 제25조 제12항).[130]

129 2006년법은 오해의 소지를 줄이고자 1986년법의 '교육목적'을 '수업목적'으로 개정했다.

130 학생의 경우에는 그 능력을 고려해 의무를 부과하지 않았으나, 교육기관에서 학생들이 활용할 수 있는 조치를 제공해야 할 것이다.

이에 덧붙여 저작권자가 예기치 않은 피해를 입지 않도록 다음과 같은 사항을 유의할 필요가 있다. 첫째, 수업의 인적·시간적 범위를 명확히 해야 한다. 송신자와 수신자의 범위를 그 수업에 참여하는 교사와 학생들로 제한하고, 전송된 저작물을 당해 수업이 종료된 때에는 더 이상 활용할 수 없도록 해서 저작물이 수업 이외의 목적으로 이용되지 않도록 해야 한다. 둘째, 저작물의 일반적인 이용과 충돌하지 않도록 범위를 조정해야 한다. 일반적으로 학교에서의 수업에 활용될 것으로 예정되어 있는 학습 보조교재의 경우에는 보다 엄격한 기준을 적용해야 한다.[131]

짚어보기 **학습 보조교재 전문출판사인 A사는 중학교 생물 수업에 활용될 것을 예상하고 〈나비의 일생〉이라는 DVD를 제작·발매했다. 생물교사인 B 씨는 수업에 활용하기 위해 학교에 이 DVD의 구입을 요청했으나, 학교는 수업목적 이용 규정을 근거로 이를 복제해 사용하도록 했다. 학교의 조치는 타당한가?**

타당하다고 보기 어렵다. 저작권법은 수업목적상 필요하다고 인정되는 경우에 저작물의 일부분을 복제할 수 있도록 하고, 저작물의 성질이나 그 이용의 목적 및 형태 등에 비추어 저작물의 전부를 이용하는 것이 부득이한 경우에는 전부를 이용할 수 있다고 규정하고 있으므로 학교의 조치는 일견 타당하게 보일 수도 있다.

하지만 수업에 활용될 것을 주된 목적으로 제작된 DVD를 복제해 활용하는 것은 그 DVD의 '일반적인 이용'과 충돌한다. 이는 앞서 언급한 3단계 검사법의 두 번째 단계를 통과하기 어렵다는 것을 의미한다.

베른협약에서는 교육목적 복제를 허용하면서도 그것이 공정한 관행에 합치될 것을 주문하고 있으며,[132] TRIPs협정과 WIPO저작권조약도 3단계 검사를 의무화하고 있다. 비

131 독일 저작권법 제52조의a 제2항 참조.

132 베른협약 제10조 제2항.

록 저작권법에 명시적인 규정이 없다고 해도 이러한 행위는 허용될 수 없다고 보아야 할 것이다. 오해의 여지를 남겨두지 않기 위해 한계를 명확히 규정할 필요가 있다.[133]

다. 수업지원기관에서의 복제 등

국가나 지방자치단체에 소속되어 학교 등 교육기관의 수업을 지원하는 수업지원기관은 수업 지원을 위해 필요한 경우에 공표된 저작물의 일부분을 복제, 배포, 공연, 전시 또는 공중송신할 수 있다. 다만, 저작물의 성질이나 그 이용의 목적 및 형태 등에 비추어 저작물의 전부를 이용하는 것이 부득이한 경우에는 전부를 이용할 수 있다. 이에 대해 문화체육관광부장관이 정해 고시하는 기준에 따른 보상금을 저작재산권자에게 지급해야 한다.

지방 교육청 소속의 교수학습지원센터는 국가나 지방자치단체에 소속된 수업지원기관에 해당하지만, 한국교육개발원이나 한국교육학술정보원, 한국교육과정평가원 등은 이에 해당하지 않는다.

이는 교수학습지원센터가 학교 수업에 필요한 자료를 제작하고 보급하는 데서 주도적인 역할을 하고 있는 현실을 고려한 것이다. 하지만 이에 대해서는 저작권자의 권리를 지나치게 제한하는 것이라는 비판이 따를 수 있다.

교사가 직접 수업을 진행하는 상황과 달리 수업지원기관에서의 수업 지원은 저작물을 미리 계획한 바에 따라 대규모로 이용하는 경우가 대부분이다. 저작권자의 허락을 받을 시간적 여유가 있고 거래비용이 상대적으로 크지 않으므로 저작권을 제한할 필요가 크지 않은 반면에 예상되는

133 일본 저작권법은 '저작물의 종류와 용도 및 그 복제의 부수, 그리고 양태에 비추어 저작권자의 이익을 부당하게 해치는 경우'에 대해서는 이를 예외로 규정하고 있다. 일본 저작권법 제35조.

저작권자의 피해는 상대적으로 크다. 이 경우 정상적으로 저작권자의 허락을 받아 저작물을 이용하도록 하는 것이 바람직하다. 기관에 전담 부서를 두면 효율적인 권리처리가 가능할 것이다.

베른협약도 저작권 제한의 범위를 저작물을 "수업목적을 위해(for teaching) 설명의 방법으로(by way of illustration)" 이용하는 것으로 한정하고 있는 점에 비추어 저작물 이용이 허용되는 범위를 확대하는 데에는 신중할 필요가 있다.[134]

라. 허용되는 이용의 범위

수업 또는 수업지원목적상 필요하다고 인정되는 경우에 공표된 저작물의 일부분을 이용할 수 있으며, 부득이한 경우에는 전부를 이용할 수 있다. 하지만 구체적인 범위에 대해서는 많은 논란이 있을 수 있다. 원칙적으로 그 범위는 필요한 최소한도에 그쳐야 한다. 되도록 법령에 구체적으로 명시하는 것이 바람직하지만 역시 한계가 있다.

이 때문에 이해관계자 사이에 합의된 가이드라인이 마련되기도 한다. 허용되는 범위에 관한 법령이나 가이드라인 또는 구체적인 사안에 대한 판단에서 지침이 되는 것은 역시 앞서 언급한 3단계 검사법이다. 이와 관련한 외국의 법령 등을 참조하면 다음과 같다.

영국은 12개월의 기간 동안 어느 저작물의 5% 이내에서 복제와 이용을 허용한다(다른 저작물이 수록되어 있는 경우에는 전체를 하나의 저작물로 취급한다).[135] 미국은 공연이나 전시에 대해서만 교육목적을 위한 별도의 저작재산권 제한 규정을 두고 있으며,[136] 복제 등에 대해서는 일반 공정이용 조항의 해석을 통해 이를 해결하고 있다. 미국에서는 일반 공정

134 베른협약 제10조 제2항 참조.
135 영국 저작권법 제36조 참조.
136 미국 저작권법 제110조.

이용 조항을 저작권법에 도입할 당시 이의 적용과 관련해 의회의 권고에 따라 저작권계와 교육계가 이에 대해 논의했고, 가이드라인의 마련에 합의한 바 있다. 그 주요 사항을 정리하면 다음과 같다.[137]

| 미국의 수업목적 복사 가이드라인 |

- 교사를 위한 한 부의 복제: 수업 또는 수업 준비를 위해 교사가 직접 또는 요청을 해서 다음의 것을 한 부 복제할 수 있다. 책의 한 장(章), 정기간행물의 하나의 논문, 편집물에 게재된 하나의 단편이나 시 등, 책에 게재된 하나의 차트, 만화 등
- 수업 과정을 위한 여러 부의 복제: 어떤 경우에도 학생당 한 부를 넘지 않는 선에서, 그리고 사소성 기준과 자발성 기준, 그리고 누적효과 기준을 충족시킨다는 전제하에 교사가 직접 또는 그를 위해서 여러 부 복제할 수 있다.

사소성(brevity) 기준

- 250단어 또는 2페이지를 넘지 않는 시: 전부
- 250단어 또는 2페이지를 넘는 시: 250 단어 이내
- 2500단어를 넘지 않는 산문: 전부, 또는 1000단어 또는 전체의 10%를 초과하지 않는 범위 내에서의 초록

자발성(spontaneity) 기준

- 복제는 교사의 의뢰로 교사의 생각에 의해 이루어져야 한다.
- 그 저작물을 사용할 것으로 생각하고 결정한 때와 교육 효과를 극대화하기 위한 사용의 시기가 너무 촉박해서 저작권 허락을 요청하는 것이 시간적으로 합리적이지 않아야 한다.

누적효과(cumulative effect) 기준

- 자료의 복제는 그 복제물이 만들어지는 학교에서 오직 하나의 과정을 위한 것이어야 한다.

137 U.S. Copyright Office, *Circular 21: Reproduction of Copyrighted Works by Educators and Librarians,* at 6-9. 이 가이드라인은 1976년 미국 저작권법에 도입된 일반 공정이용 조항을 구체화하기 위해 마련되었다.

- 같은 저작자의 것은 단지 하나의 시, 논문, 또는 두 개의 초록만 가능하고, 하나의 편집물로부터는 세 개 이내만 가능하다.
- 한 학기에 하나의 과정을 위해 여러 부를 복제하는 경우가 아홉 번을 초과해서는 안 된다.

그리고 편집물을 제작하기 위해 이런 복제를 해서는 안 되며, 워크북이나 표준적인 시험지 또는 답안지처럼 수업 과정에서 소비되기 위한 자료를 복제해서는 안 된다. 또 이런 복제가 도서의 구매를 대체하거나 상부 기관의 지시에 의해 이루어져서는 안 되며 같은 교사에 의해 학기마다 같은 자료가 반복적으로 복제되어서도 안 된다.

이 조의 규정에 따라 저작물을 이용하는 경우에는 필요에 따라 그 저작물을 번역, 편곡 또는 개작해 이용할 수 있지만, 합리적인 방법으로 그 출처를 명시하는 등 저작인격권을 존중해야 한다. 다만, 동일성유지권과 관련해 학교 교육 목적상 부득이하다고 인정되는 범위 안에서의 변경은 허용된다(법 제13조 제2항 제1호).

마. 보상

저작권법은 교육목적의 공공성과 수업이 이루어지는 상황의 특수성을 고려하면서도 저작권자의 정당한 이익이 부당하게 저해되지 않도록 교육목적을 위한 저작물 이용에 대해 법정허락제도를 도입하고 있다. 즉, 교육기관에서 교과용도서에 공표된 저작물을 게재하거나 이렇게 게재된 저작물을 이용하는 경우, 그리고 수업 또는 수업지원목적으로 공표된 저작물을 복제, 배포, 공연, 전시 또는 공중송신하는 경우에는 문화체육관광부장관이 그 기준을 정해 고시한 보상금을 저작재산권자에게 지급해야 한다. 다만, 후자의 경우에 고등학교 및 이에 준하는 학교 이하의 학교에 대해서는 보상금 지급 의무가 면제된다(법 제25조 제6항).

권리자들이 개별 교육기관이나 수업지원기관을 상대로 보상을 청구하면 엄청난 혼란과 행정 비용이 발생할 수 있다. 이를 피하기 위해 저작권법은 청구권의 행사를 문화체육관광부장관이 지정하는 단체를 통해서만 할 수 있도록 제한했다. 이 단체는 단체에 가입한 구성원이 아니더라도 보상권리자로부터 신청이 있을 때에는 그 사람을 위해 권리를 행사하는 것을 거부할 수 없으며, 이 경우에 그 단체는 자기의 명의로 그 권리에 관한 재판상 또는 재판 외의 행위를 할 권한을 가진다(법 제25조 제8항).

지정된 단체는 보상금 분배 공고를 한 날부터 10년이 지난 미분배 보상금을 문화체육관광부장관의 승인을 받아 저작권 교육·홍보 및 연구 등 공익목적을 위해 사용할 수 있다(법 제25조 제10항).

이는 권리자 확인과 소재 파악이 어려워 보상금의 상당 부분을 분배하지 못하는 현실을 고려한 것이다. 공탁이라는 번거로운 절차를 거치거나 언제 분배될지 모르면서 기약 없이 보관하기보다는 이를 공익목적을 위해 활용하는 것이 바람직하다는 판단에 따라 일반 채권의 소멸시효에 따르도록 한 것이다.[138] 참고로, 교과용도서 보상금 기준은 이 책 말미에 수록한 〈별표 3〉을 참조.

6. 시사보도를 위한 이용

방송, 신문, 그 밖의 방법에 의해 시사보도를 하는 경우에 그 과정에서 보이거나 들리는 저작물은 보도를 위한 정당한 범위 안에서 복제, 배포, 공연 또는 공중송신할 수 있다(법 제26조). 이 규정은 베른협약에 따른 것이다.[139]

시사보도의 과정에서 불가피하게 또는 우발적으로 다른 저작물이 보

---

138 다만, 이런 조치는 지정 단체로 하여금 자칫 보상금의 분배에 소극적이게 만드는 효과를 가질 수 있다.

139 베른협약 제10조의2 제2항.

이거나 들리는 경우가 있다. 월드컵 개막식 장면을 보도하는 경우에는 개막식에 사용되는 각종 음악과 미술저작물 또는 공연 행사가 당연히 보이거나 들리게 된다. 이에 대해 일일이 저작권자의 허락을 얻도록 한다면 신속하고 충실하게 사실을 전달해야 하는 시사보도의 특성상 심각한 위축효과(chilling effect)가 생길 수 있다. 저작권자에게 허락을 받는 일은 신속성을 생명으로 하는 보도의 성격상 현실적이지 않기도 하고, 이용허락 문제 때문에 관련 저작물을 삭제하거나 다른 것으로 대체하는 일도 사실 전달을 본질로 하는 보도의 성격에 맞지 않는다.

주의할 점은 그 대상이 시사적인 사건이어야 하고, 저작물은 그 사건을 보도하는 과정에서 보이거나 들리는 것이어야 한다는 것이다. 나중에 보도를 꾸미기 위해 음악이나 미술저작물을 추가하는 것은 해당하지 않는다. 여기서 '정당한 범위'란 보도의 목적상 정당화되는 범위(informatory purpose)를 의미한다. 미술관 개관을 보도하면서 그 미술관이 소장하고 있는 주요 작품을 감상할 수 있도록 보여주거나, 자선 목적의 콘서트를 보도하면서 연주되는 음악의 상당 부분을 들려주는 것은 그 범위를 벗어난 것이라고 할 수 있다.[140]

짚어보기 **시사사건을 보도하는 경우에 그 사건을 구성하는 저작물을 이용할 수 있는가?**

미술품 도난 사건이나 가요 표절 사건의 경우 사건을 설명하려면 해당 미술품을 보여주거나 가요를 들려줄 필요가 있다. 하지만 저작권법은 시사보도의 과정에서 불가피하게 또는 우발적으로 다른 저작물이 보이거나 들리는 경우를 상정하고 있으므로 이러한 이용은 저작권법상 허용되지 않는다.

시사사건을 보도하는 경우에는 그 사건을 구성하는 저작물도 보도의 목적상 정당한 범

140 Sam Ricketson, *The Berne Convention for the Protection of Literary and Artistic Works: 1886-1986*, at 510, para. 9.37.

위 내에서 이용할 수 있도록 하는 것이 바람직하다. 공표된 저작물의 인용 규정(법 제28조)을 활용할 수도 있지만 인용의 범위를 넘어서는 이용이 있을 수 있으므로 적절한 제한을 구체화하는 것이 국민의 법 생활에도 도움이 될 것이다.[141]

7. 시사적인 기사 및 논설의 복제 등

「신문 등의 진흥에 관한 법률」에 의한 신문 및 인터넷 신문, 그리고 「뉴스통신 진흥에 관한 법률」에 의한 뉴스 통신에 게재된 정치, 경제, 사회, 문화, 종교에 관한 시사적인 기사나 논설은 다른 언론기관이 복제, 배포 또는 방송할 수 있다. 다만, 이용을 금지하는 표시가 있는 경우에는 그렇지 않다(법 제27조). 이를 전재(轉載) 규정이라 하는데, 이는 베른협약에 따른 것이다.[142]

시사적인 성격의 기사 및 논설은 국민의 알 권리를 충족하는 한편 건전한 토론문화와 여론을 형성하는 데에도 기여한다. 이런 이유에서 저작권법은 사실의 전달에 불과한 시사보도에 대해서는 저작권 보호를 부인하는 한편 시사적인 기사나 논설에 대해서는 이를 다른 언론기관이 복제, 배포 또는 방송할 수 있도록 하고 있다. 어떤 기사나 논설이 '시사적'인가에 대한 판단은 그것이 이용되는 때를 기준으로 한다. 기사나 논설이 게재될 당시에는 시사적이었으나 일정한 시간이 경과해 그러한 시사성을 상실한 기사나 논설은 이 규정의 적용을 받을 수 없다.

저작권법은 대상을 신문과 인터넷 신문, 그리고 뉴스 통신에 게재된 것으로 국한하고 있어서 비록 시사적인 기사나 논설이라고 해도 잡지나

141 일본은 이 부분을 명시적으로 도입하고 있다. 일본 저작권법 제41조 참조.
142 베른협약 제10조의2 제1항.

방송에 게재된 경우에는 이 규정을 활용할 수 없다. 하지만 잡지나 방송을 배제할 합리적인 이유는 찾기 어렵다.

이용을 금지하는 표시가 있는 경우에는 이 규정이 적용되지 않는다. 이용을 금지하는 표시란 일반적인 의미에서의 이용 금지가 아니라 이 규정에 의한 전재를 특정해 금지하는 것을 말한다. 표시의 방법과 효과에 대해서는 아직 정해진 기준이 없다. 예를 들어, 신문의 경우에 신문 1면의 어느 곳에 이런 표시를 하면 신문에 실린 기사 전체에 대해 효과를 미치는지, 아니면 기사마다 이런 표시를 해야 하는지 등의 문제가 있다. 따라서 관행이 정립되는 상황을 지켜볼 필요가 있다.

짚어보기 **© 표시와 '모든 권리 유보(all rights reserved)' 표시도 이 규정에서 말하는 이용을 금지하는 표시에 해당하는가?**

© 표시와 '모든 권리 유보' 표시는 이 규정에서 말하는 이용을 금지하는 표시라고 보기 어렵다. 과거 방식주의가 적용되던 때의 역사적 산물인 © 표시와 '모든 권리 유보' 표시를 주변에서 아직 흔하게 볼 수 있다. 세계저작권협약의 산물인 © 표시와 부에노스아이레스협약의 산물인 '모든 권리 유보' 표시는 본래의 취지와 달리 이제 사실상 저작권을 보호받겠다는 저작권자의 적극적인 의사 표시 정도로만 의미가 있다. 따라서 이 규정에 의한 전재를 금지하는 표시로 해석되기 어렵다. 문언적 표현 때문에 후자가 자칫 저작권 제한과 관련해 적극적으로 이를 배제하는 의미를 담고 있는 것으로 해석될 여지가 있으나, 표시의 탄생 배경을 고려할 때 지나친 해석이다.

8. 공표된 저작물의 인용

공표된 저작물은 보도, 비평, 교육, 연구 등을 위해 정당한 범위 안에서 관행에 합치되게 이를 인용할 수 있다(법 제28조). 이 규정은 베른협약에 따른 것이다.[143] 원저작물을 반드시 그대로 활용할 필요는 없으며 관행상 필요에 따라 일부를 변형해 인용(paraphrasing) 하는 것도 인정된다.

인용이란 어떤 주장의 근거나 비판 또는 참고 자료로 삼고자 다른 사람의 저작물로부터 일부를 가져오는 것을 말한다. 보도나 비평, 교육, 또는 연구 등을 위해서는 다른 사람의 기존 저작물을 언급하거나 활용하는 것이 필수적이다. 이 점에서 인용은 창작행위의 가장 기본적인 속성이라고 할 수 있다.

보통 이러한 저작물 이용은 양은 적지만 빈번하게 발생하기 때문에 저작물 이용의 편익보다 거래비용이 높아서 사실상 이용허락이 이루어지기 어렵다. 또한, 서평이나 패러디의 경우처럼, 저작권자는 저작권을 활용해 비판을 막거나 자신에게 유리한 방향으로 편집하도록 요구할 유혹을 가질 수 있다. 이러한 이용에 대해 저작재산권이 제한되지 않으면, 비평이나 연구 등 중요한 창작 행위가 위축되거나 왜곡될 수 있다.[144]

가. 인용의 요건

이 규정에 따른 인용에 해당하려면 다음 네 가지 요건을 충족해야 한다.

(1) 대상이 되는 저작물이 공표되었어야 한다

공표되지 않은 저작물을 인용하고 그것을 공표한다면 인용된 저작물의 저작자가 가지는 공표권을 침해하는 것이 될 것이다. 인용의 대상이 되기 위해서는 그 저작물이 '공표'되면 족하고, 유체물로서 보급되는 것을 말하는 '발행'을 기다릴 필요는 없다. 참고로 베른협약의 관련 규정은 공표가 '합법적으로' 이루어질 것을 요건으로 하고 있으나, 저작권법은

143 베른협약 제10조 제1항. 이 규정은 베른협약이 정하고 있는 여러 예외 중에서 유일하게 회원국에게 도입이 의무화되어 있다. 그만큼 필요성에 대한 공감대가 형성되어 있었다고 할 수 있다.

144 대법원 2013. 2. 15. 선고 2011도5835 참조.

이런 제한을 두고 있지 않다. 베른협약처럼 합법적으로 공표되었거나 또는 그렇게 추정되는 것에 대해서만 허용할 필요가 있다.

(2) 보도, 비평, 교육, 연구 등을 위한 것이어야 한다

상품을 광고하기 위해 또는 영리를 목적으로 다른 사람의 저작물을 이용하는 경우에는 이런 예외가 적용될 수 없는가? 저작권법은 '연구 등'이라는 표현으로 다른 목적에의 이용가능성을 열어두었다. 앞서 일반 공정이용 규정에서 언급했듯이 패러디를 활용한 광고나 그 밖의 영리적 이용에 대해서도 이를 허용할 필요가 있다. 다만, 이런 이용의 경우에는 좀 더 엄격한 기준이 적용된다고 보아야 할 것이다. 참고로, 베른협약은 인용의 목적을 제한하지 않고 있다.[145]

(3) 정당한 범위 안이어야 한다

어느 정도가 정당한 범위 안인가에 대해 일정한 기준이 있는 것은 아니다. 인용저작물의 표현 형식상 피인용저작물이 보족, 부연, 예증, 참고자료 등으로 이용되어 인용저작물에 대하여 부수적이고 종속적인 성질을 가지는 관계(즉, 인용저작물이 주이고, 피인용저작물이 종인 관계)에 있다고 인정되어야 하지만,[146] 그 범위는 인용의 상황에 따라 달라질 수 있다.

일반적으로는 짧은 인용으로 충분하지만, 미술저작물이나 시 등을 비평하기 위한 인용처럼 경우에 따라서는 전체 저작물을 가져와야 할 수도 있다.[147] 그 판단에는 양적인 면뿐만 아니라 질적인 면도 고려되어야 한

---

145 외교회의에서는 저작권법에서 언급하고 있는 목적들이 언급되었으나, 이에 국한되지 않음을 명확히 하기 위해 삭제되었다. Sam Ricketson, *The Berne Convention for the Protection of Literary and Artistic Works: 1886-1986*, at 492, para. 9.22.

146 대법원 1990. 10. 23. 선고 90다카8845 판결

147 베른협약에서도 이런 이유에서 '짧은(short)'이라는 수식어를 인용 앞에 넣자는 제안이 받아들여지지 않았다. *Ibid,* at 493, para. 923.

다. 방송 프로그램에서 새로 나온 영화나 음악회 소식을 알리면서 자연스럽게 그 영화나 공연 작품을 소개하는 것은 좋지만 영화나 음악회의 주요 부분을 모두 방송하는 것은 정당한 범위 안이라고 하기 어렵다.

법원은 "정당한 범위 안에서 공정한 관행에 합치되게 인용한 것인지 여부는 인용의 목적, 저작물의 성질, 인용된 내용과 분량, 피인용저작물을 수록한 방법과 형태, 독자의 일반적 관념, 원저작물에 대한 수요를 대체하는지 여부 등을 종합적으로 고려해 판단해야 한다"라고 판시하였다.[148]

(4) 그 방법이 공정한 관행에 합치해야 한다

인용의 방법에 대해 관행이 존재한다면 그에 합치하는 방법으로 인용해야 한다. 그러한 관행이 존재하지 않는다면 출처를 표시하거나 필요 없는 왜곡이나 수정을 하지 않는 등 기본적인 원칙에 따라서 필요한 목적에 합당한 범위 내에서 인용해야 한다. 혼성모방(pastiche)이나 오마주(homage)[149] 또는 패러디처럼 일반적인 인용과 달리 일정한 창작 형식으로 이해되는 형태도 있다.

나. 패러디

패러디란 사회적으로 널리 알려지거나 인정된 저작물을 풍자 또는 조소하는 방법으로, 비평을 통해 자신의 것을 표현하는 형식을 말한다. 패러디는 기성의 권위를 풍자 또는 조소하는 방법으로 비평함으로써 많은 사람들의 관심을 쉽게 불러일으켜 자신이 의도하는 메시지를 인상적으

148 대법원 2006. 2. 9. 선고 2005도7793 판결.

149 혼성모방이란 그리스어 파스티치오(pastitsio)에서 유래한 것으로 독립적인 다양한 출처에서 일부를 따와서 하나의 저작물을 만드는 방법을 말하며, 오마주란 자신의 저작물에 다른 사람의 것을 언급하거나 암시함으로써 존경을 표하는 방법을 말한다. 프랑스 저작권법은 혼성모방과 패러디를 명시적으로 허용하고 있다. 프랑스 지적재산권법 제122조의5 제1항 제4호.

로 전달할 수 있는 표현 방법이다. 이런 이유에서 특히 신예 창작자들이 즐겨 사용한다. 패러디는 기성의 것에 대해 새로운 대안을 제시하는 표현 형식으로서 역동적으로 발전하는 문화의 본질과도 닿아 있다.

그럼에도 패러디가 자신의 저작물을 풍자와 조소의 대상으로 한다는 그 이유 때문에 권리자는 그 이용허락을 내켜 하지 않는다. 이를 저작권자의 결정에 맡겨둔다면 패러디라는 표현 형식 자체가 가능하지 않거나 크게 위축될 가능성이 높다. 이것이 패러디에 대해 저작권 보호의 예외를 인정해야 하는 이유이다.

명시되지는 않았으나 저작권법상 패러디로 인정받으려면 다음 다섯 가지 요건을 충족해야 하는 것으로 이해된다.

첫째, 풍자 또는 조소 등의 방법으로 비평해야 한다. 단순히 평가를 하는 것이라면 패러디라고 할 수 없다.

둘째, 패러디의 대상이 되는 저작물(원작)이 널리 잘 알려진 것이어야 한다. 독자들이 패러디의 대상을 알고 있다는 전제하에 이를 풍자 또는 조소하는 방법으로 비평하는 것이다. 그 대상이 잘 알려져 있지 않다면 무엇을 패러디하려는 것인지 알 수 없고 패러디라는 형식이 필요하지 않다.

셋째, 원작을 떠올릴(conjure up) 수 있어야 한다.[150] 잘 알려진 저작물일지라도 극히 일부분이나 주변적인 것만 이용해서 사람들이 그 저작물을 떠올릴 수 없다면 패러디로서 성공할 수 없다. 결국 대상이 되는 저작물의 두드러진 특징을 충분한 정도로 언급해야 한다. 그렇지만 지나쳐서도 안된다. 원작에서 지나치게 많이 가져오는 것은 자칫 원작을 패러디하는 것이 아니라 원작에 편승하려는 것일 수 있기 때문이다.

넷째, 원작을 직접 풍자하거나 조소해야 한다. 그저 웃음의 소재로 또는 세태를 풍자하기 위해 세간에 잘 알려진 저작물을 사용하는 경우가

---

150 *Campbell v. Acuff-Rose Music, Inc.*, 510 U.S. 569(1994) 참조.

있는데, 이를 간접 패러디라 한다. 패러디라 부르기는 하지만 엄격한 의미에서 저작권법상의 패러디로 인정되기 어렵다. 이런 경우라면 이용허락을 받을 가능성이 높으므로 패러디로서 특별히 저작권 보호의 예외를 인정할 필요가 없기 때문이다.[151]

다섯째, 원작과는 다른 새로운 메시지의 전달을 위한 것이어야 한다. 패러디가 단지 원작의 상업적 성공에 편승하는 것을 넘어서서 자신의 메시지를 효과적으로 전달하는 수단으로 활용되어야 한다.[152]

다. 일반 공정이용 규정과의 관계

공표된 저작물의 인용은 일반 공정이용 규정과 상당 부분 겹친다. 일반 공정이용 규정의 도입을 논의하는 중에도 이에 대한 검토가 있었음에도 인용 규정을 그대로 둔 채 일반 공정이용 규정을 도입되었다. 포괄 범위에 차이가 있고, 인용 규정에 바탕을 둔 경험을 활용할 필요가 있기 때문이다.

우선 인용의 방법에 의한 저작물 이용은 저작물 이용의 모든 형태를 아우르는 공정이용과는 차이가 있다. 인용 규정은 새로운 저작물을 창작하는 데 활용하는 생산적 이용에만 적용되고 저작물을 있는 그대로 향유하는 소비적 이용에는 적용되지 않는다. 또 인용하는 저작물이 중심이고 인용의 대상인 저작물이 이를 보충하는 관계가 있는 경우에만 적용될 수 있다.

---

151 일반화된 어리석음이나 악을 조롱함으로써 공격하는 풍자(satire)와 달리 "패러디는 자신의 주장을 펴기 위해 그 대상이 되는 저작물을 흉내 낼 필요가 있다". Ibid, at 581. 이와 달리 유럽사법재판소는 아무런 설명 없이 패러디가 원저작물 자체와 관련이 있거나 패러디되는 저작물을 언급할 필요는 없다고 판시한 바 있다. *Johan Deckmyn v. Helena Vandersteen,* C-201/13(2014) 참조.

152 서태지의 컴백홈 패러디 사건에서 법원은 이 사건 개사곡이 "원곡에 대한 비평적 내용을 부가하여 새로운 가치를 창출한 것으로 보이지 아니 한다"고 보아 피고의 패러디 항변을 인정하지 않았다. 서울중앙지방법원 2001. 11. 1. 선고 2001카합1837

공정이용 규정이 보다 포괄적이어서 인용 규정은 따로 필요하지 않을 수도 있다.[153] 하지만 인용 규정은 실무에서의 오랜 적용을 통해 우리에게 익숙하고, 이에 관한 연구와 경험, 그리고 판례도 축적되었다. 공정이용 규정이 우리 법제에 비교적 생소한 제도임에 비추어 일정 기간 이를 보완하는 역할을 기대할 수 있다.

9. 비영리 공연과 방송

가. 저작물의 비영리 공연과 방송

영리를 목적으로 하지 않고 청중이나 관중 또는 제3자로부터 어떤 명목으로든지 대가를 받지 않는 경우에는 공표된 저작물을 공연 또는 방송할 수 있다. 다만, 실연자에게 일반적인 보수를 지급하는 경우에는 그렇지 않다(법 제29조 제1항).

이 규정은 제2항이 실연 등이 수록된 음반 또는 영상저작물을 재생해 공연하는 것을 대상으로 하는 것과는 달리 직접(라이브로) 저작물을 공연하고 방송하는 것을 대상으로 하고 있다.

이 규정에서 '영리 목적'은 폭넓게 해석된다. 공연의 경우에 입장료를 받지 않더라도 기업 등으로부터 협찬금을 받아 개최한다면 영리를 목적으로 한 것으로 이해된다. 카페나 음식점 등에서 손님을 끌기 위해 현장 공연을 하는 경우에도 마찬가지이다. 방송의 경우에도 직접 청취자나 시청자로부터 방송 프로그램에 대한 수신료를 받지 않더라도 광고를 판매하거나 포괄적으로 시청료를 받으면 대상에서 제외된다.[154]

---

153 실제로 미국 저작권법은 공정이용 규정 외에 별도로 인용 규정을 두고 있지 않다.

154 법원은 뮤지컬 〈지저스 크라이스트 슈퍼스타〉를 녹화한 후에 이를 인터넷으로 방송(송신)한 데 대해, "직접적으로 영리를 목적으로 하는 경우는 물론, 간접적으로라도 영리추구와 연결될 수 있는 경우에는 이를 비영리목적의 방송이라 할 수 없다."고 판시한 바 있다. 대법원 2003. 3. 25. 선고 2002다66946 판결.

저작권법은 자선 목적 공연에 대해 별도의 규정을 두지 않고 있다.[155] 따라서 비록 자선 목적이더라도 입장료를 징수한다면 저작물의 이용에 대해 저작권자에게 허락을 받아야 한다. 이는 검토가 필요한 부분이다.

나. 상업용 음반 및 영상저작물의 공연

청중이나 관중에게 당해 공연에 대한 대가를 받지 않는 경우에는 상업용 음반 또는 상업적 목적으로 공표된 영상저작물을 재생해 공중에게 공연할 수 있다. 다만 시행령이 정하는 일정한 경우에는 그렇지 않다(법 제29조 제2항).

앞서 말한 라이브 공연과 달리 이 경우에는 반드시 비영리일 필요가 없다. 단지 청중이나 관중으로부터 공연에 대해 대가를 받지 않는 것으로 족하다. 즉, 다른 명목으로 대가를 받는 것은 문제 되지 않는다.

다만, 이에 해당하더라도 시행령이 정하는 일정한 경우에는 저작권자의 허락을 받아야 한다. 여기에는 영업의 성격상 음악의 사용이 필수적인 카바레와 같은 유흥주점에서의 공연을 포함해, 다음과 같은 시설에서의 공연이 포함된다(령 제11조. 각 시설에 관한 근거법령 참조).

- 단란주점과 유흥주점(다만, 이에 해당하지 않는 공연으로서, 음악 또는 영상저작물을 감상하는 설비를 갖추고 음악이나 영상저작물을 감상하게 하는 것을 영업의 주요 내용의 일부로 하는 공연이 포함됨)
- 경마장, 경륜장 또는 경정장
- 골프장, 스키장, 에어로빅장, 무도장, 무도학원, 전문체육시설 또는

155 독일 저작권법(제52조)과 미국 저작권법(제110조(4)) 등은 자선 목적 공연에 대한 예외규정을 두고 있다.

체력단련장

- 여객용 항공기, 해상여객운송 사업용 선박 또는 여객용 열차
- 호텔, 휴양콘도미니엄, 카지노 또는 유원시설
- 대형마트, 전문점, 백화점, 쇼핑센터, 복합쇼핑몰 또는 그 밖의 대규모 점포
- 한국표준산업분류에 따른 커피 전문점 또는 비알코올 음료점업을 영위하는 영업소
- 한국표준산업분류에 따른 생맥주점 또는 기타 주점업을 영위하는 영업소
- 공중위생관리법상의 숙박업소 및 목욕장(상업적 목적으로 공표된 영상저작물에 한함)

또한 다음의 시설에서는 권리자의 허락을 받지 않고도 영상저작물을 감상하게 하기 위한 설비를 갖추고 발행일부터 6개월[156]이 지난 상업적 목적으로 공표된 영상저작물을 재생하는 형태의 공연을 할 수 있다(령 제11조 제8호).

- 국가 및 지방자치단체의 청사 및 그 부속시설, 공연장, 박물관 및 미술관, 도서관, 지방문화원, 사회복지관, 양성평등기본법상의 여성인력개발센터 및 여성사박물관, 청소년수련관, 시·군·구민회관.[157]

여기서 상업용 음반(상업적 목적으로 발행된 음반, a phonogram

156 영상저작물이 더 이상 '발행'의 형태로 보급되지 않는 현실을 고려할 때, 이를 '공표'를 기준으로 변경할 필요가 있다. 다만, 일반적으로 영화는 개봉(공표)으로부터 일정한 시차를 두고 발행된 바 있으므로 그 유예기간을 재산정할 필요가 있는지 검토해야 할 것이다.

157 현재의 시행령 규정은 자칫 여기에서 언급된 시설 이외에서의 공연은 무제한 허용되는 것으로 해석될 수 있어서 시정할 필요가 있다.

published for commercial purposes)이란 공중이 구매해 사적으로 감상하기 위해 사용[이를 음반의 '1차사용(primary use)'이라 한다]할 수 있도록 발행된 음반을 말한다. 이 음반을 재생해 공중이 감상할 수 있도록 한다면(공연한다면) 음반의 당초 목적을 넘어서서 사용[이를 음반의 '2차사용(secondary use)'이라 한다]하는 것이므로 권리자의 허락을 받아야 한다.

결국 상업용 음반이란 제작 당시에 제작의 목적 외로 사용하는 것에 대해 허락을 받지 않은 음반을 말하는 것이고, 그저 허락받지 않은 이용(공연)에 대해서는 허락을 받아야 한다는 것을 의미할 뿐이다. 방송사가 복면가왕이라는 방송 프로그램을 위해 공연 실황을 녹음한 경우에 그것을 방송에 사용한다면 상업용 음반이 아니다. 그러나 이를 일반에 판매하거나 전송한다면 상업용 음반이 된다.[158]

그리고 여기서의 상업용 음반은 법 제76조의2(상업용 음반을 사용하여 공연하는 자의 실연자에 대한 보상)와 제83조의2(상업용 음반을 사용하여 공연하는 자의 음반제작자에 대한 보상)의 규정과 일관되게 해석하여야 한다.[159]

이와 관련하여, 2012년 스타벅스 사건 이후 반복되어온, 이 규정의 해석과 관련된 대법원 판결의 난맥상은 부분적으로 "상업용"이라는 사실상 불필요한 수식어가 낳은 해프닝일 수 있다. 이 부분을 삭제하고, 음반이라는 용어도 CD등 매체와 구별되는 콘텐츠를 의미하는 것으로 수정

158 WIPO, *Guide to the Rome Convention and to the Phonograms Convention* (1981), at 47, para. 12.6 및 임원선, 저작권법상 판매용 음반의 의미와 적용, 『계간 저작권』, 제25권 제3호 (2012년 가을호), 127-9쪽 및 임원선, 판매용 음반의 의미에 대한 오해와 해법: 대법원 2025. 1. 23. 선고 2023다300436 판결을 중심으로, 『계간 저작권』, 제38권 제2호 (2025년 여름호), 270-272쪽 참조.

159 대법원은 이 규정과 관련된 여러 판결에서 반복해서 이의 상관관계를 부인하였다. 대법원 2015. 12. 10. 선고 2013다219616 판결, 대법원 2016. 8. 24. 선고 2016다204653 판결 및 대법원 2025. 1. 23. 선고 2023다300436 판결 참조.

하는 것이 바람직하다.[160]

10. 사적 이용을 위한 복제

가. 의의

공표된 저작물을 영리를 목적으로 하지 않고 개인적으로 이용하거나 가정 및 이에 준하는 한정된 범위 안에서 이용하는 경우 그 이용자는 이를 복제할 수 있다. 다만, 공중의 사용에 제공하기 위해 설치된 복사기, 스캐너, 사진기 등 문화체육관광부령으로 정하는 복제기기에 의한 복제는 그렇지 않다(법 제30조). '복사기, 스캐너, 사진기 등 문화체육관광부령으로 정하는 복제기기에 의한 복제'란 사진 또는 이와 유사한 방식(in facsimile form)에 의한 복제를 말한다.

영리를 목적으로 하지 않고 개인적으로 또는 가정 및 이에 준하는 한정된 범위 안에서 이용하는 경우라면 비교적 작은 규모의 이용으로서 저작권자의 정당한 이익을 부당하게 저해할 가능성이 높지 않다.

이에 대해 일일이 저작권자의 허락을 받게 하는 것은 첫째, 저작권료에 비해 허락을 받는 데 소요되는 거래비용이 과다해 실효성이 떨어질 수 있다. 둘째, 저작권 집행을 위해서는 사적인 영역에서 이루어지는 행위에 대해서도 모니터링을 해야 하는데 이는 헌법상 보장되는 권리인 사생활의 보호와 충돌할 수 있다. 저작권법은 이 점을 고려해 사적 이용을 위한 복제에 대해서는 저작권 보호의 예외를 인정하고 있다.

---

160 음악산업진흥에 관한 법률에서는 이를 음반과 구별하여 '음원'이라 정의한다. 음악산업진흥에 관한 법률 제2조 제4호 참조. 독일 저작권법은 처음부터 "상업용"이란 제한을 두지 않고 있다. 독일 저작권법 제78조.

나. 요건

사적 이용을 위한 복제에 해당하려면 다음 요건을 충족해야 한다.

첫째, 공표된 저작물을 대상으로 해야 한다.

미공표저작물은 저작자의 공표권이 행사되기 전의 저작물이므로 이에 대해서는 재산권을 제한하는 것이 적절하지 않다고 할 수 있다. 다만, 저작권법에 의해 공표가 추정되는 경우[161]라면 문제가 없다.

둘째, 영리를 목적으로 하지 않아야 한다.

사적 이용을 위한 복제에 대한 저작재산권 제한은 저작물의 일반적인 이용과 충돌하지 않고 저작재산권자의 합법적인 이익을 부당하게 저해할 우려가 높지 않은 범위 내에서 허용되는 것이다. 따라서 영리를 목적으로 복제하는 것은 허용될 수 없다.

짚어보기 **변호사나 의사 등 자유직업인의 경우에 업무상 하는 복제도 사적 이용을 위한 복제에 해당하는가?**

법 규정에서의 '영리 목적'을 엄격하게 해석해 업무적인 것과 구별해야 하며, 변호사나 의사 등 자유직업인의 경우에는 업무상 하는 복제도 광의의 개인적 이용에 해당하고 비영리 목적으로 보아 사적 복제가 될 수 있다는 견해가 있다.[162]

그러나 이 규정의 취지는 개인의 취미나 교양을 위해 필요한 복제를 하는 경우에 국한해 적용된다고 보는 것이 타당하다. 따라서 구태여 영리 목적을 해석할 필요도 없이 그것이 직업이나 사업 등과 관련된다면 이를 사적이라고 하기 어렵다. 물론 변호사나 의사 등 자유직업인의 경우에는 직업을 위한 것과 취미나 교양을 위한 것을 명백히 구분하기가 쉽지 않다. 직업 분야가 교양과 일치하는 경우에 비록 직업과 관련되더라도 교양을 위한 것

---

161 저작권법 제11조 제2항 내지 제5항 참조.

162 안효질, 「사적 이용을 위한 복제」, ≪계간 저작권≫(1997 겨울호), 53-54쪽.

이라면 사적인 이용을 위한 복제에 해당한다고 보아야 한다. 다만, 그가 현재 당면하고 있는 직업적 필요에 대응하기 위해 복제하는 것은 이 규정의 사적 이용을 위한 복제에 해당하지 않는다고 보는 것이 타당하다.[163]

셋째, 사적인 범위에서 이루어져야 한다.

여기서 '가정 및 이에 준하는 한정된 범위'란 공간이 아니라 인적인 범위를 말한다.[164] 비록 회사에서 복제를 하더라도 그것이 사적인 이용을 위한 것이라면 사적 이용을 위한 복제에 해당하고, 집에서 복제를 하더라도 그것이 회사의 업무를 위한 것이라면 사적 이용을 위한 복제에 해당하지 않는다.

사적인 범위란, 우선 이용하는 인원이 소수여야 하고, 다음으로 복제자와 그 이용자들 사이에 강한 사적인 유대가 있어야 한다. 인원이 소수이고 그들 사이에 유대가 강하더라도 그 유대가 업무적인 것이라면 사적 이용을 위한 복제에 해당하지 않는다.

넷째, 복제는 이용자가 직접 해야 한다.

비록 개인적으로 이용하기 위한 것이라고 하더라도 복사를 업으로 하는 사람에게 시켜서 하는 경우에는 이 규정의 적용을 받을 수 없다. 다만, 개인적으로 보조자를 활용하는 것까지 제한하는 것은 아니다.

다섯째, 공중의 사용에 제공하기 위해 설치된 복사기에 의한 복제는 사적 이용을 위한 복제에 해당하지 않는다.

녹음이나 녹화는 주로 사적으로 소유하거나 운용하는 녹음·녹화 장비에 의해 이루어진다. 이와 달리 복사는 주로 기업이나 기관에서 업무용

163 作花文雄, 『詳解著作權法』, 第3版(ぎょうせい, 2004), at 318-319 참조.

164 컴퓨터프로그램에 대해서는 '가정과 같은 한정된 장소에서'로 규정하고 있는데, 이는 일반 저작물과 달리 장소적 범위를 말하며 공간적·물리적 한정성을 강조하는 것으로 해석된다. 법 제101조의3 제1항 제4호 참조.

으로 사용되거나 전문 복사점에서 영업을 위해 사용되는 장비에 의해 이루어진다.

이러한 복제는 거래비용이 과다하다거나 사생활 보호라는 다른 보호법익과 충돌하는 문제는 적은 반면, 저작권자의 정당한 이익을 부당하게 저해할 가능성은 매우 높다. 이에 저작권법은 공중의 사용에 제공하기 위해 설치된 복사기에 의한 복제를 사적 이용을 위한 복제의 범위에서 명시적으로 제외했다.[165]

짚어보기 파일공유 프로그램(P2P)을 통해 또는 웹하드 등에서 음악이나 영상 파일을 다운로드하는 것도 사적 복제에 해당하는가?

음악이나 영상 파일을 인터넷에 업로드하는 행위는 저작권법상 전송에 해당한다. 그런데 파일을 서버로부터 개인 컴퓨터로 송신해서 저장하는 다운로드 행위는 어떨까? 다운로드 행위는 사적 복제에 해당하지 않는다는 판례가 있다.[166] 하지만 송신은 개별적으로 자신에게 이루어지므로 공중송신(전송)에 해당하지 않으며, 저장(복제)은 개인적 이용을 위한 것이라면 사적 이용을 위한 복제에 해당한다고 보아야 할 것이다.

그러나 다운로드하는 사람은 정황상 그 파일이 불법복제물인 줄 알면서 할 가능성이 높고, 이것이 불법복제물이 범람하는 토양이 된다는 점에서 대책이 필요하다. 저작권을 침해하는 전송임을 알면서도 이를 수신하는 복제에 대해서는 사적 이용을 위한 복제에서 제외할 필요가 있다. 독일, 프랑스, 네덜란드 등 상당수 국가에서는 복제의 대상인 자료가 적법한 복제물일 것을 요건으로 하는 점도 참고해야 한다.[167]

---

165 이 점에서 녹음물이나 녹화물의 복제와 달리 도서 등의 복사를 사적복제보상금의 대상으로 하는 것은 논리적으로 무리가 있다.

166 서울고등법원 2005. 1. 25. 선고 2003나80798 판결. 또한 불법파일인 것을 미필적으로나마 알고 있었다면 적법하다고 할 수 없다는 취지의 판결도 있다. 서울중앙지법 2008. 8. 5. 자 2008카합968 결정.

167 유럽사법재판소는 사적복제보상금의 지급과 관련해 사적 복제의 대상이 되는 자료가 합법적인 것이어야 한다고 판시한 바 있다. *ACI Adams v. Stitching de Thuiskopie*, C-435/12(2014) 참조.

참고로 일본은 저작권 침해가 되는 공중송신을 수신해 행하는 디지털 방식의 녹음·녹화를 사적 복제의 예외에서 제외하는 한편, 위법하게 업로드 된 것을 알면서 계속해서 반복적으로 하는 다운로드에 대해서는 위법하게 업로드 된 저작물의 정품이 유상으로 제공되는 경우에 이에 대해 형사처벌 규정도 도입하였다. 다만, 경미하거나 번역을 제외한 2차적저작물 또는 저작권자의 이익을 부당하게 저해하지 않는다고 인정되는 특별한 사정이 있는 경우는 제외한다.[168]

저작권 보호를 위한 기술조치의 보호와 관련해, 사적복제를 위한 기술조치의 무력화를 허용할 경우 자칫 기술조치의 보호가 무의미해질 수 있다. 이런 이유에서 일본은 기술조치의 무력화에 의해 복제가 가능해진 사실을 알거나 허락 없이 복제하면 복제물에 장해가 생기도록 하는 기술조치를 회피해 복제한다는 사실을 알면서 복제하는 경우에는 사적복제의 예외가 적용되지 않도록 하고 있다.[169]

다. 사적복제보상금제도

고속 자동 복사기가 보급되고 녹음·녹화기술이 발전됨에 따라, 특히 누구나 음악이나 영상 파일을 직접 복제할 수 있는 환경이 됨에 따라 사적 이용을 위한 복제로 인해 저작권자의 이익이 크게 위협받게 되었다. 이런 상황을 방치한다면 저작권자의 합법적인 이익을 부당하게 해쳐, 사적 복제를 위한 예외가 자칫 베른협약상의 3단계 검사, 그중에서도 세 번째 단계의 검사를 통과하기 어려울 수 있다.

이 문제를 해결하기 위해 많은 국가에서는 사적복제보상금제도를 도

168 일본 저작권법 제30조 제1항 제3호 및 4호, 제119조 제3항 참조.
169 일본 저작권법 제30조 제1항 제2호.

입하고 있다. 사적복제보상금제도란 사적인 이용을 위한 복사와 녹음·녹화를 위해 사용되는 기기에, 또는 복제에 사용되는 복사용지에, 또는 공테이프와 공CD 등의 매체에 일정한 부과금을 매겨 이를 저작권자에게 보상해 주는 제도이다.

독일, 프랑스처럼 복사와 녹음·녹화에 대해 모두 부과금 제도로 운영하는 국가가 있는가 하면, 핀란드 등의 노르딕 국가나 미국, 일본처럼 녹음·녹화에 대해서는 부과금제도로 운영하되 복사에 대해서는 권리자 또는 그 단체가 직접 계약에 따라 그 권리를 행사하도록 하는 국가도 있다.

이는 앞서 언급했듯이 주로 사적인 공간에서 이루어지는 녹음·녹화와 달리 복사는 대부분 회사나 복사점 같은 공적인 공간에서 이루어지기 때문에 이를 사적 복제에 해당하지 않는 것으로 보는 데 따른 것이다. 우리나라도 이러한 예에 따라 공중의 이용에 제공하기 위해 설치된 복사 기기에 의한 복제에 대해서는 사적 복제의 예외가 적용되지 않도록 명시했다. 이에 대해서는 권리자를 대표하는 단체가(현재 한국복제전송저작권협회가 이에 해당한다) 복사점들과 일괄 계약 방식으로 권리를 행사하고 있다. 이를 통해 저작물 복사 수요에 대응하면서도 저작권자에게 저작물의 복제에 대한 보상이 돌아가는 시스템이 작동하고 있다.

녹음·녹화의 경우에 독일이나 프랑스 등 대부분의 국가에서는 아날로그와 디지털 기기 및 매체에 모두 적용하는 반면, 일본과 미국은 디지털 기기와 매체에 대해서만 적용한다. 우리나라에서도 몇 차례 사적복제보상금제도를 도입하기 위한 노력이 시도되었으나 이해관계를 조정하는 데 실패해 도입되지 못했다. 자칫 조약의 의무 위반으로 해석될 수 있으므로 최소한 권리자에게 미치는 파급효과가 막대한 디지털 기기와 매체에 대해서라도 이른 시일 내에 제도를 도입해야 할 것이다.

다만, 이에 대해서는 직접 복제를 하는 당사자가 아니라 복제 기기나 복제에 사용되는 매체의 제조업자나 수입업자에게 부과금을 부과하는 것이 적절치 않다는 점, 그리고 대부분의 저작물 복제가 컴퓨터를 활용해 이루어지는데 컴퓨터는 저작물 복제 이외에 다른 많은 용도로 널리 활용되는 범용 기기라서 부과금의 대상으로 하기 어려운 점 등의 문제점이 지적된다.

11. 도서관 등에서의 복제 등

도서관과 도서·문서·기록 그 밖의 자료(이하 "도서등"이라 한다)를 공중의 이용에 제공하는 시설(이제부터 "도서관등"이라 한다.)은 지식과 정보의 수집과 보존 그리고 공중에의 제공을 통하여 이의 확산과 재생산에 기여하며, 또한 이를 시대를 넘어 세대 간에 전달하는 기능을 담당한다. 이러한 기능은 사회 공동체의 통합과 존속을 위해 매우 중요한 역할로 인식된다.

그러나 그러한 지식과 정보의 대부분은 저작권법으로 보호되는 대상일 가능성이 크다. 도서관등의 공적인 기능과 저작권이라는 사유재산권의 보호가 이 점에서 충돌하게 된다.

이와 관련하여 도서관등, 특히 비영리 도서관은 저작권 보호로부터 자유로워야 한다는 도서관 측의 주장과 자신들의 저작물은 도서관의 이러한 목적 달성을 위한 보조적인 수단이 아니며, 더구나 이러한 예외가 특히 디지털 네트워크 환경 하에서는 저작권 보호제도 자체의 존립 근거를 위태롭게 할 수도 있다는 저작권자 측의 주장이 맞서고 있다.

도서관등에서의 저작물 이용에 대해서는 일정한 범위 내에서 저작권 보호의 예외를 인정할 필요가 있다는 공감대가 형성되어 있다. 하지만, 관련 국제조약에서는 그 구체적인 범위에 대해 규정하고 있지 않다. 다른 저작재산권 제한 및 예외에서와 마찬가지로 베른협약등 국제 조약에

서 정하고 있는 이른바 3단계 검사법(three-step test)이 적용되어야 한다.[170]

저작권법도 이러한 원칙에 따라 그 범위를 구체적으로 규정하고 있다 특히, 인터넷을 활용한 도서관 서비스에 대해서도 구체적으로 제한의 범위를 설정하고 이러한 제한으로 인한 저작권자의 경제적 이익의 손해를 보전하기 위한 공정한 보상 및 절차를 규정하고 있는 점은 특기할 만하다.

가. 일반 요건과 범위

법 제31조에 의한 저작권 보호의 예외를 적용받기 위한 요건은 예외 전체에 일관되게 적용되는 일반 요건과 특정한 이용을 위한 개별 요건으로 나누어 볼 수 있다.

(1) 일반요건

첫째, 주체적 요건: "도서관등"이 이용할 것

법 제31조에 의한 저작재산권 제한은 오로지 도서관등의 이용에만 적용되며, 비록 그것이 최종적으로는 도서관 이용자를 위한 것이기는 하지만 직접 도서관 이용자에 의한 이용 행위에는 적용되지 아니한다.

여기서 "도서관등"은 사실상 시설을 지칭하므로 복제 행위의 주체가 될 수 없다는 지적이 있었다. 이에, 2003년 개정법은 "당해 시설의 장을 포함"한다고 명시하였다. "당해 시설의 장"은 구체적으로 그의 권한을 위임받아 행사하며, 그의 지시와 감독을 받는 도서관 직원 등을 포함하는 것으로 이해된다.

---

170 Sam Ricketson, "WIPO Study on Limitations and Exceptions of Copyright and Related Rights in the Digital Environment," WIPO/SCCR/9/7(April 5, 2003), at 75-76.

제1항은 "도서관등"이란 도서관법에 의한 도서관과 도서등(도서·문서·기록 그 밖의 자료)을 공중의 이용에 제공하는 시설 중 대통령령이 정하는 시설을 말한다고 규정하고 있는데, 대통령령이 정하는 시설이란 다음과 같다.

- 도서관법에 따른 국립중앙도서관·공공도서관·대학도서관·학교도서관· 전문도서관(영리를 목적으로 하는 법인 또는 단체에서 설립한 전문도서관으로서 그 소속원만을 대상으로 도서관 봉사를 하는 것을 주된 목적으로 하는 도서관을 제외한다) 및 특수도서관
- 국가, 지방자치단체, 영리를 목적으로 하지 아니하는 법인 또는 단체가 도서·문서·기록과 그 밖의 자료(이하 "도서등"이라 한다)를 보존·대출하거나 그 밖에 공중의 이용에 제공하기 위하여 설치한 시설[171]

이용자의 요구에 따라 도서등을 복제하는 경우에, 반드시 도서관등에 의하여야 하는가에 대해서는, 일반적으로 도서관 직원의 감독 하에 이용자가 복제하는 경우에는 본 조가 적용된다고 본다.[172]

전문복사업자가 도서관 구내에 복사기를 설치하여 도서관 이용자 등의 요청에 따라 복제서비스를 제공하는 것은 이에 해당하지 않는다는 견해가 있지만,[173] 도서관 복사실의 운영 실태에 비추어볼 때, 전문복사업자가 도서관장의 지휘 감독 하에 복사서비스를 제공하는 경우에는 이를 이용자가 하는 경우와 달리 대상에서 배제하는 것은 합리적이라고 할 수 없다. 요컨대, 실제 복제 행위가 직접 도서관등에 의하여 이루어질 필요

---

171 일반적으로 도서관 이외의 기록보존소(archives)를 포괄하는 것으로 이해되지만, 국제적으로는 박물관도 이에 포함하는 추세이므로 유사한 기능을 수행하는 박물관도 해당될 수 있다. 미국 저작권청, 도서관을 위한 저작권 예외조항의 검토: 미국 저작권청장의 토론자료, 임원선 옮김 (한국저작권위원회, 2018) 및 영국 저작권법 제40조의B조 제42조 참조.

172 미국 저작권법은 복제하는 때에 저작권법에 따라야 한다는 경고 문구를 복제 장치에 표시하였으면, 감독 소홀로 발생한 저작권 침해에 대하여 도서관등은 책임을 지지 않는다고 규정하고 있다. 미국 저작권법 제108조(f)(1) 참조.

173 오승종, 저작권법 강의 제4판 (2023), 454쪽.

는 없고 다만, 그러한 복제가 도서관등의 통제 범위 내에서 이루어지면 족하다고 보아야 할 것이다.

둘째, 객체적 요건: 그 도서관등에 보관된 도서등을 활용할 것

이 규정을 적용받기 위해서는 그 도서관등에 보관된 도서등만을 시용해서 복제하여야 한다. 여기서 "보관된 도서등"이란 그 도서관이 실질적으로 점유하여 관리하고 있는 도서등을 말하며, 그에 대해 소유권까지 가지고 있을 필요는 없다. 도서관간 상호대차(inter-library loan)에 의해 관리하게 된 도서등도 이에 포함된다.

저작권법은 컴퓨터등을 이용하여 이용자가 다른 도서관등의 안에서 열람할 수 있도록 보관된 도서등을 복제·전송받은 경우에 그 도서등도 이에 해당한다고 규정하고 있다. 다만, 도서관 이용자가 스스로 가져온 도서 등을 사용해서 복제하는 경우에는 해당하지 아니한다.

저작권법이 "도서·문서·기록 그 밖의 자료"라 규정한 것은 그 대상을 한정하려는 것이 아니라 도서관이나 기록보존소 등 이 규정을 활용할 수 있는 기관이 취급하는 모든 자료를 지칭하려는 것으로 이해함이 타당하다.

도서관법상 "도서관 자료"나 공공기록물 관리에 관한 법률상 "기록물"을 모두 포괄하는 것으로 이해된다.[174] 예시된 도서, 문서, 기록 등의 표현으로 인하여 도서관 자료나 기록물이 수록된 유형적 매체를 도서등으로 오해할 수 있으나, 저작물의 경우와 마찬가지로 그러한 매체에 수록된 영상이나 음향 자료 등을 포함한 콘텐츠가 주된 대상이다.

174 도서관법 제3조(정의) 제2호 및 공공기록물 관리에 관한 법률 제3조(정의) 제2호 참조.

(2) 이용유형별 요건과 범위

첫째, 이용자의 요구에 의한 복제(제1항 제1호)

도서관 이용자의 요구에 의한 복제는 다음 요건을 충족하여야 한다.

① 이용자의 요구가 조사·연구를 목적으로 하는 것이어야 한다.

저작권법은 이용자의 요구가 조사·연구를 목적으로 하는 것이라야 한다고 규정하고 있으나, 이용자의 목적이 단순한 개인적인 취미나 오락용에만 그치는 경우를 배제하는 것으로는 이해되지 않는다. 단순한 개인적인 취미나 오락 목적을 조사나 연구 목적과 구분하는 것도 쉽지 않을뿐더러, 복제 요구를 받은 도서관이 이용자의 주관적인 목적이 그 중 어느 것에 해당하는지를 판단하거나 추궁한다는 것도 현실성이 없다. 결국, 이 요건은 선언적인 의미 이상의 별다른 중요성을 가지지 못한다고 보아야 할 것이다.[175]

② 공표된 저작물이어야 한다.

도서관등에서의 이용자에 대한 도서등의 열람 및 대출 등의 서비스는 저작물의 공표를 전제로 하는 행위이다. 이러한 이유에서 다른 저작재산권 제한 규정과 마찬가지로 도서관을 위한 제한 규정에서도 공표된 저작물을 대상으로 하고 있다.

이와 관련하여서는, 미공표저작물이라도 도서관이 이를 입수하게 된 경위에 비추어 저작권자가 도서관 이용자에 의한 열람 기타 사용을 허용하였다고 볼 수 있는 경우에는 공표된 저작물에 준하여 취급할 수 있다는 견해가 있었고,[176] 2011년 개정법은 이러한 의견을 수용하여, 공표하지 아니한 저작물을 저작자가 제31조의 도서관등에 기증한 경우 별도의 의사를 표시하지 아니하면 기증한 때에 공표에 동의한 것으로 추정하도

175 이형하, 저작권법상의 자유이용, 지적소유권에 관한 제문제(하), 재판자료 제57집 (1992), 388쪽.

176 전게논문, 389쪽

록 하였다.[177] 다만, 도서관은 저작물 이용에 있어서 공표의 중요성을 고려하여, 기증을 받은 때에 기증 자료의 공표 여부를 확인하여 기증자의 의사를 명확히 확인하는 절차를 밟는 것이 바람직하다.

③ 저작물의 일부분만을 복제하는 경우여야 한다.

"일부분"이 어느 정도에 해당하는가에 대하여는 논란이 있을 수 있다. 국제적으로도 이용자의 요구에 따라 제공할 수 있는 도서 등의 "일부분"이 어느 정도를 의미하는지에 대한 구체적인 기준은 아직 없고, 국가별로도 그러한 기준을 정하고 있는 예는 드물다.

예외적으로 호주 저작권법은 인쇄형태의 저작물은 저작물의 전체 쪽수의 10% 또는 몇 개의 장(章)으로 나누어진 저작물은 전체 또는 특정한 장의 쪽수의 10%를 초과하지 않아야 하며, 전자적인 형태로 발행된 저작물은 쪽수 대신 단어 수를 기준으로 하여 전체 단어 또는 특정한 장의 단어의 10%를 초과하지 않아야 한다고 규정하고 있다.[178]

하지만 실무에서는 이보다 더 완화된 기준을 적용하는 사례가 상당수 있다. 예를 들어, 우리 국립중앙도서관은 1/3, 일본의 도서관들은 1/2이라는 훨씬 완화된 기준을 적용하고 있다.[179]

그리고 논문집 등과 같은 저작물의 경우에 그에 수록된 기사나 논문 등에 대해서는 "일부분"을 달리 해석해야 한다는 논의가 있다. 즉, 논문집에 수록된 논문은 그 중 주요 부분을 전부 복제한다 하더라도 이는 일

---

177 저작권법 제11조 제5항.

178 호주 저작권법 제10조(2) - (2A)(2001).

179 국립중앙도서관 복제업무규정 제6조 참조. 일본에서는 1976년 9월, 저작권심의회 제4분과위 보고서에서 "적어도 절반을 넘지 않는 것을 의미한다"고 한 것에 근거하여, 일본국립국회도서관과 대학도서관 그리고 공립도서관 모두 1/2을 기준으로 하고 있다고 한다. "대학도서관에서의 문헌복제에 관한 지침"(2003. 1, 국공사립대학도서관 협력위원회), "공립도서관에서의 복사서비스지침"(2012.7, 전국공공도서관협의회). 일본 문화청, 도서관 관련 권리제한 규정의 재검토(디지털 네트워크 대응)에 관한 보고서, 임원선 옮김, 한국저작권위원회 (2020), 20쪽, 각주 39 참조.

부분의 복제로서 허용된다고 보아야 한다는 것이다.

이와 관련하여 2000년 개정법에서 종래 "저작물의 일부분"을 "도서등의 일부분으로" 개정한 것에 대해, 이 개정안의 초안자는 "정기간행물이나 논문집에 수록된 학술논문집의 경우 논문 자체가 하나의 전체적인 저작물이므로 현실적인 복제 관행과 일치되지 않는 점이 있으므로, 이번 개정에서는 도서등의 일부분을 복제할 수 있도록 하였다"라고 밝히고 있다.[180]

"일부분"의 구체적 기준은 저작물의 종류와 그 저작물이 이용되는 상황에 따라 달라질 수 있다. 이러한 구체적인 기준을 법률로 정하는 것은 복잡다기한 현실과 상황변화를 적절하게 반영하기 어려울뿐더러 경직되기 쉬우므로 바람직하지 않다. 따라서 정부 또는 제3의 독립 기관에서 저작권자 단체와 도서관 단체를 포함한 이용자 단체 사이에 협의를 통하여 기준을 마련한 후에 이를 고시하는 방법을 택하는 것이 바람직하다.

한편, 한 사람이 여러 번 복제를 요구하거나 여러 사람이 서로 분담하여 하나의 저작물의 일부분씩을 복제함으로써 결과적으로 저작물의 상당부분을 복사해서 저작물의 구매나 구독을 대체하는 경우도 문제가 된다. 이러한 방식으로 전체를 복제하는 것은 일부분만의 복제를 허용하는 저작권법의 취지를 잠탈하는 것이 되어 허용될 수 없다.[181]

도서관의 입장에서 이러한 행위를 통제한다는 것이 현실적으로 어려운 것이 사실이지만, 도서관등이 그러한 사실을 알았거나 알만한 상당한 이유가 있는 경우에도 도서 등을 복제하여 제공하였다면 이 규정에 의한 면책을 적용받기 어렵다고 보아야 할 것이다.

이 규정과 관련하여 주의할 점은 이 규정은 도서관등에 적용되지만 그

180 김태훈, "개정 저작권법 해설," 저작권심의조정위원회 편, 저작권 강연회 자료집 (2000), 6쪽.

181 미국 저작권법은 이를 명시적으로 규정하고 있다. 미국 저작권법 제108조(g) 참조.

이용자에게는 적용되지 않는다는 것이다. 저작권법은 공표된 저작물을 영리를 목적으로 하지 아니하고 개인적으로 이용하거나 가정 및 이에 준하는 한정된 범위 안에서 이용하는 경우에는 그 이용자는 이를 복제할 수 있다고 규정하고 있다.[182]

이용자가 직접 이 규정을 활용하여 자신의 휴대폰등을 활용해 도서등을 복제하거나 심지어 스캔하려 시도하는 경우에, 그것이 도서관 운영이나 다른 이용자의 이용에 방해가 되지 않는다면, 도서관등은 저작권법의 관련 규정을 활용하여 이를 통제하기 어렵다. 다만, 도서관이 휴대폰 거치대를 설치하는 등 이용자의 이러한 행위를 적극적으로 방조하거나 유인하는 것은 허용되지 않는다고 보아야 할 것이다.

④ 이용자의 요구에 따라 복제하여야 한다.

도시관등이 수요를 미리 예측하여 복제물을 작성·비치해 놓고 이용자에게 제공하거나 판매하는 형태는 이에 해당하지 않는 것으로 보아야 한다.[183] 일반 공공도서관보다는 학교도서관에서 발생할 수 있는 상황이다.

다만, 이 경우에는 저작권법 제25조(학교교육 목적 등에의 이용)의 규정이 적용될 수 있는지 검토가 필요하다. 이 규정의 경우에는 제31조와는 달리 저작물 전체를 복제하거나 복수의 복제물을 반복적으로 제작하는 경우도 허용될 수 있기 때문이다.

⑤ 1인 1부에 한정하여 제공하여야 한다.

연구 모임등이 그 이름으로 또는 그 대표자가 모임 구성원들을 위하여 여러 부의 복제를 요구한 경우에도 도서관등은 그러한 요구에도 불구하고 1인 1부만을 제공하여야 한다.[184] 다만, 앞서 언급하였듯이 제25조의 적용

182 저작권법 제30조.

183 허희성, 2000 신저작권법축조개설(상), 저작권아카데미 (2000), 135쪽.

184 허희성, 2000 신저작권법축조개설(상), 저작권아카데미 (2000),135쪽 및 이형하, 저작권법상의 자유이용, 지적소유권에 관한 제문제(하), 재판자료 제57집 (1992), 390쪽.

을 받는 대학도서관 또는 학교도서관의 경우에는 제31조와는 달리 보다 완화된 기준이 적용될 수 있음에 유의하여야 한다. 즉, 교수나 교사의 요청을 받아 교육을 받는 학생 수만큼 복제해 제공하는 것도 가능하다고 보아야 한다.

⑥ 디지털 형태의 도서등을 이 규정에 의하여 복제하는 경우에는 제5항의 규정에 의하여 문화체육관광부장관이 정하여 고시하는 기준에 의한 보상금을 저작재산권에게 지급하여야 한다.

국가, 지방자치단체 또는 고등교육법 제2조의 규정에 의한 학교를 저작재산권자로 하는 도서등으로서 그 전부 또는 일부가 판매용으로 발행된 것이 아니라면 보상금을 지급할 필요가 없다(법 제31조 제5항 단서).

이 밖에도 저작권법에서는 명시하고 있지 않지만, 이용자의 요구를 받은 도서관이 해당 도서 등을 소장하고 있지 않은 경우에는 도서관 간 협력 프로그램에 따라 이를 소장하고 있는 다른 도서관에 요청해 그 복제물을 이용자에게 전달하는 도서관 간 상호대차 서비스도 허용된다고 이해된다. 다만, 전달받은 복제물은 이용자에게 전달되어야 하며 전달받은 도서관 등이 이를 소장해서는 안 된다.[185]

둘째, 도서관등의 자료보존을 위한 복제(제2호)

도서관등이 자료의 보존을 위하여 복제하는 때에는 다음 요건을 충족하여야 한다.

① 자료의 자체 보존을 위한 필요성이 있어야 한다.

도서관은 자체적인 필요에 의해 즉, 소장공간이 부족하여 자료를 마이크로필름 등에 의하여 축소 복제한 후 보존하는 경우, 또는 소장 자료가 손상

---

185 허용되는 도서관 간 상호대차의 범위와 제한 등에 대해 명시적으로 규정할 필요가 있다. 관행적으로 '5의 규칙(rule of 5)'이 통용되는데, 이는 발행된 지 5년 이내의 정기간행물의 경우에는 한 해에 하나의 정기간행물에 수록된 논문에서 5부 이내의 복제물까지, 정기간행물 이외의 경우에는 한 해에 어느 저작물에서 일부분의 복제물을 5부 이내로 요청할 수 있다는 것이다. 미국 저작권청, 「도서관을 위한 저작권 예외조항의 검토」, 39-40쪽 참조.

되어 이를 보완하기 위하여 복제하는 경우 등을 들 수 있다. 다른 도서관등에 의한 자료의 보존을 위해 도서등을 제공하기 위해 복제하는 것은 제2호가 아니라 다음의 제3호에 해당하게 된다.

자료 보존 목적의 복제와 관련하여 디지털 자료의 특수성에 유의할 필요가 있다. 즉, 디지털 자료는 그 자료를 읽고 보고 듣고 또는 작동(이제부터 "향수"라 한다.)하기 위해서는 일정한 하드웨어 또는 소프트웨어가 필요한데, 특정한 형식의 자료를 향수할 수 있게 하는 하드웨어나 소프트웨어는 기술발전이나 시장상황에 따라 더 이상 생산되거나 판매되지 않게 되는 경우가 많다.

도서등과 함께 그러한 형식의 자료를 재생하거나 작동할 수 있게 해 주는 하드웨어나 소프트웨어가 함께 보존되지 않는다면 비록 도서등을 보존하더라도 그 형식으로 제작되거나 보존된 도서등을 더 이상 향수할 수 없게 되어 자료 보존의 실질적인 의미가 상실될 수 있다.

이러한 이유에서 더 이상 생산되거나 판매되지 않는 형식의 자료를 향수할 수 있는 형식으로 변환하는 것(이것도 저작권법상 복제에 해당한다)도 도서관등의 자료 보존을 위한 복제로서 허용되는 것으로 해석되어야 할 것이다.[186] 참고로 미국 저작권법은 이를 명시적으로 규정하고 있다.[187]

② 이 경우에 복제할 수 있는 범위는 저작물등의 전체도 가능하다.

이 점에서 복제가 단지 저작물등의 일부분으로 제한되는 제1호와 구별된다. 다만, 그 부수는 일반적으로 1부에 한정되며, 열람용과 보존용을 따로 소장하기 위하여 복제하는 것은 허용되지 않는 것으로 보아야 한다.

다만, 망실의 가능성에 대비하기 위한 복제라면 이를 구태여 1부로 제한할 필요는 없을 것이다. 일례로 미국 저작권법은 이러한 목적의 복제를 하

186 임원선 옮김, 디지털 딜레마, 한울아카데미(2001), 181-189쪽 참조.

187 미국 저작권법 제108조(c).

는 때에는 3부까지 허용하고 있다.[188]

③ 그 도서등이 디지털 형태로 판매되고 있는 경우에는 이를 디지털 형태로 복제할 수 없다.

어느 도서등이 이미 디지털 형태로 판매되고 있다면 그 도서관등이 보관 중인 도서등을 활용하여 이를 스스로 다시 디지털 형태로 복제하는 것은 면책되지 아니한다. 이러한 경우에는 도서관등이 보존목적으로 도서등을 디지털 형태로 복제할 수 있도록 저작권을 제한할 필요성이 크지 않다고 할 수 있다.

다만, 어떤 도서등이 단순히 디지털화된 것만으로는 부족하며 그 형태로 시중에 판매되고 있어야 한다. 따라서 어느 도서등이 디지털 형태로 판매되다가 상업적인 이유로 그 서비스가 중단된 경우에는 도서관등이 다시 이를 디지털 형태로 복제할 수 있게 된다.

④ 디지털 형태로 도서등을 복제하는 경우에는 보호되는 권리의 침해를 방지하기 위하여 복제방지조치 등 대통령령이 정하는 필요한 조치를 하여야 한다.

제2호의 규정에 의하여 디지털 형태로 도서 등을 복제하는 경우에는, 제7항의 규정에 따라 저작권 그 밖에 저작권법에 의하여 보호되는 권리의 침해를 방지하기 위하여 복제방지조치 등 대통령령이 정하는 필요한 조치를 하여야 한다.

셋째, 다른 도서관등의 요구에 따른 복제(제3호)

도서관등이 다른 도서관등의 요구에 따라 절판 그 밖에 이에 준하는 사유로 구하기 어려운 도서등의 복제물을 보존용으로 제공하는 경우에는 다음 요건을 충족하여야 한다.

188 미국 저작권법 제108조(c).

① 다른 도서관등의 요구가 있어야 한다.

다른 도서관등의 요구가 있어야 한다. 다른 도서관등의 요구가 아니라 미리 그 수요를 적극적으로 파악하여 제공하는 것은 규정의 취지에 부합하지 않는다.

또한 이때 그러한 요구를 하는 도서관등도 제1항 본문에서 정하는 시설에 해당하여야 한다. 즉, 복제물을 요구하고 또 이러한 요구에 응하여 복제물을 제공하는 당사자가 모두 법에서 정하고 있는 요건에 해당하는 도서관등이어야 한다.

② 절판 그 밖에 이에 준하는 사유로 구하기 어려운 저작물이어야 한다.

해당 도서등을 구하기 어려운 사유가 절판 그 밖에 이에 준하는 것이어야 한다. 예를 들어, 외국 저작물이어서 구매하는 데 오랜 시간이 걸린다거나 고가의 저작물이어서 경제적으로 구하기 어렵다거나 하는 사정은 이에 해당하지 아니한다. 절판 그 밖에 이에 준하는 사유라 함은 일반적으로 시장에서 합리적인 가격에 구매할 수 없는 경우를 말하며, 중고시장을 뒤져서 아주 비싼 가격에 구매해야 하는 경우라면 이에 해당한다고 보아야 할 것이다.

③ 디지털 형태의 복제물 제공은 허용되지 아니한다.

이 규정은 열악한 도서관 여건을 고려하여 도서관 간의 협조를 통하여 당해 도서관이 미처 확보하지 못한 도서등을 보존목적으로 취득할 수 있도록 하려는 취지로 이해된다. 하지만 복제 비용이 지극히 낮은 디지털 형태의 복제에 대해서도 이를 허용할 경우 도서등을 전자책 등의 방법으로 상업적으로 서비스할 가능성을 제약할 수 있기 때문에 이를 제한하고 있다.

대신에 제3항의 규정에 따라 이를 다른 도서관의 이용자가 열람할 수 있도록 복제·전송할 수 있으므로 그 도서관이 소장하고 있지 아니한 도서 등도 이용자에게 손쉽게 서비스할 수 있다.

④ 보존용으로만 제공할 수 있다.

이 규정의 맥락을 보면 이 규정은 "도서관간 상호대차"를 위한 것으로 오해할 수 있다. 하지만, 저작권법은 복제물 제공의 목적을 "보존용"으로 명시하고 있다. 이를 달리 해석할 여지가 없다. 그렇다면 이 규정의 "보존용으로"는 삭제되어야 마땅하다. 이러한 제한 때문에 도서관계가 이용자의 요청에 부응하기 위하여 오랫동안 발전시켜온 도서관간 상호대차의 관행을 활용할 수 없게 된다.[189]

도서관간 상호대차는 이용자가 그 도서관이 소장하고 있지 않은 자료를 요청하여, 도서관이 그 요청에 응하기 위해 그 자료를 입수하고자 하였으나 절판 그 밖에 이에 준하는 사유로 구하기 어려운 경우에, 이를 소장하고 있는 도서관의 도움을 받아 그러한 요청에 부응할 수 있도록 하려는 것이므로, 도서관은 "보존용으로" 제공되는 복제물을 활용하여 서비스할 수 없다.

다만, 도서관간 상호대차 서비스와 관련해, 도서관등이 정기간행물의 구독을 분담하고 정기간행물을 공유하기 위해 이를 이용하는 것은 허용되지 않는다고 보아야 할 것이다.[190] 일부 대학도서관들이 각각 특정 분야의 전자저널을 분담하여 구독하는 방식으로 구독료를 줄이려 시도하는 것은 저작권법이 허용하는 도서관간 상호대차 제도의 취지를 악용하는 것이 될 수 있다.

나. 전자도서관을 위한 제한 규정

저작권법은 전자도서관을 염두에 두고 그 도서관등과 다른 도서관등에

189 현재로서 도서관간 상호대차의 근거는 제1호를 적극적으로 해석하는 수밖에 없는 것으로 보인다.

190 미국 저작권청, 도서관을 위한 저작권 예외조항의 검토, 44-45쪽 참조.

서 이용자가 도서 등을 열람할 수 있도록 저작물을 복제·전송할 수 있도록 하는 규정을 두고 있다.[191] 그 요건을 살펴보면 다음과 같다.

(1) 일반요건

도서등을 디지털 형태로 복제·전송하는 전자도서관의 경우에는, 앞서 언급한 요건들 이외에도 다음의 요건을 충족하여야 한다.

첫째, 도서관등의 이용자의 열람을 목적으로 하는 복제·전송이라야 한다.

일반적으로 열람이란 저작물을 시각적으로 보는 행위를 말한다. 하지만, 도서관 이용의 관행상 이에 국한되는 것은 아니며, 청취하거나 시청하는 행위를 포함하는 것으로 이해된다. 따라서 음반이나 영상저작물의 복제·전송을 통해 이를 청취하거나 시청하게 하는 행위도 이에 포함되는 것으로 이해된다.

이렇게 복제·전송된 도서등은 제1항 제1호에 따라서 복제하는 경우에 이를 활용할 수 있다. 그 밖에 이용자가 이를 직접 복제할 수 있도록 전송하는 것은 허용되지 않는다. 제1항 제3호의 경우에도 디지털 형태로 복제할 수 없으므로 이를 위한 복제·전송도 허용되지 않는다고 보아야 할 것이다.

둘째, 그 도서등이 이미 디지털 형태로 판매되고 있는 경우에는 디지털 형태로 복제할 수 없다.

제1항 제2호에 의한 복제의 경우와 마찬가지로, 그 도서 등이 이미 디지털 형태로 판매되고 있다면 그 도서 등을 디지털 형태로 복제할 수 없다. 그러나 이 규정은 복제에만 미칠 뿐 다른 이용에는 미치지 않는다. 즉, 저작

---

191 당초 이 규정은 2000년 개정법(법률 제6134호)을 통해 도입되었으나, 전자도서관 구축의 편의 및 활성화에 치중하여 저작권을 지나치게 제한한 것이라는 비판이 높았다. 이에 2003년 개정법(법률 제6881호)은 그 예외의 폭을 조정하고 이에 대하여 보상금을 지급하도록 함으로써 이를 보완하였고, 그 골격은 2007년 시행된 전부개정법(법률 제8101호)과 그 이후에도 유지되고 있다.

권법은 도서관등이 기왕에 합법적으로 구축한 데이터베이스는 이를 사장함이 없이 이용자를 위하여 서비스할 수 있도록 하고 있다. 어느 도서등이 디지털 형태로 판매되는 당시에 도서관등이 이미 디지털 형태로 복제하였다면 이를 제2항 및 제3항의 규정에 따라 그 도서관 안에서 또는 다른 도서관 안에서의 이용자의 열람을 위하여 전송할 수 있다.

이 규정은 온라인 데이터베이스 서비스를 제공하는 민간업체와 전자도서관 서비스를 위해 데이터베이스를 구축하는 도서관 간의 이해관계를 조율하기 위한 것이다.

제2항 및 제3항의 규정에 의하여 도서관등은 도서등을 저작권자의 허락을 받을 필요 없이 디지털 형태로 복제할 수 있으므로, 저작권자의 허락을 받아 복제해야 하는 출판사등은 도서관등과 경쟁할 수 없다. 이렇게 되면, 저작권법으로 인하여 도서등의 온라인 데이터베이스 서비스 산업이 발전하지 못하는 사태가 초래되고, 결과적으로는 저작권자의 정당한 이익을 지나치게 저해하는 결과가 초래되게 될 수 있다.

이에 어느 도서등이 이미 디지털 형태로 판매되고 있는 경우에는 도서관등이 이를 디지털 형태로 복제할 수 없도록 함으로써 상업성이 있는 도서등의 경우에는 이를 기업체가 우선적으로 사업화할 수 있도록 하는 것이 저작권법의 취지에 합당하다고 할 수 있다.

셋째, 디지털 형태로 복제하거나 전송하는 경우에는 보호되는 권리의 침해를 방지하기 위하여 복제방지조치 등 대통령령이 정하는 필요한 조치를 하여야 한다.

(2) 이용유형별 요건과 범위

첫째, 그 도서관등의 안에서의 열람을 위한 복제·전송

도서관등은 그 도서관등의 안에서의 열람을 위해 도서등을 복제하거나 전송할 수 있다. 다만, 다음의 요건을 충족하여야 한다.

① 그 도서관등의 안에서의 열람을 위한 것이어야 한다.

"그 도서관등의 안"이란 도서관등의 구내(on the premises)를 말한다.[192] 따라서 대학 등의 경우 비록 교내라 할지라도 교수연구실 등에서의 열람을 위해 복제·전송하는 것은 이에 해당하지 않는다. 도서관등이 여러 동의 건물로 이루어진 경우에도 그 건물들이 하나의 조직에 속해 있다면 특정 건물의 구내는 그 도서관등의 안으로 이해될 수 있다.

문제는 대학교 내에 각 단과 대학별로 자료실 등이 운영되고 있는 경우이다. 이 경우, 비록 하나의 대학교에 속해 있다고 하더라도 그 단과대학 자료실들이 대학 중앙도서관의 지휘·감독을 받는 것이 아니라 독립적으로 운영되고 있다면 이를 하나의 도서관이라고 하기 어려우며, 따라서 별개의 도서관으로 보아야 할 것이다. 이러한 경우에는 제2항이 아닌 제3항의 적용을 받아야 할 것이다.

② 동시에 열람할 수 있는 이용자의 수는 그 도서관등에서 보관하고 있거나 권리자로부터 이용허락을 받은 부수를 초과할 수 없다.

이 규정은 전자도서관의 취지를 인정하면서도 그 운영으로 인하여 저작권자가 입는 경제적 이익의 손실을 최소화하려는 취지를 담고 있다. 도서등을 디지털 형태로 복제하여 열람을 원하는 이용자들에게 전송의 방법으로 서비스하는 것은 도서등을 책의 형태로 대출하는 것보다 훨씬 효율적이다.

디지털 형태로 복제한 후에도 원본 도서 등은 여전히 대출할 수 있고, 디지털 자료의 열람은 도서등의 대출과는 달리 대출된 도서등의 반납을 기다릴 필요도 없이 열람이 끝남과 동시에 가능해지므로 즉각적이라고

192 법원은 경기도사이버도서관이 교보문고등과 계약을 체결하여 도서관 외의 이용자에게까지 전자책 서비스를 제공한 데 대해, 이것이 서비스 범위를 도서관등의 안으로 제한하고 있는 저작권법 제31조에 위반하여 관외열람을 허용하는 것이라는 출판사측 주장을 기각하였다. 서울고등법원 2024. 9. 26. 선고 2023나2026187 판결. 이 판결은 대법원 2025. 1. 23. 선고 2024다295913 판결에서 인용되었다.

할 수 있다. 따라서 일정한 기간에 훨씬 많은 사람이 열람할 수 있다. 그만큼 저작권자의 이익을 저해하는 정도가 심하다고 할 수 있다.

여러 사람이 동시에 보아야 할 정도로 인기있는 도서는 대학도서관에서 그 학기 교양 과목 교재로 선택된 도서를 여러 권 구입하는 경우가 있는데, 전자도서관이 구축된 후에 디지털화된 교재로 이를 대체하는 것은 저작권자와 출판사의 정당한 이익을 부당하게 저해하는 것일 수 있다.[193]

다만, 이 규정은 보상금 지급 의무가 없는 제2항의 규정에 따른 전송에만 적용되고, 보상금 지급 의무가 발생하는 제3항의 규정에 따른 전송에는 적용되지 아니한다.

둘째, 다른 도서관등의 안에서의 열람을 위한 복제· 전송

도서관등이 다른 도서관등의 안에서의 열람을 위해 도서등을 복제하거나 전송하는 때에는, 앞서의 요건에 추가하여 다음 요건을 충족하여야 한다.

① 그 전부 또는 일부가 판매용으로 발행된 도서등은 그 발행일부터 5년이 지나야 이를 복제하거나 전송할 수 있다.

도서등의 일부가 판매용으로 발행되는 경우란 두 가지로 나누어 볼 수 있다. 하나는 편집저작물의 경우에 이를 구성하는 저작물의 일부가 판매용으로 발행된 경우이고, 다른 하나는 전체 발행 부수의 일부는 비매용이지만 다른 일부가 판매용으로 발행된 경우이다. 여기서는 이 두 가지 경우 모두를 포괄하는 것으로 이해된다. 비매용으로 발행된 도서 등은 5년이 지나기를 기다릴 필요 없이 이를 복제하거나 전송할 수 있다.

"발행일부터 5년"이란 기간은 논리적인 계산에 기초한 결과라기보다

---

193 다만, 이 규정대로라면 도서관이 보존서고 문제 등으로 자료를 폐기해야 하는 경우에, 디지털화한 자료도 관내에서 열람하게 할 수 없게 되는 문제가 있을 수 있다.

는 저작권계와 출판계, 그리고 도서관계가 전자도서관의 구축과 서비스를 둘러싸고 서로 간의 이해관계를 조절한 결과이다.

발행일부터 5년이 지난 경우에는 적어도 "대부분"의 도서등이 일반적인 유통경로를 통해 제공되고 있지 않을 것이므로, 이를 디지털화 하여 다른 도서관에 전송하더라도 그 저작권자와 출판사의 합법적인 이익을 부당하게 저해하게 될 가능성이 비교적 낮다고 할 수 있다.[194]

참고로, 미국 저작권법은 어느 저작물의 저작권 보호기간이 20년 이내로 남은 경우에 도서관등이 조사를 통해 그 저작물이 상업적으로 이용되고 있지 않거나, 그 도서등을 합리적인 기격에 구매할 수 없다는 것을 확인했거나, 또는 저작권자가 그러한 사실을 통보한 경우에 그 도서 등을 디지털 형태로 복제하거나 전송할 수 있도록 규정하고 있다.[195]

② 디지털 형태의 도서 등을 이 규정에 의하여 복제하거나 전송하는 경우

---

194 이와 관련하여 일본은 저작권법을 개정하여 폭넓은 이용을 허용하고 있다. 그 내용은 크게 두 가지이다.
첫째, 국립국회도서관이 디지털화된 "절판 등 자료"를 다른 도서관뿐만 아니라 미리 등록한 이용자에게도 인터넷으로 송신할 수 있도록 하고, 이용자는 직접 사용에 필요한 복제(프린트) 및 공공시설에서의 비영리 무료 공연을 할 수 있도록 하였다. 여기서 절판등 자료는 국립국회도서관장이 입수가능성 조사를 통해 게시한 목록에 대해 저작권자, 출판권자 또는 그의 허락을 받은 자가 소명자료를 첨부하여 제외를 신청하고 3개월 이내에 이에 해당하지 않을 개연성이 높다고 인정되면 제외하는 절차로 확정된다. 다만, 법 규정과 달리 "당사자 사이의 협의에 기초한 운영"을 통해 만화, 상업잡지, 출판된 논문 등은 제외하고, 사전 및 사후절차를 통해 전송대상 자료에서 제외하도록 하고 있다. 일본 저작권법 제31조 제4항 내지 제7항(개정법 시행 후에는 제6항 내지 제11항) 및 일본 문화청, 개정 저작권법 설명자료 참조.
둘째, 일정한 요건을 갖춘 특정 도서관등에서는 역시 미리 등록한 이용자에게 조사연구의 용도로 제공하기 위하여 공표된 저작물의 일부분(저작권자의 이익을 부당하게 해치지 아니하다고 인정되는 특별한 사정이 있는 것으로 시행령으로 정하는 것에 있어서는 그 전부)을 복제하고 공중송신할 수 있고, 이용자는 필요한 한도 내에서 그 저작물을 복제할 수 있다. 다만, 이에 대해서는 도서관 설립주체가 상당한 액수의 보상금을 저작권자에게 지불하여야 한다. 다만, 이는 수익자부담 원칙에 따라 이용자에게 전가될 것으로 예상된다. 일본 저작권법 제31조 제2항 및 제5항 그리고 제104조의10의2, 제104조의10의4 및 제104조의10의5 참조. 이에 관해서는 임원선, 천상의 도서관 서비스는 한낱 꿈에 불과한가 (1-2), 국립어린이청소년도서관, 「도서관 이야기」, (2023. 9월호 및 11월호), 167-168쪽참조.

195 미국 저작권법 제108조(b) 참조.

에는 제1항 제1호의 규정에 따라 디지털 형태의 도서등을 복제하는 경우와 마찬가지로 제5항의 규정에 따라 문화체육관광부장관이 정하여 고시하는 기준에 의한 보상금을 저작재산권자에게 지급하여야 한다.

다. 보상금의 지급

도서관이 디지털화한 자료나 다른 도서관에서 전송받은 그러한 자료를 프린트하는 경우 또는 다른 도서관에서 열람할 수 있도록 전송하는 경우에는 저작권자의 허락을 받지 않아도 된다. 다만, 그에 대해 문화체육관광부장관이 정해 고시하는 기준에 따른 보상금을 저작재산권자에게 지급해야 한다(법 제31조 제5항).[196]

다만, 국가, 지방자치단체 또는「고등교육법」제2조의 규정에 의한 학교를 저작재산권자로 하는 도서 등으로서 그 전부 또는 일부가 판매용으로 발행된 것이 아니라면 보상금을 지급할 필요가 없다.

도서관은 저작물을 복제하고 전송하는 주체로서 보상금 지급 의무를 지지만 이 비용을 수익자에게 전가할 수 있다. 이는 디지털 형태로 복제한 자료를 이용하면 저작권자의 합법적인 이익이 부당하게 저해될 수 있으므로 보상금 지급을 통해 이를 보전하려는 조치이다.

저작권법은 이 보상금에 관한 청구권의 행사에 대해, 저작물의 교육목적 이용에 대한 보상금에 관한 규정을 준용해 문화체육관광부장관이 지정하는 단체를 통해서만 행사할 수 있도록 제한하고 있다(법 제31조 제6항).[197]

보상금 지급에 관한 이 규정은 저작권법 제62조의2에 따라 출판권에

---

196 이 책 말미의 별표 6 참조. 법 제24조의2(공공저작물의 자유이용)와 관련하여, 국가 또는 지방자치단체의 저작물의 경우, 비록 그 전부 또는 일부가 판매용으로 발행되었더라도 동 조의 예외에 해당하지 않는다면 보상금을 지불하지 않아도 된다.

197 문화체육관광부는 그 단체로 (사)한국문학예술저작권협회를 지정하였다. 문화체육관광부 고시 제2025-34호 (2025. 7. 23.) 참조.

준용된다. 따라서 출판권설정계약에 따라 출판권을 설정받은 출판권자는 저작권법 제25조에 따른 학교교육목적의 저작물 이용에 대한 보상금과 달리 이 규정에 의한 보상금을 지급받을 수 있다.

이렇듯 보상금 지급을 차별하는 것에 대하여, 헌법재판소는 이 규정에 의한 보상금 지급의 대상이 되는 디지털 형태의 도서를 출력하는 행위와 도서관간 자료의 전송 행위는 도서의 판면까지 포함되어 출판된 간행물 그대로가 복제되는 특징이 있으므로 기존 출판물의 수요가 대체될 위험성이 높다고 볼 수 있는 반면, 학교교육목적의 저작물 이용의 경우에는 주로 판면 그대로의 간행물을 복제한다기보다는 학교교육목적을 위하여 그 내용적인 측면, 즉 정보전달적인 측면에 주목하여 간행물의 일부를 이용하는 것이라는 점에서 그 이용태양이 본질적으로 동일하다고 볼 수 없으므로 헌법상 평등원칙에 위반되지 않는다고 보았다.[198]

라. 기술조치

제2항 및 제3항의 규정에 따라 도서등을 디지털 형태로 복제하거나 전송하는 경우에는 제7항의 규정에 따라 저작권 그 밖에 저작권법에 의하여 보호 되는 권리의 침해를 방지하기 위하여 복제방지조치 등 대통령령이 정하는 필요한 조치를 하여야 한다. 대통령령이 정하고 있는 조치들은 다음과 같다.[199]

(도서관등의 복제방지조치 등 필요한 조치) 법 제31조제7항에서 "대통령령이 정하는 필요한 조치"란 다음 각 호의 조치를 말한다.

첫째, 불법 이용을 방지하기 위하여 필요한 다음 각 목에 해당하는 기술적 조치

198 헌법재판소 2025. 7. 17. 선고 2023헌가8 결정 참조.
199 저작권법 시행령 제13조.

① 령 제12조에 따른 시설(이하 "도서관등"이라 한다)의 이용자가 도서관등의 안에서 열람하는 것 외의 방법으로는 도서등을 이용할 수 없도록 하는 복제방지조치

② 도서관등의 이용자 외에는 도서등을 이용할 수 없도록 하는 접근제한 조치

③ 도서관등의 이용자가 도서관등의 안에서 열람하는 것 외의 방법으로 도서등을 이용하거나 그 내용을 변경한 경우 이를 확인할 수 있는 조치

④ 판매용으로 제작된 전자기록매체의 이용을 방지할 수 있는 장치의 설치

둘째, 저작권 침해를 방지하기 위한 도서관 직원 교육

셋째, 컴퓨터 등에 저작권 보호 관련 경고표지의 부착

넷째, 법 제31조제5항에 따른 보상금을 산정하기 위한 장치의 설치

마. 온라인 자료의 수집

국립중앙도서관은 온라인 자료를 보존하기 위해 수집하는 경우에는 해당 자료를 복제할 수 있다(법 제31조 제8항).

이는 우리나라에서 서비스되는 온라인 자료 중에서 보존가치가 높은 자료를 국립중앙도서관이 선정해 수집·보존하도록 하고 있는 도서관법의 규정에 따라 국립중앙도서관이 이를 원활하게 할 수 있도록 저작재산권을 일부 제한한 것이다.[200]

학술분야의 자료도 차츰 인쇄물로 발행되기보다는 온라인으로만 발표되고 다른 학술자료에서 이를 인용하는 사례가 늘고 있다. 하지만 온라인에 게시되는 자료는 인쇄자료와 달리 시간이 지나면 사라지거나 위

200 도서관법 제22조 참조.

치가 바뀌어 다시 참조하기 어려운 경우가 많은데, 이는 연구결과에 대해 공유 및 협력 메커니즘이 작동하는 것을 저해할 수 있다.

이에 게시된 원자료가 삭제되거나 변경되더라도 그 자료에 접근할 수 있도록 웹 아카이빙(web-archiving)을 할 필요가 있다. 저작권법은 이러한 필요성을 인정해 도서관법상 이 업무를 담당하는 국립중앙도서관이 보존가치가 높은 자료를 선정해 수집·보존할 수 있도록 허용하고 있다.

12. 문화시설에 의한 복제 등

국립중앙도서관, 국회도서관, 국립중앙박물관, 국립현대미술관 등 국가나 지방자치단체가 운영하는 문화예술 활동에 지속적으로 이용되는 시설 중 일정 시설은 시행령으로 정하는 기준에 해당하는 상당한 조사를 했는데도 공표된 저작물(외국인의 저작물을 제외한다)의 저작재산권자나 그의 거소를 알 수 없는 경우 그 문화시설에 보관된 자료를 수집, 정리, 분석, 보존해 공중에게 제공하기 위한 목적(영리를 목적으로 하는 경우를 제외한다)으로 그 자료를 사용해 저작물을 복제, 배포, 공연, 전시 또는 공중송신할 수 있다(법 제35조의4 제1항).

대상이 되는 문화시설로는 우선 특정 도서관을 꼽을 수 있는데, 도서관에 대해서는 앞서 살펴본 것처럼 도서관 등에서의 복제 등에 대한 예외 조항이 이미 있기 때문에, 이 규정은 이에 포섭되지 않은 이용에 적용될 수 있을 것이다. 다음 두 가지 경우를 예상할 수 있다.

첫째, 도서관 등에서의 이용에서 앞서 말한 도서관 등에서의 복제 등에 해당하지 않는 이용이다. 도서관 등에서의 복제는 일부분만, 그것도 아날로그 방식으로 해야 하는 등의 제한이 있으나, 이 규정에 따를 경우 이러한 제한이 사라진다. 또한 도서관 등에서의 복제 등에 관한 규정은 공연이나 전시, 그리고 관외 전송에 대해서는 규정하고 있지 않으므로, 이에 대해서는 이 규정을 활용할 수 있을 것이다.

둘째, 도서관 등에 포섭될 수 없는 문화시설에 의한 이용이다. 저작권법상 '도서관 등'에 해당하지 않는 박물관 등 문화시설에 의한 이용에 대해서도 활용이 가능할 것이다.

저작물의 저작재산권자나 그의 거소를 확인하기 위한 상당한 조사를 하는 것으로 족하고, 문화체육관광부장관(문화체육관광부장관으로부터 권한을 위탁받은 한국저작권위원회)의 승인을 받거나 보상금을 미리 공탁하지 않고도 이용할 수 있다는 점에서 저작재산권자 불명인 저작물의 이용(법 제50조)과 구별된다.

저작재산권자는 허락받지 않은 이러한 문화시설이 자신의 저작물을 이용하는 것에 대해 이를 중단할 것을 요구할 수 있고, 이 경우 요구를 받은 문화시설은 지체 없이 이용을 중단해야 한다. 저작재산권자는 그 이용에 대해 보상금을 청구할 수 있으며, 문화시설은 저작재산권자와 협의해 보상금을 지급해야 한다.

보상금에 대해 협의가 성립되지 않을 경우 문화시설이나 저작재산권자는 문화체육관광부장관에게 보상금 결정을 신청해야 한다. 문화체육관광부장관은 보상금 결정 신청이 있는 경우에 저작물의 이용 목적, 이용 범위 등을 고려해 보상금 규모 및 시기를 정한 후에 이를 문화시설 및 저작재산권자에게 통보한다(법 제35조의4 제2항 내지 제5항).

저작권법은 기이용에 대한 보상금 지급만 언급하고 있지만, 문화시설은 저작재산권자와 협의되거나 문화체육관광부장관에 의해 결정된 보상금을 기초로 저작재산권자와 향후의 이용에 대한 계약을 체결해 이용을 지속할 수도 있을 것이다.

문화시설이 이 규정에 따라 저작물을 이용하려는 경우에는 시행령이 정하는 바에 따라 저작물의 목록 및 내용 등과 관련된 정보를 게시하고 저작권 등의 침해를 방지하기 위한 복제방지조치 등을 취해야 한다(법 제35조의4 제6항).

이 규정은 다른 규정과의 관계에 대해서는 언급하고 있지 않으나, 앞서 말한 도서관 등에서의 복제 등에 관한 규정(법 제31조)과 저작재산권자 불명인 저작물의 이용에 관한 규정(법 제50조)이 문제 된다. 이에 대해 도서관은 이 두 규정을 이 규정과 선택적으로 활용할 수 있을 것이다. 이 규정이 허용하는 이용의 폭이 넓어서 활용 가능성이 있지만, 성실한 조사를 해야 하고 나중에 저작권자가 등장해 보상금을 청구하는 경우에 처리가 번잡해질 수 있기 때문이다.

국내에서 출판되는 서적의 상당 부분이 번역서인 점을 고려하면, 외국인의 저작물을 대상에서 모두 제외한 것은 이 규정의 실효성을 크게 제약할 수 있다. 번역서는 이미 저작권자의 허락을 받아 국내에서 출판된 것이므로 일반적인 외국인의 저작물과 구별해서 취급할 필요가 있다. 이에 포함된 삽화나 사진 등도 마찬가지이다.

다만, 이 규정은 도서관의 실제 저작물 이용 관행과 어긋나서 활용에 한계가 있다. 도서관은 전자저널 등의 구독 이외에는 저작권자의 허락을 받아서 저작물을 이용하는 것에는 익숙하지 않다. 이 규정이 도입된 지 상당한 기간이 경과하였음에도 활발하게 활용되지 못하는 사실로 이를 확인할 수 있다.

도서관에게는 허락을 받아 이용하려 했으나 권리자 불명이어서 이용하지 못하는 문제에 대한 해결방안인, 유럽연합식의 "고아저작물 접근법"보다는, 더 이상 상업성이 없어서 시장에 공급되지 않는, 그래서 도서관이 권리자의 허락없이도 이에 대한 접근을 제공할 수 있도록 하는 일본식의 "절판도서 접근법"이 보다 적절할 수 있다.

13. 시험문제를 위한 복제 등

학교의 입학시험이나 그 밖에 학식 및 기능에 관한 시험 또는 검정을 위해 필요한 경우에는 그 목적을 위해 정당한 범위에서 공표된 저작물을 복제, 배포 또는 공중송신할 수 있다. 다만, 영리를 목적으로 하는 경우에는 그렇지 않다(법 제32조 및 제101조의3 제1항 제5호).

시험문제를 출제하면서 기존의 소설이나 시를 지문으로 사용하는 경우가 있다. 이때 시험이라는 용도의 특성상 시험 전까지 비밀이 유지되는 것이 중요하므로, 이에 대해 사전에 저작권자의 허락을 받도록 하는 것은 합리적이지 않다. 또한 시험문제의 출제에는 매우 다양한 저작물이 단지 부분적으로만 이용되는 경우가 많다. 허락을 받기 위한 거래비용을 고려하면 이에 대해 일일이 저작권자의 허락을 받도록 하는 것은 현실적이지 않다.

이렇게 보면, 시험문제를 위한 복제 등에 대한 예외는 공익적 필요에 따라 저작물 이용의 경제적 부담을 줄여주기 위한 것이라기보다는 저작권의 배타적 성격으로 인해 이를 관철할 경우에 초래될 수 있는 부작용을 고려한 측면이 크다는 것을 알 수 있다.[201]

이 예외는 시험을 위해 필요한 정당한 범위 안에서 허용되는 것이므로, 상업적으로 간행된 문제집을 베껴서 출제하거나 필요한 범위를 넘어서서 관련 저작물의 상당한 부분을 복제하는 것은 이 규정의 적용을 받을 수 없다.

여기서 '영리를 목적으로 하는 경우'는 좁게 해석하는 것이 일반적이다. 즉, 시험을 출제하는 주체가 영리기업이라도 시험을 출제하는 행위

---

201 임원선, 『저작권 이용허락 효율화를 위한 법적 방안 연구』(한국저작권단체연합회, 2007), 144-145쪽 참조.

자체가 비영리이면 이에 해당하는 것으로 본다.

예를 들어, 사기업이 직원 채용을 위해 시험을 출제하는 경우에도 이 규정의 적용을 받을 수 있다. 시험문제로서의 복제에 대한 예외가 저작권의 배타적 성격으로 인한 문제를 완화하기 위한 것이라면, 영리를 목적으로 하는 경우에 대해서도 이를 예외의 적용에서 완전히 배제하기보다는 법정허락의 대상으로 삼아 사후에 보상토록 하는 것이 바람직하다.

짚어보기 **학습지 회사에서 예상문제집을 발간하기 위해 복제하는 경우에도 이 규정의 적용을 받을 수 있는가?**

학습지 회사에서 예상문제집을 발간하기 위해 공표된 저작물을 복제하거나 각급 학교에서 출제된 시험문제를 주변의 학원에서 수집해 문제집으로 발간하는 경우에는 이 규정의 적용을 받을 수 없다.

이는 학식 및 기능에 관한 시험 또는 검정을 위해 필요한 경우에 해당하지 않는다. 더구나 두 가지 사례 모두 영리를 목적으로 하는 경우에 해당한다. 공표된 저작물은 물론 학교에서 출제된 시험문제도 역시 저작권으로 보호받는 저작물이므로 마땅히 허락을 받고 이용해야 한다.

14. 시각장애인 등을 위한 복제 등

누구든지 공표된 저작물을 시각장애인 등을 위해 점자로 복제하거나 배포할 수 있다.

그리고 장애인복지법상 장애인거주시설, 점자도서관 및 시각장애인을 보호하고 있는 시설이나 시각장애인 등을 위한 특수학교와 특수학급을 둔 각급학교 및 시각장애인 등의 복리증진을 위한 일정한 시설에서는 영리를 목적으로 하지 않고 공표된 저작물 등에 포함된 문자 및 영상 등의 시각적 표현을 시각장애인이 인지할 수 있는 대체자료로 변환하여 복제·배포·공연 또는 공중송신할 수 있다(법 제33조 제1항 및 제2항).

또한 시각장애인등과 그의 보호자 및 보조자는 적법하게 접근한 저작물을 시각장애인등의 개인적 이용을 위해 대체자료로 변환하여 이를 복제할 수 있다(동 제3항).

'시각장애인 등'이란 시각장애인(「장애인복지법」시행령 별표1 제3호)과 그 밖에 신체적이거나 정신적인 장애로 인해 도서를 다루지 못하거나 독서능력이 뚜렷하게 손상되어 정상적인 독서를 할 수 없는 사람을 말한다(령 제14조). 뇌성마비 장애인처럼 책을 다루기 어려운 장애가 있거나 난독증(難讀症, dyslexia)과 같은 독서장애를 가지고 있는 사람도 시각장애인과 마찬가지로 이 규정의 적용을 받을 수 있다.

시각장애인등이 인지할 수 있는 대체자료의 범위는 다음과 같다(령 제14조 제2항).

첫째, 「장애인차별금지 및 권리구제 등에 관한 법률」 제14조 제1항 제4호에 따른 인쇄물 접근성바코드가 삽입된 자료

둘째, 시각장애인등을 위하여 저작물등의 시각적 표현을 음성으로 변환하여 녹음한 자료

셋째, 시각장애인등을 위하여 표준화된 디지털음성정보기록방식으로 작성된 자료

넷째, 화면의 장면, 자막 등을 음성으로 전달하는 화면해설 자료

다섯째, 그 밖에 문자 및 영상 등의 시각적 표현을 청각 · 촉각 등 시각장애인등이 인지할 수 있는 형태로 변환한 자료로서 시각장애인등 외에는 이용할 수 없도록 하는 기술적 보호조치가 적용된 자료[202]

---

202 이는 이 책의 초판에서 제기한 사항을 수용한 것으로 이해되며, 국제적으로도 매우 앞선 해법이다. 임원선, 『실무자를 위한 저작권법』(저작권심의조정위원회, 2007), 211-212쪽 참조.

시각장애인에게만 유용할 것을 전제하고 있는 앞서의 네 가지 방식과 달리 기록방식이 일반인에게도 유용하더라도, 기술적 보호조치를 통해 특정한 시각장애인 외에는 이용할 수 없도록 하는 경우에도 시각장애인 등을 위한 대체자료로 인정된다.

디지털 파일은 어떤 목적을 위해서든 그에 맞게 쉽게 변환될 수 있기 때문에 시각장애인들에게 가장 유용한 포맷은 일반인에게도 유용한 표준적인 디지털 텍스트이다.[203] 디지털 텍스트는 관련 프로그램을 활용해 점자나 음성으로 변환할 수 있으며, 자료를 검색하거나 편집하기도 용이하다.

이를 시각장애인에게만 유용한 포맷이 되게 하려면 일반 디지털 파일로 복원되지 않는 점자 파일로 변환하거나, 스크린 리더를 활용해 오디오로 들을 수 있더라도 본문은 보이거나 추출되지 않도록 처리해야 한다. 결과적으로 저작권법의 '시각장애인등이 인지할 수 있는 대체자료'가 되려면 시각장애인을 위해 특별한 기능을 추가하는 것이 아니라 오히려 일부 편의성을 억제해야 한다.

이 점에서 일반 텍스트 파일처럼 일반인도 널리 사용하는 기록 방식이지만 기술조치를 적용해 다른 사람이 파일을 습득하더라도 쉽게 사용할 수 없는 경우에도 이 규정의 적용을 받을 수 있게 한 것은 중요한 발전이라고 할 수 있다.

행위의 주체와 관련해 공표된 저작물을 점자로 복제하거나 배포하는 것은 누구든지 그리고 비록 영리적인 목적으로라도 할 수 있지만, 이를 대체자료로 변환하여 복제·배포·공연 또는 공중송신하는 것은 법에서 정하고 있는 일정한 시설에서만 할 수 있다. 또한 그러한 시설이라도 영리

---

203 시각장애를 가진 방송대학교 학생들은 교재의 내용이 담긴 점자(BBF)파일이나 MP3파일 대신 텍스트 파일을 요구하며 시위를 했다. 김유미, "방송대 시각장애학생들 '5개월째 시위'", 에이블뉴스(2005. 12. 23).

를 목적으로는 할 수 없으므로 저작물의 복제·배포·공연 및 공중송신을 위한 실비 이외의 비용은 받을 수 없다.[204]

당초에는 대체자료로 변환하여 복제·배포·공연 또는 또는 전송할 수 있는 것은 공표된 어문저작물로 한정하고 있었으나, 이러한 제한이 해제되었다.[205] 이는 바람직한 변경이라고 할 수 있다. 다만, 음악저작물의 공연을 통한 복제 등은 여전히 제한할 필요가 있다.[206]

짚어보기 큰 활자판(large-print)도 시각장애인 등이 인지할 수 있는 대체자료에 포함될까?

저시력자의 경우에는 단순히 글자를 크게 확대하는 것만으로도 저작물에 쉽게 접근할 수 있다. 그래서 큰 활자판도 시각장애인 등이 인지할 수 있는 대체자료에 포함해야 한다는 주장이 있다.

이에 대해서는 나라마다 다르지만, 유럽연합과 호주[207] 등을 제외하고는 이를 명시적으로 허용하고 있는 입법례는 찾아보기 어렵다. 캐나다는 이를 대상에서 명시적으로 제외하였다가 삭제하기도 하였다.[208]

이것은 고령인구가 증가함에 따라 큰 활자판의 수요가 급증하고 있어서 저작물의 일반적인 이용과 충돌하거나 저작자와 출판사의 이익을 부당하게 저해할 가능성이 높기 때

---

204 이것은 이중의 비영리 목적을 요구하는 것으로 이해된다. 점차 기업 등의 참여가 늘고 있고 또 기대되고 있는 점을 고려할 때, 사업의 비영리성 요건만을 유지하는 것이 바람직한 방향일 수 있다.

205 이는 종전에 이 책에서 개선점으로 지적한 부분을 수용한 것으로 판단된다. 이 책 제7판 제2쇄(2022. 12.), 268쪽 각주 167 참조.

206 영국 저작권법 제31조의B (2)(a) 참조.

207 유럽연합 시각장애인지침은 '접근 가능한 포맷의 복제물'을 시각장애인 등이 저작물 등에 장애가 없는 사람과 마찬가지로 실현 가능하고 편안하게(feasibly and comfortably) 접근할 수 있도록 하는 다른 방식이나 형태를 말한다고 정의하고, 이의 하나로 큰 활자판을 예시하였다. 시각장애인지침 제2조 제3항 및 설명조항 제7조 참조. 호주 저작권법은 큰 활자판을 합리적인 시간 내에 일반적인 상거래가로 획득할 수 있는 경우를 제외하고는, 일정한 기관에서 이를 제작해 복제하거나 전송할 수 있도록 하고 있다. 호주 저작권법 제135조의ZP 제2항 및 제5항 참조.

208 캐나다 구저작권법(2012) 제32.01조 제2항 참조.

문이다. 하지만 경증 시각장애인은 큰 활자판만으로도 문자 정보에 쉽게 접근할 수 있으므로, 저작자와 출판사의 이익과 조화를 이루는 범위에서 적극적으로 이의 도입을 검토할 필요가 있다. 특히, 교육용 자료를 우선하여 검토해볼 필요가 있다.

예를 들어, 미국은 교육용 자료 전반에 대해 이들 자료가 오로지 독서장애인에게 전달된다는 전제하에 큰 활자판도 허용하고 있으며,[209] 일본은 교과용도서에 게재된 저작물을 시력이 약한 아동이나 학생의 학습용으로 제공하기 위해 해당 교과용도서에 이용된 문자, 도형 등을 확대해 복제할 수 있도록 하고 있다.[210] 나아가 일본은 교과용 확대 도서를 제작하려는 사람은 미리 해당 교과용도서를 발행하는 사람에게 그 취지를 통지하도록 하고, 영리를 목적으로 교과용 확대 도서를 발행하는 경우에는 문화청 장관이 매년 정하는 금액의 보상금을 지불하도록 규정함으로써 저작권 보호와의 조화를 꾀하고 있다.[211]

15. 청각장애인 등을 위한 복제 등

누구든지 공표된 저작물을 청각장애인 등을 위해 한국수어로 변환할 수 있고, 이런 수어를 복제·배포·공연 또는 공중송신할 수 있다.

그리고 장애인복지법상 한국수어통역센터 및 청각장애인을 보호하고 있는 시설이나 청각장애인 등을 위한 특수학교와 특수학급을 둔 각급학교 및 청각장애인 등의 복리증진을 위한 일정한 시설에서는 영리를 목적으로 하지 않고 청각장애인 등의 이용에 제공하기 위해 필요한 범위에서 공표된 저작물 등에 포함된 음성 및 음향 등을 자막 등 청각장애인이 인지할 수 있는 방식으로 변환할 수 있고, 이런 자막 등을 복제·배포·공연

209 미국 저작권법 제121조(d)(4)(B) 참조.

210 일본 저작권법 제33조의3(교과용 확대도서등의 작성을 위한 복제등) 제1항.

211 일본 저작권법 제33조의3 제2항.

또는 공중송신할 수 있다(법 제33조의2 제1항 및 제2항).

또한 청각장애인 등과 그 보호자 및 보조자는 공표된 저작물등에 적법하게 접근하는 경우 청각장애인 등의 개인적 이용을 위하여 그 저작물등에 포함된 음성 · 음향 등을 자막 등 청각장애인 등이 인지할 수 있는 대체자료로 변환하여 이를 복제할 수 있다(동 제3항).

이 규정은 앞서의 시각장애인 등을 위한 예외 조항과 대구를 이루고 있다. 수어의 경우에는 누구든지 공표된 저작물을 한국수어로 변환할 수 있고 이렇게 변환된 수어를 자유롭게 이용할 수 있도록 하는 반면에, 음성 및 음향 등을 자막 등 청각장애인이 인지할 수 있는 대체자료로 변환하여 이를 복제복제·배포·공연 또는 공중송신하는 것은 청각장애인을 위한 일정한 시설에서 제한적으로 할 수 있도록 하고 있다.

청각장애인은 시각장애인과 달라서 도서 등 저작물을 활용하는 데 큰 지장이 없을 것이라는 일반적인 이해와 달리 성장과정에서 청각장애로 인해 언어와 인지능력이 충분히 발달하지 못해 일반 도서를 제대로 읽지 못하는 경우가 있다. 이 경우에는 책을 읽는 경우조차도 수어처럼 쉬운 표현방법이 필요하다.

다만, 수어와 달리 자막 등의 경우에는 드라마나 영화 등 외국어 영상 저작물의 불법적인 유포를 돕는 사례가 많아 이를 청각장애인을 위한 일정한 시설에서 제한적으로 변환하고 배포할 수 있도록 하고 있다.

짚어보기 **영화 등의 대사를 수어 영상으로 제작해 보급하는 경우 원영화도 함께 복제해 활용할 수 있는가?**

드라마나 영화 등의 대사를 청각장애인을 위해 수어로 제작하는 경우 그 수어 영상과 함께 드라마나 영화의 영상이 함께 서비스되는데, 청각장애인을 위한 제한 규정이 그 영상에도 미치는가 하는 문제이다.

저작권법은 청각장애인 등을 위해 저작물을 수어나 자막 등으로 변환해 '그 수어나 자막 등을' 청각장애인 등이 이용할 수 있도록 복제·배포·공연 또는 공중송신할 수 있다고 규정하고 있다. 따라서 드라마나 영화의 영상을 이용하는 경우에는 별도로 허락을 받아야 한다.

16. 방송사업자의 일시적 녹음·녹화

저작물을 방송할 권한을 가지는 방송사업자는 자신의 방송을 위해 자체 수단을 통해 저작물을 일시적으로 녹음하거나 녹화할 수 있다. 이렇게 만들어진 녹음물 또는 녹화물은 녹음일 또는 녹화일부터 1년을 초과해 보존할 수 없다. 다만, 그 녹음물 또는 녹화물이 시행령으로 정하는 다음의 장소에 보존되는 경우에는 이를 초과해 보존할 수 있다(법 제34조).

첫째, 기록의 보존을 목적으로 국가나 지방자치단체가 설치 · 운영하는 시설[212]

둘째, 방송용으로 제공된 녹음물이나 녹화물을 기록 자료로 수집 · 보존하기 위하여 「방송법」 제2조제3호에 따른 방송사업자가 운영하거나 그의 위탁을 받아 녹음물 등을 보존하는 시설

저작물을 방송하는 경우 생방송을 제외하고는 방송을 위해 사전에 녹음 또는 녹화가 이루어진다. 베른협약의 개정 과정에서 저작권자가 자신의 저작물을 방송하는 것을 허락하는 경우 이를 위해 자신의 저작물을 녹음하거나 녹화하는 것까지 허락한 것이냐에 대해 논란이 있었다. 결국 그렇지 않다고 결론지었는데, 다만 방송을 위해 일시적으로 녹음 또는 녹화하는 경우에는 각국이 이에 대해 저작권을 제한할 수 있도록 했

212 방송사의 방송자료는 국립중앙도서관(KBS 및 SBS) 및 국가기록원(KTV 등)에 보존되기도 한다.

다.[213] 저작권법의 규정도 이를 따른 것이다.

하지만 비록 방송을 위한 일시적 녹음이나 녹화가 방송 기술상 불가피했다 하더라도 이를 무제한으로 허용하는 것은 저작권자의 합법적인 이익을 부당하게 저해할 수 있으므로 이를 일정하게 제한하고 있다.

녹음이나 녹화는 방송사업자가 자체 수단으로 직접 해야 하며 스스로의 방송을 위한 것이라야 한다. 다른 방송사나 일반인에게 판매하는 경우에는 이 규정이 적용되지 않는다. 또한 오로지 기록보존의 목적을 위해서가 아니라면 원칙적으로 그 보존기한인 1년을 초과해 보존할 수 없다.[214]

근래 들어 방송과정이 디지털화되면서 음악 등을 디지털 파일 형태로 전환해 저장한 후 방송 때마다 활용하는 사례가 늘고 있다. 이렇게 저장된 음악파일은 기간과 횟수에 관계없이 보존·활용되거나 심지어는 다른 방송사에 유상 또는 무상으로 제공되기도 하는데, 이런 사례는 이 규정의 취지를 벗어나는 것으로 판단된다.[215]

17. 미술저작물 등의 전시 또는 복제

미술저작물의 경우에는 다른 저작물과 달리 저작물과 그 저작물이 수록된 매체를 분리하기가 매우 어렵거나 불가능한 경우가 많다. 이런 이유로 미술저작물을 다른 사람이 구매한 경우처럼, 미술저작물에 대한 저작권과 그 미술저작물이 수록된 매체(결국 미술저작물 그 자체)의 소유

213 베른협약 제11조의2 제3항.

214 미국과 일본은 이 기간을 기본적으로 6개월로 정하고 있다. 미국 저작권법 제112조(a) 및 일본 저작권법 제44조 제3항. 2006년법에서 삭제하기 전에는 저작권자가 자신의 저작물을 일시적으로 녹음하거나 녹화하는 것을 거절할 수 있도록 했다.

215 일본 '스타디지오(スタージオ) 사건' 판결[(東京地方裁判所 2000. 5. 16., 民事 第46部 判決(1998년(ワ) 제17018호)] 참조.

권이 분리되는 상황이 자주 발생한다.

이렇게 되면 미술저작물에 대한 저작권과 미술저작물이 수록된 매체의 소유권 사이에 충돌이 발생하는데, 이 경우에도 저작권을 곧이곧대로 행사하면 미술저작물에 대한 소유권을 지나치게 제약할 수 있다. 이 규정은 저작권자의 전시권 등을 일부 제한함으로써 이러한 갈등을 조정하려는 것이다.

미술저작물 등의 원본 소유자나 그의 동의를 얻은 사람은 그 저작물을 원본에 의해 전시할 수 있다. 다만, 가로, 공원, 건축물의 외벽, 그 밖에 공중에게 개방된 장소에 항시 전시하는 경우에는 저작권자의 허락을 받아야 한다. 이렇게 저작권자의 허락을 받아 개방된 장소에 항시 전시된 저작물은 (저작권자의 허락 없이도) 어떠한 방법으로든지 복제해 이용할 수 있다.

다만, 건축물을 건축물로, 또는 조각이나 회화를 조각이나 회화로 복제하는 경우는 이에 해당되지 않으며 또한 그렇게 복제한 것을 마찬가지로 개방된 장소에 항시 전시하거나 판매할 목적으로 복제하는 경우 역시 여기에 해당되지 않는다(법 제35조 제1항 및 제2항). 공중에게 개방된 장소란 입장료의 유무와 관계없이 공중이 출입할 수 있는 곳이면 모두 해당된다.

미술저작물의 저작권자와 그 원본의 소유자가 다른 경우에는 저작권자의 허락을 받지 않고도 그 원본의 소유자가 직접 전시하거나 다른 사람으로 하여금 전시하도록 할 수 있으므로 이 규정은 미술저작물의 원본 소유자에게도 사실상 전시권에 유사한 권리[216]를 부여하는 효과를 가진다. 다만, 공중에게 개방된 장소에 항시 전시하는 경우에는 그렇지 않다.

216 전시권이 아니므로 미술저작물 등의 원본 소유자의 허락을 받지 않고 전시해도 그 소유자의 저작권을 침해하지 않는다는 점에 차이가 있다.

하지만 다른 나라와 달리 우리의 경우 미술저작물 등의 원본뿐만 아니라 복제물에까지 전시권을 부여하면서 이 예외에 대해서는 원본만 언급하고 있는데, 이는 입법상 오류에 해당하는 것으로 이해된다.[217]

대량의 복제물에 의한 이용을 전제로 하는 응용미술저작물도 저작권으로 보호되므로 그 파급효과는 심각할 수 있다. 마땅히 복제물의 소유자에게도 마찬가지의 예외를 인정하거나, 전시권에 대해서도 배포권과 마찬가지로 원본과 복제물 모두에 대해 최초 판매의 원칙을 적용하는 것이 바람직하다.[218]

저작권법은 미술저작물이 공중에게 개방된 장소에 항시 전시되는 경우에 이를 복제할 수 있도록 하고 있는데, 이는 주로 사진 촬영이나 스케치 등을 하는 것을 말한다. 다만, 건축물이나 조각 또는 회화를 건축물이나 조각 또는 회화 등 동일한 표현 형태로 복제하는 것은 허용되지 않는다. 이것은 결국 모방을 허용하는 것이기 때문이다.

복제가 허용되는 경우에도 이를 판매할 목적으로 한다면 이 규정의 적용을 받을 수 없다. 공원 등에 설치된 조형물을 모형으로 만들거나 사진을 찍어 엽서로 제작해 판매하기 위해서는 저작권자의 허락을 받아야 한다.

---

217 일본은 원본에 대해서만 전시권을 부여하기 때문에 복제물의 소유자에 대해 전시권의 예외를 둘 필요가 없었다. 하지만, 우리나라는 복제물에까지 전시권을 부여했으므로 마땅히 복제물에 대해서도 전시권의 예외를 규정했어야 했다.

218 우리와 마찬가지로 복제물에까지 전시권을 부여하고 있는 미국의 경우, 합법적으로 제작된 복제물의 소유자 또는 그로부터 허락을 받은 사람은 이를 현장에 있는 사람들에게 전시할 수 있도록 하였다. 다만, 대여 등을 통해 이를 단지 점유한 사람에겐 적용되지 않는다. 미국 저작권법 제109조(c) 및 (d) 참조.

짚어보기 **세종로 광장의 세종대왕상을 배경으로 찍은 사진을 달력이나 엽서 등으로 제작해 판매하는 경우에도 저작권자의 허락을 받아야 하는가?**

그것이 다음에 설명하는 부수적인 이용에 해당한다면 허락받지 않아도 된다. 참고로, 세종로 광장의 세종대왕상은 공공저작물에 해당하지만 서울시가 작가로부터 저작권을 양도받아 한국저작권위원회에 등록하여 저작권을 행사하고 있다.

미술저작물인 세종대왕상을 촬영한 사진을 달력이나 엽서로 제작해 판매할 경우 저작권자의 허락을 받아야 한다. 하지만 단순히 배경으로 사용된 경우라면 바로 다음에 언급하는 저작물의 부수적인 이용에 해당할 가능성이 높다.

참고로, 일본 저작권법은 공개된 장소에 설치된 미술저작물은 오로지 미술저작물을 판매 목적으로 복제하는 경우에만 허락을 받도록 하고 있고, 미국 저작권법은 공개된 장소의 건축저작물은 (판매의 목적일지라도) 그림, 회화, 사진이나 기타 회화적 표현물로 제작해 배포하거나 전시할 수 있도록 하고 있다.[219]

또한 미술저작물 등을 전시하거나 그 원본을 판매하려는 사람은 해설이나 소개를 목적으로 하는 목록 형태의 책자에 그 저작물을 복제해 배포할 수 있다(법 제35조 제3항).

즉, 화랑이나 미술품 판매상이 카탈로그를 작성해 배포하는 경우에는 저작권자로부터 허락을 받을 필요가 없다.[220] 하지만 미술저작물을 감상할 수 있도록 정교한 도록을 제작해 판매하는 경우에는 이 규정의 적용을 받을 수 없을 것이다.

저작권법은 위탁에 의해 제작된 초상화 또는 이와 유사한 사진저작물

219 일본 저작권법 제46조 제4호 및 미국 저작권법 제120조(a) 참조.

220 목록 형태인 책자의 배포에 대해서뿐만 아니라 인터넷을 통한 홍보에 대해서도 허용될 필요가 있다. 음반의 경우에 30초 정도의 '미리듣기'도 같은 맥락에서 이해될 필요가 있다.

의 경우 위탁자의 동의가 없다면 이를 이용할 수 없도록 하고 있다(법 제35조 제4항). 법 규정은 위탁자라고 표현하고 있지만 초상화 또는 사진의 대상 또는 피사체여서 그 초상 또는 사진에 대해 초상권을 가지게 된 사람을 말하는 것으로 이해된다.

사진관에서 찍은 사진이 간혹 사진관을 홍보하기 위해 전시되는 경우가 있다. 이때 찍힌 사람의 동의를 받지 않았다면 그의 초상권을 침해하는 것이다. 초상화나 인물사진의 경우에는 초상화를 그렸거나 사진을 찍은 사람의 저작권과 그 대상 또는 피사체인 사람의 초상권이 서로 경합한다.

이에 대해 저작권법은 일단 저작권은 사진사 등에게 속하는 것으로 하되 저작권을 행사하기 위해서는 초상권자의 동의를 얻도록 함으로써 두 권리를 조정하고 있다.[221]

짚어보기 사진관에서 증명사진 등을 촬영했을 때 사진 원판은 누구의 소유인가?

소비자분쟁해결기준은 사업자(사진사)가 소비자의 촉탁(위탁)에 따라 대가를 받고 촬영한 증명사진 및 기타 기념사진(돌, 결혼, 회갑 등)의 원판(광학방식의 필름 원판 및 디지털 방식의 사진 파일 포함)에 대한 인도 요구를 받은 경우에는 사전 계약에 따르되, 계약이 없는 경우에는 필름 원판이나 사진 파일을 소비자에게 인도하고 사진 파일 등의 인도에 소요되는 재료비 등 실비는 소비자가 부담하도록 하고 있다. 다만, 사진 원판을 인도하더라도 저작권은 양도되지 않으며, 사업자가 사진 원판을 보관하는 경우 의무적 보관기간은 1년이다.[222]

---

221 참고로 1986년법 시행 이전에는 저작권이 위탁자에게 귀속되도록 하고 있었다. 1957년 제정법 제13조.

222 공정거래위원회 고시(제2021-7호), "소비자분쟁해결기준" (2021. 5. 25), 77쪽 .

이 규정은 사진 원판의 소유를 둘러싸고 빈번하게 제기되는 갈등을 조정하기 위해 2003년 마련된 것으로, 증명사진이나 기념사진의 경우에는 일반적으로 저작권으로 보호될 가능성이 낮고, 사진 원판의 활용 가능성에서도 사업자보다는 촬영을 위탁한 소비자가 높은 점을 고려해 사진 원판을 소비자의 소유로 하는 것이 타당하다는 판단에 따른 것이다. 다만, 반대의 계약이 있는 경우에는 계약이 우선하며, 사진이 저작권으로 보호되는 경우에는 원판을 인도했더라도 저작권은 양도되지 않고 사업자에게 존속하도록 하고 있다. 이 경우 위탁자가 원판을 활용하려면 저작권자인 사진사에게 허락을 받아야 할 것이다.

18. 부수적 복제 등

사진촬영, 녹음 또는 녹화(이하 '촬영 등'이라 한다)를 하는 과정에서 보이거나 들리는 저작물이 촬영 등의 주된 대상에 부수적으로 포함되는 경우에는 이를 복제, 배포, 공연, 전시 또는 공중송신할 수 있다. 다만, 그 이용된 저작물의 종류 및 용도, 이용의 목적 및 성격 등에 비추어 저작재산권자의 이익을 부당하게 해치는 경우에는 그렇지 않다(법 제35조의3). 여기서 "부수적"이란 본질적인 것에 관련된, 하지만 본질적인 것에 비하여 비교적 사소한 것을 말한다.

저작물을 배경으로 인물사진을 찍으면 자연스럽게 그 저작물도 찍히고(복제권), 사진을 블로그에 올리면 찍힌 그 저작물도 함께 업로드(전송권) 된다. 가상현실이나 증강현실 기술이 발전함에 따라 관련 기기의 이용이 빈번해지면서 기기 활용과정에서 부수적으로 다른 저작물이 포함되는 경우가 많다.

이처럼 다른 활동에 부수적으로 발생하는 저작물의 이용으로서 그 이용이 질적으로나 양적으로 사회통념상 경미한 경우에는 저작권을 관철하는 것이 적절하지 않다. 대법원도 같은 입장인 것으로 이해된다.[223] 일본과 영국의 저작권법도 이를 명시적으로 인정하고 있다.[224]

19. 저작물 이용과정에서의 일시적 복제

저작권법은 복제의 정의에 "일시적 또는 영구적으로"라는 표현을 추가함으로써 디지털 저작물의 처리 과정에서 발생하는 일시적 저장 등도 복제권의 대상이 됨을 명시했다(법 제2조). 다만, 컴퓨터 등 정보처리장치에서 저작물을 이용하는 경우에는 원활하고 효율적인 정보처리를 위해 필요하다고 인정되는 범위 안에서 저작물을 일시적으로 복제할 수 있도록 하고, 그 저작물의 이용이 저작권을 침해하는 경우는 예외로 규정했다(법 제35조의2).[225]

네트워크를 통한 저작물의 송신 과정에서도 일시적 복제가 발생하는데, 이에 대해서는 온라인서비스제공자에 대한 책임 제한 규정에서 다루고 있다(법 제102조부터 제103조의2까지).

가. 예외의 개념 요소

디지털 형태로 저장된 저작물은 인간의 오감을 통해 직접 인지할 수

223 대법원 2014. 8. 26. 선고 2012도10777 판결 참조. 2002년 월드컵 개최 당시 'Be the Reds' 도안이 들어간 티셔츠를 촬영해 판매한 데 대해 "사진촬영이나 녹화 등에 종속적으로 수반되거나 우연히 배경으로 포함되는 경우 등과 같이 부수적으로 이용되어 양적·질적 비중이나 중요성이 경미한 정도에 그치는 것이 아니라 새로운 저작물에서 원저작물의 창작적인 표현형식이 그대로 느껴진다면 이들 사이에 실질적 유사성이 있다고 보아야 한다"라고 해서 저작물의 부수적인 이용은 허용된다는 취지를 표명했다.

224 일본 저작권법 제30조의2 및 영국 저작권법 제31조 참조. 다만, 음악저작물, 음악과 함께 이야기되거나 노래되는 가사인 경우, 또는 이들을 담고 있는 음반이나 방송물이 고의적으로 포함된 경우에는 부수적으로 포함된 것으로 보지 않는다.

225 일본은 특별히 복제에 대한 정의 규정을 수정하지 않은 채 우리와 유사한 예외규정만을 도입하는 방법으로 일시적 복제에 대한 보호를 명확히 하고 있다. 일본 저작권법 제47조의4 참조.

없다. 이 디지털 저작물을 보고 읽고 듣고 또 작동하기 위해서는 컴퓨터 등 정보처리장치를 통한 처리가 필수적이다. 문제는 이 단계에서 기술적으로 불가피하게, 또는 원활하고 효율적인 처리를 위해 저작물을 일시적으로 저장할 필요가 있다는 것이다.

따라서 이를 통제할 수 있으면 결국 이런 저작물의 사용 또는 저작물에의 접근을 통제할 수 있게 된다. 저작권법은 디지털 저작물과 관련해 저작권자에게 자칫 사용권 또는 접근권을 부여하는 결과를 초래하지 않도록 예외를 포괄적으로 규정하고 있다. 예외를 구성하는 각각의 개념 요소를 살펴보면 다음과 같다.

(1) "컴퓨터에서 저작물을 이용하는 경우"

컴퓨터에서 저작물을 이용하는 경우에는 컴퓨터 내·외부 저장 장치에 수록된 저작물의 복제물을 이용하는 것과 외부에서 송신되는 저작물을 수신해 이용하는 것이 모두 포함된다. 예를 들어, 컴퓨터에 설치된 컴퓨터프로그램을 사용하거나 DVD에 수록된 영화를 감상하는 것은 물론 인터넷으로 뉴스를 검색하거나 IP-TV에서 프로그램을 수신해 시청하는 행위도 이에 해당한다.

이때 '이용'은 저작물을 보고 읽고 듣고 또 작동하는 것을 말한다. 과거에는 이를 '사용' 또는 '접근'이라 해서 저작권자의 허락을 필요로 하는 '이용'행위와 구별했으나, 디지털 환경에서는 더 이상 이런 구별을 관철하는 것이 어렵고 불필요해졌다. 이때 이용되는 저작물이 반드시 적법하게 작성된 것일 필요는 없다. 불법복제물이라도 저작물을 보고 읽고 듣고 또 작동하는 과정에서의 기술적인 측면에는 차이가 없기 때문이다.

(2) "원활하고 효율적인 정보처리를 위해 필요하다고 인정되는 범위"

컴퓨터에서 저작물을 이용하기 위한 정보를 원활하고 효율적으로 처리하기 위해 필요한 범위에서 저작권자의 허락을 받지 않고 저작물을 복제할 수 있다.

'원활하고 효율적인 정보처리'는 컴퓨터에서 저작물을 이용하는 기술적 과정의 일부로서 이루어지는 사실상 모든 형태의 일시적 복제를 포괄하기 위한 취지의 표현이다. '원활하고 효율적인'에는 저작물의 안정적인 이용을 위한 것도 포함된다. 그것이 원활하고 효율적인 정보처리를 위한 것이면 족하고 저작물 이용에 부수적이거나 불가피해야 할 필요는 없다.

그러한 복제가 컴퓨터에서의 원활하고 효율적인 정보처리를 위한 것이어야 하므로 다른 목적을 위해 복제되거나 그렇게 복제된 것이 다른 이용을 위해 활용되는 경우에는 이에 해당하지 않게 된다.

예를 들어, 인터넷 또는 IP-TV 등에서 정보를 효율적으로 검색하거나 프로그램을 안정적으로 시청하게 하기 위해 이루어지는 브라우저 캐시를 별도로 복제하기 위해 또는 다른 사람에게 공중송신하기 위해 사용하는 경우에는 이 예외가 적용되지 않는다. 이 경우에는 어느 저작물을 이용하면서 원활하고 효율적인 정보처리를 위해 필요하다고 인정되는 범위를 넘어서서 독자적인 의미를 가지는 복제가 되기 때문이다.[226]

(3) "일시적으로" 복제

'일시적'이라는 표현은 그 복제가 기존의 복제와 구별되는 것을 의미할 뿐, 구체적인 시간적 한계를 설정한 것은 아니다. 실제로 캐시를 위해 비휘발성의 램이나 하드디스크가 활용되면 전원을 끊어도 휘발되지 않

---

226 대법원은 서버에 접속해 소프트웨어를 로딩(일시적 복제)했지만 실제로 사용하지 않고 대기 중인 이용자를 비활성화 함으로써 라이선스 받은 동시이용자 수를 초과해 일시적 복제를 하는 것은 안정성이나 효율성을 높이기 위한 것이 아니어서 복제권의 침해에 해당한다고 판시했다. 대법원 2018. 11. 15. 선고 2016다20916 판결 참조.

으며, 전원을 끊는 일이 없는 서버의 경우에는 그 휘발성 자체가 무의미하다.

이런 복제는 특정한 정보를 빈번하게 반복하여 처리하는 경우에 정보를 효율적으로 처리하기 위한 것이므로 비록 이런 복제가 장기간 유지된다고 하더라도 독자적인 복제물로서의 가치를 가지지 않고 그 목적 범위 내에서 이용되는 한 여기에 복제권을 미치게 할 이유가 없다.

(4) 그 저작물의 이용이 저작권을 침해하는 경우

앞서 설명한 요건에 해당하는 경우에도 일시적 복제를 수반하는 그 저작물의 이용이 저작권을 침해한다면 예외가 적용되지 않는다. 그 저작물의 이용이 저작권을 침해하는 경우는 다음 두 가지로 나누어볼 수 있다.

첫째, 지작물의 이용 자체가 저작권 침해가 되는 경우이다. 이는 다른 사람의 저작물을 무단으로 복제하거나 전송하는 등의 침해행위 과정에서 일시적 복제가 이루어지는 것을 말한다.

이 경우에 원활하고 효율적인 정보처리를 위해 이루어지는 일시적 복제이더라도 이를 예외에서 제외한 이유는 이것이 저작권 침해행위에 부수되는 행위이므로 그 주된 행위에 따르도록 하기 위함이다. 주된 행위가 저작권 침해라는 것을 먼저 입증해야 하고 일시적 복제로 인해 추가적인 손해가 발생하는 것도 아니기 때문에 법 집행상 특별한 의미를 가지기는 어렵다.

둘째, 저작물의 이용 자체가 저작권법상 저작권 침해는 아니지만 저작권법이 특별히 저작권 침해로 간주하는 경우이다. 단순히 저작물을 보고 읽고 듣고 또 작동하는 것은 저작권자에게 허락을 받지 않아도 되지만, 저작권법은 특별히 프로그램의 저작권을 침해해 만들어진 복제물을 그 사실을 알면서 취득한 자가 이를 (무단으로) 업무상 이용하는 행위를 침해행위로 간주했다(법 제124조 제1항 3호).

프로그램을 이용하는 행위에는 기본적으로 프로그램의 실행파일을 램에 저장하는 것, CPU에 1·2차 캐시 저장하는 것, 그리고 프로그램 구성요소 가운데 일부를 비디오 램에 캐시 저장하는 것 등이 관련된다. 이 모두가 원활하고 효율적인 정보처리를 위해 필요한 것이므로 이를 예외로 인정하면 앞서 설명한 침해간주 규정과 어긋난다. 따라서 이 예외규정으로 인해 기존의 침해간주 규정이 영향을 받지 않도록 이를 예외의 대상에서 제외한 것이다.

짚어보기 침해간주 규정이 아니라 금지에 해당하는 행위도 이 예외의 대상에서 제외되는가?

한·미 FTA 개정법은 암호화된 방송 신호가 방송사업자의 허락 없이 복호화 된 것임을 알면서 그러한 신호를 수신해 청취 또는 시청하는 행위를 금지하고 이에 대해 민·형사상의 구제 조치를 규정하고 있다(법 제104조의4 등). 이 경우에도 신호를 수신해 청취 또는 시청하는 행위는 일시적 복제와 관련된다는 점에서 앞서 설명한 침해간주 규정과 같다.

법에서는 이를 명시적으로 언급하고 있지 않아서 두 규정이 서로 어긋나는 것처럼 보인다. 하지만 무단으로 복호화 된 방송 신호를 수신해 청취하거나 시청하는 행위를 특별히 금지하고 있는 취지에 비추어, 이 경우에도 침해간주 규정과 마찬가지로 일시적 복제의 예외가 적용되지 않는 것으로 보는 것이 타당할 것이다.

나. 일시적 복제물의 목적 외 사용

일본 저작권법은 예외규정의 적용을 받아 작성된 저작물의 (일시적) 복제물을 그 저작물의 사용을 대신해 사용하는 경우 또는 수신해 사용해야 하는 저작물을 수신하지 않고 사용하는 경우에는 그 저작물을 사용한

자가 저작권자의 허락을 받아야 하는 복제 행위를 한 것으로 간주하고 있다.[227]

어떤 사람이 저작권자의 허락을 받아 어느 저작물을 수신해 이용하면서 만들어진 일시적 복제물을 다른 사람이 그대로 사용함으로써 그 저작물을 수신하면서 거쳐야 할 저작권자의 허락 절차를 회피하는 경우가 이에 해당한다.

일본과 달리 우리 저작권법은 이 일시적 복제의 예외를 포함해 저작재산권에 대한 예외규정을 통해 만들어진 복제물의 목적 외 사용에 대해 아무런 규정을 두지 않았다. 이는 일본을 제외한 다른 나라의 저작권법도 대체로 같다.

예외규정을 통해 만들어진 복제물을 목적 외에 사용하는 것에 대해서는 그 예외규정이 적용되지 않는 것이 당연하기 때문에 별도로 규정할 필요가 없다는 취지이다. 그러나 행위자가 서로 다른 경우에는 누가 책임을 져야 하는지가 분명하지 않을 수 있으므로 일본 방식이 바람직한 측면이 있다.

다. 컴퓨터의 유지·보수를 위한 일시적 복제

컴퓨터의 유지·보수를 위해 그 컴퓨터를 이용하는 과정에서 정당하게 취득한 프로그램을 일시적으로 복제할 수 있다(법 제101조의3 제2항).

컴퓨터를 유지·보수하려면 일단 컴퓨터를 켜야(부팅해야) 하는데, 이때 불가피하게 운영체제 프로그램이 램에 일시적으로 복제된다. 프로그램을 구매한(이용허락을 받은) 사람이 켜면 문제가 없지만, 보통은 유지·보수를 하는 사람이 켜므로 문제가 된다. 저작권법은 이 분야의 관행을 존중해 컴퓨터에서의 저작물 이용과 관련된 일시적 복제의 예외규정과

227 일본 저작권법 제49조 제1항 제7호 참조.

별도로 이에 대해 규정하고 있다.[228]

20. 프로그램 코드 역분석

정당한 권한에 의해 어느 프로그램을 이용하는 자 또는 그의 허락을 받은 자가 다른 방법으로는 프로그램의 상호운용성 확보[229]에 필요한 정보를 쉽게 얻을 수 없는 때에는 그 프로그램의 상호운용에 필요한 부분에 한해 프로그램 저작재산권자의 허락을 받지 않고 프로그램 코드를 역분석(reverse engineering)할 수 있다.

이렇게 프로그램 코드의 역분석을 통해 얻은 정보는 상호운용성 확보 외의 다른 목적을 위해 이용하거나 다른 사람에게 제공할 수 없고, 역분석의 대상인 프로그램과 실질적으로 유사한 프로그램을 개발·제작·판매하거나 그 밖에 그 저작권을 침해하는 행위에 이용할 수 없다(법 제101조의4).

역분석이란 최종 결과물에서는 직접 확인할 수 없는, 최초 제작 과정에 적용된 절차 등에 관한 정보를 얻기 위해 최종 결과물로부터 이를 되짚어 분석하는 것을 말한다. 특허 등 산업재산권 분야에서는 최종 결과물로부터 직접 제작 과정에 적용된 정보를 얻는 것이 용이하지 않아서 이런 역분석이 일반화되었다. 저작권 분야에서는 컴퓨터프로그램과 같은 기능적 저작물이 주로 그 대상이 된다.

컴퓨터프로그램은 일반 저작물과 달리 단독으로 이용되기보다 컴퓨터 시스템의 다른 소프트웨어나 하드웨어, 사용자 인터페이스(user interface)와 연동되어 이용된다. 프로그램이 이런 다른 구성요소들과

---

228 미국 저작권법 제117조(c) 참조.

229 법 규정은 호환(compatibility)으로 되어 있지만, 상호운용(interoperability)을 의미하는 것으로 이해된다.

연결되어 함께 작동하는 것을 상호운용성이라 하는데, 프로그램이 제작될 때 이를 위한 일부 요소가 반영되기도 한다. 하지만 프로그램이 활용되는 모든 상황을 고려할 수는 없기 때문에 결국 상호운용을 위한 노력의 상당 부분은 연결을 담당하는 후속 개발자의 몫이다.

대부분의 프로그램이 기계만 이해할 수 있는 언어로 컴파일된 목적코드(object code) 형태로 배포되기 때문에 연결에 필요한 정보를 확인하기 위해서는 사람이 알아볼 수 있는 원래의 원시코드(source code)로 되돌리는 프로그램 코드 역분석을 해야 한다. 그런데 이 과정에서 프로그램이 복제되고 변환되므로 저작권에 대한 제한이 필요하다. 이는 프로그램을 정상적으로 이용하기 위한 절차이므로 프로그램저작권자의 허락을 받지 않고도 역분석을 할 수 있도록 허용한 것이다.

또 컴퓨터프로그램 복제물을 이용할 권한이 있는 사람은 프로그램 구성요소의 기초를 이루는 아이디어 및 원리를 확인하기 위해 프로그램의 기능에 대한 조사·연구·시험을 목적으로 복제할 수 있다. 다만, 그 이용권자가 조사, 연구, 또는 시험할 수 있는 프로그램을 이용 중인 경우로 한정한다(법 제101조의3 제1항 제6호).

21. 프로그램의 보존을 위한 복제

프로그램의 복제물을 정당한 권한에 따라 소지·이용하는 사람은 그 복제물의 멸실·훼손 또는 변질 등에 대비하기 위해 필요한 범위에서 그 복제물을 복제할 수 있다. 해당 프로그램의 복제물을 소지·이용할 권한을 상실한 때에는 이렇게 복제한 것을 폐기해야 한다(법 제101조의5).

프로그램은 기능적 저작물로서 컴퓨터에 설치되어 일정 기간 반복적으로 이용되는 특징이 있다. 이 때문에 프로그램은 컴퓨터 또는 저장매체의 작동상태에 따라 쉽게 삭제되거나 작동 불능 상태에 빠질 위험이 있다. 이러한 사태에 대비해 복구를 위한 여분의 복제물을 임시로 만들어두는 것이 관행이다.

이러한 작업은 업무용으로도 할 수 있기 때문에 사적인 이용을 위한 복제와는 구별된다. 다만, 이 규정은 주로 프로그램이 수록된 매체를 구입하는 이용자를 위한 것인데, 프로그램의 이용이 차츰 이용권한을 구입하거나 프로그램이 구현하는 서비스를 구독하는 형태로 바뀌면서 그 의미가 줄어들고 있다.

제6절

이용허락의 자발성 제한

1. 재산의 규칙과 책임의 규칙

권리는 '재산의 규칙(rule of property)'에 의해 보호되는 것과 '책임의 규칙(rule of liability)'에 의해 보호되는 것으로 나눌 수 있다.[230] 누군가가 다른 사람의 권리에 의해 제한되는 무언가를 하려고 하는 경우에 자발적인 거래를 통해 권리자로부터 미리 허락을 받아야 한다면, 그 권리는 '재산의 규칙'에 의해 보호되는 것이다. 이 경우에 대상이 되는 권리의 가치는 권리자가 정한다. 이 재산의 규칙은 '절대적인 허락의 규칙'으로 누구라도 소유자의 사전 허락 없이는 그 권리를 가져갈 수 없다. 권리자는 개별적으로 행동하며 따라서 개별적으로 가격을 결정한다.

이와 달리, 누군가가 그 권리에 대해 객관적으로 결정된 보상을 지불하고 그 부여된 권리를 제거할 수 있다면, 그 권리는 '책임의 규칙'에 의해 보호되는 것이다.[231] 대상이 되는 권리의 가치(보상)는 권리의 소유자가 정하는 것이 아니라 외부에서 객관적으로 정해진다. 그보다 더 많이 요구할 수도 있다는 소유자의 주장은 받아들여지지 않는다. 누구나 객관적으로 정해진 보상 또는 앞으로 정해질 보상만 지불하면 그 권리에 의

230 Guido Calabresi and A. Melamed, "Property Rules, Liability Rules, and Inalienability: One View of the Cathedral," 85 *Harvard Law Review* 1089, 1092(1972).

231 저작권 보호에서는 각종 보상청구권이 이에 해당한다.

해 제한되는 이용을 할 수 있으므로, 권리자에게 더 많은 보상을 지불할 이유가 없다. 일반적인 계약이 책임의 규칙의 좋은 예이다. 계약의 당사자는 그 계약을 위반할 수 있다. 그러나 이 경우 계약 당사자는 법원이 정하는 손해배상을 지불해야 한다.

저작권은 기본적으로 재산의 규칙에 의해 보호되는 권리이다. 저작권자의 허락을 받지 않으면 저작권법이 정하고 있는 일정한 이용방법, 즉 저작권자에게 권리가 주어진 이용방법으로는 그 저작물을 이용할 수 없다.

저작권의 배타적 성격은 저작물이 권리자의 의도와 이익에 부합하는 방법으로 이용되는 것을 보장한다. 이용자가 제시한 조건이 객관적으로 아무리 좋더라도 그 조건이 권리자의 의도와 이익에 부합하지 않는다면 저작권자는 이용허락을 거절할 수 있다. 권리자는 이런 권리에 기초해 이용자와의 협상을 통해 자신의 저작물이 이용되는 조건 및 그에 대한 보상의 수준과 방법을 결정할 수 있다.

그런데 이렇게 협상을 통해 저작물의 이용을 허락하는 것이 높은 거래비용 등으로 인해 바람직하지 않거나 때로는 가능하지 않은 경우가 있다. 저작권법은 이런 문제를 해결하기 위해 일정한 경우에 저작권자로부터 직접 허락을 받지 않고도 저작물을 이용할 수 있도록 하는 제도를 두고 있는데, 이를 비자발적 이용허락(non-voluntary license)이라 한다.

비자발적 이용허락에는 법정허락(statutory license)과 강제허락(compulsory license)이 있다.[232] 이 두 제도는 효과는 유사하지만 운영방식에서 차이가 있다.

법정허락은 법에서 정하고 있는 일정한 사유에 해당하는 경우에 저작

232 이는 단지 강학상의 분류이다. 비자발적 이용허락 모두를 권리자에 의한 이용허락과 대비해 법에 의한 이용허락이라는 관점에서 법정허락이라 하기도 한다. 저작권법은 법정허락에 대한 언급 없이 강제허락에 대해 이를 법정허락으로 지칭하고 있다(법 제5절 저작물 이용의 법정허락).

권자를 찾거나 협의하는 등 사전 절차를 밟을 필요 없이 바로 일정한 보상금을 지급하거나 공탁하고 저작물을 이용할 수 있도록 하는 제도이다.

반면, 강제허락은 법에서 정하고 있는 일정한 사유에 해당하더라도 일단 저작권자와 저작물의 이용에 대해 협의를 시도하되, 저작권자나 그의 소재를 확인하지 못한 경우 또는 그 협의가 원만하게 이루어지지 못한 경우에는 일정한 절차를 밟아 역시 일정한 보상금을 지급하거나 공탁하고 저작물을 이용할 수 있도록 하는 제도이다.

강제허락은 법정허락과 달리 권리의 성격 자체를 변화시키는 것이 아니라 특정한 이용에 대해 권리의 행사방법을 제한하는 것이라는 점에서 차이가 있다.

2. 비자발적 이용허락의 논거

저작권의 배타적 성격에도 불구하고 저작권법이 이처럼 비자발적 이용허락을 허용하는 논거로는 다음 네 가지를 들 수 있다.

(1) 거래비용의 절감[233]

저작권 이용허락을 받기 위해 소요되는 거래비용이 지나치게 높은 경우에, 이용자는 그 허락을 받지 않고 저작물을 이용(침해)하거나 저작물을 이용하지 않는 것 중에서 선택해야 할 수도 있다. 비자발적 이용허락은 이런 상황을 피할 수 있게 해준다.[234]

비자발적 이용허락은 다음 두 가지 점에서 거래비용을 감소시킨다. 첫째, 계약의 조건이 미리 정해진다. 이것은 권리자와 저작물 이용자가 이

233 저작권의 배타적 성격과 거래비용과의 관계에 대해서는 임원선, 『저작권 이용허락 효율화를 위한 법적 방안 연구』, 25-56쪽 참조.

234 Robert Cassler, "Copyright Compulsory Licenses-Are They Coming or Going?" 37 *The Journal of the Copyright Society of the U.S.A.* 231, 249(1990), fn.91.

용조건을 두고 부담스러운 승강이를 하지 않아도 되게 하거나 이를 현저하게 줄일 수 있게 한다.

둘째, 비자발적 이용허락 제도는 종종 그 안에 행정적인 지원 시스템을 포함하고 있다. 이를 통해 각 당사자들은 기록 유지나 저작권료의 징수와 분배를 위한 비용을 절약할 수 있다.[235]

(2) 저작물의 이용 보장(공정한 경쟁 환경 보장)

비자발적 이용허락은 저작물의 이용을 보장하기 위해 필요하다. 거래비용이 낮거나 심지어 없다고 하더라도 저작물 이용을 원하는 모든 이용자에게 저작물의 이용이 허락되는 것은 아니다. 저작권자는 언제든 자신의 기준에 따라 또는 기준과 관계없이 어떤 이용자가 자신의 저작물을 이용하는 것을 거부할 수 있다.

비자발적 이용허락은 대상 저작물에 대해 저작권자가 가지는 독점적 권한을 감소시킬 수 있다.[236] 비자발적 이용허락은 어느 저작물을 이용하려는 모든 사람이 이를 이용할 수 있도록 보장할 수 있다.

강제허락이 도입되던 당시의 상황도 이를 말해준다. 베른협약의 1908년 베를린 개정에서는 음악저작물의 기계적 복제에 대한 권리를 도입했는데, 당시에는 음악저작물 이용에 대해 배타적인 권리를 부여할 경우[237] 관련 산업의 공정한 경쟁이 심각하게 저해될 수 있다는 우려가 제

---

235 Robert P. Merges, "Contracting into Liability Rules: Intellectual Property Rights and Collective Rights Organizations," 84 *California Law Review* 1293 (October, 1996), at 1295.

236 Jane C. Ginsburg, "Creation and Commercial Value: Copyright Protection of Works of Information," 90 *Columbia Law Review* 1865(November, 1990), at 1925-1926.

237 미국에서 1909년법 개정 이전에는 이에 대한 저작권자의 권리가 부인되었었다. 1908년, 미국 연방대법원은 피아노 롤은 기계의 일부로서 음악저작물의 복제물로 볼 수 없다고 판시하면서, 입법적인 해결을 제안한 바 있다. *White-Smith Music Publishing Co. v. Apollo Co.*, 208 U.S. 1(Feb. 24, 1908).

기되었다. 실제로 음악저작물의 기계적 복제에 대한 강제허락은 역사적으로 특정 회사의 독점적 관행을 회피하기 위해 처음 채택되었다.[238]

(3) 유치산업 육성

비자발적 이용허락은 유치산업을 육성하기 위해 저작권 이용허락의 부담을 덜어줄 필요에서 도입되기도 한다.

특히 미국에서 유선방송과 관련해 활용되었다. 새로운 산업이 성장할 수 있는 환경을 조성하기 위해 강제허락을 통한 보호가 필요하다는 주장이다. 유선방송의 경우 초기 기관형성(institution building) 단계에 막대한 자본 투자가 필요한 산업인데도 잘 알려지지 않은 저작권 의무의 불확실성이 이 유치산업에 투자를 유치하는 데 부담이 된다고 주장되었다.[239]

이 주장은 저작권자와의 협상으로 정해지는 가격이 지나치게 높을 수 있다는 우려가 제기되는 경우에 정책 목적에 따라 가격을 적정하게 조정할 필요가 있다는 데에서 그 근거를 찾는다. 비자발적 이용허락에서는 이용료가 권리자와 이용자 사이의 직접 협상에 의해서 정해지는 것이 아니므로 국가 또는 제3의 기관이 합리적이라고 인정되는 일정한 선에서 제한할 수 있다. 이런 이유에서 강제허락은 특히 권리자와 생산적 이용자 사이에 적용되면 저작권 시스템 내에서 인센티브와 접근의 균형을 고려하는 데 활용될 수 있다.[240]

---

238 미국에서 1909년 당시에 음악저작물의 기계적 복제를 위한 주된 도구였던 피아노 롤 산업의 경우, 제조회사인 에올리언(Aeolian Company)은 미국 내 80개 이상의 주도적인 음악출판사의 대부분과 배타적인 계약을 체결하고 있었다. 이런 상황은 다른 피아노 롤 회사가 복제를 위한 허락을 받는 것을 거의 불가능하게 했다. Robert Cassler, "Copyright Compulsory Licenses-Are They Coming or Going?," at 252.

239 *Ibid,* at 246.

240 Thomas Gallagher, "Copyright Compulsory Licensing and Incentives," at 78, in *Copyright in the Cultural Industries,* Ruth Towse(ed.)(London, 2002).

한편 이렇게 정해진 이용료가 이 제도가 없었더라면 권리자와 이용자 사이의 협상에 의해 정해졌을 이용료보다 낮다면, 이는 저작권자에게서 이용자에게로 자원을 재분배하는 효과가 있다. 즉, 이런 유형의 강제허락은 대상이 되는 저작물의 이용을 기반으로 하는 산업에 대해 저작권자의 희생을 통해 보조금을 지불하는 것과 같은 효과가 있다.

(4) 정치적 타협

저작권 집행이 사실상 불가능한 경우, 즉 저작권료를 지불하지 않은 외부인의 저작물 이용을 배제하는 것이 실질적으로 어렵거나 불가능한 경우에는 보상에 대한 권리(보상청구권)가 배제할 권리(배타적 허락권)의 실질적인 대안으로 제시될 수 있다.

불법복제가 통제될 수 없는 경우 저작자와 실연자, 그리고 음반제작자가 사적복제보상금 제도에 찬성하는 예가 바로 그것이다.[241] 아직 상당수의 국가에서 사적복제는 저작권 보호의 예외에 속한다. 배타적 권리를 주장하는 것이 받아들여지기 어렵고 받아들여지더라도 집행하는 것이 사실상 불가능한 상황에서는 권리자들이 보상금 제도를 도입하는 것이 현명하다고 판단하게 된다.

3. 법정허락

법정허락은 저작권에 대한 예외와 제한을 도입함에 있어 이로 인해 권리자의 정당한 이익이 부당하게 저해될 우려가 있는 경우에 권리자에게 일정한 보상금을 지급하도록 하는 것이다.[242]

---

241 Robert Cassler, “Copyright Compulsory Licenses-Are They Coming or Going?” at 251.

242 베른협약의 3단계 검사법 중에서 세 번째 단계의 검사를 통과하기 위한 조치로 이해될 수 있다.

결과적으로 법정허락은 대상이 되는 저작물의 이용에 대한 저작권자의 권리를 처음부터 보상청구권으로 부여하는 것과 같은 효과가 있다. 이렇듯 법정허락은 권리의 성격을 변화시킨다. 정해진 일정한 보상금을 지급하거나 공탁하지 않더라도 단지 그 지급의 의무를 이행하지 않은 것일 뿐 저작물 이용 행위 자체가 저작권 침해가 되지는 않는다.

저작권법상 법정허락은 다음 두 가지의 경우에 적용되고 있다. 하나는 공표된 저작물을 교과용도서에 게재하거나 게재된 저작물을 이용하는 경우, 또는 수업이나 수업지원목적으로 공표된 저작물의 일부분을 복제, 공연, 전시 또는 공중송신하는 경우(법 제25조)이다.

다른 하나는 도서관 등에서 디지털화된 저작물을 출력하거나 다른 도서관 등의 안에서 열람할 수 있도록 저작물을 전송하는 경우(법 제28조)이다. 두 경우 모두 저작물이 광범위하고 빈번하게 그리고 소규모로 이용되기 때문에 저작권자와의 사전 협의를 요구하는 것은 합리적이지 않다.

이에 따라 저작물을 이용하려는 경우에는 그 이용에 대해 저작권자와 협의하거나 허락을 기다릴 필요 없이 문화체육관광부장관이 정해 고시하는 기준에 따른 보상금을 지정 단체에 지급하는 것으로 족하다. 저작권법은 법정허락에 따른 보상을 받을 권리를 이 단체를 통해서만 행사할 수 있도록 제한했으므로 개별 권리자는 저작물 이용자를 상대로 보상금을 청구할 수 없다. 이를 의무적 집중관리(obligatory collective management)라고 한다.

이 단체는 회원이 아니더라도 권리자로부터 신청이 있을 때에는 그 권리의 행사를 거부할 수 없다(법 제25조 제6항 및 제7항). 이 단체는 보상금의 분배를 공고한 날부터 10년이 지났음에도 분배가 되지 않은 보상금에 대해서는 문화체육관광부장관의 승인을 얻어 공익 목적을 위해 사용할 수 있다(법 제25조 제10항).

4. 강제허락

가. 개요

강제허락은 법정허락과 달리 어떤 저작물의 이용이 마땅히 개별 저작권자의 허락을 받아야 함에도, 허락을 받을 수 없는 사유가 있거나 이 원칙을 관철하는 것이 산업 내에서의 자유로운 경쟁을 저해하는 등의 이유로 바람직하지 않은 경우에 도입된다.

저작권법상 강제허락은 다음 세 가지 경우에 적용된다. 첫째, 상당한 노력을 기울였어도 저작재산권자가 누구인지 알지 못하거나 그의 거소를 알 수 없어 저작물의 이용허락을 받을 수 없는 경우(법 제50조),[243] 둘째, 공표된 저작물을 공익을 위한 필요에 의해 방송하고자 협의했으나 협의가 성립되지 않은 경우(법 제51조), 그리고 셋째, 상업용 음반이 우리나라에서 처음으로 판매되어 3년이 지나고 그 음반에 녹음된 저작물을 녹음해 다른 상업용 음반을 제작하고자 협의했으나 협의가 성립되지 않은 경우(법 제52조)이다. 이 규정은 실연·음반·방송에 대해서도 준용된다(법 제89조).

상업용 음반에 대한 강제허락은 음반사가 작사가나 작곡가와 전속계약을 체결해 음악저작물의 음반 발행을 장기간 독점하는 것을 방지하기 위함이다. 우리나라에서 처음으로 판매된 지 3년이 지난 상업용 음반에만 적용되며, 이렇게 제작된 음반은 이런 제도를 가지고 있지 않은 국가에 수출될 수 없다. 그 국가에서는 합법적으로 제작된 음반이 아니기 때문이다.[244]

---

243 2020년 개정법에서 도입된 "문화시설에 의한 복제 등"(법 제35조의4)은 도서관 등에서 이 강제허락의 요건을 충족한 경우에 문화체육관광부장관의 승인 절차 없이 바로 저작물을 이용하되, 권리자가 청구하는 경우에 보상금을 지급하도록 하였다는 점에서 변형된 형태의 강제허락이라고 할 수 있다..

244 저작권법은 이를 침해로 보는 행위로 규정했다(법 제124조 제1항 제1호). 베른협약 제13조 제1항 단서 규정.

나. 저작재산권자 불명인 저작물의 이용

저작물 이용에 대해 저작권자의 허락을 받고자 상당한 노력을 기울였어도 저작재산권자가 누구인지 또는 그가 어디에 살고 있는지 알 수 없어서 허락을 받지 못하는 경우가 많다. 이는 저작권이 산업재산권과 달리 등록이나 저작권 표시 등을 하지 않아도 발생하기 때문에 권리자를 추적할 단서가 부족할 때가 많고, 그마저도 긴 보호기간으로 유실되기 쉽기 때문이다.

이 경우에 저작물 이용을 포기하게 하기보다는 일정한 절차를 거쳐 이용할 수 있도록 하는 것이 사회적으로 바람직하다. 저작권법은 문화체육관광부장관의 승인을 얻어 이를 이용할 수 있도록 하되, 이 업무를 한국저작권위원회에 위탁했다(법 제130조 및 령 제68조).

하지만 방송이나 상업용 음반의 경우[245]와 달리 '저작재산권자 불명'의 경우에는 강제허락에 대한 조약상 근거가 불분명하다.[246] 결국 저작재산권 제한의 일반적 원칙인 3단계 검사법에 의한 정당화가 필요하다.

저작물을 이용하려는 사람이 상당한 노력을 기울였어도 저작권자를 찾을 수 없는 경우에 그 저작물은 저작권자가 이용하지 않을 것으로 추정할 수 있고 따라서 그 이용은 일정한 특별한 경우에 해당하고 저작물의 일반적인 이용과도 충돌하지 않는다고 해석된다. 이용이 그에 대한 보상금을 조건으로 하므로 권리자의 합법적인 이익을 부당하게 저해하지도 않는다고 볼 수 있다.[247]

강제허락을 받는 절차는 다음과 같다.

---

245 베른협약 제11조의2 제2항 및 제13조 제1항 참조.

246 저작권법은 2006년 개정 당시 국제조약 위반에 대한 우려 때문에 강제허락의 대상 가운데 당초에 포함되었던 외국인의 저작물을 제외했다가 2020년에 이를 다시 회복하는 우여곡절을 겪기도 했다.

247 UK Intellectual Property Office, *Orphan Works - Potential Solutions*(2008), at 5 참조.

우선 저작물의 이용 승인을 얻고자 하는 사람은 한국저작권위원회에 저작물 이용 승인 신청서를 제출해야 한다. 신청서에는 승인 신청 명세서와 보상금액 산정 내역서, 그리고 해당 저작물 등이 공표되었음을 밝힐 수 있는 서류와 저작권자나 그의 거소 불명을 밝힐 수 있는 서류를 첨부해야 한다. 저작재산권자나 그의 거소를 알 수 없어서 승인을 받고자 하는 경우에는 그 권리자를 찾기 위해 상당한 노력을 기울였음을 밝힐 수 있는 자료를 첨부해야 한다.

상당한 노력을 기울였음을 인정받으려면 다음의 요건을 모두 충족해야 한다(령 제18조).

① 한국저작권위원회 저작권등록부의 열람 등을 통해 저작물의 저작재산권자나 그의 거소를 조회할 것

② 해당 저작물이 속하는 분야의 저작물을 취급하는 저작권 신탁관리업자가 있는 경우에는 그에게, 없는 경우에는 저작권 대리중개업자나 해당 저작물에 대해 이용허락을 받은 사실이 있는 이용자 중에서 2명 이상에게 저작재산권자나 그의 거소를 조회하는 확정일자 있는 문서를 보냈으나 이를 알 수 없다는 회신을 받거나 발송일부터 1개월 이후에도 회신이 없을 것

③ 저작재산권자나 그의 거소, 저작물의 제호 등을 전국 일간지 또는 한국저작권위원회 '권리자 찾기 정보시스템'에 공고한 날부터 10일이 지났을 것

④ 국내 정보통신망 정보검색도구를 이용해서 저작재산권자나 그의 거소를 검색할 것

일단 한번 강제허락이 승인된 저작물을 다시 신청할 때에는 '상당한 노력'을 확인하는 절차를 생략할 수 있다. 다만, 그 저작물에 대한 강제허락이 승인되기 이전에 저작재산권자가 이의를 제기하는 때에는 그렇지 않다(법 제50조 제3항).

승인 신청을 받은 한국저작권위원회는 신청일부터 10일간 그 신청 내용을 '권리자 찾기 정보시스템'에 공고한다. 이때 이에 대해 이의를 제기하려는 사람은 자신이 그 저작물의 권리자로 표시된 저작권 등의 등록증 사본이나 이에 상응하는 자료, 또는 자신의 성명 등이나 이명으로서 널리 알려진 것이 표시되어 있는 저작물 등의 사본이나 이에 상응하는 자료를 첨부해 한국저작권위원회에 제출해야 한다.

위원회는 이용 신청을 심사해서 승인한 경우에는 이를 신청인과 해당 저작재산권자에게 알려야 한다. 저작재산권자나 그의 거소를 알 수 없는 경우에는 '권리자 찾기 정보시스템'에 공고해야 한다. 이용 승인을 받은 신청자는 산정된 보상금을 한국저작권위원회에 지급하고 저작물을 이용할 수 있다. 이 보상금을 받을 권리는 위원회를 통해서만 행사될 수 있고, 위원회는 보상금을 지급받은 날부터 10년이 지나도 분배되지 못한 보상금에 대해 이를 문화체육관광부장관의 승인을 얻어 저작권 교육, 연구 및 홍보 등 미분배 교육 목적 보상금의 경우와 같은 목적을 위해 사용할 수 있다(법 제50조 제1항, 제5항 및 제6항).

강제허락은 저작권 행사의 기본 원리인 자발성을 제약하므로 다른 저작권 제한과 같이 필요한 최소한도의 범위에 그쳐야 한다. 이용 승인을 신청한 저작물이 아니더라도 다른 방법으로 신청자가 원하는 목적을 충분히 달성할 수 있거나, 저작권자가 적극적으로 저작물을 시장으로부터 회수함으로써 저작물을 출판 및 그 밖의 이용에 제공되지 않도록 한 때에조차 승인되어서는 안 된다. 이 경우에는 다른 요건을 갖추었더라도 한국저작권위원회가 강제허락의 승인을 거절할 수 있다(령 제22조).

짚어보기 **강제허락 절차에 따라 저작물을 이용하기 위해 한국저작권위원회에 저작물 이용 신청서를 제출해 승인받았으나 그 보상금을 지급하거나 공탁하지 않고 이용하는 경우, 이는 저작권 침해에 해당하는가?**

권리의 성격을 배타적 권리에서 보상금 청구권으로 사실상 변화시키는 법정허락과 달리 강제허락은 단지 권리의 행사방법에 일부 제약을 가할 뿐이다. 저작물의 이용에 대한 대가로 지불해야 하는 보상금은 강제허락의 필수 요건이므로 이를 이행하지 않고 저작물을 이용했다면 비록 승인을 받았더라도 단순한 채무불이행이 아니라 저작권 침해가 된다.

5. 비자발적 이용허락의 문제점

비자발적 이용허락에 대해서는 그 필요성이나 불가피성에도 불구하고 많은 문제점이 지적된다. 이용료의 결정이 시장 논리와 괴리되어 있다는 것이다. 시장에서도 잘못된 결정이 있을 수 있지만, 최소한 결정하는 사람이 그에 대해 책임을 진다. 그러나 비자발적 이용허락에서는 그렇지 않다.[248]

이용료가 시장 가격보다 낮게 책정되거나 그렇게 의도된다면 이를 적용받는 산업은 다른 산업에 대해 경쟁력을 가지지만, 거꾸로 저작자에 대한 인센티브는 줄어든다. 반대로 이용료가 시장 가격보다 높게 책정되면 저작물이 과소 소비되어 권리자와 이용자 모두를 좌절시킬 수 있다.

가. 시장가격과 동떨어진 이용료 결정

비자발적 이용허락의 이용료는 보통 정치적인 과정을 통해 결정된다.

---

248 Robert Cassler, “Copyright Compulsory Licenses-Are They Coming or Going?” at 254.

이 과정에서는 시장과 달리 정치적인 영향력이 결정에 영향을 미친다. 일부 이해관계자는 사적인 거래에서 가지는 경제적 영향력과 관계없이 정치적 과정에서 더 많은 영향력을 가지고, 이를 통해 시장에서 얻을 수 있는 것보다 유리한 결과를 확보하기도 한다. 비자발적 이용허락 옹호론자는 합리적이고 공명정대한 정책결정자들에 의해 신속하고 합리적으로 결정되는 단순하고 공정한 시스템을 상정한다. 하지만 현실은 다르다.

이용료 결정과정에서 이해관계자들은 이용료가 자신에게 유리한 방향으로 결정되도록 유도하거나 영향을 미치려 한다. 여기에 소요되는 비용을 영향력 비용(influence cost)[249]이라 하는데, 보통 가격을 둘러싼 시장에서의 협상에 비해 이용료 규정의 결정 과정에 투입되는 영향력 비용이 훨씬 높다.

비자발적 이용허락의 이용료 규정은 일종의 대규모 장기 계약과 같아서 일반적인 협상보다 훨씬 많은 비용을 투자할 가치가 있다.[250] 비자발적 이용허락을 도입함으로써 이용허락에 소요되는 거래비용은 줄일 수 있으나, 이용료 규정을 결정하는 과정에서 이해관계자들이 지출하는 영향력 비용이 이를 상쇄할 수도 있다. 이 외에도 이용료의 산정을 위한 조사 연구 등에도 상당한 비용이 소요되는데, 이는 결국 국민의 세금으로 충당된다.

나. 비탄력적인 이용료

비자발적 이용허락을 위한 이용료는 상황 변화에 탄력적으로 대응하지 못하는 성향이 있다. 이 때문에 처음에는 이용료가 제대로 산정되었더라도 시간의 경과와 상황의 변화에 따라 타당성을 쉽게 상실할 수 있다.

---

249 Robert P. Merges, "Compulsory Licensing vs. the Three 'Golden Oldies' Property Rights, Contracts, and Markets," 508 *Policy Analysis 1*(2004), fn.22.

250 *Ibid*, at 7-8.

설정된 이용료가 타당성을 유지하기 위해서는 시장 상황을 반영해 주기적으로 재검토해야 하지만, 실제 이용료는 이와는 반대로 고정되는 성향이 있다. 이용료는 한번 도입되면 일반적으로 오랜 기간에 걸쳐서 단지 명목적으로만 변경된다. 무언가를 변경하기보다는 현재의 상태를 그대로 두는 것이 정치적으로 훨씬 쉽기 때문이다.

비자발적 이용허락의 이런 한계에도 불구하고, 현실적으로는 저작권자와 이용자 모두 비자발적 이용허락에 도전하기보다는 오히려 이를 감내하는 것으로 보인다. 비자발적 이용허락이 많은 허점과 비판에도 불구하고 지속될 수 있는 이유는 다음 두 가지로 요약할 수 있다.

첫째, 비자발적 이용허락이 정치적 산물이기 때문이다. 비록 경제적으로는 불합리하더라도 그것이 사회적으로 이해관계 조정 메커니즘을 통해 결정되는 만큼 어느 정도의 절차적 합리성을 담보한다. 절차에의 참여가 보장되기만 하면, 민주주의라는 이름 아래 비록 경제적 합리성이 낮은 결정일지라도 용인되는 경우가 있다.

둘째, 비록 이용료가 부정확하게 산정되더라도 그 정도가 비자발적 이용허락제도가 없었더라면 지불했을 거래비용보다 작다면 당사자에게는 여전히 이익이다. 물론 이용료가 정확하게 산정되었더라면 그 당사자는 더 많은 이익을 가져갔을 것이다.

6장

저작인접권의 보호 및 제한

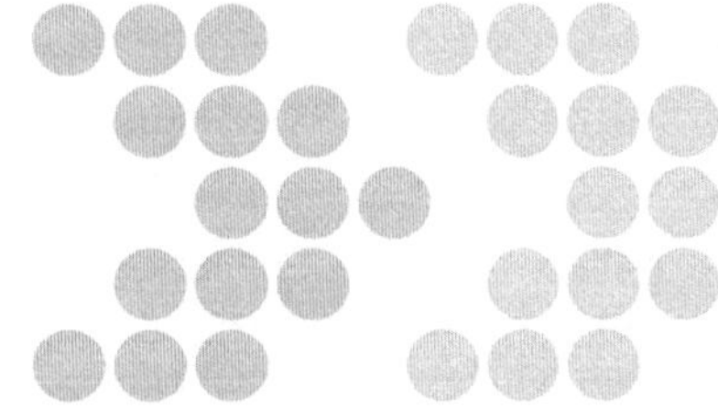

제1절

개관

1. 의의

저작인접권(neighboring rights 또는 related rights)이란 말 그대로 저작권에 인접한 또는 이에 관련된 권리를 의미하는데, 저작물을 해석[1]하고 전달하는 사람에게 부여되는 권리를 말한다. 그러한 권리를 가지는 사람을 저작인접권자라 하고, 실연자, 음반제작자, 그리고 방송사업자가 이에 해당한다.

저작인접권자는 저작물을 해석하고 전달함으로써 이용자들이 저작물을 손쉽고 풍요롭게 향유할 수 있도록 하고 저작물의 가치를 증진시킨다. 〈벚꽃 엔딩〉이라는 가요는 '버스커 버스커'라는 매력 있는 밴드가 연주하고 노래한 것으로, 음반으로 만들어짐으로써 많은 사람들이 들을 수 있게 되었고, 또 방송을 통해 널리 알려짐으로써 국민 모두가 즐기는 곡이 되었다. 만일 이 곡이 음반으로 제작되거나 방송되지 않은 채 악보 상태에 머물렀거나 라이브 공연으로만 감상할 수 있었다면 단지 소수의 사람들에게만 알려지고 이용되는 데 그쳤을 것이다.

저작자가 창조적으로 기여한 부분에 대해 보상받아야 하듯이, 저작인접권자도 이처럼 자신이 저작물을 해석하고 전달하기 위해 기여한 부분에 대해 보상받아야 한다. 이 보상은 자신이 기여한 부분을 다른 사람이

1 해석은 저작물의 연주나 실연 등을 통해 이루어진다.

이용하는 경우에 이를 통제할 수 있는 권리로서 부여된다.

저작인접권의 보호는 저작권 보호와 마찬가지로 저작물의 복제 및 전달 기술의 발전과 밀접하게 관련되어 있다.

녹음 기술이 발전하지 못했던 시기에는 연주나 공연을 보려면 연주나 공연이 실제 이루어지는 곳에 찾아가야 했다. 실연자는 보통 이들에게 입장료를 받음으로써 자신들의 실연에 대해 보상받을 수 있었다. 당시에는 저작권법으로 보호할 필요도 크지 않았다. 그러나 녹음 기술과 방송 기술이 발전함에 따라 녹음된 실연을 대량으로 복제해서 판매하거나 방송할 수 있게 되자, 사람들은 연주가 이루어지는 곳까지 찾아가지 않고도 가정이나 공공장소 등 어느 곳에서나 연주를 즐길 수 있게 되었다.

이로 인해 실연자들은 입장료를 통해 연주에 대해 직접 보상받을 기회를 상실하게 되었다. 실연에 대한 저작권 보호는 이렇듯 줄어든 연주와 보상받을 기회를 보상하려는 것이다. 녹음된 실연에도 실연자가 저작물을 해석하고 전달하는 데 기여한 부분이 여전히 포함되어 있으므로 이를 이용하는 것에 대해 마땅히 보상해야 한다는 논리이다.

음반이나 방송의 경우에도 음반을 제작하거나 방송 프로그램을 제작해 송출하기 위해서는 상당한 노력과 투자가 필요하다. 하지만 기술의 발전으로 다른 사람이 이 결과물을 가로채서 활용하는 것은 매우 쉬워졌다.

법으로 보호하지 않으면 음반제작자나 방송사업자가 들인 노력과 투자를 회수할 수 없으므로 누구도 나서서 음반 제작이나 방송을 하려 하지 않을 것이다. 실연의 경우와 달리 음반과 방송의 보호는 이처럼 투자를 보호하려는 취지가 강하다.[2]

2　이 점은 '창작성 없는 데이터베이스'의 보호와 그 맥을 같이한다.

2. 보호의 경과와 전망

가. 경과

국제적으로 저작인접권의 보호 필요성이 처음 논의된 것은 베른협약 1928년 로마 개정 회의에서였다. 하지만 저작권과는 구분되는 저작인접권의 특수성이 고려될 필요가 있었다.

이에 1961년에 국제노동기구(ILO)와 유네스코가 세계지식재산기구(WIPO)[3]와 협조해 저작인접권을 보호하기 위한 '로마협약'이라는 국제조약을 탄생시킴으로써 첫 결실을 맺었다. 저작권법에는 1986년법에 의해 처음 명시적으로 저작인접권이 도입되었다.[4] 현재는 대부분의 국가에서 저작인접권 개념을 인식하고 저작권에 준해서 이를 보호하고 있다.

저작인접권 보호의 도입에 대해 당시 저작권자들은 부정적인 입장이었다. 우선, 일정 시기 동안 이용자들이 저작물 이용에 대해 지불하려는 비용 총액은 쉽게 바뀌지 않을 것이므로, 새로운 권리자가 등장한다는 것은 결국 이제까지 저작권자가 받던 몫을 그들과 나누는 것을 의미할 수 있다.[5]

또 저작물을 이용하려면 관련 권리자 모두의 허락을 받아야 하는데, 이제까지는 저작권자의 허락만 받으면 되었지만 이제 저작인접권자의 허락도 받아야 한다. 저작권자가 허락하더라도 저작인접권자가 허락하지 않으면 저작물을 이용할 수 없게 되어 결과적으로 저작권 행사가 제약받을 수 있다.

---

3 당시에는 WIPO의 전신인 지식재산보호국제사무국(United International Bureaux for the Protection of Intellectual Property: BIRPI)이었다.

4 1957년 제정법에도 '음반'이 보호 대상으로 언급되었으나, 저작권과 구별되는 보호는 부여되지 않았다.

5 WIPO, *Guide to the Rome Convention and to the Phonograms Convention*, at 26-27, para. 1.5-1.9.

저작권자의 이런 우려에도 불구하고 저작인접권자의 기여 역시 저작권자와 마찬가지로 보호되어야 한다는 데 합의가 이루어졌다. 저작권자의 우려를 반영해 "저작인접권의 보호가 저작권에 영향을 미치는 것으로 해석되어서는 안 된다"라는 선언적 규정이 조약에 명시되었고 저작권법도 이를 따르고 있다.[6] 다만, 이는 저작인접권자로부터 이용허락을 받은 경우에도 저작권자의 권리는 영향을 받지 않으므로 여전히 저작권자의 허락을 받아야 한다는 의미로 이해될 뿐, 그 이상의 의미를 가지는 것은 아니다.

저작인접권의 보호는 상당 부분 저작권 분야의 관련 규정을 준용하고 있다. 예를 들면, 저작권법은 저작재산권 제한 규정의 상당 부분을 저작인접권에 준용토록 하고 있으며(법 제87조), 저작인접권의 양도, 행사 및 소멸에 대해서도 역시 그렇다(법 제88조).

실연자, 음반제작자, 그리고 방송사업자의 경우에도 저작자 및 권리의 추정(법 제8조)과 마찬가지로 그 실연, 음반 및 방송에 대해 실연자, 음반제작자 및 방송사업자로서 그 권리를 가지는 것으로 추정된다(법 제64조의2).

나. 전망

저작권과의 관계에서 어렵게 제자리를 잡은 저작인접권이지만 그 영역은 꾸준히 확장되고 있다.

우선 보호 대상이 확대되고 있다. 로마협약에서는 실연자, 음반제작자, 그리고 방송사업자만 언급하고 있으나, 각국은 이 외에도 영상제작자와 데이터베이스제작자, 그리고 최근에는 언론간행물(journal publication) 발행자까지 저작인접권으로 포섭하고 있다. 영상제작자

6 로마협약 제1조 및 저작권법 제65조 참조.

에 대해서는 독일(제94조), 중국(제42조) 및 북한(제35조) 등이 독자적인 권리를 부여하고 있다. 또한 유럽연합은 데이터베이스보호지침과 디지털단일시장저작권지침을 통해 데이터베이스제작자와 언론간행물 발행자에게 저작권과 구별되는 권리(복제권과 전송권 등)를 부여하도록 했다.[7]

이것은 저작인접권 보호의 속성과 관련되어 있다. 저작인접권 보호는 저작권과 달리 음반이나 영상 등의 콘텐츠 또는 방송 신호처럼 실연자, 음반제작자 또는 방송사업자의 기여가 체화된 대상을 직접 이용하는 것과 관련되어 있다.

창작적 표현물이 아니어서 모방으로부터 보호할 필요는 없지만 기술발전으로 복제 등이 용이해져서 보호할 필요가 있을 때에 저작인접권적인 보호를 부여하게 된다. 독일 저작권법이 학술적 판본이나 사후 저작물 등 특정 판본을 저작인접권으로 보호하는 것도 그 예이다.

저작인접권을 구성하는 권리도 강화되고 있다. 실연자에게 저작자에게 준하는 인격권과 온전한 복제권이 부여되는가 하면 실연자와 음반제작자에게는 전송권이 부여되었다.[8]

3. 저작인접권의 보호기간

저작인접권의 보호기간은 저작권과 달리 자연인의 수명과 연계되지 않는다. 실연과 방송의 경우에는 그 실연을 하거나 방송을 한 때부터 권리가 발생하고 그 다음 해부터 기산해 실연의 경우에는 70년간, 방송의 경우에는 50년간 존속한다.

---

7 유럽연합 데이터베이스보호지침 및 디지털단일시장저작권지침 제15조 참조.

8 WIPO실연·음반조약 제5조, 제7조 및 제14조, 베이징조약 제10조 참조.

음반의 경우에는 그 음을 맨 처음 음반에 고정한 때부터 권리가 발생하지만, 보호기간은 그 음반을 발행한 때의 다음 해부터 70년간이라는 점에서 차이가 있다. 다만, 음을 음반에 맨 처음 고정한 때의 다음 해부터 기산해 50년이 지날 때까지 음반을 발행하지 않은 경우에는 음을 음반에 맨 처음 고정한 때부터 기산한다(법 제86조). 이는 WIPO실연·음반조약에 규정된 음반의 보호기간에 따른 것이다.[9]

실연자의 인격권에 대해서는 별도의 보호기간이 적용된다. 저작권법은 저작자에 대해서는 사망 후에도 그 인격적 이익을 보호하지만(법 제14조 제2항 및 제128조), 실연자에게는 같은 보호를 부여하지 않고 있다. 따라서 실연자의 인격권은 실연자의 일신에 전속하므로 그의 사망과 더불어 종료되는 것으로 보아야 할 것이다. 다만, 인격권의 보호와 관련해 실연자를 저작자와 구별할 합리적인 이유는 찾기 어렵다.[10]

더구나, 시청각적 실연의 보호에 관한 베이징조약은 베른협약의 인격권 조항과 마찬가지로, 실연자의 인격권을 그의 사망 후 적어도 그의 경제적 권리가 종료할 때까지 보호하도록 하고 있어서, 비록 조약의 비준 또는 가입 당시 법령에 실연자의 사망 후에는 보호한다고 규정하지 않은 조약체결 당사자는 이를 따를 의무가 없지만,[11] 원칙에 따라 이를 저작자의 인격권 보호와 일치시키는 것이 바람직하다.

짚어보기 **모차르트나 베토벤의 곡을 연주한 음반은 원곡의 보호기간이 이미 종료되었으므로 더 이상 보호되지 않는 것인가?**

실연이나 음반, 방송의 바탕이 되는 저작물의 보호기간은 그 실연이나 음반, 방송의 보

---

9 WIPO실연·음반조약 제17조 제2항.

10 우리나라와 마찬가지로 WIPO실연·음반조약에 따라 실연자의 인격권을 도입한 일본은 이를 명시적으로 규정하고 있다. 일본 저작권법 제116조.

11 베이징조약 제5조 제2항 참조.

호기간에 영향을 미치지 않는다. 즉, 모차르트나 베토벤의 고전음악처럼 저작물의 보호기간이 이미 만료된 경우에도 이를 새로 연주해 녹음하거나 이를 방송했다면 그 보호기간은 저작물의 보호기간과는 관계없이 새롭게 시작한다.

4. 저작인접권 보호기간 연장 특례

한·미 FTA 개정법은 1987년 7월 1일부터 1994년 6월 30일 사이에 발생한 저작인접권에 대해 20년의 짧은 보호기간만 보호되던 폐단을 시정해, 그 보호기간이 이미 만료되었는지 여부와 관계없이 그 발생한 때부터 50년간 보호하는 것으로 연장했다.

다만, 이에 따라 저작인접권이 회복된 실연, 음반, 방송을 이 개정 규정이 시행되기 전에 이용한 행위는 저작권 침해로 보지 않으며, 종전 법에 따라 저작인접권이 소멸된 후에 그 실연, 음반, 방송을 이용해 개정 규정이 시행되기 전에 제작한 복제물은 개정 규정이 시행된 후 2년 동안 저작인접권자의 허락을 받지 않고도 계속해서 배포할 수 있다(한·미 FTA 개정법 부칙 제4조).[12] 이 시기에는 우리 가요의 중흥기로 불릴 정도로 국민적 사랑을 받은 가요들이 많았음에도 부당하게 짧은 보호기간

12 1994년 개정법의 부칙 제3항에서는 연장된 보호기간이 기공표된 저작인접권에 대해서는 적용되지 않도록 규정하고 있는데, 한·미 FTA 개정법은 이 조항이 더 이상 적용되지 않도록 2006년법 부칙 제2조를 개정했다. 이에 대해 국민의 재산권을 소급해 박탈하는 것이어서 위헌성이 있다는 주장이 있었으나, 헌법재판소는 보호기간의 종료로 인해 이용자가 가지게 되는 지위는 그 이후로는 저작권자의 허락 없이 그 저작물을 이용할 수 있을 것이라는 반사적 이익에 불과할 뿐 헌법에 의해 보호되는 재산권에 해당하지 않으며, 그 저작물을 과거에 이용한 행위에 대해서 적용되는 것이 아니므로 이미 종결된 과거의 사실 또는 법률관계에 법률을 사후적으로 적용함으로써 과거를 법적으로 새로이 평가하는 진정소급입법이 아니고, 2년의 유예기간을 두어 음반 제작 및 판매업자의 신뢰이익을 충분히 고려했으므로 헌법에 어긋나지 않는다고 판시했다. 헌법재판소 2013. 11. 28. 선고 2012헌마770 결정 참조.

이 부여되었었다.

외국에서도 이처럼 종료된 보호기간을 되살린 사례가 있다. 1994년 미국이 TRIPs협정을 이행하면서 보호기간을 갱신하지 않아서 공유에 처한 저작물에 대해서 그 보호를 되살린 바 있었고,[13] 1990년 독일은 동독과의 통일에 따라 동·서독 사이에 저작권 보호기간을 통일하면서 과거 동독에서 50년을 경과해 보호기간이 종료된 저작물 중에서 70년이 지나지 않은 저작물의 보호를 되살렸다.

1995년에는 보호기간을 70년으로 통일하는 유럽연합 저작권보호기간조화지침이 시행됨에 따라 어느 한 회원국에서라도 보호기간이 종료되지 않은 저작물은 비록 저작물의 본국에서 50년의 보호기간이 종료되었더라도 모두 그 보호를 회복시킨 바 있다.[14]

---

13 미국은 1989년 베른협약에 가입하면서도 베른협약상 금지되는 방식인 보호기간 갱신제도를 폐지하지 않았다가 1992년에서야 뒤늦게 이를 확인하고 폐지했는데, 이로 인해 보호기간을 갱신하지 않은 상당수의 저작물이 공유에 처하게 되었다. 이로 인해 조약 위반 문제가 제기되자 미국은 1994년 우루과이라운드협정법(URAA)을 통해 보호를 되살린 바 있다. 이에 대해 위헌소송이 제기되었으나 미국 연방대법원에서 기각되었다. *Golan v. Holder*, 132 S.Ct. 873(2012).

14 유럽연합 저작권보호기간조화지침, 제10조 제2항 참조.

제2절

실연자의 보호

1. 실연 또는 실연자란?

저작권법은 실연의 개념을 직접 정의하지 않았다. 대신 실연자를 정의하면서 간접적으로 정의했다. 실연이란 저작물을 연기, 무용, 연주, 가창, 연술 그 밖의 예능적 방법으로 표현하거나, 저작물이 아닌 것을 이와 유사한 방법으로 표현하는 것을 말한다(법 제2조 제4호).[15]

저작권법에 의해 보호가 부여되는 실연은 그 대상이 저작물인지 여부에 관계없이 이를 연기 등 예능적 방법으로 표현하는 것을 말한다. 실연의 대상이 저작권으로 보호되지 않는 것이어도 저작권법상 보호되는 실연이 될 수 있다. 단순히 새소리 등 자연의 소리를 흉내 내는 것도 실연으로서 보호받을 수 있다.

보호기간이 만료된 저작물이나 예로부터 민간에 전승되어 오는 것을 예능적 방법으로 표현하는 것도 실연으로서 보호받을 수 있다. 저작물을 실연하는 경우에 저작권자의 허락을 받았는지 여부도 실연 그 자체의 보호에는 영향을 미치지 않는다. 단지 저작권 침해에 대한 책임이 따를 뿐이다. 다만, 그 실연의 이용에는 저작물의 이용이 필연적으로 수반되므로 저작권자의 허락을 받지 않은 실연에 대해서는 권리를 행사하기 어려울 수도 있다.

---

15 2006년법은 '실연'의 정의를 삭제하고 이를 실연자의 정의에 포함해 규정했다.

실연은 예능적 방법으로 표현하는 것을 말한다. 축구나 야구와 같은 스포츠 경기는 저작권법의 보호 대상이 되는 실연이라고 할 수 없다. 하지만 스포츠 중에도 리듬체조나 피겨스케이팅 또는 아티스틱 스위밍[16] 싱크로나이즈드 스위밍 등에 대해서는 논란이 있을 수 있다. 비록 스포츠이기는 하지만 예술적인 안무를 예능적 방법으로 표현하는 한 적극적으로 해석하는 것이 바람직하다.

실연자란 실연을 하는 사람을 말하며, 실연을 지휘, 연출 또는 감독하는 사람을 포함한다(법 제2조 제4호). 여기에는 배우나 가수 또는 연주자처럼 직접 실연을 하는 실제 실연자와 더불어, 직접 실연을 하지는 않지만 실연을 지휘하는 지휘자나 공연을 연출하고 감독하는 연출자나 감독처럼 법에 의해 실연자로 인정된 의제 실연자가 있다. 연출자와 감독의 경우에는 기여하는 바에 따라 저작자로도 중첩적으로 보호받을 수 있다.

실연자로서 보호받기 위해 반드시 직업적으로 실연을 할 필요는 없다. 하지만 비록 직업적 실연일지라도 직접 실연을 하는 것이 아니라 실연의 배경을 이루는, 엑스트라(background performer)와 같은 보조적 실연자는 저작권법상 보호되는 실연자가 아니다.

짚어보기 **공연단체 등에 소속된 실연자가 그 단체가 기획한 공연에서 공연의 일원으로서 실연을 하는 경우 이를 업무상저작물과 마찬가지로 업무상실연으로 보아야 하는 것 아닌가?**

논리적으로는 업무상저작물과 마찬가지로 실연에 대해서도 업무상실연제도를 도입하는 것이 타당하다. 그러나 업무상실연에 대한 논의나 입법례는 아직 드문 편이다.[17] 이는 이

---

16 종래에는 '싱크로나이즈드 스위밍'으로 불렸다.

17 2021년 시행된 중국 저작권법은 업무상실연을 규정하고 있다. 실연자는 성명표시권과 동일성유지권을 가지되 그 밖의 권리의 귀속은 계약으로 정하도록 하며, 계약으로 정하지 않은 경우에는 연출기관이 가지도록 하되 실연자가 권리를 가지는 경우에 연출기관은 업무의 범위 내에서 해당 실연을 무상으로 이용할 수 있도록 하였다. 중국 저작권법 제40조 제1항 및 제2항 참조.

제까지 저작자와 달리 실연자에 대한 보호가 상당히 미약했기 때문에 공연단체와 실연자의 관계가 상당 부분 노무 계약 수준에 머물러 있었던 데 기인한 것일 수 있다.

이제 실연자에게 재산권뿐만 아니라 인격권까지 부여되어서 그 권리의 처리가 보다 중요해진 만큼 권리관계를 명확하게 하기 위해 업무상저작물의 논리를 실연에도 적용하는 것을 검토할 필요가 있다.

2. 보호되는 실연

저작권법은 우리나라에서 보호되는 실연을 다음 네 가지로 열거하고 있다(법 제64조 제1호).

① 대한민국 국민(대한민국 법률에 의해 설립된 법인 및 대한민국 내에 주된 사무소가 있는 외국법인을 포함한다)이 행하는 실연

② 대한민국이 가입 또는 체결한 조약에 따라 보호되는 실연

③ 보호를 받는 음반에 고정된 실연

④ 보호를 받는 방송에 의해 송신되는 실연(다만, 송신 전에 녹음 또는 녹화되어 있는 경우는 제외한다)

우리나라가 현재 실연의 보호와 관련해 가입 또는 체결한 조약은 제네바음반협약, TRIPs협정, 로마협약, WIPO실연·음반조약, 위성협약 그리고 베이징조약이다.[18] 이들 조약에 따라 보호의 의무를 지는 실연이나 그러한 음반에 수록된 실연은 우리나라에서 보호된다. 방송과 관련해 보호되는 실연의 경우, 송신 전에 녹음 또는 녹화되어 있는 실연을 제외하는 것은 방송 전에 실연자의 승낙을 얻어 녹음 또는 녹화가 이루어졌다면 이

18 우리나라는 로마협약과 WIPO실연·음반조약에는 2009년 3월 18일, 위성협약에는 2012년 3월 19일 그리고 베이징조약에는 2020년 7월 22일에 가입했다.

와 관련해 이중으로 권리를 행사하는 것이 합당하지 않기 때문이다.

3. 실연자의 권리

가. 인격권

저작권법은 WIPO실연·음반조약에 따라 실연자에게도 성명표시권과 동일성유지권 등 인격권을 부여했다. 이는 실연에 실연자의 고유한 개성이 표현되며, 이에 따라 같은 저작물이라도 실연자에 따라 그 결과물이 현저하게 달라지는 점이 인정된 결과이다.

WIPO실연·음반조약은 청각적 실연자의 인격권만을 다루고 있었으나, 저작권법은 청각적 실연자와 시청각적 실연자를 구분하지 않고 모두에게 권리를 부여했다.[19]

실연자는 자신의 실연 또는 실연의 복제물에 자신의 실명 또는 이명을 표시할 권리를 가진다. 실연을 이용하는 사람은 실연자의 다른 의사표시가 없는 때에는 실연자가 자신의 실명 또는 이명을 표시한 바에 따라 표시해야 한다.

실연자는 또한 자신의 실연의 내용과 형식이 동일성을 유지할 권리를 가진다. 다만, 이 경우 모두 실연의 성질이나 그 이용의 목적 및 형태 등에 비추어 부득이하다고 인정되는 경우에는 예외가 허용된다(법 제66조 및 제67조). 저작자의 동일성유지권과 달리 '제호'에 대해서는 권리를 부여하지 않았다. 제호가 보통 실연이 아니라 저작물에 붙는 것이라는 점을 염두에 둔 것이지만, 저작물이 아닌 것을 실연하는 경우 실연자가 독자적으로 제호를 붙일 수 있다는 점을 고려하면 보완될 필요가 있다.

---

19 후에 체결된 베이징조약에서 시청각적 실연자에게도 인격권이 도입되었으므로 결과적으로 이를 미리 이행한 결과가 되었다. 베이징조약 제5조 참조.

주의할 것은 저작권법은 저작자와 달리 실연자에게는 공표권을 부여하지 않았다는 점이다. 실연자의 인격권을 규정한 WIPO실연·음반조약이나 베이징조약이 공표권의 부여를 의무화하지 않고 있으며,[20] 실연자에게 공표권을 부여하는 것이 자칫 저작물의 이용을 지나치게 제약할 것을 우려했기 때문인 것으로 이해된다.

하지만 실연자에게도 저작자와 마찬가지로 자신의 실연이 미완성이거나 완성되었더라도 일반에 공개하기에 부족한 상태일 경우 공표되는 것을 통제할 권리를 부여하는 것을 검토할 필요가 있다.

저작자의 인격권과 마찬가지로 실연자의 인격권도 실연자의 일신에 전속한다. 실연자의 인격권은 양도하거나 상속할 수 없으며, 실연자의 사망과 함께 그 보호기간도 종료한다. 앞서 언급했듯이, 저작자와 달리 실연자는 사망 후에는 인격적 이익이 보호되지 않는다.

나. 실연자의 재산적 권리

실연자는 복제권, 배포권, 대여권, 공연권, 실연방송권, 전송권, 상업용 음반의 방송 및 디지털음성송신에 대한 보상청구권을 가진다.

(1) 복제권

실연자는 자신의 실연을 복제할 권리를 가진다(법 제69조). 1986년법에서는 실연자에게 자신의 실연을 녹음·녹화하거나 사진으로 촬영하는 등 고정에 대한 권리만 부여했으나, 1995년 TRIPs협정을 이행하기 위한 법 개정을 통해 포괄적인 복제권이 부여되었다. 저작권법상 복제는 고정을 포함하므로, 실연자는 자신의 실연을 고정하는 것과 이렇게 고정된 실연을 복제하는 것을 허락할 권리를 모두 가지게 되었다.

---

20 베른협약도 저작자에게 공표권을 부여할 것을 의무화하고 있지는 않다.

이것은 저작인접권의 국제적 보호를 위한 조약인 로마협약에서 정립된 '일회주의(一回主義)'를 넘어서는 것이다. 일회주의란 실연자가 일단 자신의 실연을 고정하는 것을 허락하고 나면 그 고정물의 복제 등 이후의 이용에 대해서는 더 이상 권리를 행사할 수 없다는 원칙을 말한다. 즉, 실연자에게는 단지 한 번의 권리행사 기회만 주어진다는 것이다.

로마협약에서 실연자의 복제권은 실연자에게 당연히 주어지는 권리가 아니라 예외적인 상황에서만 주어지는 권리였다.[21] 그 예외적인 상황이란 다음의 세 가지를 말한다.

① 원고정물 자체가 실연자의 동의를 받지 않고 만들어진 경우

② 원고정물이 실연자가 당초 동의한 목적과 다르게 복제되는 경우

③ 원고정물이 로마협약 제15조의 규정[22]에 따라 만들어졌고, 복제가 그 규정에서 언급한 목적과 다르게 이루어지는 경우

TRIPs협정에 이어 1996년에 마련된 WIPO실연·음반조약도 실연자에게 복제권을 일반적인 권리의 하나로 부여했다. 이에 따라 실연자는 자신의 실연을 고정할 때뿐만 아니라 그렇게 고정된 자신의 실연을 음반으로 발행할 때에도 권리를 행사할 수 있게 되었다.

복제에는 직접적인 복제뿐만 아니라 간접적인 복제도 포함된다. 실연을 담고 있는 음반을 직접 복제하는 경우뿐만 아니라, 그 음반을 이용해 방송된 라디오나 텔레비전 프로그램을 녹음하거나 인터넷을 통해 송신된 음반을 복제하는 경우에도 실연자의 복제권이 미친다.

다만, 실연자의 복제권은 저작자의 복제권과 달리 모방에는 적용되지 않음에 유의해야 한다. 다른 실연자가 그의 실연을 아무리 똑같이 흉내 내더라도 흉내를 내는 것에는 권리가 미치지 않는다. 자신의 고정된 실

21 로마협약 제7조(c) 참조.

22 이는 사적 이용을 위한 복제나 시사 보도 등 권리의 제한과 예외에 관한 규정을 말한다.

연을 그대로 또는 변형해서 복제하는 것에 대해서만 권리가 미친다는 점에서 모방이 곧 권리의 침해가 될 수 있는 저작권자의 권리와는 차이가 있다.[23]

실연에 실연자의 고유한 개성이 표현되기 때문에 인격권으로 보호할지언정 거기에 창작적인 요소가 있다고는 인정되지 않은 결과이다. 실연을 통해 창작이 이루어지는 경우가 있다면 그 부분은 저작권으로 보호되며 그 부분에 관해서는 실연자가 아니라 저작자로서 보호된다.

짚어보기 **개그맨 등 연예인이 인기를 얻으면 그 제스처나 목소리등을 다른 사람이 흉내내거나 AI에 학습시켜 유사한 출력물을 만들어 광고 등에 사용하는 경우가 있는데, 그 실연자의 권리를 침해하는 것이 아닌가?**

실연자의 복제권은 저작자와 달리 모방에는 미치지 않는다. 비록 실연자의 목소리 등을 흉내내거나 AI를 활용해 디지털 모사물(digital replica)을 만들어내 광고 등에 사용한다고 해도 저작권법상 실연자의 권리를 침해한다고는 보기 어렵다.

다만, 인격표지권(publicity right) 법리의 발전을 눈여겨볼 필요가 있다.

부정경쟁방지법이 "국내에 널리 인식되고 경제적 가치를 가지는 타인의 성명, 초상, 음성, 서명 등 그 타인을 식별할 수 있는 표지를 공정한 상거래 관행이나 경쟁질서에 반하는 방법으로 자신의 영업을 위하여 무단으로 사용함으로써 타인의 경제적 이익을 침해하는 행위"를 부정경쟁행위의 하나로 규정하여 부정경쟁방지법상의 보호를 부여한 바 있고,[24] 법무부도 "인격표지영리권"의 도입을 골자로 하는 민법 개정안을 입법예고[25]하

---

23 이 점은 저작인접권으로 보호되는 음반제작자와 방송사업자의 권리와 이와 유사한 보호가 주어지는 데이터베이스제작자의 권리, 그리고 콘텐츠산업진흥법상의 콘텐츠제작자의 보호이익에도 마찬가지로 적용된다. H.R. Report, 94-1476(1976), at 106 참조.

24 부정경쟁방지법 제2조 제1호 타목(2022. 6. 시행) 참조.

25 법무부 보도자료, "인격표지영리권('퍼블리시티권') 신설을 위한 「민법」일부개정법률안 입법예고" (2022. 12. 26.) 참조. 다만, 이 개정안은 국회에 제출되지 않았다.

는 등 이의 보호와 관련한 입법 논의가 진행중이다.

AI를 활용한 디지털 모사물은 다른 사람이 흉내내는 것보다 작성이 용이하고 실연자 본인과 구별하는 것이 더욱 어려워질 수 있어서 그 파급효과가 더욱 클 수 있으므로 적극적인 대책 마련이 필요하다.

미국 저작권청은 이에 대한 보고서에서 모든 개인은 그의 생애동안 무단 디지털 모사물의 고의적 보급으로부터 보호받아야 하며, 이 권리는 이용허락할 수 있고, 양도가능해야 하며 손해배상은 물론 금지명령을 포함한 효과적인 구제책을 수반해야 한다고 권고하였다.[26]

(2) 배포권

실연자는 자신의 실연을 배포할 권리를 가진다(법 제70조). 저작권법은 실연자에게도 단순히 복제권뿐만 아니라 포괄적인 배포권까지 부여했다. 다만, 저작권에서와 마찬가지로 최초 판매의 원칙을 적용해 실연의 복제물이 실연자의 허락을 받아 판매 등의 방법으로 거래에 제공된 경우에는 그 복제물에 대한 배포권이 소진되도록 했다.

(3) 대여권

실연자는 최초 판매의 원칙에도 불구하고 자신의 실연이 수록된 상업용 음반을 영리를 목적으로 대여(rental)할 권리를 가진다(법 제71조).[27] 저작자 및 음반제작자의 대여권과 마찬가지로 실연자의 대여권도 음반의 유형적 복제물에만 적용되고 무형적 전송 등에는 적용되지 않는다.

---

26 미국 저작권청, 「인공지능과 저작권: 제1부」, 임원선 옮김, 한국저작권위원회 (2025. 4.) 참조.

27 당초에는 이 대여권이 개별적으로 행사되기 어려운 점을 고려해 상업용 음반의 방송에 대한 보상청구권과 마찬가지로 대표 단체를 통해서만 행사될 수 있도록 했던 것을, 2006년 법에서 TRIPs협정과 WIPO실연·음반조약에 따라 배타적 권리 본연의 모습으로 회복시켰다. TRIPs협정 제14조 제4항 및 WIPO실연·음반조약 제9조.

이 규정은 TRIPs협정의 논의과정을 반영해 저작권법에 도입되었지만 우리나라에서는 음반의 대여가 거의 이루어지고 있지 않기 때문에 그 실효성은 미미하다. 도서관 등에서 무료로 대여하는 경우에는[이를 영리목적의 대여와 구별해 공공대출(public lending)이라 한다] 대여권이 적용되지 않는 점에 유의할 필요가 있다.

(4) 공연권

실연자는 자신의 고정되지 않은 실연을 공연할 권리를 가진다. 다만, 그 실연이 방송되는 실연인 경우에는 그렇지 않다(법 제72조). 실연의 공연이란 고정되지 않은 실연을 공중에게 공개하는 것을 말한다. 로마협약과 WIPO실연·음반조약[28]은 실연자에게 자신의 고정되지 않은 실연을 방송 또는 공중전달할 권리를 부여하고 있다.

저작권 분야에서의 공중전달(communication to the public)이 전송까지를 포괄하는 폭넓은 개념 범위를 가지는 것과 달리, 국제조약상 저작인접권 분야에서의 공중전달은 방송 이외의 매체에 의해 실연의 소리, 음반에 고정된 소리 또는 소리의 표현을 공중에게 송신하는 것을 말한다.[29] 여기에는 유선방송과 함께 확성기나 대형화면을 통해 전달하는 것도 포함되는 것으로 이해된다. 저작권법은 이 중에서 유선방송은 방송에 해당하는 것으로 정의하고 있어서 차이가 있다.

이와 달리 상업용 음반에 고정된 실연을 사용해 공연하는 경우에는 실연자에게 보상청구권이 부여된다. 저작권법은 방송되는 실연에 대해서는 이를 공연권의 예외로 하고 있는데, 이는 로마협약과 WIPO실연·음반조약의 규정을 따른 것이다.

---

28 로마협약 제7조 제1항 및 WIPO실연·음반조약 제6조.

29 WIPO실연·음반조약 제2조 참조.

(5) 방송권

실연자는 자신의 실연을 방송할 권리를 가진다. 다만, 실연자의 허락을 받아서 녹음된 실연에 대해서는 그렇지 않다(법 제73조). 실연자는 자신의 실연을 방송하는 것을 허락할 권리를 가지되, 실연자의 허락을 받아 녹음된 실연을 방송하는 경우에는 그렇지 않다. 이 경우에는 뒤에 언급하는 상업용음반의 방송에 대한 보상청구권이 적용된다.

이와 관련해, 허락을 받아 녹화된 실연에 대해서도 방송실연자 등 시청각 실연자에게 이를 배타적 권리가 아니라 보상청구권으로 부여해 달라는 방송실연자 단체의 요구가 있다.[30] 보상청구권으로 하면 배타적 권리를 신탁 받아 행사하는 데 따른 부담이 줄고, 모든 방송실연자를 빠짐없이 대표할 수 있다는 장점 때문이다.

하지만 방송 프로그램이 외국에 수출되는 경우 그 나라에서 이 권리를 보호하지 않거나 보호하더라도 보상금을 징수하고 관리할 단체가 활성화되어 있지 않으면 보상청구권을 행사하기 어려운 단점이 있다.

(6) 전송권

실연자는 자신의 실연을 전송할 권리를 가진다. 실연자는 자신의 실연을 공중의 구성원이 개별적으로 선택한 시간과 장소에서 접근할 수 있도록 이용에 제공하는 것을 허락할 권리를 가진다. 이로써 자신의 고정된 실연을 인터넷 등을 통해 제공하는 주문형 서비스에 대해, 즉 다운로드는 물론 스트리밍 서비스에 대해서도 저작자 및 음반제작자와 마찬가지로 통제권을 가진다.

---

30 베이징조약은 고정된 실연에 대한 시청각실연자의 방송권을 보상청구권으로 부여할 수도 있도록 허용하고 있다(베이징조약 제11조 제2항). 일본도 이를 보상청구권으로 부여하고 있다. 일본 저작권법 제94조 및 제94조의2.

(7) 상업용 음반의 방송에 대한 보상청구권

방송사업자가 실연이 녹음된 상업용 음반을 사용해 방송하는 경우에는 상당한 보상금을 그 실연자에게 지급해야 한다(법 제75조 제1항). 저작권법은 방송사업자의 지급의무로 규정하고 있지만 이는 실연자에게 보상청구권을 부여한 것과 같다.[31]

실연자의 허락을 받아 녹음된 실연에 대해서는 실연자에게 방송권 대신에 이 보상청구권이 부여된다. 방송사업자는 방송을 위해 상업용 음반을 사용하는 경우에 실연자에게 일일이 허락을 받을 필요는 없지만 이에 대해 보상금을 지급할 의무를 지게 된다.

이 보상청구권은 지정된 단체를 통해서만 행사될 수 있다. 실연자가 직접 다수의 방송사업자를 상대로 이 보상금의 액수 등에 대해 협의하고 보상금을 지급받는 것은 합리적이지 못하다. 보상금의 규모에 비해 이의 청구와 수령을 위해 소요되는 비용이 지나치게 높고 방송사업자에게도 불필요한 부담이 가중될 수 있기 때문이다. 이런 이유로 저작권법은 이 보상받을 권리에 대해 교과용도서의 보상금에 대한 권리행사에 관한 규정을 준용하고 있다(법 제75조 제2항).

현재 이 업무를 수행하도록 지정된 단체는 (사)한국음악실연자연합회이다. 보상금의 금액은 지정 단체가 방송사업자와 매년 협의해 정한다. 협의가 이루어지지 않은 경우에는 시행령이 정하는 바에 따라 한국저작권위원회에 조정을 신청할 수 있다(법 제75조 제3항 및 제4항).

실연자가 외국인인 경우 그 외국인의 국가에서 대한민국 국민인 실연자에게 이 보상금을 인정하지 않는 때에는 상호주의가 적용되어 방송사업자가 그 실연자에게 보상할 의무를 지지 않는다(법 제75조 제1항 단서).[32]

---

31 저작권법은 로마협약의 방식으로 규정한 것이다. 반면에 WIPO실연·음반조약은 실연자에게 보상에 대한 권리를 부여하는 방식을 택하고 있다. 로마협약 제12조 및 WIPO실연·음반조약 제15조 참조.

짚어보기 상업용 음반을 방송한 데에 대해 지급된 보상금을 방송된 실연의 실연자 이외에 다른 실연자를 위해 활용할 수 있는가?

상업용 음반의 방송에 대한 보상청구권은 그 상업용 음반의 방송에 대한 대가의 성격과 이로 인해 실연자의 실연 기회가 박탈된 데 대한 보상의 성격을 함께 가진다. 방송에 사용된 실연의 실연자뿐만 아니라 다른 실연자도 실연 기회의 박탈로 인한 영향을 받으므로 이를 그 실연을 한 특정 실연자만이 아니라 다른 실연자를 위해서도 활용해야 한다는 주장이 있다.

저작권법은 "상당한 보상금을 그 실연자에게 지급해야 한다"라고 규정해 그 실연을 한 실연자에게 분배하도록 명시하고 있지만,[33] 로마협약의 관련 규정은 두 가지 해석의 가능성을 모두 열어놓고 있다.[34]

상업용 음반의 방송으로 인한 피해가 특정 실연자뿐만 아니라 업계 전반에 미치고, 보상금제도는 이 문제에 대처하기 위해 마련되었다는 점을 고려할 때, 보상금의 일부를 상호부조기금(mutual assistance fund)으로 조성해 활용하는 등 특정 실연자를 넘어서서 실연자 공동체의 피해 보전이라는 관점에서 설계될 필요가 있다.

(8) 음반의 디지털음성송신에 대한 보상청구권

실연자는 디지털음성송신사업자가 실연이 녹음된 음반을 사용해 송신하는 경우에 그에 대한 보상청구권을 가진다(법 제76조 제1항).

보상청구권의 행사와 관련해서는 앞서 상업용 음반의 방송에 대한 보

---

32 당초 이 보상청구권은 외국인 실연자에게는 적용하지 않았던 것을 2006년법에서 WIPO 실연·음반조약에 따라 상호주의에 의한 보호로 변경했다. 이와 관련해 한·미FTA는 상호주의의 적용과 관련하여 그 범위를 아날로그 무료 공중파 라디오와 텔레비전 방송에 의한 사용으로 국한하고 있어, 디지털 라디오와 텔레비전 방송에 의한 사용에 대해서는 상호주의가 아닌 내국민대우를 제공해야 한다. 한·미FTA 제18.1조 제6항(내국민대우) 참조.

33 일본 저작권법 또한 같다. 일본 저작권법 제95조 제1항.

34 WIPO, *Guide to the Rome Convention and to the Phonograms Convention,* at 49-50, para. 12.17 참조.

상청구권 행사와 마찬가지로 교과용도서의 보상금에 대한 권리행사에 관한 규정을 준용한다(법 제76조 제2항). 다만, 지정단체와 디지털음성송신사업자 사이에 시행령이 정하는 기간 내에 보상금의 금액에 대해 협의가 성립되지 않은 경우에는 문화체육관광부장관이 정해 고시하는 금액을 지급하도록 하고 있는 점에서 차이가 있다. 이는 방송사업자와 달리 디지털음성송신사업자가 일반적으로 규모가 작고 다수임을 고려한 것이다.

상업용 음반의 방송에 대한 보상청구권과 달리 음반의 디지털음성송신에 대한 보상청구권에 대해서는 상호주의가 적용되지 않는다. 즉, 내국민대우의 원칙을 적용해 그 외국에서 대한민국 국민인 실연자에게 디지털음성송신에 대해 보호하지 않는 경우에도 보호가 부여된다. 디지털음성송신이 전통적인 방송과 달리 주파수가 미치는 범위에 의해 송신 권역이 제한되지 않기 때문에 디지털음성송신에 사용되는 음반의 본국도 서비스 대상이 될 수 있음을 고려한 것으로 이해된다.

(9) 상업용 음반의 공연에 대한 보상청구권

실연자는 실연이 녹음된 상업용 음반을 사용해 공연하는 경우에 그에 대한 보상청구권을 가진다(법 제76조의2). 이는 실연자에게 자신의 실연을 공중에게 공개할 권리인 공연권을 부여하면서, 이를 고정되지 않은 실연에 국한한 것과 관련된다. 고정되지 않은 실연에 대해서는 공연권을, 그리고 고정된 실연(음반)의 공연에 대해서는 보상청구권을 부여한 것이다. 이로써 실연자는 로마협약 및 WIPO실연·음반조약상 상업용 음반의 방송 및 공중전달에 대한 보상청구권[35]을 모두 가지게 되었다.

상업용 음반의 공연에 대한 보상청구권에도 음반의 방송에 대한 보상청구권과 마찬가지로 상호주의가 적용된다. 실연자가 외국인인 경우에

35 로마협약 제12조 및 WIPO실연·음반조약 제15조.

그 외국인의 국가에서 대한민국 국민인 실연자에게 음반의 공연에 대한 보상청구권을 인정하지 않는 때에는 상호주의를 적용해 우리나라도 그에 대한 권리를 인정하지 않는다.

보상청구권의 행사에는 앞서 상업용 음반의 방송에 대한 보상청구권과 마찬가지로 교과용도서의 보상금에 대한 권리행사에 관한 규정을 준용하되, 보상금의 금액은 디지털음성송신사업자의 실연자에 대한 보상과 마찬가지로 매년 지정 단체가 공연자가 협의해 정하되 협의가 성립되지 않은 경우에는 문화체육관광부장관이 정해 고시한다(법 제76조 제2항).

상업용 음반을 이용한 공연에 대해서는 저작자의 공연권과 실연자와 음반제작자의 보상청구권이 적용된다. 이 때문에 이용자는 세 권리자를 대표하는 단체들(현재 모두 네 개)과 계약을 체결하고 사용료와 보상금을 지급해야 한다. 음반을 이용한 공연의 규모나 이용자가 다수임을 고려할 때 이는 이용자는 물론 권리자 단체에도 과도한 행정적 부담이 될 수 있다. 이에 저작권법은 문화체육관광부장관이 이용자의 편의를 위해 이 단체들에게 통합징수를 요구할 수 있도록 했다(법 제106조 제3항).

4. 권리의 행사

실연자의 재산적 권리는 공동으로 실연하는 사람들이 선출하는 대표자가 행사한다. 대표자를 선출하지 않은 경우에는 지휘자나 연출자 등이 이를 행사한다. 다만, 독창이나 독주가 함께 실연된 경우에는 독창자나 독주자의 동의를 얻어야 한다. 공동실연자의 인격권 행사에 대해서는 공동저작물의 저작인격권의 행사에 관한 사항이 준용된다(법 제77조).

실연의 경우에는 합창이나 합주처럼 여러 실연자가 공동으로 하는 경우가 많다. 이에 따라 하나의 실연에 대해 여러 명의 권리자가 발생하는 일이 잦다. 이 경우에 개별 권리자 모두에게 일일이 동의를 얻어야만 한다면 그 실연을 이용하기 어려워진다. 저작권법은 이런 사태를 방지하기 위해 권리의 행사에 관해 별도의 규정을 둔 것이다.

상업용 음반의 방송이나 공연에 대한 보상청구권 및 음반의 디지털음성송신에 대한 보상청구권을 지정단체만 행사할 수 있도록 한 것과 관련해, 지정단체에 보상금을 청구할 수 있는 권리도 이 대표자가 할 수 있는 것으로 이해된다.

음반과 달리, 영상저작물의 경우에는 특례가 적용되어 영상제작자와 영상저작물의 제작에 협력할 것을 약정한 실연자의 영상저작물에 관한 권리는 특약이 없으면 영상제작자에게 양도된 것으로 추정된다(법 제100조 제3항).

제3절

음반제작자의 보호

1. 음반 또는 음반제작자란?

음반이란 음이 유형물에 고정된 것(음을 디지털화한 것을 포함)을 말하며, 다만 음이 영상과 함께 고정된 것은 제외한다(법 제2조 제5호). 여기서 음이란 음성과 음향을 말하며, 그러한 음의 표현물을 포함한다. 저작권법상 음반이란 우리가 일반적으로 말하는 것처럼 CD나 LP 등 매체가 아니라, 이에 수록된 콘텐츠를 말한다. MP3 등 일정한 포맷으로 디지털화된 파일들도 음반에 해당한다.[36]

저작권법상 음반은 고정된 내용이 반드시 음악이거나 그 밖에 다른 저작물일 필요는 없다. 즉, 새소리나 물소리 등 자연의 소리이거나 즉흥적으로 낭송되는 시를 녹음한 것도 음반에 해당한다. 다만, 음이 영상과 함께 고정된 것은 제외된다.[37]

짚어보기 **음악에 맞추어 제작되는 뮤직비디오는 음반으로 취급해야 하는 것 아닌가?**

뮤직비디오는 노래나 연주 등의 음악을 들으며 감상할 수 있도록 만든 영상물을 말한다. 뮤직비디오는 보통 음반을 홍보하기 위한 용도로 음반제작자의 의뢰로 제작되는 경우가

---

36 하지만 저작권법이 음반과 음반의(유형적) 복제물을 반드시 구분해서 사용하고 있는 것은 아니어서 혼동이 있다. 제21조(대여권), 제71조(대여권), 제79조(배포권), 제80조(대여권)에서의 음반은 음반의 (유형적) 복제물을 의미하는 것으로 이해된다. 실무적으로 사용되고 있는 “음원”과 “음반”이란 용어를 저작권법에도 구분해 사용하는 것이 바람직하다.

37 로마협약 제3조(b) 및 WIPO실연·음반조약 제2조(d).

많고, 일반적으로 음반의 이용과 함께 관리된다. 이런 이유에서 특히 권리를 집중관리하는 맥락에서 이를 음반처럼 취급해 달라는 요구가 있다.

하지만 음반과 뮤직비디오는 부여되는 권리가 저작인접권과 저작권으로 다르고 그 제작과 활용 과정에서의 권리 귀속 및 처리 등에도 많은 차이가 있다. 이런 이유에서 국제조약에서도 명시적으로 이를 음반에서 제외하도록 하고 있다. 하지만 관리의 편의를 위해 음반제작자가 뮤직비디오에 대한 모든 권리를 취득해 함께 관리하는 것이 바람직하다.[38]

음반제작자란 음반을 최초로 제작하는 때에 이를 전체적으로 기획하고 책임을 지는 사람을 말한다(법 제2조 제6호). 실제 녹음을 한 녹음 기술자가 아니라 녹음을 기획해서 주도하고 그에 대해 책임을 지는 사람이 음반제작자가 된다.[39] "전체적으로 기획하고 책임을 지는 사람"을 말하므로, 부문별로 또는 음반 제작에 필요한 특정한 업무에 대해 기획하고 책임을 지는 사람은 음반제작자가 아니다.

음이 영상과 함께 고정된 것을 음반의 정의에서 제외함으로써 영화에 삽입된 사운드트랙은 그 자체로는 음반이라고 할 수 없다. 하지만 이를 영상과 분리해 사운드트랙만을 이용하는 경우에는 음반이 된다.

음반제작자는 또 흔히 말하는 음반사와도 차이가 있다. 음반사는 음반제작자가 제작한 마스터를 활용해 이를 CD 등 매체로 복제·유통하거나 온라인으로 유통하는 기업, 즉 음반출판사를 말한다. 일반적으로 음반사는 음반제작자로부터 음반에 관해 배타적발행권을 부여받아 음반을 발행(복제·배포하거나 전송)한다.

---

38 이를 반영하여 문화체육관광부가 한국음반산업협회에 교부한 저작권신탁관리업 허가증에는 〈취급하고자 하는 권리의 내용〉에 음반제작자의 저작인접권과 함께 "당해 음반의 뮤직비디오에 대한 음반제작자의 저작권"을 명시하였다.

39 WIPO실연·음반조약 제2조(d).

2. 보호되는 음반

우리나라에서 보호되는 음반은 다음 네 가지이다(법 제64조 제2호).

① 대한민국 국민을 음반제작자로 하는 음반

② 음이 맨 처음 대한민국에서 고정된 음반

③ 대한민국이 가입 또는 체결한 조약에 따라 보호되는 음반으로서 조약체결국 내에서 최초로 고정된 음반

④ 대한민국이 가입 또는 체결한 조약에 따라 보호되는 음반으로서 조약체결국의 국민(해당 조약체결국의 법률에 따라 설립된 법인 및 해당 조약체결국 내에 주된 사무소가 있는 법인을 포함한다)을 음반제작자로 하는 음반

음반의 보호와 관련해 우리나라가 가입 또는 체결한 조약에는 현재 제네바음반협약과 TRIPs협정, 그리고 로마협약과 WIPO실연·음반조약이 있다. 따라서 이 조약에 따라 보호의 의무를 지는 국가에서 처음 고정된 음반 또는 그 국가의 국민을 음반제작자로 하는 음반은 우리나라에서 보호된다. 비록 이들 국가의 국민이 아니더라도 음반이 우리나라에서 맨 처음 고정되었다면 보호받을 수 있다.

로마협약은 음반의 보호에 있어 음반이 맨 처음 고정된 곳을 기준으로 하는 고정지주의(固定地主義)와 맨 처음 발행된 곳을 기준으로 하는 발행지주의(發行地主義) 가운데 하나를 선택할 수 있도록 하고 있는데, 우리나라는 이 중에서 고정지주의를 채택하고 있다.[40]

---

40 로마협약 제5조 및 WIPO실연·음반조약 제2조(3). 우리나라는 음반의 보호와 관련해 발행기준의 적용을 배제했다. WPPT Notification No. 75, https://www.wipo.int/treaties/en/notifications/wppt/treaty_wppt_75.html 참조.

3. 음반제작자의 권리

음반제작자는 복제권, 배포권, 대여권, 전송권, 상업용 음반의 방송에 대한 보상청구권, 음반의 디지털음성송신에 대한 보상청구권, 그리고 공연에 대한 보상청구권을 가진다.

가. 복제권

음반제작자는 자신의 음반을 복제할 권리를 가진다(법 제78조). 음반제작자의 복제권도 실연자의 복제권과 마찬가지로 직접적인 복제뿐만 아니라 간접적인 복제에도 미치지만, 그의 모방에는 미치지 않는다. 다른 음반제작자가 같은 음악저작물의 음반을 제작하더라도 기존 음반을 사용하지 않고 새로 녹음해서 제작한다면 음반제작자의 복제권은 이에 미치지 않는다.[41]

다만, 음반에 포함된 음의 순서나 음질 등이 변경되더라도 최소한 그 음이 복제되는 한 음반제작자의 복제권이 미치는 데에는 변함이 없다. 따라서 드라마나 영화에 어떤 음반을 편집해 사용하는 경우에도 당연히 음반제작자의 권리가 미친다.[42] 기존 음반의 부분들을 활용해 새로운 음반을 제작하는 샘플링에 대해서도 음반제작자의 복제권이 미친다.[43]

나. 배포권

음반제작자는 자신의 음반을 배포할 권리를 가진다. 배포권은 제네바

---

41 미국 저작권법은 이를 명시적으로 규정하고 있다. 미국 저작권법 제114조(b) 참조.

42 M. Nimmer and D. Nimmer, *Nimmer on Copyright*, §8.05[A] 참조.

43 유럽사법재판소는 기존 음반에서 2초 분량의 샘플링을 한 것에 대해 '그것이 매우 짧더라도' 음반제작자의 배타적 복제권에 해당하며, 다만 원 음반을 알아챌 수 없게 변형해서 가져다 쓰는 것은 허용된다고 보았다. '인용'의 예외도 가져다 쓴 부분을 알아챌 수 없다면 적용될 수 없다고 판시했다. *Pelham v. Hueter*, C-476/17(2019) 참조.

음반협약에서 허락받지 않은 음반의 복제물에 대한 배포를 금지하도록 하고 있는 것에 상응해 저작권법에도 도입된 것이다.[44] 이에 따라 불법복제가 누구에 의해 이루어졌는가에 관계없이 음반제작자는 자신의 허락 없이 이루어지는 음반의 배포를 금지할 수 있다.

저작자 또는 실연자의 배포권과 마찬가지로 음반제작자의 배포권도 음반의 복제물이 음반제작자의 허락을 받아 판매 등의 방법으로 거래에 제공된 경우에는 그때부터 소진된다.

다. 대여권

음반제작자는 최초 판매의 원칙에 따라 자신의 음반(의 유형적 복제물)이 일단 판매 등의 방법으로 거래에 제공되더라도 자신의 상업용 음반(의 복제물)이 영리적 목적으로 대여될 경우 이를 허락할 권리를 가진다(법 제80조).[45] 음반(의 유형적 복제물) 대여가 활발하지 않은 우리나라에서는 대여권이 단지 상징적인 의미만 가진다. 저작자 및 실연자의 대여권과 마찬가지로 음반제작자의 대여권도 음반의 유형적 복제물에만 적용되고 무형적 전송 등에는 적용되지 않는다.

라. 전송권

음반제작자는 자신의 음반을 전송할 권리를 가진다(법 제81조). 음반제작자는 자신의 음반을 공중의 구성원이 개별적으로 선택한 시간과 장소에서 접근할 수 있도록 이용에 제공하는 것을 허락할 권리를 가진다.

이로써 음반제작자는 자신의 음반을 인터넷 등을 통해 제공하는 주문형 서비스에 대해 저작자 및 실연자와 마찬가지로 통제권을 가진다. 과

---

44 제네바음반협약 제2조.

45 2006년법은 음반제작자의 대여권 역시 실연자의 대여권과 마찬가지로 지정된 대표단체를 통해서만 행사될 수 있었던 것을 배타적 권리 본연의 모습으로 회복시켰다.

거 음반제작자에게 전송권이 부여되기 전에는 전송의 과정에 수반될 수밖에 없는 복제를 통제함으로써 전송에 대한 권리를 행사한 바 있다.

마. 상업용 음반의 방송에 대한 보상청구권

음반제작자는 상업용 음반의 방송에 대해 보상청구권을 가진다(법 제82조). 음반제작자의 보상청구권도 실연자의 보상청구권과 마찬가지로 교과용도서의 보상금에 대한 권리행사에 관한 규정을 준용하도록 하고 있다.

방송사업자는 상업용 음반을 방송하는 경우에 개별 음반제작자로부터 일일이 허락을 받을 필요 없이 일괄해서 보상금 수령 지정 단체에 보상금을 지불하면 된다. 저작권법은 보상금의 지급 및 금액 등에 관해서는 실연자의 방송보상금에 관한 규정을 역시 준용하도록 하고 있다(법 제82조 제2항).

음반제작자가 외국인인 경우에는 실연자의 경우와 마찬가지로 상호주의에 의해 보호가 부여된다(법 제82조 제1항 단서).

바. 음반의 디지털음성송신에 대한 보상청구권

음반제작자는 디지털음성송신사업자가 자신의 음반을 사용해 송신하는 경우에 그에 대한 보상청구권을 가진다(법 제83조 제1항). 방송 또는 공연에 대한 보상청구권과 달리 '상업용 음반'이 아니라 '음반'이라 지칭하고 있으나, 차이를 의도한 것은 아닌 것으로 이해된다.

보상청구권의 행사와 관련해서는 실연자의 보상청구권과 마찬가지로 교과용도서의 보상금에 대한 권리행사에 관한 규정이 준용되고, 보상금의 지급 및 금액 등에 관해서는 '실연자의 디지털음성송신에 대한 보상금에 관한 규정'이 준용된다(법 제83조 제2항). 다만, 외국인의 음반을 디지털음성송신하는 경우에도 실연자의 경우와 마찬가지로 상호주의가 적용되지 않는다.

사. 상업용 음반의 공연에 대한 보상청구권

음반제작자는 자신의 상업용 음반을 사용해 공연이 이루어지는 경우에 그에 대한 보상청구권을 가진다(법 제83조의2). 이는 앞서 실연자가 자신의 고정된 실연(음반)의 공연에 대해서 가지는 보상청구권에 상응한 것이다. 이로써 음반제작자는 로마협약 및 WIPO실연·음반조약상 상업용 음반의 방송 및 공중전달에 대한 보상청구권[46]을 모두 가지게 된다.

상업용 음반의 공연에 대한 보상청구권에도 방송에 대한 보상청구권과 마찬가지로 상호주의가 적용된다. 음반제작자가 외국인인 경우 그 외국인의 국가에서 대한민국 국민인 음반제작자에게 음반의 공연에 대한 보상금을 인정하지 않는 때에는 우리나라도 그 외국인 음반제작자에게 보상금을 인정하지 않는다.

보상청구권의 행사에 대해서는 앞서 상업용 음반의 방송에 대한 보상청구권의 행사와 마찬가지로 교과용도서의 보상금에 대한 권리행사에 관한 규정이 준용된다(법 제83조의2 제2항).

---

46 로마협약 제12조 및 WIPO실연·음반조약 제15조.

제4절

방송사업자의 보호

1. 방송 또는 방송사업자란?

방송이란 공중송신 중 공중이 동시에 수신하게 할 목적으로 음·영상 또는 음과 영상 등을 송신하는 것을 말하고, 방송사업자란 방송을 업으로 하는 자를 말한다(법 제2조 제8호 및 제9호).

방송은 공중이 동시에 수신하게 할 목적으로 송신한다는 점에서 공중의 구성원이 개별적으로 선택한 시간과 장소에서 수신할 수 있도록 이용에 제공하는 전송과 구별된다. 방송되는 내용이 반드시 저작물일 필요는 없다. 뉴스나 스포츠 중계도 역시 방송으로서 보호된다. 방송사업자는 이런 방송을 업으로 하는 사람을 말하며, 단순히 방송 신호만을 송신하는 사업자는 방송사업자가 아니다.

국제적으로는 무선통신에 의한 송신만을 방송이라 하고 유선통신에 의한 것은 별도로 취급하는 것이 일반적이지만, 우리나라에서는 유선통신에 의한 송신, 즉 유선방송(wire diffusion)도 이를 구별하지 않고 일괄해서 방송으로 취급하고 있다. 유선통신에 의한 것도 그 전달수단이 다를 뿐 공중이 동시에 수신하게 할 목적으로 송신한다는 점에서 차이가 없다. 위성방송 또한 같다.

다만, 저작권법은 인터넷을 활용한 음반의 웹 캐스팅에 대해서는 이를 전통적인 방송과 구별해 디지털음성송신이라는 별도의 송신으로 취급하고 있다. 그러나 이 구별이 명확하지 않아, IPTV 등과 관련하여 많은 혼란이 초래되고 있다.

짚어보기 IP-TV도 방송에 해당하는가?

저작권법은 2006년 전면 개정을 통해 웹 캐스팅을 통한 음성송신을 기존의 전송이나 방송과 구별되는 디지털음성송신으로 정의했다. 그러나 같은 기술적 방법으로 송신되는 IP-TV 등 영상 송신에 대해서는 언급하지 않아서 그 성격에 대해 논란이 있다.

전송이나 방송 등 어디에도 속하지 않는 기타의 송신에 해당한다는 주장이 있지만, 이렇게 되면 포괄적인 공중송신권을 부여받은 저작권자는 이에 대해 권리를 가지지만 실연자와 음반제작자는 아무런 권리를 가질 수 없게 되는 문제가 생긴다.

저작권법이 방송을 '공중송신 중 공중이 동시에 수신하게 할 목적으로 음·영상 또는 음과 영상 등을 송신하는 것'으로 정의하고 있으므로, 문언적 해석에 따르면 IP-TV는 저작권법상 명백히 방송에 해당한다. 즉, 디지털음성송신의 도입으로 인해 이미 방송에 속해 있던 영역이 배제되거나, 이로 인해 그에 대해 실연자와 음반제작자의 권리가 미치지 않게 되는 것은 합리적이지 않다.

더구나 IP-TV는 주파수 제약에 의한 채널이나 방송 권역의 제한이 없다는 점에서 전통적인 방송보다 저작물 등의 이용 강도가 오히려 높다고 할 수 있는데, 이에 대해 실연자나 음반제작자 등의 권리가 미치지 않게 되는 것은 공정하지 않다.

다만, 방송으로 보더라도 전통적인 방송과는 이용방법과 파급효과가 다르므로 이에 대한 사용료 또는 보상금을 구별해서 규정하는 것이 바람직하다. 또 디지털영상송신에 대해 방송과 달리 규율하는 제도를 도입하는 경우, IP-TV에 대해서도 방송사업자 지위를 부여할 필요가 주장되기도 된다. 이 경우에 방송사업자 지위를 부여하기 위해서 "방송"의 개념을 바꾸기보다는 방송사업자 지위에 대한 특례를 두는 것이 바람직하다.

2. 보호되는 방송

우리나라에서 보호되는 방송은 다음 세 가지이다(법 제64조 제3호).

① 대한민국 국민인 방송사업자의 방송

② 대한민국 내에 있는 방송설비로부터 행해지는 방송

③ 대한민국이 가입 또는 체결한 조약에 따라 보호되는 방송으로서 조약체결국의 국민인 방송사업자가 해당 조약체결국 내에 있는 방송설비로부터 행하는 방송

현재 방송의 보호와 관련해 우리나라가 가입 또는 체결하고 있는 조약에는 로마협약과 TRIPs협정, 그리고 위성방송협정이 있다. 따라서 우리나라에서는 이 세 가지 조약의 회원국 국민인 방송사업자가 행하는 방송이 보호된다. 또한 국내에서 방송되는 외국인의 방송도 보호되는데, 예를 들면 주한 미군의 AFN 코리아(AFN Korea)가 여기에 해당한다.

저작권법은 또한 방송 전에 방송을 위한 준비 단계의 신호, 즉 공중이 직접 수신하는 것이 아니라 방송사업자에게로 송신되는 방송 전 신호(pre- broadcast signal)를 권한 없이 제3자에게 송신하는 것을 금지하고 있다(법 제104조의7).

3. 방송사업자의 권리

방송사업자는 자신의 방송을 복제 또는 동시중계방송하거나 공연할 권리를 가진다. 일반적으로 방송사업자는 방송 프로그램을 외주 제작사로부터 공급받기도 하지만 자신이 직접 제작하는 경우도 많다. 이 경우에 방송사업자는 방송사업자로서의 저작인접권뿐만 아니라 그 방송 프로그램의 저작권자로서의 저작권도 아울러 가진다.

프로그램을 제작한 저작권자로서의 지위와 달리 방송사업자라는 저

작인접권자로서의 지위는 프로그램을 방송한 데 대해 부여된다. 대체로 방송 프로그램은 저작물, 실연, 그리고 음반 모두를 담고 있으므로 이에 관한 권리들이 모두 중첩적으로 적용되지만, 여기에 방송사업자도 자신이 방송을 한 데 대한 권리를 추가적으로 가지게 된다고 이해할 수 있다.

가. 복제권

방송사업자는 자신의 방송을 복제할 권리를 가진다(법 제84조). 방송사업자는 자신의 방송을 녹음, 녹화, 사진, 그 밖에 이와 유사한 방법으로 고정하거나 이렇게 고정된 방송을 복제하는 데 대한 권리를 가진다. 예를 들면, 텔레비전에 나오는 화면을 사진으로 촬영하거나, 영상으로 녹화해 인터넷 등을 통해 서비스하거나 판매하는 것은 방송사업자의 복제권을 침해하는 것이다.[47]

나. 동시중계방송권

방송사업자는 자신의 방송을 동시중계방송할 권리를 가진다(법 제85조). 동시중계방송이란 방송을 수신과 동시에 다시 재송신하는 것을 말한다. 당초의 방송이 미치는 권역 내에서 하든 아니면 그 권역 밖에서 하든 관계없이, 방송을 동시중계방송하려면 원방송사업자의 허락을 얻어야 한다.

방송을 녹음 또는 녹화했다가 다른 시간에 방송하는 이시중계방송이나 이를 인터넷 등을 통해 다시 제공하는 다시 보기 서비스의 경우에는 방송사업자에게 별도의 권리가 없다. 하지만 방송사업자는 앞서 말한 복제권으로 이를 통제하는 것이 가능하고, 방송사업자가 프로그램의 저작

---

47 방송사업자에게 부여된 복제권을 이렇게 광범위하게 해석할 수 있는지에 대해서는 논란이 있을 수 있다. 프로그램을 단지 방송했다는 이유로 그 프로그램에 대해 사실상 저작권에 준하는 권리를 가지게 되기 때문이다.

권을 가지고 있다면 저작권자로서 공중송신권으로도 이를 통제할 수 있을 것이다.

동시중계방송과 달리 이시중계방송 또는 인터넷 등을 통한 다시 보기 서비스의 경우에는 '방송 신호(broadcast signal)' 자체를 중계한다기보다는 그 신호를 통해 송신되는 음성이나 영상저작물 등 콘텐츠를 복제해 다시 송신하는 것이므로, 이에 대해서는 방송을 하는(방송 신호를 송신하는) 저작인접권자로서의 방송사업자의 권리는 인정되기 어렵다고 보아야 할 것이다.

다. 공연권

방송사업자는 공중이 접근 가능한 장소에서 방송의 시청과 관련해 입장료를 받는 경우에 그 방송을 공연할 권리를 가진다(법 제85조의2).

극장 등의 장소에서 월드컵 경기의 중계방송을 대형화면으로 보여주면서(공연하면서) 관람자들에게 입장료를 받는 경우에는 그 방송사업자에게 허락을 받아야 한다. 호텔이나 음식점에서 손님들에게 방송 프로그램을 보여주는 것에 대해서는 허락을 받을 필요가 없다. 방송의 시청과 관련해 입장료를 받지 않기 때문이다. 전광판 방송의 경우 또한 같다.[48]

공연권의 행사가 방송의 시청과 관련해 입장료를 받는 경우로 한정된 것은 이 규정이 로마협약에 도입된 배경과 관련이 있다. 1960년대 초 스포츠 경기가 텔레비전으로 중계되기 시작했는데, 방송사업자는 경기가 중계되면 입장객이 줄어들 수 있고, 그러면 경기 주최 측이 이를 보충하기 위해 더 많은 중계권료를 요구할 것이라고 우려했다. 이에 방송사업자들이 경기가 진행되는 곳 근처에서라도 중계방송을 공연하는 것을 통

48 방송사업자이면서 동시에 저작권자라면 이런 공연에 대해서도 여전히 통제권을 가질 수 있다는 점에 유의할 필요가 있다.

제할 수 있어야 한다고 주장한 것이 받아들여졌다. 즉, 관람을 대체하는 방송 시청 서비스를 통제하는 것이 목적이었다. 하지만 그 후로 텔레비전이 널리 보급되어 이 규정은 거의 사문화되었다.[49]

최근 집단 응원이 활성화됨에 따라 일부 영화관에서 축구 등 스포츠 경기의 중계방송을 관람하는 사례가 늘고 있어서 그 발전 가능성이 점쳐지기도 한다.

---

49 Stephen M. Stewart and Hamish Sandison, *International Copyright and Neighboring Rights, 2nd ed.*, at 247.

제5절

저작인접권의 제한과 예외

저작인접권에 대해서는 일반적으로 저작권에 대한 제한과 예외규정이 준용된다. 로마협약과 WIPO실연·음반조약도 저작권에 적용되는 제한을 저작인접권에도 적용할 수 있도록 했다.[50] 저작권법도 이런 관례를 따르고 있다(법 제87조 제1항).

WIPO실연·음반조약은 WIPO저작권조약과 마찬가지로 3단계 검사를 기본 요건으로 하고 있는데, 저작인접권의 제한과 예외의 수준도 원칙적으로 저작권과 같아야 한다는 인식이 국제적으로 존재한다고 할 수 있다.

이렇게 준용되는 제한과 예외에는 재판 절차 등에서의 복제(법 제23조), 정치적 연설 등의 이용(법 제24조), 학교교육목적 등에의 이용(법 제25조),[51] 시사보도를 위한 이용(법 제26조), 시사적인 기사 및 논설의 복제 등(법 제27조), 공표된 저작물의 인용(법 제28조), 영리를 목적으로 하지 않는 공연·방송(법 제29조), 사적 이용을 위한 복제(법 제30조), 도서관 등에서의 복제 등(법 제31조), 시험문제로서의 복제 등(법 제32조), 방송사업자의 일시적 녹음·녹화(법 제34조)에 관한 제한이 포함된다.

시각장애인 등을 위한 복제 등(법 제33조)이나 미술저작물 등의 전시 또는 복제(법 제35조)는 대상이 되는 실연이나 음반, 또는 방송의 성격

50 로마협약 제15조 제2항 및 WIPO실연·음반조약 제16조 제1항.

51 보상금의 지급에 관한 부분(제4항)을 준용 대상에서 제외하고 있으나, 교육과정에 실연과 음반이 이용된다면 이를 배제할 아무런 이유가 없다.

상 적용이 타당하지 않거나 적용될 여지가 없어 제외되었다.

이 밖에도 저작권법은 디지털음성송신사업자가 실연이 녹음된 음반을 사용해 송신하는 경우에는 자체의 수단으로 그 음반을 일시적으로 복제할 수 있도록 규정하고 있다(법 제87조 제2항). 이는 디지털음성송신사업자가 방송사업자처럼 디지털음성송신에 필요한 일시적 복제를 할 수 있는가에 대한 의문이 제기될 수 있어 이를 명확히 하려는 취지로 이해된다.[52]

이 밖에도 방송법은 종합유선방송사업자, 위성방송사업자 및 중계유선방송사업자에 대해 KBS와 EBS가 행하는 지상파 방송(채널이 여럿인 경우에는 과학기술정보통신부 장관이 지정 고시하는 한 개 채널, 라디오 방송 제외)을 수신해 그 방송 프로그램에 변경을 가하지 않고 그대로 동시재송신할 의무를 부과하고, 이렇게 의무재송신 규정(must-carry rule)이 적용되는 경우에는 저작권법상 방송사업자의 동시중계방송권 적용을 배제했다.[53] 하지만 방송사업자 이외의 다른 권리자, 즉 저작권자, 실연자, 그리고 음반제작자의 권리는 이 규정에 의해 영향을 받지 않으므로, 방송법 규정에 따라 방송을 동시중계방송하려는 방송사업자는 이들

---

52 다만, 이 경우에는 작사·작곡가의 권리도 함께 제한될 필요가 있다. 저작권을 포함해 법 제34조에 규정하고 저작인접권에 대해 이를 준용토록 하는 것이 바람직하다.

53 방송법 제78조 참조. 난시청 해소를 위한 경우에도 법원은 "방송사업자가 ① 의도한 권역에 ② 송출한 콘텐츠를 ③ 송출된 시간에 ④ 방송 신호에 대한 작위적인 변환 없이 그대로 피고들이 재송신해, 소비자인 수신자의 입장에서 방송사업자인 원고들의 송출신호를 그대로 받아보는 것과 다름이 없으면서, ⑤ 방송 소비자인 수신자로 하여금 방송사업자인 원고들의 방송을 직접 또는 공시청과 같은 보조도구를 이용해서 수신할 때와 피고들의 서비스에 가입해 수신할 때를 비교할 경우 그 채널의 선택방법이나 지불하는 비용 등에서 사회통념상 이 사건 재송신이 수신행위를 보조한 것에 불과한 것으로 평가받을 수" 있는 경우에는 비록 유선방송이더라도 동시중계방송권의 침해가 되지 않는다는 입장인 반면, 미국 연방대법원은 공시청 안테나의 운영처럼 단순히 설비를 제공하는 범위를 넘어서는 경우에는 그것이 수신보조행위에 그치는 경우라도 방송사업자의 권리 범위 내에 속한다고 판시한 바 있다. 서울고등법원 2011. 7. 20. 선고 2010나97688 판결 및 *American Broadcasting Companies, Inc. v. Aereo, Inc.*, 134 S. Ct. 2498(2014) 참조.

의 허락을 받아야 한다. 이러한 내용은 저작권법상 권리 제한에 관한 사항이므로 저작권법에 옮겨 규정하는 것이 바람직하다.

이렇게 제한 규정에 따라 실연, 음반 및 방송을 이용하는 경우에도 그 출처를 저작인접물의 이용 상황에 따라 합리적이라고 인정되는 방법으로 표시해야 한다. 저작권법은 저작재산권에 대한 제한과 예외가 저작인격권에 영향을 미치는 것으로 해석되어서는 안 된다는 규정(법 제38조)을 준용 대상에서 제외하고 있으나, 실연자에게 인격권을 부여한 이상 이 조항을 제외할 이유는 없다.

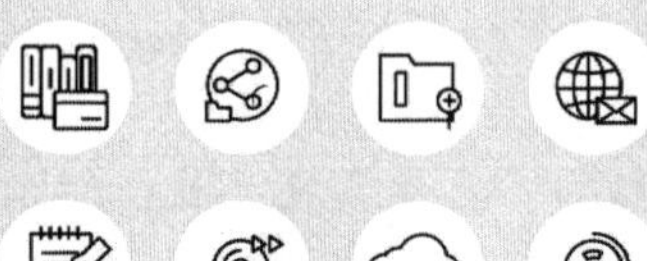

7장

그 밖의 보호 및 특례

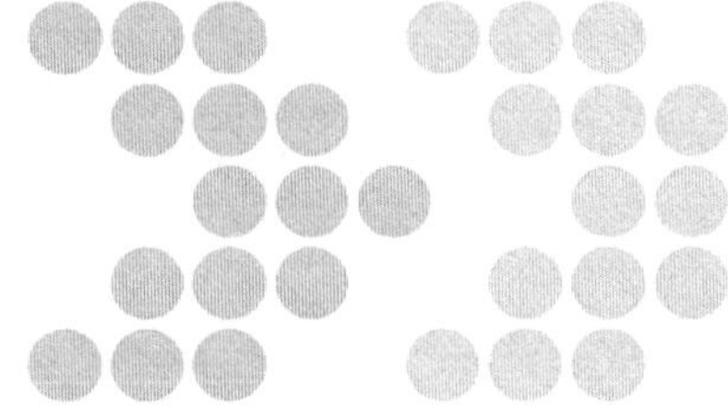

제1절

데이터베이스제작자의 보호

1. 개관

저작권법상 데이터베이스란 소재를 체계적으로 배열 또는 구성한 편집물로서 개별적으로 그 소재에 접근하거나 그 소재를 검색할 수 있도록 한 것을 말한다(법 제2조 제19호).[1] 데이터베이스는 인터넷 등 디지털 네트워크와 함께 정보 인프라를 구성하는 중요한 축의 하나이다.

종래 저작권법은 데이터베이스를 별도로 보호하지 않고 소재의 선택과 배열에 창작성이 있는 경우에 한해 이를 편집저작물로서 보호하였고, 그 보호는 속성상 데이터베이스 중에서 소재의 선택과 배열의 창작성에만 미쳤다. 그러나 데이터베이스를 이런 방식으로 보호하는 데에는 크게 두 가지 한계가 있다.[2]

첫째, 대부분의 대규모 데이터베이스는 특정 분야에 해당하는 모든 소재를 빠짐없이(선택을 하지 않고) 수집해서 가장 일반적인 방법(예를 들면, 가나다순)으로 배열하는 방법으로 제작된다. 하지만 이렇게 되면 소재의 선택과 배열에 창작성을 인정받기 어려우므로 대부분의 데이터베이스는 그 제작에 아무리 많은 노력과 비용이 투입되었더라도 보호되기

1 유럽연합 사법재판소는 종이지도를 스캔하여 정보를 추출하고 이용한 경우에도 데이터베이스지침에 의거하여 침해로 판단한 바 있다. Verlag Esterbau, C-490/14, EU:C:2015:735

2 미국 연방대법원이 (인명편) 전화번호부에 대해 저작권 보호를 부인한 사례가 이러한 한계를 극명하게 보여준다. *Feist Publications, Inc. v. Rural Telephone Service Co., Inc.* 499 U.S. 340 (1991).

어렵다.

둘째, 어렵사리 창작성이 인정되어 보호가 되더라도 보호가 소재의 선택과 배열에만 미친다. 데이터베이스를 구축하는 데에는 일반적으로 소재의 수집과 가공에 많은 투자가 소요된다. 따라서 보호 필요성이 높은 것은 소재 그 자체이지만 종래의 보호방식으로는 이를 보호할 수 없다.

이런 이유에서 창작성을 기반으로 한 전통적인 저작권적 보호가 아니라 투자를 기반으로 한 저작인접권적 보호가 추가로 필요하다는 주장이 제기되었다.[3] 이에 따라 저작권법은 데이터베이스가 그 소재의 선택과 배열에 창작성이 있는 경우에 이를 편집저작물로 보호하는 것과 별도로, 창작성이 없는 데이터베이스에 대해서도 그 제작 또는 그 소재의 갱신, 검증 또는 보충(이제부터 "갱신 등"이라 한다.)에 상당한 투자를 한 사람에게 데이터베이스의 전부 또는 상당한 부분을 이용하는 데 대한 권리를 부여하게 되었다.[4]

데이터베이스에 대한 이러한 보호는 빅데이터 또는 사물인터넷(IoT)과 관련해 생성되는 대규모 데이터베이스를 보호하고 활용하는 데 유용하게 적용될 수 있다.[5] 즉, 이러한 보호가 없는 미국과 일본 등에서는 이러한 데이터베이스가 주로 영업비밀로 보호될 수밖에 없는데, 이 경우에는 데이터를 생성하고 수집한 기업 또는 단체가 이를 직접 이용하는 데에는 문제가 없지만, 이를 필요로 하는 다른 기업이나 단체에 판매하거나 일부 이용을 허락하려는 경우에는 어려움이 있을 수 있다. 이를 위해

3 실제로 독일 저작권법은 이를 저작인접권의 하나로 보호하고 있다. 독일 저작권법 제2장 제6절 참조.

4 법 문구에 '상당한 부분' 또는 '상당한 투자'라는 불확정개념이 사용된 것은 다종다양한 데이터베이스와 그 이용 양태를 고려하기 위해 불가피했을 수 있다. 향후 이는 적용 과정에서 판례 등을 통해 구체화될 수 있을 것이다.

5 사물인터넷과 관련해 생성되는 데이터는 센서의 식별부호, 일시, 장소 등의 속성을 가진다. 이는 "체계적으로 배열 또는 구성한 편집물로서 개별적으로 그 소재에 접근하거나 그 소재를 검색할 수 있도록 한" 전형적인 데이터베이스일 가능성이 높다.

서는 일정한 기준을 충족하는, 창작성이 없는 데이터베이스에 대해서도 양도 가능한 재산권적 보호가 필요하다.

2. 보호되는 데이터베이스

저작권법상 데이터베이스란 소재를 체계적으로 배열 또는 구성한 편집물로서 개별적으로 그 소재에 접근하거나 그 소재를 검색할 수 있도록 한 것을 말하는데, 이 중에서 저작권법의 보호를 받는 것은 그의 제작 또는 갱신 등에 인적 또는 물적으로 상당한 투자가 이루어진 것이다.

짚어보기 데이터베이스 소재의 제작을 위한 투자도 "상당한 투자"에 해당하는가?

데이터베이스 제작자의 보호는 소재의 수집, 검증 및 제시(obtaining, verification or presentation of the contents)에 대한 상당한 투자를 보호하려는 것이다.[6] 즉, 기존의 소재를 탐색하고 수집하거나 수집한 자료의 정확성을 검토하고 이를 체계화하는 데에 소요된 투자를 보호하려는 것으로서, 이에 앞서 이루어진 소재의 제작에 들어간 비용은 "상당한 투자"로 인정되지 않는다.

유럽연합사법재판소는 경마 일정에 관한 데이터베이스를 다른 업체가 이용한 사건과 관련하여, 데이터를 수집, 검증 및 제시하는 데 대한 투자가 아닌 경기 자체를 조직하고 운영하는 데 들어간 비용은 상당한 투자로 인정되지 않는다고 판시한 바 있다.[7]

대법원도 이와 유사하게, "상당한 부분의 복제 등에 해당하는지를 판단할 때는 . . . 복제 등이 된 부분에 포함되어 있는 개별 소재 자체의 가치나 그 개별 소재의 생산에 들어간 투자가 아니라 데이터베이스제작자가 그 복제 등이 된 부분의 제작 또는 그 소재의 갱신·

---

6 유럽연합 데이터베이스지침 제7조 제1항 참조.

7 *British Horseracing Board v. William Hill*, C-203/02 (9 Nov 2004).

검증 또는 보충에 인적 또는 물적으로 상당한 투자를 하였는지를 기준으로 제반사정에 비추어 판단하여야 한다."고 판시한 바 있다.[8]

하지만, 다음 두 가지의 데이터베이스는 비록 보호 대상이더라도 저작권법에 의한 보호가 부여되지 않는다(법 제92조). 첫째, 데이터베이스의 제작, 갱신·검증 또는 보충이나 운영에 이용되는 컴퓨터프로그램, 둘째, 무선 또는 유선통신을 기술적으로 가능하게 하기 위해 제작이나 갱신 등이 이루어지는 데이터베이스이다.

이것은 데이터베이스의 제작, 갱신·검증 또는 보충이나 운영에 이용되는 컴퓨터프로그램이 데이터베이스와 결합되어 활용되는 경우에도 컴퓨터프로그램은 별도로 저작권으로 보호되며 데이터베이스로서는 보호되지 않도록 하기 위한 것으로, 도메인 네임 등록부와 인터넷 주소록 등 무선 또는 유선통신을 가능하게 하는 데 필수적인 정보들로 구성된 데이터베이스들의 경우, 이들에 대해 배타적인 권리를 부여하면 인터넷의 운용 자체가 크게 위협받을 수 있기 때문에 기간망의 안정적 운용을 위해 그 보호 대상에서 제외한 것이다.

3. 보호되는 데이터베이스제작자

데이터베이스제작자란 데이터베이스의 제작 또는 갱신 등에 인적 또는 물적으로 상당한 투자를 한 사람을 말한다(법 제2조 제20호). 투자를 한 사람이란 투자를 주도하고 투자의 위험을 지는 사람을 말한다.[9] 하청을 받은 사람도 이 제작자의 정의에서 제외된다.

---

8 대법원 2022. 5. 12. 선고 2021도1533 판결.

9 유럽연합 데이터베이스보호지침 설명조항 41 참조.

그 중에서 우리나라에서 보호되는 데이터베이스제작자는 다음 두 가지이다(법 제91조).

첫째, 데이터베이스제작자가 대한민국 국민인 경우

둘째, 데이터베이스제작자가 데이터베이스의 보호와 관련해 대한민국이 가입 또는 체결한 조약에 따라 보호되는 외국인인 경우. 다만, 이 경우에 그 외국인의 국가에서 대한민국 국민의 데이터베이스를 보호하지 않는 경우에는 그에 상응하게 보호를 제한할 수 있다.

외국인 데이터베이스제작자의 보호에 대해서는 내국민대우가 적용되지 않는다. 조약에 따라 보호되지만, 아직 이에 관한 국제조약이 존재하지 않으므로 그것이 편집저작물로서 보호되는 경우를 제외하고는 외국인의 데이터베이스는 아직 우리나라에서 보호되지 않는다.[10]

4. 데이터베이스제작자의 권리

데이터베이스제작자는 자신의 데이터베이스의 전부 또는 상당한 부분을 복제, 배포, 방송 또는 전송할 권리를 가진다(법 제93조 제1항). 여기서 복제, 배포, 방송 또는 전송은 유럽연합 데이터베이스지침상 데이터베이스의 전부 또는 상당한 부분을 추출(extract)하거나 재이용(reutilization)하는 행위에 상응하는 것이다.[11]

---

10 데이터베이스제작자에 대한 보호는 기존 지식재산 보호와는 별개의 독자적인(sui generis) 보호로서 관련 조약들의 내국민대우 원칙이 적용되지 않는다. 한·EU FTA에도 이 부분은 포함되지 않았다.

11 추출이나 재이용이란 용어가 아니라 복제 등 저작권법상의 용어를 사용한 것은 데이터베이스지침과 달리 데이터베이스제작자에 대한 보호를 저작권법 체계 내에 수용하는 데 따른 불가피한 변용으로 이해된다.
데이터베이스지침에서 추출이란 데이터베이스 내용의 전부 또는 상당한 부분을 다른 매체에로 옮기는 것을 말하고, 재이용이란 복제물의 배포, 대여, 온라인 또는 그 밖의 형식의 송신에 의하여 데이터베이스 내용의 전부 또는 상당한 부분을 공중의 이용에 제공하는 것을 말한다. 데이터베이스보호지침 제7조 제2항.

데이터베이스제작자에게 부여되는 이 권리는 데이터베이스에 대한 투자를 보호하려는 것이므로 투자를 저해하는 행위에 미친다.[12] 이는 다음 두 가지 의미를 가진다.

첫째, 이 권리는 기생적인 경쟁 제품의 제작자뿐만 아니라 그의 행위를 통해 데이터베이스제작자의 투자에 질적 또는 양적으로 중대한 손해를 야기하는 이용자에게도 적용된다.[13] 이 점에서 직접적인 경쟁관계를 전제로 하는 부정경쟁방지법상의 성과도용 법리와 구별된다.

둘째로, 이 권리는 데이터베이스의 "전부 또는 상당한 부분을" 복제, 배포, 방송 또는 전송하는 데에만 미친다. 이에 해당하지 않는다면 권리가 미치지 않는다. 데이터베이스의 일부를 복제등의 방법으로 이용하는 것만으로는 부족하다. 그로써 데이터베이스의 시장가치를 저해하고 결과적으로 투자를 회수할 수 있는 기회를 훼손하여야만 침해가 된다.[14] 이 점에서 일반적인 저작권 침해의 법리와 구별된다.

데이터베이스제작자의 권리는 창작에 대한 보호라기보다는 투자에 대한 보호로서 속성상 저작인접권에 가깝다. 데이터베이스제작자의 복제권은 다른 사람이 기존 데이터베이스를 모방해 유사한 데이터베이스를 제작하는 데에는 미치지 않는다. 모방으로부터의 보호는 데이터베이스가 편집저작물로서 보호되는 범위에 국한된다.

데이터베이스제작자에 대한 보호는 창작적 기여와 관계없이 부여되므로 자칫 이 보호가 없었다면 자유롭게 이용되었을 공유 정보를 사유화하는 문제가 생길 수 있다. 이런 우려를 최소화하기 위해 저작권법은 다음 두 가지 규정을 두고 있다.

---

12 데이터베이스지침 설명조항 42 참조.

13 데이터베이스보호지침 설명조항 42 참조.

14 유럽연합 사법재판소는 관련 판례에서 이를 명시적으로 선언하였다. CV Online Latvia, C-762/19 CCLI:EU:C:2921:434 참조.

첫째, 데이터베이스의 개별 소재 자체는 비록 그 소재가 질적으로 데이터베이스의 상당한 부분이라 하더라도, 반복적이거나 특정한 목적을 위해 체계적으로 이용함으로써 해당 데이터베이스의 일반적인 이용과 충돌하거나 데이터베이스제작자의 이익을 부당하게 해치는 경우가 아니라면 보호 대상이 되지 않는다.

둘째, 데이터베이스제작자에 대한 보호는 데이터베이스의 구성 부분인 소재 그 자체에는 미치지 않는다(법 제93조 제4항). 이로써 저작권법은 이 보호가 데이터베이스성(databaseness)과 관계없이 활용되는 소재 자체에 대해 새로운 권리를 창설하는 것이 아님을 분명히 하고 있다.

비록 데이터베이스를 구성했던 부분이라도 그것이 일단 그 데이터베이스성이 상실되는 맥락에서 사용되었다면, 즉 그것이 체계적으로 배열 또는 구성되어 그 소재에 개별적으로 접근하거나 이를 검색할 수 있도록 구성되어 있지 않아서 이를 데이터베이스라 할 수 없는 경우라면, 거기에 이용된 소재를 다시 이용하는 것에는 데이터베이스제작자의 권리가 미치지 않는다.

짚어보기 **AI 학습용으로 제작된 데이터베이스를 AI학습에 사용하는 것은 공정이용의 대상에서 제외되어야 하는 것 아닌가?**

AI 학습용으로 제작된 데이터베이스를 AI학습에 사용하는 것은, 현행 저작권법(법 제35조의5)의 해석으로도, "저작물의 일반적인 이용방법과 충돌"하는 이용에 해당하므로 저작물의 공정한 이용이 되기 어렵다. 또한 이 경우에는 공정이용 판단의 네 번째 요소인 "저작물의 이용이 그 저작물의 현재 시장 또는 가치나 잠재적인 시장 또는 가치에 미치는 영향"이 명백히 부정적일 것이므로, 역시 공정이용으로 인정되기 어렵다고 할 수 있다.

다만, 우리나라처럼 창작성 없는 데이터베이스에 대한 보호를 규정하지 않고 있는 일본이나 미국에서라면 사정이 다르다. 일본의 경우, 이 경우를 염두에 두고, 정보해석 목적의 저작물 이용에 대해 저작재산권 제한 규정을 두면서 "다만, 정보 해석을 실시하는 사람의 용도로 제공하기 위해 작성된 데이터베이스 저작물에 대해서는 그러하지 아니하다"[15]라고 단서 규정을 둔 바 있었고, 이것은 현재의 단서규정 즉, "다만, 해당 저작물의 종류 및 용도 그리고 해당 이용의 형태에 비추어 저작권자의 이익을 부당하게 해치게 되는 경우에는 그러하지 아니하다."[16]에도 포섭된다고 설명된다.[17]

하지만, 이러한 시도와 설명은 창작성 없는 데이터베이스에 대한 보호가 없는 상태에서는, AI학습을 위한 데이터베이스가 편집저작물로서 보호된다는 전제하에 AI학습에 그 편집저작물의 창작적 측면이 이용된 경우에만 타당하다. 그러나 현재의 AI학습이 이루어지는 상황을 보면, 그것이 편집저작물로 인정되기도 어렵고, 설사 인정되더라도 AI학습 과정에 저작권으로 보호되는 소재의 선택과 배열이 이용된다고 하기도 어렵다. 창작성 없는 데이터베이스에 대한 보호가 주어지지 않는 한 우리처럼 저작권법으로 이 문제를 풀기는 어려울 것으로 판단된다.

5. 보호기간

데이터베이스제작자의 권리는 데이터베이스의 제작을 완료한 때부터 발생하며, 그다음 해부터 기산해 5년간 보호된다. 데이터베이스의 갱신·검증 또는 보충을 위해 인적 또는 물적으로 '상당한' 투자가 이루어진 경우에 그 부분에 대한 데이터베이스제작자의 권리는 그 갱신·검증 또는 보충을 한 때부터 발생하며, 역시 그다음 해부터 기산해 5년간 보호된다

15 개정전 일본 저작권법 제47조의7 단서 규정.

16 일본 저작권법 제30조의4 단서 규정.

17 愛知靖之, "日本法における権利制限—著作権法30条の4を中心に," 上野達弘・奥邨弘司編『AIと著作権』(勁草書房, 2024), 25-26面.

(법 제95조). 이는 많은 데이터베이스가 일부분만 지속적으로 갱신되는 경향이 있으므로 일부의 갱신으로 인해 그 데이터베이스 전체의 보호기간이 연장되지 않도록 하려는 것이다.

유럽연합 등지에서는 그 보호기간을 대체로 15년으로 하고 있는데 저작권법은 이에 비추어 5년이라는 비교적 단기간의 보호를 부여했다.[18] 이처럼 단기간으로 설정한 것은 초기에는 이런 보호가 아직 생소한 관계로 보호의 성과를 보아가며 그 기간을 조절하려는 취지였으나, 도입 후 상당 기간이 경과했으므로 충분한 보호기간을 부여하는 방안을 검토할 필요가 있다.

보호가 도입되기 전에 이미 제작 또는 갱신·검증이나 보충이 이루어진 데이터베이스의 경우에도 그 제작 또는 갱신·검증·보충한 때부터 5년이 지나지 않았으면 보호가 부여된다.

6. 권리의 양도, 행사 및 제한과 예외

저작권법은 데이터베이스제작자의 권리의 양도, 이용허락, 거래제공, 공동데이터베이스에 대한 데이터베이스제작자의 권리행사, 그리고 등록 등에 관한 사항과 데이터베이스제작자의 권리에 대한 제한과 예외에 대해서는 저작권 보호의 관련 규정을 대부분 준용하도록 하고 있다.[19] 저작물의 강제허락에 관한 조항 역시 같다(법 제94조 제1항, 제96조 및 제97조).

특히 비영리 목적의 교육, 학술 또는 연구를 위해 이용하는 경우나 시

18 데이터베이스보호지침 설명조항 41 참조.

19 다만, 2013년에 추가된 공공저작물의 자유이용(법 제24조의2)에 관한 사항은 제외되어 있는데, 특별한 이유를 찾기 어렵다. 이는 배타적발행권과 저작인접권의 제한에서도 모두 누락되어 있는데, 보완이 필요하다.

사보도를 위해 이용하는 경우에는 해당 데이터베이스의 일반적인 이용과 충돌할 때를 제외하고는 누구든지 데이터베이스의 상당한 부분을 복제, 배포, 방송 또는 전송할 수 있도록 함으로써 저작권에 대한 제한과 예외보다 그 범위를 확대했다.

어느 데이터베이스의 주된 시장이 교육, 학술 또는 연구용이거나 시사보도를 위주로 하는 언론사 등을 대상으로 한 것이 아니라면, 교육이나 학술 또는 연구나 시사보도의 목적을 위해 아무런 제한 없이 그 데이터베이스를 이용할 수 있다. 이는 데이터베이스 보호의 기본 원칙을 해치지 않으면서도 데이터베이스제작자의 보호로 인해 정보의 자유로운 유통이 제약될 수 있다는 우려를 불식시키기 위한 것으로 이해된다.

제2절

영상저작물에 관한 특례

1. 개관

영상저작물이란 연속적인 영상(음의 수반 여부를 가리지 않는다)이 수록된 창작물로서 그 영상을 기계 또는 전자 장치에 의해 재생해 볼 수 있거나 보고 들을 수 있는 것 을 말한다(법 제2조 제13호).[20] 영화나 비디오가 그 대표적인 예이다. 연속적인 영상을 말하므로 영화의 각 장면을 포스터나 슬라이드로 활용하는 경우에는 비록 영상저작물의 일부로 만들었더라도 그 포스터나 슬라이드는 영상저작물이 아니라 사진저작물에 해당한다.

영상제작자란 영상물의 제작을 기획하고 그에 대해 책임을 지는 자를 말한다. 영상제작자에 대해 저작인접권에 준하는 권리를 부여하는 국가도 있지만,[21] 우리나라에서는 별도의 권리를 부여하지 않고 다만 영상저작물에 관한 특례를 통해 양도받은 권리의 행사자로만 규정하고 있다.

영화나 드라마 같은 영상저작물의 제작에는 많은 저작물이 활용되고 많은 사람이 관여한다. 원작인 저작물은 물론 배경음악 등 기존의 많은 저작물이 활용되고, 감독이나 배우 등 많은 사람들이 제작 과정에 창작

20 저작권법은 영상저작물을 사실상 시청각저작물(audio-visual work)과 같은 의미로 정의하고 있다. 미국 저작권법 제101조(정의) 참조.

21 독일 저작권법 제94조 및 중국 저작권법 제44조. 북한 저작권법도 "록화"한 사람을 저작인접권자로 정의하고 있다. 북한 저작권법 제33조 참조.

적으로 관여한다. 이 때문에 많은 권리가 관계될 수밖에 없고 자칫 권리 처리가 어려워져 영상저작물의 원활한 이용이 저해될 위험이 있다. 이렇게 되면 영상저작물 제작에 대한 투자 위축으로 이어질 수 있다.

이를 방지하기 위해서는 영상저작물 제작에 활용되는 저작물에 대한 권리와 제작에 관여하는 사람들이 갖는 권리의 처리를 쉽게 할 필요가 있다. 영상저작물에 대한 특례는 이런 배려의 산물이다.

2. 원저작권에 대한 특례

저작권법은 우선 영상저작물 제작에 활용되는 저작물과 관련해, 그 저작물의 저작재산권자가 그 영상화를 다른 사람에게 허락한 때에는 특약이 없으면 다음의 권리를 포함해 허락한 것으로 추정토록 하고 있다(법 제99조).

① 영상저작물을 제작하기 위해 저작물을 각색하는 것
② 공개 상영을 목적으로 한 영상저작물을 공개 상영하는 것
③ 방송을 목적으로 한 영상저작물을 방송하는 것
④ 전송을 목적으로 한 영상저작물을 전송하는 것
⑤ 영상저작물을 본래의 목적으로 복제하거나 배포하는 것
⑥ 영상저작물의 번역물을 그 영상저작물과 같은 방법으로 이용하는 것

원칙적으로 저작재산권자가 영상화만 허락했다면 그 결과 제작된 영상저작물을 공개 상영하거나 방송하는 경우에는 이에 대해 별도로 허락을 받아야 한다. 그러나 영상화를 허락하는 경우, 그 결과물의 일반적인 이용에 대해서는 미리 양해했다고 보는 것이 사회통념에 비추어 타당하므로 달리 정하지 않았다면 영상저작물 제작의 목적 범위 내에서 이용하는 것까지 포함해서 허락한 것으로 추정토록 한 것이다. 하지만 추정에 불과하

므로 특약이 있었다면 추정은 의미가 없어지고, 특약에 따라야 한다.

짚어보기 **영화에 삽입된 음악은 영화 상영과 함께 공연되는데, 이에 대한 권리처리 책임은 누구에게 있는가?**

영화 상영을 위해 극장을 대관한 경우가 아니라면, 공연의 주체는 극장주가 되고 따라서 원칙적으로 극장주에게 권리처리의 책임이 있다. 다만, 영화계에는 영화제작자가 이 부분까지 처리하는 관행이 있다. 따라서 영화제작자가 제작 단계에서 삽입곡에 대한 공연권까지 처리했거나[22] 공연에 대한 아무런 협의가 없었던 경우에는 영상저작물 특례가 적용되어 극장주가 권리처리를 하지 않아도 된다.

우리나라에서는 권리자단체와 영화계의 협의에 의해 영화제작자가 공연까지 일괄해서 처리하는 것을 원칙으로 하되, 특약에 따라 공연에 대해 별도로 처리할 수도 있도록 했다.[23]

저작재산권자는 자신의 저작물의 영상화를 허락한 때에는 특약이 없으면 허락한 날부터 5년이 지난 경우 그 저작물을 다른 영상저작물로 영상화하는 것을 허락할 수 있다(법 제99조 제2항). 이를 반대 해석하면, 달리 정하지 않았다면 저작재산권자가 일단 한번 자신의 저작물의 영상화를 허락한 이상 5년 이내에는 새롭게 다른 영상저작물을 제작하는 것을 허락할 수 없다.

---

22 미국에서는 독점규제법상 고려에 의해 공연권관리단체가 극장주에게 직접 공연권 이용허락을 하는 것이 금지되어 있어서, 영화제작자가 싱크로나이제이션 권리와 함께 공연권을 허락받아 영화를 상영할 극장에 인계한다. 이를 출처 이용허락(source license)이라 한다. 미국 저작권청, 「저작권과 음악시장」, 임원선 옮김(한국저작권위원회, 2015), 61쪽. 다만, 그 허락범위가 미국 국내에 국한된 경우에 이를 우리나라에서 상영한다면 별도로 공연권 처리를 해야 한다.

23 한국음악저작권협회 음악저작물 사용료 징수규정(2025. 5. 7.) 제34조 참조.

일반적으로 영상저작물 제작에는 상당한 투자가 소요되므로, 투자를 회수하기 전에 경쟁적인 영상저작물이 제작된다면 문제가 될 수 있다. 따라서 저작물의 영상화를 위한 계약에서 달리 규정하지 않은 경우에 영상제작자에게 유리하게 추정토록 한 것이다.

다만, 그 범위에 대해서는 검토가 필요하다. 영상화, 즉 2차적저작물 작성의 대상이 되는 저작물과 영상저작물 제작에 단순 이용되는 저작물을 분리해서, 후자의 경우에는 제2항이 적용되지 않도록 할 필요가 있다.[24]

3. 영상저작물 제작 과정에서 취득한 권리에 대한 특례

영상제작자와 영상저작물의 제작에 협력할 것을 약정한 자가 그 영상저작물에 대해 저작권을 취득한 때에는 특약이 없으면 그 영상저작물의 이용을 위해 영상제작자가 필요한 권리를 양도받은 것으로 추정한다. 실연자의 경우에도 마찬가지로 그 영상저작물의 이용에 관한 복제권, 배포권, 방송권 및 전송권은 영상저작물 제작자가 양도받은 것으로 추정한다(법 제100조 제1항 및 제3항).

영화에 대해 권리를 가지는 사람은 당초에 영화의 소재로 사용되는 저작물의 저작자[이를 '고전적 저작자(classical author)'라 한다]만이 아니다. 감독, 촬영이나 미술 또는 편집감독 등 영상저작물의 제작에 창작적으로 기여한 사람[이를 '근대적 저작자(modern author)'라 한다]도

---

24 법원은 이 규정의 '영상화'에는 영화의 주제곡이나 배경음악에 상업적으로 발행된 음악저작물을 변형 없이 그대로 사용하는 경우도 포함된다고 본다. 대법원 2016. 1. 16. 선고 2014다202110 판결 참조. 하지만 음악의 경우 제약 없이 몇 번이고 다른 영화에 활용하는 것이 업계의 관행이다. 단지 어느 영화에 한번 쓰였다는 이유로 5년 이내에는 다른 영화에 사용될 수 없다면 음악저작물의 권리자에게 지나치게 가혹하고, 다른 영화를 제작하는 영상제작자에게도 불합리한 제한이 될 수 있다.

그 기여분에 대해 저작권을 취득하게 된다. 저작권법은 이 경우에 영상저작물을 이용하는 데 필요한 권리는 영상제작자에게 양도된 것으로 추정하도록 하고 있다. 실연자의 경우에도 같다.

하지만 이 경우에도 저작자의 인격권은 양도될 수 없으므로 영상저작물을 이용할 때에는 저작자의 성명을 표시해야 하고, 중요한 부분을 변경하는 경우에는 저작자의 허락을 받아야 한다.

저작권법이 별도로 명시하고 있지는 않지만 감독, 촬영이나 미술 또는 편집감독 등이 독립적인 기여자가 아니라 영화사에 소속된 직원인 경우에는 업무상저작물에 관한 규정이 적용되므로 이 규정이 적용될 것도 없이 영상제작자가 처음부터 저작자로서의 지위를 가진다.[25]

영상저작물의 제작에 사용되는 소설, 각본, 미술저작물, 또는 음악저작물 등의 저작재산권은 이런 양도 추정 규정에도 불구하고 영향을 받지 않는다(법 제100조 제2항). 영상저작물의 원활한 이용을 위해 필요한 권리를 영상제작자에게 양도한 것으로 추정할 뿐 원저작물에 대한 저작권 행사는 영향을 받지 않는다.

---

25 일본은 업무상저작물뿐만 아니라, 방송사업자가 영상제작자가 되는 경우를 제외하고 저작자가 영상저작물의 제작에 참여하는 것을 약속한 경우에는 그 저작권이 영상제작자에게 귀속하도록 하고 있다. 일본 저작권법 제29조 제1항.

제3절

배타적발행권과 출판권

1. 의의

소설을 출판하려는 출판사는 먼저 작가에게 이용허락을 받아야 한다. 하지만 출판사는 이 밖에도 출판을 위해 편집과 인쇄, 유통과 홍보 등에 많은 투자를 한다. 투자회수를 위해 출판사는 가능한 한 안정적인 법률관계를 만들려 하고, 저작자와 독점 출판계약을 체결하는 등의 노력을 하지만 계약만으로는 한계가 있다. 앞서 살펴보았듯이 이용허락 계약만으로는 출판한 책의 불법복제에도 직접 대응하기 어렵기 때문이다.

그래서 출판사는 저작자로부터 권리를 아예 양도받고 싶어 하지만, 권리를 넘겨주는 것에 대한 저작자의 거부감이 강해서 보통은 성사되기 어렵다. 이러한 상황에 일종의 타협책으로 제시되는 것이 배타적발행권 제도로서, 이는 권리를 양도하지 않으면서도 안정적인 출판 환경을 보장하기 위한 제도이다.

저작권법은 저작물을 발행하거나 복제·전송(이하 '발행 등'이라 한다)할 권리를 가진 사람은 그 저작물을 발행 등에 이용하려는 사람에게 배타적 권리를 설정할 수 있도록 했다(법 제57조). '설정'이란 양도나 상속과 달리 저작권자의 권리가 이전되지 않으면서도 그 권리에 근거해 일부 제한된 권리를 승계하는 것을 말한다. 발행은 저작물 또는 음반을 공중의 수요를 충족시키기 위해 복제·배포하는 것을 말하는데, 저작권법은 이 발행의 개념을 확장해 복제·전송에 의한 것까지 포함해 배타적 권리를 설정할 수 있도록 하고 있다.

물권법정주의에 따라 법이 정하는 범위를 넘어서는 권리의 설정은 허용되지 않는다. 다만, 권리자는 그 저작물에 대해 발행 등의 방법 및 조건이 중첩되지 않는 범위 내에서 다른 사람에게 새로운 배타적발행권을 설정할 수 있다. 어느 저작물의 관련 권리에 대해 질권이 설정되어 있는 경우에는 질권자의 허락이 있어야 배타적발행권을 설정할 수 있다.[26]

배타적발행권은 단순한 채권적 권리를 의미하는 이용허락과 달리 배타적이고 독점적인 권리이다. 배타적발행권을 설정 받은 사람은 다른 사람이 이를 침해하는 경우에 저작권자의 도움을 받을 필요 없이 직접 그에 대해 민·형사상 구제를 청구할 수 있다. 배타적발행권의 설정은 이를 등록하지 않으면 제3자에게 대항할 수 없다.

이 배타적발행권제도는 종래에는 컴퓨터프로그램의 발행 등에 대해서만 허용되던 것을 전체 저작물로 확대한 것이다.[27] 향후에는 발행뿐만 아니라 저작물의 다른 이용 형태에 대해서도 확대 적용될 필요가 있다.

다만, '저작물을 인쇄 또는 그 밖의 이와 유사한 방법으로 문서 또는 도화로 발행'하는 것을 의미하는 출판은 발행 개념에 포함되므로 기존 출판권에 관한 규정은 삭제되어야 하나, 출판업계의 오랜 관행과 의견을 존중해 기존의 용어를 유지하되, 그 내용은 배타적발행권에 관한 사항을 준용토록 하고 있다(법 제63조). 배타적발행권은 그 설정행위에 특약이 없으면 맨 처음 발행 등을 한 날부터 3년간 존속한다.

---

26 설정행위에 특약이 없으면 질권의 목적이 된 저작재산권을 저작재산권자가 행사하되, 이에 대해 배타적발행권을 설정하는 것은 중대한 행위이므로 질권자의 허락을 받아야 한다. 법 제47조 제2항 참조.

27 이 제도가 도입되기 전에는 전자출판에 대해 채권적 계약만 가능했고 이것으로는 침해에 대해서도 민사상의 대위행사만 가능했다. 대법원 2007. 1. 25. 선고 2005다11626 판결 참조.

2. 배타적발행권자의 의무

배타적발행권의 설정은 일반적인 이용허락과 달리 강한 법적 효과를 가지므로 저작권자와 이용자 사이의 이해관계가 보다 섬세하게 조절되어야 한다. 저작권법은 저작권자와 배타적발행권자의 권리와 의무를 세부적으로 규정하고 있다.

배타적발행권자는 설정행위에 특약이 없으면 저작물을 복제하기 위해 필요한 원고 등을 받은 날부터 9개월 이내에 이를 발행 등의 방법으로 이용해야 한다. 또 관행에 따라 저작물을 계속해서 이용해야 한다. 출판계약 후 원고를 전달받고도 이유 없이 장기간 출판을 미루거나 도중에 출판을 중단해서는 안 된다.

또한 시행령이 정하는 바에 따라 발행에 대해 권리를 가진 저작재산권자의 성명 및 맨 처음 발행연도 등을 표시해야 한다. 다만, 「신문 등의 진흥에 관한 법률」에 따라 등록된 신문의 경우와 「잡지 등 정기간행물의 진흥에 관한 법률」에 따라 등록 또는 신고된 정기간행물의 경우에는 표시 의무가 배제된다(법 제58조).

이 밖에도 배타적발행권자가 저작물을 다시 발행하는 경우에는 그때마다 저작물의 저작자에게 그 사실을 알려야 한다(법 제58조의2 제2항). 저작물을 발행 등의 방법으로 다시 이용하는 경우에 저작자는 그 저작물의 내용을 수정하거나 증감할 수 있는 권리를 가지는데, 배타적발행권자가 저작물을 다시 발행한다는 사실을 미리 알리지 않으면 권리를 행사할 수 없을 수 있다. 이는 저작자의 수정·증감권을 실질적으로 보장하기 위해 배타적발행권자에게 부과되는 의무이다.

배타적발행권자는 설정 행위에서 정하는 바에 따라 저작물을 이용해야 한다. 저작물을 자신의 판단에 따라 수정해서 이용하는 것은 허용되지 않는다. 발행이라 함은 단순히 복제를 마친 것만으로는 부족하고 유통망을 통해 보급하는 등 이용자들이 저작물의 복제물 등을 구입해서 이용할 수 있도록 하는 것을 말한다. 배타적발행권자는 배포나 전송을 통해 이용자가 원하는 경우에 이를 구입할 수 있는 상태를 유지해야 한다.

배타적발행권이 그 존속기간의 만료 또는 그 밖의 사유로 소멸된 경우 그 배타적발행권을 가지고 있던 사람은 배타적발행권의 존속기간 중에 만들어진 복제물을 배포할 수 없다. 다만, 다음 두 가지 경우에는 그렇지 않다(법 제61조).

① 배타적발행권 설정행위에 특약이 있는 경우

② 배타적발행권의 존속기간 중 그 저작재산권자에게 그 저작물의 발행에 따른 대가를 지급하고 그 대가에 상응하는 부수의 복제물을 배포하는 경우[28]

3. 저작자와 저작권자의 권리

저작권자는 배타적발행권이 존속하고 있는 기간 중이더라도 그 저작물의 저작자가 사망했을 때에는 저작자를 위해 전집이나 그 밖의 편집물에 저작물을 수록하거나 전집이나 그 밖의 편집물의 일부인 저작물을 분리해 이를 따로 발행하는 등의 방법으로 저작물을 이용할 수 있다(법 제59조 제2항).

유명한 저작자가 사망하면 대체로 추모의 의미에서 그의 저작물을 모아 다시 출판하는 경우가 많다. 그러나 그 저작자의 저작물을 하나의 출판사가 모두 출판하는 경우는 드물기 때문에 기존의 출판계약에도 불구하고 전집 등을 낼 수 있도록 할 필요가 있다.

---

28 복제물의 전송은 제외되어 있는데, 이는 배포와 달리 (유형적) 복제물 제작에 따른 매몰비용이 크지 않기 때문이다.

배타적발행권자가 저작물을 다시 발행하는 등의 방법으로 이용하는 때에는 저작자는 정당한 범위 안에서 그 저작물의 내용을 수정하거나 증감할 수 있다. 이 수정·증감권은 일종의 인격권의 속성을 가지며 따라서 이 권리를 가지는 사람은 저작재산권자가 아니라 저작자이다. 저작권법은 이 권리의 행사를 보장하기 위해 배타적발행권자가 저작물을 다시 발행하는 때에는 이를 저작자에게 통지하도록 했다. 다만, 저작자의 수정·증감권은 정당한 범위 안에서만 행사될 수 있고, 배타적발행권자의 이익을 지나치게 저해하면서까지 행사될 수는 없다.

배타적발행권자가 발행에 필요한 원고 등을 전달받고도 9개월 이내에 발행 의무를 이행하지 않거나 일단 발행했더라도 이를 계속하지 않는 경우에는 저작재산권자는 6개월 이상의 기간을 정해 이행을 촉구할 수 있으며, 그 기간 내에도 의무를 이행하지 않는 경우에는 배타적발행권의 소멸을 통지할 수 있다(법 제60조). 나아가 배타적발행권자가 그 저작물을 발행 등의 방법으로 이용하는 것이 불가능하거나 이용할 의사가 없음이 명백한 경우에는 이행을 촉구하는 기간 없이 즉시 배타적발행권의 소멸을 통지할 수 있다.

이렇게 저작재산권자가 배타적발행권의 소멸을 통보한 때에는 배타적발행권자가 그 통지를 받은 때에 배타적발행권이 소멸한 것으로 본다. 이때 저작재산권자는 배타적발행권자에 대해 언제든지 원상 회복을 청구하거나 발행 중지 등으로 인한 손해배상을 청구할 수 있다.

배타적발행권의 대상이 되는 저작물의 복제 등에 대해서는 저작재산권에 대한 제한 규정이 권리의 성격상 적용될 수 없는 것을 제외하고는 모두 준용된다.[29]

---

29 배타적발행권에 대한 제한은 준용하면서도 교육기관과 수업지원기관에서의 수업목적 또는 수업지원목적 복제 등에 대한 보상금(법 제25조 제6항)은 준용하지 않은 데 대해 논란이 있다. 법 제62조 제2항 참조.

8장

저작권 양도와 이용허락 등

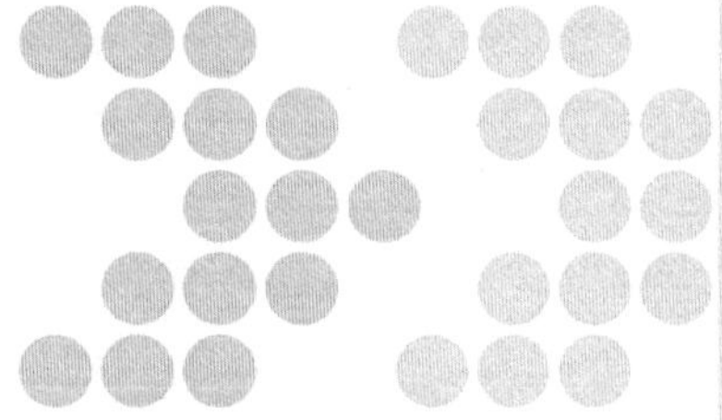

제1절

저작권 양도

저작자는 자신의 저작재산권의 전부 또는 일부를 다른 사람에게 양도할 수 있다. 다만, 저작인격권은 저작자의 일신에 전속하므로 양도할 수 없다.

우리나라에서 저작권의 양도는 다른 재산권의 양도와 마찬가지로 문서 등 특별한 형식을 요구하지 않는다. 미국 등 일부 국가에서처럼 계약서 등 문서로 작성해야 하는 것도 아니고[1] 등록을 해야 유효한 것도 아니다. 다만, 상속이나 회사의 합병과 같이 권리를 일반 승계하는 경우 외에는, 저작재산권의 양도는 등록하지 않으면 제3자에게 대항할 수 없다(법 제54조). 등록하지 않아도 양도는 유효하지만 저작권자가 이중으로 양도한 경우처럼 정당한 이익을 가지는 제3자에게는 대항할 수 없다.[2]

저작권은 복제권, 배포권, 공연권, 공중송신권 등 여러 지분권을 묶은 한 다발의 권리이다. 저작자는 이 지분권의 전부 또는 일부를 다른 사람에게 양도할 수 있다. 나아가 저작자는 그 지분권을 더 세부적으로 나누어서 양도할 수도 있다. 즉, 복제권을 통째로 양도할 수도 있지만, 악곡 등 음악저작물의 경우에는 이를 악보집으로 출판할 권리, 음반으로 낼

1 미국 저작권법 제204조. 미국 사기방지법(Statute of Frauds)은 500달러 이상의 상품 매매나 1년 이내에 이행될 수 없는 계약 등 일정한 계약에 대해 당사자가 서명한 문서를 요구하는데, 미국 저작권법은 이를 저작권 양도 계약 전체에 적용한 것이다.

2 미국 저작권법은 이중 양도일 때, 앞선 양도에 대해 그것이 미국 내에서 행해진 경우에는 1개월, 미국 외에서 행해진 경우에는 2개월의 등록 유예기간을 준다. 미국 저작권법 제205조(d) 참조.

권리, 그리고 드라마나 영화에 삽입곡으로 넣을 권리 등으로 나누어서 개별적으로 양도할 수 있다.

한 걸음 더 나아가 시간과 공간을 나누어서 양도하는 것도 가능하다.[3] 예를 들면, 일본 내에서 악보집으로 내는 권리를 3년간 양도할 수도 있다. 하지만 어느 정도까지 분할하느냐는 관행에 따라 권리별로 차이가 있을 수 있다. 예를 들어, 보통 출판의 경우에는 국가별로 나누어지지만 미국과 캐나다는 하나의 시장으로 취급된다. 또 전송권의 경우에는 인터넷의 속성상 국가나 지역 분할의 의미가 약해질 수 있다.

저작권법은 저작재산권 전부를 양도하는 경우, 2차적저작물을 작성해서 이용할 권리는 이에 포함되지 않는 것으로 추정한다(법 제45조 제2항). 약자의 지위에 있는 저작자를 보호하려는 취지에서, 일반적으로 저작재산권 양도 당시에는 예상되지 않은 이용 형태인 2차적저작물작성권에 대해 저작자에게 유리하게 해석하도록 한 것이다.[4]

하지만 이는 단순히 추정하는 것이므로 저작재산권을 양도한다는 명시적이거나 묵시적인 반대의 계약이 있다면 이 추정은 번복된다.

다만, 컴퓨터프로그램의 경우에는 이와 반대이다. 저작재산권의 전부를 양도하는 때에는 2차적저작물작성권도 함께 양도된 것으로 추정한다(법 제45조 제2항 단서). 일반 저작물과 달리 컴퓨터프로그램의 경우에는 이용 환경에 적합하도록 변형해 이용하는 것이 일반적이고, 함께 사용되는 다른 프로그램과의 상호운용성을 확보하기 위해 변형할 필요도 빈번하게 발생한다는 점을 고려한 것이다.

3 시간적 제한을 포함한 양도의 경우에는 이를 일정 기간의 독점적 이용허락으로 해석하는 경우도 있다.

4 일본 저작권법도 유사하게 규정하고 있다. 일본 저작권법 제61조 제2항 참조.

짚어보기 **저작물의 속편(sequel)이나 전편(prequel)을 제작할 권리도 2차적저작물작성권에 포함되는가?**

〈구름빵 사건〉에서 우리 법원은 그렇게 판단했다.[5] 하지만, 좀 더 고민할 필요가 있다. 저작권법상 2차적저작물작성권은 일반적으로 기존 저작물을 번역하거나 영화로 제작하는 등 실질적 유사성의 범위 내에서 다른 형태로 변경해서 이용하는 것으로 이해된다. 이것은 소설 〈해리포터〉 시리즈처럼 원 저작물의 주요 캐릭터를 유지하면서 원작과 대등하고 병렬적인 관계로 확장되는 속편이나 전편의 작성과는 결이 많이 다르다.

〈구름빵 사건〉에서 백희나 작가가 안타까워했던 것도 〈구름빵 시즌2〉가 자신과는 무관하게 제작된 것이었다. 백희나 작가에게 〈구름빵 시즌2〉를 다른 작가가 작성할 거라고 했다면 과연 그 계약에 동의했을까? 〈해리 포터와 마법사의 돌〉이 공전의 히트를 친 후에 출판사가 작가인 J.K. 롤링이 아닌 다른 작가를 섭외해 속편 〈해리 포터와 비밀의 방〉을 쓰게 하는 것 역시 상상하기 어렵다. 속편이나 전편의 작성권을 장차 2차적저작물작성권과 구별되는 새로운 권리로 발전시킬 필요가 있다.

하지만, 현재로서는 일단 계약에서 실무적으로 2차적저작물작성권에서 다시 속편과 전편 작성권을 별도로 취급할 필요가 있다. 다만, 이 경우에 작가가 작성한 속편과 전편에 대한 우선협상권/우선매수권(right of first negotiation/last refusal)을 원 저작물 출판사에 부여하여 출판사의 위험 부담을 줄이는 대안을 검토할 필요가 있다.[6]

5 서울고등법원 2020. 1. 21. 선고 2019나2007820 참조. 이 판결은 후에 대법원의 심리불속행 기각으로 확정되었다. 대법원 2020. 6. 25. 선고 2020다217816 판결.

6 이에 대한 자세한 내용은, 임원선, "「구름빵」과 「검정고무신」무엇이 문제인가, 국립어린이청소년도서관, 「도서관 이야기」, 2023. 7월호, 28-31쪽 참조.

제2절

저작물 이용허락

저작권자는 자신의 저작물을 다른 사람이 이용하도록 허락할 수 있다. 저작물 이용허락은 소극적으로는 일정한 이용행위에 대해 저작권법이 정하고 있는 권리 구제 절차를 포기하는 것 또는 자신의 저작물을 다른 사람이 일정한 방식으로 이용할 수 없도록 금지한 것을 푸는 것을 의미한다. 하지만 적극적으로는 저작물을 일정한 방식으로 이용할 수 있도록 함으로써 자신의 창작적 노력의 산물인 저작물의 가치를 실현하는 것을 의미한다.

저작자는 저작권을 양도하는 경우와 마찬가지로 저작권의 지분권 전부 또는 그 일부에 해당하는 이용행위에 대해 이용허락을 할 수 있다. 다만, 이용허락이 지분권별로 이루어져야 하는 것은 아니다. 이용허락은 지분권의 범주보다 세분하거나 또는 반대로 통합해서 하는 것도 가능하다.

예를 들어, 싱크로나이제이션의 경우에는 복제권에 해당하지만 이를 일반적인 복제권과는 구별하여 이용허락할 수 있다. 또 IPTV 방송의 경우에는 방송권에 해당하지만 일반 방송과 구별해서 별도로 이용허락할 수 있다.[7] 저작물의 속편이나 전편(sequel 또는 prequel)을 제작하거나 저작물에 등장하는 캐릭터를 상품화(character merchandising)하는

7 집중관리단체의 사용료규정이 저작물의 이용형태를 세분화하고 각각에 대해 서로 다른 사용료를 부과하는 것이 이에 해당한다.

행위는 복제권과 2차적저작물작성권 모두에 해당할 수 있으나, 이를 묶어서 이용허락할 수 있다.

저작권은 배타적 허락권이므로 저작권자의 허락 없이 저작권법이 정하고 있는 방식으로 저작물을 이용하면 저작권 침해가 된다. 저작권은 준물권적 권리로서 보상의 유무와 관계없이 저작물의 이용 가능 여부를 결정하는 권리이다. 이 점에서 일단 이용하고 나중에 일정한 보상을 하면 되는 채권적 권리인 보상청구권과 구별된다.

저작권자로부터 저작물의 이용을 허락받은 사람은 계약에 기초해 그 이용을 허락한 저작권자에게 저작물의 이용을 보장해 줄 것을 주장할 수 있을 뿐이며 다른 사람에게는 그 권리를 행사할 수 없다. 저작권이 준물권적 성격을 가지는 데 비해, 저작권법상 배타적발행권과 출판권의 경우를 제외하고는 저작물의 이용을 허락받은 권리는 채권적 성질의 권리라고 할 수 있다.

1. 이용허락의 종류

저작물 이용허락의 종류는 이용허락의 배타성, 개별성 그리고 직접성 등을 기준으로 나누어 볼 수 있다.

가. 배타적 성격 유무에 따른 분류

저작물 이용허락은 배타성, 즉 결과적으로 이용허락을 받게 되는 이용자의 수에 따라 두 가지로 나뉜다.

첫째, 비배타적 이용허락(non-exclusive license)이다.

일정한 형태로 저작물을 이용하는 것이 여러 이용자에게 허락되는 경우이다. 비배타적 이용허락을 받은 사람은 그 허락받은 범위 내에서 저작물을 이용할 수 있다. 비배타적 이용허락을 받은 사람은 다른 사람에게 저작물의 이용을 허락하는 것에 대해 이의를 제기할 수 없다. 이용을 허락받는 사람의 숫자가 제한되어 있다고 하더라도 그 성격에는 변함이 없다.

둘째, 배타적 이용허락(exclusive license)이다.

독점적 이용허락(sole license)이라고도 한다. 일정한 형태로 저작물을 이용하는 것이 단지 한 이용자에게만 허락되는 경우로, 다른 이용자에게는 이용허락을 하지 않겠다는 내용이 계약에 포함된다. 권리자 자신도 그 일정한 형태로는 자신의 저작물을 이용하지 못한다. 특허 등 산업재산권 분야에서는 전용실시권이라 한다. 미국 저작권법에서는 이를 권리 이전(transfer of right ownership)의 한 형태로 본다.[8]

나. 협상 및 개별성 유무에 따른 분류

저작물 이용허락은 협상 및 개별성 유무에 따라 다음 세 가지로 나누어볼 수 있다.

첫째, 개별 이용허락(specific license)이다.

저작권자와 이용자가 협상을 통해 저작물의 개별적인 이용 조건과 대가에 관해 협의하고 그 결과로 이루어지는 이용허락을 말한다. 가장 전형적인 이용허락이라고 할 수 있다. 집중관리단체가 미리 정해진 이용료 기준에 따라 이용허락을 하는 경우에도 개별적으로 이용 조건을 확인하고 그에 상응한 이용료를 정해 이용을 허락한다면 개별 이용허락에 해당한다.

둘째, 포괄 이용허락(blanket license)이다.

일정한 기간 동안에 권리자가 관리하고 있는 일정한 범위의 저작물을 일정한 형태로 이용하는 것을 일괄해서 허락하는 것을 말한다. 권리자와

8 미국 저작권법 제101조(정의) 참조.

이용자 사이에 협상은 있으나 개별성은 없다는 점에서 개별 이용허락과 구별된다. 이용자는 이용허락 범위 내에 속하는 개별 이용에 대해서는 별도로 협상하거나 이용허락을 받을 필요가 없다.

주로 방송사에서 음악을 사용하는 것처럼 일정한 형태의 비교적 작은 규모의 이용이 반복적으로 그리고 대량으로 이루어지는 경우에 활용된다. 이는 권리자와 이용자는 이용허락에 따르는 거래비용을 최소화할 수 있고 이용자가 부주의로 저작권을 침해하는 우려를 줄일 수 있다는 장점이 있다. 하지만 개별 저작물의 구체적인 이용 가치를 반영한 이용허락이 어렵다는 단점도 있다.

음악저작권 관리단체인 한국음악저작권협회는 방송사들과 1년 동안 방송에 사용되는 음악에 대해 포괄 이용허락 계약을 체결한다. 방송사는 매출액의 일정 부분을 이용료로 지불한다는 조건하에 계약기간 동안 한국음악저작권협회가 관리하고 있는 모든 음악을 자유롭게 방송에 이용할 수 있다.[9]

이보다 덜 일반적이지만 프로그램별 이용허락도 가능하다. 특정한 프로그램에 대해 일정액 또는 그 프로그램 광고 수입의 일정 비율을 대가로 공연권 관리단체의 관리목록에 있는 음악저작물을 자유롭게 이용하는 이용허락을 말한다. 이용에 관한 상세한 정보를 보고해야 하기 때문에 방송사와 관리단체 모두 부담스러워 할 수 있다.

셋째, 일반 사용자 이용허락(mass-market license)이다.

권리자와 이용자 사이에 이용조건에 관한 아무런 협상 없이, 권리자가 일방적으로 제시한 이용조건에 이용자가 동의함으로써 이루어지는 이용허락을 말한다. 개별 이용허락과 같이 개별적으로 이루어지지만 협상

9 다만, 드라마 등의 제작에 배경음악으로 사용하는, 이른바 싱크로나이제이션에 대해서는 별도로 이용허락을 하는 경우도 있다.

이 없다는 점에서 구별된다. 이용자가 포장(shrink-wrap)을 풀거나 온라인으로 '동의(함)'라는 버튼을 클릭(click)하는 등의 방법으로 권리자가 제시한 이용조건에 동의함으로써 이용허락이 이루어지므로 슈링크랩 라이선스(shrink-wrap licenses) 또는 클릭랩 라이선스(click-wrap licenses)라고도 한다.

이 방식은 저작물이 소량으로 다수 이용되는 상황하에서 거래비용을 최소화함으로써 이용허락의 개별성을 유지할 수 있다는 장점이 있으나, 이용 형태가 정형화된 일부 사례에만 적용될 수 있다는 단점도 있다. 이 방식의 이용허락은 이용자가 이의를 제기하기 어려운 정황을 이용해 이용자에게 불리한 조건을 수용하도록 압박하는 수단으로 활용될 수 있다는 문제점이 있다.

특히 저작권자가 저작권법이 부여하고 있는 범위를 넘어서서 권리를 행사하거나 저작권법이 정하고 있는 저작재산권 제한 규정을 배제하기 위해 이 방식을 사용하는 경우도 있는데, 이는 사적인 계약을 통해 사회적 합의인 저작권법을 무력화하는 결과가 될 수 있기 때문에 계약의 유효성을 인정해야 하는가 하는 문제가 강하게 제기된다.[10]

다. 직접성 유무에 따른 분류

첫째, 직접 이용허락(direct license)이다.

저작물을 이용하는 사람에게 직접 부여하는 이용허락이다. 이용허락은 저작권법에 따라 부여된 권리의 범위에 해당하는 저작물 이용행위에 대한 허락이므로 저작물을 이용하는 사람에게 직접 부여하는 것이 원칙

10 미국에서는 1990년대 후반 통일상법전(Uniform Commercial Code)의 개정 과정에서 이런 논의가 뜨겁게 진행된 바 있다. Niva Elkin-Koren, "Copyright Policy and the Limits of Freedom of Contract," 12 *Berkeley Technology Law Journal* 93(1997) 참조.

이다. 대부분의 이용허락은 직접 이용허락에 해당한다.

둘째, 간접 이용허락(indirect license 또는 second level license)이다.

저작물을 이용하는 사람을 대신하여 다른 사람에게 그러한 이용행위를 포괄하여 부여하는 이용허락이다. 여기에는 출처 이용허락과 플랫폼 이용허락이 있다.

출처 이용허락(source license)이란 기존의 저작물을 이용하여 새로운 콘텐츠를 제작하는 사람에게 그 콘텐츠의 이후의 이용에 대해서도 부여하는 이용허락을 말한다. 미국에서 독점규제법상 고려에 의해 공연권 관리단체가 극장주에게 직접 공연권 이용허락을 하지 못하게 되자,[11] 영화제작자가 영화에 음반을 사용하는 경우에 제작에 필요한 이용허락을 받으면서 극장에서의 공연에 대한 허락도 함께 받아서 극장주에게 인계하는 예가 이에 해당한다.

플랫폼 이용허락(platform license)이란 플랫폼에 콘텐츠를 업로드 하는 이용자를 대신해 그 플랫폼 운영자에게 부여되는 선제적인 이용허락(preemptive license)을 말한다.[12] 권리자로부터 이용허락을 받아야 하는 사람은 〈유튜브〉 등의 플랫폼에 콘텐츠를 직접 업로드 하는 이용자이지만, 플랫폼이 이용자를 대신해서 이용허락을 받는 것이다.

플랫폼에는 많은 콘텐츠가 권리자의 허락을 받지도 않고 또 일반적인 공정이용의 범위를 벗어나 업로드 된다. 하지만 권리자들은 이를 알면서도 권리를 행사하기가 번거로워서 또는 홍보효과 등을 노리고 이를 묵인하곤 한다. 이를 묵인이용(tolerated use)[13]이라 하는데, 이는 언제든

11 *Alden-Rochelle, Inc. v. ASCAP*, 80 F. Supp. 888 (S.D.N.Y. 1948).

12 Yafit Lev-Aretz, Second Level Agreements, 45 *Akron L. Rev.* 137, 139 (2012). 〈유튜브〉가 〈한국음악저작권협회〉와 체결하는 "음악저작물 이용계약"이 이에 해당한다.

13 Tim Wu, Tolerated Use, 31 *Colum. J.L. & Arts* 617, 619 (2008)

책임공방으로 비화되거나 이용허락 협상으로 이어질 수 있다. 이용자와 플랫폼 운영자는 저작권 침해 소송에 노출될 수 있고, 이러한 상황은 콘텐츠를 업로드 하는 이용자를 위축시킬 수 있다.

이에 플랫폼이 콘텐츠를 업로드 하는 이용자를 대신해 권리자들과 이용허락 계약을 체결한다. 이로써 플랫폼은 이용자들이 저작권 침해의 두려움 없이 콘텐츠를 업로드 할 수 있도록 하는 한편, 스스로도 간접책임의 부담없이 업로드 된 콘텐츠에 링크나 임베딩을 허용함으로써 확장성을 극대화할 수 있다. 권리자는 통지-삭제 모델에 따른 모니터링의 부담을 피하면서도 달리 수익을 내기 어려운 분야에서 수익을 창출하고 자신의 콘텐츠를 홍보할 수 있게 된다.[14]

이러한 형태의 이용허락은 업계에서는 2000년대 중반에 처음 도입되었다.[15] 유럽연합 DSM지침은 온라인 콘텐츠공유 서비스제공자에게 이를 의무화하기도 하였다.[16]

---

14 Yafit Lev-Aretz, 앞의 각주 12, at 165-167.

15 첫 번째 플랫폼 이용허락은 2006년에 〈유튜브〉가 〈워너뮤직그룹(Warner Music Group)〉과 체결한 것으로, 이로써 〈유튜브〉 이용자들은 별도의 허락을 받지 않고도 〈유튜브〉에 업로드 하는 동영상에 〈워너뮤직그룹〉의 음악을 삽입할 수 있게 되었다. Warner Music Group, [Press Release] Warner Music Group and YouTube Announce Landmark Video Distribution and Revenue Partnership (Sept. 18, 2006). available at 〈〈https://investors.wmg.com/news-releases/news-release-details/warner-music-group-and-youtube-announce-landmark-video〉〉.

16 디지털단일시장저작권지침 "회원국은 온라인 콘텐츠공유 서비스제공자가, 예를 들어 라이선스 계약 등을 통해 허락을 받은 경우에, 그 허락이 그들이 상업적으로 행하는 것이 아니거나 그들의 행위가 상당한 수익을 창출하는 것이 아닌 경우에, 정보사회저작권지침 제3조에 해당하는 서비스의 이용자들이 행하는 행위도 포함하여야 한다고 규정하여야 한다."고 규정하였다. 디지털단일시장저작권지침 제17조 제2항.

2. 이용허락의 해석

가. 저작물 이용허락과 양도

저작물의 이용허락과 달리 양도는 저작물에 대한 권리가 다른 사람에게 이전되는 것이다. 저작권을 양도받은 사람은 저작권자의 지위에서 모든 권리를 행사할 수 있다. 하지만 이용허락을 받은 사람은 비록 배타적 이용허락을 받은 경우일지라도 다른 사람이 그 저작물을 이용하는 것에 대해 이의를 제기할 수 없다. 단지 이용허락을 한 저작권자에게 계약 위반을 이유로 손해배상 등을 청구할 수 있을 뿐이다.

다만, 그러한 이용이 저작권 침해에 해당한다면 민법상 채권자 대위의 법리를 활용해 손해배상청구나 침해정지청구를 할 수 있다.[17] 채권자대위권이란 이용허락을 받은 사람(채권자)이 자신의 권리를 보전하기 위해 권리자(채무자)의 권리를 대신해 행사할 수 있는 권한으로서, 권리자가 권리를 행사할 수 있음에도 행사하지 않는 경우에 행사할 수 있다(민법 제404조 제1항).

저작물 이용허락의 특수한 형태로는 배타적발행권과 출판권 설정이 있다. 저작권법은 저작물을 발행하거나 복제·전송하는 것에 대해 배타적 발행권 또는 출판권을 설정할 수 있도록 하고 있다(법 제57조 및 제63조).[18] 배타적발행권 또는 출판권을 설정 받은 이용자는 공시력과 제3자에 대한 대항력이 있는 등록을 할 수 있고, 저작권자에게 의지하지 않고도 직접 법이 정하고 있는 권리 구제를 받을 수 있다. 이는 저작물의 이용 행위 중에서 상당한 투자가 필요한 발행 등에 대해 이용자의 지위를 법

17 대법원은 음반제작자들이 소리바다를 상대로 낸 침해정지청구와 관련해 "독점적인 이용권자는 자신의 권리를 보전하기 위해 필요한 범위 내에서 권리자를 대위해 … 침해정지청구권을 행사할 수 있다"라고 판시하고 있다. 대법원 2007. 1. 25. 선고 2005다11626 결정.

18 출판에만 국한되어 있던 것을 2011년 개정을 통해 저작물의 발행 전반으로 확대했다.

적으로 보장해 주려는 제도로서, 독일과 일본 등에서도 운영하고 있다. 앞서 언급한 바와 같이 미국 저작권법은 배타적 이용허락을 저작권 이전(transfer)의 한 형태로 정의하고 있는데, 이 경우에는 우리나라처럼 배타적발행권을 설정하는 절차 없이도 저작권자의 지위에서 권리 구제를 받을 수 있다.

저작재산권자로부터 이용허락을 받아 저작물을 이용할 수 있는 권리는 저작재산권자의 동의 없이 다른 사람에게 양도할 수 없다(법 제46조 제3항). 저작권 이용허락이 저작권자와 이용자 사이의 신뢰관계를 바탕으로 한 것이고, 같은 이용방법 및 조건이라도 이용자에 따라 파급효과가 달라질 수 있기 때문이다. 이는 비배타적 이용허락은 물론 배타적 이용허락의 경우에도 동일하게 적용된다.

저작재산권자가 이용허락을 한 후에 자신의 권리를 다른 사람에게 양도하는 등 권리가 이전되는 경우가 있다. 이때 그 이용허락의 효과는 어떻게 될 것인가? 저작권법에는 이에 대한 규정이 없다. 원칙적으로 권리의 양도에도 불구하고 이용허락은 영향을 받지 않는다.[19] 다만 저작재산권자가 권리를 양도받는 사람에게 기존 이용허락의 존재를 알리지 않았다면 그에 대한 책임을 질 수는 있다.[20]

실무에서는 어떤 계약이 저작물 이용허락계약인지 또는 저작권 양도계약인지 분명하지 않은 경우가 있다. 출판업계에는 '매절계약(買切契約)', 음반업계에는 '곡비(曲費)' 또는 선불금[21]이라는 관행이 있는데, 출

---

19 미국 저작권법은 이용허락이 양도가 있기 전에 이루어지거나, 그 양도가 등록되기 전에 그 사실을 모르고 선의로 받은 경우에 우선하도록 하고 있다. 미국 저작권법 제205조(e) 참조.

20 일본은 이용허락을 받았으나 그 저작권이 제3자에게 양도되거나 저작권자가 파산한 경우에 대상 저작물의 이용을 계속할 수 있는지가 불확실한 문제를 해결하고자, 그가 이용허락을 통해 확보한 이용권은 (등록을 하지 않고도) 저작물의 저작권을 취득한 자(양수인이나 상속인 등)에게 대항할 수 있다는 규정을 도입하였다. 일본 저작권법 제63조의2 참조

21 업계에서는 속된 표현으로 이를 '마이낑'이라 한다.

판사와 음반사는 이 계약이 저작권 양도계약에 해당한다고 주장하곤 했다.

이에 대해 판례는 매절계약의 경우 원고료로 일괄 지급한 대가가 인세를 훨씬 초과하는 고액이라는 입증이 없는 한, 이는 저작재산권의 양도가 아니라 출판권 설정계약 또는 독점적 출판계약으로 보아야 한다는 입장을 취하고 있다.[22] 곡비 또는 선불금도 같은 맥락에서 해석될 수 있을 것이다.

이는 계약 내용이 불명확할 때에는 약자의 위치에 있는 당사자에게 유리하게 해석해야 한다는 원칙에 부합한다. 계약 해석과 관련해, 독일 저작권법은 저작권 계약에서 권리부여의 범위 등에 관한 명시적 합의가 없다면 그 성격과 범위는 해당 계약상 추구되는 목적에 의해 결정된다는 이른바 '목적 양도 이론'을 규정하고 있는데,[23] 참고할 만한 입법례이다.

이런 문제를 예방하기 위해서는 계약의 내용을 명확히 해서 서면으로 작성하는 것이 바람직하다. 미국과 프랑스 등은 저작권 양도의 경우 법으로 서면 계약서를 작성하는 것을 요건으로 하고 있다.[24] 공정한 계약 관행을 정착하기 위해서라도 표준계약서의 마련과 보급을 통해 서면 계약서 작성을 장려할 필요가 있다.

나. 저작물 이용허락과 새로운 이용방법

저작물의 이용방법은 기술과 비즈니스 모델의 발전에 따라 끊임없이 변화한다. 새로운 이용방법이 저작물의 이용허락 계약에 명시적으로 포함되어 있지 않다면, 이것이 당초의 이용허락 범위에 포함되는 것인지 여부를 놓고 다툼이 생길 수 있다.

---

22 서울민사지방법원 1994. 6. 1. 선고 94카합3724 판결.

23 독일 저작권법 제31조 제5항 참조.

24 미국 저작권법 제204조 및 프랑스 저작권법 제131조의3 참조.

예를 들어, CD가 음반업계에 도입되기 전에는 LP가 주된 매체였고, 이용허락도 당연히 이를 전제로 이루어졌다. 이 이용허락이 CD로 복제·배포하는 것까지를 포함하는 것으로 볼 수 있을까?

법원은 새로운 매체를 통한 저작물의 이용이 기존의 매체를 통한 저작물의 이용에 미치는 경제적 영향과 새로운 매체로 인한 경제적 이익의 적절한 안배의 필요성 등을 종합적으로 고려해야 한다고 보고, CD의 경우에는 LP시장을 대체하고 잠식하는 성격이 있는 점 등을 고려해 이 이용허락은 CD로의 복제·배포도 포함한다고 판시한 바 있다.[25]

미국에서는 무성영화가 주류를 이루고 있을 당시에 영화화를 허락한 것은 비록 이용허락을 한 사람이 유성영화를 몰랐고 고려하지 않았다고 하더라도 유성영화로의 영화화까지 허락한 것으로 본 판례가 있다.[26]

---

25 대법원은 이른바 〈당신은 안개였나요〉 사건에서, "새로운 매체에 관한 이용허락에 대한 명시적인 약정이 없는 경우 과연 당사자 사이에 새로운 매체에 관하여도 이용을 허락한 것으로 볼 것인지에 관한 의사해석의 원칙은, ① 계약 당시 새로운 매체가 알려지지 아니한 경우인지 여부, 당사자가 계약의 구체적 의미를 제대로 이해한 경우인지 여부, 포괄적 이용허락에 비하여 현저히 균형을 잃은 대가만을 지급받았다고 보여지는 경우로서 저작자의 보호와 공평의 견지에서 새로운 매체에 대한 예외조항을 명시하지 아니했다고 하여 그 책임을 저작자에게 돌리는 것이 바람직하지 않은 경우인지 여부 등 당사자의 새로운 매체에 대한 지식, 경험, 경제적 지위, 진정한 의사, 관행 등을 고려하고, ② 이용허락계약 조건이 저작물 이용에 따른 수익과 비교하여 지나치게 적은 대가만을 지급하는 조건으로 되어 있어 중대한 불균형이 있는 경우인지 여부, 이용을 허락받은 자는 계약서에서 기술하고 있는 매체의 범위 내에 들어간다고 봄이 합리적이라고 판단되는 어떠한 사용도 가능하다고 해석할 수 있는 경우인지 여부 등 사회일반의 상식과 거래의 통념에 따른 계약의 합리적이고 공평한 해석의 필요성을 참작하며, ③ 새로운 매체를 통한 저작물의 이용이 기존의 매체를 통한 저작물의 이용에 미치는 경제적 영향, 만일 계약 당시 당사자들이 새로운 매체의 등장을 알았더라면 당사자들이 다른 내용의 약정을 했으리라고 예상되는 경우인지 여부, 새로운 매체가 기존의 매체와 사용, 소비 방법에 있어 유사하여 기존 매체시장을 잠식, 대체하는 측면이 강한 경우여서 이용자에게 새로운 매체에 대한 이용권이 허락된 것으로 볼 수 있는지 아니면 그와 달리 새로운 매체가 기술혁신을 통해 기존의 매체시장에 별다른 영향을 미치지 않으면서 새로운 시장을 창출하는 측면이 강한 경우여서 새로운 매체에 대한 이용권이 저작자에게 유보된 것으로 볼 수 있는지 여부 등 새로운 매체로 인한 경제적 이익의 적절한 안배의 필요성 등을 종합적으로 고려하여 사회정의와 형평의 이념에 맞도록 해석하여야 한다"라고 판시했다. 대법원 1996. 7. 30. 선고 95다29130 판결.

26 *L. C. Page & Co. v. Fox Film Corp.*, 83 F.2d 196, 198-200(2d Cir. 1936).

짚어보기 **신문사는 프리랜서 작가가 자신의 신문에 정기적으로 기고한 기사를 DB 서비스 업체에게 데이터베이스화해 인터넷으로 서비스하도록 허락할 수 있는가?**

신문이나 잡지에 게재할 목적으로 기사를 작성하는 계약을 기고계약(contribution contract)이라 한다. 달리 정하지 않았다면 기고계약은 기사를 기고의 목적, 즉 그 신문이나 잡지에 게재하는 것에만 미친다고 보는 것이 타당하다.[27] 따라서 신문사는 작가의 동의 없이 그 기사를 데이터베이스화해 인터넷으로 서비스하도록 허락할 수 없다.

미국의 경우에 기고계약에 이런 사항이 포함되는 것으로 보기 어렵다는 판례가 있고,[28] 우리나라에서도 학회지에 실린 학술논문을 데이터베이스로 제작해 판매한 데 대해 "일반적으로 저작자가 자신이 소속된 학회가 발행하는 학회지 또는 간행물에 저작물을 게재하는 경우 일정 범위 내에서 해당 저작물의 이용을 허락했다고 볼 여지가 있으나, 그렇다고 하더라도 저작물을 데이터베이스로 구축하고 유료로 제공하는 것은 이용허락의 범위를 넘어서는 것"이라고 본 판례가 있다.[29]

다. 이용허락 계약 위반의 효과

이용허락을 받은 사람이 이용허락 계약에서 합의한 이용방법과 조건을 위반하면 민법상 채무불이행이 될 뿐만 아니라 저작권 침해가 될 수도 있다. 저작물 이용허락은 일정한 이용행위에 대해 저작권법이 정하고 있는 권리 구제 절차를 포기하거나 저작물을 일정한 방식으로 이용할 수 없도록 금지한 것을 푸는 것을 의미한다.

---

27 대만 저작권법은 이를 명시적으로 규정하고 있다. 대만 저작권법 제41조.

28 *New York Times Company, Inc. v. Tasini*, 533 U.S. 483(2001).

29 서울고등법원 2008. 3. 12. 자2007라872 결정. 다만, 이 사건에서는 데이터베이스 서비스로 인한 피해가 본안 소송을 통해 충분히 전보될 수 있고 단기간 내에 회복할 수 없는 손해가 발생한다고 볼 수 없다는 등의 취지에서 가처분 신청은 기각되었다.

따라서 저작권법이 권리의 범위로 정한 사항에 관해 이용허락 계약을 위반했다면 동시에 저작권 침해가 된다. 그러나 저작권법이 권리의 범위로 정한 사항이 아닌 권리자가 추가로 정한 사항에 관해 계약을 위반했다면 이는 단순한 계약 위반일 뿐 저작권 침해가 되지는 않는다.

예를 들어, 저작물을 책으로 발행할 것을 허락받은 출판사가 전자책까지 제작해 인터넷으로 유통했다면 저작권 침해(복제권과 전송권)가 된다. 계약 기간을 초과해서 출판한 경우에도 저작권 침해(복제권과 배포권)가 된다. 그러나 저작권료 지급에 관한 계약 사항을 이행하지 않은 것이라면 채무불이행에 그칠 뿐 저작권 침해가 되지는 않는다.

저작권 침해로 인정되는 경우에는, 단지 계약 위반에 따른 채무불이행에 그치는 경우와 달리 침해정지청구 등 저작권법이 규정하는 민·형사상의 모든 권리 구제를 활용할 수 있다.

셰어웨어(shareware)라 불리는, 사적인 목적에 한해 다운로드해서 사용하는 것이 허용된 컴퓨터 프로그램을 업무에 사용한 것에 대해, 대법원은 "복제를 허락받은 사용자가 저작재산권자와 계약으로 정한 프로그램의 사용 방법이나 조건을 위반했다고 하더라도, 위 사용자가 그 계약 위반에 따른 채무불이행 책임을 지는 것은 별론으로 하고 저작재산권자의 복제권을 침해했다고 볼 수 없다"라고 판시한 바 있다.[30]

---

30 흔히 '오픈 캡처 판결'로 불린다. 대법원 2017. 11. 23. 선고 2015다1017 판결. 사용한 폰트 파일 자체는 합법적으로 취득한 것이므로, '프로그램의 저작권을 침해하여 만들어진 프로그램의 복제물을 그 사실을 알면서 취득한 자가 이를 업무상 이용하는 행위'에 해당하지 않아서 '침해로 보는 행위'도 될 수 없다. 법 제124조 제1항 제3호 참조.

제3절

저작재산권 질권 설정

질권이란 담보물권의 하나로 채권자가 그 채권의 담보로 채무자 또는 제3자로부터 취득한 물건 또는 재산권을 채무변제가 있을 때까지 유치(留置)하고, 변제가 없으면 그 담보 목적물의 가액에서 우선 변제받을 수 있는 권리를 말한다. 저작재산권에 대해서도 질권을 설정할 수 있다.

저작권법은 질권의 행사방법만을 규정하고 있다. 즉, 저작재산권을 목적으로 하는 질권은 그 저작재산권의 양도 또는 그 저작물의 이용에 따라 저작재산권자가 받을 금전이나 그 밖의 물건(배타적발행권 및 출판권 설정의 대가를 포함한다)에 대해서도 행사할 수 있다. 다만, 저작재산권자가 받을 금전이나 그 밖의 물건을 지급하거나 인도하기 전에 이를 압류해야 한다(법 제47조).

저작권자는 질권 설정 이후에도 저작재산권을 양도 또는 이용허락하거나 그 밖의 방법으로 저작권을 행사할 수 있다. 질권이 설정된 저작권을 저작권 신탁관리단체에 신탁해 관리하게 할 수도 있다. 이에 대해 질권자는 신탁관리단체로부터의 분배금을 압류함으로써 질권을 행사할 수 있을 것이다.

저작권법은 이를 당연시하고 별도로 규정하지 않다가, 2009년 개정법에서 이를 명시했다.[31] 기존에는 음반 유통사가 음반 제작사와 음반 제

---

31 허희성, 『신저작권법 축조개설』(범우사, 1988), 189-190쪽 참조. 일본 저작권법도 이를 명시적으로 규정하고 있으며, 종전의 컴퓨터프로그램보호법도 그러했다. 일본 저작권법 제66조 제1항 및 구 컴퓨터프로그램보호법 제21조 참조.

작 및 발행 계약을 하는 때에 선급금을 지불하고 그 대가로 일정 수준의 판매가 이루어는 것을 조건으로 음반의 저작인접권에 대해 질권을 설정하는 경우가 많았는데, 온라인 음악이 활성화되면서 이렇듯 과거에 질권이 설정된 음반의 활용과 관련해 누가 권리를 행사할 것인지에 대한 의견을 조율하는 데 어려움을 겪자 이를 분명히 하려는 취지에서 이 규정을 도입했다.

저작재산권을 목적으로 하는 질권의 설정, 이전, 변경, 소멸 또는 처분제한은 등록하지 않으면 제3자에게 대항할 수 없다(법 제54조). 질권이 설정되어 있는 저작재산권이라도 그 내용이 등록되어 있지 않다면 저작재산권을 양도받은 사람이 먼저 양도 등록을 할 경우 비록 그가 질권의 존재를 알고 있었다고 해도 질권자가 그 저작재산권에 대한 자신의 질권을 주장할 수 없게 된다.

제4절

공동저작물의 저작권 행사

공동저작물의 경우에는 저작자가 다수이므로 저작권자도 다수가 된다. 이 경우에 그 저작물에 대한 저작권을 어떻게 행사할 것인지가 문제될 수 있다.

거래의 안정성을 우선하여 공동저작자 전원의 합의에 의해서만 권리를 행사하도록 할 수도 있고, 거래의 효율성을 우선하여 저작자 중의 한 사람이 모든 다른 저작자를 대신해서 권리를 행사하도록 할 수도 있다.[32]

저작권법은 저작물의 이용허락처럼 저작권의 내용을 구체적으로 실현하는 적극적 행사의 경우에는 거래의 안정성을 우선하는 방법을, 그리고 침해에 대한 권리 구제처럼 소극적 행사, 즉 보존행위의 경우에는 거래의 효율성을 우선하는 방법을 택하고 있다. 다만, 전자의 경우에도 합의가 성립되지 않아 권리를 행사하기 어려워질 것에 대비해 각 저작자가 신의에 반해 합의의 성립을 방해하거나 동의를 거부할 수 없도록 했다. 이를 저작인격권과 저작재산권의 행사로 나누어 살펴보자.

1. 적극적 권리 행사

가. 저작인격권의 행사

공동저작물의 저작인격권은 저작자 전원의 합의로 행사해야 한다. 다

32 후자는 미국이 택하고 있는 접근방법으로서, 여기에서 권리행사는 권리의 포기를 포함한다. 미국 저작권법 제106조A(e)(1).

만, 각 저작자는 신의에 반해 합의의 성립을 방해할 수 없다. 공동저작물의 저작자는 그들 중에서 자신들을 대표해 저작인격권을 행사할 수 있는 사람을 정할 수 있다. 다만, 그 사람의 대표권에 어떤 제한을 했을 때에는 이를 알지 못하는 다른 사람에게는 대표권을 제한했다는 사실을 주장할 수 없다(법 제15조).

나. 저작재산권의 행사 및 처분

공동저작물의 저작재산권은 저작인격권과 마찬가지로 저작재산권자 전원의 합의로 행사해야 한다.[33] 다른 저작재산권자의 동의가 없으면 그 지분을 양도하거나 질권의 대상으로도 할 수 없다. 다만, 각 저작재산권자는 신의에 반해 합의의 성립을 방해하거나 동의를 거부할 수 없다(법 제48조 제1항).

이는 공유물의 관리에 관한 사항은 공유자의 지분의 과반수로써 결정하도록 한 민법의 규정에 우선하여 적용된다.[34] 따라서 공동저작물의 저작재산권 행사는 저작권의 양도·양수나 상속 등에 의하여 저작권을 2인 이상이 공동으로 소유하게 된 경우에 그 저작재산권을 행사하는 경우와 차이가 있게 된다.

이는 공동저작물에 대해서는 각 저작자가 단순히 자신이 직접 이바지한 바에 대해서뿐만 아니라 저작물 전체에 대해서도 공동의 책임과 권리를 가지고 있음을 고려한 것이다.[35] 그리고 이러한 관계는 공동저작자가

---

33 공동저작물의 저작자들이 서로 다른 신탁관리단체에 자신의 권리를 맡기는 경우에는 문제가 될 수 있다. 이 경우, 사전에 권리행사의 방법에 대해 합의해야 할 것이다.

34 민법 제265조(공유물의 관리, 보존) 및 제278조(준공동소유) 참조.

35 특허법도 2명 이상이 공동으로 발명한 경우에는 특허를 받을 수 있는 권리를 공유하고, 특허출원 역시 공동으로 해야 하며 이를 양도하거나, 공유 특허의 지분을 양도하거나 그에 대해 질권을 설정하는 경우, 그리고 특허권에 대해 전용실시권을 설정하거나 통상실시권을 허락하는 경우에 다른 공유자 모두의 동의를 받도록 하고 있는 점에서 같다. 특허법 제33조 제2항, 제37조 제3항, 제44조, 제99조 제2항 및 제3항.

저작재산권의 지분을 승계하는 경우에 저작재산권자 전원의 합의를 받도록 함으로써 그 지분을 승계 받은 사람에게도 적용되게 된다.

참고로 미국에서는 이와 달리 다른 공동저작자의 허락 없이도[36] 또는 심지어는 그 의사에 반해서도[37] 자신의 권리를 행사할 수 있는 것으로 이해된다. 이 경우에는 공동저작자 상호 간의 권리 지분에 따른 정산 문제만 남게 된다.[38]

짚어보기 공동저작자 중의 한 사람이 공동저작물을 직접 이용하고자 하는 경우에도 다른 공동저작자의 동의를 받아야 하나?

유튜브 등 1인 미디어가 활성화되며 저작자가 자신의 저작물을 직접 이용하는 경우가 많아져서 이 문제가 중요해졌다. 저작권법은 공동저작물의 저작재산권의 행사, 즉 이용허락 등에 대해 정하고 있을뿐 저작자가 직접 이용하는 것에 대해서는 규정하지 않았다.

이와 관련하여 민법이 공유자는 공유물 전부를 지분의 비율로 사용, 수익할 수 있도록 한 것과,[39] 특허법이 공유자가 특허발명을 자신이 실시하는 경우에는 계약으로 특별히 약정한 경우를 제외하고는 다른 공유자의 동의를 받지 않고도 할 수 있도록 한 것을 참조할 수 있을 것이다.[40]

공동저작물은 공동저작자 상호 간의 신뢰에 기초하여 작성되므로 이를 공동저작자의 한 사람이 이용하는 것은 다른 사람이 이용하는 것과는 구별된다. 또 저작물은 정보재로서 누군가가 이를 이용해도 다른 사람이 그 저작물을 이용하는 데 영향을 받지 않는, 비경합

---

36 *Williams v. ARC Music Corporation*, 121 F.3d 720(9th Cir. 1997) 참조.

37 *Diplomatic Man, Inc. v. Brown*, 05 Civ. 9069 (JSR) (S.D.N.Y. Sep. 27, 2007)

38 William Patry, 3 *Patry on Copyright* (2012), §5:7, 5-20-21. 관련 입법경위서는 공동저작물의 저작자는 "모든 수익을 다른 공동저작자와 공유할 것을 조건으로 어느 저작물을 이용하거나 이용허락 할 독자적인 권리를 다른 공동저작자와 공유한다."고 설명한다. 1976 House Report at 121 참조.

39 민법 제263조.

40 특허법 제99조 제3항.

적 소비의 속성이 있다. 이 점에서 저작물의 경우에도 특허법을 참조하여 공동저작자 중의 한 사람이 공동저작물을 이용하는 경우에 대한 규정을 둘 필요가 있다.

공동저작물의 이용에 따른 이익은 특약이 없는 때에는 각 저작자가 저작물의 창작에 이바지한 정도에 따라 배분하고, 이바지한 정도가 명확하지 아니한 때에는 균등한 것으로 추정한다. 공동저작물의 저작재산권자는 그 공동저작물에 대한 자신의 지분을 포기할 수 있으며, 포기하거나 상속인 없이 사망한 경우에 그 지분은 다른 공동 저작재산권자에게 그 지분의 비율에 따라 배분한다(법 제48조 제2항 및 제3항).

공동저작물의 저작권 재산권 행사의 경우에도 저작인격권 행사와 마찬가지로 이를 대표해 행사할 수 있는 사람을 정할 수 있다. 또한 그 사람의 대표권에 어떤 제한을 했을 때에는 이를 알지 못하는 다른 사람에게는 대표권을 제한했다는 사실을 주장할 수 없다(법 제48조 제4항).

다. 합의 또는 동의 없는 권리 행사의 효력

공동저작자가 다른 공동저작자와의 합의 없이 공동저작물에 대한 저작인격권이나 저작재산권을 이용허락하는 등 이를 행사한 경우에는 다른 공동저작자의 저작인격권이나 저작재산권의 침해에 해당하고, 동의 없이 그 지분을 양도하거나 질권을 설정한 경우에 이는 무효가 된다.[41]

그러나 성실한 협의에도 다른 공동저작자가 신의에 반하여 합의의 성

41 이 점에서, 이 규정이 공동저작자들이 공동저작물에 관한 저작재산권을 행사하는 방법을 정하고 있는 것일 뿐이므로, 다른 공동저작자와의 합의 없이 공동저작물을 단독으로 이용(이용허락)하였다 하더라도 그것은 이러한 행사방법을 위반한 행위에 그칠 뿐 다른 공동저작자의 저작재산권을 침해하는 행위가 되지는 않는다는 대법원 판결은 검토가 필요하다. 대법원 2014. 12. 11. 선고 2012도16066 판결 참조.

립을 방해하거나 동의를 거부한 경우에는 그렇지 않다.

신의에 반하여 합의의 성립을 방해하거나 동의를 거부한 것인지에 대한 판단 기준은 구체적으로 정하기 어렵다. 권리의 성격상 저작재산권의 경우에는 특별한 사정이 없는 한 저작물의 이용을 통한 경제적 이익을 극대화하려는 대부분의 권리 행사에 합의의 성립을 방해하거나 동의를 거부하는 것이 이에 해당할 수 있다.[42]

공동저작물에 대한 저작인격권과 저작재산권 모두 정당한 사유 없이 저작물의 이용허락에 반대하거나 동의를 거부하는 경우에 신의에 반하여 합의의 성립을 방해하거나 동의를 거부한 것으로 해석될 수 있을 것이다. 다만, 저작인격권의 경우에는 저작재산권의 경우보다 저작자의 주관적 판단을 보다 존중할 필요가 있을 것이다.[43]

2. 소극적 권리 행사

공동저작물의 권리가 침해될 경우 공동저작물의 각 저작자 또는 각 저작재산권자는 다른 저작자 또는 저작재산권자의 동의 없이도 권리 구제를 위한 행위를 할 수 있다(법 제129조).

이용허락 등 적극적인 권리 행사와 달리 보존행위에 해당하는 권리 행사는 공동저작자 중 누구라도 단독으로 할 수 있다. 즉, 권리를 침해하는 자에 대해 단독으로 침해 정지를 청구할 수 있으며, 권리를 침해할 우려가 있는 사람에 대해서는 침해의 예방 또는 손해배상의 담보를 청구할 수 있다. 아울러 자신의 지분에 관해 손해배상을 청구할 수도 있다.

---

42 정상조, 박준석 공저, 제2판 지적재산권법 (2011), 442-443쪽.

43 정상조 편,「저작권법 주해」(2007), 370-371쪽(유영선 집필 부분) 참조.

제5절

저작재산권 신탁

저작재산권을 관리하는 방법의 하나로 신탁이 있다. 신탁이란 신탁을 설정하는 사람(위탁자)과 신탁을 인수하는 사람(수탁자) 사이의 신임관계에 기초해 위탁자가 수탁자에게 특정한 재산(영업이나 저작재산권의 일부를 포함한다)을 이전하거나 담보권의 설정 또는 그 밖의 처분을 하고 수탁자로 하여금 일정한 자(수익자)의 이익 또는 특정의 목적을 위해 그 재산의 관리 등 신탁 목적의 달성에 필요한 행위를 하게 하는 법률관계를 말한다(신탁법 제2조).

저작권은 소설을 책으로 출판하는 경우처럼 저작권자가 이용자와의 개별 협상을 통해 직접 행사하는 것이 예정되었다. 그러나 음악저작물을 노래방에서 공연하거나 방송하는 경우처럼 저작물과 그 이용방법이 다양해지면서 저작권을 개별적으로 행사하는 것이 불가능하거나 가능하더라도 비용이 많이 들어서 사실상 불가능에 가깝게 어려워지는 일이 많아졌다.

이런 경우에 집중관리단체를 통해 권리를 행사하기 위한 방법이 바로 저작재산권 신탁이다. 저작권법도 이러한 방법의 권리행사를 예정하고 저작권 위탁관리업의 하나로 신탁관리업을 규정했다.

저작재산권 신탁은 다음과 같은 특징이 있다.

첫째, 위탁자와 수탁자 사이의 신임관계에 기초한 법률관계이므로 수탁자가 임의로 위탁받은 재산을 제3자에게 재위탁할 수 없다. 신탁 저작권을 외국 지역에서 관리하기 위해 외국 저작권 관리단체 등에게 재위탁하거나, 한국문학예술저작권협회처럼 여러 신탁관리단체를 포괄하는 상위 단체에 재위탁하는 경우[44]를 제외하고 제3자에게 재위탁할 수 없다.

둘째, 저작재산권의 전부나 일부가 위탁자에게서 수탁자로 이전된다. 수탁자는 온전한 권리자로서 저작물 이용을 허락하는 등 권리를 행사할 수 있다. 수탁자는 선량한 관리자의 주의로 수익자의 이익을 위해 신탁사무를 처리해야 한다(신탁법 제32조 및 제33조).

신탁을 한 경우에 위탁자는 더 이상 권리자가 아니다. 따라서 신탁한 저작물에 대해 위탁자는 어떠한 경우에도 제3자에게 이용허락 및 권리행사를 할 수 없다. 위탁자가 이용허락을 한다면 무권리자의 권리행사가 된다.

수탁자에게로 이전되는 권리에는 소송에 관한 사항도 포함된다. 수탁자로 하여금 소송행위를 하게 하는 것을 주된 목적으로 하는 신탁은 신탁법(제7조) 상 무효가 되지만, 저작재산권 신탁은 저작재산권 관리의 일부로 소송을 하는 것이므로 문제 되지 않는다. 저작재산권을 신탁한 경우 위탁자는 더 이상 권리자가 아니므로 신탁 저작권에 대해 민·형사상의 소송 등을 제기할 수 없으며, 수탁자가 제기한 소송 등에 관해 합의 또는 취하 등을 할 수 없다.

셋째, 저작재산권은 현재 가지고 있는 권리는 물론 장차 발생할 권리도 신탁할 수 있다. 신탁관리단체의 신탁계약 약관은 대부분 자신의 회원이 장차 창작할 저작물에 대해 가지게 될 권리까지도 신탁하도록 하고 있다.[45] 이는 권리가 발생할 때마다 일일이 신탁해야 하는 번거로움을 줄이기 위한 것이다.

넷째, 신탁재산에 대해서는 강제집행, 담보권 실행 등을 위한 경매, 보

44 한국음악저작권협회 음악저작권 신탁계약약관(2025. 9. 11.) 제8조 제1항 및 제2항 참조.

45 한국음악저작권협회 음악저작권 신탁계약약관 제3조 제1항 참조.

전처분 또는 국세 등 체납처분을 할 수 없다. 다만, 신탁 전의 원인으로 발생한 권리 또는 신탁 사무의 처리상 발생한 권리에 기한 경우에는 그렇지 않다(신탁법 제22조 제1항). 그렇지만, 채무자인 위탁자가 채무회피를 목적으로 신탁을 한 경우라면 채무자가 채권자에게 피해가 있을 것임을 알면서 신탁한 사해신탁으로서, 채권자는 수탁자에게 취소 및 원상회복을 청구할 수 있다(신탁법 제8조).

제6절

저작권 기증과 공개 이용허락

저작재산권자 등은 자신의 권리를 문화체육관광부장관에게 기증할 수 있고, 문화체육관광부장관은 기증된 권리를 공정하게 관리할 수 있는 단체를 지정할 수 있다(법 제135조). 문화체육관광부는 그 단체로 한국저작권위원회를 지정했다. 이 제도는 무방식주의가 초래한 부작용을 해소하고 저작물 이용을 활성화하기 위해 도입된 것이다.

저작권자는 자신의 권리를 임의로 처분할 수 있으므로 다른 사람에게 기증하는 것도 당연히 가능하다. 그럼에도 이를 별도로 규정한 것은 저작권 기증을 보다 활성화하기 위한 제도와 절차를 마련하기 위해서이다.

저작권은 특허나 상표 등 산업재산권과 달리 무방식주의의 원칙에 따라 저작자의 의사에 관계없이 저작물의 창작과 동시에 부여된다. 저작자가 보호를 원하지 않는 저작물이 상당하지만 이용자는 어느 저작물이 이에 해당하는지 알기 어려우므로 적극적인 이용을 주저하게 된다. 이런 이유에서 이용되지 못하고 사장되는 저작물로 인한 사회적 손실이 상당한 규모에 이를 것이다. 저작권 보호를 용이하게 하고자 도입된 무방식주의가 오히려 저작물을 활용하는 데에는 걸림돌이 되는 부작용을 초래하는 것이다.

이 문제를 해결하기 위해서는 저작권자가 보호를 원하지 않는다는 자신의 의사를 알려야 하지만 이것이 쉽지는 않다. 저작권 기증과 공개 이용허락은 이 문제를 해결함으로써 저작물의 이용을 활성화하려는 것이다.

저작권 공개 이용허락(public license)은 저작권자가 저작권을 자신에게 유보한 채 일정한 이용에 대해 대상을 제한하지 않고 미리 공개적으로 허락하는 것이다. 일반 저작물 분야에서는 크리에이티브 커먼즈 라이선스(Creative Commons License)가, 컴퓨터 소프트웨어 분야에서는 GNU GPL(General Public License)과 같은 오픈소스 운동이 잘 알려져 있다.[46]

공개 이용허락은 그 취지를 온전하게 관철하기 위해 취지에 어긋난 이용에 대해서는 자신에게 유보된 저작권을 적극적으로 활용하는 것이 특징이다. 예를 들어, 기증자가 비상업적 이용과 이를 활용해 제작한 저작물에 대해 같은 조건으로 이용을 허락하는 조건으로 허락한 경우(CC-BY-NC-SA)에, 이를 어긴 사람에 대해서는 적극적으로 저작권 침해소송을 제기해 통제하는 것이다.

소프트웨어 분야에서는 오픈 소스 소프트웨어가 널리 활용되고 있으나, 그 결과 어떤 프로그램에 어떤 라이선스가 적용되고 있는지를 확인하는 것조차 어려운 경우가 많아 예기치 않게 라이선스 위반으로 제소를 당하는 일도 자주 발생한다. 이 때문에 오픈 소스 소프트웨어와 라이선스를 데이터베이스화해서 개발자가 이를 스스로 확인해 검증할 수 있도록 할 필요가 있다. 우리나라에서는 한국저작권위원회가 이 업무를 담당하고 있다.

---

46 문화체육관광부는 CCL을 정부와 공공기관의 공공저작물에 적용하기 위해 공공누리(Korea Open Government License: KOGL)를 고시한 바 있다. 문화체육관광부 공고(제2012-29호), "공공저작물 자유이용허락표시 기준"(2012).

짚어보기 **정부 부처가 법 제24조의2에 해당하는 공공저작물에 대해 공공누리 제4유형(출처 표시, 상업적 이용금지, 변경 금지)을 적용했다면, 이를 따라야 하는가?**

법 제24조의2는 공공저작물로서 국가나 지방자치단체가 저작재산권의 전부를 보유한 저작물은 허락 없이 이용할 수 있도록 하고 있다. 다만, 저작권을 행사하기 위해 한국저작권위원회에 등록한 저작물에 대해서는 그렇지 않다. 서울시가 저작권을 행사하고 있는, 세종대로 광장에 있는 이순신 장군 동상과 세종대왕 동상이 대표적인 사례이다. 정부 부처가 저작권 행사를 위해 위원회에 등록한 저작물이 아니라면 법에 의해 이미 상업적으로 이용하는 것이나 변경해 이용하는 것 모두 허용되어 있으므로, 정부 부처가 이에 공공누리 제4유형을 적용한 것은 권한 없는 행위가 된다. 따라서 따르지 않아도 무방하다. 법 제24조의2에 해당하는 공공저작물에 대해서는 따로 저작권을 행사하기 위한 절차를 밟지 않은 이상 그 저작물이 공공저작물임을 확인하는 차원에서 공공누리 제1유형(출처 표시)의 표시만 의미가 있다고 할 수 있다.[47]

저작권 기증은 저작권 공개 이용허락과 형식적으로는 구별되지만 내용적으로는 같다. 즉, 기증된 저작권에 대해 정부는 권리를 행사하지 않으며, 기증자도 그렇게 할 것으로 기대하고 기증하기 때문이다.

그럼에도 저작권 기증은 '저작권 공개 이용허락 표시'에 익숙하지 않은 저작권자들에게 비교적 쉽게 이해될 수 있는 장점이 있다. 실제로 한국저작권위원회는 기증된 권리에 대해 상응하는 CCL 유형을 표시해 공개하고 있다. 표시의 주체가 다를 뿐, 결과는 같다.

47 법 제24조의2에 따라 이용하는 경우 개작해 이용할 수도 있으나, 다만 출처를 명시해야 한다. 법 제36조 및 제37조 참조.

9장

저작권의 등록 및 위탁관리제도

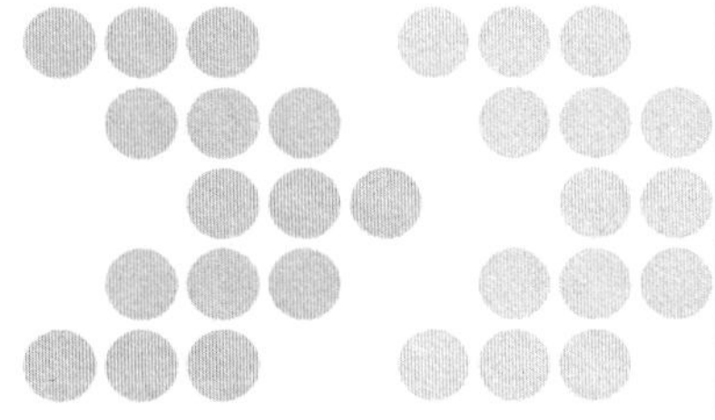

제1절

저작권의 등록 등

1. 의의

저작권은 저작물을 창작한 때부터 발생한다. 저작인접권 보호 대상 중 실연은 실연을 한 때, 음반은 음을 맨 처음 음반에 고정한 때, 그리고 방송은 방송을 한 때에 권리가 발생한다. 그리고 데이터베이스제작자의 권리는 데이터베이스의 제작을 완료한 때에 발생한다.

저작권법은 '저작권의 발생'을 위해 등록이나 납본 등 특정한 방식이나 절차의 이행을 필요로 하지 않는다(법 제10조 제2항). '권리의 행사'를 위해서도 마찬가지이다. 이를 무방식주의라 하는데, 저작권 보호 관련 국제조약에 일관되게 포함되어 있다.[1]

그러면서도 저작권법은 공시효과나 거래의 안전을 위해 저작권에 관한 일정한 사항을 저작권등록부에 등록할 수 있도록 하고 있다. 미국 등 일부 국가는 이를 침해소송의 제기나 법정손해배상 또는 변호사 비용 청구의 요건[2]으로 규정함으로써 실질적으로는 방식주의에 가깝게 적극적으로 운영하기도 하지만, 많은 국가들은 우리나라처럼 등록 제도를 소극적으로 운영하고 있다.

다만, 최근 점차 많은 국가들이 저작권 등록을 적극적으로 유도하는

---

1 베른협약 제5조 제2항, TRIPs협정 제9조 제1항, WPPT 제3조 참조. WCT는 베른협약 관련 규정을 준용.

2 미국 저작권법 제411조(a) 참조.

정책을 펴고 있다. 이는 저작권 등록이 저작물과 저작자에 대한 정보를 체계적으로 관리해 고아저작물의 양산을 막고 저작물을 보다 효율적으로 관리하는 데 도움이 되기 때문이다.

저작권 등록은 등록권리자의 신청에 의하는 신청주의를 원칙으로 한다. 저작권 등록업무는 저작권법에 의해 한국저작권위원회가 담당한다(법 제55조 제1항).

등록은 저작권 등록(registration)과 저작재산권 변동등록(recordation) 두 가지로 나뉜다.

2. 저작권 등록

가. 등록 신청

저작자는 다음 사항을 등록할 수 있다(법 제53조).

① 저작자의 실명이나 이명(공표 당시에 이명을 사용한 경우로 한정한다), 국적, 주소 또는 거소

② 저작물의 제호, 종류, 창작연월일

③ 공표의 여부와 맨 처음 공표된 국가, 그리고 공표연월일

④ 기타 시행령으로 정하는 사항

저작권 등록은 저작자가 할 수 있다. 저작자가 사망한 때에는 유언으로 지정한 사람 또는 상속인이 할 수 있다. 저작자는 등록 당시에 저작재산권을 가지고 있지 않은 경우에도 자신의 성명을 등록할 수 있다. 시행령으로 정하는 사항이란 2차적저작물의 경우 원저작물의 제호 및 저작자, 저작물이 공표된 경우 공표된 매체에 관한 정보, 그리고 등록권리자가 2명 이상인 경우 각자의 지분에 관한 사항을 말한다.

짚어보기 생성형 AI를 활용하여 작성한 출력물도 저작권 등록할 수 있는가?

앞서 언급한 대로 순수하게 생성형 AI를 활용하여 작성한 출력물은 인간 저작(human authorship)의 요건을 충족하지 못하므로 저작권으로 보호되는 저작물이라고 할 수 없고, 따라서 그에 대해 저작권 등록도 할 수 없다. 그러나 창작 과정에 생성형 AI를 도구로 활용하여 만들어낸 출력물로서 인간의 창작적 기여가 인정될 수 있는 부분이 있다면, 그 부분은 저작물에 해당하고 저작권 등록이 가능하다. 그 사례로는 다음과 같은 것이 꼽힌다.[3]

① 이용자가 자신의 저작물을 프롬프트로 입력하여 생성된 출력물에 그 저작물의 창작성이 나타난 경우

② 이용자가 생성형 AI 출력물을 수정 · 증감 등 '추가 작업'한 부분에 창작성이 있는 경우

③ 생성형 AI 출력물을 선택하고 배열 또는 구성한 것에 창작성이 있는 경우

나. 등록 심사

저작권 등록 신청을 받은 한국저작권위원회는 신청 서류가 법령에서 정한 형식 요건을 충족하는지를 확인하는 형식적 심사만 진행한다. 등록 신청된 저작물이 독창성이 있는지(독자적으로 작성된 것인지) 또는 거기에 저작자의 최소한의 창작적 개성이 표현되어 있는지 등에 대해서는 판단하지 않는다. 이는 특허 등록의 경우 특허요건(산업상 이용가능성, 신규성, 진보성 등)을 충족하는지를 확인하는 실질적 심사도 병행하는 것과 구별된다.

위원회의 형식적 심사에는 저작권법의 해석상 보호되는 종류의 저작물에 해당하는지 여부도 포함된다. 이와 관련해 법원은 글자체(서체)의

3 문화체육관광부, 한국저작권위원회, 「생성형 인공지능 활용 저작물의 저작권 등록 안내서」(2025. 6.)

등록신청과 관련해 등록관청의 부분적인 실질적 심사 권한도 인정해서, 반드시 저작물성을 부인한 판례가 확립되어 있다거나 학설상 이론의 여지가 전혀 없는 경우가 아니더라도 등록을 거부할 수 있다고 판시한 바 있다.[4]

저작권법은 등록을 반려할 수 있는 사유로 다음 여섯 가지를 열거하고 있다(법 제55조 제2항).

① 등록을 신청한 대상이 저작물이 아닌 경우

② 등록을 신청한 대상이 법 제7조에 따른 보호 받지 못하는 저작물인 경우

③ 등록을 신청할 권한이 없는 사람이 등록을 신청한 경우

④ 등록신청에 필요한 자료 또는 서류를 첨부하지 아니한 경우

⑤ 등록을 신청한 사항의 내용이 시행규칙으로 정하는 등록신청서 첨부 서류의 내용과 일치하지 아니한 경우

⑥ 등록신청이 시행규칙으로 정한 서식에 맞지 아니한 경우

등록신청이 반려된 경우에 그 등록을 신청한 사람은 반려된 날부터 1개월 이내에 위원회에 이의를 신청할 수 있다.

다. 등록의 경정, 변경 및 말소

위원회는 저작권등록부에 기록된 사항에 착오나 누락이 있음을 발견한 때에는 지체 없이 그 사실을 저작권 등록자에게 알려야 한다. 그 착오나 누락이 담당 직원의 잘못으로 인한 것일 때에는 이를 지체 없이 경정하고 그 내용을 등록한 사람에게 알려야 한다. 이 경정에 대해 이해관계를 가진 제3자가 있는 때에는 그 제3자에게도 그 사실을 알려야 한다.

저작권등록부에 기록된 사항이 변경되었거나 등록에 착오나 누락이

4 대법원 1996. 8. 23. 선고 94누5632 판결 참조.

있는 경우, 그리고 등록의 말소를 원하거나 말소된 등록의 회복을 원하는 경우, 저작권 등록자는 이를 증명할 수 있는 서류를 첨부해서 이를 신청할 수 있다.

위원회는 기등록된 사항이 반려 사유에 해당하는 것을 알게 된 경우에 그 등록을 말소할 수 있다. 위원회는 말소 사유가 확정판결로 확인된 경우가 아닌 경우에는 청문을 해야 한다. 청문을 하지 않고 말소한 경우에는 그 사실을 저작권 등록자와 이해관계가 있는 제3자에게 알려야 한다(법 제55조의4).

라. 등록의 효과

저작권 등록은 특허 등 산업재산권의 등록과 달리 권리의 성립요건은 아니지만 다음과 같은 중요한 효과를 가진다.

첫째, 저작자로 실명이 등록된 사람은 법률상 그 등록 저작물의 저작자로, 그리고 창작연월일 또는 맨 처음의 공표연월일이 등록된 저작물은 표시된 날짜에 창작 또는 처음으로 공표된 것으로 추정된다.[5] 다만, 저작물을 창작한 때부터 1년이 지난 후에 창작연월일을 등록한 경우에는 표시된 날짜에 창작된 것으로 추정되지 않는다(법 제53조 제3항).

저작권법의 저작자 추정 규정(법 제8조 및 제64조의2)에 의해 입증책임이 전환되므로, 소송 등에서 자신이 저작자로서 저작권을 가짐을 입증하는 것이 쉬워지기는 했지만, 외국 기업과의 라이선스 계약 상황 등에서는 이것만으로 충분하지 않은 경우가 있다. 이때 저작권 등록증의 제시는 저작권 보유를 입증하는 효과적인 방법이 될 수 있다.

---

5 저작권법은 또한 저작물의 원본이나 그 복제물에 또는 저작물을 공연하거나 공중송신하는 경우에 그 실명이나 이명으로서 널리 알려진 것이 일반적인 방법으로 표시된 사람이 저작자로서 그 저작물에 대한 저작권을 가지는 것으로 추정하며, 이런 표시가 없는 경우에는 발행자나 공연자 또는 공표자로 표시된 사람이 저작권을 가지는 것으로 추정하도록 하고 있다. 법 제8조 참조.

둘째, 저작권, 저작인접권, 배타적발행권, 출판권, 그리고 데이터베이스제작자의 권리가 등록되어 있는 경우에 이 권리를 침해한 사람은 침해에 과실이 있는 것으로 추정된다(법 제125조 제4항).

'추정된다'라는 것은 실제는 그렇지 않다는 것을 입증해 번복할 수 있으므로 결정적인 것은 아니지만, 소송 실무상 번복을 위한 입증책임을 상대가 지게 되므로(입증책임이 전환되므로) 권리를 등록하면 소송에서 상대적으로 유리한 지위를 가지게 된다. 저작권 침해에 대해 민·형사상의 처벌이나 책임을 묻는 경우에 상대방의 고의 또는 과실을 입증하는 것이 쉽지는 않다는 현실을 고려하면, 권리자의 권리 구제에 상당한 도움이 될 것이다.

셋째, 저작자의 실명을 등록하면, 저작물을 발표한 때에 저작자의 실명을 밝히지 않았거나 널리 알려지지 않은 이명을 사용한 경우에 보호기간의 기준이 공표가 아니라 저작자의 수명이 된다. 즉, 저작권 보호기간이 공표된 때부터 70년에서 저작자 사후 70년으로 연장되는 효과가 있다.

넷째, 공공저작물에 대해서도 저작권을 행사할 수 있다. 공유저작물은 원칙적으로 누구나 이용허락을 받지 않고도 자유롭게 이용할 수 있다. 그러나 저작권자인 국가나 지방자치단체가 이에 대해 저작권을 행사하려는 경우에는 저작권 등록을 통하여 국유재산 또는 공유재산으로서 관리할 수 있다(법 제24조의2).[6]

다섯째, 법정손해배상을 청구할 수 있다. 권리자는 고의 또는 과실로 권리를 침해한 자에 대해 실제 손해액 등에 갈음하여 침해된 각 저작물 등마다 1천만 원(영리를 목적으로 고의로 침해한 경우에는 5천만 원) 이

---

6 광화문에 있는 〈세종대왕상〉과 〈이순신장군상〉이 그 대표적인 예로, 이들은 서울시가 2011년, 작가와 그 유족으로부터 양도받은 저작권을 〈한국저작권위원회〉에 등록하고 〈한국문화정보원〉에 권리를 신탁하여 관리하고 있다.

하의 손해배상을 청구할 수 있다. 이러한 법정손해배상을 청구할 수 있으려면, 침해행위가 일어나기 전에 저작권 등록을 해야 한다(법 제125조의2).

여섯째, 저작권을 침해하는 물품의 통관 보류나 유치를 신청할 수 있다. 관세법은 저작권을 침해하는 물품의 수출·입을 금지하고, 세관장으로 하여금 저작권을 침해하였음이 명백한 물품의 경우 직권으로 그 물품의 통관을 보류하거나 유치할 수 있도록 하는 한편, 저작권자에게도 그 물품의 통관 보류나 유치를 신청할 수 있도록 하였다. 저작권자 또는 배타적발행권자가 이를 신청하기 위해서는 그 권리를 등록 또는 설정 등록하여야 한다.[7]

3. 권리 변동 등의 등록

저작재산권의 양도나 처분제한 또는 저작재산권을 목적으로 하는 질권 설정, 이전, 변경, 소멸 또는 처분제한은 이를 등록할 수 있으며, 등록하지 않으면 제3자에게 대항할 수 없다(법 제54조). 거래의 안전을 도모하기 위해 부동산의 등기와 유사하게 등록에 의한 공시 제도를 저작권에 도입한 것이다.

변동등록은 '효력 발생 요건'이 아니라 '대항 요건'이다. 이 점에서 부동산 등기와 차이가 있다. 저작재산권의 양도나 처분제한 또는 질권의 설정 등의 행위는 등록과 관계없이 법적으로 유효하지만, 등록하지 않으면 제3자에게 대항할 수 없다.[8] 저작재산권을 집중관리단체에 신탁하는

7 관세법 제235조(지식재산권의 보호) 참조.

8 등록에 일정한 유예기간을 두는 것을 검토할 필요가 있다. 미국 저작권법은 이전이 미국 내에서 이루어진 경우에는 1개월, 미국 외에서 이루어진 경우에는 2개월 내에 등록하면 먼저 행해진 이전이 우선하도록 하고 있다. 미국 저작권법 제205조(d) 참조.

경우에도 이를 등록하지 않으면 제3자에 대항할 수 없다. 신탁법도 "등기 또는 등록할 수 있는 재산권에 관하여는 신탁의 등기 또는 등록을 함으로써 그 재산이 신탁재산에 속한 것임을 제3자에게 대항할 수 있다"라고 규정하고 있다(신탁법 제4조 제1항).[9]

제3자란 저작권의 양도나 처분 제한 등에 관계한 당사자와 양립할 수 없는 법률적인 지위를 가지는 사람을 말한다. 예를 들어, 저작권자 A가 B에게 저작권을 양도했으면서도 다시 C에게 양도하거나 출판 허락을 했을 때 C가 제3자가 된다. B가 저작권 양도 등록을 하지 않았다면 B는 저작권 양도 등록을 한 C의 출판행위에 대해 저작권 양도를 근거로 출판허락의 효력을 다툴 수 없다.

C가 A가 B에게 저작권을 양도한 것을 알고도 그러한 양도나 출판 허락 계약을 체결한 경우에도 그러한가에 대해서는 의견이 나뉜다. 법에서 제3자의 선의를 요건으로 하고 있지 않으며 저작권 등록의 공시효과를 통해 거래의 안전을 도모하려는 제도의 취지에 비추어, 이 경우에도 B는 C에 대해 권리를 주장할 수 없다고 할 것이다.[10]

4. 저작권 인증

저작권 인증이란 저작물 등의 이용허락 등을 위해 정당한 권리자임을 증명하는 것을 말한다. 문화체육관광부장관은 저작물 등의 거래의 안전과 신뢰보호를 위해 인증기관을 지정할 수 있으며, 인증기관의 지정과

9 법원도 한국방송작가협회에 대한 저작재산권 신탁에 대해 이를 확인한 바 있다. 서울중앙지방법원 2016. 11. 11. 선고 2015가합548535 판결.

10 다만, 법원은 저작재산권 양도인의 배임행위에 적극 가담해 저작재산권을 이중으로 양도받은 사람은 이 조의 제3자에 해당하지 않는다고 판시한 바 있다. 서울민사지방법원 1989. 5. 23. 선고 88가합51561 판결 참조. 참고로 미국 저작권법은 이와 달리 이전과 비배타적 이용허락 모두 선의를 요건으로 하고 있다. 미국 저작권법 제205조(d) 및 (e) 참조.

지정 취소 및 인증 절차 등에 대해서는 시행령으로 정하도록 하고 있다(법 제2조 제33호 및 법 제56조). 우리나라에서는 한국저작권위원회가 인증기관으로 지정되었다.

저작권법은 인증의 내용에 대해 구체적으로 언급하고 있지 않으나, 이에는 다음 두 가지 사항이 포함될 수 있다. 하나는 저작물 등의 이용을 허락하는 사람이 정당한 권리를 가지고 있다는 것이고, 다른 하나는 저작물 등의 특정한 복제물이나 음반이 정당한 권리를 가진 사람에 의해 제작되고 배포되었다는 것이다.

전자가 저작물 등을 유통하려는 사람이 저작권자 등으로부터 이용허락을 받기 위해 필요한 것이라면, 후자는 일반 소비자가 올바른 구매 결정을 할 수 있도록 돕기 위한 것이다. 전자는 다시 계약체결용과 침해대응용으로 나눌 수 있는데, 계약체결용은 당사자가 계약의 대상이 되는 모든 권리의 합법적인 소유자임이 확인되어야 하지만, 침해대응용은 단지 그 권리의 일부만이라도 확보하고 있음이 확인되면 된다.[11]

거래의 당사자와 대상의 진정성을 확인하는 것은 거래 주체의 몫이다. 그러나 영화, 드라마, 게임 등 문화콘텐츠는 권리관계가 복잡하고 유동적이어서 어느 시점에 누가 진정한 권리자인지를 확인하기 어렵다. 또한 디지털 기술의 발전으로 불법복제물의 제조가 용이해진 반면 정품과의 구별은 더욱 어려워졌다. 저작권 인증은 이런 상황을 고려해 거래의 안전과 신뢰보호를 통해 저작권과 문화콘텐츠의 거래를 활성화하려는 것이다.

이 밖에도 어느 나라에서 외국 저작물을 발행하거나 온라인으로 서비스할 때 이를 신고하거나 등록하게 하는 등의 행정절차를 운영하는 경우

11 방송사와 외주제작사가 방송프로그램에 대한 저작권을 나누어 가진 경우 방송사나 외주제작사 단독으로 침해대응에 나서면 서로 상대의 권리상황에 관계없이 대응할 수 있다.

또는 불법복제물 단속을 신청할 때 구비서류의 하나로 요구하는 경우에도 저작권 인증은 의미를 가진다. 이는 과거 미국이 불법복제물의 유통을 억제하기 위한 방법의 하나로 세계 각국에 도입을 권고하던 제도였다.[12] 현재 중국에서 유통되는 저작물에 대해서는 한국저작권위원회가 중국 국가판권국의 지정을 받아 인증업무를 수행한다.

5. 프로그램 임치

프로그램 저작권자와 프로그램의 이용허락을 받은 자는 제3의 기관(수치인)과 서로 합의해 프로그램의 원시코드(source code) 및 기술정보 등을 맡겨둘 수 있고(임치할 수 있고), 프로그램의 이용허락을 받은 자는 합의로 정한 사유가 발생한 때에 그 기관에게 이의 제공을 요구할 수 있다(법 101조의7). 저작권법 시행령은 그 기관으로 한국저작권위원회를 지정했다(령 제39조의2).

프로그램은 사람이 눈으로 내용을 확인하고 수정할 수 있는 원시코드와 컴퓨터에서 작동하지만 사람은 그 내용을 이해할 수 없는 목적코드(object code)로 나뉜다. 보통 컴퓨터프로그램의 개발을 의뢰받은 프로그램 개발자는 개발 의뢰자에게 프로그램을 목적코드 형식으로 납품한다. 프로그램 개발을 의뢰하는 사람은 나중에 프로그램을 유지·보수해야 할 필요에 대비해 프로그램의 원시코드를 요구하지만, 개발자는 프로그램의 비밀이 누설되거나 저작권이 침해될 가능성 때문에 이를 제공하는 것을 꺼린다. 이런 상황에서 프로그램 개발자가 폐업 또는 파산하거나 그 밖의 사유로 원시코드가 멸실되면 프로그램을 유지·보수하는 데 심

12 우리나라도 외국 음반과 비디오물을 국내에서 발행하기 위해서는 미국 관련 단체의 확인서를 첨부하도록 하는 등 1990년대 초까지 이를 운영했었다.

각한 문제가 생길 수 있다.

프로그램 임치는 이런 경우에 대비해 원시코드와 기술정보 등을 신뢰할 수 있는 제3의 기관에 맡겨두었다가 미리 합의한 일정한 경우에 이를 이용권자(개발의뢰자 등)에게 교부할 수 있도록 함으로써, 한편으로는 이용권자가 프로그램을 안정적으로 이용할 수 있도록 보장하고, 다른 한편으로는 개발자가 원시코드를 요구하는 의뢰자의 압력에 효과적으로 대처할 수 있도록 하는 제도이다.

공공부문에서 프로그램 임치를 담당하는 기관으로는 저작권법에 의한 한국저작권위원회와 「대·중소기업 상생 협력 촉진에 관한 법률」(제24조의2 및 령 제15조의2)에 의한 대·중소기업·농어업 협력재단이 있다.

제2절

저작권위탁관리제도

1. 거래비용과 저작권위탁관리

저작권위탁관리란 권리자가 자신의 권리를 직접 관리하지 않고 특정한 단체 등에 맡겨서 관리하게 하는 것을 말한다.

저작권은 배타적 허락권이다. 어느 저작물을 이용하려면 미리 그 저작권자에게 허락을 받아야 한다. 이용허락을 받기 위해서는 저작권료 외에도 '거래비용'이 든다.

거래비용이란 거래의 대상이 되는 서비스나 물품의 대가 이외에 거래에 수반되는 제반 비용을 말한다. 거래비용은 대체로 '시장에서 거래를 하기 위해 원하는 것을 누가 가지고 있는지 알아내고, 자신이 거래를 원하며 어떤 조건으로 거래하려 하는지를 알리고, 협의를 진행하고 계약서를 작성하며 계약 조건이 제대로 준수되고 있는지 등을 확인하고, 준수되지 않는 경우 자신의 권리를 구제받기' 위한 비용으로 구성된다.[13] 이 거

13 Ronald Coase, "The Problem of Social Cost," 3 Journal of Law and Economics 1, 15(1960). 여기에는 구체적으로 탐색과 정보비용(Search and Information Cost), 협상과 결정비용(Bargain and Decision Cost), 집행비용(Enforcement Cost), 그리고 조정비용(Adjustment Cost)이 포함될 수 있다. Gerd Hansen and Albrecht Schmidt-Bischoffshausen, "Economic Functions of Collecting Societies - Collective Rights Management in the Light of Transaction Cost - and Information Economics"(2007), at 5-6, available at http://www.ip.mpg.de/shared/data/pdf/1_hansen_schmidt-bischoffshausen_-_economic_functions.pdf 참조.

래비용은 거래되는 대상의 규모에 따라 차이가 크지 않기 때문에 저작물을 소규모로 이용하는 경우에는 거래비용이 저작권료를 웃돌기도 한다.

저작권료뿐만 아니라 이 비용이 상대적으로 지나치게 크면 이용자들이 저작물의 이용을 포기하거나 불법적으로 이용하는 빌미가 되기도 한다. 이 때문에 경우에 따라서는 배타적 허락권인 저작권을 보상청구권으로 하는 것이 바람직하다는 보다 근본적인 변화가 요구되기도 한다.[14]

저작권자 또한 저작물 이용허락을 위해 이용자와 협상하거나 이용 상황을 모니터링해야 하고 저작권 침해가 발생하면 민·형사상의 구제를 청구하는 등 권리행사를 해야 하므로 역시 거래비용이 발생한다. 저작물을 외국에서 이용하는 경우라면 이 비용이 더욱 커질 수 있다. 권리자가 받을 수 있는 저작권료에 비해 이 비용이 크면 권리자는 저작권 행사를 포기하기도 한다.

이 거래비용은 권리자와 서비스업자, 그리고 소비자 모두에게 아무런 효용의 증가를 가져다주지 못한다. 따라서 저작물의 원활한 이용에 걸림돌이 되는 이 거래비용을 줄여야 한다. 이를 위해 저작권자와 관련 업계가 오랜 기간에 걸쳐 발전시켜 온 해법이 바로 저작권위탁관리이다.

권리자는 일정한 단체에 자신의 권리를 위탁하고, 이용자는 권리자들을 일일이 찾아서 협상하는 대신 그 단체가 미리 정해둔 요율표에 따라 이용료를 지급하고 저작물을 이용할 수 있다. 단체는 지급받은 이용료를 역시 미리 정해둔 분배 기준에 따라 그 권리자에게 분배한다. 이렇게 함으로써 저작권위탁관리는 거래비용을 최소화하고 저작권 이용허락을

14 저작물의 온라인 이용 모두를 보상청구권화해야 한다는 대안적 저작권 제도(Alternative Copyright System) 논의도 이에 해당한다. S. J. Liebowitz, "Alternative Copyright Systems: The Problems with a Compulsory License"(2004), available at http://www.ipcentral.info/review/v1n2liebowitz.html 및 William W. Fisher III, *Promise to Keep: Technology, Law, and the Future of Entertainment* (Stanford University Press August, 2004), at 3-17 참조.

원활하게 함으로써 저작물의 이용을 활성화할 수 있다. 이런 이유로 각국 정부는 저작권 위탁관리를 활성화하기 위해 노력하고 있다.

저작권법은 저작권위탁관리업을 저작권신탁관리업과 저작권대리중개업 두 가지로 구분하고 있다(법 제2조 제26호 및 제27호).

가. 저작권신탁관리업

저작권신탁관리업이란 저작권자 등(저작재산권자, 배타적발행권자, 출판권자, 저작인접권자 또는 데이터베이스제작자의 권리를 가진 자)을 위해 그 권리를 신탁 받아 이를 지속적으로 관리하는 업을 말한다. 이는 저작권 집중관리단체로 불리는, 일반적으로 관련 권리자로 구성된 단체를 통해 이루어진다.

저작권신탁관리의 가장 큰 특징은 저작물의 이용료 등 이용조건과 이용료의 분배 등이 관련 규정을 통해 미리 정해진다는 것이다. 권리자들은 이런 규정을 정할 때에 단체의 절차에 따라 의사를 표시할 수 있다. 그 이후에는 비록 자신의 저작물이라도 미리 정해진 특별한 경우를 제외하고는 개별적으로 그의 이용조건에 관여할 수 없다. 이 점에서 권리자가 개별적으로 이용조건을 정하는 대리와 구별된다.

저작권법상 저작권신탁관리의 법적 성질은 신탁법상의 신탁에 해당한다. 이는 위탁자가 수탁자로 하여금 수익자의 이익 또는 특정한 목적을 위해 특정한 재산권을 수탁자에게 이전해 그 재산권을 관리·처분하게 하는 법률관계를 말한다. 위탁자와 수탁자 간에 어떤 권리에 관해 신탁계약이 체결되면 그 권리는 법률상 위탁자에게서 수탁자에게로 완전히 이전되어 수탁자가 권리자가 되고 그 권리에 대해 소송 제기의 권한을 포함한 모든 권리 처분권이 위탁자가 아니라 수탁자에게 속하게 된다.[15]

---

15 서울고등법원 1996. 7. 12. 선고 95나41279 판결 참조.

짚어보기 **싱어송라이터인 A는 한국음악저작권협회와 신탁계약을 체결했다. 대학로 공연에서 자신의 곡만으로 공연하려는데 이에 대해서도 협회로부터 허락을 받아야 하는가?**

> 이용허락을 받아야 한다. 싱어송라이터가 자신의 곡을 신탁했다면 저작권은 신탁계약기간 중 수탁자인 한국음악저작권협회로 이전되고 따라서 비록 자신의 곡이지만 신탁한 저작물에 대해 제3자에게 이용허락 등 권리행사를 할 수 없다.[16]
>
> 나아가 자신의 곡을 스스로 이용하는 경우에도 또한 같다. 다만, 음악의 제공을 주된 목적으로 하는 비영리 공연에서 자신의 곡만으로 공연하는 경우에는 미리 한국음악저작권협회의 승낙을 얻어 관리 범위에서 제한한다면 허락을 받지 않고도 가능하다.[17]

저작권신탁관리단체는 관리 범위에 속한 일정한 저작물 분야에 대한 인식을 제고하기 위해 노력할 뿐, 자신이 수탁한 특정 저작물의 이용을 증대하기 위한 홍보나 판촉을 하지는 않는다. 이는 신탁관리업의 본질적인 속성은 아니지만, 특정 관리단체가 일정한 저작물 분야에 대해 포괄적으로 관리하기 때문에 생겨난 관행이다. 따라서 일정 분야에서 관리단체 사이에 경쟁 구도가 생기면 쉽게 바뀔 수 있다.

나. 저작권대리중개업

저작권대리중개업이란 저작권자 등을 위해 그 권리의 이용에 관한 대리 또는 중개행위를 하는 업(agency-type rights clearance)을 말한다. 일반적으로 권리처리를 전문으로 하는 업체를 통해 이루어진다. 저작물의 이용조건 등을 권리자가 개별적으로 정한다는 점에서 신탁관리업과 차이가 있다.

---

16 한국음악저작권협회 음악저작권 신탁계약약관(2025. 9. 11) 제3조 제4항도 이를 명시하고 있다.

17 한국음악저작권협회 음악저작권 신탁계약약관 제14조 제1항 제4호.

개별성은 각각의 이용허락에 대해 적용될 수도 있고, 일정한 유형의 이용허락에 대해 적용될 수도 있다. 최소한 저작권 관리에 관한 대리 또는 중개 계약을 통해 권리자가 자신의 저작물에 대한 이용허락의 조건을 정할 수 있다는 점에서 신탁관리와 차이가 있다.

저작권법상 신탁관리업은 문화체육관광부장관의 허가를 받아야 하고 이용료나 수수료 등을 포함해 엄격한 통제를 받지만, 대리중개업은 신고만으로도 가능하고 통제도 명목적인 수준이다. 이 때문에 사실상 신탁관리업을 영위하면서도 대리중개업을 표방하려는 유혹이 있을 수 있다. 저작권법은 이를 막기 위해 이러한 '포괄대리'를 신탁관리업에 포함하고 있다(법 제2조 제26호).[18]

다. 신탁관리와 대리중개의 관계

저작권신탁관리와 대리중개는 저작권위탁관리의 중요한 두 축이다. 많은 경우에 상호 보완적이지만 때로 경쟁관계에 있기도 하다.

신탁관리업은 일반적으로 일정한 분야에서 국가별로 독점적으로 운영된다. 그리고 관리단체는 거래비용의 절감이라는 경제적 기능 외에도 뒤에 설명하는 다양한 사회적·문화적 기능을 수행한다. 이러한 이유에서 각국 정부는 관리단체를 한편으로는 규제하고 다른 한편으로는 육성한다.

---

18 문화체육관광부는 대리중개업자는 개개의 이용허락을 할 때마다 권리자로부터 사용료 요율이나 금액에 대해 승낙을 얻어야 하는 것으로 정하고 있으며, 대리중개업자가 대리중개 계약을 체결하면서 미리 권리자로부터 사용료 요율이나 금액을 결정하도록 하는 것도 포괄적 대리에 해당해 금지되는 것으로 정하고 있다. 문화체육관광부, "대리중개업 금지행위지침"(2008. 3. 12) 참조.
대법원도 사진저작물의 위탁관리와 관련해 "다수의 권리자로부터 저작물에 대한 이용허락뿐만 아니라 침해에 대한 민·형사상 조치에 대해서도 일체의 권한을 위임받았고, 나아가 '독점적 이용허락'에 기대어 저작물에 대한 홍보·판매 및 가격 등을 스스로 결정하고 다수의 고객들로부터 사용료를 징수하며, 스스로 다수의 저작권 침해자들을 상대로 민·형사상 법적조치를 취하고 합의금을 받아 사진공급업체나 저작권자에게 각 일정 부분을 송금"한 것은 저작권법상 포괄대리에 해당한다고 판시했다. 대법원 2019. 7. 24. 선고 2015도1885 판결.

관리단체는 권리를 위탁한 모든 권리자를 공정하게 대우한다. 하지만 대규모의 그리고 인기 있는 저작물의 권리자는 대리형 권리처리에 현혹되기 쉽다. 신탁관리에 비해 일반적으로 비용이 더 많이 들지만 자신의 저작물을 홍보·판촉하고 개별 협상을 통해 저작물의 가치를 더 높게 평가받을 수 있기 때문이다.

하지만 이들이 동료들과의 연대를 포기하고 대리업체가 약속하는 이득에 유혹되는 현상이 확산되면, 권리자 전체의 교섭력이 약해져서 이용자와의 균형이 깨질 수 있다. 이 때문에 특히 저작자 중심의 법 전통을 가진 유럽 국가들을 중심으로 일정한 권리는 집중관리단체에 의해서만 행사될 수 있도록 하는 등 정부가 개입하기도 한다.[19]

2. 저작권 집중관리단체의 기능

신탁관리업을 영위하는 집중관리단체는 권리자와 이용자 사이에서 중간자 역할을 통해 거래비용을 절감하는 경제적 기능을 수행한다. 하지만 이들은 그 밖에 사회적이거나 문화적인 다른 기능도 수행한다. 특히 대륙법계 전통을 가진 국가를 중심으로 관리단체가 이런 부수적인 기능들을 수행할 것을 권장하는 성향이 있다.

관리단체는 창작자의 연대를 통해 그 나라의 문화 창작역량을 높이고, 저작권에 대한 공중의 수용도를 높일 수 있다. 집중관리단체의 이런 기능들은 집중관리단체를 단순히 저작권 이용허락의 효율화를 위해서뿐만 아니라 저작권 보호 시스템의 구축을 위해서도 활용할 수 있음을 시사한다.[20]

---

19 M. Ficsor, *Collective Management of Copyright and Related Rights*, WIPO (2002), at 22-23, para. 37-40.

20 Ruth Towse and Christian Handke, "Regulating Copyright Collecting Societies: Current Policy in Europe," *Society for Economic Research on Copyright Issues(SERCI) Annual Congress 2007*(2007), at 1.

가. 경제적 기능

집중관리단체는 저작권 이용허락에 소요되는 거래비용을 효과적으로 절감한다.

우선 탐색과 정보비용은 이용허락 채널을 개설하고 창구를 집중화함으로써 절감할 수 있다. 집중관리단체를 활용하면 이용자나 권리자가 더 이상 권리자나 저작물 이용에 관심이 있는 사람을 찾아 나설 필요가 없다. 권리자가 집중관리단체에 가입하고 이용자는 이를 확인하는 것으로 족하기 때문이다.

또한 협상 비용은 이용계약약관과 이용료 규정에 의한 요율표를 적용함으로써 절감할 수 있다. 경우에 따라서는 법으로 관리단체에 저작물의 이용허락을 의무화하거나,[21] 권리자의 관리 요구를 거절할 수 없게 함으로써[22] 협상 비용을 절감하기도 하고, 모든 관련 당사자에게 통일된 조건을 적용해 법적인 확실성을 제공함으로써 협상 비용을 절감하기도 한다.

집행비용은 이용자가 허락을 받지 않고 이용하거나 허락을 받은 후에도 이용료를 지불하지 않는 경우에 발생한다. 개인 저작자가 이를 강제하기 위해 소송을 하는 것은 감당하기 어려운 부담일 수 있다. 관리단체는 전문조직을 통해 이를 관리할 수 있고 반복적이고 전문화된 활동을 통해 비용을 절감할 수 있다.[23]

한편 관리단체는 기존의 이용허락 조건을 조정해야 하는 경우 반복적인 협상과 계약을 통한 관리 경험을 활용해 비용을 절감할 수도 있다.

---

21 독일 저작권관리법(2021) 제34조(계약의무) 제1항과 일본 저작권등관리사업법 제16조.

22 저작권법 제106조의2 및 독일 저작권관리법 제9조(관리의무) 참조.

23 저작자와 권리자를 위한 집행비용의 절감은 사실 19세기 중반 집중관리단체가 출현하게 된 근거였다. R. Towse and C. Handke, “Regulating Copyright Collecting Societies: Current Policy in Europe,” at 6-7.

관리단체가 이렇듯 거래비용을 절감할 수 있는 것은 규모의 경제(economy of scale), 전문성의 확보와 학습효과, 그리고 범위의 경제(economy of scope)가 가능하기 때문이다.

관리단체들은 보통 일정한 범위에 속하는 많은 권리자의 권리를 일괄해서 관리한다. 이렇게 많은 권리를 동시에 관리함으로써 규모의 경제를 이룰 수 있다. 또 특화와 학습효과의 혜택을 누릴 수 있다.[24] 자원을 전문화할 수도 있고 업무를 반복적으로 수행하기 때문에 학습효과도 발생한다.

한편, 관리단체는 일정 분야의 저작자의 권리를 포괄적으로 관리함으로써 범위의 경제를 이룰 수 있다. 예를 들어, 음악 분야 관리단체는 권리자의 복제권, 공연권, 방송권, 전송권 등을 포괄적으로 관리하는데, 관리 창구와 시스템을 각각의 권리별로 운영하기보다 통합적으로 운영함으로써 비용을 절감한다. 이용자로서도 일정 분야의 모든 저작물에 대해 다양한 이용허락을 한 번에 받을 수 있다는 것은 매우 매력적인 일이다.

이런 효과는 보통 관리하는 저작물이 많을수록 그리고 조직이 클수록 커진다. 이렇게 규모의 경제와 범위의 경제로 인해 한계비용이 체감된다는 것을 이유로 저작권신탁관리업이 자연 독점이라 주장되기도 하고, 역으로 관리단체에 일정 분야의 저작물 또는 일정한 권리에 대해 독점적 지위를 부여하는 것이 권리자와 이용자 모두에게 기여한다고 주장되기도 한다.

하지만 집중관리를 통한 거래비용의 절감은 관리단체가 효율적으로 운영되지 못하면 관리 운영비의 상승을 통해 상쇄될 수 있다. 또 포괄적 이용허락은 한편으로는 거래비용을 절감하지만, 각각의 저작물이 가진 가치를 상황에 맞게 극대화하는 것을 방해하기 때문에 경제적 효율성을

24 G. Hansen and A. Schmidt-Bischoffshausen, "Economic Functions of Collecting Societies - Collective Rights Management in the Light of Transaction Cost - and Information Economics," at 8.

저해할 수 있다는 점을 유념해야 한다.[25]

나. 문화적 기능

관리단체는 이용료 수입의 일부를 '문화적 공제(cultural deduction)'라는 이름으로 공제하거나 미분배사용료나 보상금을 활용해 사회문화기금을 운용하기도 한다.[26] 특히 대륙법계 법 전통을 가진 국가의 관리단체가 그렇다. 이 기금을 운용하는 것은 회원의 창작활동 지원이나 복지 프로그램 운영에 사용하기 위한 것인데, 때로는 법적인 의무로 강제되기도 한다.

성격이 조금 다르긴 하지만, 많은 관리단체는 저작권료를 분배하는 과정에서 저작물 장르 간에 교차지원 정책도 운영한다. 특정 장르에 유리한 분배 규칙을 적용하는 것인데, 많은 단체가 대중음악보다는 클래식 음악에 유리한 분배 규칙을 적용한다.[27]

다. 노동조합으로서의 기능

관리단체는 저작권자를 대표해서 이용자 기업 또는 단체와 협상한다.[28] 이런 '연대'는 관리단체의 저작물 이용료 규정이 개별 권리자와 이용자 모두에게 차별 없이 적용되는 것과 관계가 있다. 이것은 특히 신진

---

25 R. Towse and C. Handke, "Regulating Copyright Collecting Societies: Current Policy in Europe," at 8 참조.

26 단체별로 차이가 있지만 일반적으로는 전체 수입의 10% 정도를 공제한다. Ficsor, *Collective Management of Copyright and Related Rights,* at 47, para. 99.

27 독일의 게마(GEMA)나 스웨덴의 스팀(STIM)과 같이 저작자가 주도하는 단체에서 두드러진다. 한국음악저작권협회 분배규정에서도 이를 확인할 수 있다. 예를 들어, 방송사용료를 분배할 때는 방송시간을 점수로 환산하는데, 5분 이내는 1점, 5분부터 10분까지는 (2점이 아니라) 3점, 10분부터 15분까지는 (3점이 아니라) 10점을 부여한다. 대중음악이 5분을 초과하는 경우는 거의 없으므로 이 규정은 클래식 음악을 우대하는 제도로 이해된다. 한국음악저작권협회 음악저작물 사용료 분배규정(2024. 7. 29.) 제25조 제2호 참조.

28 거꾸로 노동조합이 집중관리단체로 발전하기도 하는데, 우리나라의 한국방송실연자권리협회가 그 예이다.

작가처럼 잘 알려지지 않은 권리자에게 중요하다.

소수의 톱스타를 제외한 대부분의 저작자는 저작물을 이용하는 기업이나 단체와의 협상에서 협상력이 강하지 못하다. 관리단체는 저작권자를 대표해서 마치 노동조합이 소속 노동자를 대표해 단체교섭에 임하는 것과 같은 협상전략을 구사한다.

라. 사회보험으로서의 기능

소규모 권리자의 권리는 경우에 따라 관리비용이 저작권료 수입을 초과하기도 한다. 그럼에도 관리단체는 특정 분야의 모든 권리자를 회원으로 받아들이고 이들을 차별하지 않는다.[29] 이는 관리비용에 비해 많은 수익을 내는 권리자가 그렇지 않은 권리자를 지원하는 효과를 갖는다. 관리단체의 존재는 일반적으로 인기가 높은 많은 저작물을 가진 권리자에게도 도움이 되지만 시장에서 높이 평가되지 않는 저작물을 가진 소규모의 권리자들에게 더 크게 도움이 된다.[30] 이들에게 관리단체는 사회보험으로서의 기능을 수행한다.

문화산업 시장의 불확실성을 고려하면, 양자의 입장은 언제든 뒤바뀔 수 있다. 이렇게 더 많은 도움을 받는 소규모 권리자도 언제든 시장에서 성공할 수 있다. 관리단체가 수익을 높이기 위해 기업처럼 관리비용에 비해 수익이 낮은 일정한 규모 이하의 권리자는 회원으로 받아주지 않거나,[31] 반대로 많은 수익을 내는 권리자에게 수수료를 할인해 주는 등의

---

29 회원제를 바탕으로 하는 비영리법인의 속성이기도 하고, 경우에 따라 법으로 강제되기도 한다.

30 R. Towse and C. Handke, "Regulating Copyright Collecting Societies: Current Policy in Europe," at 10.

31 이를 방지하기 위해 유럽연합 저작권집중관리지침(2014)은 집중관리단체가 객관적이고 투명하며 비차별적인 기준에 근거한 회원가입 요건을 충족한 권리자와 권리자 대리 단체의 가입을 이유 없이 거절할 수 없도록 하고 있다. 유럽연합 저작권집중관리지침 제6조 제2항.

방법으로 우대한다면 관리단체가 지닌 사회보험으로서의 기능은 사라지게 된다.

마. 국제적 협력 수단으로서의 기능

저작물 시장의 경계가 물리적인 국경에 구애받지 않게 된 것은 이미 오래전이다. 이로 인해 이용허락에서의 국제적 협력의 필요성도 오래전부터 제기되었다. 이와 관련해 저작물의 국제적인 이용에 대해서는 저작권의 집중관리 외에는 현실적인 대안이 없다는 것이 중론이다. 사실 음악저작권 분야에서 관리단체 사이에 상호관리계약(reciprocal representation agreement)을 통해 일정한 국가에서 전 세계 음악저작물을 이용하는 데 필요한 이용허락을 하기 위해 협력하는 것은 이미 확립된 관행에 속한다. 오늘날에는 음악저작권 외의 분야에서도 국제적 협력의 필요성이 급속히 확산되고 있다.

나아가 이처럼 저작권의 국제적 이용허락에 대한 필요성은 단지 국가별 관리단체 사이의 협력을 넘어서서 특정 관리단체가 국경을 초월해 이용허락을 할 필요성을 제기한다. 인터넷으로 제공되는 온라인 서비스는 국경을 넘어서 접근이 가능하므로 국경을 넘어서는 허락의 필요성이 높아졌다. 유럽연합은 이러한 필요에 부응해, 온라인 음악에 대해 다국적 이용허락이 가능하도록 하는 저작권 집중관리에 관한 지침을 제정한 바 있다.[32]

바. 정보 균형자로서의 기능

방송사나 음반사 또는 유튜브 같은 온라인서비스제공자처럼 저작물 이용을 기반으로 하는 업계는 경험이 부족한 저작자들보다 더 많은 정보

32 유럽연합 저작권집중관리지침, 제3편(집중관리단체에 의한 음악저작물에 대한 온라인상 권리의 다국적 이용허락) 참조.

를 가지고 있다. 협상에서는 정보를 덜 가지고 있는 측이 불리하기 쉬운데, 관리단체는 이런 불균형을 바로잡을 수 있다.[33] 관리단체는 오랜 기간에 걸쳐 누적된 지식과 경험에 근거해서 저작자의 편에서 업계에 맞설 수 있다.[34]

한편, 관리단체의 존재는 이용자에게도 관련 비용을 낮추어준다.[35] 개별 권리자는 일반적으로 시장가격보다 높게 요구하는 성향이 있는데, 관리단체를 통하면 전문가에 의한 가격 결정이 가능해지므로 이용자가 터무니없는 가격을 지불할 위험을 줄여준다. 또한 권리자가 아닌 자와 계약할 위험에서도 벗어날 수 있다. 관리단체가 없다면 이용자는 이런 위험들을 피하기 위해 변호사 비용 등 상당히 많은 비용을 들여야 하고 또 어느 정도의 불확실성을 감수해야 한다.

사. 반공유지의 비극에 대한 대안

반공유지의 비극(tragedy of anti-commons)이란 어느 자원에 대해 배타적인 권리를 가진 사람이 많을 경우 권리자들이 협력하기 어려워서 그 자원이 과소 소비되는 현상을 말한다.[36] 서로 보완적인 관계에 있는

---

33 G. Hansen and A. Schmidt-Bischoffshausen, "Economic Functions of Collecting Societies - Collective Rights Management in the Light of Transaction Cost - and Information Economics," at 16.

34 디지털 권리관리 기술의 발전으로 저작자가 자신의 권리를 개별적으로 관리하는 것이 현실적으로 가능해진다고 해도 이런 정보의 불균형은 권리를 관리단체를 통해 행사할 필요성을 강조하는 요인이 된다.

35 Ana Maria Tetrel, "Efficient Allocation of Risk as an Economic Function of Collecting Societies," *Society for Economic Research on Copyright Issues Annual Congress*(Berlin, 12 and 13 July, 2007), at 6-10.

36 신성로마시대에 라인강은 많은 물자를 수송하는 운하로 활용되었다. 그런데 제국이 약화되면서 독일 봉건 귀족들이 강어귀 곳곳에 성을 짓고 제각기 통행료를 징수하기 시작하자 라인강은 더 이상 물자 수송로 역할을 하지 못하게 되었다. 이 현상을 자세하기 이해하기 위해서는, 마이클 헬러, 『소유의 역습, 그리드락』, 윤미나 옮김(웅진지식하우스, 2009) 및 Michael A. Heller, "The Tragedy of the Anti-commons: Property in the Transition for Marx to Markets," 111 *Harvard Law Review* 621(January 1998) 참조.

저작물의 이용에 이러한 현상이 나타날 수 있다.[37]

보완재 관계에 있는 저작물들에 대한 저작권자가 여럿인 경우에 개별 저작권자들이 버티기(holdout) 전략을 구사하기 때문에 적정 가격보다 높은 가격이 매겨질 수 있고,[38] 저작물은 적정 수준보다 과소 소비된다. 권리의 집중관리는 이 문제에 대한 해법이 될 수 있다. 인터넷 음악 서비스를 예로 들어보자.

인터넷 음악 서비스는 곡별로 '판매'되기보다는 가입자 서비스(subscription service) 형태로 '서비스'된다. 이 서비스가 성공하려면 청취자가 원하는 수준만큼 충분한 수의 곡을 망라적으로 확보해야 한다. 원하는 곡을 듣기 위해 여러 서비스에 모두 가입해야 한다면 시장이 발전할 수 없다.

그런데 어느 곡을 온라인으로 서비스하기 위해서는 저작권자, 실연자, 음반제작자 등 세 권리자의 허락을 동시에 받아야 한다. 세 권리자의 권리는 모두 배타적이므로 하나라도 허락받지 못하면 그 곡은 서비스할 수 없다. 그래서 세 권리자는 각자 자신의 몫을 크게 하기 위해 버티기를 할 수 있다. 이렇게 되면 원활한 서비스가 어려워지는 문제가 발생한다.

이들의 권리가 집중관리된다면, 그래서 세 권리자를 대표하는 관리단체들이 미리 협상할 수 있다면 각 권리에 대한 이용료 비율을 정할 수 있고, 수많은 곡의 이용에 대해 일괄해 적용할 수 있으므로 이 문제를 해결할 수 있다.

---

37 Francesco Parisi and Ben Depoorter, "The Market for Intellectual Property: The Case of Complementary Oligopoly," in *The Economics of Copyright: Developments in Research and Analysis,* Gordon and R. Watt(ed.)(Elgar Publishing, 2003), at 163-175.

38 *Ibid,* at 167. '버티기'는 전략적인 이유로 협상에 동의하지 않는 것을 말한다. 예를 들어, 시가 다섯 필지로 구성된 대지에 공원을 조성하는 경우에, 영리한 소유자는 다른 네 명이 땅을 팔 때까지 기다린다. 그러면 그는 시와의 협상에서 주도적인 지위를 가지게 되어 시의 대지 매입비 중 다른 네 명에게 지급한 금액을 뺀 나머지 금액을 모두 부를 수 있다.

하지만 집중관리를 어렵게 하는 구조가 있다. 실무적으로 충분한 수의 곡을 확보하는 데에는 저작자와 실연자보다 음반제작자가 중요하다. 저작자와 실연자에 비해 음반제작자는 과점 시장이어서 버티기 전략에 취약하다. 버티기가 가능한 음반제작자는 관리단체에 가입하지 않아야 더 강한 협상력을 가지고 자신의 권리를 행사할 수 있으므로 가입하지 않는다.[39] 즉, 집중관리가 필요하기 때문에 집중관리가 잘되지 않는다는 아이러니가 발생한다.[40] 이 문제를 해결하기 위해서는 뒤에서 언급하는 집중관리 활성화를 위한 법적 지원책을 검토할 필요가 있다.

3. 비자발적 이용허락의 대안

저작권의 배타적 성격으로 발생하는 문제에 대한 해결책인 비자발적 이용허락은 권리자의 허락이 없더라도 사후에 일정한 보상을 할 경우 저작물을 이용할 수 있도록 허용한다. 사후 보상의 수준은 정부나 법에서 정한 제3의 기관이 결정하는데, 이것이 늘 시장에서의 가격 결정과 괴리된다는 비판을 받아왔다. 그런데 권리의 집중관리가 이에 대한 효과적인 대안이 될 수 있다. 집중관리도 저작권의 배타적 속성, 즉 '재산의 규칙'에 의한 권리부여를 '책임의 규칙'에 의한 것으로 전환하는 효과를 가지기 때문이다.[41]

관리단체는 모든 이용자에게 미리 정해진 이용조건을 제시하는데, 이

---

39 이 문제를 해결하기 위해 강구된 방법은 다른 권리자의 관리단체가 독점적으로 이용허락하려는 음반제작자의 음반에 대해서는 이용허락을 거부하는 것이다. 한국음악저작권협회 음악저작물 이용계약약관(2018. 5. 28.) 제2조(계약의 체결) 제2항 제2호 참조.

40 이에 대한 자세한 사항은 임원선, 『저작권 이용허락 효율화를 위한 법적 방안 연구』, 52-55쪽 참조.

41 Robert P. Merges, "Contracting into Liability Rules: Intellectual Property Rights and Collective Rights Organizations," 84 California Law Review 1293 (October, 1996) 참조.

는 정부가 아닌 회원들에 의해 정해진다. 관리단체의 저작물 이용 조건은 개별 이용자에 관계없이, 그리고 각 권리자의 개별적인 선호에 관계없이 일반적으로 적용된다는 점에서 일반 계약에서의 단순한 '조건(term)'과는 구별되는 '규칙(rule)'이 된다.[42]

결과적으로 재산의 규칙이 적용되는 배타적인 허락권의 속성을 가진 권리가 집중관리를 통해 이용자들에게 책임의 규칙이 적용되는 보상청구권과 유사한 권리로 변모하는 것이다. 주의해야 할 것은 이것은 사전허락이 필요하지 않아서가 아니라, 허락의 조건이 개별 권리자가 아닌 집중관리단체의 규정에 의해 사전에 정해져 있다는 의미에서 그렇다는 점이다.

허락을 받지 않고 이용하는 경우에는 배타적 허락권의 침해가 되고, 관리단체는 이에 대해 민사적이거나 형사적인 구제를 활용할 수 있다. 마치 자유로운 이용을 허락하면서도 일정한 이용조건을 지키지 않으면 저작권 침해로 강력하게 응징하는 소프트웨어에 대한 GPL과 같은 공개이용허락과 같다. 사실상 보상청구권처럼 작동한다고 해서 신탁된 저작물을 허락받지 않고 이용하는 경우에도 채권적 책임만 묻는다면, 저작권 신탁관리 제도는 성립할 수 없게 된다.

집중관리단체가 규모의 경제와 범위의 경제의 효과를 누리기 위해서는 이용허락에 있어서 일련의 정책을 일관되게 적용해야 하는데, 이것은 다양한 이용자를 자의적으로 차별하는 것을 사실상 불가능하게 한다는 점에서 저작권자의 주권, 즉 개별적으로 행사되는 배타적 권리의 속성을 희석시키는 것을 의미한다.[43] 권리자들은 관리단체를 통해서 재산의 규칙에 따

42 *Ibid*, at 1303. 각 단체들이 관리하고 있는 '사용료규정'이 이에 해당한다.

43 Eric Brousseau and Christian Bessy, "Public and Private Institutions in the Governance of Intellectual Property Rights"(2004), at 12-13, available at http://www.brousseau.info/pdf/2004_CBEB-AndersenIPRPubPriv.pdf. 이런 차별이 법으로 금지되기도 한다.

른 권리부여에서 시작해 집단적으로 결정된 책임의 규칙에 따르게 된다.[44]

관리단체의 이러한 기능은 권리자와 이용자 모두를 위해 크게 도움이 된다. 재산의 규칙에 의한 권리 설정은 권리자들을 거래비용이 많이 소요되는 반복적이고 지난한 협상으로 내몰게 되고 이것은 이들로 하여금 집중관리단체를 만들게 한다.[45] 이렇게 만들어진 관리단체는 거래비용을 낮추기 위해 표준 규정을 제정하고 이 규정을 차별과 제한 없이 적용한다.

이는 국가의 개입 없이 시장에 가까운 해결책을 제시한다. 또한 이 과정에 산업 내부의 전문성이 반영되고, 시간의 경과에 따른 환경 변화에 탄력적으로 적응해 간다는 점에서 비자발적 이용허락보다 바람직한 대안이라고 할 수 있다.

4. 저작권 집중관리에 대한 법적 지원

가. 의의

권리자와 이용자 모두를 위해 권리를 효율적이고 조직적으로 관리할 필요가 있다. 이를 위한 최선의 대안이 권리의 집중관리라는 데에는 업계와 학계가 대체적으로 합의하고 있다. 하지만 관리단체가 일정 분야의 권리를 충분하게 확보하지 못해 이용자에게 포괄적 이용허락을 할 수 없다면, 그래서 이용허락을 할 때마다 어느 저작물과 권리가 관리되고 있는지를 일일이 확인해야 한다면 효율성이 현저히 낮아져 본연의 기능을 다하기 어려울 것이다.[46]

---

44 R. Towse and C. Handke, "Regulating Copyright Collecting Societies: Current Policy in Europe," at 1.

45 이런 상황이 심각했던 음악저작권 분야에서 집중관리가 가장 먼저 시작된 것은 우연이 아니다.

46 M. Ficsor, *Collective Management of Copyright and Related Rights,* at 139-140.

하지만 집중관리의 이런 필요성에도 불구하고 다음 두 가지 이유 때문에 관리단체가 일정 분야의 모든 권리를 대표하기란 사실상 쉽지 않다.

첫째, 대상 저작물이 기하급수적으로 늘고 있다. 비용이 많이 드는 전통적인 배포 채널을 통해서는 비용이 많이 들어서 수익성이 낮기 때문에 절판된 저작물이 많은데, 이런 저작물이 비용이 적게 드는 온라인 보급 채널을 통해 다시 유통되기 시작해 이용허락의 대상이 되는 일이 많아지고 있다.

둘째, 온라인 환경에서는 저작물의 발행과 유통이 크게 용이해졌다. 그래서 이전 같으면 사장되었을, 상업적 가치가 높지 않은 저작물도 대부분 시장에 나오고 있다.

이러한 상황은 롱테일(long-tail) 현상으로 잘 설명된다. 과거에는 잘 나가는 20%의 콘텐츠에서 전체 수익의 80%가 나오는 파레토법칙(Pareto Principle)이 적용되었으므로, 잘나가는 콘텐츠만 잘 관리하면 되었다. 하지만, 온라인 유통환경이 도래하면서 과거에 잘나가지 않아서 무시되던 80%의 콘텐츠가 관심을 받게 되었다. 이들 저작물은 이전에는 단지 보존 가치만 있거나 단순 참조만 하면 되었지만, 롱테일 현상에 의해 이들이 누적적으로 또는 총합적으로 온라인 비즈니스에서 차지하는 비중이 커졌기 때문에 이들까지 망라해서 서비스해야 성공할 수 있게 되었다.

이런 상황에서 모든 저작권자를 파악해 그들에게 집중관리라는 권리행사의 선택 가능성이 존재한다는 사실을 알리기 어렵고,[47] 또 알린다 해도 저작권료 수입액이 미미해서 저작자의 권리행사 의지가 약한 경우에는 참여하지 않을 수도 있다. 이런 한계는 관리단체의 노력만으로는 극복하기 어렵다. 이 때문에 상당수의 국가가 권리자에게는 권리행사를 보

---

47 Daniel Gervais, *Application of an Extended Collective Licensing Regime in Canada: Principles and Issues Related to Implementation* (2003), at 15, available at http://www.canadianheritage.gc.ca/progs/ ac-ca/progs/pda-cpb /pubs/regime/regime_e.pdf.

장하고 이용자에게는 손쉽고 간편한 이용을 보장하기 위해 법적 보조 수단을 강구하고 있다.

이러한 수단으로는 면책이나 묵시적 허락, 법적 추정, 의무적 집중관리, 그리고 확대된 집중허락이 있다. 이는 이용자의 법적인 불확실성을 제거하면서도 저작권자의 자유를 부당하게 제약하지 않고 관리단체가 포괄적 이용허락을 할 수 있도록 하는 법적인 기술들이다.

나. 면책/묵시적 허락

면책은 이용자에게 특정 관리단체가 이용을 허락하고 있는 유형에 속하는 저작물은 무엇이든 이용할 수 있으며, 그 단체에 의해 대표되지 않은 권리자가 제소하는 경우에도 이용자가 책임을 지지 않을 것임을 보장하는 것이다.

이에 비해 묵시적인 이용허락은 명시적으로 배제되지 않은 한 일정 유형의 모든 저작물이 그 관리단체의 관리 목록 내에 포괄되는 것으로 이해되는 것이다.[48]

면책/묵시적 이용허락은 관리단체에 의해 대표되지 않은 권리자에게 활용할 수 있는 구제를 제한하는 것이 일반적이다. 이용자의 관점에서 보면 그 이용자의 잠재적 책임이 제한되는 것을 의미한다.[49]

영국은 이를 복사복제에 대한 보상청구권에 적용했다.[50] 다만, 이 모델

---

48 두 가지 법적 메커니즘은 이론상 차이가 있지만 실제 적용의 효과는 매우 유사하다. Daniel Gervais, "Collective Management of Copyright And Neighbouring Rights in Canada: An International Perspective"(2001), at 46, fn.86, available at http://www.pch.gc.ca/progs/ac-ca/progs/pda-cpb/pubs/collective/collective_e.pdf.

49 하지만 이런 책임의 제한은 일반적으로 형사책임으로까지 미치지는 않는다.

50 어느 저작물이 이용허락이 적용되는 종류의 저작물에 속하지 않는 것이 명백하지 않거나, 이용허락에서 어느 저작물의 저작권을 명시적으로 배제하지 않은 경우에는 여기에 대한 허락을 받은 것으로 본다. 영국 저작권법 제136조 제3항 참조.

을 배타적 권리에 적용하는 경우 국제조약과 충돌할 우려가 있다. 이에 대해서는 영국 내에서도 논란이 있으며, 국제적으로도 이를 추종하는 입법례를 찾기 어렵다.[51]

다. 법적 추정

반증이 제시될 때까지 일정한 저작물이 관리단체의 관리 목록에 포함되어 있고 그럼으로써 포괄적 이용허락의 대상이 된다고 추정하는 것이다. 이는 특정 관리단체가 그러한 권리를 가지고 있지 않다는 것을 입증할 책임을 이용자에게 지우는 효과가 있다.

법적 추정은 보통 관리단체가 부여하는 보증과 함께 적용된다. 법적 추정은 개별 권리자가 포괄적 허락을 받은 이용자에게 아무 청구도 하지 않을 것이며, 혹 청구를 한다면 그 청구는 관리단체가 해결할 것, 그리고 이용자는 권리자에 의해 발생한 어떠한 손해나 비용에 대해서도 면책될 것이라는 내용을 담고 있다.[52]

독일 저작권법이 그 예인데, 관리단체가 일정한 보상청구권을 행사하는 경우에 그 단체가 모든 권리자의 권리를 관리하는 것으로 추정한다고 규정하고 있다.[53] 이 모델 역시 보상청구권에 대해서만 적용하고 있는데, 이는 국제조약과의 충돌 가능성을 염두에 둔 것으로 보인다.

라. 의무적 집중관리

권리의 집중관리가 특히 강조되는 경우에는 집중관리가 의무화되기

51 Daniel Gervais, "Collective Management in Canada," at 36.

52 Mihaly Ficsor, "The Establishment and Functioning of Collective Management Organizations: the Main Features," WIPO National Seminar on Copyright, Related Rights, and Collective Management in Khartoum, Sudan(2005), at 9.

53 독일 저작권관리법 제13조(b).

도 한다. 의무적 집중관리(obligatory collective management)란 일정한 이용에 대해 특정 관리단체에 자신의 권한을 부여하지 않은 권리자에게까지 집중관리를 예외 없이 확대하는 것을 말한다.

이때 저작권법은 특정 관리단체가 권리자로부터 권한을 위임받지 않은 권리까지 행사할 수 있도록 한다. 이 경우 저작자는 인격권이 침해되는 경우를 제외하고는 이용을 금지할 수 없고 이용료를 포함한 그 밖의 이용조건에 대해서도 협상할 수 없다.

그 대신에 해당 관리단체가 그 저작자를 위해 권리를 행사한다. 저작권법에서 의무적 집중관리를 규정할 때에도 저작자는 관리단체에 가입해 자신의 권리를 행사할 권한을 직접 부여하는 경우가 많다.

이 제도 역시 보상청구권의 행사와 관련해 주로 도입된다. 미술품의 재판매에 대한 보상청구권,[54] 공공 대출,[55] 사적 복제,[56] 그리고 재송신[57] 등이 그 예이다.

배타적 권리에 이를 도입한 예로는 헝가리 저작권법이 있는데, 연극을 수반하지 않은 음악저작물이나 어문저작물의 공연,[58] 즉 작은 권리(small right)로 불리는 공연과 이의 지상파 방송이나 위성방송, 유선방송 프로그램의 송신, 그리고 방송이나 유선방송 이외의 방법에 의한 이용 제공[59] 에 대해 이 제도를 적용했다.

일부 유럽연합 지침은 의무적 집중관리를 허용하기도 하고 나아가 의무화하기도 한다. 유럽연합 대여권 및 대출권지침은 저작자가 음반과 영

---

54 덴마크 저작권법 제38조 제5항과 독일 저작권법 제26조.

55 독일 저작권법 제27조와 네덜란드 저작권법 제15조의a.

56 프랑스 지식재산권법 제L122-10조, 덴마크 저작권법 제39조, 독일 저작권법 제54조(h), 네덜란드 저작권법 제16조의c, 스페인 저작권법 제25조.

57 덴마크 저작권법 제35조 제3항.

58 헝가리 저작권법 제25조. CD로부터 음악을 재생하는 것처럼 기술적 수단이나 절차에 의한 공연은 물론 콘서트나 강연에서 실연자에 의한 생실연도 포함된다.

59 헝가리 저작권법 제26조 및 제27조.

상저작물의 대여권을 양도한 이후에도 유보하고 있는 보상에 대한 권리에 의무적 집중관리를 허용한다. 미술품재판매지침에도 재판매에 대한 보상청구권에 대해 유사한 규정이 있다. 위성방송 및 유선재송신지침은 유선재송신에 대해 회원국에게 이 권리가 집중관리단체에 의해 행사되도록 할 것을 의무화하고 있으며, 권리자가 관리단체에 자신의 권리를 위탁하지 않은 경우에도 관리를 위임한 것으로 간주한다.[60]

의무적 집중관리가 관련 국제조약과 양립할 수 있는가에 대해서는 견해가 나뉜다. 공연이나 위성방송에서처럼 개별적인 권리행사가 사실상 불가능한 경우에 의무적인 집중관리를 부당한 제한으로 보는 것은 권리보호를 목적으로 하는 국제조약의 자기모순이라는 주장이 있다.[61] 하지만 의무적인 집중관리는 비록 비자발적 이용허락보다 덜 제한적이기는 하지만 권리행사의 조건임에 틀림없다. 국제조약이 명시적으로 허용하고 있지 않은 한 배타적인 권리에 이를 적용하는 것은 국제조약과 양립할 수 없는 것으로 보인다.[62]

권리의 개별적인 행사가 사실상 불가능하거나 지극히 비현실적인 경우에 집중관리는 권리행사를 가능케 하는 대안일 수 있다. 하지만 이를 의무화하는 것은 자칫 권리자의 자유에 대한 침해나 제한이 될 수 있다. 이 제도는 권리가 보상청구권으로 도입된 경우나, 권리가 다른 규정에 의해 보상청구권으로 제한하는 것이 허용된 경우에만 도입하는 것으로 제한하는 것이 바람직하다.

---

60 유럽연합 대여권 및 대출권지침 제4조 제4항, 미술품재판매지침 제6조 제2항, 위성방송 및 유선재송신지침 제9조(유선재송신권의 행사) 제1항 및 제2항.

61 Silke V. Lewinski, "Mandatory Collective Administration of Exclusive Rights: A Case Study on Its Compatibility with International and EC Copyright Law," *e.Copyright Bulletin*(January-March, 2004), at 5-12.

62 M. Ficsor, *Collective Management of Copyright and Related Rights,* at 371-374.

마. 확대된 집중허락

(1) 의의

확대된 집중허락(extended collective license)이란 특정 집중관리단체가 일정한 분야에서 관리가 필요할 것으로 예상되는 저작자의 상당수(substantial/considerable number)를 대표하는 경우에, 그 단체에 의해 대표되는 것을 명시적으로 거절한 저작자를 제외하고는, 권리의 관리를 위임하지 않은 경우를 포함해 그 분야의 모든 권리자를 비배타적으로 대표할 수 있도록 법적인 권한을 부여하는 것을 말한다. 전통적인 집중관리와 달리 권리자가 참여할 것을 선택하는 참여(opt-in) 방식이 아니라 참여하지 않을 것을 선택하는 탈퇴(opt-out) 방식에 기초하고 있다.

확대된 집중허락은 다음의 다섯 가지 특징으로 요약할 수 있다.[63]

첫째, 관리단체는 상당한 수의 권리자를 대표해야 한다.

둘째, 법은 위임에 의해 대표되지 않은 모든 권리자도 기속한다고 규정한다.

셋째, 이용자는 권리단체의 관리 목록에 포함된 저작물은 물론, 명시적으로 참여하지 않을 것을 선택한 권리자를 제외하고는 대표되지 않은 권리자의 저작물까지도 이용을 허락할 수 있다.

넷째, 대표되지 않은 권리자(참여하지 않을 것을 명시적으로 선택하지 않은 권리자)는 개별적으로 그리고 적용 가능한 이용료 기준에 따라 저작권료를 수령할 권리를 가진다.

다섯째, 권리자는 이 제도에서 탈퇴함으로써 자신의 저작물의 이용을 금지할 수 있는 권리를 가진다.

---

63 Henry Olsson, "The Extended Collective License As Applied in the Nordic Countries". Presentation at Kopinor 25th Anniversary International Symposium (May 2005) 참조.

이 제도는 1960년대 초기부터 방송 분야에서 노르딕 국가들(노르웨이, 덴마크, 핀란드, 스웨덴, 아이슬란드)의 저작권법에 도입되어 운영되고 있다. 이런 이유에서 이 제도는 노르딕 국가들에 특유한 제도로 이해되어 왔다. 이들 국가는 권리자들이 잘 조직되어 있고, 이용되는 저작물의 상당 부분이 외국 저작물이어서 이용허락을 받기가 매우 어렵고 시간이 오래 걸린다는 공통점이 있다. 이제는 유럽연합 디지털 단일시장 저작권 지침에서 이 제도를 공식적으로 도입했고, 전 세계 상당수의 국가에서도 이를 도입했거나 도입을 적극 검토하고 있는 상황이다.[64]

이 제도는 '후원된 법정허락(backup legal license)'이라 불리지만, 이 권한이 권리자 단체의 요청에 의해 부여되고 개별 권리자가 제도에 참여하지 않을 것(탈퇴)을 선택할 수 있기 때문에 비자발적 이용허락과는 차이가 있다.

(2) 국제조약과의 양립성

확대된 집중허락 제도는 의무적인 집중관리 제도와 달리 국제조약과의 양립 문제가 심각하게 제기되지 않는다. 하지만 도입 사례를 살펴보면 교육목적의 복제, 장애인을 위한 복제, 사적복제, 저작물의 방송 및 재송신, 그리고 일부 사진의 복제 등[65] 권리에 대해 일정한 제한이 허용되는 분야에 한정되고, 다른 배타적 권리에 대해서는 본격적으로 활용되지 못하고 있음을 알 수 있다.

국제조약과의 양립성과 관련해서는, 이 제도의 비참여 의사 표시 요구가 베른협약이 금지하는 방식(formality)에 해당하지 않는가 하는 문제와 국내 절차에 의해 정해지는 확대된 집중허락의 조건에 외국인 저작자

---

64 유럽연합 디지털단일시장저작권지침(2019) 제12조(확대된 효과를 가지는 집중허락) 참조.

65 양승두 외, 「확대된 집중허락제도의 도입에 관한 연구」, 문화관광부, 『디지털 시대의 주요 외국 저작권 제도의 도입에 관한 연구』(문화관광부, 2002), 267-269쪽 참조.

의 의사가 반영되기 어려우므로 내국민대우 의무에 어긋나지 않는가 하는 문제가 제기된다.

이에 대해서는 베른협약에서 금지하는 방식은 이를 이행하지 않으면 권리를 상실하거나 권리의 행사가 사실상 불가능해지는, 저작권 등록이나 표시 또는 납본 등 적극적 의미의 방식인 데 반해, 이 제도의 탈퇴 의사 표시 요구는 소극적 의미의 방식이어서 차이가 있다는 것이 일반적인 견해이다.[66] 또 이 제도의 원리로 볼 때, 외국인 권리자는 일반적으로 내국인 비회원과 같이 대우될 가능성이 높아서 내국민대우의 원칙에 위배되는 것으로 보기 어려운 것으로 이해된다.

(3) 확대된 집중허락제도의 가능성

전통적으로 이 제도는 특정 관리단체가 일정 분야 권리의 상당 부분을 대표하고 있음을 전제로 이 단체가 위임받지 않은 나머지 권리에 대해서도 포괄적으로 이용을 허락할 수 있도록 보장함으로써 권리의 자발적인 집중관리가 가지는 한계를 보충하는 기능을 갖는다.

그러나 이 제도는 거꾸로 집중관리가 필요한 일정 분야에서 집중관리를 활성화함으로써 이용허락을 효율화하기 위한 정책수단으로도 활용될 수 있다. 전자의 보충적 기능과 대비해 이를 적극적 기능이라 할 수 있다.

확대된 집중허락제도는 집중관리가 절실하게 필요한 일정 분야의 권리를 충분히 대표하는 데 어려움이 있는 관리단체로 하여금 위임을 받지는 않았지만 적극적인 반대 의사는 없는 권리까지 포괄적으로 대표할 수 있도록 한다. 이 제도는 한편으로는 집중관리가 충분하지 않아서 이용자들이 겪는 이용허락의 애로를 타개하고, 다른 한편으로는 이 제도의 권

66 Daniel Gervais, *Application of an Extended Collective Licensing Regime in Canada,* at 19.

리 신탁 가속화 기능을 활용해 작고 갓 만들어진 관리단체가 충분한 관리 목록의 확보와 관련해 겪는 악순환[67]의 고리를 끊는 효과적인 수단이 될 수 있다.

보충적 기능에 주목하면, 특정 관리단체가 일정한 분야에서 '상당한 수의 권리자'를 이미 확보하고 있는 것이 중요하다. 하지만 적극적 기능에 주목하면, 지금은 확보하지 못하고 있지만 집중관리 활성화를 통해 이용허락을 효율화할 필요성이 높은지 여부가 더욱 중요해진다. 우리나라에서는 실연자와 음반제작자의 전송권이나 어문저작물 저작자의 복사복제권에 대한 집중관리가 대체로 이에 해당한다고 볼 수 있다.

5. 저작권위탁관리업의 관리

저작자는 저작권을 활용하여 자신의 저작물의 이용을 배타적으로 통제할 수 있다. 그래서 저작권을 독점적 권리라 한다.[68] 하지만 이러한 성격은 상대적이다. 어느 저작물이든 시장에서 다른 저작물과 경쟁해야 하고 언제든 경쟁력 있는 다른 저작물이 생겨날 수 있기 때문이다. 실제로 독점의 위험은 어느 분야의 상당한 저작물을 모아서 함께 통제할 수 있을 때 발생한다.[69]

---

67 작고 갓 만들어진 관리단체들은 충분히 크지 않아서 회원을 모집하기 어렵다. 회원이 적으니 충분한 관리 목록을 확보할 수 없어 관리 목록도 적다. 문제는 이로 인해 신뢰도가 낮고 징수하는 로열티가 적으면 이용자들의 관심을 끌 수 없게 되고; 이로 인해 회원을 모집하는 것이 더욱 어려워진다는 것이다. 저베이스(Daniel Gervais)는 이를 모순적 딜레마(catch-22 situation)에 비유하고 있다. *Ibid,* at 24.

68 공정거래위원회는 이러한 독점적 권리가 부당하게 행사되지 않도록 "지식재산권의 부당한 행사에 대한 심사지침"을 마련하고 있다. 공정거래위원회 예규 제389호(2021. 12. 30) 참조.

69 U.S. Copyright Office, Register's Report on the General Revision of the U.S. Copyright Law (1961), at 7.

저작자로부터 저작권을 위탁받아 관리하는 저작권 위탁관리업이 바로 이에 해당한다. 사실 이러한 행위는 공정거래법상 금지되는 부당한 공동행위가 된다.[70]

저작권위탁관리업은 저작물의 원활한 이용과 권리자의 권익신장에 기여하기도 하지만, 한편으로는 저작물 이용질서와 권리자의 권익 보호에 미치는 영향도 크다. 이 때문에 대부분의 국가에서는 저작권위탁관리업이 바람직하게 운영될 수 있도록 어떠한 형태로든 관여하고 있다. 이러한 관여는 저작권 위탁관리업의 행위가 부당한 공동행위가 되지 않게 하는 전제조건이 된다.

대부분의 국가에서는 저작권법에 관련 규정을 삽입해서 규율하고 있지만, 독일이나 일본처럼 이에 관한 독립적인 법률을 두는 경우도 있고 미국처럼 법 규정 없이 주로 독점 규제에 관한 법원의 판결(consent decree)로 규율하는 경우도 있다.[71]

가. 위탁관리업의 허가 또는 신고

저작권법에 따르면 저작권위탁관리업 중 대리중개업은 신고만으로도 할 수 있지만, 신탁관리업은 문화체육관광부장관의 허가를 받아야 한다. 대리중개업을 신고하는 경우에는 시행령으로 정하는 저작권대리중개업 업무규정을 작성해 신고서와 함께 제출하고, 이를 변경하려는 경우에도 그 내용을 신고하면 된다. 하지만 신탁관리업으로 허가를 받은 자가 문화체육관광부령으로 정하는 중요 사항을 변경하려는 경우에는 변경 허가를 받아야 한다.

---

70 공정거래법 제40조(부당한 공동행위의 금지) 참조.

71 독일「저작권 및 인접보호권의 관리에 관한 법률」및 일본 저작권 등 관리사업법, 그리고 미국 *United States v. ASCAP*, 41 Civ. 1395(S.D.N.Y. 2009) 및 *United States v. BMI*, 64 Civ. 3787(S.D.N.Y. 2001) 참조.

또한 다음에 해당하는 사람은 저작권위탁관리업의 허가를 받거나 신고를 할 수 없다(법 제105조 제7항).

① 피성년후견인

② 파산선고를 받고 복권되지 않은 사람

③ 금고 이상의 실형을 선고받고 그 집행이 종료되거나 집행이 면제된 날부터 1년이 지나지 않은 사람

④ 금고 이상의 형의 집행유예 선고를 받고 그 유예기간 중에 있는 사람

⑤ 저작권법을 위반하거나 형법상 배임 또는 횡령의 죄를 위반하여 금고 이상의 형의 선고유예를 받고 그 유예기간 중에 있거나 벌금형을 선고받고 1년이 지나지 않은 사람

⑥ 우리나라에 주소를 두지 않은 자

⑦ 위에 언급된 어느 하나에 해당하는 사람이 대표자 또는 임원으로 있는 법인이나 단체

저작권위탁관리업자가 허가를 받거나 신고를 한 후에 이와 같은 사유에 해당하게 된 경우에는 문화체육관광부장관은 6개월 이내의 업무정지를 명할 수 있다. 다만, 일곱째 사유에 해당하는 경우 6개월 이내에 그 대표자 또는 임원을 바꾸어 임명한 경우에는 그렇지 않다.

신탁관리업을 하려는 단체는 특히 대리중개업과 달리 영리를 목적으로 하지 않아야 하며, 저작물 등에 관한 권리자로 구성되어야 하고, 사용료의 징수 및 분배 등의 업무를 수행하기에 충분한 능력이 있어야 한다(법 제105조). 다만, 공공저작물처럼 일정한 경우에는 이와는 관계없이 특정한 공공기관을 신탁관리단체로 허가할 수도 있다.[72]

---

72 현재 공공저작물의 경우에는 한국문화정보원이 관리단체로 허가되어 있다.

나. 신탁관리업의 독점적 성격과 통제

(1) 허가제의 논거

우리나라에서는 각 분야별로 대체로 하나 또는 둘의 신탁관리단체가 허가되어 활동 중이다(2020년 4월 현재의 현황은 책 말미에 수록한 〈별표 1〉과 같다). 이는 사실상 정부가 신탁관리업에 대해 허가권을 행사한 결과이다. 정부가 이를 통제하는 논거로는 대체로 다음 세 가지가 제시된다.

첫째, 신탁관리업은 논의의 여지가 있으나 대체로 한계비용이 체감하는 업종으로 분류된다. 이 경우 여러 단체가 설립되어 거의 동일한 사무를 위해 각각 비용을 지출하면 결과적으로 저작권자에게 돌아가는 몫이 줄어들 수밖에 없고, 이를 보충하기 위해 저작권료를 올리면 이용자가 그 몫을 부담해야 한다.

둘째, 단체가 서로 경쟁하는 경우, 전체적으로 저작자의 상대적 지위를 약화시킨다. 특히 방송사나 인터넷 포털 등 대규모 이용자와의 관계에서 저작자의 협상력이 약해진다.[73] 나아가 이른바 잘나가는 권리자는 자신의 이익을 극대화하기 위해 저작자 단체의 연대에서 벗어나려는 성향이 있는데, 이렇게 되면 집중관리단체의 노동조합으로서의 기능과 사회보험으로서의 기능이 위축된다.

셋째, 이용자 입장에서도 관리단체가 여럿이면 그만큼 거래비용이 증가할 수 있다. 특정한 저작물에 대한 권리를 어느 단체가 관리하고 있는지 일일이 확인해서 각각 허락을 받아야 하기 때문이다.

단체들도 저작권자에게 매력 있는 조건을 제시하기 위해 이용허락 조

---

73 특히 사업의 초기 단계에는 저작권자 단체에 지극히 어려운 상황을 초래할 수도 있다. Ulrich Uchtenhagen, *The Setting-up of New Copyright Societies: some experiences and reflections*, WIPO(2005), at 4-6. 물론 거래의 상대방인 이용자에게는 긍정적으로 인식될 수 있다.

건을 차별화하는데 이용자로서는 이를 파악하고 따르기 위해 별도의 노력을 기울여야 하는데, 이는 단순화를 통해 거래비용을 절감한다는 집중관리의 의의에 반하는 것이다.

(2) 통제

저작권신탁관리업이 독점적으로 운영될 때에는 여러 가지 폐해가 나타날 수 있다. 이를 최소화하기 위해 다음과 같은 조치가 강구될 필요가 있다.

(가) 정부의 관리 감독

법 집행 과정에서 정부는 국민 의사의 대변자로서 저작권자의 권익과 이용자의 저작물 이용 편의를 도모하기 위해 관리단체의 운영에 개입한다.

이러한 개입은 앞서 언급한 관리단체의 독점적(시장지배적) 지위의 남용 가능성을 억제하고 대리인 문제(agency problem)를 최소화 하려는 것이다.

대리인 문제란 주인(principal)과 그의 대리인 사이에 생기는 이해 충돌을 말한다.[74] 대리인이 그의 주인의 최선의 이익을 위해 봉사하는 것이 아니라 자신의 이익을 위해 일할 때에 발생한다. 즉, 대리인 문제는 대리인이 주인을 위해 일하도록 권한을 부여받았으나 그의 동기와 우선순위가 다른 경우에 발생한다.

저작권 집중관리에서도 저작권자가 권리의 집중관리를 위해 자신의

---

74 1976년 하바드 경영대학원의 마이클 젠슨(Michael C. Jensen)과 로체스터 대학의 윌리엄 멕클링(William Meckling)에 의해 처음 제기되었으며, 대리인 딜레마(agency dilemma)라고도 한다. Michael C. Jensen and William H. Meckling. Theory of the Firm: Managerial Behavior, Agency Costs and Ownership Structure, *Journal of Financial Economics* (1976), V. 3, No. 4, at 305-360. available at https://www.sfu.ca/-wainwrig/Econ400/jensen-meckling.pdf

권리를 집중관리단체에 위탁하기 때문에 대리인 문제로부터 자유롭지 못하다. 이것은 대리인이 자신과 같은 처지의 권리자가 되거나 이와는 관계없는 제3자가 되거나 특별히 관계가 없다.[75] 특히, 음악저작물의 집중관리의 경우에는 작사자와 작곡자 등 주인이 권리의 집중관리에 대한 이해가 높지 않기 때문에 대리인 문제가 발생할 가능성이 더욱 높다고 할 수 있다.

나라마다 개입의 정도에 차이가 있으나, 저작권법은 다음 몇 가지를 규정하고 있다.

첫째, 분배 수수료 요율 또는 금액이나 저작권 신탁계약 및 저작물 이용계약약관과 사용료 징수 및 분배규정 등 신탁관리업무 기본 규정에 대해 이를 처음 정하거나 변경하는 경우에 문화체육관광부장관의 승인을 받아야 한다. 문화체육관광부장관은 저작재산권자나 그 밖의 관계자의 권익 보호 또는 저작물 등의 이용 편의를 도모하기 위해 필요한 경우에 승인내용을 변경할 수 있다(법 제105조 제9항 및 제12항).[76]

둘째, 관리단체에 대한 효과적인 통제를 위해 문화체육관광부장관은 그 업무에 관해 필요한 보고를 하게 할 수 있다(법 제108조 제1항).

셋째, 저작자의 권익 보호와 저작물의 이용 편의를 도모하기 위해 필요한 경우에 필요한 명령을 하거나, 소속 공무원으로 하여금 관리단체의 사무 및 재산상황을 조사하게 할 수 있다. 필요한 경우에는 공인회계사나 그 밖의 관계 전문기관으로 하여금 조사하게 할 수도 있다. 그리고 이러한 명령 및 조사를 위해 개인 정보 등 필요한 자료를 요청할 수 있으며

---

75 기업의 주주가 경영자가 되는 경우와 달리, 집중관리단체의 권리자는 다른 권리자가 대리인이 되는 경우에 사용료 분배와 관련하여서는 상호 경쟁관계에 있게 되는 측면도 있다.

76 관리단체는 일반적으로 주무부처의 이런 통제를 거추장스러워하며 이로부터 벗어나려 하는 성향이 있으나, 이런 통제는 독점적 위치에 있는 관리단체의 행위가 공정거래법이 금지하고 있는 부당한 공동행위가 되지 않게 하는 효과가 있음에 유의할 필요가 있다. 서울고등법원 2012. 7. 12. 선고 2011누25717 판결 참조.

요청을 받은 관리단체는 이에 응해야 한다(법 제108조 제2항 내지 제5항).

넷째, 문화체육관광부장관은 음반의 공연권을 가지는 저작권자 및 상업용 음반의 공연에 대한 보상청구권을 가지는 실연자와 음반제작자를 대표해 각각 사용료와 보상금을 징수하는 저작권신탁관리업자와 보상금수령단체에 그 사용료와 보상금의 통합징수를 요구할 수 있다(법 제106조 제3항).

다섯째, 문화체육관광부장관은 관리단체의 대표자 또는 임원이 직무와 관련해 형법상 횡령 또는 배임의 죄로 벌금형 이상을 선고받아 그 형이 확정되었거나, 회계 부정이나 부당행위 등을 통해 저작재산권 등으로 보호되는 재산적 권리를 가진 사람에게 손해를 끼친 경우, 그리고 저작권법에 따른 문화체육관광부장관의 감독 업무 수행을 방해하거나 기피하는 경우에 그 대표자나 임원의 징계를 요구할 수 있다(법 제108조의2).

저작권법은 통제의 실효성을 확보하기 위해 이러한 통제에 따르지 않은 경우 문화체육관광부장관이 6월 이내의 기간을 정해 관리단체의 업무 정지를 명할 수 있도록 하는 한편, 경우에 따라 위탁관리업의 업무정지처분을 갈음해 과징금을 부과 징수할 수 있도록 하고 있다.[77] 과징금은 직전연도 사용료 및 보상금 징수액의 100분의 1 이하로 하되, 징수금액을 산정하기 어려운 경우에는 10억 원을 초과하지 않은 범위에서 부과·징수할 수 있다(법 제111조).

(나) 신탁관리단체의 투명하고 민주적인 운영

저작권법상 신탁관리업은 관련 권리자로 구성된 비영리 사단법인 또는 이에 준하는 기관에 대해서만 허가된다(법 제105조 제2항). 이 단체

77 업무정지처분은 이용자도 이용허락을 받을 수 없게 되어 불의의 피해를 입을 수 있기 때문에 실제 활용이 어려웠다.

가 권리자의 이익을 충실히 보호하려면 권리를 신탁한 권리자의 단체 운영 참여가 보장되고, 단체는 투명하고 민주적으로 운영되어야 한다. 이용자 및 소비자 단체의 관여도 중요하다. 관리단체의 투명하고 민주적인 운영을 위해서는 특히 다음 세 가지 사항이 중요하다.

첫째, 저작물의 이용 조건 결정에는 이용자 단체 등의 의견이 반영되어야 한다. 사용료규정 및 저작물 이용 계약 약관 등이 이에 해당하는데, 합의가 이루어지지 않을 경우에 대비해 분쟁 해결 절차도 마련되어야 한다.[78] 저작권법은 이를 보장하기 위해 여러 절차를 두고 있고, 문화체육관광부장관이 이를 승인하는 경우에 한국저작권위원회의 심의를 거치도록 하고 있다(법 제105조 제10항). 또한 저작권법은 권리단체가 독점적 지위를 남용하지 않도록 정당한 이유 없이 관리하는 저작물 등의 이용허락을 거부할 수 없도록 하고 있다(법 제106조의2).

이러한 통제가 가능하려면 무엇보다 신탁관리단체의 운영현황에 대한 정보가 적시에 투명하게 공개되어야 한다.

둘째, 신탁관리단체의 운영현황에 대한 정보가 적시에 투명하게 공개되어야 한다. 저작권법은 이를 위해 관리단체가 위탁받아 관리하는 저작물 등의 목록과 이용계약 체결에 필요한 정보를 분기별로 작성해 주된 사무소에 비치하고 인터넷 홈페이지를 통해 공개하도록 하고 있으며, 저작권 신탁계약 약관 등 저작권신탁관리 업무규정들과 임원 보수 등을 기재한 연도별 사업보고서, 재무제표를 포함한 연도별 결산서, 감사보고서 등을 마찬가지로 공개하도록 의무화하고 있다(법 제106조 제1항 및 제7항).

권리의 이용과 관련한 이용허락의 내역과 그로부터 징수되는 이용료,

---

78 상업용 음반의 방송에 대한 보상금에 관해 협의가 성립되지 않는 경우에 한국저작권위원회에 조정을 신청할 수 있도록 한 것이 그 예이다.

이용료로부터 공제되는 수수료 및 그 밖의 공제 내역 등에 대해 정기적으로 권리자에게 정보를 제공할 필요가 있다.[79]

셋째, 회원의 단체 운영 참여가 합리적으로 보장되어야 한다. 관리단체는 보통 모든 회원이 동등한 권한을 가지는 사단법인으로서 각 권리자의 기여도를 고려하는 데 한계가 있기 때문에 불가피하게 대표성에 왜곡이 발생한다. 이를 완화하기 위해 회원 가입기간이나 일정 기간의 분배액에 따라 회원 자격을 구분하고 단체의 의사결정에 참여하는 권한을 달리하는 방법이 검토될 수 있다.[80] 다만, 이 기준은 공정하고 비례적이어야 한다.

관리단체에 대한 통제가 제대로 이루어지지 않을수록, 그래서 독점으로 인한 폐해가 두드러질수록 경쟁 체제를 도입해야 한다는 목소리가 더욱 높아질 수밖에 없다. 관리단체에 대한 이러한 통제는 경쟁 체제하에서의 자율통제 시스템을 대신하는 것이기 때문이다.

다. 대안의 검토

집중관리단체가 지닌 독점적 지위에 대해서는 찬반론이 있지만,[81] 앞서 논거에서 살펴보았듯이 대체로 권리의 집중관리는 그것이 필요악이라는 데 의견이 모아진다. 하지만 그러한 지위를 정부가 허가권을 통해 조성해야 하는가에 대해서는 검토가 필요하다.

신탁관리업이 한계비용이 체감하는 자연독점적 업종이라면 경쟁을

---

79 유럽연합 저작권집중관리지침 제18조 참조.

80 유럽연합 저작권집중관리지침 제8조 제9항 참조. 일본음악저작권협회의 정회원이 되기 위해서는 과거 3년간 분배액이 저작자는 연간 30만엔, 음악출판사는 200만엔 이상이어야 하고, 향후로도 이를 유지할 전망이 있어야 한다. 일본음악저작권협회 정관세칙 제1호 회원자격에 관한 규정(2008) 제9조.

81 집중관리단체의 독점적 지위에 대한 찬반론에 대해서는, David Sinacore-Guinn, *Collective Administration of Copyright and Neighboring Rights: International Practices, Procedures and Organization*(Little, Brown Co., 1993), at 219-253 참조.

통해서 자연스럽게 독점적 서비스가 이루어질 수도 있다. 영리기업까지 포함해 여러 단체가 서로 경쟁할 수 있도록 한다면, 저작권자는 보다 유리한 조건을 제시하는 단체에 자신의 권리를 맡길 것이다.

이렇게 되면 단체들은 보다 많은 권리를 확보하기 위해 이용자에게 보다 많은 저작권료를 받으려고 경쟁할 것이고, 자연스럽게 관리의 효율성도 높아질 것이다. 이 경우 정부는 일반 기업을 관리하듯 투명성과 공정성을 확보하기 위한 제한된 범위의 관리 감독만 하면 된다. 통제해야 할 것은 신탁관리업 자체가 아니라 신탁관리업자가 독점적인 지위를 악용해서 회원(권리자)과 이용자에게 횡포를 부리는지 여부이다.

이 경우에도 경쟁을 촉진하기 위해 또는 경쟁을 통해 시장지배적 지위를 가지는 관리단체의 지위 남용을 방지하기 위해 다음과 같은 일정한 규제가 필요하다.

첫째, 관리정보가 투명하게 공개되어야 한다. 권리자가 자신의 권리를 관리해 줄 단체를 데이터에 기초해 선택할 수 있도록 관련 관리정보의 공개를 의무화할 필요가 있다.

둘째, 권리자의 자유로운 이동이 보장되어야 한다. 일정한 통지와 유예기간 이외에는 권리자가 제한 없이 관리단체를 선택해 이동할 수 있어야 한다. 경우에 따라서는 저작물에 대한 여러 권리, 즉 복제권, 전송권, 공연권, 그리고 방송권 등 각 지분권을 서로 다른 단체에 맡길 수도 있다.[82]

셋째, 이용허락을 위한 통합된 권리정보와 이용허락시스템을 갖추어야 한다. 여러 권리단체가 존립하는 경우, 이용자가 이용허락을 받는 것이 불편할 수 있다. 이를 최소화하기 위해 관리단체가 관리하는 권리정보를 통합하고 이용허락이 한 번에 이루어질 수 있도록 시스템을 정비해

82 저작물을 나누어 맡기는 경우도 상정할 수 있으나, 미국처럼 여러 단체가 경쟁하는 경우에도 저작자가 자신의 저작물을 나누어 맡기는 것은 허용하지 않고 있다.

야 한다.

넷째, 경쟁을 통해 시장지배적 지위를 가지게 된 관리단체에 대해서는 이용자와 이용료 합의에 실패할 경우 이를 신속하게 조율할 수 있는 공적인 분쟁 해결 메커니즘이 필요하다.

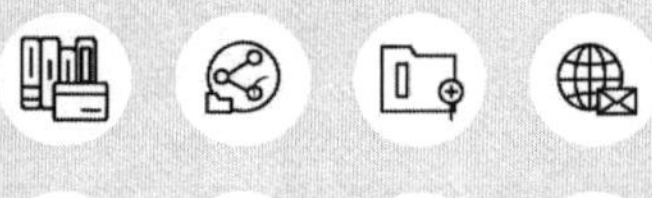

10장

온라인서비스제공자의 책임 제한 및 저작권 보호 관련 금지 규정

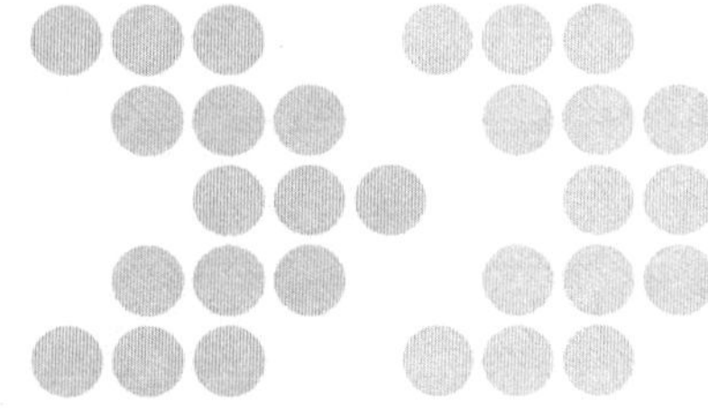

제1절

온라인서비스제공자의 책임 제한 등

1. 개관

이제 인터넷은 이용자가 저작물에 접근하는 주된 채널이 되었다. 하지만 인터넷을 통한 저작물 유통이 증가함에 따라 저작권 침해의 가능성도 높아지고 있다. 인터넷을 통한 저작물 유통을 활성화하면서도 저작권 침해를 억제할 수 있는 방안이 필요하다.

이용자가 인터넷을 통해 저작물에 접근할 수 있도록 하는 서비스는 콘텐츠의 직접 제공 여부를 기준으로 콘텐츠제공자(CP, content provider)와 온라인서비스제공자(OSP, online service provider)로 나눌 수 있다.

콘텐츠제공자는 저작물을 직접 인터넷에 업로드해 서비스한다. 이와 달리, 온라인서비스제공자는 이용자가 업로드하는 콘텐츠를 다른 이용자가 접근할 수 있도록 관련 서비스를 제공한다. 콘텐츠제공자는 이용자가 인터넷을 통해 불법복제물에 접근할 수 있게 한 데 대해 직접 저작권 침해의 책임을 진다. 하지만 온라인서비스제공자는 이처럼 침해의 책임이 직접적이지 않으며, 역할에 따라 다음과 같은 책임을 질 수 있다.

우선, 공중송신 행위와 관련해 온라인서비스제공자는 일반적으로 침해행위의 직접적인 주체가 아니다.[1] 하지만 온라인서비스제공자는 이를

1 유럽연합 디지털단일시장저작권지침은 유튜브와 같은 온라인 콘텐츠공유 서비스제공자가 이용자가 업로드 한 콘텐츠에 대한 접근을 제공하는 경우에도 공중송신권에 해당하는

유인하거나 조장한다는 점에서 침해에 대해 민·형사상의 책임을 질 수 있다.[2] 복제 행위와 관련해서는, 저작물의 송신을 매개하는 과정에서 기술적으로 불가피하게 또는 그 과정에서의 효율성이나 안정성을 확보하기 위해 저작물을 일시적으로 복제하는데, 이에 대해 권리자의 허락을 받아야 한다.[3]

이렇게 온라인서비스제공자는 한편으로는 저작권 침해의 직간접적인 주체가 될 수도 있지만, 다른 한편으로는 그 서비스를 통해 이루어지는 침해를 가장 효과적으로 방지, 억제하거나 중단시킬 수 있는 위치에 있다.

이런 이유에서 온라인서비스제공자에게 엄격하게 책임을 묻기보다는 그로 하여금 저작권 침해를 방지, 억제하거나 중단시키는 데 일정한 역할을 담당케 하고 그에 상응하게 저작권 침해에 대한 책임을 제한하는 것이 바람직할 수 있다.

온라인서비스제공자에 대한 책임 제한 규정은 온라인서비스제공자가 저작권 침해를 방지, 억제하거나 중단시키는 데 적극적인 역할을 맡도록 하는 한편, 일정한 역할을 다한 경우에는 책임을 제한함으로써 사업의 예측가능성을 높여 저작물의 원활한 유통을 촉진하도록 한다.

2. 행위 유형별 책임 제한의 요건 등

가. 행위 유형별 책임 제한의 요건

저작권법은 온라인서비스제공자를 네트워크 접속 서비스, 캐싱 서비

행위로 규정하도록 하고 있다. 이렇게 되면 해당 온라인서비스제공자가 직접 침해의 책임을 지게 될 수 있다. 유럽연합 디지털단일시장저작권지침 제17조 제1항 참조.

2 그 책임은 형법상 방조죄(형법 제32조)나 민법상 공동불법행위 책임(민법 제760조)이 될 수 있다. 서비스 과정에서 발생하는 일시적 복제에 대해서는 직접 침해의 책임을 지게 될 수 있다.

3 그러한 행위의 주체가 발신자인지 또는 온라인서비스제공자인지에 대해서는 논란이 있다.

스, 호스팅 서비스, 그리고 정보검색 서비스의 네 가지로 나누어 각각의 유형별로 책임 제한의 요건을 규정하고, 온라인서비스제공자가 그러한 요건을 모두 갖춘 경우에, 또는 이런 요건을 갖추기 위한 조치를 취하는 것이 기술적으로 불가능한 경우에 침해에 대해 책임을 지지 않도록 하고 있다(법 제102조 및 제103조 제5항).

저작권법은 또한 요건을 충족한 온라인서비스제공자에 대해서는 형사의 기소가 있는 때에 법원이 명할 수 있는 조치를 제한하고 있다. 네트워크 접속 서비스 사업자에게는 특정 계정의 해지 또는 특정 해외 인터넷 사이트에 대한 접근을 막기 위한 합리적인 조치만을 명할 수 있다.

캐싱 서비스 사업자, 호스팅 서비스 사업자, 그리고 정보검색 서비스 사업자에게는 불법복제물의 삭제, 불법복제물에 대한 접근을 막기 위한 조치, 특정 계정의 해지, 그리고 그 밖에 온라인서비스제공자에게 최소한의 부담이 되는 범위에 서 법원이 필요하다고 인정하는 조치만을 명할 수 있다(법 제103조의2).

(1) 네트워크 접속 서비스

단순도관(mere conduit)으로 불리는 서비스로서, 내용의 수정 없이 저작물 등을 송신[4]하거나 경로를 지정하거나 연결을 제공하는 행위 또는 그 과정에 저작물 등을 송신하기 위해 합리적으로 필요한 기간 내에 자동적·중개적·일시적으로 저장하는 행위를 말한다. 네트워크와 네트워크 사이에 통신을 위해서 서버까지 경로를 설정하고 이를 연결해 주는 서비스를 말하며, KT나 SKT 같은 망사업자가 제공하는 서비스가 이에 해당한다.

---

4 '전송'이나 '공중송신'이 아닌 '송신'이라는 용어를 사용한 것은 디지털 방송 등은 물론 이메일 등 사적인 송신까지를 포함해 보다 포괄적으로 송신행위 전반에 대해 온라인서비스제공자가 질 수 있는 책임을 제한하려는 것이다.

(2) 캐싱 서비스(caching service)[5]

서비스 이용자의 요청에 따라 한번 송신된 저작물 등을 후속 이용자들이 효율적으로 접근하거나 수신할 수 있게 할 목적으로 자동적·중개적·일시적으로 저장하는 것을 말한다. 온라인서비스제공자가 망이나 서버에 가해지는 부하를 줄이고 이용자들이 신속하게 저작물 등에 접근할 수 있도록 이를 중앙 서버와는 별도로 구축된 캐시서버에 자동적으로 임시 저장하는 서비스가 이에 해당한다.

(3) 호스팅 서비스(hosting service)

복제·전송자(업로더)의 요청에 따라 저작물 등을 온라인서비스제공자의 서버에 저장할 수 있도록 하는 서비스를 말한다. 카페, 블로그, 또는 웹하드 등 일정한 자료를 서버에 저장해 다른 이용자가 접근할 수 있도록 하는 서비스가 이에 해당한다.

(4) 정보검색 서비스(location tools)

정보검색도구를 통해 이용자에게 정보통신망 상의 저작물 등의 위치를 알 수 있게 하거나 이에 연결할 수 있도록 하는 서비스를 말한다. 네이버, 다음, 또는 구글 등의 검색 서비스나 사전 검색을 통해 관련되는 게시물의 링크를 종합해 제공함으로써 이용자가 손쉽게 접근할 수 있도록 하는 링크 사이트가 이에 해당한다.

---

5 캐싱(caching)이란 정보처리의 효율성과 안정성을 높이기 위해 자주 이용되는 디지털 정보를 캐시(cache)라 불리는 저장 공간에 임시 저장한 후에 이를 다시 이용하려는 경우 정보의 원출처가 아니라 임시 저장된 정보를 활용하도록 하는 것을 말한다. 온라인서비스제공자의 캐싱은 주로 캐시 서버를 이용하는 것으로, 이용자가 자신의 컴퓨터에서 저작물을 이용하면서 저장하게 되는 캐싱(local caching)과 구별된다.

표 2 | **온라인서비스제공자 서비스의 유형별 책임 제한 요건**

	네트워크 접속 서비스	캐싱 서비스	호스팅 서비스	정보검색 서비스
저작물 송신을 시작하지 않을 것	○	○	○	○
저작물이나 그 수신자를 지정하지 않을 것	○	○	○	○
반복적 침해자의 계정해지 정책 채택과 이행	○	○	○	○
표준적인 저작물 식별 및 보호기술조치 수용[6]	○	○	○	○
저작물 등을 수정하지 않을 것		○		
접근 조건이 있는 경우에는 조건을 충족하는 이용자에게만 캐싱된 저작물에 접근 허용[7]		○		
복제·전송자가 제시한 일반적으로 인정되는 통신 규약에 따른 현행화 규칙 준수[8]		○		
저작물 이용 정보를 얻기 위해 적용한, 업계에서 일반적으로 인정되는 기술의 사용을 방해하지 않을 것[9]		○		
본래의 사이트에서 접근할 수 없게 조치된 저작물에 접근할 수 없도록 조치		○		
침해행위 통제 권한이 있는 경우, 직접적인 금전적 이익이 없을 것			○	○
침해를 실제로 알거나 그로부터 침해가 명백하다는 것을 알 수 있는 사실 또는 정황을 알게 된 때에 즉시 그 저작물의 복제·전송 중단			○	○
복제·전송 중단 요구의 수령인 지정 및 공지			○	○

6 저작권법 시행령은 표준적인 기술조치의 요건으로, 첫째, 저작재산권자와 온라인서비스제공자의 의견일치에 따라 개방적이고 자발적으로 정해질 것, 둘째, 합리적이고 비차별적인 이용이 가능할 것, 셋째, 온라인서비스제공자에게 상당한 비용을 부과하거나 온라인서비스 제공과 관련된 시스템 또는 정보통신망에 실질적인 부담을 주지 않을 것 등 세 가지를 정했다(령 제39조의3).

7 원래의 저작물 등에 접근하기 위해 이용료를 지불하거나 또는 암호나 그 밖의 다른 정보를 입력할 것이 요구되는 경우에는 캐싱된 정보에 대해서도 이를 충족한 이용자에게만 접근이 허용되도록 해야 한다.

8 다만, 복제·전송자가 그러한 저장을 불합리하게 제한할 목적으로 현행화(update) 규칙을 정한 경우에는 이 요건을 적용하지 않는다. 예를 들어, 10초마다 현행화하도록 하는 규칙은 이를 따르기 위해 불필요하게 과도한 부담을 지워 캐시 자체를 제한하는 것으로 이해될 수 있다.

9 광고수익 등을 계산하기 위한 방문 수(hit count)를 원래 사이트로 돌리는 기술의 사용을 방해하지 않을 것 등이 이에 해당한다.

각 서비스 유형별 책임 제한 요건을 표로 정리하면 〈표 2〉와 같다. 각각의 요건은 각 서비스에 대해 개별적으로 충족해야 한다. 호스팅 서비스나 정보검색 서비스를 제공하는 온라인서비스제공자는 서비스 제공과정에서 저작물 등을 캐싱하는데, 이 경우 캐싱 서비스와 관련된 요건들도 모두 충족해야 한다.

짚어보기 불법복제물에 대한 링크를 제공하는 링크사이트 운영자는 온라인서비스제공자 책임 제한 규정의 적용을 받을 수 있는가?

링크사이트와 관련해 법원은 인터넷 이용자가 링크 부분을 클릭함으로써 저작권자로부터 이용허락을 받지 않은 저작물을 게시하거나 인터넷 이용자에게 그러한 저작물을 송신하는 등의 방법으로 저작권자의 복제권이나 공중송신권을 침해하는 웹페이지 등에 직접 연결된다 하더라도, 링크는 저작물의 웹 위치 정보 또는 경로를 나타낸 것에 불과하므로 링크를 설정하는 행위 자체는 저작물의 복제 또는 전송에 해당하지 않는다는 종래의 입장[10]을 유지하면서도, 저작권 침해물 링크 사이트에서 침해 게시물에 연결되는 링크를 제공하는 경우처럼 링크 행위자가 공중송신권을 침해한다는 사실을 충분히 인식하면서 그러한 침해 게시물 등에 연결되는 링크를 인터넷 사이트에 영리적 · 계속적으로 게시하는 등으로 공중의 구성원이 개별적으로 선택한 시간과 장소에서 침해 게시물에 쉽게 접근할 수 있도록 링크 행위를 한 경우에는 침해 게시물을 공중의 이용에 제공하는 범죄를 용이하게 하므로 공중송신권 침해의 방조가 된다고 판시하였다.[11]

저작권법은 정보검색 서비스가 침해를 실제로 알거나, 권리자로부터 삭제 통지를 받거나 그로부터 침해가 명백하다는 것을 알 수 있는 사실 또는 정황을 알게 된 때에 즉시 그 저작물의 복제·전송을 중단하는 경우 책임을 지지 않도록 규정하고 있다(법 제102조 제

---

10 대법원 2009. 11. 26. 선고 2008다77405 판결 및 대법원 2015. 3. 12. 선고 2012도13748 판결 참조.

11 대법원 2021. 9. 9. 선고 2017도19025 전원합의체 판결

1항 제3호).

특히 그로부터 침해행위가 명백하다는 것을 알 수 있는 사실 또는 정황을 '위험신호(red flag)'라 하는데, 이를 알고도 즉시 그 저작물의 복제·전송을 중단하지 않으면 방조 또는 공동불법행위로서 책임을 질 수 있다. 여기서 '안다'는 것은 같거나 유사한 정황 하에 사업을 영위하는 합리적인 사람의 관점에서 명백하다면 그 기준은 (객관적으로) 충족되며, 온라인서비스제공자가 실제로 그러한 사실 또는 정황으로부터 침해가 명백하다는 것을 (주관적으로) 알 필요는 없다.[12]

일반적으로 문제가 되는 링크사이트는 주로 불법복제물이 게시되는 것으로 널리 알려진 사이트를 중점적으로 검색해[13] 링크를 제공하고 있으므로, 객관적인 기준뿐만 아니라 주관적인 기준도 충족할 가능성이 높다. 이 경우에는 책임 제한 규정이 적용되기 어렵다. 이는 침해를 유인하고 부추기기 위해 적극적으로 조치를 취한 사람은 그 결과 이루어진 제3자의 침해행위에 대해 책임을 져야 한다는 원칙[14]에도 부합한다.

유럽사법재판소도 영리를 목적으로 링크를 한 경우에는 링크되는 저작물이 권리자의 동의를 받아 복제·전송된 것인지 충분히 알면서(with the full knowledge) 하는 것으로 추정해야 하며, 이 추정이 번복되지 않는다면 불법복제물에 링크하는 것은 예정되지 않은 새로운 공중(new public)에의 송신으로서 공중전달권(전송권) 침해에 해당한다고 판시했다.[15]

나. 일반적 모니터링 의무 배제

온라인서비스제공자는 자신의 서비스 안에서 침해행위가 일어나는지를 모니터링하거나 침해행위를 적극적으로 조사할 의무를 지지 않는다

12 H.R. Rep. No.105-551, at 53(1998) 참조.
13 심지어 스스로 그런 사이트에 자료를 올리고 이에 링크를 거는 것으로 의심되는 경우도 있다.
14 *MGM Studios, Inc. v. Grokster, Ltd.*, 545 U.S. 913(2005) 참조.
15 *GS Media*, C-160/15, EU:C:2016:644(2016) 참조.

(법 제102조 제3항).

이는 온라인서비스제공자가 저작권 침해와 관련된 책임을 면제받기 위해 저작권 보호를 위한 관련 기술조치를 따르는 것을 넘어서서 서비스를 모니터링하거나 저작권 침해의 징후를 보이는 사실을 적극적으로 찾아야 하는 것은 아님을 분명히 한 것이다.

나아가 법에서 정한 요건을 이행하는 것으로 충분하며, 권리자가 요구하는 필터링 등 다른 요구까지 이행해야 하는 것도 아니다.[16] 다만, 침해 관련 정보에 대한 '의도적 인식 회피(willful blindness)'까지 허용되지는 않는다. 서비스 이용자가 저작권을 침해한다고 의심할 만한 이유가 있음에도 불구하고 의식적으로 이를 확인하지 않은 경우에는 책임 제한 사유가 인정되지 않을 수 있다.[17]

3. 복제·전송의 중단 절차 등

온라인서비스제공자 중에서 호스팅 서비스와 정보검색 서비스의 경우에는, 자신의 권리가 침해되고 있다고 주장하는 사람으로부터 침해가 되는 복제·전송의 중단 요구 등을 통해 침해가 명백하다는 사실 또는 정황을 알게 된 때에 즉시 그 저작물 등의 복제·전송을 중단시키면 관련 저작권 침해의 책임을 지지 않는다(법 제102조 제1항 제3호 다목). 저작권법은 이와 관련한 절차를 다음과 같이 별도로 상세하게 정하고 있다.

---

16 유럽사법재판소는 벨기에의 저작권 집중관리단체(SABAM)가 P2P 서비스를 통해 유통되는 불법복제물을 통제하고자 네트워크 접속서비스를 제공하는 통신사(Scarlet Extended SA)에게 네트워크를 오가는 정보에 대해 필터링 조치를 취하도록 요구한 것은 과도하다고 판시했다. *Scarlet Extended SA v. SABAM*, C-70/10(2011) 참조. 저작권법상 네트워크 접속 서비스를 제공하는 온라인서비스제공자는 권리자가 이용하는 표준적인 기술조치를 수용하고 방해하지 않으면 되며 권리주장자의 불법복제물에 대한 복제·전송 중단 요구 대상에서도 제외된다.

17 *Tiffany, Inc. v. eBay, Inc.*, 600 F.3d 93, 109(2d Cir. 2010).

가. 권리주장자의 복제·전송 중단 요구

온라인서비스제공자의 서비스를 이용한 저작물 등의 복제·전송으로 자신의 권리가 침해된다고 판단하는 사람(권리주장자)은 자신이 권리자임을 소명해 온라인서비스제공자에게 그 저작물 등의 복제·전송을 중단시킬 것을 요구할 수 있다.

자신이 그 저작물 등의 권리자로 표시된 저작권 등록증 사본 또는 자신의 성명이나 널리 알려진 이명이 표시되어 있는 저작물 사본 또는 그에 상응하는 자료가 이에 해당한다. 다만, 권리주장자가 저작권신탁관리업자이거나 최근 1년 이내에 이미 소명자료를 제출한 사실이 있는 경우에는 제출하지 않아도 된다.

소명자료를 제출하기 어려운 정당한 사유가 있는 때에는, 정당한 권리 없이 복제·전송의 중단을 요구한 경우에는 그에 따른 손해를 배상하고, 정당한 권리가 없음을 알면서 고의로 복제·전송의 중단을 요구해 온라인서비스제공자의 업무를 방해한 경우에는 관련 처벌을 받겠다는 취지의 진술서를 대신 제출할 수 있다.

복제·전송의 중단 요구에는 대상 저작물 등의 제호와 위치정보가 특정되어야 한다. 대상 저작물 등을 찾기 위한 검색어와 대표 주소만 제시하는 것으로는 저작권을 침해하는 게시물에 대해 구체적·개별적으로 삭제와 차단을 요구한 것으로 보기 어렵다.[18]

나. 온라인서비스제공자의 복제·전송 중단 및 통보

온라인서비스제공자는 복제·전송의 중단 요구를 받은 즉시 대상 저작물 등을 자신의 서비스로부터 삭제하거나 대상 저작물 등에의 접근을 차단함으로써 대상 저작물 등의 복제·전송을 중단시키고, 그로부터 3일 이

18 대법원 2019. 2. 28. 선고 2016다271608 판결 참조.

내에 그 사실을 권리주장자에게 통보해야 한다.

또한 그 저작물 등의 복제·전송자에게도 권리주장자가 제출한 복제·전송 중단 요청서를 붙여서 그 사실을 통보해야 한다. 그리고 복제·전송자에게 자신의 복제·전송이 정당한 권리에 의한 것임을 소명해 이의 재개를 요구할 수 있음을 알려주어야 한다.

통지를 받은 즉시 복제·전송을 중단하도록 한 것은 온라인을 통한 저작권 침해의 속성상 짧은 기간 내에 저작권자에게 회복하기 어려운 피해를 입힐 수 있기 때문이다. 이에 비해, 잘못된 권리 주장으로 복제·전송자가 입을 수 있는 피해는 비교적 예측 가능하고 나중에 권리주장자에게 책임을 묻기도 쉽다.[19]

다. 복제·전송자의 재개 요구

복제·전송자는 복제·전송의 중단을 통보받은 날부터 30일 이내에 소명자료와 함께 재개요청서를 제출할 수 있다. 소명자료에는 자신이 그 저작물 등의 권리자로 표시된 저작권 등록증 사본이나 자신의 성명이나 널리 알려진 이명이 표시되어 있는 저작물 사본, 또는 저작권자 등으로부터 적법하게 복제·전송의 허락을 받은 사실을 증명하는 계약서 사본이나 그에 상응하는 자료, 그리고 그 저작물 등의 저작재산권의 보호기간이 끝난 경우 이를 확인할 수 있는 자료가 있다.

소명자료를 제출하기 어려운 정당한 사유가 있는 때에는, 복제·전송의 중단 요구와 마찬가지로, 정당한 권리 없이 복제·전송의 재개를 요구한 경우에는 그에 따른 손해를 배상하고, 정당한 권리가 없음을 알면서 고의로

19 이와 달리, 일본의 관련법은 우선 권리주장자의 요청사실을 복제·전송자에게 통보해 그의 의견을 듣도록 하고 7일 이내에 반대의사가 없으면 조치를 취하도록 하고 있다. 일본 「특정전기통신서비스제공자의 손해배상책임 제한 및 발신자 정보의 공개에 관한 법률」 제3조 참조.

복제·전송의 재개를 요구해 온라인서비스제공자의 업무를 방해한 경우에는 관련 처벌을 받겠다는 취지의 진술서를 대신 제출할 수 있다.

라. 온라인서비스제공자의 복제·전송 재개 및 통보

복제·전송자가 자신의 복제·전송이 정당한 권리에 의한 것이었음을 소명해 재개를 요구하는 경우, 온라인서비스제공자는 요구를 받은 날부터 3일 이내에 복제·전송자의 복제·전송이 정당한 권리에 의한 것인지를 결정해야 한다.

정당한 권리에 의한 것으로 인정되면 복제·전송의 재개를 요구받은 날부터 7일 이후 14일 이내에 속하는 날로 재개예정일을 정해, 재개 요구 사실 및 재개예정일을 지체 없이 권리주장자에게 통보하고 그 예정일에 복제·전송을 재개시켜야 한다. 다만, 권리주장자가 복제·전송자의 침해행위에 대해 소를 제기한 사실을 재개예정일 전에 온라인서비스제공자에게 통보한 경우에는 그렇지 않다.

이 경우에는 권리주장자와 복제·전송자 사이에 저작권 분쟁이 발생한 것이므로 온라인서비스제공자가 더 이상 개입할 여지가 없다. 두 당사자는 당사자 사이의 협의 또는 한국저작권위원회에의 알선 및 조정 신청이나 법원에의 소송 제기를 통해 분쟁을 해결해야 한다.

온라인서비스제공자는 권리주장자의 복제·전송 중단 요구 및 복제·전송자의 복제·전송 재개 요구를 받을 수령인을 지정해 자신의 설비 또는 서비스를 이용하는 사람들이 쉽게 알 수 있도록 공지해야 한다.

온라인서비스제공자가 이렇게 수령인을 정해 공지하고 앞서의 절차에 따라 복제·전송을 중단하거나 재개한 경우에는 이로 인해 발생한 손해에 대해 책임을 지지 않는다.

온라인서비스제공자가 권리주장자로부터 복제·전송의 중단 요구를 받을 때의 절차를 그림으로 나타내면 〈그림 4〉와 같다.

그림 4 | **복제·전송의 중단 요구에 따른 절차**

4. 복제·전송자 정보제공명령

권리주장자는 온라인서비스제공자가 보유한 해당 복제·전송자의 성명과 주소 등 민·형사상 소를 제기하거나 고소를 위해 필요한 최소한의 정보를 제공하라고 온라인서비스제공자에게 명령해 줄 것을 문화체육관광부장관에게 청구할 수 있다. 다만, 온라인서비스제공자에게 먼저 요청한 후에 거절된 경우라야 한다.

문화체육관광부장관은 한국저작권보호원 저작권보호심의위원회의 심의를 거쳐 온라인서비스제공자에게 해당 정보의 제출을 명할 수 있다. 온라인서비스제공자는 7일 이내에 이를 따라야 하며 문화체육관광부장관은 이를 지체 없이 청구자에게 제공해야 한다. 권리주장자는 제공받은 정보를 청구 목적 외의 용도로 사용해서는 안 된다. 이를 어기는 경우에는 3년 이하의 징역 또는 3천만원 이하의 벌금에 처해질 수 있다(법 제103조의3 및 제136조).

저작권 침해에 대해 민사소송을 제기하려면 당사자의 성명과 주소 등을 반드시 기재해야 한다. 그러나 온라인에서 발생하는 저작권 침해에서 이런 정보를 확보하기란 매우 어렵다. 이 때문에 권리자들은 이 같은 정보를 요구하지 않는 형사절차에 의존하는 성향이 있다. 이것은 이른바 '합의금 장사' 및 피해 보전에 불충분한 손해배상액의 문제와 함께 저작권 침해 구제에 있어 민사보다는 형사절차에 지나치게 의존하는 현상을 유발하는 원인이다.

침해자 정보제공명령 제도를 통해 권리자는 사실상 형사절차를 통하지 않고는 구하기 어려운 정보를 비교적 간편한 행정 절차를 통해 제공받을 수 있고, 온라인 저작권 침해에 보다 효과적으로 대응할 수 있다. 다만, 문화체육관광부장관에게 정보제공명령을 청구하기 전에 먼저 온라인서비스제공자에게 정보제공을 요청하는 등의 자구노력을 하도록 함으로써 청구가 무분별하게 남발되지 않도록 하고 있다.

5. 특수한 유형의 온라인서비스제공자의 의무

저작권법은 다른 사람들 상호간에 컴퓨터를 이용해 저작물 등을 전송할 수 있도록 하는 것을 주된 목적으로 하는 온라인서비스제공자를 '특수한 유형의 온라인서비스제공자'로 분류하고, 이에 대해서는 권리자의 요청이 있는 경우에 해당 저작물 등의 불법적인 전송을 차단하는 기술적인 조치 등 필요한 조치를 의무화했으며, 조치를 하지 않은 경우에는 3천만원 이하의 과태료를 부과하도록 했다(법 제104조 제1항 및 제142조 제1항).

온라인서비스제공자의 책임을 제한하면서도 이에 더하여, 웹하드(cyber locker)나 P2P 등 특정 유형의 서비스 제공자에 대해 추가적인 의무를 도입한 것은 당시 이들이 불법복제물 온라인 유통의 주요한 채널로 기능하고 있었기 때문이다.[20]

이런 채널에서는 특정한 저작물 등이 다수의 이용자에 의해 반복적으로 업로드되는 특징이 있다. 이에 대해 권리자가 매번 이를 확인해 삭제 및 차단하도록 요구하고 온라인서비스제공자도 같은 방식으로 대응한다고 해도 같은 불법복제물이 다시 게시되는 것을 막기 어렵다.[21]

이렇게 같은 노력이 헛되이 반복되는 것을 막기 위해서는 일단 확인된 불법복제물이 다시 그리고 반복적으로 게시되지 않도록, 경우에 따라서는 처음부터 게시되지 않도록 이를 업로드 단계에서 걸러내는 기술조치(upload filter)를 적용하면 권리자와 온라인서비스제공자 모두가 같은 작업을 반복하지 않을 수 있다. 이를 온라인서비스제공자에 대한 통지-삭제(notice-and-takedown) 절차와 비교하여 통지-업로드 금지(notice-and- staydown) 절차라 한다.

저작권법은 특수한 유형의 온라인서비스제공자의 범위를 문화체육관광부장관이 정해 고시하도록 하고 있는데, 여기에는 다음 세 가지 유형이 있다.[22]

첫째, 개인 또는 법인(단체 포함, 이하 같다.)의 컴퓨터 등에 저장된 저작물 등을 공중이 이용할 수 있도록 업로드 한 자에게 상업적 이익 또는

---

20 웹하드와 P2P 서비스를 통한 불법복제물의 유통은 2010년에 전체의 약 81%(건수 기준)에 달했다. 한국저작권단체연합회 저작권보호센터, 『2011 저작권 보호 연차보고서』(2011. 5), 219쪽 참조. 이 수치는 2021년에 15.4%로 줄어들었다. 한국저작권보호원, 『2022 저작권 보호 연차보고서』(2022. 4), 76쪽 참조.

21 이를 한 마리를 잡아도 여기저기서 다시 튀어 오르는 두더지를 또 잡아야 하는 '두더지 잡기 게임(Whack-a-mole)'에 비유하기도 한다.

22 문화체육관광부 고시(제2025-3호), "특수한 유형의 온라인서비스제공자의 범위"(2025. 1. 7. 시행) 참조.

이용 편의를 제공하는 온라인서비스제공자로서, 예를 들어 적립된 포인트를 이용해 쇼핑, 영화 및 음악 감상, 현금 교환 등을 할 수 있게 하거나, 사이버머니, 파일 저장 공간 제공 등을 통하여 저작물 등을 공유하는 자에게 경제적 혜택이 돌아가도록 하는 경우이다.

둘째, 개인 또는 법인의 컴퓨터 등에 저장된 저작물 등을 공중이 다운로드할 수 있도록 기능을 제공하고 다운로드 받는 자가 비용을 지급하는 형태로 사업을 하는 온라인서비스제공자로서, 예를 들어 저작물 등을 이용하는 경우에 포인트 차감, 쿠폰 사용, 사이버머니 지급, 공간 제공 등의 방법으로 경제적 대가를 지급해야 하는 경우이다.[23]

셋째, P2P 기술을 기반으로 개인 또는 법인의 컴퓨터 등에 저장된 저작물 등을 업로드하거나 다운로드할 수 있는 기능을 제공하여 상업적 이익을 얻는 온라인서비스제공자로서, 예를 들어 저작물 등을 공유하는 웹사이트 또는 프로그램에 광고 게재, 타 사이트 회원가입 유도 등의 방법으로 경제적 수익을 창출하는 경우이다.

특수한 유형의 온라인서비스제공자는 "해당 저작물 등의 불법적인 전송을 차단하는 기술적인 조치 등 필요한 조치"를 취해야 하는데, 이는 다음 세 가지를 말한다(령 제46조 제1항).

첫째, 저작물 등의 제호 등과 특징을 비교해 저작물 등을 인식할 수 있는 장치 적용, 둘째, 이렇게 인지한 저작물 등의 불법적인 송신을 차단하기 위한 검색 및 송신 제한 조치, 그리고 셋째, 해당 저작물 등의 불법적인 전송자를 확인할 수 있는 경우에는 그 저작물 등의 전송자에게 저작

---

23 〈유튜브(Youtube)〉의 경우, 일반 서비스의 경우에는 업로더에게 그가 업로드한 콘텐츠의 서비스로부터 발생하는 이익에 대해 보상하므로 제1유형에, 프리미엄 서비스는 가입자에게 대가를 징수하므로 제2유형에 해당하는 것으로 이해된다. 하지만 유튜브는 실제로는 특수한 유형의 온라인서비스제공자로서 절차에 따라 의무를 이행하고 있지는 않다. Content ID라는 업로드 필터를 적용하고 있으나 이는 자발적인 것이지 이 규정에 따른 것은 아니다.

권 침해 금지 등을 요청하는 경고 문구의 발송이다.

온라인서비스제공자가 권리자의 요청을 받은 때에는 그 저작물 등을 인식해서 이의 불법적인 송신을 차단하기 위한 조치를 적용하고, 불법 전송자를 확인할 수 있는 경우에는 재발을 막기 위한 경고를 해야 한다.

전기통신사업법은 특수한 유형의 온라인서비스제공자 제도의 실효성 확보를 위해 "특수한 유형의 부가통신사업자"로 정의하고, 이에 대해 등록을 의무화하고 이를 위반한 경우에는 3년 이하의 징역 또는 1억 5천만 원 이하의 벌금에 처하도록 하였다.[24]

문화체육관광부장관은 특수한 유형의 온라인서비스제공자가 기술적인 조치 등 필요한 조치를 이행하는지 여부를 정보통신망을 통해 확인해야 한다. 한국저작권위원회는 문화체육관광부장관으로부터 이 업무를 위탁받아 기술적 조치가 제대로 기능하는지를 확인하기 위해 성능평가 서비스를 제공하고 있으며, 한국저작권보호원은 특수한 유형의 온라인 서비스제공자가 기술적인 조치 등 필요한 조치를 제대로 이행하고 있는지를 확인하는 업무를 담당하고 있다.

이 제도는 불법복제물의 무단 유통을 방지하고 억제하는 데에는 상당한 효과가 있었던 것으로 평가된다. 그러나, 이처럼 행정 규제를 통해 업로드 필터를 의무화하는 방식으로는 단순 불법복제물이 아니라 이용자 생성 콘텐츠(UGC)가 업로드되는 플랫폼에서의 저작권 침해에 대응하는 데에는 한계가 있다.

흔히 가치 격차(value-gap)이라 불리는 이 문제에 대처하기 위해서는 일정한 온라인서비스제공자의 접근 제공 서비스에 대해 저작권자로부터 이용허락을 받도록 할 필요가 있다. 특수한 유형의 온라인서비스제공자 제도를 유럽연합이 디지털 단일시장 저작권 지침 제17조에서 도입한 온

---

24 전기통신사업법 제22조 및 제95조 참조.

라인 콘텐츠 공유 서비스 제공자 제도를 참고하여 개편하는 것이 방법일 수 있다.[25]

짚어보기 특수한 유형의 온라인서비스제공자에 대한 기술조치 적용 의무는 온라인서비스제공자에 대한 일반적 모니터링 의무 배제 규정과 서로 어긋나는 것 아닌가?

온라인서비스제공자에 대한 책임 제한과 관련해, 온라인서비스제공자는 저작권 보호를 위한 표준적인 기술조치를 따르는 것으로 족하고 자신의 서비스를 모니터링하거나 서비스 안에서 침해행위가 일어나는지를 모니터링하거나 저작권 침해의 징후를 적극적으로 찾아야 할 의무를 지지 않는다(법 제102조 제3항).

이와 달리 웹하드나 P2P 등 특수한 유형의 온라인서비스제공자에 대한 기술조치 등 적용 의무는 권리자의 요청에 따라 적용되는 불법복제물의 반복적인 업로드에 효율적으로 대응하기 위한 조치로서, 온라인서비스제공자에 대한 책임 제한과는 아무런 관계가 없다. 권리자의 요청에 따르지 않는다고 해도 과태료가 부과될 수 있을지언정 면책을 받는 것과는 관계가 없다.

짚어보기 온라인서비스제공자의 책임을 제한하는 이 피난항 조항의 구도를 AI 서비스제공자에게도 제공하는 입법이 필요하지 않을까?

온라인서비스제공자의 서비스가 서비스 사용자에 의해 저작권을 침해하는 용도로 사용될 수 있는 것처럼 AI 서비스도 저작권을 침해하는 용도로 사용될 수 있다. 이 경우에 온라인서비스제공자의 경우와 마찬가지로, AI서비스제공자에게 직접 그 책임을 묻기보다는 AI의 학습과 배치(deployment) 등의 과정에 그가 그러한 저작권 침해를 방지, 억제

25 자세한 사항은, 임원선, "가치격차 현상과 온라인서비스제공자 책임제한 제도 재검토," 「경영법률」, vol 32, no 4 (2022), 91-142쪽 참조.

하거나 중단시키는 데 적극적인 역할을 하도록 하고, 그 역할을 다한 경우에는 책임을 제한하는 것이 바람직할 수 있다.

예를 들어, 학습과정에 인상파나 입체파처럼 일정한 유파의 스타일과 달리 고흐나 피카소 등 특정 작가의 스타일을 집중적으로 학습하는 것을 피한다거나, 산출과정에 학습한 원문과 실질적으로 유사한 결과물을 걸러 내거나 그러한 출력을 하는 경우에 사용자에게 저작권 경고를 보내는 것 등 일정한 안전조치(safe guard)를 취하도록 하고, 이를 성실하게 이행한 경우에 일정하게 책임을 제한하는 방법이 검토될 수 있다.

제2절

기술적 보호조치의 법적 보호

1. 의의 및 보호 필요성

우리에게는 도둑으로부터 우리를 보호해 주는 경찰이 있고, 도둑을 맞았을 경우에 그에 대해 손해배상을 받거나 처벌을 구할 수 있는 사법제도가 있다. 하지만 많은 사람들은 담을 쌓거나 현관문을 닫아걸고 있다. 피해에 대한 구제가 확실하지 않거나 회복불가능한 경우가 있으므로 사전에 이를 미리 방지하는 것이 낫기 때문이다.

저작권법 역시 저작자에게 일정한 권리를 부여하고 권리가 침해된 경우에 권리자로 하여금 일정한 사법적 구제를 받을 수 있도록 하고 있으나, 권리자들은 침해를 방지하거나 억제하기 위해 기술조치에 의존하려 하고 있다.[26]

하지만 권리자가 강구하는 이런 기술조치도 숙련된 전문가에 의해 또는 그가 제작한 도구나 직접 그의 도움을 받은 일반 사람들에 의해 쉽게 무용지물이 될 수 있다. 기술조치를 적용하면 이용자가 저작물을 이용하기가 불편하고 번거로워진다. 무력화를 어렵게 하기 위해 기술조치를 복잡하고 정교하게 만들수록 더 불편하고 번거로워진다. 사용자들은 이런 불편이 자신을 위한 것이 아니라 다른 사람(권리자)을 위한 것이라면 더

26 기술적 보호조치의 법적 보호에 관한 자세한 사항은 임원선, 「저작권 보호를 위한 기술조치의 법적 보호에 관한 연구」, 동국대 박사학위 논문(2004) 참조.

참지 못하는 성향이 있다.[27]

이 문제를 해결하기 위해서는 사용자를 성가시게 하지 않을 만큼 기술조치를 편하고 단순하게 설계해도 효과가 있도록 해야 한다. 기술조치가 고도로 복잡하거나 정교하지 않아도 소기의 성과를 가져올 수 있도록 하려면 기술조치를 법적으로 보호함으로써 기술조치의 허락받지 않은 무력화를 억지할 필요가 있다.

1996년 12월 스위스 제네바에 모인 각국의 대표들은 이 같은 기술조치의 보호 필요성에 합의했고, 이에 따라 WIPO저작권조약과 WIPO실연·음반조약에서 기술조치 무력화 행위에 대한 효과적인 보호를 의무화하게 되었다.[28]

기술적 보호조치는 그 목적에 따라 두 가지로 나뉜다.[29] 하나는 '접근통제조치(access control measures)'이고 다른 하나는 '이용통제조치(copy control measures)이다.[30]

접근통제조치란 저작권과 그 밖에 저작권법에 의해 보호되는 권리의 행사와 관련해 저작권법에 따라 보호되는 저작물 등에 대한 '접근'[31]을 방지하거나 억제하기 위해 그 권리자나 권리자의 동의를 얻은 사람이 적용하는 기술적 조치(이제부터 '기술조치'라 한다)를 말한다.[32]

---

27 내셔널 리서치 카운슬, 『디지털 딜레마』, 141쪽 참조.

28 WIPO저작권조약 제11조 및 WIPO실연·음반조약 제18조.

29 어느 기술조치가 보호되는가 하는 것도 그 목적을 기준으로 정해진다. 관련 조약 문구의 논의과정에서 그 결과적인 효과는 이 기준에서 의도적으로 배제되었다. 문화체육부, 세계지식재산기구 저작권조약 및 실연·음반조약 해설 (1997. 11.), 57-58쪽 참조.

30 미국이 1998년 디지털 밀레니엄 저작권법을 통해 이의 보호를 법제화한 후, 유럽연합과 일본, 호주 등 많은 지역공동체와 국가들이 그 뒤를 이었고, 우리나라도 2003년에 이용통제조치에 대한 보호를, 2011년에는 접근통제조치에 대한 보호를 도입했다.

31 저작물 등에 대한 접근(access)이란 저작물을 읽고 보고 듣고 작동하는 행위, 즉 향유하는 행위와 저작물을 담고 있는 매체 또는 이를 저장하고 있는 서버에 접근하는 행위를 말한다. 이에 관하여는, 임원선, 저작권 보호를 위한 기술 조치의 법적 보호에 관한 연구, 21-25쪽 참조.

32 이 점에서 어떠한 기술조치가 프로그램의 물리적인 복제 자체를 방지하지는 않지만 그렇게 복제된 프로그램을 실행할 수 없게 한다면 사실상 프로그램의 물리적인 복제를 막는 것과 동등한 효과가 있다고 보아 그러한 기술조치도 보호되는 기술조치로 판단한 대법원의 판결과, 관련 사안에서 이를 인용한 헌법재판소 판결은 재검토가 필요하다. 대법원 2006. 2. 24. 선고 2004도2743 판결, 대법원 2009. 10. 19. 선고 2007도10735 판결, 대법원 2011. 7. 14. 선고 2010도1441 판결 및 헌법재판소 2018. 11. 29.선고 2017헌바369 전원재판부 판결.

DVD에 적용되는 콘텐츠 스크램블링 시스템이나 영상물에 적용되는 매크로비전(macrovision)[33] 및 암호화 등이 이에 해당한다.

이용통제조치란 저작물등의 이용[34]을 통해 저작권과 그 밖에 저작권법에 의해 보호되는 권리를 '침해'하는 것을 방지하거나 억제하기 위해 그 권리자나 권리자의 동의를 얻은 사람이 적용하는 기술조치를 말한다(법 제2조 제28호).[35]

이용통제조치는 다른 권리에도 관계되지만 주로 복제를 통제하는 기술이다. 한 번의 복제는 허용하되 한 번 복제된 것은 다시 복제되지 않도록 하는, DAT에 적용되는 직렬복제관리시스템(SCMS, serial copy management system) 등이 이에 해당한다.

저작권법은 정당한 권한 없이 고의 또는 과실로 접근통제조치를 제거, 변경하거나 우회하는 등 무력화하는 것을 금지하는 한편, 다음과 같은 장치, 제품, 또는 부품을 제조, 수입, 배포, 전송, 판매, 대여, 공중에 대한 청약, 판매나 대여를 위한 광고, 또는 유통을 목적으로 보관 또는 소지하거나 서비스를 제공하는 것(이하 '무력화 예비행위'라 한다)을 금지

---

33 매크로비전의 경우, 이를 이용통제조치로 분류하는 견해도 있다. 이해완, 신저작권법입문, 박영사 (2024), 737쪽 참조. 완전한 복제를 하지 못하도록 한다는 관점에서 보면 이러한 견해도 타당성이 있다. 저작물은 완전하게 복제되나 이를 재생하는 과정에 다른 장해가 발생하도록 한 경우라면, 이를 접근통제조치로 분류하는 것이 타당하다.

34 저작물등의 이용(copy)이란 저작물 등의 복제, 배포, 공연, 방송, 전송 등 저작권법이 권리자의 허락을 받도록 정하고 있는 특정한 행위를 말한다.

35 대법원은 노래반주기에 공급되는 신곡의 인증을 통제하는 데이터롬 칩이나 스마트 토큰을 무력화 하는 장치와 관련하여, 복제권 및 배포권과 관련하여서는 접근통제조치에 해당하고, 공연권과 관련하여서는 이용통제조치에 해당한다고 판시한 바 있다. 대법원 2015.7.9.선고 2015도3352 판결. 이는 신곡의 인증을 받지 못하면 그 노래반주기에서 재생의 방법으로 공중에게 공개하는 공연행위 자체를 할 수 없으므로, 이를 공연권 침해를 직접적으로 방지하거나 억제하는 기술조치로 본 결과이다. 그러나 판례에서도 언급하고 있듯이, 사건에서의 공연행위는 "재생"행위와 공중에의 "공개"행위의 두 가지로 구성된다. 기술조치가 방지하거나 억제하는 것은 "재생"행위이지 "공개"행위가 아니다. 그 자체는 "재생"행위를 방지하거나 억제할 뿐, "공연"행위를 방지하거나 억제하지 않는다. "재생"행위는 앞서 언급하였듯이 읽고, 보고, 듣고, 작동하는 "향유"행위, 즉 접근에 해당한다. 따라서 이 사건 기술조치는 접근통제조치에 해당한다.

한다(법 제104조의2).

① 기술조치의 무력화를 목적으로 홍보, 광고 또는 판촉되는 것
② 기술조치를 무력화하는 것 외에는 제한적인 상업적 목적 또는 용도만 있는 것
③ 기술조치를 무력화하는 것을 가능하게 하거나 용이하게 하는 것을 주된 목적으로 고안, 제작, 개조되거나 수행되는 것

2. 보호되는 기술조치

저작권법상의 정의와 저작권 보호의 원칙에 기초한 기술조치의 보호요건은 다음과 같다.

첫째, "저작권 또는 그 밖에 저작권법에 따라 보호되는 권리"를 보호하기 위한 것이어야 한다.

저작권법이 보호하고 있는 저작권, 저작인접권, 배타적발행권(출판권 포함) 그리고 데이터베이스제작자의 권리를 보호하기 위한 것이어야 한다. 여기서 "권리"란 배타적 권리(exclusive rights) 및 이에 준하는 권리를 의미한다.

저작물 등의 이용에 대하여 사후적으로 상당한 보상을 받을 권리인 보상청구권[36]은 포함하지 않는다. 보상청구권은 저작물 등의 이용 그 자체는 통제하지 아니하되 사후적으로 그러한 이용에 대한 채권적 권리를 보장하려는 것이다. 보상청구권의 보호를 위해 적용되는 기술조치를 보호하는 것은 이러한 보상청구권의 취지에 어긋난다.

둘째, "보호되는 저작물등"에 적용된 것이어야 한다.

---

36 예를 들면, 법 제75조, 제76조, 제76조의2와 제82조, 제83조, 제83조의2의 규정에 의한 상업용 음반의 방송, 디지털음성송신 및 공연 사용에 대한 실연자와 음반제작자의 보상청구권이 이에 해당한다.

처음부터 보호되는 저작물등이 아닌 대상에 적용되었거나, 본래는 보호되는 저작물등이었으나 보호기간의 경과 등으로 더 이상 이에 속하지 않게 된 저작물등에 적용된 기술조치는 포함되지 않는다.

일반적으로 저작물에는 아이디어나 사실 등 저작권으로 보호되지 않는 요소가 포함되어 있고, 편집저작물등에는 보호되는 저작물과 그렇지 않은 저작물이 혼재되어 있는 경우가 있다. 이 경우에는 이에 적용된 기술조치를 보호하면, 이렇게 보호되지 않는 요소나 저작물을 이용자가 이용하는 것이 어려워질 수 있다.

셋째, 권리에 대한 침해행위를 "효과적"으로 방지 또는 억제하는 것이어야 한다.

"효과적인"이라는 용어를 단순히 수사적인 요소에 지나지 않는다고 보는 견해가 있으나,[37] 최소한 소극적인 의미를 가진다고 보아야 한다. 비록 그것이 "우회될 수 있다면 '효과적인' 것으로 간주할 수 없다"라는 식으로 극단적으로 해석되어서는 안 되겠지만,[38] 그렇다고 해서 "효과적인"이란 수식어가 단순히 수사에 그치는 것이라고 보는 것은 무리가 있다.

초보자라도 쉽게 아무런 어려움 없이 우회할 수 있는 기술조치를 법적

---

37 M. Ficsor, The Law of Copyright and the Internet-The 1996 WIPO Treaties, Their Interpretation and Implementation, New York: Oxford University Press (2002), at 546. 그는 이 주장을 뒷받침하기 위해 명시적인 조약문에도 불구하고, 아예 "효과적인"이란 수식어를 사용하지 않은 일본 저작권법과 "효과적인"이란 수식어를 사용했지만 이에 대해 아무런 정의도 두고 있지 않은 헝가리 저작권법(제96조)을 언급하고 있다. 사실, 일본 저작권법은 특정한 구현 방식으로 이를 정의하고 있으므로 "효과적인"이란 수식어가 처음부터 적절하지 않았다.

38 이러한 해석은 우회가 가능하지 않다면 처음부터 허락받지 않은 우회로부터 보호할 필요도 없다는 점에서 터무니없는 것이라고 할 수 있다. *Universal City Studios, Inc. v. Reimerdes*, 111 F. Supp. 2d 294, 318 (S.D.N.Y. 2000) 및 Pierre Sirinelli, General Report on the Scope the Prohibition on Circumvention of Technological Measures: Exceptions, translated by Jane C. Ginsburg, ALAI 2001 Congress (June 13-17, 2001)도 같은 취지.

으로 보호하는 것은 저작권의 보호를 위하여 기술조치를 보호하려는 목적에도 기여하는 바가 없을뿐더러 자칫 선량한 많은 이용자를 범법자로 만들 수도 있다. 따라서 너무 쉽게 또는 우연하게 우회될 수도 있는 기술조치는 그 보호대상에서 제외할 필요가 있다.

보호의 대상을 "효과적인" 기술조치로 국한한 것은 소극적으로 "효과적이지 않은" 기술조치를 보호 대상에서 제외하려는 취지로 이해함이 타당하다. 미국 저작권법[39]과 유럽연합 정보화 사회 저작권 지침[40]의 기술조치에 대한 정의는 이를 구체화하고 있는 사례이다.

넷째, "권리자나 권리자의 동의를 얻은 자가 적용하는" 것이어야 한다.

이는 표면상의 의미 이외에 두 가지 파생적인 의미를 내포하고 있는 것으로 이해된다. 하나는 기술조치의 적용 여부를 권리자의 판단에 맡겼다는 것이고, 다른 하나는 저작권법이 보호하는 권리를 보호하기 위한 기술조치만을 보호한다는 것이다.

기술조치는 저작권자가 자신의 권리를 보호하기 위해 강구하는 자구적 조치이다. 저작권자 스스로 자신의 필요에 따라 적용하는 것이 당연

---

39 미국 저작권법은 접근통제조치에 대해서는 "평상의 작동과정에서 저작물에 접근하기 위해서는 기술조치가 저작자의 허락과 함께 정보의 제공 또는 절차나 처치 등을 요구하는 경우에", 그리고 이용통제조치에 대해서는 "평상의 작동과정에서 기술조치가 본 편 법전 상의 저작권자의 권리를 행사하는 것을 방지, 금지 또는 그 밖에 한정"하는 경우에, 이를 "효과적인" 기술조치라고 규정하고 있다. 미국 저작권 법 제1201조(a)(3)(B) 및 제1201조(b)(2)(B).

40 유럽연합 정보사회 저작권지침도 "기술조치는 접근 통제 또는 보호되는 저작물 또는 그 밖의 보호대상이 그 저작물 또는 그 밖의 보호대상의 암호화, 스크램블링, 또는 기타 전환이나 복제통제 메커니즘과 같은 복제 통제절차를 통하여 권리자들에 의하여 통제되는 경우에 '효과적인' 것으로 간주된다."고 규정하고 있어서 결국 미국 저작권법의 정의와 큰 차이가 없는 것으로 이해된다. 유럽연합 정보사회 저작권 지침(Directive 2001/29/EC of the European Parliament and the Council of 22 May 2001 on the Harmonization of Certain Aspects of Copyright and Related Rights in the Information Society) 제6조(3) 참조.

하다. 따라서 기술조치의 사회적 필요성이 아무리 강조된다고 하더라도 국가 등이 권리자의 의사에 관계없이 이를 적용하여서는 아니 된다는 것을 간접적으로 선언하는 것으로 이해된다.

또한, 저작권으로 보호되지 않는 단순한 사실이나 보호기간의 만료로 인하여 공유에 처하게 된 저작물은 이에 대한 권리자가 없을 것이다. 이에 기술조치가 적용되었다면 그것은 권리자나 권리자의 동의를 얻은 자에 의한 것이 아닌 것이 되고, 보호의 대상이 되는 기술조치가 아닌 것이 된다. 따라서 소극적으로 권리자가 없는 대상에 적용된 기술조치를 보호 대상에서 배제하는 효과가 있다.

다섯째, 저작물등에 대한 접근이나 보호되는 권리의 침해행위를 "방지 또는 억제"하기 위한 것이어야 한다.

"방지 또는 억제"라 함은 권리침해행위의 예비적 또는 사전적 관문으로서 기술조치를 적용하여 권리를 침해하는 행위를 못하도록 하거나 복제물의 질을 저하시킴으로써 권리침해행위를 억제하는 것을 말한다.[41]

기술조치의 종류에 따라서는 복제 등은 허용하지만 그 출처를 사후에 추적할 수 있도록 하여 결과적으로는 권리의 침해행위를 억제하는 기술도 있을 수 있는데 이러한 기술조치도 이에 해당하는 것으로 이해된다.[42]

여섯째, 기술조치는 그것이 소프트웨어적인 것이든 또는 하드웨어적인 것이든 불문한다. 기술조치는 그것이 앞서 언급한 요건을 충족하면

41 일본 저작권법은 "억지"란 용어를 사용하며, 이를 "저작권등을 침해하는 행위의 결과에 현저한 장해를 생기게 하는 것에 의한 해당 행위의 억지를 말한다."고 정의하고 있다. 일본 저작권법 제2조 제20호.

42 포렌식 워터마킹(forensic watermarking)이라 불리는 이 기술은 특정 콘텐츠를 구매하거나 유출한 사람이 누구인지를 역으로 추적할 수 있게 한다. 마크애니, "재미있는 보안 이야기," 〈https://www.markany.com/blog/?bmode=view&idx=18960481〉 (2025. 6. 15. 검색).

족할 뿐, 디지털이어야 한다거나 사람에 의해 지각되어야 한다거나 하는 다른 유형이나 방식의 제한없이 보호된다. 이것은 전자적인 것 등으로 보호대상을 국한하는 일본 저작권법과 차이가 있다.[43]

일곱째, 접근통제조치에 대해서는, "저작권, 그 밖에 이 법에 따라 보호되는 권리의 행사와 관련하여(in connection with the exercise of their rights)" 적용된 것이라야 한다.

비록 기술조치가 적용된 대상이 저작권법에 따라 보호되는 저작물이라도 그 목적이 저작권법에 의해 보호되는 권리의 행사와 관련된 것이 아니라면 보호되지 않는다. 단지 경쟁을 제한하기 위해 또는 그 밖에 다른 목적을 위해 적용된 기술조치는 보호되지 않는다.[44]

참고로, 미국 저작권법은 이런 요건을 두고 있지 않아서, 기술조치에 대해서는 저작권 침해와는 관계없이 새로운 보호를 부여한 것으로 이해된다. 따라서 이처럼 관련이 없는 접근통제조치도 보호 대상에 해당하는

---

43 일본 저작권법은 이를 "전자적 방법, 자기적 방법, 그 밖에 사람의 지각에 의해 인식할 수 없는 방법"에 의한 것이라고 표현하고 있다. 일본 저작권법 제2조 제20호.

44 소니사의 플레이스테이션2에 대한 모드 칩에 관하여는 세계 각국의 판례가 서로 엇갈리는 것이 이것과 관련이 있다. 덴마크와 영국 및 미국은 우리 법원과 마찬가지로 이를 불법으로 판시하였으나, 이탈리아와 오스트레일리아는 이를 합법으로 판시한 바 있다. 덴마크; District Court of Alkmaar, 30 Nov. 2000, Case No. 14/060065-99 cited in Jon Bing, The New Cvolving Access Right, ALAI 2001 Congress(June 13-17, 2001) at 13, 영국; Sony Comp*uter Entertainment v. Paul Owen and Others* [2002] EWHC 45(CH), 미국; *Sony Computer Entertainment America, Inc. v Gamemasters,* 87 F.Supp.2d 976(N.D. Cal. 1999), 이탈리아, Tribunal rehearing Of Bolzano, Order Dec. 31, 2003, 오스트레일리아, *Stevens v Kabushiki Kaisha Sony Computer Entertainment* [2005] HCA 58(6 Oct. 2005). 이탈리아와 오스트레일리아의 판결은 기술조치가 시장의 지역적 분할이나 다른 회사가 제작한 게임의 작동 거부를 통한 경쟁제한 등 저작권 보호 이외의 목적으로 사용되는 것에 주목하고 있다. 오스트레일리아의 경우에 미국과 체결한 자유무역협정에 따라 2006년 저작권법 개정을 통하여 접근통제조치에까지 보호를 확대하면서도, 이러한 보호가 저작물이 영상저작물이나 컴퓨터프로그램인 경우에 오스트레일리아 밖에서 취득한 합법적인 저작물이나 그 밖에 보호대상을 오스트레일리아 내에서 재생되는 것을 방지함으로써 시장의 지역적 분할을 통제하는 경우, 그리고 그 저작물이 어떤 기계나 장치에 수록된 컴퓨터프로그램인 경우에 그 기계나 장치와 관련하여 상품이나 서비스의 사용을 제한하는 경우에는 미치지 않도록 하고 있다. 오스트레일리아 저작권법 제10조 접근통제조치에 대한 정의 참조.

것으로 이해된다.[45]

여덟째, 이용통제조치에 있어서는, “저작권, 그 밖에 이 법에 따라 보호되는 권리에 대한 침해 행위를” 방지하거나 억제하기 위하여 적용된 것이라야 한다.

저작권법에 의해 보호되지 않는 이용이라면, 예를 들면 저작물에의 허락받지 않은 접근을 통제하기 위한 것이라면 이용통제조치가 아니라 접근통제조치로서 보호된다.

3. 보호의 범위

저작권법은 기술조치와 관련하여 두 가지를 금지한다. 첫째로, 접근통제조치에 대해서는 정당한 권한 없이 고의 또는 과실로 이를 제거, 변경하거나 우회하는 등 무력화하는 것을 금지한다.

둘째로, 접근통제조치와 이용통제조치 모두에 대해, 기술조치의 무력화를 위한 장치, 제품, 또는 부품을 제조, 수입, 배포, 전송, 판매, 대여, 공중에 대한 청약, 판매나 대여를 위한 광고, 또는 유통을 목적으로 보관 또는 소지하거나 서비스를 제공하는 것(이제부터 “무력화 예비행위”라 한다)을 금지한다.

이와 함께 문화체육관광부장관 또는 지방자치단체의 장이 기술조치를 무력화하기 위해 제작된 기기·장치·정보 및 프로그램을 발견한 때에는 이를 관계 공무원으로 하여금 수거·폐기 또는 삭제하게 할 수 있도록

---

45 *MDY Industries, LLC v. Blizzard Entertainment, Inc.*, 629 F.3d 928 (9th Cir. 2010). 하지만 원격 주차장 문 개폐기의 보안시스템과 관련해, 저작권 침해와 ‘합리적인 관련(resonable relationship)’이 있는 접근통제조치만 이 규정의 보호 대상이 된다는 판례도 있다. *Chamberlain Group, Inc. v. Skylink Technologies, Inc*, 381 F.3d 1178 (Fed. Cir. 2004) 및 *Lexmark Int'l, Inc. v. Static Control Components, Inc.*, 387 F.3d 522 (6th Cir. 2004) 참조.

하고 있다.[46]

가. 기술조치 무력화 금지와 예외

접근통제조치에 대해서는 이를 제거 또는 변경하거나 우회하는 등의 무력화가 금지된다. 현재 저작권법은 저작권자에게 저작물등에의 '접근'을 통제할 권한을 부여하고 있지 않다.[47] 이용통제조치와 달리 접근통제조치의 무력화를 통해 저작물 등에 접근해도 저작권 침해가 되지 않는다. 따라서 이를 금지하는 별도의 명시적인 규정이 필요하다.

접근통제조치와 달리, 이용통제조치에 대해서는 이를 무력화하는 행위 자체는 별도로 금지되지 않는다. 이의 무력화를 통해 저작물 등을 무단으로 이용할 경우 그것이 저작권 침해가 되므로 별도로 이를 금지할 필요가 없기 때문이다. (이용통제조치 무력화를 통해) 가능하게 된 저작물 이용 행위가 저작권법에 의해 허용되는 행위라면, 예를 들어 교육목적 복제에 해당한다면 그러한 기술조치의 무력화는 금지되지 않는다.

같은 이유에서 저작권법에서 정하고 있는 각종 예외와 제한 사유도 접근통제조치와 관련해서는 적용될 수 없다. 그러므로 접근통제조치의 무력화를 통해 저작물 등에 접근하는 것을 금지하는 것에 대해서는 별도의 예외규정이 필요하게 된다.

저작권법은 이러한 금지와 관련해 다음 일곱 가지의 예외규정을 두고 있다. 그리고 이와 별도로 문화체육관광부장관이 기술의 발전과 저작물 이용 환경의 변화에 부응해 필요한 예외를 정할 수 있도록 하되, 그 효력을 3년으로 제한하고 있다(법 제104조의2 제1항).

---

46 저작권법 제133조 참조.

47 일시적 복제의 보호 또는 접근통제조치에 대한 보호가 저작권자에게 사실상 접근권을 부여하는 효과가 있다는 주장이 있을 수 있다. 하지만 일시적 복제의 보호를 통한 저작물에의 접근통제는 디지털 저작물에 한정되고, 접근통제조치의 보호를 통한 접근통제는 접근통제조치를 적용한 경우로 한정되므로 일반적인 권리로서의 접근권과는 구별된다.

첫째, 암호 분야의 연구에 종사하는 자가 저작물 등의 복제물을 정당하게 취득한 후 그에 적용된 암호 기술의 결함이나 취약점을 연구하기 위해 필요한 범위에서 행하는 경우이다. 다만, 권리자로부터 연구에 필요한 이용을 허락받기 위해 상당한 노력을 했으나 허락을 받지 못한 경우로 한정한다.

암호 기술의 결함이나 취약점을 연구하기 위한 것이라도 자동적으로 이 예외의 적용을 받을 수 있는 것이 아니라, 미리 권리자에게 허락을 구하는 절차를 밟아야 한다.

둘째, 미성년자가 유해한 온라인상의 저작물 등에 접근하는 것을 방지하기 위해 기술·제품·서비스 또는 장치에 기술적 보호조치를 무력화하는 구성요소나 부품을 포함하는 경우이다. 다만, 이는 무력화 예비행위 금지에 해당하지 않는 경우로 한정한다.

자녀가 유해한 콘텐츠에 노출되지 않도록 부모가 청소년 유해물 차단 프로그램을 자녀의 컴퓨터에 설치하는 경우가 있다. 어느 콘텐츠가 미성년자에게 유해한 것인지 여부를 판단하기 위해서는 우선 그 콘텐츠에 접근할 필요가 있으므로, 그 프로그램에 기술조치를 무력화하는 기능을 가진 구성요소나 부품이 포함되기도 한다. 다만, 프로그램이 기술조치를 무력화하는 기능을 가지고 있음을 빌미로 본연의 목적이 아니라 기술조치를 무력화하는 용도로 판촉되거나 그 용도로 개조되는 경우에는 예외의 대상이 될 수 없다.

셋째, 개인의 온라인상의 행위를 파악할 수 있는 개인 식별 정보를 비공개적으로 수집·유포하는 기능을 확인하고, 이를 무력화하기 위해 필요한 경우이다. 다만, 다른 사람이 저작물 등에 접근하는 것에 영향을 미치는 경우는 제외한다.

타깃 광고 등을 할 목적으로 쿠키(cookies)를 통해 개인 정보를 수집하는 경우가 있는데, 소비자의 동의 없이 이루어지는 정보 수집 기능을 확인하고 이를 무력화하기 위해 필요한 경우에는 그 기술조치를 무력화하는 것이 허용된다.

넷째, 국가의 법 집행, 합법적인 정보 수집 또는 안전보장 등을 위해 필요한 경우이다. 관련 국가기관에서 법 집행을 위해서나 합법적인 정보 수집 활동의 일환으로 이루어지는 무력화가 이에 해당한다.

다섯째, 저작권법 제25조 제3항 및 제4항에 따른 학교, 교육기관, 교육훈련기관 및 수업지원기관, 저작권법 제31조 제1항에 따른 도서관(비영리인 경우로 한정한다) 또는 「공공 기록물 관리에 관한 법률」에 따른 기록물 관리기관이 저작물 등의 구입 여부를 결정하기 위해 필요한 경우이다. 다만, 기술조치를 무력화하지 않고는 접근할 수 없는 경우로 한정한다.

학교나 도서관 또는 기록보존소 등이 저작물 등의 구입 여부를 결정하기 위해 저작물 등에 접근하려고 기술조치를 무력화하는 것은 허용된다. 이때 저작물 등을 유통하는 자가 기술조치가 적용되지 않은 평가판 등을 학교 등에 함께 제공할 필요가 있다.

여섯째, 정당한 권한을 가지고 프로그램을 사용하는 자가 다른 프로그램과의 상호운용을 위해 필요한 범위에서 프로그램 코드를 역분석하는 경우이다.

저작권법은 정당한 권한을 가지고 프로그램을 이용하는 자 또는 그의 허락을 받은 자가 상호운용성 확보에 반드시 필요한 정보를 쉽게 얻을 수 없는 경우에 프로그램의 상호운용에 필요한 부분에 한해 프로그램의 저작재산권자의 허락을 받지 않고도 코드 역분석을 할 수 있도록 허용하고 있는데, 이 경우 접근통제조치도 우회할 수 있도록 한 것이다.

일곱째, 정당한 권한을 가진 자가 오로지 컴퓨터 또는 정보통신망의 보안성을 검사·조사 또는 보정하기 위해 필요한 경우이다.

어느 컴퓨터 또는 정보통신망의 보안상 결점이나 취약성을 사전에 검사, 조사, 또는 보정하기 위해서는 그 컴퓨터 또는 정보통신망에 접근할 필요가 있다. 누구나 이런 예외의 적용을 받을 수 있는 것은 아니고, 컴퓨터나 정보통신망의 소유자 또는 운영자로부터 허락을 받았다거나, 그 밖에 정당한 권한을 가진 경우에만 해당한다.

보안성 검사로부터 얻은 정보는 오로지 그 컴퓨터 또는 정보통신망의 보안상 결점이나 취약성을 개선하기 위한 목적으로 사용해야 하며, 저작권 침해나 프라이버시 침해 또는 그 밖에 위법행위를 조장하는 방법으로 이용하거나 유지해서는 안 된다.[48]

이 일곱 가지 보호의 예외 밖에 기술적 보호조치의 무력화 금지에 의해 특정 종류의 저작물 등을 정당하게 이용하는 것이 불합리하게 영향을 받거나 받을 가능성이 있다고 인정되어 시행령으로 정하는 절차에 따라 문화체육관광부장관이 정해 고시하는 경우에도 기술적 보호조치를 무력화하는 것이 허용된다.

2024년에 고시된 예외에는, 합법적으로 제작·취득한 영상물의 일부를 비평 또는 논평 등의 정당한 목적으로 이용하기 위해 영상물에 적용된 접근통제 기술적 보호조치를 무력화하는 경우 등 열네 가지가 포함되었다.[49]

나. 기술조치 무력화 예비행위 금지

저작권법은 접근통제조치의 무력화를 금지하는 데서 그치지 않고, 접근통제조치와 이용통제조치를 막론하고 이의 무력화를 위한 예비행위도 금지한다. 즉, 다음에 해당하는 장치, 제품, 또는 부품을 제조, 수입,

---

48 미국 저작권법 제1201조(j)(3) 참조.

49 문화체육관광부 고시(제2024-4호), "기술적 보호조치의 무력화 금지에 대한 예외"(2024).

배포, 전송, 판매, 대여하거나 공중에 대해 청약하는 것, 또는 판매나 대여를 위해 광고하는 것, 또는 유통을 목적으로 보관 및 소지하거나 서비스를 제공하는 것이 금지된다(법 제104조의2 제2항).

① 기술조치의 무력화를 목적으로 홍보, 광고 또는 판촉되는 것

② 기술조치를 무력화하는 것 외에는 제한적인 상업적 목적 또는 용도만 있는 것

③ 기술조치를 무력화하는 것을 가능하게 하거나 용이하게 하는 것을 주된 목적으로 고안, 제작, 개조되거나 기능하는 것[50]

기술조치 무력화 예비행위 금지와 관련한 개념적 구성요소로는 다음 세 가지를 들 수 있다.

첫째, 금지되는 도구 및 서비스의 제한

기술조치를 무력화하는 데 사용될 수 있는 도구나 서비스라도 모두가 통제 대상인 것은 아니다. 많은 도구나 서비스는 다양한 용도로 사용될 수 있다. 어느 도구나 서비스가 기술조치를 무력화하는 데 사용될 수 있다는 이유로 이를 통제한다면 산업과 개인의 활동을 크게 위축시킬 수 있다.

반대로 기술조치의 무력화 외에는 다른 용도가 없는 도구나 서비스만을 대상으로 하면 이런 도구나 서비스는 거의 존재하지 않기 때문에 효과를 기대하기 어렵다. 저작권법이 열거하는 세 가지 기준은 효과를 극대화하면서도 부작용을 최소화하기 위해 선택된 타협의 결과이다.[51]

저작권법은 금지의 대상이 되는 도구와 서비스를 판별함에 있어 세 가지 기준을 채택하고 있는데, 그 첫째는 "주된 목적(principal purpose)"

---

50 "기능하는(performed) 것"은 한·미 FTA 문구상 서비스를 지칭하는 것으로서, "수행되는 것"으로 번역되었어야 했다. 한·미 FTA 제18.4조 제7항(a)(ii)(C).

51 구체적으로 이 세 가지 기준은 미국 저작권법의 관련 조항을 바탕으로 한, 한·미 FTA와 한·EU FTA의 관련 조항을 담아낸 것이다. 미국 저작권법 제1201조 (a)(2), (b)(2) 및 한·미 FTA 제18.4조 제7항(가), 한·EU FTA 제10.12조 제2항 참조.

기준이다. 특정한 도구 및 서비스의 여러 목적이나 용도 중에서 기술조치를 불법적으로 무력화하는 것이 주된 부분을 차지하는 경우에만 그러한 도구 및 서비스의 제공 등이 금지된다.

주된 목적 기준은 장치 등이 제조될 당시에 객관적으로 그러한 기능을 발휘하도록 설계되거나 고안된 경우에 적용되며, 일단 제조된 장치 등을 이용하는 이용자의 의도는 고려대상이 아니다. 이것은 저작권조약의 마련 과정에서 논의되던 "효과" 기준을 채택하지 않은 것으로도 명백하다.[52]

주된 목적 기준은 미국 및 유럽연합의 입법례에 보이는 "일차적인 목적(primary purpose)" 기준에 비하여 일부 완화된 기준이라고 할 수 있다.[53] 일차적인 목적 기준을 적용하면 특정한 도구의 이리 가지 용도나 목적 중에서 기술조치의 불법적인 무력화가 비록 주된 것은 아닐지라도 가장 우선적인 것이면 금지되는 데 비하여, 주된 목적 기준을 적용하면 그것이 (최소한 50% 이상의 비중을 가진) 주된 것이어야 금지 대상이 된다.

두 번째 기준은 특정한 도구나 서비스가 무력화를 목적으로 하는 것으로 광고 또는 선전되는 경우이다. 이 경우에는 기술조치의 무력화를 부추기는 것이 명백하므로 그것이 비록 사실상 무력화를 주된 목적으로 하지 아니하는 경우라 할지라도 추가로 금지될 필요가 있다.[54]

세 번째 기준은 "기술조치를 무력화하는 것 외에는 제한적인 상업적 목적 또는 용도만 있는" 경우이다. 이 표현은 침해적 용도와 비침해적 용도 모두를 가지는 장치의 제조 책임 문제를 다루었던 미국 연방대법원

---

52 이에 대해서는 문화체육부, 세계지식재산기구 저작권조약 및 실연·음반조약 해설 (1997. 11.), 57-60쪽 참조.

53 미국 저작권법(1998) 제1201조 및 유럽연합 정보사회 저작권지침 제6조.

54 미국 저작권법 제1201조(a)(2)(C) 및 제1201조(b)(1)(C) 참조.

판결에서 유래한 것으로, 그것이 실질적인 비침해적 용도를 가지는 경우에는 비록 이용자들이 이를 침해적 용도로 사용한다고 하더라도 그에 대해 제조자에게 책임을 물을 수 없다는 원칙으로 발전하였다.[55]

둘째, 기술·서비스·제품·장치 또는 그 주요부품

"기술·서비스·제품·장치 또는 그 주요부품"은 기술조치의 무력화를 위하여 활용될 수 있는 수단을 망라하는 표현이다. 따라서 이는 포괄적으로 해석될 필요가 있다. 예를 들어, 무력화 방법을 담고 있는 문서를 제공한 경우라면 이를 무력화 기술이 수록된 것이므로 기술의 제공으로 보아야 할 것이다.

금지대상이 되는 제품이나 장치의 경우에 그 주요부품은 비록 독자적으로는 기술조치의 무력화를 주된 목적으로 하지 않는다고 할지라도 그러한 제품이나 장치 등을 통제하기 위해서는 그 주요 부품의 제조나 양도 등을 통제해야만 기술조치 보호의 실효성을 확보할 수 있는 경우가 있다.

셋째, 제공·제조·수입·양도·대여·전송하는 행위

"기술·서비스·제품·장치 또는 그 주요부품"의 경우와 마찬가지로 기술조치의 무력화를 위하여 활용될 수 있는 수단을 제공하는 행위를 망라하는 표현이다. 다만, 유의할 점은 개인의 사적인 행위는 이에 포함되지 않는다는 것이다. 무력화 도구를 직접 "제작"하거나, 또는 이를 개인적으로 "사용"하는 행위는 저작권 그 밖에 이 법에 의하여 보호되는 권리의 침해로 보지 않는다. 이것은 앞서 기술조치를 무력화하는 행위 자체는 금지하지 않고 있는 것과 맥락을 같이하는 것이다.

55 *Sony Corp. v. Universal City Studios,* 464 U.S. 417 (1984).

다. 무력화 예비행위 금지에 대한 예외

무력화 예비행위의 금지에 대한 예외는 접근통제조치와 이용통제조치 사이에 차이가 있다.

접근통제조치 무력화 예비행위 금지의 예외로는 접근통제조치의 무력화 금지에 대한 예외를 그대로 적용하는 것이 논리적으로 타당하지만, 다음 두 가지의 경우에는 그 예외가 적용되지 않는다.

첫째, 당사자에게 알리지 않고 개인 식별 정보를 수집·유포하는 기능을 확인하고, 이를 무력화하기 위해 필요한 경우이다. 개인의 온라인상의 행위를 파악하기 위해 일반적으로 사용되는 도구인 쿠키의 수집 행위를 막는 장치 등이 널리 유포될 때에는 오히려 인터넷 사용에 불편을 초래할 수도 있다.

둘째, 학교, 교육기관, 교육훈련기관 및 수업지원기관이나 도서관 및 기록물관리기관에서 저작물 등의 구입 여부를 결정하기 위해 저작물 등에 접근하는 경우이다. 이런 제한적인 용도로 사용되는 장치 등이 널리 유통되면 자칫 저작권 침해를 조장하는 결과를 초래할 수 있으므로 예외의 적용을 배제할 필요가 있다.

이용통제조치 무력화 예비행위의 금지에 대해서는 그것이 사실상 저작권 침해를 방조하는 행위가 되므로 원칙적으로 예외를 인정하지 않되, 예외적으로 다음 두 가지의 경우에 한해 예외가 적용된다.

첫째는 국가의 법 집행, 합법적인 정보 수집, 또는 안전보장을 위해 필요한 경우이고, 둘째는 정당한 권한을 가지고 프로그램을 사용하는 자가 다른 프로그램과의 상호운용을 위해 필요한 범위 안에서 프로그램 코드를 역분석하는 경우이다.

4. 기술적 보호조치의 법적 보호와 저작권 제한의 조화

가. 문제점

저작권은 저작권법이 정한 여러 제한 및 예외규정에 의해 제한되지만, 저작권자가 기술을 활용해 저작물의 이용을 통제하는 것에 대해서는 사실상 아무런 제한이 없다.[56] 예를 들어, 저작물에 적용된 기술조치는 저작물의 보호기간 중에는 물론이고 보호기간이 끝난 후에도 여전히 이용자가 저작물을 자유롭게 이용할 수 없게 막는다.[57] 기술조치의 보호에만 치중하면 저작권법이 정한 제한과 예외는 자칫 유명무실해질 수 있다.

기술조치에 대한 법적 보호와 저작권에 대한 제한과 예외를 조화시키는 데 따른 어려움은 주로 두 가지 제도가 작동하는 원리가 다른 데서 발생한다. 저작권에 대한 제한과 예외는 적용되는 상황에 따라 달라지지만, 기술조치는 그런 특정 상황을 분간하기 어렵다.

도서관에서 연구 목적으로 이용자의 요구를 받아 복제하거나 학교에서 교사가 수업에 활용하기 위해 저작물의 일부분을 복제하는 것은 허용된다. 하지만 저작물의 같은 일부분이라도 영리를 목적으로 복제하는 것은 허용되지 않는다. 기술조치는 이 차이를 분간하기 어렵다. 결국 이용을 통제하는 기술조치는 침해가 되는 이용은 물론 상황에 따라 침해가 되지 않을 수 있는 이용까지 모두 봉쇄한다.

해답은 다음 두 극단 사이 어딘가에 있을 것이다. 한 극단은 저작권에 대한 제한과 예외를 극도로 중시해서 이를 방지하거나 억제하는 기술조치의 적용을 금지하거나 그러한 기술조치를 보호 대상에서 제외하는 것

---

56 Kamiel J. Koelman, "The Protection of Technological Measures Versus the Copyright Limitations," *Copyright World*(2002), at 18.

57 보호기간이 끝나면 자동으로 파괴되는 기술조치는 아직 찾아보기 어렵다. 내셔널 리서치 카운슬, 『디지털 딜레마』, 308쪽 참조.

이다. 이렇게 되면 이용통제조치의 적용을 완전히 금지하거나 보호에서 배제할 수 있다.

모든 이용통제조치가 한편으로는 저작권 침해를 방지하거나 억제하지만 다른 한편으로는 침해가 되지 않는 복제도 방지하거나 억제할 것이기 때문이다.[58] 다른 극단은 모든 기술조치를 우선적으로 보호하는 것이다. 이 경우에는 거꾸로 법에 의한 저작권 보호가 저작권자가 적용하는 기술조치로 대체되는 결과가 초래될 수 있다. 어느 것도 바람직하지 않다. 이 두 가지를 조화시킬 수 있는 방안을 찾아야 한다.

나. 저작권 예외 및 제한과의 조화 방안

기술조치의 보호와 저작권에 대한 제한과 예외를 조화시키는 방안은 소극적 조화 방안과 적극적 조화 방안으로 나누어볼 수 있다.[59] 전자는 저작권에 대한 제한과 예외에 해당하는 경우에는 기술조치에 대한 법적 보호를 적용하지 않는 방안이고, 후자는 기술조치를 적용하더라도 저작물 이용자가 저작권에 대한 제한과 예외의 혜택을 누릴 수 있도록 국가가 적극적으로 개입하는 방안이다.

입법례를 살펴보면 미국과 일본, 호주, 우리나라 등 많은 국가에서는 전자를, 유럽연합 정보사회저작권지침을 국내법으로 수용한 독일과 영국 등에서는 후자의 조화 방안을 택하고 있다.

---

58 Kamiel J. Koelman, "The Protection of Technological Measures Versus the Copyright Limitations," at 18 및 Julie E. Cohen, "Some Reflections on Copyright Management Systems and Laws Designed to Protect Them," 12 *Berkely Technological Law Journal*, 161, 172(1997) 참조.

59 이것은 유지하고자 하는 제한과 예외의 범위와는 직접적인 관계가 없음에 유의할 필요가 있다. 즉, 저작권법이 부여하고 있는 제한과 예외 중에 일부만을 기술조치의 보호에도 불구하고 적극적으로 유지하고 나머지는 오히려 금지할 수도 있다.

(1) 소극적 조화 방안

이용통제조치의 경우에는 무력화를 가능케 하는 도구 및 서비스의 제공 등 예비행위는 금지하되 무력화 행위 그 자체는 금지하지 않는다. 기술조치를 무력화하는 행위가 저작권에 대한 제한과 예외의 대상이어서 저작권 침해가 되지 않는 경우에는 기술조치를 무력화해도 무방하다.

접근통제조치의 경우에는 기술조치의 적용에도 불구하고 적극적으로 접근이 허용되어야 하는 모든 경우를 법에 규정해야 한다. 저작권법이 '접근' 자체를 보호하고 있지 않으므로 저작물에 대한 모든 접근은 허용되기 때문이다.

소극적인 조화 방안은 그러나 일반 이용자에게는 아무런 도움도 되지 않을 수 있다. 무력화 행위 자체는 금지되지 않더라도 무력화를 위한 도구를 구하지 못하거나 전문가의 도움을 받지 못한다면 스스로 해결할 방법이 없기 때문이다.

따라서 무력화 예비행위의 금지에 대한 예외가 동시에 검토되어야 한다. 저작권법은 접근통제조치와 관련해서는 무력화 금지 예외 사유를 포괄적으로 허용한다. 하지만 개인 식별 정보를 알리지 않고 수집·유포하는 기술조치를 무력화하는 경우와, 학교나 도서관 등에서 저작물 등의 구입 여부를 결정하려고 저작물 등에 접근하기 위해 무력화하는 경우 등 두 가지 경우에는 이를 허용하지 않는다.

이용통제조치와 관련해서는 더욱 엄격하게 제한해 단지 국가의 법 집행, 합법적인 정보 수집, 또는 안전보장을 위해 필요한 경우와, 정당한 권한을 가지고 프로그램을 사용하는 자가 다른 프로그램과의 상호운용을 위해 필요한 범위 안에서 프로그램 코드를 역분석하는 경우에만 허용했다.

(2) 적극적 조화 방안

기술조치를 적용하는 것은 이에 대한 법적 보호와 관계없이 그 자체만으로도 이를 무력화하는 수단과 능력을 가지지 못한 이용자에게 저작권법이 정하고 있는 제한과 예외 또는 저작물에 접근할 수 있는 기회를 사실상 박탈하는 효과가 있다. 법적 보호는 이러한 현상을 강화한다.[60]

이와 관련해, 유럽연합 정보사회저작권지침은 회원국들이 제한 또는 예외의 목적 달성을 위해 권리자와 관련 당사자 사이의 협정 체결과 이행을 포함해 권리자가 취하는 자발적인 조치를 권장하고 있으며, 합리적인 기간 내에 자발적인 조치나 협정이 없는 경우에는 권리자가 적용된 기술조치를 변경하거나 다른 방법을 통해 예외나 제한의 수혜자에게 적절한 수단을 제공하도록 보장하는 적절한 조치를 취하도록 했다.[61]

이 지침을 이행한 사례를 보면, 영국은 기술조치의 적용으로 인해 제한과 예외를 활용할 수 없게 된 사람이 장관에게 민원을 제출할 수 있게 해서 이를 처리하는 방식을 택했고, 독일은 수혜자들이 일정한 제한과 예외를 활용할 수 있도록 기술조치를 적용한 권리자에게 필요한 범위 내

---

60 이 점을 우려해 1996년 WIPO저작권조약과 WIPO실연·음반조약을 채택한 제네바 외교회의의 막바지에 우리나라 대표단은 기술조치의 보호를 위한 WIPO저작권조약 제11조 및 WIPO실연·음반조약 제18조와 관련해 "이 조항을 적용함에 있어서 조약체결국은 창작물이 아니거나 법에 의해 보호되지 않는 정보나 저작물, 그리고 저작자의 배타적인 권리가 법에 의해 제한되는 저작물을 무상으로 또는 공정한 보상을 지급하고 사용할 수 있도록 할 재량권을 가지는 것으로 이해된다"라는 합의선언문을 제안한 바 있다. 이 제안은 일부 국가의 반대로 채택되지 못했지만 많은 공감을 받았고, 제안의 취지는 유럽연합 정보사회저작권지침과 베이징조약에도 반영되었다. WIPO, Summary Minutes of Main Committee I in WIPO, Records of the Diplomatic Conference on Certain Copyright and Neighboring Rights Questions, Geneva(1996), at 779, para 1006-7. 및 베이징조약 제15조에 대한 합의선언문 참조.

61 이 지침은 대신에 예외의 수혜자에게 기술적 장애를 극복하는 특권을 부여하거나 제3자가 무력화 수단을 상업적으로 제공하는 것을 허용하지 않는다. 이는 권리자에게 너무 위험하기 때문이다. Pierre Sirinelli, "General Report on the Scope of the Prohibition on Circumvention of Technological Measures: Exceptions," Jane C. Ginsburg (trans.), ALAI 2001 Congress(June 13-17, 2001), at 13 참조.

에서 필요한 수단을 제공하도록 의무화하고 있다.[62]

다만, 적용 범위에서 영국은 저작권법에서 열거하고 있는 모든 저작권 제한과 예외를 대상으로 하는 데 비해 독일은 재판 및 공공의 안전, 그리고 사적 이용을 위한 복제 일부 등 일곱 가지 제한만 대상으로 한다는 점에서 차이가 있다.

적극적 조화 방안은 제한과 예외를 활용하려는 사람은 물론 기술조치를 적용한 권리자에게도 상당한 비용을 유발시킬 수 있다. 기술조치와 그 적용 환경이 복잡하고 다양해지고 있어서 이 비용이 커질 수 있으며 결과적으로 기술조치의 적용을 제약할 수도 있다. 적극적 조화 방안이 성공하기 위해서는 비용을 절감하기 위한 노력이 필요하다. 이를 위해 무력화를 위한 도구(예를 들면, 암호나 키 등)를 일정한 공공기관에 임치하거나, 신탁단체를 설립해 이를 관리하게 하는 방법[63] 등이 검토될 수 있다.

---

62 영국 저작권법 제296의ZE 및 독일 저작권법 제95조의b 참조.

63 Nic Garnett, "WIPO Study on Automated Rights Management Systems and Copyright Limitations and Exceptions" 참조.

제3절

권리관리정보의 보호

1. 보호의 의의

일반적으로 일반 사용자들은 저작물의 복제물을 구입함으로써 그 저작물을 읽고, 보고, 듣고 또 사용하게 된다. 그런데, 디지털 네트워크 환경이 도래하면서 이것이 판매와 구매가 아니라 종래와는 다른 형태의 계약[64]을 통한 것으로 급속하게 바뀌고 있다. 이로 인하여 대량의 권리처리가 신속하고 간편한 방법으로 이루어질 필요가 생겼다.

이를 위해서는 기술적인 요건 이외에도 권리자, 권리의 대상, 그리고 이용허락의 조건 등 이용허락에 필요한 각종 정보가 온전히 구비되어 필요한 당사자에게 그대로 전달될 필요가 있다. 권리관리정보는 권리관리시스템을 자동화하는 핵심 구성요소로서 대량의 권리처리를 신속하고 간편하게 그리고 저렴하게 할 수 있게 해준다.

권리자, 권리의 대상, 그리고 이용허락 조건 등에 관한 신뢰할 수 있는 정보의 신속한 제공은 원활하고 안전한 권리처리의 기초가 된다. 이러한 정보가 훼손되거나 허위로 제공되는 경우에는 권리 처리가 어려워지거나 경우에 따라서는 그 자체가 중단될 수도 있다.

64 권리자와 이용자 사이에 계약 내용에 대한 협의 과정이 생략된 채 이용자는 권리자가 일방적으로 제시한 조건을 수락하는 방식으로 계약이 체결된다. 이를 일반사용자 계약(mass-market licenses)라 하는데, 오프라인 시장에서는 쉬링크랩 이용허락(shrink-wrap licenses), 온라인 시장에서는 마우스클릭(mouse-click licenses) 이용허락이 이의 대표적인 예이다.

이에 따라 1996년 12월, 제네바에 모인 각국의 대표들은 이러한 정보를 저작권 그 밖에 이 법에 따라 보호되는 권리의 침해를 유발 또는 은닉한다는 사실을 알거나 과실로 알지 못하고 고의로 제거 또는 변경하는 행위에 대하여 충분한 법적 보호와 법적 구제에 대해 규정할 것에 합의하였다.[65]

2. 보호의 내용

가. 금지되는 행위

저작권법은 권리관리정보와 관련해 다음 세 가지 행위를 금지하고 있다.

첫째, 저작권 침해를 유발하거나 은닉한다는 사실을 알거나 과실로 알지 못하고 권리관리정보를 고의로 제거 또는 변경하거나 거짓으로 부가하는 행위

둘째, 권리관리정보가 정당한 권한 없이 제거 또는 변경되었다는 것을 알면서 이를 배포하거나 배포할 목적으로 수입하는 행위

셋째, 권리관리정보가 정당한 권한 없이 제거 또는 변경되거나 거짓으로 부가된 사실을 알면서 해당 저작물 등의 원본이나 그 복제물을 배포, 공연 또는 공중송신하는 행위

나. 이중의 고의요건

권리관리정보와 관련된 책임에는 이중의 고의 요건이 요구된다. 그것은 행위자가 권리관리정보와 관련하여 금지된 행위를 하는 것에 대한 인식과 그러한 행위가 초래할 결과, 즉 의미에 대한 인식으로 나누어 볼 수

---

65 세계지식재산기구· 저작권조약 제12조 및 실연·음반조약 제19조.

있다.

첫째, 금지된 행위에 대한 인식

이는 행위자가 금지된 행위 그 자체를 인식하였는지 또는 인식하지 못한 경우에는 인식하지 못한 것에 과실이 있었는지에 관한 문제이다.

저작권법은 권리관리정보를 고의로 제거, 변경 또는 허위로 부가하거나, 권리관리정보가 제거, 변경 또는 허위로 부가된 사실을 알고 이를 배포·공연 또는 공중송신하거나 배포의 목적으로 수입하는 것만을 문제 삼는다.

이로 인해 저작권법은 행위자에게 고의가 있을 것을 요구하고 비록 행위자가 권리관리정보와 관련하여 법에서 정하고 있는 행위를 하였더라도 그가 무과실이거나 과실에 의한 것인 경우는 책임을 묻지 않고 있다. 이러한 입법태도는 지식재산기구 저작권조약과 실연·음반조약, 그리고 이를 이행하고 있는 각국의 입법례와도 일치하는 것이다.

이는 권리관리정보의 속성 또는 수록방법과 관련하여 이해하는 것이 타당하다. 즉, 많은 경우에 권리관리정보는 인간의 오감으로는 인식할 수 없는 방법으로 수록되어 권리관리정보의 존재조차 알려지지 않기도 하고, 비록 그 존재를 알았다고 하더라도 컴퓨터나 인터넷 등 정보기기를 통하여 이를 현시, 포맷 변환 또는 전송하는 과정에서 기술적인 이유로 그 정보가 소실 또는 변경되는 수도 있다.

저작권법은 이러한 정황을 고려하여 단지 행위자에게 고의가 있는 경우만을 통제의 대상으로 하고 있는 것이다.

둘째, 행위의 의미에 대한 인식

이는 행위자에게 앞서 침해로 보는 행위에 대한 인식 이외에 그러한 행위가 가져올 결과 내지 의의에 대한 인식이 있었는지를 문제 삼는 것이다 저작권법은 "저작권 그 밖에 이 법에 따라 보호되는 권리의 침해를 유발 또는 은닉한다는 사실을 알거나 과실로 알지 못하고 정당한 권리 없이 하는 행위"라고 규정함으로써 고의이거나 과실로서 이러한 사실을 알지 못한 경우에는 책임을 묻고 있다

다만, 형사적 제재의 경우에는 법 제136조 제6호에서 "업으로 또는 영리를 목적으로" 하는 경우로 국한하고, 나아가 "과실로 저작권 또는 이 법에 의해 보호되는 권리 침해를 유발 또는 은닉한다는 사실을 알지 못한 자를 제외한다고 규정하여 결과적으로 형사적 책임은 행위자의 고의가 인정되는 경우로 국한하였다.

이는 형사적 제재에 대해서는 고의를 요건으로 하고 있는 세계지식재산기구 저작권조약 및 실연·음반조약의 규정과 일치하는 것이다.[66] 과실로 저작권 등의 침해를 유발 또는 은닉한다는 사실을 알지 못한 경우에는 민사상의 책임만 지고 형사 처분의 대상에서는 제외된다(법 제136조 제2항 제3호의4).

다. 보호의 예외

권리관리정보와 관련한 이러한 금지는 국가의 법집행, 합법적인 정보수집 또는 안전보장 등을 위하여 필요한 경우에는 적용하지 아니한다.

---

66 세계지식재산기구 저작권조약 제12조 및 세계지식재산기구 실연·음반조약 제19조.

제4절

암호화된 방송 신호의 보호

가입자 방송이 확산되면서 방송사업자는 가입자가 아닌 다른 사람이 허락 없이 방송을 수신하지 못하도록 자신의 방송 신호를 암호화하고 있다. 저작권법은 암호화된 방송 신호와 관련해 다음 세 가지 행위를 금지하고 있다. 다만, 그 대상은 유선 및 위성통신의 방법에 의한 방송으로 한정되며 일반 공중파방송은 제외된다(법 제104조의4).

첫째, 암호화된 방송 신호를 방송사업자의 허락 없이 복호화(復號化, decoding, descrambling)하는 데 주로 사용될 것을 알거나 과실로 알지 못하고 그러한 목적을 가진 장치, 제품, 주요 부품, 또는 프로그램 등 유·무형의 조치를 제조, 조립, 변경, 수입, 수출, 판매, 임대하거나 그 밖의 방법으로 전달하는 행위이다.

이 부분은 기술조치의 무력화 예비행위에 해당하므로 앞서 언급한 기술조치 보호 관련 규정과 중첩된다. 실제로 이 규정을 도입하기 전에도 법원은 위성수신제한시스템을 무력화하는 프로그램을 개발함으로써 장착한 위성방송수신기를 판매하고 운영하는 것을 기존 규정에 따라 보호한 바 있다.[67]

둘째, 암호화된 방송 신호가 정당한 권한에 의해 복호화 된 경우 그 사실을 알고 그 신호를 방송사업자의 허락 없이 영리를 목적으로 다른 사람에게 공중송신하는 행위이다.

---

67 대법원 2009. 10. 29. 선고 2007도10735 판결 참조.

셋째, 암호화된 방송 신호가 방송사업자의 허락 없이 복호화 된 것임을 알면서 그러한 신호를 수신해 청취 또는 시청하거나 다른 사람에게 공중송신하는 행위이다.

첫째와 둘째 조항의 금지를 위반한 사람은 3년 이하의 징역 또는 3천만원 이하의 벌금에, 그리고 셋째 조항의 금지를 위반한 사람은 1년 이하의 징역 또는 1천만원 이하의 벌금에 처한다(법 제136조 제2항 및 제137조 제1항).

제5절

라벨 위조 등의 금지

소비자가 음반이나 영화 또는 컴퓨터프로그램이 수록된 CD나 DVD가 정품인지 불법복제물인지를 확인하기 위해서는 보통 그 포장을 확인하거나 그에 첨부되거나 동봉된 라벨이나 인증서를 확인한다. 이처럼 저작물 등의 유형적 복제물이나 저작물의 복제물과 함께 배포되는 문서 또는 포장, 또는 그 문서 또는 포장에 부착, 동봉 또는 첨부되는 라벨은 소비자가 어느 저작물의 복제물이 정당한 권한에 따라 제작되고 배포되는지를 확인하는 주된 표지이고, 소비자의 선택에도 직접적으로 영향을 미친다.

CD나 DVD에 수록된 저작물의 복제물이 합법적으로 제작되고 유통되는 것인지를 제대로 확인하려면 그 내용물을 일일이 작동시켜 보거나 제작 또는 유통계약서를 확인해야 한다. 하지만 이 작업은 매우 번거로울뿐더러 경우에 따라서는 법적 절차를 밟아야 할 수도 있다. 이 때문에 일반 소비자가 구매하려는 경우는 물론이고 경찰 등 단속기관에서 불법복제물을 단속하는 경우에조차 이 방법은 활용되기 어렵다.

다른 방법이 필요하다. 저작물의 복제물이나 포장에 부착되는 라벨이나 인증서를 위조하거나 불법적으로 유통하는 것을 불법복제물의 제작이나 유통에 준해서 통제하는 것이 그 대안이 될 수 있다. 이로써 일일이 내용물이나 계약서를 확인하지 않고 라벨이나 인증서의 위조 여부를 확인하는 것만으로도 어느 복제물이 불법복제물인지를 확인하고 통제할 수 있다.

저작권법은 이러한 라벨과 문서 또는 포장과 관련해 다음 세 가지 행위를 금지하고 이를 위반한 사람에게 3년 이하의 징역 또는 3천만원 이하의 벌금에 처하도록 한다(법 제104조의5 및 제136조 제2항).

① 저작물 등의 라벨을 불법복제물이나 그 문서 또는 포장에 부착, 동봉 또는 첨부하기 위해 위조하거나 그러한 사실을 알면서 배포 또는 배포할 목적으로 소지하는 행위

② 저작물 등의 권리자나 권리자의 동의를 받은 자로부터 허락을 받아 제작한 라벨을 그 허락 범위를 넘어 배포하거나 그러한 사실을 알면서 다시 배포하는 행위 또는 다시 배포할 목적으로 소지하는 행위

③ 저작물 등의 적법한 복제물과 함께 배포되는 문서 또는 포장을 불법복제물에 사용하기 위해 위조하거나 그러한 사실을 알면서 위조된 문서 또는 포장을 배포하는 행위 또는 배포할 목적으로 소지하는 행위

이와 관련해 참고할 만한 예로 일본의 'CJ(Content Japan)마크'를 들 수 있다. 일본은 2004년, 19개 단체와 20개 기업이 모여 '콘텐츠 해외 유통촉진기구, CODA'를 구성하고, 콘텐츠 해외 유통 마크인 이른바 CJ 마크를 개발해 보급하고 있다. 저작권 보호를 위해 상표를 활용하는 방식이다. 저작권은 그 침해를 입증하기가 매우 어려운 데 비해 이 CJ 마크의 도용은 쉽게 적발하고 입증할 수 있으므로 침해를 구제하기도 용이하다. 인증 마크를 라벨로 만들어 콘텐츠의 복제물에 부착하면 상표법에 의한 보호에 더해 저작권법에 의한 보호도 받을 수 있을 것이다.

한편, 저작물 등의 특정한 복제물이나 음반이 정당하게 허락을 받아 제작되고 배포되었는지는 권리자뿐만 아니라 이용자에게도 중요한 정보이다. 저작물 등의 복제물이나 음반에 그것이 정당한 허락을 받아 제작된 정품임을 확인하는 마크를 붙여 이용자가 쉽게 확인할 수 있게 하면 거래의 안전과 신뢰보호가 향상되어 저작물 유통과 이용이 활성화될 수 있을 것이다.

제6절

영화 도촬 행위의 금지

영화는 다른 저작물과 구별되는 두 가지 특성이 있다.

첫째, 영화상영관에서의 상영과 그 이후의 DVD 출시나 인터넷 다운로드, IP-TV 또는 케이블과 공중파 방송에 이르기까지 채널별 시장 또는 지역별 시장이 시간을 두고 순차적으로 생성되는, 이른바 윈도 효과를 가진다.

둘째, 지속적이고 반복적으로 소비되는 음악이나 컴퓨터프로그램과 달리 단지 한 번의 감상으로도 그 사용 가치가 소진되는 경우가 많다. 이런 이유에서 개봉 초기 단계에 불법복제물이 유통되면 그 영화의 전체 시장이 망가지는 결과가 초래되기도 한다. 영화의 이런 특성을 고려하면 영화가 처음 개봉되는 영화상영관에서 영화를 무단 촬영하는 것을 금지하는 것이 중요함을 알 수 있다.[68]

저작권법은 저작권으로 보호되는 영상저작물을 상영 중인 영화상영관 등에서 저작재산권자의 허락 없이 녹화기기를 이용해 녹화하거나 공중송신하는 것을 금지하고, 이를 위반한 사람에 대해 1년 이하의 징역이나 1천만원 이하의 벌금에 처하도록 한다. 이 경우에는 미수범도 처벌한다(법 제104조의6 및 제137조).[69]

---

68 영화를 처음 상영한 때부터 일정한 기간이 경과한 후에는 이를 금지할 실익이 적다. 일본은 일본 내에서 처음 유료로 상영된 때부터 8개월이 경과한 때에는 관련 규정을 적용하지 않는다. 일본 「영화의 도촬 방지에 관한 법률」 제4조 제2항 참조.

69 녹화기기로 촬영하는 것이 금지될 뿐 사진촬영은 문제 되지 않는다.

영화 도촬(盜撮)은 저작권법상 복제권의 침해에 해당하므로 당연히 허락을 받아야 한다. 그럼에도 별도로 이를 규정한 것은 그것이 사적 복제에 해당하거나 또는 그에 해당한다고 강변될 수 있기 때문이다. 도촬 당시에는 그것이 사적 복제에 해당하는지를 판단하기 어렵고, 일단 도촬이 이루어진 후에는 그 이후의 이용을 통제하기 어렵기 때문에 이를 사적 복제에 해당하는지 여부에 관계없이 금지할 필요가 있다.[70]

이를 단순하게 사적 복제에 해당하지 않는 것으로 규정할 수도 있으나,[71] 이 경우 저작권자가 자신의 권리를 지키기 위해 나서지 않으면 안 되므로 도촬을 막기에는 한계가 있을 수 있다.

도촬을 법으로 금지하더라도 도촬 행위를 효과적으로 방지하기 위해서는 영화상영관 운영자의 협조가 필수적이다.

이를 보장하기 위해 미국은 합당한 사유가 있는 경우에 영화가 상영되는 영화상영시설의 소유자나 임차인, 또는 그의 고용인이나 상영 중인 영화의 이용허락을 받은 사람이나 그의 고용인은 도촬의 의심이 있는 사람을 심문하거나 법 집행 공무원을 호출할 목적으로 적절한 기간 동안 구류할 수 있도록 하고, 이와 관련해 제기되는 모든 민·형사상 소송에서 일체의 책임을 지지 않도록 하고 있다.[72] 일본도 이와 유사하게 영화 상영 주최자나 그 밖의 관계 사업자에게 영화 도촬을 방지하기 위한 조치를 강구하도록 의무화하고 있다.[73]

도촬의 경우에는 저작권법 위반 사항 중 유일하게 미수범도 처벌할 수 있도록 했다. 이는 캠코더 등 동영상 촬영 장치의 소지를 금지하는 등 영화

---

70 이러한 사정은 일반 공연의 경우에도 이와 다르지 않다. 공연을 허락없이 녹음 또는 녹화하거나 이를 공중송신하는 것도 마찬가지로 통제할 필요가 있다.

71 일본 「영화의 도촬 방지에 관한 법률」 제4조 제1항 참조.

72 미국 형법(제18편) 제2319B조(d) 참조.

73 일본 「영화의 도촬 방지에 관한 법률」 제3조 참조.

상영관에서의 도촬을 사전에 예방하기 위한 조치를 할 수 있도록 해서 규정의 실효성을 확보하려는 취지이다. 그러나 단지 우발적으로 동영상 촬영장치를 소지했다는 것만으로는 유죄를 인정하기에 충분하지 않다.[74]

74 미국 형법(제18편) 제2319B조(a)(2).

11장

저작권 침해와 구제

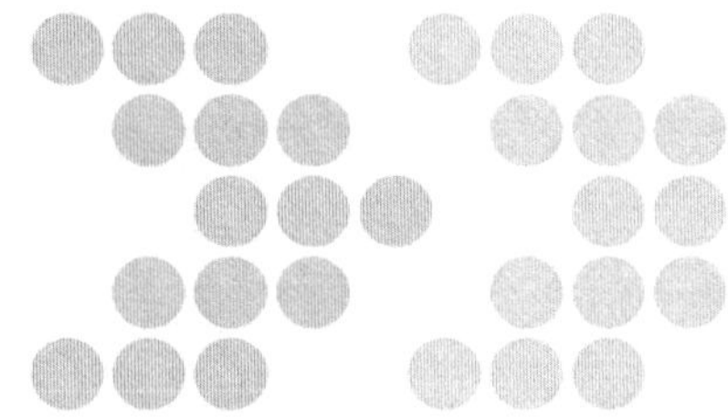

제1절

개관

1. 저작권 침해란?

저작권 침해란 저작권으로 보호되는 저작물을 저작권자의 허락을 받지 않고 저작권법이 권리를 부여한 일정한 형태로 이용[1]하는 행위를 말한다. 저작권자로부터 허락을 받았더라도 그 허락받은 이용방법 및 조건의 범위를 벗어나서 이용하는 경우에는 역시 저작권 침해가 될 수 있다.

일반적으로는 '저작권 침해'라고 묶어서 말하지만, 법적으로는 그 이용행위에 따라 복제권, 공연권 또는 공중송신권 등 저작권을 구성하는 각 지분권의 침해에 해당된다.

저작권으로 보호되는 저작물이라도 저작권법에 의해 저작권이 제한되는 경우라면 저작권자의 허락을 받지 않고 이용할 수 있다. 또 일정한 경우에는 저작권자로부터 직접 허락을 받지 않고 문화체육관광부장관으로부터(령 제68조에 의해 그로부터 위탁을 받은 한국저작권위원회로부터) 그 이용을 허락받을 수도 있다.

---

1 '저작권'으로 번역되는 영어 'copyright'의 'copy(copying)'는 초기에는 출판과 관련해 '복제(모방 포함)'에서 출발했으나 이후 저작물의 전반적인 '이용'을 의미하는 것으로 확대되어, 사실상 'exploitation'과 동의어로 사용된다. 우리나라에서 '모방', '표절', 또는 '베끼기' 등 다양하게 번역되지만, 저작권법의 맥락에서는 저작권자의 허락을 받아야 하는 저작물의 '이용' 또는 경우에 따라 '모방'이 적절하다.

짚어보기 **다른 사람의 저작물을 모방하는 것은 저작권 중 어느 권리를 침해하는 것인가?**

저작물의 모방이란 다른 저작물을 본떠서 저작물을 작성하는 것을 말한다. 모방은 원저작물의 일부 또는 전부가 모방한 저작물에 존재하므로 넓은 의미에서 원저작물의 복제에 해당한다.

하지만 모방 자체는 저작권 침해가 아닐 수 있다. 사적인 영역에서 이루어지는 모방(복제)에는 저작권이 미치지 않는다. 또 모방은 사진이나 그림을 배울 때처럼 중요한 학습 방법이기도 하다. 여기까지는 저작권이 미치지 않는다.

그러나 이렇게 모방을 통해 작성된 저작물을 출판, 공연, 전시 또는 방송하는 등 저작권법이 정하고 있는 방법으로 이용하는 경우에는 문제가 된다. 모방을 통해 가져온 원저작물을 이런 방법으로 이용하는 것이 되기 때문이다. 결국 모방과 모방을 통해 작성된 저작물의 이용은 저작권 중에서 복제권과 각각의 이용에 대한 권리를 침해하게 된다.

한편, 저작권법은 직접 저작권 침해는 아니지만 이에 준하는 효과가 있는 다음의 행위를 저작권 침해로 간주한다(법 제124조). 실제로는 저작권법상 저작권 침해에 해당하는 행위는 아니지만, 그 효과가 침해에 상당하는 것이어서 침해로 간주하여 대응할 필요가 있는 것이다.

첫째, 수입할 당시에 대한민국 내에서 만들어졌더라면 저작권이나 그 밖에 이 법에 의해 보호되는 권리의 침해로 될 물건을 대한민국 내에서 배포할 목적으로 수입하는 행위

우리 저작권법은 외국에는 미치지 않으므로, 외국에서 무단으로 복제물이 작성되더라도 적용될 수 없다. 그러나 그렇게 작성된 물건을 국내에서 배포할 목적으로 수입한다면, 국내에서 불법적으로 작성된 복제물과 차이가 없게 된다. 따라서 이런 복제물이 국내에 배포 목적으로 수입되지 못하도록 할 필요가 있다.

그 국가의 국내법에 따라 적법하게 작성되었는가는 고려되지 않는다. 예를 들어, 강제허락의 절차를 밟아 제작된 음반의 경우에 그 허락의 효과는 허락이 이루어진 국가로 제한된다.[2]

둘째, 저작권이나 그 밖에 이 법에 의해 보호되는 권리를 침해하는 행위에 의해 만들어진 물건(앞서 말한 수입 물건 포함)을 그 사실을 알고 배포할 목적으로 소지하는 행위

불법복제물을 배포할 목적으로 소지한 사람이 그 복제물을 작성한 사람과 다른 경우에, 그리고 그가 아직 그 복제물을 배포하지 않았다면, 비록 그가 불법복제물을 곧 배포할 것임을 예상하면서도 이를 저지하지 못하게 되는 문제를 시정하기 위한 것이다.

셋째, 프로그램의 저작권을 침해해 만들어진 프로그램의 복제물(수입 프로그램 포함)을 그 사실을 알면서 취득한 사람이 이를 업무상 이용하는 행위[3]

프로그램은 그의 디지털 형태라는 본질적 속성상 불법적인 복제와 공유가 지인들 사이에 은밀하게 이루어지곤 한다. 그래서 이의 적발과 단속이 매우 어렵다. 하지만, 프로그램은 다른 저작물과 달리 반복해서 지속적으로 사용되는 특성이 있다. 이러한 특성을 활용해 최소한 업무적인 공간에서라도 이러한 불법복제 프로그램이 이용되는 경우에, 이를 적발하고 단속할 수 있도록 할 필요가 있다.

넷째, 저작자의 명예를 훼손하는 방법으로 그 저작물을 이용하는 행위(이 경우 저작인격권 침해로 본다)

저작인격권이 저작물의 이용과 관련하여 저작자의 인격을 보호하려

---

2 베른협약 제13조 제1항 참조.

3 이 규정은 프로그램의 불법복제물에 대해서(최소한 업무상의 사용에 대해서는) 사실상 사용권을 부여하는 효과를 가진다. 저작권법은 이를 유일하게 반의사불벌죄로 하고 있다. 법 제140조 제1호.

는 것이지만, 정작 그의 명예를 훼손하는 방법으로 저작물을 이용하는 행위에 대해서는, 공표권, 성명표시권 그리고 동일성유지권 등 저작권법이 부여한 어떤 권리도 적용되지 않는 문제를 해결하기 위한 것이다.

짚어보기 표절과 저작권 침해는 어떻게 다른가?

'표절'은 다른 사람의 저작물의 일부를 몰래 가져다가 마치 자신이 창작한 것인양하는 것을 말한다.[4] 흔히 저작권 침해와 같은 뜻으로 사용되지만, 표절은 다음 몇 가지 점에서 저작권 침해와는 차이가 있다.

첫째, 표절은 대상 저작물이 저작권으로 보호되는 것과 관계가 없지만, 저작권 침해는 그것이 저작권으로 보호되어야만 성립한다. 보호기간이 만료된 저작물의 경우에 표절은 있을 수 있지만 저작권 침해는 있을 수 없다. 또 아이디어에 대해서도 표절은 있을 수 있지만, 저작권 침해는 아니다. 아이디어는 저작권으로 보호되지 않는다.

둘째, 표절은 자신의 것인 양 속여야 하지만, 저작권 침해는 허락받지 않고 이용하면 족하고 자신의 것인 양 속일 필요는 없다. 심지어 공공연하게 다른 사람의 것임을 밝혀도 저작권 침해는 침해이다.

셋째, 표절은 저작물의 작성 단계에서 발생하지만, 저작권 침해는 그렇게 작성된 저작물의 이용 단계에서 주로 발생한다. 표절을 통해 작성된 저작물을 이용하는 경우에, 원저작물이 여전히 저작권으로 보호되는 대상이라면 그로 인해 저작권 침해도 발생하게 된다.

짚어보기 자기표절(自己剽竊, self-plagiarism)도 저작권 침해에 해당하는가?

표절의 대상이 자신의 저작물인 경우에 자기표절이라 한다. 이미 발표된 자신의 저작물

---

4 이 점에서 마치 원작인 것처럼 속이려는 위작(僞作, forgery)과도 구별된다.

을 그 사실을 밝히지 않은 채 그 전부 또는 일부를 다시 게재하는 것이 대표적이다. 반복 표현 또는 이전 창작물의 재사용이라고도 할 수 있다. 이런 재사용이 불가피하거나 필요한 경우도 있다.[5] 하지만 그것이 다른 사람을 속이는 것이거나, 저작권이 다른 사람에게 양도된 경우에는 다른 사람의 이익을 해칠 수도 있다는 점에서 주의가 필요하다.

자기표절의 경우 표절과 다른 기준을 적용해야 하는가가 문제 된다. 특히 미술이나 사진의 경우에 작가 특유의 소재나 표현기법이 반복 활용되곤 하므로 이전 작품과 상당히 유사한 결과가 나오기 쉽다. 미국에서는 이와 관련한 서로 다른 판례가 있다.

같은 기준을 적용한 예로, 작가가 모델을 촬영한 사진의 저작권을 양도한 후 같은 모델을 활용해 다시 촬영한 경우에, 이 사진에서는 모델이 미소를 짓고 체리나무 가지를 입에 물고 있는 등의 변화가 있고 세월이 흘러 모델의 몸매가 바뀌었으나, 모델의 포즈와 빛, 그리고 그림자의 유사성을 근거로 이를 먼저 찍은 사진의 (간접적) 복제로서 침해가 된다는 판례가 있다.[6]

다른 기준을 적용한 예로, 작가가 잡지사의 요청을 받아 슬라이드와 사진, 그리고 스케치 등의 자료를 활용해 야생조류(홍관조)를 그리고, 몇 년 후 다른 사람의 요청을 받아 유사한 자료를 활용해 다시 그린 것에 대해, 법원은 두 그림에 같은 대상이 묘사되었다는 것만으로 모방했다고 할 수 없고, 작가는 새로운 창작을 위해 같은 자료를 활용할 자유가 있다고 판시했다.[7]

---

5 새뮤얼슨(Pamela Samuelson) 교수는 다음 다섯 가지 예를 들고 있다. 첫째, 다음 저작물에서의 새로운 발전을 위한 바탕으로 기존 저작물을 다시 개진할 필요가 있을 때, 둘째, 새로운 증거나 주장을 논의하기 위해 기존 저작물을 다시 제시할 필요가 있을 때, 셋째, 두 저작물의 독자가 전혀 달라서 메시지를 전하기 위해서는 다르게 발행할 필요가 있을 때, 넷째, 발표회 자료를 논문집에나 책으로 발행하는 때, 다섯째, 기존 저작물이 아주 좋아서 이를 바꾸어야 할 이유가 없을 때(이 경우 재사용하기보다 기존 저작물을 언급하는 것이 바람직하다). Pamela Samuelson, "Self-Plagiarism or Fair Use?" 37 *Communications of the ACM* 21, 25(August, 1994).

6 *Gross v. Seligman*, 212 F. 930(2d Cir. 1914).

7 *Franklin Mint Corp. v. National Wildlife Art Exchange*, 575 F.2d 62(3d Cir. 1978).

자기표절의 경우, 완화된 기준을 적용해야 한다는 것이 일반 정서일 수 있으나, 저작권자 등 다른 사람의 이익을 해칠 수도 있는 만큼 신중한 접근이 필요하다. 미술저작물의 경우, 주된 디자인을 반복하거나 모방하지 않는 범위 내에서 재사용을 허용한 영국의 접근방법을 참고할 만하다.[8]

2. 저작권 침해 주장[9]

자신의 저작권이 침해되었음을 주장하기 위해서는 다음 두 가지를 입증해야 한다. 하나는, 저작권이 침해되었다고 주장하는 저작물 등에 대해 자신이 유효한 저작권을 가지고 있다는 것이고, 다른 하나는 침해자라고 주장되는 사람이 저작물의 보호되는 부분을 허락 없이 이용[10]했고 그 이용된 부분이 양적으로 또는 질적으로 공정한 관행의 범위를 벗어나 부당 이용(improper appropriation)에 이르렀다는 것이다.

문제가 되는 저작물이 저작권법에 의해 보호되는 것이고 자신이 그 저작물의 권리자임을 입증하는 것은 사실 또는 법률관계 확인에 해당한다. 저작권 등록증을 제시하는 등의 방법으로 입증하는 경우도 있지만, 일반적으로는 저작권법이 규정하고 있는 '저작자 추정규정'을 활용하여 해결

---

8 영국 저작권법 제64조. "미술저작물의 저작자가 저작권자가 아닌 경우에, 그 저작물을 다른 미술저작물의 제작에서 복제하는 것은 저작권 침해가 되지 않는다. 다만, 그가 종전의 저작물의 주된 디자인을 반복하거나 모방하지 않는 것을 조건으로 한다."

9 이 부분은 임원선, "저작권 침해 유형과 침해 판단 기준에 대한 검토," 계간 저작권 2020년 가을호, 111- 150쪽의 내용을 일부 축약하고 수정한 것이다.

10 학계와 법원에서는 일본에서의 사용 예를 받아들여 일반적으로 '의거(依據)'라는 용어를 사용하는데, 이는 영어 'copy'의 번역어로, 상황에 따라 '이용' 또는 '모방'을 의미하는 용어이다. 하지만 '의거'란 자신의 주장이나 판단이 의지하거나 근거하고 있는, 상대방도 동의할 것이라고 생각되는 대상을 명시적으로 밝혀서 그 권위에 의지하거나 정당성의 근거로 삼는 것을 말하므로, 남의 저작물을 몰래 모방함으로써 침해하는 맥락에는 맞지 않는다. 맥락에 맞게 '이용' 또는 '모방'으로 나누어 사용하는 것이 적절하다.

한다.[11] 이렇게 되면 입증책임이 전환되어 상대방이 저작권이 침해되었다고 주장하는 사람이 저작자 또는 저작권자가 아님을 입증해야 하게 된다.

그래서 침해에 대한 논의는 주로 어떤 행위가 권리자의 허락을 받아야 함에도 그리하지 않고 이용하여 침해에 이르렀는가를 두고 이루어진다.

가. 저작권 침해의 형태

저작권 침해는 저작물을 이용하는 양태에 따라, 즉 다른 저작물 작성에의 이용 여부와 출처 표시 여부를 기준으로 단순 불법 이용, 불법 인용, 그리고 모방의 세 가지로 나눌 수 있다.

(1) 단순 불법 이용

기존의 저작물 등의 전부 또는 상당 부분을 본질적인 변형 없이 그대로 무단으로 이용하는 행위를 말한다. 흔히 '불법복제'나 '해적행위(piracy)'로 불린다. 예를 들어, 권리자의 허락 없이 시중에 발행되어 유통 중인 음반이나 도서 등을 무단으로 복제, 배포, 전송, 전시, 공연 또는 방송하는 등의 방법으로는 이용하는 행위가 이에 속한다.

여기에는 저작물의 전부 또는 일부를 번역하거나, 영상저작물에서는 자막을 넣거나 더빙해서 이를 복제·배포하거나 공중송신하는 경우도 포함된다.[12] 기존에 음반이나 출판물로 발행된 음악저작물이나 소설을 그

---

11 저작권법은 저작자나 실연자, 음반제작자, 방송사업자의 실명이나 이명으로서 널리 알려진 것이 일반적인 방법으로 표시된 사람이 저작자로서 또는 실연자, 음반제작자, 방송사업자로서 그 저작물 또는 실연, 음반 및 방송에 대하여 각각 저작권 또는 실연자, 음반제작자 또는 방송사업자의 권리를 가지는 것으로 추정토록 하고 있다. (법 제8조 및 제64조의2).

12 번역은 2차적저작물 작성 행위의 하나이지만 기존 저작물의 전부 또는 상당 부분을 본질적인 변형없이 이용한다는 점에서 다른 2차적저작물 작성 행위와는 구별될 수 있다. 일본의 경우에도 사적 이용을 위한 다운로드 행위를 위법화 하면서, 번역을 다른 2차적저작물 작성행위와 구별하여 취급하였다. 일본 저작권법 제30조 제1항 제4호 참조.

대로 새로 녹음하거나 조판해 발행하는 경우도 이에 해당한다.[13]

기존 저작물을 그대로 본질적인 변형 없이 그대로 이용하고, 다른 저작물을 작성하는 데에 이용하지 않는 점에서 불법 인용이나 모방과 차이가 있다.

(2) 불법 인용

불법 인용은 기존 저작물의 일부분을 다른 저작물을 작성하는 데에 무단으로 이용하되, 인용의 형식은 따랐을지언정 정당한 범위를 벗어나는 인용 행위를 말한다.

저작권법은 공표된 저작물을 보도, 비평, 교육, 연구 등을 위해 정당한 범위 안에서 공정한 관행에 합치되게 인용할 수 있도록 하고 있다(법 제28조). 정당한 범위 안에서의 공정한 관행에 합치되는 인용은 허용된다. 하지만, 비록 출처를 밝혀서 인용의 형식은 따랐을지언정 고의나 과실로 이 범위를 벗어나 인용하는 것은 불법 인용이 된다.

불법 인용의 대표적인 사례는 아마도 실패한 패러디가 될 것이다. 원작을 패러디하는 목적이 자신의 메시지를 보다 극적으로 표현하고 전달하는 것이 아니라, 단지 원작의 상업적 성공에 편승하는 것이라면 불법 인용으로 저작권 침해가 될 것이다.[14]

기존 저작물을 본질적인 변경 없이 그대로 이용하는 점에서는 단순 불법 이용과 같지만 이를 다른 저작물의 작성에 이용하는 점에서 차이가 있다. 또한 다른 저작물을 작성하는 데 이용한다는 점에서는 모방과 같지만, 인용된 부분의 출처가 명시적이든 묵시적이든 기존 저작물임에 의문의 여지가 없다는 점에서 차이가 있다.

---

13 다만, 이 경우에는 저작권 침해만 문제될 뿐 음반에 관한 실연자와 음반제작자, 그리고 출판물에 관한 출판사의 권리는 문제되지 않는다.

14 이른바 〈서태지의 컴백홈 패러디 사건〉 판결 참조. 서울중앙지방법원 2001. 11. 1. 선고 2001카합1837.

(3) 모방

모방은 기존 저작물을 본떠서 다른 저작물을 작성하는 데에 이용하는 행위를 말한다.

다른 저작물을 작성하는 데에 이용한다는 점에서는 불법 인용과 같지만, 기존 저작물을 이용했는지가 분명하지 않고 모방을 한 사람도 이를 숨기고자 한다는 점에서 불법 인용과 차이가 있다.

나. 저작권 침해의 판단

(1) 단순 불법 이용

단순 불법 이용의 경우에는 인용이나 모방과 달리 법원의 최종 판단을 기다릴 필요 없이 저작권 침해임이 명백한 경우가 많다. 권리자가 누구인지가 명백하고 허락 없이 이용한 것도 명백해서 다툼의 여지가 적으며, 이용된 부분이 저작물 전부 또는 상당 부분이어서 이용된 부분이 양적으로 또는 질적으로 공정한 관행의 범위를 벗어났는지를 확인할 필요도 적다. 이런 이유에서 침해 단속이나 접속 차단 등 행정적 구제의 대상은 단순 불법 이용에 해당한다.

그럼에도 어느 이용이 저작권법이 보호하는 권리 범위에 속하는지가 불분명한 경우에는 논란이 될 수 있다. 예를 들어, 일시적 복제를 포함하는 어느 이용이 저작권법상 복제권의 침해에 해당하는지 또는 온라인 불법복제물에 대한 '링크' 행위가 저작권 침해에 해당하는지와 같은 이슈가 이에 해당한다.[15]

15 미국에서 지속시간에 관계없이 그로부터 저작물이 복제될 수 있으면 고정된 것이라고 본 미국 행정부의 입장[U.S. Copyright Office, DMCA Section 104 Report(2001)]이 네트워크 송신을 위해 버퍼메모리에 저장하는 것처럼 순간적으로만 이루어졌다가 이내 사라지는 것은 고정되었다고 할 수 없고 따라서 비록 일시적으로도 복제되었다고 할 수 없다는 판례[*The Cartoon Network v. CSC Holdings, Inc.*, 536 F.3d 121, 130(2d Cir. 2008)]에 의해 번복된 상황을 참고할 만하다. 또한 불법복제물에 대한 링크 행위가 저작권의 침해에 해당하는지에 대해서도 논란이 있다. 대법원 2015. 3. 12. 선고 2012도13748 판결 및 대법원 2021. 9. 9. 선고 2017도19025 전원합의체 판결 참조.

(2) 불법 인용

불법 인용의 경우에는 권리자가 누구인지 명확하고 허락 없이 이용한 점 또한 명확하다. 따라서 인용이 침해가 되는지에 대해서는 인용된 부분이 양적으로 또는 질적으로 공정한 관행의 범위를 벗어났는지가 주된 검토의 대상이 된다. 정당한 범위 안에서 공정한 관행에 합치되게 인용한 것인지는 인용의 목적, 저작물의 성질, 인용된 내용과 분량, 피인용저작물을 수록한 방법과 형태, 독자의 일반적 관념, 피인용 저작물에 대한 수요를 대체하는지 여부 등을 종합적으로 고려하여 판단된다.[16]

다만, 이를 검토할 때에는 두 가지 사항에 유의해야 한다. 하나는 피고와 원고의 저작물이 모두 공개 소프트웨어(open source software)와 같은 제3의 공통 출처에서 가져온 것이 아닌지를 확인해야 한다. 이 경우라면 침해라고 할 수 없다.

다른 하나는 인용은 목적과 형식에 따라 다양하게 구분될 수 있고, 이에 따라 허용되는 인용의 범위에도 차이가 있다는 것이다. 법원도 단순히 기존 저작물에 편승하기 위한 인용에 대해서는 엄격한 잣대를 적용하지만, 보도, 비평, 교육, 연구 등을 위한 인용에 대해서는 이를 폭넓게 허용한다. 특히 패러디처럼 창작을 장려할 필요성이 높은 인용 형식의 경우에는 더욱 그렇다. 이 부분은 모방의 경우에도 마찬가지로 적용된다.

(3) 모방

모방의 경우에 침해 판단은 훨씬 복잡한 과정을 거쳐야 한다. 기존 저작

16 대법원 2013. 2. 15. 선고 2011도5835 참조. 대법원은 교재의 인용과 관련한 판결에서, 인용한 부분이 피인용저작물을 기준으로 각 장별로 11% 내지 40% 가량에 이르고, 각주 등 출처표시만으로는 인용된 부분 모두를 다른 부분과 구별해내기 어려워 피해자의 저서에서 인용하였으면서도 피고인 스스로 창작한 것처럼 보이는 분량이 상당량 존재하며, 피인용저작물과 피고의 저작물이 같은 주제를 다루고 있어서 시장에서 경쟁관계에 있는 점 등을 고려하여 이를 정당한 범위 안에서 공정한 관행에 합치되게 인용한 것에 해당하지 않는다고 판시하였다. 대법원 2014. 10. 27. 선고 2013도8793 판결 참조.

물을 이용했는지 여부를 먼저 판단해야 하기 때문이다. 이 때문에 저작권 침해에 대한 연구와 논의는 대부분 이 모방을 둘러싸고 이루어진다.

모방의 경우에는 우선 이용되었다고 주장되는 부분의 출처가 기존 저작물[17]인지 아니면 독자적인 창작인지, 즉 모방인지 여부가 먼저 확인되어야 한다. 저작권은 특허나 디자인 보호 등 산업재산권에서와 달리 신규성(novelty)이 아니라 독창성(originality)을 기준으로 보호가 부여된다.

어느 저작물이 기존 저작물과 매우 유사하더라도 그 저작물이 기존의 것을 모방하지 않고 스스로 창작한 것이라면 독자적으로 보호되기 때문이다. 모방 여부를 판단한 후에 모방을 통해 이용된 부분이 양적으로 또는 질적으로 공정한 관행의 범위를 벗어나지 않는지를 판단해야 한다. 순서대로 살펴보자.

(가) 모방(의거 또는 의거관계)[18]의 판단

어느 저작물이 기존 저작물을 모방해서 작성되었는지를 확인하는 것은 쉽지 않다. 피고가 저작물을 작성하면서 원고의 저작물을 염두에 두었다는 것은 전적으로 피고의 머릿속에서 벌어지는 일이다. 진실은 저작자만 알 수도 있다.[19] 본인이 스스로 인정하거나 그 작성 과정을 지켜본 사람이 증언하지 않는 한 이를 직접 입증하기는 어렵다. 저작물의 작성

---

17 실연자, 음반제작자, 그리고 방송사업자의 권리인 저작인접권은 '모방'에는 미치지 않으므로 모방은 '저작물'에 대한 논의로 국한한다.

18 앞서 언급했듯이 침해의 형태를 구분하면, 이 경우 'copy'의 의미가 '모방'임이 분명해지므로 '의거'나 '의거관계'라는 맥락에 맞지 않는 용어를 사용할 이유가 사라진다.

19 이런 이유로 이를 침해판단의 주관적 요건으로 분류하는 경우도 있다. 하지만, 이것은 모방이 이루어지는 과정을 의미할 뿐, 침해 판단에 있어 모방 여부는 객관적인 사실을 확인하는 절차이다. 따라서 피고의 모방에 대한 인식이나 의지는 그 결과에 대한 책임에 영향을 미칠 뿐, 모방의 인정 여부와는 관계가 없다. 실제로, 스스로 의식하지 못한 상태에서 이루어지는 '잠재의식적 모방'의 경우라면 본인도 모를 수 있다.

은 대체로 사적인 영역에서 이루어지기 때문에 모방을 입증할 수 있는 직접증거를 확보하기도 어렵다. 이 때문에 모방은 대체로 간접증거에 의해 확인된다.

많은 법원이 오랜 기간에 걸쳐 이를 판단하기 위한 요건을 고민했고 그 결과는 대체로 다음과 같이 요약된다. 물론 이것은 간접증거를 통한 추정이므로 피고가 제3의 공통 출처나 독자적인 창작의 입증을 통해 번복될 수 있다.

모방했다고 주장되는 저작물(피고 저작물)의 부분과 모방되었다고 주장되는 저작물(원고 저작물)의 부분 사이에 유사성(similarity)이 있는지, 있다면 어느 정도인지를 검토한다. 유사성이 현저하거나, 유사성이 상당하고 원고 저작물에의 접근 기회가 있었다면 모방이 있었다고 추정한다. 즉, 두 저작물 사이의 유사성이 우연의 일치나 독자적인 창작보다는 모방에 기인한 것이라고 추정한다.

여기서 유사성을 비교할 때에는 저작권으로 보호되는 표현 등의 요소는 물론 아이디어나 사실(fact) 등 저작권으로 보호되지 않는 요소 등도 포함해 고려한다. 단지 모방이 있었는지를 판단하기 위한 것이기 때문이다.[20]

침해 여부를 판단하기 위해서는 저작권으로 보호되는 요소에 대한 별도의 유사성 판단이 다음 단계에 다시 필요하다. 이 단계에서는 비교 대상 저작물 전체에 대해 유사성 검토를 할 필요는 없다. 일부만 검토해도 모방이 있었는지 여부를 판단할 수 있다면 문제 되지 않는다.

모방 판단은 유사성 정도에 따라 다소 다를 수 있는데, 다음 세 단계로 나누어볼 수 있다.

---

20 모방이 확인되는 부분과 확인되지 않는 부분이 순차저작물의 경우처럼 시간이나 지역을 달리해서 발행되는 등 접근 여건이 달랐다면, 전자를 기초로 후자도 모방이라고 판단하기 어려울 수 있다.

첫째, 유사성이 현저한 경우이다.

피고 저작물과 원고 저작물의 비교 부분 사이에 모방이 아니고서는 있을법하지 않은 정도로 유사성이 현저하다면 피고 저작물이 원고 저작물을 모방한 것으로 인정된다. 두 저작물의 비교 부분 사이에 피고가 원고의 저작물을 접하지 않고는 가능하지 않은 정도로 세부적인 부분에서 매우 유사한 부분이 발견되거나 흔히 저지르기 쉽지 않은 오류나 일탈이 두 저작물 모두에서 공통적으로 발견되는 경우이다.

전화번호부나 지도처럼 사실에 기초한 저작물은 누가 작성하더라도 유사한 결과물이 나오기 쉬워서 그대로 베낀 경우에도 모방을 입증하기가 쉽지 않다. 이런 경우에는 내용에 영향을 미치지 않는 가공(架空)의 자료를 일부러 추가해서 공통의 오류를 유발하는 방법으로 나중에 침해를 입증하는 데 활용하기도 한다.[21]

거꾸로, 차이점이 모방을 추정하는 근거가 되기도 한다. 논문 등에서 내용을 그대로 유지하면서도 일부 용어만 유사어로 바꾸어놓은 경우처럼 사소한 부분에 작위적인 변경을 가했을 때에는 이러한 차이점이 오히려 의도적인 모방이 있었음을 확인하는 증거가 되기도 한다.[22]

둘째, 유사성이 상당한[23] 경우이다.

피고 저작물과 원고 저작물의 비교 부분 사이에 유사성이 현저한 정도에 이르지는 않지만 상당한 경우에는 바로 모방을 인정할 수는 없고 이를 보강하는 간접 증거가 추가로 필요하다. 바로 피고가 원고 저작물에 접근(access)했는지를 확인하는 것이다.

---

21 예를 들어, 전화번호부에 실제로는 존재하지 않는 가공의 인물과 그의 전화번호를 넣었다가, 새 전화번호부에서 이 자료가 발견되면 모방의 증거로 활용하는 방식이다.

22 이성호, "저작권침해 여부의 판단기준과 각종 저작물의 유형별 특성에 관한 실제적 적용," 「법실천의 제문제-동천 김인섭 변호사 화갑기념논문집」(박영사, 1996), 717쪽.

23 영어 'substantial'의 번역어로 '실질적'이라는 용어가 사용되고 있으나, 이렇게 서술어로 사용될 때에는 '상당한'으로 번역하는 것이 자연스럽다.

저작물에 직접 접근한 것뿐만 아니라 접근한 사람에게서 전해 듣는 등 간접적으로 접근한 것도 포함된다. 이때에는 원고 저작물을 접할 수 있는 상당한 기회가 있었다는 사실이면 족하고 실제로 접근했다는 것을 입증할 필요는 없다. 피고 저작물과 원고 저작물의 해당 비교 부분이 아닌 다른 부분에서 유사성이 현저하다면, 그 비교 부분에 대해서도 접근을 확인할 필요 없이 모방을 인정할 수 있을 것이다.

어느 저작물이 일단 공표되고 인터넷에 게시되었다면 전 세계 어디에서든 접근 가능해졌기 때문에 특히 인터넷에 상업적으로 유통되는 저작물의 경우에는 접근 요소의 중요성이 낮아지고 있다.

셋째, 유사성이 미미한 경우이다.

유사성의 정도가 상당한 수준에 이르지 않았다면, 모방이 인정되기 어렵다. 동시대를 살아가는 저작자들은 창작의 바탕인 문화적 자산과 삶의 배경을 공유한다. 이 때문에 저작물의 주제나 소재, 줄거리나 캐릭터 또는 구체적 표현에 어느 정도 유사성이 있는 것은 오히려 자연스러운 현상일 수 있다.

독립적인 창작물임에도 저작권 침해의 우려 때문에 기존 저작물을 모두 사전에 일일이 검토해야 한다면 문화의 발전을 기대하기 어렵다. 반드시 선행기술(prior art)을 확인해야 하는 특허 등 산업재산권과 달리 저작권이 '모방 금지권'으로 설계된 것은 이러한 인식에 바탕을 둔 것임에 유의할 필요가 있다.

짚어보기 **의식하지 못한 모방도 모방인가?**

객관적으로는 다른 사람의 저작물을 모방한 것이 분명하지만 본인 스스로는 이를 의식하지 못하고 저작물을 자신의 창작물이라고 믿는 경우를 잠재의식적(subconscious) 모방이라 하는데, 멜로디, 리듬, 하모니 등으로 이루어지는 음악저작물에서 흔히 발생한다.[24] 언젠가 접한 사실이 있지만 잠재의식 속에 내재되어 그것이 다른 사람의 저작물임을 본인은 의식하지 못해서 마치 자신이 새롭게 창작한 것으로 인식하는 것이다.

본인이 전혀 의식하지 못하는 모방이라도 객관적으로 모방의 사실이 인정될 때는 저작권 침해가 된다. 다만, 모방한 데 과실이 있다고 하기 어려워 귀책사유가 없으므로 금지청구권의 대상이 될지언정 모방자에게 손해배상 책임을 물을 수는 없을 것이다.[25]

(나) 부당 이용(실질적 유사성[26])의 판단

모방이 있었다고 추정되는 경우에는, 모방을 통해 이용된 부분이 양적으로 또는 질적으로 공정한 관행의 범위를 벗어나 부당 이용에 이르렀는지를 판단해야 한다. 그러려면 모방을 통해 이용된 부분을 먼저 가려내야 한다. 유사성이 현저하거나 상당한 부분을 가려내고 이 부분이 양적으로 또는 질적으로 저작권 침해에 이르는 정도인지를 검토해야 한다. 이 과정은 첫째, 보호되는 표현 검사, 둘째 유사성 검사, 셋째 사소성 검사의 세 단계로 이루어진다.

첫째, 보호되는 표현 검사

---

24 이성호, "저작권침해 여부의 판단기준과 각종 저작물의 유형별 특성에 관한 실제적 적용", 713쪽.

25 박성호, 『저작권법』(제2판)(박영사, 2017), 662-663쪽 참조.

26 일반적으로 학계나 법원은 '부당이용'을 '실질적 유사성'의 판단으로 대체하고 있다. 이것은 과거 저작권 침해의 판단을 "저작권으로 보호되는 표현의 부당한 이용'을 넘어서서 "피고저작물이 원고저작물을 시장에서 대체할 가능성 또는 그의 시장가치를 훼손할 가능성"으로 파악하던 관행에 기초하고 있다. 이로 인해 과거 침해판단에 고려되었던 '공정이용' 요소가 피고가 입증해야할 적극적 항변사유로 분리된 것을 반영하지 못해서 생겨난 문제이다. 또한 이로 인해 유사성 판단을 피고저작물과 원고저작물의 문제되는 부분만이 아니라 두 저작물 전체를 대상으로 비교하는 오류가 유발되고 있다. 임원선, "저작권 침해 유형과 침해 판단 기준에 대한 검토," 118-125쪽 참조.

앞서 모방 여부를 판단하기 위해 유사성을 검토할 때에는 저작권으로 보호되는 부분인가를 가리지 않았다. 하지만 저작권 침해를 판단하기 위해서는 저작권으로 보호되는 부분에 대해서만 검토해야 한다. 모방 중에서 침해가 되는 모방을 가려내는 것이다.

저작권으로 보호되지 않는 아이디어나 사실 등을 저작권으로 보호되는 표현과 분리해 보호되는 표현만을 비교해야 한다. 특히 아이디어는 저작권으로 보호되는 대상이 아님에도 아이디어가 유사하면 두 저작물이 상당히 유사한 것으로 인식되기 쉽다. 미술저작물의 경우, 작품의 소재나 재료 또는 표현기법 등 이른바 '작풍(作風)'이 유사하면 작품들이 매우 유사하게 보인다. 하지만 '작풍'은 저작권으로 보호되는 대상이 아니다.

주의해야 할 것은 아이디어나 사실 등은 보호되지 않지만 그것의 선택이나 배열 또는 구성에 창작성이 있다면 보호받는 표현이 될 수 있다. 예를 들어, 리얼리티 쇼 등의 방송 프로그램 포맷은 일반적으로 아이디어에 해당되어 보호되지 않는다고 이해되지만, 프로그램을 구성하는 개별 요소들이 일정한 제작 의도나 방침에 따라 선택되고 배열됨에 따라 구체적으로 어우러져 그 프로그램 자체가 다른 프로그램과 구별되는 창작적 개성을 가지고 있는 경우에는 저작물로서 보호를 받을 수 있다.[27]

아이디어와 표현을 나누는 것이 중요하지만 아이디어는 구체적인 표현을 통해 존재하고 드러나게 된다. 이 둘은 구체성의 정도에 따라 서로 섞여 있어서 명백히 구별하기가 매우 어렵다.

아이디어와 표현을 구별하는 방법의 하나로 미국의 핸드 판사에 의해 제시된 추상화 검사법(abstractions test)이 있다. 저작물에서 구체적인 표현이나 사건들을 하나씩 제거해 나가면 최종적으로 작품의 주제만 남게 되는데, 이 과정에서 어느 단계를 넘어가면 아이디어를 보호하게

27 대법원 2017. 11. 9. 선고 2014다49180 판결 참조.

되는 경계가 있다는 것이다.[28] 그 경계가 어디인지에 대해서는 명백한 기준을 제시하지 않았지만, 대체로 판례의 성향은 사건의 구성이나 줄거리가 이에 해당한다고 본다.

소설이나 시나리오의 구체적인 문장 표현[부분적 문언적 요소(fragmented literal element)] 뿐만 아니라 그 표현들로 이루어지는 전체적인 사건 구성이나 줄거리[전체적 비문언적 요소(comprehensive non-literal element)]도 구체적이고 풍부하다면 아이디어에 머물기보다는 표현에 해당할 수 있고, 이에 창작성이 있다면 역시 저작권으로 보호될 수 있다.[29]

보호되는 표현 검사에서는 피고 저작물과 원고 저작물의 비교 대상이 제3의 공통 출처에서 가져온 것이 아닌지를 확인해야 한다. 피고 저작물과 원고 저작물이 모두 구전가요 등 저작권으로 보호되지 않는 저작물이나 다른 사람이 저작권을 가지고 있는 저작물에 기초하고 있다면, 이 부분을 제외해야 한다.

둘째, 유사성 검사

보호되는 표현을 아이디어 등 저작권으로 보호되지 않는 요소와 분리해 낸 후에는 두 저작물의 부분 사이에 유사성이 상당한가를 살펴야 한다. 하지만 보는 이의 시각에 따라 결과가 달라지기도 하는데, 여기에는 서로 다른 두 가지 관점이 있을 수 있다.

하나는 그 분야 전문가의 관점이고, 다른 하나는 그 저작물에 대한 일반 소비자의 관점이다. 전자는 감정 등의 방법으로 행해지는 것이 일반적이고 후자는 이 과정에 보완적으로 활용되곤 한다. 어린이용 게임의

---

28 *Nicholas v. Universal Pictures Co.*, 45 F.2d 119(2nd Cir. 1930).

29 Melville B. Nimmer and David Nimmer, *Nimmer on Copyright*(2002), at 199-201 참조.

저작권 침해 사건에서는 그 게임을 실제 사용하는 어린이들이 두 저작물을 어떻게 인식하느냐를 확인하는 것도 중요하다. 이 경우에는 아이디어 등 보호되지 않는 요소의 유사성 때문에 잘못 판단될 가능성이 있다는 점에 유의해야 한다.

모방에 대한 판단은 특정 분야별로 그리고 행위가 이루어진 시점을 기준으로 해야 한다.

모방은 본질적으로 그 분야에서 먼저 창작된 저작물과 나중에 창작된 저작물, 선발 창작자와 후발 창작자 사이의 경쟁질서와 관련된 사안이고, 분야별로 허용되는 모방의 수준이 다를 수 있다.[30]

따라서 소설이나 음악 또는 미술 등 특정 창작 분야 내에서는 해당 분야별로 기준을 설정하고 관리하는 것이 바람직하다. 또 허용되는 모방의 수준은 시대와 상황에 따라 바뀐다. 오래전에 행해진 모방을 지금의 잣대로 평가하지 않도록 유의해야 한다.

상당한 유사성의 판단은 저작물의 창작성 판단과 맞물려 있다. 특허 침해 사건에서는 '상당한 유사성(substantial similarity)' 대신에 '균등론(doctrine of equivalents)'을 적용하는데, 이때 특허의 진보성 요건 판단 기준과 관련해 활용되는, '당업자(當業者, person skilled in the relevant field of technology), 즉 그 발명이 속하는 기술 분야에서 통상의 지식을 가진 사람'의 관점을 다시 적용하는 점을 참고할 수 있을 것이다.

셋째, 사소성 검사

유사성 검사를 통하여 피고가 원고 저작물로부터 아이디어가 아닌 저

---

30 표현의 폭이 제한될 수밖에 없는 음악저작물에 대해서는 그 특성상 소설 등 어문저작물보다 관대한 기준이 적용된다.

작권으로 보호되는 표현을 가져와 이용하였다는 것이 확인된다고 해서 즉, 물리적으로 모방(복제)이 확인되었다고 해서 바로 저작권 침해를 구성한다고 결론을 내려서는 안 된다. 그것이 부당한 정도에 이르렀는지를 판단해야 한다. 피고 저작물과 원고 저작물 사이에 유사성이 현저하거나 상당하다고 판단되는 부분이 양적으로 또는 질적으로 공정한 관행의 범위를 벗어났는지를 판단해야 한다.

침해를 판단하기 위한 명백하고 구체적인 기준이 있으면 좋겠지만, 그런 기준은 존재하지 않는다. 작곡가들 사이에 6마디 이내 또는 3마디 이내의 모방은 침해가 아니라는, 이른바 6마디 원칙 또는 3마디 원칙이 있는 것으로 잘못 알려져 있으나, 법원에서는 이것이 인정되지 않는다.[31]

침해 판단을 위한 비교의 대상은 저작물 전체가 아니라 침해가 주장되는 부분임에 유의해야 한다. 저작물 전체에 걸쳐서 유사성이 현저하거나 상당해야 하는 것은 아니다. 피고 저작물과 원고 저작물 사이에 유사성이 현저하거나 상당하다고 판단되는 부분이 양적으로 또는 질적으로 공정한 관행의 범위를 벗어났다면 저작권 침해가 되며 그 부분에 대해 책임을 져야 한다. "어떠한 표절자도 그가 표절하지 않은 부분이 많다는 것을 보여준다고 해서 책임을 면할 수는 없다."

주의해야 할 것은, 이 단계에서는 저작권법상 공정이용 여부를 검토해서는 안 된다는 것이다. 실질적 유사성을 '시장 대체 가능성' 또는 '시장가치의 훼손 가능성'으로 보는 관점은 공정이용이 저작권법에 의해 적극적 항변사유로 도입되면서 '보호되는 표현의 부당한 이용'으로 수정하는 것이 타당하기 때문이다.

공정이용은 피고가 비록 자신의 저작물 이용행위가 앞서의 모든 요건

---

31 이성호, "저작권침해 여부의 판단기준과 각종 저작물의 유형별 특성에 관한 실제적 적용", 736쪽 참조.

에 해당하여 저작권 침해에 해당한다고 판단된 후에, 그렇더라도 그 이용이 공정이용에 해당하므로 면책되어야 한다고 적극적으로 항변하는 경우에 추가적으로 검토되어야 할 사항이다.

어느 행위가 저작권 침해인지 판단하기 위한 순서를 그림으로 나타내면 〈그림 5〉와 같다. 다만, 반드시 이 순서를 지켜야 하는 것은 아니다. 모방이 있었는지 그리고 그것이 침해인지를 판단하기 위해서는 많은 분석이 필요하므로 다음 단계의 간단한 검토를 먼저 진행하면 불필요한 작업을 줄일 수 있을 것이다.

그림 5 | **저작권 침해에 대한 판단 순서**

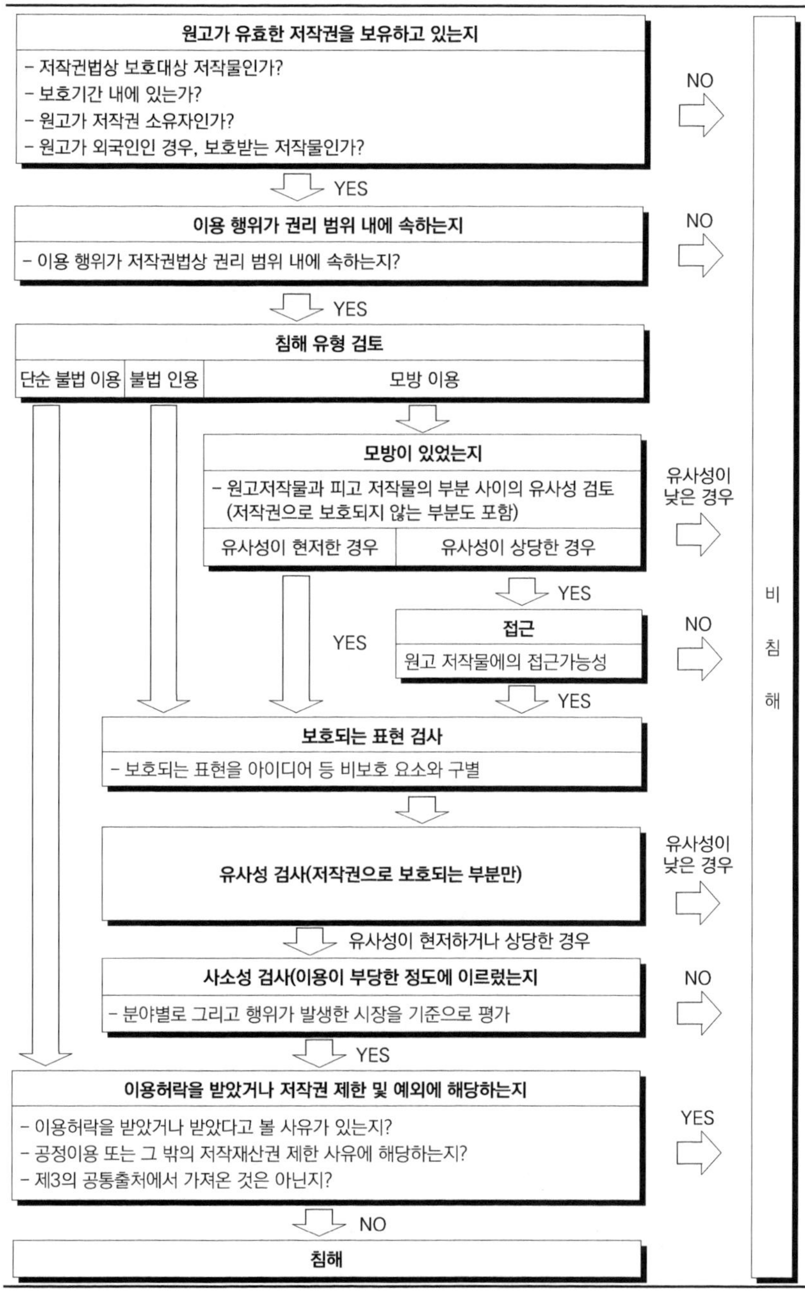

제2절

침해에 대한 구제: 저작권 분쟁 알선·조정

자신의 저작권이 침해되고 있다고 판단되면 다음 두 가지를 먼저 해야 한다. 하나는 침해가 있었음을 입증할 수 있는 증거를 수집해 보전하는 것이고, 다른 하나는 침해자로 의심되는 사람에게 자신의 저작권이 침해되고 있음을 알리고 이를 중지할 것을 요구하는 것이다. 이렇게 '침해중지 경고서한(cease and desist letter)'을 보내는 것은 더 이상의 저작권 침해를 방지하는 한편, 침해자가 통지를 받고도 침해를 계속하는 경우에 이를 고의적인 침해로 판단하게 하는 효과를 가진다.

침해중지 경고서한의 발송에 이어서 침해의 중지와 그간의 침해에 대한 손해배상 등에 관해 협의가 이루어지는데, 저작권 침해의 존재 자체나 그에 대한 손해배상 등에 관해 협의가 이루어지지 않아 두 당사자 사이에 다툼이 생기는 경우를 저작권 분쟁이라 한다.

다른 분쟁과 마찬가지로 저작권 분쟁의 경우에도 이를 해결하는 기본적인 방법은 소송을 제기하는 것이다. 하지만 소송에는 일반적으로 많은 시간과 비용이 든다. 소송을 대신해 대안적 분쟁 해결(ADR, Alternate Dispute Resolution)에 대한 관심이 높아지는 이유이다. 저작권법은 이를 위해 한국저작권위원회에서 저작권 분쟁의 알선과 조정을 맡도록 하고 있다.

1. 알선

알선이란 분쟁의 해결을 위해 제3자가 분쟁의 당사자를 매개해 합의를 유도하는 것을 말한다. 조정이나 중재와는 달리 관계 당사자가 자주적으로 분쟁을 해결하도록 하고 알선위원 자신은 해결책을 제시하지 않는 것이 원칙이다. 제3자가 관여하는 분쟁 해결의 방법 중에서 개입의 정도가 가장 낮다.

분쟁에 관한 알선을 받으려는 사람은 알선신청서를 위원회에 제출하고, 위원회 위원장은 위원 중에서 알선위원을 지명해 알선하게 한다. 알선위원은 알선으로는 분쟁 해결 가능성이 없다고 인정되는 경우에 알선을 중단할 수 있고, 알선 중인 분쟁에 대해 조정이 신청된 때에도 그 알선은 중단된 것으로 본다(법 제113조의2).

분쟁에 관해 알선을 받으려는 사람은 당사자나 대리인의 성명 및 주소와 신청 취지와 이유를 기재한 알선신청서를 위원회에 제출한다(령 제59조의2). 저작권법은 조정과 달리 알선에 대해서는 그 절차 등을 구체적으로 규정하지 않고 있는데, 이는 알선이 조정에 비해 비공식적인 절차여서 많은 것을 위원회 위원장 또는 알선위원에게 맡긴 것으로 이해된다. 알선위원은 분쟁의 당사자가 합의에 이를 수 있도록 쌍방이 주장하는 요점을 정리·확인하는 등 다양한 노력을 기울일 수 있다.

알선이 성립한 때에 알선위원은 알선서를 작성해 관계 당사자와 함께 기명날인한다. 알선이 성립하면 당사자 사이에 '민법상 화해'의 효력이 발생한다. 이 점에서 조정이 성립한 때에는 '재판상 화해'와 동일한 효력이 부여되는 것과 차이가 있다. 민법상 화해란 당사자가 상호 양보해 분쟁을 종료할 것을 약정함으로써 성립하는 계약을 말한다. 이 경우 한 당사자가 양보한 권리는 소멸되고 상대방이 화해로 그 권리를 취득하는 창설적 효력이 있으므로 화해계약이 사실에 반한다 해도 착오를 이유로 취소하지 못한다. 다만 당사자의 자격이나 화해의 목적인 분쟁 이외의 사항에 착오가 있는 때에는 취소할 수 있다.

민법상 화해의 경우에는 재판상 화해와 달리 합의에 대한 이행이 용이하지 않을 수 있어서 알선 제도 활용에 걸림돌이 되기도 한다.[32]

2. 조정

가. 개요

한국저작권위원회의 저작권 분쟁 조정은 저작권 분쟁에 대해 전문가로 구성된 조정위원들의 도움을 받아 당사자 사이에 신속하고 저렴하게 해결할 수 있도록 하는 제도이다.

조정 사안에 따라 1명 또는 3명 이상의 위원으로 구성된 조정부가 담당한다. 분쟁의 조정을 받으려는 사람은 신청 취지와 원인을 기재한 조정신청서를 위원회에 제출해 조정을 신청할 수 있다.[33] 저작권법상 조정 절차에는 원칙적으로 민사조정법이 준용된다(법 제118조의2).

저작권 분쟁 조정은 신속하고 저렴하게 전문가의 도움을 받아 분쟁을 해결할 수 있다는 장점 이외에도 소송 등 다른 분쟁 해결제도와 비교해 다음과 같은 장점이 있다.

첫째, 조정 절차는 비공개를 원칙으로 진행되기 때문에 분쟁 당사자의 인격이나 명예가 손상되거나 또는 영업상의 비밀이 공개되지 않는다(법 제115조).

둘째, 중재와는 달리 당사자 간의 자율적 합의가 존중되므로 참여에 부담이 없다. 다만, 신속하고 효과적인 분쟁 해결을 위해서는 중재가 바

---

32 이런 이유에서인지 제도가 도입된 지 상당한 시일이 경과하였음에도 알선 제도를 활용한 사례는 아직 확인되지 않는다.

33 저작권 조정의 자세한 신청 방법 등은 한국저작권위원회 홈페이지(http://www.copyright.or.kr)에서 확인할 수 있다.

람직한 경우도 있다.

셋째, 조정 절차에서 당사자 또는 이해관계인이 한 진술은 소송 또는 중재 절차에서 원용하지 못하므로 조정에 적극적으로 임할 수 있다(법 제116조).

넷째, 조정이 성립되는 경우 법적으로 재판상 화해와 같은 효력을 가지므로 확정 판결과 마찬가지로 합의에 대한 이행 확보가 용이하다. 다만, 당사자가 임의로 처분할 수 없는 사항에 관한 것은 그렇지 않다(법 제117조).

조정 신청은 자신의 권리를 침해당한 권리자뿐만 아니라 침해 주장을 받고 있는 사람도 신청할 수 있다. 이 때문에 이른바 합의금 장사 등 부당한 협박을 받고 있는 경우에 이에 대한 효과적인 대항수단이 되기도 한다. 특히, 직권조정 결정 제도의 도입으로 이러한 효과는 더욱 커질 수 있다. 조정은 소송을 제기하기 위한 전제조건이 아니다. 언제든지, 경우에 따라서는 조정 중이라도 소송을 제기할 수 있다.

나. 직권조정결정

조정이 전문가의 도움을 받아 신속하고 저렴하게 분쟁을 해결하는 제도이기는 하지만, 어느 한쪽 당사자라도 조정에 응하지 않거나 합의를 거부하면 조정이 성립되지 않기 때문에 실효성이 떨어지는 단점이 있다. 저작권법은 이를 보완하기 위해 직권조정결정제도를 도입했다(법 제117조 제2항 내지 제5항).

다음의 경우에, 3인 이상으로 구성된 조정부는 당사자들의 이익이나 그 밖의 모든 사정을 고려해 신청 취지에 반하지 않는 한도에서 직권으로 조정에 갈음하는 결정(직권조정결정)을 할 수 있다. 첫째, 조정부가 제시한 조정안을 어느 한쪽 당사자가 합리적인 이유 없이 거부한 경우, 둘째, 분쟁 조정 예정가액이 1천만원 미만인 경우이다.[34]

34 저작권법은 언급하고 있지 않지만, 민사조정법을 준용해 "피신청인이 조정기일에 출석하지 아니한 경우"에도 직권조정 결정을 할 수 있을 것이다. 민사조정법 제32조 참조.

조정부가 직권조정결정을 한 때에는 직권조정결정서에 주문(主文)과 결정 이유를 적고 관여한 조정위원 모두가 기명날인해야 하며, 결정서 정본을 지체 없이 당사자에게 송달해야 한다. 직권조정결정에 대해 이의신청이 없는 경우에는 재판상 화해와 같은 효력이 발생한다.

당사자가 직권조정결정에 불복하면 결정서 정본을 송달받은 날부터 2주일 이내에 불복 사유를 구체적으로 밝혀 서면으로 조정부에 이의신청을 할 수 있고, 이 경우 그 결정은 효력을 상실한다.

3. 저작권의 침해 등에 관한 감정

사실이나 법률사항에 대해 분쟁이 있는 경우에 이를 확인하기 위해 감정을 할 때가 있다. 저작권법은 다음 두 가지 경우에 한국저작권위원회로 하여금 감정을 할 수 있도록 하고 있다(법 제119조).

첫째, 법원 또는 수사기관 등으로부터 재판 또는 수사를 위해 저작권의 침해 등에 대해 감정을 요청받은 경우, 둘째, 저작권 분쟁의 조정 신청을 받으면서 분쟁의 양 당사자로부터 프로그램 및 프로그램과 관련된 전자적 정보 등에 관해 감정을 요청받은 경우이다.

재판 또는 수사를 위해 저작권의 침해 등에 대해 감정을 요청받은 경우와 달리 분쟁 조정의 경우에는 프로그램 및 그와 관련된 전자적 정보에 대해서만 감정을 할 수 있도록 하고, 일반 저작물에 대해서는 감정을 할 수 있는 근거를 두지 않고 있는데, 이를 이렇게 제한하는 이유는 찾아보기 어렵다.[35]

일반적으로 감정은 다음 세 가지 경우에 필요하다. 첫째, 저작권 침해

35 당초 구 컴퓨터프로그램보호법에 있던 내용을 그대로 저작권법에 통합한 결과인 것으로 보인다.

여부를 판단하기 위해 저작물 사이의 동일성 또는 유사성의 정도를 판단해야 하는 경우, 둘째, 구체적으로 손해배상액 또는 합의 금액을 정하기 위해 목표 대비 진행 정도 또는 하자의 유무 등을 판단해야 하는 경우, 셋째, 저작물의 작성 비용을 산정할 필요가 있는 경우이다.

저작물 또는 침해에 대한 전문적이고 기술적인 분석 및 판단을 필요로 하는 분쟁에서는 감정 결과가 분쟁 해결의 결정적 기초가 되는 경우가 많아서 감정의 중요성이 매우 높다고 할 수 있다.

제3절

침해에 대한 구제: 민사 구제

저작권 침해에 대한 민사 구제는 크게 두 가지로 나누어진다. 하나는 침해가 진행 중이거나 우려되는 경우 침해의 정지 또는 예방을 청구하는 것이고, 다른 하나는 이미 침해가 발생한 경우 손해배상이나 명예 회복 등을 청구하는 것이다.

1. 침해정지 및 예방 청구

저작권자는 자신의 권리를 침해하는 사람에 대해서는 침해의 정지를 청구할 수 있으며, 그 권리를 침해할 우려가 있는 사람에 대해서는 침해의 예방 또는 손해배상의 담보를 청구할 수 있다(법 제123조 제1항).

저작권자는 기술조치 및 권리관리정보와 관련한 금지규정을 위반한 자에 대하여도, 침해의 정지 및 예방, 손해배상의 담보 및 손해배상이나 이에 대신하여 법정손해배상의 청구를 할 수 있다(법 제104조의8).[36]

공동저작물의 경우에 각 저작자 또는 저작재산권자는 다른 저작자 또는 저작재산권자의 동의 없이 이러한 청구를 할 수 있다(법 제129조). 청구를 하는 경우에는 침해행위에 의해 만들어진 물건의 폐기나 그 밖의 필요한 조치를 청구할 수 있다(법 제123조 제2항). 그 밖의 필요한 조치에

---

36 당초 이러한 위반 행위를 저작권 침해로 간주하던 것을 별도의 금지규정으로 규정하였으므로 그러한 위반 행위가 저작권 침해행위가 되는 것은 아니지만, 저작권법은 권리 침해에 준하는 방식으로 보호받을 수 있도록 하였다. 이 경우, 법 제123조, 제125조, 제125조의2, 제126조 및 제129조 등 관련 규정이 준용된다.

는 불법복제 등 침해에 사용된 재료나 기기의 처분 등이 포함될 수 있다.

침해정지 및 예방 청구권은 침해가 현재 진행 중이거나 발생할 우려가 있는 경우에 이를 중지시키거나 방지하기 위한 것이다. 침해정지 및 예방 청구권은 자칫 다른 사람에게 치명적인 피해를 줄 우려가 높다. 따라서 '침해할 우려'는 명백하고 현존하는(clear and present) 침해의 위험이 있는 경우로 엄격하게 해석되어야 한다.

저작권이나 그 밖에 이 법에 의해 보호되는 권리에 대한 침해가 없다는 뜻의 판결이 확정된 때에는 신청자가 그 신청으로 인해 발생한 손해를 배상하도록 하는데(법 제123조 제4항), 이것은 신청에 신중을 기하도록 하기 위한 조치이다.

형사 기소가 있는 때에도 법원은 원고 또는 고소인의 신청에 의해 담보를 제공하거나 제공하지 않게 하고, 임시로 침해행위의 정지 또는 침해행위에 의해 만들어진 물건의 압류 기타 필요한 조치를 명할 수 있다(법 제123조 제3항). 즉, 가처분이 가능하다.

가처분은 본안 소송에서 승소할 가능성이 높고, 침해를 중지시키지 않으면 회복이 불가능한 피해가 예상되는 경우에 인정된다. 시장에서의 수명이 짧은 저작물의 경우, 본안 소송에 소요되는 시간을 기다릴 여유가 없어서 이에 의존하는 경향이 강하다.

2. 손해배상청구

가. 손해배상의 원칙

저작재산권 또는 그 밖에 저작권법상 보호되는 권리를 가진 사람은 고의 또는 과실로 자신의 권리를 침해한 사람에 대해 손해배상을 청구할 수 있다.[37] 저작권 침해에 대해 손해배상청구권이 성립하기 위해서는 다

37 저작권법은 저작인격권 및 실연자의 인격권 침해에 대해서는 별도로 정하고 있다(법 제127조).

음과 같은 민법상 불법행위 책임 요건이 모두 충족되어야 한다.

첫째, 행위자는 자신의 행위가 저작권 침해가 된다는 사실을 알고 있었거나 과실로 알지 못했어야 한다. 고의나 과실은 이를 주장하는 피해자가 입증해야 한다. 다만, 등록되어 있는 저작권 등을 침해한 자는 그 침해행위에 과실이 있는 것으로 추정한다(법 제125조 제4항).

침해자의 과실이 추정되면 입증책임이 전가되는 효과가 있다. 즉, 원고가 침해자의 행위에 고의 또는 과실이 있었음을 입증해야 하는 책임이 피고에게 옮겨가 피고가 자신의 행위에 과실이 없었음을 입증해야 한다.

둘째, 권리를 침해해야 한다.

셋째, 손해가 발생해야 한다.

넷째, 권리침해와 손해 발생 사이에 인과관계가 존재해야 한다.

공동저작물의 경우에 각 저작권자는 다른 저작권자의 동의 없이도 자신의 지분에 대한 손해배상을 청구할 수 있다. 저작권 침해행위로 인한 손해배상의 청구권은 피해자나 그 법정대리인이 그 손해 및 가해자를 안 날부터 3년, 저작권 침해행위를 한 날부터 10년이 지나면 시효로 인해 소멸한다.[38]

나. 손해액 산정

침해에 대한 권리 구제를 제대로 받기 위해서는 손해액을 정확하게 산정해야 한다. 민법상 손해액은 침해로 인해 상실된 소득[39]을 말한다.

---

38 민법 제766조(손해배상 청구권의 소멸시효) 참조.

39 민법에도 상실된 소득에 대한 정의는 없다. 참고로 일본 저작권법은 침해로 인해 상실된 소득을, 침해행위에 의해 작성된 물건을 양도하거나 침해가 되는 공중송신을 한 경우에 그 양도한 물건 또는 공중송신의 수신에 의해 작성된 저작물이나 실연 등의 복제물의 수량(침해 수량) 중 그 저작권자 등의 판매 능력을 초과하지 않는 수량(그 저작권자 등이 판매할 수 없는 사정이 있는 때에는 그에 해당하는 수량을 제외)에 저작권자 등이 그 침해행위가 없었더라면 판매할 수 있었던 물건의 단위 수량 당 이익액을 곱해 얻은 액과 침해 수량 중 저작권자 등의 판매 능력을 초과하는 수량에 대해 저작권자 등이 이용허락으로 받을 수 있는 금액을 합한 금액(다만, 침해자가 부가한 부분에 대해서는 제외)으로 정의하였다. 일본 저작권법 제114조 제1항.

그런데 무체재산인 저작권의 경우에는 이런 방법으로 손해액을 산정하는 것이 어려우며, 저작권자가 저작물을 미처 발행하지 않은 경우에는 침해로 인해 상실될 수 있는 소득을 추정하는 것이 더욱 어렵다.[40] 이 때문에 저작권법은 손해액 산정을 쉽게 하기 위해 별도의 규정을 두었다. 별도 규정은 다음 세 가지로 정리될 수 있다.

(1) 침해행위로 얻은 이익액

저작권을 침해한 사람이 그 침해행위에 의해 이익을 얻은 때에는 그 이익액을 저작재산권자 등이 받은 손해액으로 추정한다(법 제125조 제1항). 침해행위로 얻은 이익액을 손해액으로 추정하므로, 침해자의 전체 이익액 중에서 문제가 되는 저작권 침해로 얻은 이익액이 아닌 부분을 입증하는 책임은 침해자에게 있다. 예를 들어, 저작물 자체의 상품성이 아닌 마케팅 등 다른 요소에 기인한 부분이 이에 해당한다.

(2) 일반적인 사용료 상당액

저작재산권자 등은 그 권리의 행사로 일반적으로 받을 수 있는 금액에 상응하는 액을 손해액으로 해서 손해배상을 청구할 수 있다. 상실 소득이 일반적인 사용료 상당액을 초과하는 경우에는 그 초과분에 대해서도 손해배상을 청구할 수 있다(법 제125조 제2항 및 제3항).

'그 권리의 행사로 일반적으로 받을 수 있는 금액'이란 침해자가 권리자에게 이용허락을 받았더라면 지급했을 금액, 즉 일반적인 시장가격을 말한다. 권리자가 이미 체결한 이용허락 계약에 적용한 사례가 있다면 특별한 사정이 없는 한 그 금액이 될 것이다.

---

40 이런 어려움 때문에 법원은 침해로 인한 손해액 산정을 위해 감정을 하기도 하는데, 특허법은 이 경우 당사자가 감정인에게 감정에 필요한 사항을 설명하도록 의무화하고 있는 점을 참고할 만하다. 특허법 제128조의2(감정사항 설명의무) 참조.

이에 덧붙여 법원은 신탁관리단체가 문화체육관광부장관의 승인을 받아 적용하고 있는 사용료규정에 의한 사용료 등을 적절한 참고 자료로 인정한다고 판시했다.[41] 이 밖에도 출판업계의 관행을 참고해, 출판물에 대해서는 특별한 사정이 없는 한 정가의 10%를 일반적인 저작권료로 인정하기도 한다.

(3) 인정손해액

법원은 손해가 발생된 사실은 인정되나 손해액 산정 규정에 의한 손해액을 산정하기 어려운 때에는 변론의 취지와 증거조사의 결과를 참작해 상당한 손해액을 인정할 수 있다(법 제126조).[42]

앞서 두 가지 특례 규정에도 불구하고 여전히 손해배상의 금액을 산정하기가 쉽지 않은 점을 감안해, 관련 상황을 고려해 법원이 상당한 손해액을 인정할 수 있도록 한 것이다.

이 규정은 2003년 개정법에서 종전의 부정복제물 부수 추정 규정을 대신해 도입된 것인데, 부정복제물의 부수를 산정하기 어려울 때에는 출판물의 경우 5000부, 음반의 경우 1만 매로 추정하도록 했었다. 이는 대규모가 아닌 침해에서 침해자가 실제 침해규모를 밝히도록 하는 효과가 있었지만, 출판물과 음반에만 국한되고 추정 규모도 임의적이라는 비판이 있었다.

다. 법정손해배상

손해액을 침해로 인해 상실된 소득으로만 산정하면 저작권 침해를 억

41 이상문학상 사건과 관련해, 법원은 피고가 사건 저작물의 이용으로 얻은 이익은 저작물의 사용료 상당이라고 전제한 뒤, 이에 대한 기준으로 이 분야 신탁관리단체인 한국문예학술저작권협회의 사용료규정을 원용한 바 있다. 서울고등법원 2002. 7. 24. 선고 2001나5755 판결.

42 특허법, 상표법 등 지식재산권 관련법들은 공통적으로 이와 유사한 규정을 가지고 있다.

지하는 데 한계가 있을 수 있다. 저작권 침해로 적발되어 확정 판결을 받더라도 저작권을 침해한 사람이 그 침해행위로 얻은 이익이나 저작재산권자가 권리의 행사로 일반적으로 받을 수 있는 금액에 상응하는 액만 배상하면 된다면, 미리 저작권료를 내고 이용허락을 받을 이유가 없어진다.

특히 저작권 침해는 비교적 규모가 작은 경우가 많아 이 문제가 특히 두드러진다. 법정손해배상제도는 이러한 문제에 대처하는 해법의 하나로 한·미 FTA 개정법을 통해 도입되었다.

저작재산권자 등은 고의 또는 과실로 권리를 침해한 사람에 대해 사실심의 변론이 종결되기 전에 실제 손해액 또는 인정손해액 대신에 침해된 각 저작물 등마다[43] 1천만원(영리를 목적으로 고의로 권리를 침해한 경우에는 5천만원) 이하의 범위에서 상당한 금액의 배상을 청구할 수 있다.

법정손해배상을 청구하기 위해서는 침해행위 전에 그 저작물 등이 등록되어야 한다. 이런 청구가 있는 때에 법원은 변론의 취지와 증거조사의 결과를 참작해 이 범위 내에서 상당한 손해액을 인정할 수 있다(법 제125조의2).

인정손해배상의 경우에는 손해액을 산정하기 어려운 때에 변론의 취지와 증거조사의 결과를 참작해 상당한 손해액을 인정할 수 있도록 했음에도 결국 가능한 한 실제 손해액에 가깝게 산정해야 하는 한계가 있지만, 법정손해배상은 이에서 비교적 자유롭게 산정한다는 점에서 차이가 있다.

법정손해배상제도는 침해로 인한 실제 손해액으로부터 비교적 자유롭게 손해배상을 인정할 수 있도록 함으로써[44] 작은 규모의 침해에 대해

---

43 저작권법(제104조의8)은 기술조치의 보호와 관련해서도 법정손해배상을 규정하면서 그 기준은 설정하지 않고 있는데, 이 경우에는 위반과 관련된 우회도구 등의 수가 기준이 될 수 있다.

44 그러나 실제로는 인정손해배상과 유사하게 귀결되는 성향을 보인다. 대구지방법원 2013. 11. 29. 선고 2013가단6923 판결 참조.

서도 권리 구제의 실효성을 담보해 궁극적으로는 침해에 대한 억지력을 확보하려는 데 그 의미가 있다.

도입된 법정손해배상제도는 손해액 인정의 상한선만 두고 하한선은 두고 있지 않아서 본래의 법정손해배상제도와는 차이가 있다.[45] 이는 손해액 산정의 기준이 침해 건수가 아니라 침해된 저작물 수인 것과 관계가 있다. 온라인 침해의 경우에 많은 수의 저작물이 한꺼번에 침해되기도 하는데, 침해된 저작물 수에 따라 손해액을 산정하면 실제 손해액과 지나치게 괴리될 수 있다.

법정손해배상제도의 취지는 침해에 대한 효과적인 억지력을 확보하려는 것이지 권리자에게 예기치 못한 행운을 주려는 것이 아니다.[46] 우리에게는 아직 생소한 이 제도가 현실 적용에서 불공정한 결과를 초래하지 않도록 유의해야 하며 제도의 시행 결과를 보아가면서 보완할 필요가 있다.

공동저작물의 경우에 각 저작자 또는 저작재산권자는 자신의 저작재산권이 침해되었을 경우 다른 저작자 또는 저작재산권자의 동의가 없더라도 자신의 지분에 관해 손해배상을 청구할 수 있다(법 제129조).

3. 저작인격권 등의 침해에 대한 구제

저작자나 실연자는 고의 또는 과실로 저작인격권이나 실연자의 인격권을 침해한 자에 대해 손해배상에 갈음하거나 손해배상과 함께 명예 회

45 미국 저작권법은 저작물당 750달러 이상 3만 달러 이하의 범위에서 법정손해배상을 정할 수 있도록 하고 있다. 미국 저작권법 제504조(c).

46 미국에서도 법정손해배상액이 실제 손해액과 지나치게 차이가 나는 경우에 헌법상 정당한 절차 규정(due process clause)에 어긋난다는 이유로 이 규정에 대해 위헌 시비가 벌어지기도 했다. *Sony BMG Music Entertainment et al. v. Tenenbaum*, 721 F. Supp. 2d 85(D. Mass. 2010).

복을 위해 필요한 조치를 청구할 수 있다(법 제127조).

손해배상은 재산적 권리의 침해에 대해서뿐만 아니라 인격적 권리의 침해에 대해서도 청구할 수 있다. 다만, 이는 민법상의 명예훼손이나 정신적 고통 등 정신적 손해에 대한 배상(민법 제751조)과는 차이가 있다. 저작인격권 등의 침해로 인한 손해가 반드시 명예훼손이나 정신적 고통을 수반하는 것은 아니다. 이 점에서 저작인격권이 저작재산권화하는 성격도 있음을 고려할 필요가 있다.

한국음악저작권협회의 사용료 징수규정에서도 광고용이나 선거 홍보용에 대해 저작인격권을 보호하는 차원에서 관련 저작자의 사전 허락을 받도록 하고 있는데, 대부분의 저작자가 이에 대해 상당액의 금전을 청구하고 있는 것이 그 예이다.[47]

과거에는 명예 회복을 위해 필요한 조치로 사죄광고가 널리 활용되었지만, 가해자에게 사죄광고를 강요하는 것은 헌법상 양심의 자유에 위배된다는 헌법재판소의 결정이 있은 후로 사죄광고의 청구는 가능하지 않게 되었다.[48] 한국저작권위원회의 분쟁 조정에서도 사죄광고는 배제되고 있다. 대신 판결문 등을 언론매체에 게재하는 방법 등이 활용되기도 한다.

하지만 이것이 당사자 사이의 협의를 통한 사죄광고까지 막는 것은 아니다. 이런 이유에서 당사자 사이의 협의를 통한 사죄광고는 아직도 널리 활용되고 있다.

저작권법은 저작인격권을 저작자에게 전속하며 그의 사망과 동시에 그 보호가 종료되는 것으로 규정하면서도, 저작자의 사망 후에 그의 저작물을 이용하는 사람이 저작자가 생존했더라면 그 저작인격권의 침해

---

47 한국음악저작권협회 음악저작물 사용료 징수규정(2025. 5. 7), 제35조 및 제37조 참조.
48 헌법재판소 1991. 4. 1. 선고 89헌마160 결정.

가 될 행위를 해서는 안 된다고 규정하고 이의 위반에 대해 사실상 저작인격권과 유사한 구제를 부여하고 있다(법 제14조 제2항 및 법 제128조). 반면 실연자의 인격권에 대해서는 실연자 사망 후의 보호에 대해 아무런 규정을 두고 있지 않다. 하지만 실연자의 인격권을 달리 취급해야 할 정당한 사유는 없는 것으로 보인다.

제4절

침해에 대한 구제: 형사 제재

저작권 침해는 사적인 재산이나 인격은 물론 사회적 법익도 침해하기 때문에 저작권법은 침해행위에 대해 민사적 구제와 아울러 형사 제재도 규정하고 있다. 형사 제재는 다른 규정이 없는 한 고의로 침해한 사람에게만 적용되며, 저작권 침해행위뿐만 아니라 일정한 저작권법상 의무 위반에 대해서도 벌칙이 적용된다.

우리나라에서는 저작권 침해 구제가 주로 손해배상 등 민사보다는 형사로 이루어지는 경향이 있다. 손해배상이 손실 보전을 원칙으로 하고 있어서 민사 소송에서 이긴다고 해도 실효성이 떨어지는 반면, 형사 절차를 통해서는 증거를 수집하거나 합의를 유도하는 것이 효과적이기 때문이다.

하지만 이는 국가형벌권을 사적인 갈등 해결에 활용하고 자칫 사회적 갈등과 불신을 증폭시킬 수 있다는 점에서 개선이 필요하다. 법정손해배상제도와 침해자 정보제공명령제도가 이런 문제점을 일부 완화하는 효과를 있을 것으로 기대된다. 향후에는 징벌적 손해배상제도의 도입 등도 검토할 필요가 있다.[49] 민사 구제의 실효성이 확보된다면 형사적 제재 대

49 징벌적 손해배상(punitive damage)이란 침해자의 행위가 악의적이고 반사회적인 경우 실제 손해액보다 훨씬 많은 손해배상을 하게 하는 제도로서, 주로 영미법계 국가에서 활용된다. 우리나라에서도 2011년 하도급 거래에 처음 도입된 이래 2019년에는 영업비밀 및 특허권 또는 전용실시권을 침해한 행위가 고의적인 것으로 인정되는 경우에도 징벌적 손해배상제도가 도입되었다. 「하도급거래 공정화에 관한 법률」 제35조 제2항, 「부정경쟁방지 및 영업비밀보호에 관한 법률」 부정경쟁방지법 제142조의2 제6항, 특허법 제128조 제8항 참조.

상은 제한적으로 운영하는 것이 바람직하다.[50]

저작권법상의 처벌 규정은 권리의 침해죄와 부정발행 등 기타의 죄로 나누어볼 수 있다.

1. 권리의 침해죄

저작권법상 저작재산권 등 침해죄 또는 이에 준하는 죄에 대한 처벌은 다음의 3단계로 나누어진다. 권리침해죄는 배타적인 권리에만 적용되고, 실연자와 음반제작자의 음반의 방송 사용에 대한 보상금처럼 처음부터 보상청구권으로 부여된 권리 또는 교과서 보상금이나 수업목적보상금처럼 당초에는 배타적 권리로 부여되었으나 법에 의해 보상청구권으로 완화된 권리에 대해서는 적용되지 않는다.

가. 5년 이하의 징역 또는 5천만원 이하의 벌금

저작재산권 또는 그 밖에 저작권법에 의해 보호되는 재산적 권리(데이터베이스제작자의 권리 제외)를 복제, 공연, 공중송신, 전시, 배포, 2차적저작물 작성의 방법으로 침해한 사람은 5년 이하의 징역 또는 5천만원 이하의 벌금에 처하거나 이를 함께 부과할 수 있다.

나. 3년 이하의 징역 또는 3천만원 이하의 벌금

다음의 어느 하나에 해당하는 사람에 대해서는 3년 이하의 징역 또는 3천만원 이하의 벌금에 처하거나 이를 함께 부과할 수 있다.

---

50 미국은 침해가 영리를 목적으로 한 것이거나, 침해규모가 6개월 이내에 1천 달러 이상이거나, 또는 침해저작물이 상업적인 배포를 위한 것임을 알았거나 과실로 알지 못하고 상업적인 배포를 위해 준비된 저작물을 배포하거나 인터넷에 유포한 경우에 한해 형사적 제재의 대상으로 하고 있다. 미국 저작권법 제506조(a)(1) 참조.

① 저작인격권 또는 실연자의 인격권을 침해해 저작자 또는 실연자의 명예를 훼손한 사람

② 보호되는 데이터베이스제작자의 권리를 복제·배포·방송 또는 전송의 방법으로 침해한 사람

③ 업으로 또는 영리를 목적으로 기술적 보호조치를 무력화하거나 무력화하는 것을 주된 목적으로 하는 제품이나 서비스 등을 제공한 사람

④ 업으로 또는 영리를 목적으로 권리관리정보를 제거, 변경하거나 또는 거짓으로 부가한 사람, 또는 이 정보가 제거, 변경되거나 거짓으로 부가된 것을 알면서도 그 저작물 등을 배포, 공연 또는 공중송신하거나 배포를 목적으로 수입한 사람(다만, 과실로 저작권 등의 침해를 유발 또는 은닉한다는 사실을 알지 못한 사람은 제외)

⑤ 암호화된 방송 신호를 복호화 하는 데 주로 사용될 것을 알거나 과실로 알지 못하고 그러한 제품 등을 제조, 수입, 판매 등을 하거나, 복호화 된 방송 신호를 그 사실을 알면서 허락 없이 영리를 목적으로 다른 사람에게 공중송신한 사람

⑥ 저작물 등의 라벨을 불법복제물 등에 부착하기 위해 위조하거나 그러한 사실을 알면서 배포하거나 배포할 목적으로 소지한 사람, 합법적으로 제작한 라벨을 그 허락받은 범위를 넘어서 배포하거나 그러한 사실을 알면서 다시 배포하거나 다시 배포할 목적으로 소지한 사람, 그리고 적법한 복제물과 함께 배포되는 문서나 포장을 불법복제물에 사용하기 위해 위조하거나 그러한 사실을 알면서 이를 배포하거나 배포할 목적으로 소지한 사람

⑦ 정당한 권한 없이 방송사업자에게로 송신되는 신호를 제3자에게 송신한 사람

⑧ 수입 당시에 우리나라에서 만들어졌더라면 저작권 침해가 되는 물

건을 우리나라에서 배포할 목적으로 수입하거나 보호되는 권리를 침해해 만들어진 물건을 그런 줄 알면서도 배포할 목적으로 소지한 사람, 그리고 프로그램의 경우에 저작권을 침해해 만들어진 프로그램을 그런 줄 알면서도 이를 업무상 이용한 사람

다. 1년 이하의 징역 또는 1천만원 이하의 벌금

다음의 어느 하나에 해당하는 사람에 대해서는 1년 이하의 징역 또는 1천만원 이하의 벌금에 처하거나 이를 함께 부과할 수 있다.

① 저작자 아닌 사람을 저작자로 해서 실명이나 이명을 표시해 저작물을 공표한 사람

② 실연자 아닌 사람을 실연자로 해서 실명이나 이명을 표시해 실연을 공연 또는 공중송신하거나 복제물을 배포한 사람

③ 저작자의 사망 후에 그가 생존했더라면 그 저작인격권의 침해가 될 행위를 한 사람

④ 허락 없이 복호화 된 방송 신호임을 알면서 이를 수신해 청취 또는 시청하거나 다른 사람에게 공중송신한 사람

⑤ 저작권으로 보호되는 영상저작물을 상영 중인 영화상영관 등에서 허락 없이 녹화기기를 이용해 녹화하거나 공중송신한 사람(이 경우에는 미수범도 처벌)

⑥ 저작자의 명예를 훼손하는 방법으로 저작물을 이용한 사람

2. 기타의 죄

가. 부정발행 및 출처 명시 위반 등

그 밖에도 저작권법은 권리의 침해는 아니지만 저작권 보호와 관련한 질서의 유지 등을 위해 다음과 같은 3단계의 처벌 규정을 두고 있다.

(1) 5년 이하의 징역 또는 5천만원 이하의 벌금

다음의 사람에 대해서는 5년 이하의 징역 또는 5천만원 이하의 벌금에 처하거나 이를 함께 과할 수 있다.

- 저작권 등의 침해에 관한 소송에서 그 소송으로 인해 어느 당사자가 보유한 영업비밀을 알게 된 사람이 정당한 이유 없이 법원의 명령을 위반해 그 영업비밀을 소송의 계속적인 수행 외의 목적에 사용하거나 다른 사람에게 공개한 사람

(2) 3년 이하의 징역 또는 3천만원 이하의 벌금

다음의 사람에 대해서는 3년 이하의 징역 또는 3천만원 이하의 벌금에 처하거나 이를 함께 과할 수 있다.

① 저작권 등의 등록 또는 권리변동 등의 등록을 거짓으로 한 사람

② 온라인서비스제공자가 가지고 있는 복제·전송자의 정보를 제공받아 이를 청구 목적 외의 용도로 사용한 사람

(3) 1년 이하의 징역 또는 1천만원 이하의 벌금

다음의 사람에 대해서는 1년 이하의 징역 또는 1천만원 이하의 벌금에 처하거나 이를 함께 과할 수 있다.

① 허가를 받지 않고 저작권신탁관리업을 한 사람

② 자신에게 정당한 권리가 없는 것을 알면서 고의로 법 제103조 제1항 또는 제3항의 규정에 의한 복제·전송의 중단 또는 재개 요구를 해서 온라인서비스제공자의 업무를 방해한 사람

③ 등록 업무를 수행하거나 했던 사람이 직무상 알게 된 비밀을 다른 사람에 누설한 사람

(4) 500만원 이하의 벌금

다음의 사람에 대해서는 500만원 이하의 벌금에 처한다.

① 위탁에 의한 초상화 또는 이와 유사한 사진저작물을 위탁자의 동의 없이 이용한 사람

② 저작재산권 제한 규정(저작인접권 또는 데이터베이스제작자의 권리에 대해서 이 규정이 준용되는 경우 포함)에 의해 저작물을 이용하는 경우에 출처를 명시토록 되어 있음에도 출처를 명시하지 않은 사람

③ 저작재산권자의 표지를 하지 않은 배타적발행권자 및 출판권자

④ 배타적발행권의 목적인 저작물을 다시 발행하면서 미리 저작자에게 그 사실을 알리지 않은 배타적발행권자 및 출판권자

⑤ 신고하지 않고 대리중개업을 하거나 영업의 폐쇄 명령을 받고도 계속 그 영업을 한 사람

나. 몰수

저작권이나 그 밖에 저작권법에 의해 보호되는 권리를 침해해 만들어진 복제물과 그 복제물의 제작에 주로 사용된 도구나 재료 중 그 침해자, 인쇄자, 배포자 또는 공연자의 소유에 속하는 것은 몰수한다(법 제139조).

각 규정의 공소시효는, 5년 이하의 징역 또는 5천만원 이하의 벌금에 해당하는 죄는 7년, 3년 이하의 징역 또는 3천만원 이하의 벌금에 해당하거나 1년 이하의 징역 또는 1천만원 이하의 벌금에 해당하는 죄는 5년, 그리고 그 밖의 죄는 1년이다.[51]

51 형사소송법 제249조(공소시효의 기간) 참조.

3. 친고죄

저작권 침해죄는 법에서 정하고 있는 일정한 예를 제외하고는 저작권자 등의 고소가 있어야 공소가 가능하다(법 제140조). 즉, 저작권 침해죄는 모욕죄나 사자(死者) 명예훼손죄와 마찬가지로 친고죄이다.

이는 저작권이 저작자의 인격과 관계되는 점을 존중함과 동시에 피해자인 권리자의 판단도 존중하기 위함이다. 나아가 저작권 침해가 일상생활을 통해 언제나 발생할 수 있으므로 이를 비친고죄로 할 경우 고발이 남발될 수 있다는 점, 이미 지나치게 많은 분쟁이 형사적 해결에 의존하고 있는 상황에서 비친고죄화가 이를 부추겨 사적인 분쟁에 국가형벌권의 개입을 과다하게 촉발할 가능성도 있다는 점을 고려한 것으로 이해된다.

하지만 위법성이 현저하고 저작물의 이용질서를 크게 해칠 수 있는 침해에 대해서는 억지력을 높이기 위해 이를 친고죄의 예외로 할 필요가 있다. 저작권법은 이를 고려해 "영리를 목적으로 또는 상습적으로" 이루어지는 침해행위에 대해서는 이를 친고죄의 예외로 규정하고 있다(법 제140조 제1호). 이것은 당초(2006년법) "영리를 위해 상습적으로"로 되어 있었으나 영리를 목적으로 하지 않는 경우에도 대규모로 상습적으로 이루어지는 침해의 경우에는 저작물 이용질서를 해칠 수 있으므로 그 범위를 확대한 것이다.

한편, 친고죄는 저작권 이용 질서를 해치는, 그래서 사회적 법익을 해치는 침해의 경우에도 처벌 여부를 권리자의 판단에 맡기는 효과가 있음에 유의할 필요가 있다. 이렇게 되면 저작권자는 검찰이 행사할 권한까지 행사하게 되므로 협상력이 커지고 이른바 친고죄를 합의금 장사에 악용하는 폐단이 있었다.[52] 소프트웨어 업계 일각에서 비친고죄가 확대되

52 과거에는 성범죄에 대해 피해자의 명예와 2차 피해 발생의 우려를 이유로 피해자나 고소권자가 직접 고소해야 수사와 처벌이 가능했지만, 2013년 성폭력 범죄의 처벌 등에 관한 특례법과 형법 등의 개정으로 고소 없이도 처벌이 가능해진 점을 참고할 필요가 있다.

면 침해자와 합의로 해결할 수 있는 기회가 축소되는 것을 우려해 이에 반대하는 목소리를 낸 것도 이런 맥락에서였다.

저작권법이 친고죄의 예외로 규정하고 있는 죄에는 허위등록에 관한 죄, 업 또는 영리 목적의 기술적 보호조치 무력화에 관한 죄, 업 또는 영리 목적의 권리관리정보에 관한 죄, 저작자나 실연자의 성명을 거짓으로 표시한 죄, 저작자 사망 후에 인격적 이익을 침해한 죄, 그리고 신고나 허가 없이 저작권대리중개업이나 신탁관리업을 한 죄, 정당한 권리 없이 복제·전송의 중단 또는 재개 요구를 해서 온라인서비스제공자의 업무를 방해한 죄, 그리고 영리를 목적으로 수입 시에 대한민국에서 만들어졌더라면 저작권 침해로 될 물건을 배포 목적으로 수입하거나 불법복제물을 그 사실을 알고 배포 목적으로 소지한 죄가 있다.

한편, 친고죄와 더불어 피해자의 명시적 의사에 반해 처벌하지 못하도록 하는 반의사불벌죄를 적용한 예도 있다. 침해로 보는 행위 중에서, 저작권을 침해해 만들어진 프로그램을 그런 줄 알면서도 취득해 이를 업무상 이용한 행위가 그것이다(법 제140조 제1호). 이는 피해자의 의사에 관계없이 공소를 제기할 수는 있으나 피해자의 명시적 의사에 반해 처벌할 수는 없도록 하는 제도이다. 형법상 폭행죄, 과실치상죄, 협박죄, 명예훼손죄 등이 이에 해당한다.

권리자가 프로그램의 네트워크 효과[53]를 극대화하기 위해 새로운 프로그램을 출시한 때부터 일정 기간 사실상 불법복제를 묵과하는 등의 영업 전략을 구사하는 경우가 있는데, 이는 시장에서 이루어지는 관행을 존중하려는 것으로 이해된다.

친고죄에 대해서는 범인을 알게 된 날부터 6개월을 경과하면 고소하

53 같은 프로그램을 사용하는 사람이 많아질수록 그것이 불법복제물인가 여부에 관계없이 그 프로그램의 가치가 높아지는 효과를 말한다.

지 못한다. 단, 고소할 수 없는 불가항력의 사유가 있는 때에는 그 사유가 없어진 날부터 기산한다.[54]

4. 양벌규정과 자율준수 프로그램

가. 양벌규정

법인의 대표자나 법인 또는 개인의 대리인이나 사용인, 그 밖의 종업원이 그 법인이나 개인의 업무에 관해 저작권법에 정한 죄를 지은 때에는 행위자를 처벌하는 외에 그 법인 또는 개인에 대해서도 그에 해당하는 벌금형을 과한다. 다만, 법인 또는 개인이 그 위반행위를 방지하기 위해 해당 업무에 관해 상당한 주의와 감독을 게을리하지 않은 경우에는 그렇지 않다(법 제141조).

법인의 과실 유무에 상관없이 양벌규정을 적용해 처벌하는 것은 '책임주의' 원칙에 위배되므로 보건범죄 단속에 관한 특별 조치법상의 양벌규정은 위헌이라는 헌법재판소의 결정을 반영한 것이다.[55]

나. 자율준수 윤리프로그램

기업이나 기관, 단체 등에서는 임직원 등이 업무와 관련해 다른 사람의 저작권을 침해하지 않도록 제도와 행동 지침을 마련해 운영할 필요가 있다. 이러한 제도와 지침을 저작권 자율준수 윤리프로그램(copyright compliance and ethics program)이라고 한다. 저작권 자율준수 윤리프로그램은 보통 다음의 절차로 구성된다.

① 최고 경영자의 저작권 자율준수 윤리경영 방침 표명

---

54 형사소송법 제230조(고소기간).

55 헌법재판소 2007. 11. 29. 선고 2005헌가10 결정.

② 제도와 지침의 수립과 시행을 담당할 자율준수 윤리 관리자 임명
③ 프로그램의 운영을 총괄할 위원회 조직인 자율준수 윤리협의회 구성
④ 행위와 판단의 지침을 제시하는 자율준수 편람 및 가이드 제작 및 배포
⑤ 자율준수 협의회 구성원 및 저작물의 이용 등과 관련된 직원에 대한 자율준수 교육 실시
⑥ 저작권 자율준수 윤리 체크리스트에 의한 자체 점검 등 내부 감독 체계 수립
⑦ 자율준수 윤리협의회 심의를 거쳐 위반자에 대한 제재 및 우수 직원에 대한 포상

기업이나 기관, 단체에서 저작권 자율준수 윤리프로그램을 수립해 운영하면 저작권 침해를 예방하는 데 큰 효과가 있을 것으로 기대된다. 이 프로그램의 수립과 운영을 촉진하기 위해서는 정부와 저작권자 단체 등에서 나설 필요가 있다.

우선, 정부는 대법원의 양형기준에 이 프로그램을 수립해 성공적으로 운영하는 경우에 대해 형량을 감경할 수 있도록 할 필요가 있다.[56] 권리자 단체도 그러한 경우에 침해에 대한 책임을 일정 부분 감경하는 기준을 설정해 기업이나 기관, 단체와 신사협정을 체결하는 것도 효과적이다.

56 미국에서는 자율준수 프로그램을 효과적으로 운영할 경우 기본 형량의 60%까지 감량할 수 있도록 하고 있다. United States Sentencing Commission, 2018 Guidelines Manual Annotated, 8C2.5(f) 참조.

제5절

침해에 대한 구제: 행정적 구제

저작권법은 일반 재산권 침해에 대해 경찰이 수행하는 것과 같은 기능을 저작권 침해에 대해 정부와 지방자치단체가 수행하도록 했다. 여기에는 불법복제물 등의 수거·폐기 및 삭제, 정보통신망을 통한 불법복제물의 삭제 명령, 그리고 불법복제물과 관련한 시정권고 등이 포함된다.

불법복제물의 범람은 건전한 저작물 이용질서를 훼손하고 저작권 보호에 기초하는 문화산업의 발전을 위축시킬 수 있다. 저작권법은 이를 적극적으로 방지 또는 억제하기 위해 문화체육관광부장관 등에게 일정한 준사법적 권한을 부여한 것이다. 그러면서도, 이 권한을 사법기관이 아닌 행정기관이 행사한다는 점과 당사자에게 자칫 심각한 영향을 줄 수 있는 점을 고려해 권한 행사의 공정성을 담보하기 위해 여러 가지 절차를 따르도록 하고 있다.

저작권법은 2016년 개정을 통해 한국저작권보호원을 설립해, 그간 한국저작권위원회와 한국저작권단체연합회 저작권보호센터로 이원화되어 있던 불법저작물 단속 업무를 일괄해 담당하도록 했다(법 제122조의2 내지 제122조의6).[57] 문화체육관광부장관은 「사법경찰관리의 직무

57 불법저작물 단속 업무가 한국저작권위원회와 한국저작권단체연합회 저작권보호센터로 이원화되어 효율성이 떨어지고, 권리자와 이용자 사이의 분쟁 조정을 담당하는 위원회가 단속업무를 수행하는 것은 중립성과 공정성 측면에서 부적절하다는 문제가 제기되어 왔었다. 하지만 권리자 편에서 침해대응을 담당하는 한국저작권보호원에 저작권보호심의원회를 신설해 정보통신망을 통한 불법복제물의 삭제 명령이나 시정권고의 심의를 이관한 것은 이러한 제도 개선의 취지에 어긋나는 측면이 있다.

를 수행할 자와 그 직무범위에 관한 법률」의 저작권 침해에 관한 단속사무와 관련해 기술적 지원이 필요한 때에는 보호원 또는 저작권 관련 단체에 협조를 요청할 수 있다(법 제130조의2).

1. 불법복제물의 수거, 폐기 및 삭제

문화체육관광부장관과 광역 및 기초자치단체장은 저작권 등에 따라 보호되는 권리를 침해하는 복제물(정보통신망을 통해 전송되는 것을 제외) 또는 기술적 보호조치를 무력화하기 위해 제작된 기기·장치·정보 및 프로그램을 발견한 때에는 관계 공무원으로 하여금 이를 수거·폐기 또는 삭제하게 할 수 있다. 문화체육관광부장관은 이에 관한 업무를 관련 단체에 위탁할 수 있고, 관계 공무원이 불법복제물을 수거·폐기 또는 삭제하는 경우 필요한 때에는 관련 단체에 협조를 요청할 수 있다(법 제133조).

이 규정은 새롭게 만들어진 것이라기보다는 오프라인상의 불법복제물과 관련해 음반이나 출판 등 관련 산업에 관한 기존의 법률[58]에 흩어져 있던 불법복제물의 수거 및 폐기에 관한 규정을 저작권법에 일괄해 규정한 것이다.

짚어보기 **문화체육관광부장관 등은 다른 저작물을 모방해 작성된 저작물의 복제물도 이 규정에 따라 수거해 폐기할 수 있을까?**

문화체육관광부장관 등의 불법복제물 수거 및 폐기에 관한 권한은 허락 없이 기존의 저작물을 그대로 복제 또는 전송하는 등의 행위처럼 법원의 판결 같은 별도의 절차를 거치

58 2006년 당시의 「음반·비디오물 및 게임물에 관한 법률」 제42조 제3항 제6호와 출판 및 인쇄진흥법 제25조 제1항 제1호.

지 않고도 침해가 명백한 경우에만 미친다고 보는 것이 타당하다.[59]

문화체육관광부장관 등은 저작권의 침해 여부에 관한 다툼을 최종적으로 판단할 권한을 가지고 있지 않다. 한국저작권보호원의 저작권보호심의위원회도 마찬가지이다. 저작권법상의 수거 및 폐기에 관한 권한은 이를 위탁한 문화체육관광부장관 등의 권한에 의해 제한된다고 보아야 한다. 다른 저작물을 모방해 작성된 저작물을 단속하기 위해서는 먼저 그것이 침해임이 최종 판단되어야 하는데, 이는 사법부의 권한이고 문화체육관광부장관 등의 권한 범위를 넘어선다. 따라서 문화체육관광부장관은 이를 수거 및 폐기할 수 없다고 보아야 할 것이다.

2. 정보통신망을 통해 유통되는 불법복제물의 삭제 명령 등

문화체육관광부장관은 정보통신망을 통해 저작권 등을 침해하는 복제물 또는 정보와 기술조치를 무력화하는 프로그램이나 정보(이하 '불법복제물 등'이라 한다)가 전송되는 경우에 한국저작권보호원 저작권보호심의위원회의 심의를 거쳐 온라인서비스제공자에게 복제·전송자(업로더)에 대해 경고하거나 이의 삭제 또는 전송의 중단을 명할 수 있다.

문화체육관광부장관은 경고를 3회 이상[60] 받은 사람이 다시 불법복제물 등을 전송한 경우에 저작권보호심의위원회의 심의를 거쳐 온라인서비스제공자에게 6개월 이내의 기간을 정해 그 사람의 계정을 정지할 것을 명할 수 있다. 계정정지명령을 받은 온라인서비스제공자는 계정을 정지하기 7일 전에 계정이 정지된다는 사실을 업로더에게 통지해야 한다(법 제133조의2 제1항 내지 제3항).

---

59 '불법복제물'이라는 용어는 본래의 의미와 관계없이 침해가 명백한 저작권 침해물을 지칭하기 위해 관용적으로 사용되어 왔다.

60 '1년 이내의 기간 동안 3회'라는 식으로 기간을 일정하게 제한할 필요가 있다.

문화체육관광부장관은 온라인서비스제공자의 정보통신망에 개설된 게시판으로서 이용자에게 상업적 이익 또는 이용 편의를 제공하는 게시판 가운데, 불법복제물 등의 삭제 또는 전송 중단 명령을 3회 이상 받은 게시판으로서 게시판의 형태, 게시되는 복제물의 양이나 성격 등에 비추어 볼 때 저작권 등의 이용질서를 심각하게 훼손한다고 판단되는 경우에는 저작권보호심의위원회의 심의를 거쳐 6개월 이내의 기간을 정해 온라인서비스제공자에게 그 게시판 서비스의 전부 또는 일부를 정지토록 명할 수 있다.

명령을 받은 온라인서비스제공자는 그 게시판의 서비스를 정지하기 10일 전부터 서비스가 정지된다는 사실을 해당 온라인서비스제공자의 인터넷 홈페이지와 그 게시판에 게시해야 한다(법 제133조의2 제4항 및 제5항).

계정정지명령의 실효성을 확보하기 위해 해당 온라인서비스제공자가 부여한 다른 계정까지도 포함해 정지명령을 내릴 수 있다. 어느 온라인서비스제공자가 자신이 운영하는 서비스에 여러 개의 계정을 가지고 있을 경우 그중 하나의 계정으로 불법복제물을 복제·전송해 계정정지명령의 대상이 된다면 위법을 저지르지 않은 다른 계정에 대해서도 정지명령의 효과가 미친다. 다만, 이메일이 의사소통의 중요한 수단임을 고려해 이메일 전용계정은 대상에서 제외되었다. 정지명령이 유효한 기간 동안에는 그 서비스를 이용하는 새로운 계정도 개설할 수 없다.

게시판 서비스 정지명령의 대상이 되는 게시판은 '(업로더에게) 상업적 이익 또는 이용 편의를 제공하는' 게시판으로 국한된다. 이는 게시판이 많은 그리고/또는 인기 있는 자료를 복제·전송하는 사람에게 해당 서비스에서 사용할 수 있는 사이버 머니나 포인트를 제공하는 경우 또는 자료의 다운로드 속도를 빠르게 해주는 등 불법복제물 등의 복제·전송을 부추기는 경우를 말한다.

그림 6 | **문화체육관광부장관의 불법복제물 등에 대한 삭제명령 등의 절차**

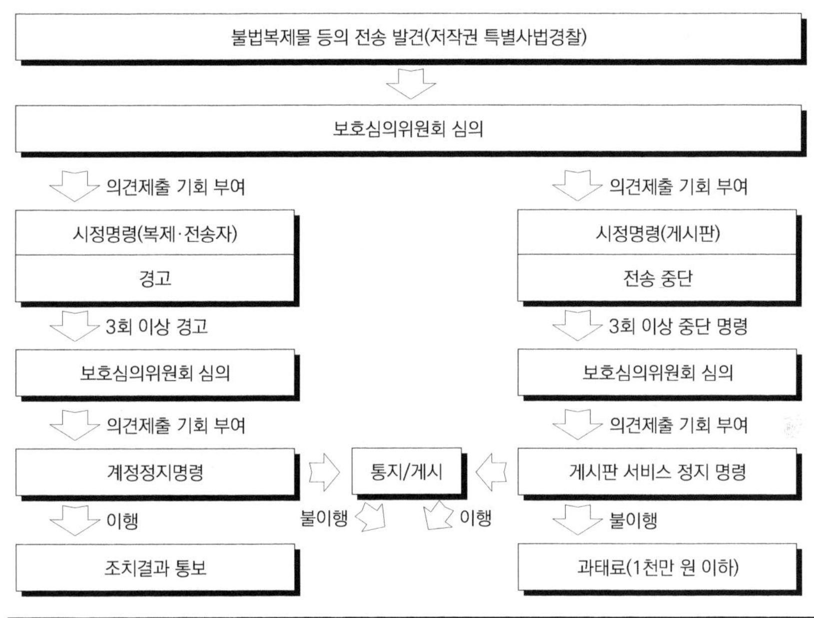

온라인서비스제공자는 불법복제물 등의 업로더에 대한 경고를 명받거나 불법복제물 등의 삭제 또는 전송의 중단을 명받은 경우 명령을 받은 날부터 5일 이내에, 복제·전송자의 계정을 정지할 것을 명받은 경우에는 명령을 받은 날부터 10일 이내에, 그리고 게시판 서비스의 전부 또는 일부의 정지를 명받은 경우에는 명령을 받은 날부터 15일 이내에 그 조치 결과를 문화체육관광부장관에게 통보해야 한다.

문화체육관광부장관은 명령의 대상이 되는 온라인서비스제공자, 정지 계정과 직접적인 이해관계가 있는 업로더, 그리고 게시판의 운영자에게 행정절차법에 따라 사전에 의견을 제출할 기회를 주어야 한다.

문화체육관광부장관이 불법복제물 등에 대해 삭제명령 등을 내릴 때의 절차를 그림으로 나타내면 〈그림 6〉과 같다.

그림 7 | **한국저작권보호원의 시정권고 등의 절차**

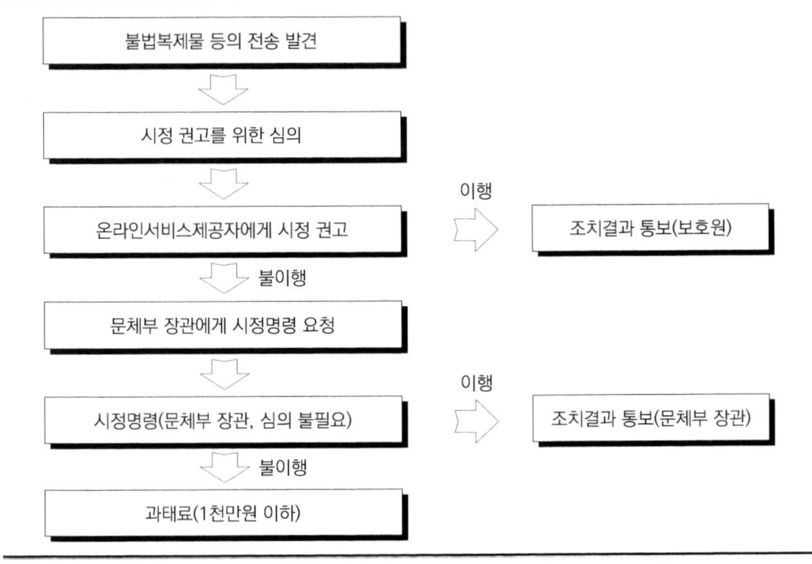

3. 불법복제물 등과 관련한 시정권고 등

한국저작권보호원은 온라인서비스제공자의 정보통신망을 조사해 불법복제물 등이 전송되는 사실을 발견한 경우에는 저작권보호심의위원회의 심의를 거쳐 온라인서비스제공자에 대해, ① 불법복제물 등의 업로더에 대한 경고, ② 불법복제물 등의 삭제 또는 전송 중단, ③ 반복적으로 불법복제물 등을 전송한 업로더의 계정정지, ④ 불법복제물 등에의 접속차단 등의 시정조치를 권고할 수 있다.

시정조치를 권고받은 온라인서비스제공자는 업로더에 대한 경고와 불법복제물 등의 삭제 또는 전송 중단의 권고를 받은 경우에는 권고를 받은 날부터 5일, 계정정지의 권고를 받은 경우에는 권고를 받은 날부터 10일 이내에 그 조치결과를 한국저작권보호원에 통보해야 한다(법 제

133조의3 제1항 및 제2항).

온라인서비스제공자가 이런 시정 권고에 따르지 않는 경우에 한국저작권보호원은 문화체육관광부장관에게 같은 내용의 명령을 해줄 것을 요청할 수 있다. 이 요청에 따라 명령을 하는 경우에는 저작권보호심의위원회의 심의를 받을 필요가 없다(법 제133조의3 제3항 및 제4항).

한국저작권보호원의 시정권고 등의 절차를 그림으로 나타내면 앞의 〈그림 7〉과 같다.

4. 과태료

저작권법은 저작물 등의 불법적인 전송 등을 차단하기 위한 기술조치 등 필요한 조치를 하도록 의무화하거나 문화체육관광부장관이 불법복제물 등의 삭제 또는 중단 명령, 불법 업로더에 대한 계정정지명령, 불법복제물 유통 게시판 등의 서비스 정지명령을 할 수 있도록 하는 한편, 이러한 의무를 이행하지 않거나 명령을 따르지 않은 경우에 과태료 처분을 할 수 있도록 하고 있다.

과태료는 행정질서벌의 하나로 형법상의 범죄가 아니라 행정법규 위반에 대한 제재에 해당한다. 과태료는 문화체육관광부장관이 부과하고 징수한다. 과태료 부과에 대해 당사자가 이의를 제기하면 이를 법원에 통보해 재판을 받게 된다.

저작권법상 과태료 기준은 다음과 같다.

가. 3천만원 이하의 과태료

다음의 사람에 대해서는 3천만원 이하의 과태료를 부과한다.

- 권리자의 요청이 있는 경우에 해당 저작물 등의 불법적인 전송을 차단하는 기술적인 조치 등 필요한 조치를 해야 함에도 불구하고

그러한 조치를 취하지 아니한 특수한 유형의 온라인서비스제공자

나. 1천만원 이하의 과태료

다음의 사람에 대해서는 1천만원 이하의 과태료를 부과한다.

① 권리주장자의 청구에 따라 문화체육관광부장관이 내린 정보 제출 명령을 7일 이내에 이행하지 아니한 온라인서비스제공자

② 자신이 관리하는 저작물 등의 목록을 분기별로 누구든지 열람할 수 있도록 하거나, 이용자가 서면으로 요청하는 경우에 정당한 사유가 없는 한 관리하는 저작물 등의 이용계약을 체결하기 위해 필요한 정보를 상당한 기간 내에 서면으로 제공해야 함에도 이를 이행하지 아니한 신탁관리업자

③ 정당한 이유 없이 이용허락을 거부한 신탁관리업자

④ 한국저작권위원회가 아니면서 그 명칭을 사용한 자

⑤ 한국저작권보호원이 아니면서 그 명칭을 사용한 자

⑥ 정보통신망을 통한 불법복제물 등의 전송으로 인해 저작권 등의 이용질서가 심각하게 훼손된다고 판단해 문화체육관광부장관이 명한 복제·전송자에 대한 경고나 계정의 정지, 불법복제물 등의 삭제 또는 전송 중단 명령, 또는 게시판의 서비스의 전부 또는 일부 정지 명령을 이행하지 아니한 온라인서비스제공자

⑦ 위의 경고, 정지, 삭제 또는 전송 중단이나 서비스 정지 사실을 통지 또는 게시하지 않거나 통보하지 아니한 온라인서비스제공자

제6절

정보 제공 및 비밀 유지 명령

1. 증거 수집을 위한 정보 제공 명령

저작권 침해소송에서는 그 특성상 저작권 침해나 그로 인한 손해를 입증하거나 계산하기 위한 증거를 확보하기가 쉽지 않다. 일반적으로 이런 정보는 침해자가 가지고 있는 경우가 많다. 공정한 재판을 보장하기 위해서는 이렇게 증거가 구조적으로 한쪽에 치우쳐 있는 문제를 해소해야 한다.

법원은 당사자가 신청할 경우 침해의 확인이나 손해배상의 산정 등에 필요한 증거를 수집하기 위해 침해자가 보유하고 있거나 알고 있는 정보를 제출하도록 할 필요가 있다. 이를 규정한 국제조약이나 국·내외의 입법례도 상당수 있다.[61]

저작권법도 법원이 저작권 등의 침해에 관한 소송에서 증거 수집을 위해 필요하다고 인정하는 경우에는 당사자의 신청에 따라 다른 당사자에

61 TRIPs협정은 "회원국은 사법당국이 그 침해의 심각성에 비추어 비례에 어긋나지 않는 한 그 침해자에게 침해가 되는 상품이나 서비스의 제조나 배포에 관련된 제3자의 인적사항과 그 배포 채널에 대해 권리자에게 정보를 제공할 것을 명할 수 있는 권한을 가진다고 규정할 수 있다"라고 규정하고 있고, 한·미 FTA에서는 이를 의무화하고 사법당국이 내린 명령을 지키지 못한 당사자에 대한 일정한 처벌을 규정하도록 정하고 있다. TRIPs협정 제47조 및 한·미 FTA 제18.10조 제10항 및 제11항 참조.
외국 입법례로는 미국 연방민사소송규칙(Federal Rules of Civil Procedure) 제26조(b), 일본 저작권법 제114조의3 및 독일 저작권법 제101조의a가 있고, 국내의 예로는 특허법 제132조와 상표법 제70조가 있다.

게 그가 보유하고 있거나 알고 있는 다음 두 가지 정보를 제공할 것을 명할 수 있도록 하고 있다. 하나는 정보는 침해행위나 불법복제물의 생산 및 유통에 관련된 사람을 특정할 수 있는 정보이고, 다른 하나는 불법복제물의 생산 및 유통 경로에 관한 정보이다.

다만, 본인 또는 그의 친족이거나 친족관계였던 사람이 그로 인해 공소 제기되거나 유죄판결을 받을 우려가 있는 경우, 또는 영업비밀이나 사생활을 보호하기 위한 경우, 또는 그 밖에 정보 제공을 거부할 수 있는 정당한 사유가 있는 경우에는 정보 제공을 거부할 수 있다. 정당한 사유가 있는지를 판단하기 위해 필요한 경우에 법원은 정보를 제공하도록 요구할 수 있다.

이때에는 정보 제공을 신청한 당사자의 의견을 특별히 들을 필요가 있는 경우 외에는 누구에게도 그 정보를 제공해서는 안 된다. 다른 당사자가 정당한 이유 없이 정보 제공 명령에 따르지 않은 경우에 법원은 정보에 관한 당사자의 주장을 진실한 것으로 인정할 수 있다(법 제129조의 2).

저작권법의 이 규정은 민사소송법상의 문서 제출명령(제343조부터 제363조까지)의 특별 규정으로서, 문서 제출의 범위를 보다 구체화하고 제출 명령을 위반한 데 대해 제재 규정을 두고 있다는 점에서 민사소송법과 차이가 있다.

또한 특허법과 상표법이 침해행위로 인한 손해 계산에 필요한 서류만 제출하도록 명령할 수 있는 데 비해, 저작권법은 침해자를 특정하고 불법복제물의 생산 및 유통경로를 확인하기 위해 필요한 정보까지 포괄하고 있는 점에서 차이가 있다.

짚어보기 **영업비밀에 해당하기만 하면 언제든 정보 제공을 거부할 수 있는가?**

저작권법이 영업비밀을 정보 제공 거부 사유로 예시하고 있으므로 다른 당사자는 이를 이유로 정보 제공을 거부할 수 있다. 그러나 영업비밀에 해당한다고 해서 언제든 정보 제공을 거부할 수 있다면 진실의 발견을 통해 재판의 공정을 기하기 위한 제도의 실효성이 훼손될 수 있다.

법원도 정보 제공을 거부할 수 있는 정당한 사유와 관련해 "문서 제출의 거절 사유는 진실발견의 요청을 희생해서라도 보호할 만한 가치가 있는 경우에 한해 예외적으로 인정되어야" 하며, 직업의 비밀과 관련해서는 "문서 제출의 거절 사유로서 직업의 비밀 … 에 해당하는지 여부는 그 정보의 내용 및 성질, 해당 사건에서 정보가 증거로서 필요한 정도, 그 정보의 제출이 정보보유자에게 미칠 영향 등 제반 사정을 고려하며, 그 비밀이 공개됨에 따라 문서소지인이 받게 될 불이익과 문서 제출이 거부됨에 따라 구체적 소송에서 발생할 진실발견과 재판의 공정에 관한 불이익을 비교형량해 판단되어야 한다"[62]라고 해서 그 정보가 영업비밀이더라도 당연히 정보 제공을 거부할 수 있는 것은 아니라는 취지의 판결을 하고 있다.

2. 소송 당사자에 대한 비밀 유지 명령

소프트웨어가 소송 대상인 경우처럼 소송 과정에 불가피하게 영업비밀이 포함된 정보를 노출시켜야 하는 때가 있다. 이렇게 노출되는 영업비밀을 통제하지 못하면 관련 정보를 활용하기 어려워 재판을 공정하게 진행할 수 없거나, 거꾸로 영업비밀이 공개되어 당사자가 부당한 피해를 입을 수 있다.

62 서울고등법원 2010. 4. 16. 선고 2010라86 결정.

이 문제를 해결하기 위해 저작권법은 소송 과정에서 제출된 자료에 영업비밀이 포함된 경우 법원이 소송 과정을 통해 지득하게 된 영업비밀에 대해 소송의 당사자 등이 이를 소송 수행 외의 목적으로 사용하거나 다른 사람에게 공개하지 않도록 명할 수 있도록 하고 있다. 특허법과 상표법도 거의 동일한 규정을 두고 있다.[63]

이 명령은 당사자가 제출 자료에 영업비밀이 포함되어 있고 그 영업비밀이 소송 수행 외의 목적으로 사용되거나 공개되면 당사자의 영업에 지장을 줄 우려가 있어 이를 방지하기 위해 그의 사용 또는 공개를 제한할 필요가 있음을 소명해 신청한 경우에 할 수 있다(법 제129조의3). 정당한 사유 없이 비밀 유지 명령을 위반한 사람에게는 5년 이하의 징역 또는 5천만원 이하의 벌금을 부과할 수 있다(법 제136조 제1항).

---

63 특허법 제224조의3 내지 제224조의5, 상표법 제92조의7 내지 제92조의9. 참고로 일본 저작권법 또한 같다. 일본 저작권법 제114조의6 내지 제114조의8 참조.

12장

저작권의 국제적 보호

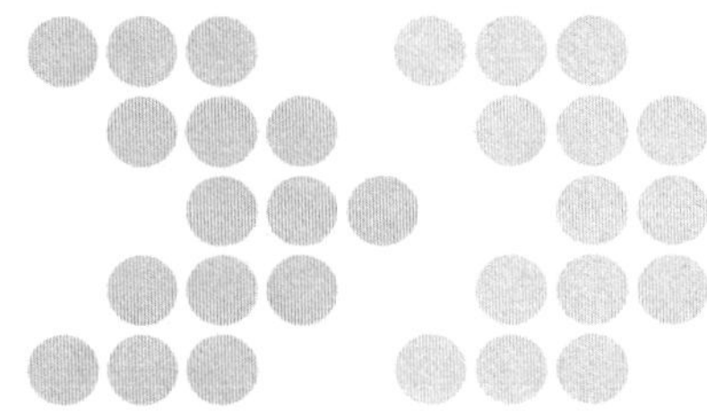

제1절

개관

1. 국제적 보호의 논거

교통 통신의 발달로 인적·물적인 국제 교류가 활발해지면서 저작물의 국제적 이용도 크게 늘고 있다. 특히 인터넷을 통한 저작물 이용은 전통적인 국경 개념을 무의미하게 만들었다. 이러한 현상은 자연스럽게 저작권의 국제적 보호 문제를 야기한다.

자국민이 아닌 외국인의 저작권을 보호해야 하는 이유는 무엇일까? 저작권의 국제적 보호 논거로는 다음 두 가지가 제시된다.

첫째, 저작권은 저작물의 창작에 의해 발생하는 것이지, 어떠한 특정 국가의 행정 행위, 즉 등록이나 납본 같은 방식의 이행에 의해 발생하는 것이 아니므로, 일단 저작권이 존재한다면 그것은 국가에 관계없이 어디에서나 유효해야 한다.

둘째, 자국민의 저작권을 보호하면서 외국인의 저작권을 보호하지 않으면, 결국 자국민의 창조력을 위축시키는 결과를 초래한다. 국민들은 저작권료를 내야 하는 자국민의 저작물 대신에 보호되지 않는 외국인의 저작물을 값싸게 또는 공짜로 이용하려 할 것이므로 자국민의 저작물은 상대적으로 외면하게 될 것이다.[1]

---

1 사실 이러한 현상은 실제 최종 사용자의 선택보다는 이를 상품화하여 유통시키는, 상업성에 민감하게 반응하는 출판사 등에 의해 심화되는 성향이 있다.

또한 외국인의 저작권을 보호하지 않으면서 자국민의 저작권만 보호하는 것은 외국 제품을 관세 없이 수입하는 대신 국산 제품에 대해서는 세금을 부과하는 것과 같은 효과를 유발한다. 인력과 상품의 이동이 원활할수록 이런 현상의 결과는 더욱 심각해질 것이다.

미국 저작권청장이었던 바바라 링거(Barbara Ringer)는 미국이 과거에 외국 저작물을 보호하지 않았기 때문에 결국 미국 저작권법이 진작하고자 했던 미국 고유의 예술이 결정적으로 경쟁에 취약해졌다고 통렬하게 반성한 바 있다.[2]

2. 국제적 보호의 체계

저작권의 국제적 보호는 기본적으로 저작권의 보호에 관한 여러 다자 조약을 통해 이루어지고, 일부 양자 조약과 지역 조약이 이에 보충적으로 활용된다.

저작권을 국제적으로 보호하던 초기에는 유럽을 중심으로 일부 국가들 사이에 양자 조약을 통해 서로 상대방 국가 국민의 저작권을 보호했다. 하지만 그 수가 많아지면서 관리가 불가능한 수준에 이르렀고 결국 다자 조약의 형태로 발전하게 되었다.[3]

저작권 보호를 국제적으로 일관되고 통일되게 적용하기 위해서는 단일의 보편법으로서 국제 저작권법을 만드는 것이 이상적이다. 실제로

---

2 B. Ringer, "Two Hundred Years of American Copyright Law," in Bicentenary Symposium of the American Bar Association(1976), at 127, cited in Stewart and Sandison, *International Copyright and Neighboring Rights, 2nd ed.*, at 25. 우리나라에서 음악과 영화 등 문화산업 분야가 크게 발전한 것이 대체로 1980년대 후반 외국인 저작물에 대한 보호가 시작된 때부터인 것도 이와 무관하다 말하기 어렵다.

3 베른협약이 탄생한 1886년 당시 외국에서의 저작권 보호를 위해 프랑스는 13개, 벨기에는 9개, 이탈리아와 스페인은 8개 등 대부분의 국가가 많은 수의 양자조약을 맺고 있었다고 한다. Sam Ricketson, *The Berne Convention for the Protection of Literary and Artistic Works: 1886-1986*, at 38.

표 3 | **저작권 및 저작인접권과 관련된 주요 조약**

구분	저작권 분야	저작인접권 분야
다자	WIPO저작권조약	WIPO실연·음반조약 위성협약 / 베이징조약
	TRIPs협정 / 마라케시조약	
	베른협약 / 세계저작권협약	로마협약 / 제네바음반협약
양자	한·EU 자유무역협정, 한·미 자유무역협정 등	

19세기 말에 베른협약이 처음 논의되었을 때에 이를 마련하려는 시도도 있었다. 그러나 각국의 법 전통이나 문화적 발전 단계의 차이 등으로 인해 이 노력은 시도에 그치고 말았다.

이의 대안으로서 각국이 국내법으로 저작권을 보호하되, 외국인의 저작권을 보호하는 때에 지켜야 할 보호의 수준과 방법 등에 대한 의무를 정하는 국제조약을 만들어내는 방법이 채택되었다. 이에 따라 베른협약 이후에도 많은 조약들이 이런 접근 방법에 기초해 마련되었다. 저작권 및 저작인접권의 보호와 관련해 마련된 주요 조약들은 〈표 3〉과 같다.

현재 우리나라는 여기에 언급된 모든 조약에 가입하고 있는데, 가입의 효력이 발생한 때는 다음과 같다.[4]

- 세계저작권협약: 1987년 10월 1일
- 제네바음반협약: 1987년 10월 10일
- TRIPs협정: 1995년 1월 1일[5]

---

4 협약, 조약 그리고 협정이란 용어가 각각 사용되고 있으나, 이는 1984년 외무부의 외래어의 통일을 위한 지침에 따른 convention, treaty, agreement(또는 arrangement)에 상응하는 번역어로서, 모두 헌법 제6조에 언급한 조약에 해당하며 국제적인 효력에서도 차이가 없다. 허희성, 2011 신저작권법축조개설(상), 명문프리컴 (2011), 71-72쪽 참조.

5 회원국은 1996년 1월 1일까지 협정의 의무를 이행하면 되었고, 개도국은 그로부터 4년 후까지 그 의무의 이행을 연기할 수 있었다(TRIPs협정 제65조). 이에 따라 우리나라는 이행을 위한 개정 저작권법을 1996년 7월 1일 시행했다.

- 베른협약: 1996년 8월 21일
- WIPO저작권조약: 2004년 6월 24일
- WIPO실연·음반조약: 2009년 3월 18일
- 로마협약: 2009년 3월 18일
- 위성협약: 2012년 3월 19일
- 마라케시조약: 2016년 9월 30일
- 베이징조약: 2020년 7월 22일

3. 주요 국제조약

저작권 및 저작인접권의 보호와 관련된 국제조약을 간략하게 살펴보면 다음과 같다.

가. 베른협약

베른협약(Berne Convention)은 1886년에 마련되어 1887년 12월 발효된 저작권 분야의 중심적인 국제규범으로, 1886년 이후 모두 일곱 차례 개정되어 오늘에 이르고 있다. 이 협약은 내국민대우와 최소 보호의 원칙, 그리고 무방식주의와 소급 보호 등 높은 수준의 보호를 선도해 왔다. 이 때문에 마련된 지 100년이 가깝도록 주요 선진국과 일부 개도국만 가입하고 있었다.

그러다가 1989년 미국이 가입하고 1995년 발효된 TRIPs협정이 회원국에게 베른협약 실체 규정(substantive provisions)의 이행을 의무화하면서 명실 공히 저작권 보호의 보편적 규범으로 자리 잡았다. 하지만 회원국이 모두 동의해야 개정을 할 수 있는 한계 때문에, 인터넷 등 새로운 환경에 대응한 저작권 보호는 1996년에 마련된 WIPO저작권조약에 넘겨주게 되었다.

나. 로마협약

로마협약(Rome Convention)은 1961년, WIPO의 전신인 '지식재산보호국제사무국(BIRPI)'이 국제노동기구(ILO) 및 국제교육문화기구(UNESCO)와 함께 마련해 1964년에 발효된 협약으로, 실연자, 음반제작자, 그리고 방송사업자의 보호를 위한 저작인접권 분야의 중심적인 국제규범으로서 베른협약과 함께 오랫동안 저작권 분야에서의 국제규범의 두 축을 이루어 왔다.

내국민대우와 최소 보호의 원칙은 베른협약과 같지만 무방식주의에 대해서는 침묵했고, 소급 보호는 인정하지 않았다. 베른협약과 마찬가지로 인터넷 등 새로운 환경에 대응해 개정되지 못한 까닭에, 청각적 실연과 음반의 보호에 대해서는 1996년에 마련된 WIPO실연·음반조약에서, 그리고 시청각적 실연에 대해서는 2012년에 마련된 베이징조약에서 다루어지게 되었다.

다. 세계저작권협약

세계저작권협약(Universal Copyright Convention)은 일찍부터 저작권 분야의 국제적 규범으로 자리 잡아온 베른협약의 대안으로 탄생했다. 미국 등 일부 선진국과 많은 개도국들은 베른협약의 무방식주의, 저작인격권 보호 및 소급 보호 등 높은 수준의 보호 기준을 충족하는 데 어려움이 있었다. 세계저작권협약은 국제적인 보호는 필요하지만 베른협약 가입을 주저하던 국가들에 의해 마련되었다.

세계저작권협약은 유네스코의 주관으로 1952년에 마련되어 1955년 발효되었다. 우리나라는 1987년에 이에 가입함으로써 외국인의 저작물을 보호하는 계기가 되었다. 그러나 1989년 이를 주도하던 미국이 베른협약에 가입하고, 1994년 WTO가 출범하면서 이의 부속협정인 TRIPs 협정에서 베른협약 실체 규정의 이행을 의무화함으로써, 세계저작권협약의 보호는 사실상 실질적인 의미를 상실하게 되었다.[6]

라. 제네바음반협약

제네바음반협약(Geneva Convention) 역시 베른협약의 대안으로 마련되었던 세계저작권협약과 비슷하게 로마협약의 대안으로 탄생했다. 로마협약이 실연자와 방송사업자의 보호까지 포괄하고 있어서 충분한 수의 가입국을 확보하는 데 어려움이 있었고, 그 결과 보호가 시급한 음반의 불법복제에 대응하는 데 한계가 있었기 때문이다.

제네바음반협약은 1971년 WIPO 주관으로 스위스 제네바에서 마련되어 1973년에 발효되었다. 이에 따라 보호의 기준 등에서 저작권 보호에 관한 세계저작권협약과 유사한 부분이 많다. 우리나라도 1987년에 이 협약에 가입함으로써 외국인의 음반을 보호하는 계기가 되었다. TRIPs협정과 WIPO실연·음반조약의 발효를 계기로 세계저작권협약과 마찬가지로 사실상 실질적인 의미를 상실해가고 있다.

마. TRIPs협정

TRIPs협정(TRIPs Agreement)은 WTO 설립을 위한 마라케시협정의 부속협정으로서 기존의 베른협약 실체 규정의 상당 부분과 로마협약의 주요 부분을 담고 있으며, 이에 더해 컴퓨터프로그램과 편집저작물의 보호와 대여권을 도입하고 있다. 이 협정은 저작물은 물론 음반과 실연

---

6 이 밖에도 세계저작권협약 제17조에 따른 부속선언(appendix declaration relating to article XVII)은 저작물의 본국으로서 저작물의 보호와 관련되는 한 베른협약 동맹국 사이에는 세계저작권협약이 적용되지 않는다고 규정하여, 베른협약이 보편화함에 따라 이러한 결과는 이미 예정되어 있었다.

에 대해서도 소급 보호를 적용하고, 이제까지 복제권에만 적용되던 3단계 검사법을 조약상의 다른 모든 권리에까지 미치게 했다. 다만, 베른협약 중 저작인격권에 관한 사항은 배제되었다.

통상협정으로서의 특징을 지닌 TRIPs협정은 최혜국대우를 원칙으로 하고, 무엇보다도 기존의 지식재산권 분야 협약들과 달리 조약의 해석이나 적용에 관한 회원국 사이의 분쟁을 해결하기 위한 효율적이고 강력한 분쟁 해결 절차를 포함하고 있다.

바. WIPO저작권조약 및 WIPO실연·음반조약

WIPO저작권조약(WIPO Copyright Treaty)은 WIPO실연·음반조약(WIPO Performances and Phonograms Treaty)과 함께 WIPO 인터넷 조약으로 불린다. 이 두 조약은 기존의 베른협약과 로마협약이 담아내지 못한, 인터넷 등의 발전으로 인해 파급된 저작권 등의 보호 문제에 대처하기 위해 1996년 12월 마련되었다. 공중전달권(저작인접권의 경우, 이용제공권)의 도입, 기술적 보호조치와 권리관리정보의 보호 등이 그것이다. 두 조약 모두 2002년에 발효되었다.

WIPO실연·음반조약은 로마협약에 담겨 있는 시청각적 실연과 방송사업자의 보호에 대해서는 규정하지 않고 있어서 로마협약보다 그 포괄범위가 좁다. 이후 이 두 분야에 대해 WIPO 주관으로 조약화가 시도되었다. 하지만 시청각적 실연의 보호에 관해서는 베이징 조약을 통해 국제적인 보호체계가 마련되었으나, 방송사업자에 대해서는 많은 논의에도 불구하고 아직 합의에 이르지 못하고 있다.

사. 위성협약

위성협약(Satellite Convention)은 위성에 의해 송신되는 프로그램

신호를 그 영토 안에서 또는 그로부터 허락 없이 배포[7]하는 것을 금지하기 위해 1974년에 마련되어 1979년에 발효되었다. 로마협약에서는 방송을 "공중의 수신을 위해 무선의 방법에 의해 소리 또는 영상과 소리를 송신하는 것"으로 정의하고 있기 때문에 위성을 향해 송신되거나 위성에서 (공중이 수신할 수 있는 신호로 변환해 송신하기 위해) 지상의 중계소로 송신되는 신호 또는 그로부터 유선의 방법으로 공중에게 송신되는 신호가 포함되지 않는 문제를 해결하기 위한 것이다. 따라서 이 협약은 직접 방송 위성(direct broadcasting satellite)에서 송신되는 신호에는 적용되지 않는다. 이에 대해서는 로마협약이 적용된다.

아. 베이징조약

로마협약에서는 청각적 실연과 시청각적 실연을 구분하지 않고 보호를 부여했으나, 1996년 WIPO실연·음반조약에서는 이를 구분해 원칙적으로 청각적 실연에 대해서만 다루었다. 이에 시청각적 실연에 대해서도 오랜 논의 끝에 2012년 중국 베이징에서 청각적 실연에 준하는 보호가 합의되어 베이징조약(Beijing Treaty)이 체결되었다. 이에 따라 시청각적 실연자도 전송권을 비롯한 각종 경제적 권리와 함께 청각적 실연자에게 부여된 것과 같은 성명표시권 및 동일성유지권과 인격적 권리를 국제적으로 보호받을 수 있게 되었다.

이 조약은 2020년 4월에 발효되었다. 이 조약에도 불구하고 방송 프로그램이나 영화가 거래되는 경우에 실연자의 권리까지 일괄 처리되는 경우가 많다. 따라서 시청각적 실연자에 대한 국제적 보호는 조약보다는 대체로 관련 방송사나 영화사와의 협의에 의해 좌우된다.

---

7 위성협약에서 '배포(distribution)'는 유형물의 보급을 의미하는 저작권법에서의 일반적인 용법과는 달리 방송사업자가 신호를 공중에게 송신하는 것으로 정의된다.

자. 마라케시조약

마라케시조약(Marrakesh Treaty)은 시각장애인을 포함한 독서장애인을 위해 저작재산권을 제한하기 위한 조약으로 2013년 모로코 마라케시에서 마련되어, 2016년 9월 30일에 발효되었다. 마라케시조약은 독서장애인을 위한 저작권 등의 제한과 예외에 관한 조약이므로 한편으로는 저작권 및 저작인접권에 관한 조약의 제한과 예외규정을 구체화하거나 확대하고, 다른 한편으로는 그 제한과 예외에 의해 제작된 결과물을 법적 책임 없이 조약체결국 사이에 교환하는 등의 유통을 가능케 한 데 의미가 있다.

WIPO는 마라케시조약에 기초해 국제적으로 대체자료를 공유할 수 있는 협의체인 ABC(Accessible Books Consortium)를 구성하고 관련 서비스(Trusted Intermediary Global Accessible Resources: TIGAR)를 개설해 운영하고 있다.[8]

8 우리나라에서는 2016년 국립중앙도서관이 가입해 협력하고 있다.

제2절

국제적 보호의 기본 원칙

저작권의 국제적 보호에 관한 원리를 이해하기 위해서는 각 조약들이 담고 있는 저작권의 국제적 보호에 대한 기본 원칙들을 살펴보는 것이 도움이 된다. 이 기본 원칙은 크게 무엇을(what) 보호해야 할 것인지와 어떻게(how) 보호해야 할 것인지로 나누어볼 수 있다. 전자에는 보호의 연결점(보호의 적격요건)이 있으며, 후자에는 내국민대우, 최혜국대우, 최소 보호의 원칙 및 무방식주의 등이 있다.

1. 보호의 연결점

국제조약의 당사자는 국가이다. 어느 저작자나 저작물 또는 저작인접권자나 저작인접권의 대상인 실연·음반·방송이 국제적으로 보호받기 위해서는 국제조약을 마련하고 이행하는 당사자인 특정 국가에 연결되어야 한다. 그래야 그 국가가 맺은 조약 관계를 통해 보호 여부를 판별할 수 있기 때문이다. 이 기준을 연결점(points of attachment) 또는 연결요소(connecting factor)라 한다.

가. 저작권

저작권 분야에서는 베른협약이 천명하고 있는 다음 세 가지 연결점의 원칙이 통용된다.[9] 즉, 협약상의 보호는 다음의 사람에게 부여된다.

① 회원국 국민인 저작자

② 회원국 국민이 아닌 경우, 회원국에서 최초 발행 또는 회원국과 비회원국에서 동시 발행된 저작물의 저작자

③ 회원국 국민이 아닌 경우, 회원국에 상시 거주지(habitual residence)가 있는 저작자

이들 저작자의 저작물은 베른협약상의 보호를 받는다. 즉, 베른협약 회원국은 이들 저작자의 저작물에 대해 베른협약상의 보호를 부여해야 한다. 여기에서 회원국 국민(국적), 발행, 그리고 상시 거주지가 연결점이다.

국적은 출생에 의해 선천적으로 취득되기도 하지만, 혼인이나 귀화 등에 의해 후천적으로 취득되기도 한다. 법인의 경우에는 보통 법인 설립의 준거법을 기준으로 한다.

발행은 베른협약상 "저작자의 동의를 받아 공중의 합리적인 수요를 충족시킬 수 있는 수량의 복제물이 제공되는 것"을 말한다.[10] 비록 저작자가 회원국의 국민이 아니어도 저작물이 어느 회원국에서 최초 발행 또는 동시 발행되기만 하면 베른협약상의 보호를 받는다. 저작물이 최초 발행된 후 30일 이내에 다른 국가에서 발행된 경우에도 동시 발행으로 인정된다.

상시 거주지는 사실상 거주하는 곳을 말한다. 주민등록지 등 법적인 주소와 구별된다. 무국적자나 난민 등도 회원국에 사실상 거주하고 있다면 그의 저작물이 보호될 수 있다.

베른협약은 이러한 세 가지 연결점을 충족하지 못하더라도, 다음의 경우에는 보호의 대상이 될 수 있도록 했다.[11] 영상저작물의 경우에는 그 제작자가 회원국에 주된 사무소나 상시 거주지를 가지고 있다면 보호받

---

9 베른협약 제3조 참조.

10 베른협약 제3조 제3항.

11 베른협약 제4조 참조.

을 수 있으며, 건축저작물의 경우에는 그 저작물이 회원국에 건립되었거나 회원국에 소재한 빌딩 등에 수록되어 있다면 보호받을 수 있다.

저작권 보호를 위한 다른 조약에서도 베른협약의 이 원칙을 원용하고 있다. 예를 들어, TRIPs협정은 다른 회원국의 '국민'에 대해 보호 의무를 부여해 국적을 연결점으로 규정하고 있으나, 저작권에 관해서는 모든 WTO 회원국을 베른협약의 회원국으로 간주해 보호의 적격요건을 충족하면 되도록 하고 있다.[12]

나. 저작인접권

저작권의 국제적 보호에서는 저작자가 출발점이지만, 저작인접권의 경우에는 그 보호 대상이 되는 실연, 음반, 그리고 방송에 각기 다른 기준이 적용된다.

(1) 실연

실연에 대해, 로마협약이나 WIPO실연·음반조약은 '실연'을 중심으로 기준을 설정한 데 비해 베이징조약은 '실연자'를 중심으로 기준을 설정한 점에서 차이가 있다.

로마협약은 다음 실연의 실연자에게 조약상의 보호를 부여하도록 하고 있고, WIPO실연·음반조약도 TRIPs협정과 같은 형식으로 이 기준을 원용하고 있다.[13]

① 회원국 내에서 행해진 실연

② 보호되는 음반에 수록된 실연

---

12 TRIPs협정 제1조 제3항 참조. 이렇게 되면 어느 WTO 회원국이 실제로는 베른협약 회원국이 아닌 경우에도 베른협약의 연결점 기준을 적용하게 된다.

13 로마협약 제4조 및 WIPO실연·음반조약 제3조 참조.

③ 음반에 고정되지 않은 실연의 경우, 보호되는 방송에 의해 송신되는 실연

이와 달리 베이징조약은 다음의 실연자에게 조약상의 보호를 부여하도록 하고 있다.[14]

④ 회원국 국민인 실연자

⑤ 회원국 국민이 아닌 경우, 회원국에 상시 거주지가 있는 실연자

(2) 음반

로마협약은 다음의 음반제작자에게 조약상의 보호를 부여하도록 하고 있고, WIPO실연·음반조약도 TRIPs협정과 같은 형식으로 이 기준을 원용하고 있다.[15]

① 회원국의 국민인 음반제작자

② 회원국 내에서 최초 고정된 음반의 음반제작자

③ 회원국에서 최초 발행된 음반의 음반제작자

다만, 회원국은 둘째와 셋째 기준 중 어느 하나만 적용한다고 선언할 수 있다.

(3) 방송

로마협약은 다음의 방송사업자에게 조약상의 보호를 부여하도록 하고 있다.[16]

① 회원국 내에 주사무소가 있는 방송사업자

② 방송을 회원국 내에 있는 송신기로부터 송신하는 방송사업자

다만, 회원국은 두 가지 기준 중 어느 하나가 아니라 이들 모두를 충족하는 경우에만 보호한다고 선언할 수 있다.

---

14 베이징조약 제3조.

15 로마협약 제5조 및 WIPO실연·음반조약 제3조 참조.

16 로마협약 제6조.

2. 내국민대우의 원칙

회원국은 보호 대상이 되는 외국인에게 최소한 자국민과 같은 대우를 부여해야 한다. 이를 내국민대우(National Treatment)의 원칙 또는 동화의 원칙(principle of assimilation)이라 한다.

베른협약은 "저작자는 이 협약에 따라 보호되는 저작물에 관해, 본국 이외의 회원국에서 각 법률이 현재 또는 장래에 자국민에게 부여하는 권리 및 이 협약이 특별히 부여하는 권리를 향유한다"라고 규정하고 있고, TRIPs협정도 "각 회원국은 … 지식재산권의 보호에 관해 다른 회원국의 국민에게 자국민보다 불리한 대우를 부여할 수 없다"라고 규정하고 있다.[17]

내국민대우의 의무는 단순히 보호되는 권리뿐만 아니라 권리 향유를 위한 조건이나 권리에 대한 제한과 예외, 그리고 보호기간과 권리의 침해에 대한 민사 구제나 형사 제재에 대해서도 적용된다.

내국민대우를 준거법의 관점에서 보면 보호되는 외국인에 대해서도 자국민과 마찬가지로 그 나라의 법을 적용한다는 취지이므로, 이를 법정지법주의(lex loci) 또는 보호국가법주의라 부르기도 한다. 이런 내국민대우는 그들이 내국민이든 외국인이든 만인이 법 앞에 평등하다는 국제법의 이념에도 부합한다.

다만, 이렇게 외국인 저작물에 보호국법을 적용하는 것에는 권리의 귀속이나 성립과 소멸 그리고 양도 등 이전에 관한 사항은 포함되지 않는다. 이는 그 목적물이 저작권일 뿐 권리의 범위나 구제의 방법에 관한 사항을 넘어서는 것이다.[18] 나아가 이에까지 내국민대우의 의무를 적용하

---

17 베른협약 제5조 및 TRIPs협정 제3조.

18 베른협약(제5조 제2항)은 "저작권에 대한 보호의 범위와 구제의 방법은 오로지 보호가 주장되는 국가의 법률에 의한다."고 규정하고 있는데, 대법원은 이와 관련해 외국적 요소가 있는 사건에서는 이 규정이 우선 적용되어 이에 따라 보호국법이 준거법이 되고, 베른협약이 준거법에 관하여 적용을 배제하거나 직접적으로 규정하고 있지 않은 사항에 대하여는 법정지의 국제사법에 따라 준거법이 적용된다고 보았다. 대법원 2024. 5. 9. 선고 2020다250561 판결 참조.

면 저작물의 국제적 이용 질서에 심각한 혼란이 야기될 수 있다.[19]

예를 들어, 우리나라에서 업무상저작물 규정에 따라 저작자로서 저작권을 확보한 기업A가 이를 인정하지 않는 독일에서 독일 기업과 이용허락 계약을 체결하는 경우에, 내국민대우의 원칙에 따라 이에 독일 저작권법을 적용하면 기업A는 정당한 계약당사자가 될 수 없게 되는 문제가 발생한다.

내국민대우의 의무가 적용되는 범위는 조약에 따라 차이가 있다. 베른협약[20]은 '저작물과 관련해' 베른협약에서 부여한 권리뿐만 아니라 그 국가에서 현재 부여하고 있거나 또는 장래에 부여할 권리에 대해서도 적용하도록 하고 있다. 반면에 로마협약이나 WIPO실연·음반조약은 '조약에서 특별히 부여한 권리에 대해서' 적용하도록 하고 있다.

즉, 베른협약에 따르면 저작물과 관련해 부여하는 모든 보호에 대해 내국민대우를 해야 하지만, 로마협약에 따르면 대상이 되는 실연, 음반, 또는 방송에 대한 보호라도 조약에서 부여하고 있는 권리에 대해서만 내국민대우의 의무를 진다. TRIPs협정은 이를 존중해 저작권과 저작인접권 분야에 대해 각각 베른협약과 로마협약의 원칙을 나누어 규정하고 있다.[21]

내국민대우의 원칙에 대해 베른협약은 세 가지 예외를 허용한다. 즉, 보호기간의 비교, 응용미술저작물의 보호, 그리고 미술저작물 재판매에

19 미국 저작권법은 내국민대우의 의무에도 불구하고 회복저작물의 저작자 또는 저작권 귀속과 관련하여 그 저작물의 본국의 법률에 따르도록 하고 있다. 미국 저작권법 제104조의 A(b) 참조. 미국의 법원도 저작권 침해 문제에서와 달리, 저작권은 재산권의 하나로서 그 재산과 당사자에게 가장 밀접하게 관계된 곳의 법이 준거법이 되어야 한다는 취지로 같은 입장을 취하였다. *Itar-Tass Russian News Agency v. Russian Kurier, Inc.*, 153 F.3d 82 (2d Cir. 1998) 참조.

20 베른협약 제5조 제1항. 창작성이 없는 데이터베이스처럼 보호 대상이 저작물이 아닌 것에 대한 독자적인 보호에는 내국민대우 의무가 적용되지 않는다. 유럽연합 데이터베이스 보호지침 제11조 참조.

21 로마협약 제2조 제2항, WIPO실연·음반조약 제4조 제1항 및 TRIPs협정 제3조 제1항 참조.

대한 보상청구권이다.

베른협약은 저작자 사후 50년을 최소 보호기간으로 정하고 있지만 회원국은 이보다 더 긴 기간을 자유로이 보호할 수도 있다. 이 경우에 자국민들에게 50년보다 더 긴 보호기간을 부여하고 있는 국가에서는 (그 나라의 법에 달리 규정하지 아니하는 한) 그보다 짧은 보호기간을 가진 국가의 저작물에 대해 자국의 긴 보호기간이 아닌 저작물 본국의 짧은 보호기간이 적용된다.[22] 이를 보호기간 비교의 원칙이라고 한다.

또한 응용미술저작물의 보호[23]와 미술저작물의 재판매에 대한 보상청구권의 보호에 대해서도 이를 보호하지 않는 국가의 국민에 대해서는 그러한 보호를 부여하지 않을 수 있다.[24]

내국민대우의 원칙은 오래전부터 저작권과 저작인접권의 국제적 보호를 위한 기본 원리로 자리 잡아왔지만, 이에 대한 도전도 만만치 않다. 특히 공공대출권과 사적복제보상금처럼 저작권자에 대한 보상의 일부 또는 전부가 국민의 세금으로 지불되는 경우에는 이를 자국민에게 국한하려는 유혹이 강하다.

일반적으로 세금으로 운영되는 공공대출권은 조약상의 권리도 아니어서 내국민대우의 예외로 하는 것이 용인되지만,[25] 사적복제보상금청구

22 베른협약 제7조 제8항. 한·EU FTA 개정법은 보호기간을 70년으로 연장하면서 이를 명시적으로 규정했다. 법 제3조 참조.

23 응용미술저작물의 본국에서 등록 등의 방식에 따라 산업재산권적 보호만을 부여하는 경우에는 다른 나라에서 비록 저작권에 따라 응용미술저작물을 보호하고 있더라도 저작권적 보호를 부인할 수 있다. 예를 들어, 응용미술저작물을 보호하지 않는 일본의 디자인은 우리나라에서 저작권법상 응용미술저작물로 보호받을 수 없고 디자인보호법으로 보호받아야 한다. 대법원은 일본의 캐릭터와 토끼인형을 응용미술저작물이 아닌 일반 미술저작물로 보아 이 규정을 적용하지 않은바 있으나, 본국인 일본에서 저작물로 보호되지 않는 것을 우리 저작권법에 따라 미술저작물로 본 것은 이해하기 어렵다. 대법원 2015. 12. 10. 선고 2015도11550 판결 참조.

24 베른협약 제2조 제7항 및 제14조의3 제2항 참조.

25 영국은 공공도서관에서의 무상대출에 대한 보상 제도를 도입하면서 이를 저작권법과는 별도로 도입했지만, 독일은 이를 저작권법에 수용해 내국민대우를 적용하고 있다.

권은 용인되기 어렵다. 후자의 경우에는 그 권리가 대세적(對世的)이라서 권리자가 저작물 이용을 통제하거나 그로부터 혜택을 받을 수 있으며 보상금의 액수가 저작물의 시장에서의 성공 여부에 따라 달라진다는 점에서 세금에 의한 보조와 구별되기 때문이다.

3. 최혜국대우의 원칙

TRIPs협정은 "지식재산권의 보호와 관련해 어느 회원국이 다른 회원국의 국민에게 부여하는 이익, 혜택, 특권, 또는 면제는 즉시 그리고 무조건적으로 다른 모든 회원국의 국민에게 부여된다"라고 규정하고 있다.[26] 이를 최혜국대우(Most Favored Nation Treatment)의 원칙이라 한다.

보호기간의 연장처럼, 우리나라가 특정 국가와 체결한 자유무역협정에 의해 보다 강화된 보호를 부여하게 된 경우라도 그 보호는 자유무역협정의 상대국뿐만이 아니라 국제조약에 따라 우리나라가 보호 의무를 지는 다른 국가의 저작물 등에도 미쳐야 한다.

내국민대우의 원칙이 외국인의 저작물을 내국인의 것과 차별하지 않도록 하는 것이라면 최혜국대우의 원칙은 모든 외국인의 저작물을 차별하지 않도록 하는 것이다. 이 원칙은 모든 저작물이 어느 회원국 시장에서든 차별 없이 동등하게 경쟁할 수 있도록 보장하려는 데 그 의미가 있다.

양자 조약 등을 통해 특정 국가의 저작물에만 보호를 부여하거나 부여하지 않으면 이로 인해 시장에 왜곡이 생기고 자유로운 경쟁이 위축될 수 있다. 이 원칙은 주로 통상조약 분야의 원칙이었으나, TRIPs협정을

---

26 TRIPs협정 제4조.

통해 지식재산권 분야의 조약에 처음 도입되었다.

TRIPs협정은 이 최혜국 대우에 대해 다음과 같은 네 가지 예외를 규정하고 있다.

첫째, 사법공조에 관한 국제협정, 또는 특별히 지식재산권의 보호에 한정되지 않는 일반적 성격의 법률 집행에서 비롯되는 경우이다.

둘째, 내국민대우에 따라서가 아니라 다른 나라에서 부여되는 대우에 따라서 대우를 부여하는 것을 허용하는 로마협약 또는 베른협약(1971년)의 규정에 따라 부여되는 경우이다. 예를 들어, 베른협약에 따라 보호기간의 비교[27]나 미술품 재판매에 대한 보상청구권 또는 응용미술저작물의 보호에서 허용되는 내국민대우의 예외를 그대로 최혜국 대우의 예외로 활용할 수 있다.

셋째, TRIPs협정에 규정되지 않은 실연자, 음반제작자 및 방송사업자의 권리에 관한 경우이다. 로마협약상의 상업용 음반의 방송에 대한 보상청구권이나 WIPO실연·음반조약상의 배포권 등이 이에 해당한다.

넷째, WTO설립협정이 발효되기 이전에 발효된 지식재산권 보호 관련 국제협정에서 비롯되는 경우로서, 무역 관련 지식재산권위원회에 통보되고 다른 회원국 국민에 대해 자의적이거나 부당한 차별을 구성하지 않는 경우이다.

다만, TRIPs협정은 내국민대우와 마찬가지로 최혜국대우의 적용 대상을 '제2부 제1조부터 제7조까지에 속하는 모든 범주의 지식 재산'으로 한정하고 있다. 이로써 유럽연합 국가들은 유럽연합 데이터베이스보호지침에 따른 보호를 유럽연합 국가들이 아닌 모든 WTO 회원국으로

---

27 로마협약은 베른협약과 달리 이를 명시적으로 규정하고 있지는 않으나, 로마협약을 마련하기 위한 성안과정에서 이를 당연한 것으로 인정해 포함하지 않은 것으로 확인된다. WIPO, *Guide to the Rome Convention and to the Phonograms Convention*, at 55, para. 14.2 참조.

까지 확대할 필요가 없게 된다.

4. 최소 보호 충족의 원칙

저작권 보호와 관련된 국제조약은 대부분 내국민대우와 함께 보호되는 외국인의 저작물에 대해 보호 대상, 부여해야 할 권리의 종류와 내용, 그리고 보호기간과 권리에 대한 제한과 예외의 범위 등에 관해 최소한의 기준을 설정하고 있다. 즉, 회원국은 외국인의 저작물에 대해 자국민과 같은 대우를 하는 것만으로는 부족하고 최소한 국제조약이 정하고 있는 수준 이상의 보호를 해야 한다. 이를 최소 보호(Minimum Protection) 충족의 원칙이라 한다.

국제조약에 따른 보호 의무란 사실상 이 최소 보호의 기준을 충족하는 것을 말한다. 국제조약은 보호의 최소한도를 규정할 뿐이며, 회원국이 스스로 이 기준보다 높은 수준의 보호를 부여하는 것은 자유이다.

주의할 점은 이 의무는 자국민의 보호에는 적용되지 않는다는 것이다. 자국민에 대해 국제조약이 정하는 기준에 미치지 못하는 권리를 부여하는 것은 자유이다. 예를 들어, 미국은 저작권 침해소송을 제기하기 위한 요건으로 저작권 등록을 요구하면서 외국인의 저작물에 대해서는 이런 요건을 요구하지 않는다. 이는 국제조약의 의무를 이행하면서도 국내적인 필요성에 부응하려는 조치라고 할 수 있다.

5. 무방식주의

베른협약이 "권리의 향유와 행사는 어떠한 방식이라도 따를 것을 조건으로 삼아서는 안 된다"라고 규정함으로써 도입된 무방식주의는, WIPO 저작권조약과 WIPO실연·음반조약, 그리고 베이징조약에서도 같은 원

칙을 계승해 천명함으로써 저작권과 저작인접권 분야에서 국제적 보호의 일반 원칙으로 자리 잡았다.[28]

외국인의 저작물 등을 보호함에 있어 등록이나 납본과 같은 일정한 방식을 이행할 것을 의무화해서 안 된다. 저작권은 저작물의 창작과 동시에, 그리고 실연이나 음반에 대한 권리도 실연이 행해지거나 고정 또는 발행된 때에 자동적으로 발생해야 한다. 저작권법도 이에 따라 "저작권은 저작한 때부터 발생하며 어떠한 절차나 형식의 이행을 필요로 하지 아니한다"라고 규정하고 있다(법 제10조 제2항).

28 베른협약 제5조, WIPO실연·음반조약 제20조 및 베이징조약 제17조 참조. WIPO저작권조약 제3조도 베른협약 제2조부터 제6조까지를 준용하도록 함으로써 같은 원칙을 택하고 있다.

제3절

외국인 저작물 등의 보호

1. 저작권

외국인의 저작물은 우리나라가 가입 또는 체결한 조약에 따라 보호된다. 우리나라가 가입 또는 체결한 조약의 회원국 국민이 아니더라도 우리나라에 상시 거주하는 외국인이나 무국적자의 저작물도 보호된다. 또 우리나라에 주된 사무소가 있는 외국법인의 저작물이나 우리나라에서 맨 처음 공표된 저작물의 경우에도 역시 보호된다. 외국에서 공표된 날부터 30일 이내에 우리나라에서 공표되면 맨 처음 공표된 것으로 본다.

다만, 이렇게 보호되는 외국인의 저작물일지라도 그 외국에서 우리나라 국민의 저작물을 보호하지 않는 경우에는 그에 상응하게 조약 및 저작권법에 의한 보호를 제한할 수 있다(법 제3조 제3항). 예를 들어, 일본처럼 디자인 등 응용미술저작물을 디자인보호법으로만 보호하고 저작권법에 의한 보호를 부인하는 국가의 디자인은 우리나라에서도 디자인보호법으로만 보호될 뿐, 저작권법에 의한 보호는 부인된다.

보호되는 외국인 저작물이라도 그 외국(저작물의 본국)에서 보호기간이 만료된 경우에는 우리나라에서 더 이상 보호되지 않는다.

2. 저작인접권 등

저작인접권의 보호와 관련해서도, 보호되는 실연과 음반, 그리고 방송을 나누어서 규정하고 있다.

우선 실연에 대해서는, 원칙적으로 우리나라가 가입 또는 체결한 조약에 따라 보호되는 실연이 보호된다. 나아가 보호되는 음반에 고정된 실연과 보호되는 방송에 의해 송신되는 실연도 보호된다. 우리나라 법률에 따라 설립된 법인 및 우리나라에 주된 사무소가 있는 외국 법인은 우리나라 국민과 동등하게 취급한다.

다음으로 음반에 대해서는, 우리나라에서 맨 처음 고정된 음반, 우리나라가 가입 또는 체결한 국제조약의 회원국에서 처음 고정된 음반, 그리고 회원국의 국민이 음반제작자인 음반이 보호된다.

상업용 음반의 방송 및 공연 사용에 대한 보상금 청구권과 관련해 외국인 실연자와 음반제작자에 대해서는 그 외국에서 대한민국 국민인 실연자에게 상응한 보상금을 인정하지 않는 때에는 이를 인정하지 않고 있다. 이와 관련해서는 우리나라가 로마협약에 가입할 당시 동 협약 제16조에 정한 바에 따라 유보를 했고,[29] TRIPs협정도 이에 대해 내국민대우의 예외를 인정하고 있다.

방송에 대해서는, 우리나라에 있는 방송설비로부터 행해지는 방송, 그리고 우리나라가 가입 또는 체결한 국제조약의 회원국 국민이 그 국가에서 행하는 방송이 보호된다.

저작권과 마찬가지로 보호되는 실연, 음반, 또는 방송이라도 그 외국에서 보호기간이 만료된 경우에는 우리나라에서 더 이상 보호되지 않는다.

한편, 저작권법은 외국인의 데이터베이스에 대해서도 그 보호와 관련해 대한민국이 가입 또는 체결한 조약에 따라 보호되는 외국인 데이터베이스제작자를 보호할 수 있도록 하는 한편, 그 외국에서 대한민국 국민의 데이터베이스를 보호하지 않는 경우에는 그에 상응하게 조약 및 이

---

29 Members of the Rome Convention Intergovernmental Committee, available at 〈〈https://wipolex.wipo.int/en/treaties/parties/remarks/KR/17〉〉 (2022. 1. 20. 방문)

법에 의한 보호를 제한할 수 있도록 하고 있다.

현재 유럽연합 국가들을 중심으로 데이터베이스에 대한 보호가 부여되고 있으나 아직 이에 관한 국제조약은 마련되지 못했고, 이에 대해 우리나라가 외국과 체결한 조약도 없다. 한·EU FTA에도 이 사항은 포함되지 않았다. 따라서 외국인의 데이터베이스는 우리나라에서 아직 보호되지 않는다.

3. 소급 보호 관련

우리나라는 1987년에 세계저작권협약과 제네바음반협약에 가입하면서 외국인의 저작물과 음반을 처음 보호하기 시작했지만, 두 조약 모두 소급 보호를 요구하지는 않아서 당시로서는 1987년 이후에 발행된 저작물과 음반만을 보호하고 있었다.[30]

하지만 1995년 발효된 WTO협정에서는 보호 당시에 보호기간이 종료되지 않은 저작물에 대해서도 보호를 부여하는 이른바 소급 보호를 의무화한 베른협약을 이행하도록 규정한 것은 물론, 음반에서의 실연자와 음반제작자의 권리에 대해서도 이를 준용토록 의무화했다. 이에 따라 저작권법은 1996년 7월 1일부로 외국인의 저작물 등에 대해 소급 보호를 부여했는데, 당시 개정 저작권법 부칙은 다음 두 가지 제한을 두고 있다.[31]

---

30 이와 달리 1986년 8월 28일 워싱턴에서 체결된 미국과의 양해각서(Record of Understanding between the United States of America and the Republic of Korea)에서는 개정 저작권법이 시행된 때부터 10년 이내에 발행된 미국의 저작물과, 제정 컴퓨터프로그램보호법이 시행된 때부터 5년 이내에 창작·발행된 소프트웨어에 대해 행정지도를 통해 소급해서 보호하기로 했었다.

31 종전의 부칙규정은 개정법을 시행한 후에도 계속해서 적용되므로 이 부칙규정도 여전히 유효하다. 2006년법 부칙 제2조 제3항.

첫째, 소급 보호되는 저작물 등의 보호기간은 그 저작물 등이 우리나라에서 보호되었더라면 주어졌을 보호기간의 잔여기간으로 한다(1995년 개정법 부칙 제3조). 이로써 소급 보호되는 외국인의 저작물 등이라도 국내의 저작물 등과 동일한 조건으로 보호된다.

이 결과 1996년 당시로서는 1946년 이후에 사망한 저작자의 저작물이나 그 이후에 공표된 저작물도 보호될 수 있었으나, 1957년 이후에 사망한 외국인의 저작물이나 그 이후에 공표된 외국인의 저작물만 보호되었다. 우리나라에서 저작권 보호기간이 50년으로 연장된 1987년 이전에는 보호기간이 30년이었고, 당시에는 이미 30년의 보호기간이 종료된 저작물에는 연장된 보호기간을 적용하지 않았기 때문이다. 베른협약에서 50년 소급 보호의 원칙을 정하면서 그 적용의 조건을 각 국가에 맡긴 것을 활용한 것이다.[32]

둘째, 소급 보호되는 저작물을 원저작물로 하는 2차적저작물로서 1995년 1월 1일 전에 작성된 것은 그 이후에도 계속 이용할 수 있되, 원저작물의 권리자는 2000년 1월 1일 이후에는 그 이용에 대해 상당한 보상을 청구할 수 있다(1995년 개정법 부칙 제4조). 이것은 소급 보호되는 저작물을 원저작물로 해서 2차적저작물이 작성된 경우 그 이용에 대한 권리를 배타적 허락권에서 보상청구권으로 완화한 것이다.[33]

당시 국내의 많은 출판사들은 원저작권자의 허락 없이 세계의 명작들

---

32 미국도 TRIPs협정의 이행을 위해 소급 보호를 도입하면서, 회복저작물에 대한 저작권 보호기간을 그 저작물이 보호되었더라면 주어졌을 보호기간의 잔여기간으로 규정함으로써 1978년 1월 1일 전에 발행된 저작물에 대해서는 당시의 저작자 사후 50년이 아닌 저작물 발행 후 75년의 보호기간을 부여한 바 있다. 미국 저작권법 제104조의A(a)(1)(B) 참조.

33 외국 저작물의 저작권을 보호하지 않던 1975년, 일본의 역사소설 〈도쿠가와 이에야스〉를 국내 출판사가 허락 없이 번역·출판한 소설 〈대망〉이 2005년 다시 개정판으로 출판된 데 대해, 1999년에 허락을 받아 이를 출판한 〈솔출판사〉가 이를 저작권법 위반으로 고소하였으나, 대법원은 수정한 부분이 "사회통념상 새로운 저작물로 볼 정도에 이르렀다고 단정하기 어렵다"는 이유로 이를 인정하지 않았다. 대법원 2020. 12. 10. 선고 2020도6425 판결 참조.

을 다투어 번역해 전집 형태로 또는 단행본 형태로 내고 있었다. 이런 상황에서 저작권이 새로이 보호되면 이 중 적법하게 계약을 맺은 단 하나의 출판사만 그 책을 계속해서 출판할 수 있고 다른 출판사는 모두 출판을 중지해야 하는 사태가 발생할 수 있었다. 이에 대해 원 저작물을 번역하는 등 2차적저작물로 작성하기 위한 기투자분의 보호를 위한 경과조치로 저작권의 배타적 허락권의 성격을 보상청구권으로 완화함으로써 이를 피할 수 있었다.

별표 1 | 저작권 유관기관 및 신탁관리단체 현황과 연락처

분야	단체명	전화번호	홈페이지 및 주소
음악저작물	한국음악저작권협회	(02)2660-0400	www.komca.or.kr 07647 서울 강서구 공항대로 332
	함께하는음악저작인협회	(02)333-8766	http://www.koscap.or.kr 07532 서울 강서구 양천로 551-17, 한회비즈메트로 1차 1107-1109호
방송대본	한국방송작가협회	(02)782-1696	www.ktrwa.or.kr 07236 서울 영등포구 국회대로 750, 금산빌딩 4층
영화시나리오	한국시나리오작가협회	(02)2275-0566	www.scenario.or.kr 04554 서울 중구 수표로 2길15, 현정빌딩 4층
어문저작물 (보상금 수령 포함)	한국문학예술저작권협회	(02)2608-2800	www.kolaa.kr 07995 서울 양천구 목동서로 225, 대한민국예술인센터 9층
음악실연자	한국음악실연자연합회	(02)745-8286	www.fkmp.kr 07532 서울강서구 허준로 202-17, 4층
방송실연자	한국방송실연자권리협회	(02)784-7802	www.kobpra.kr 04165 서울 마포구 마포대로 19, 신화빌딩 2층
음반제작자	한국음반산업협회	(02)3270-5900	www.riak.or.kr 03923 서울 마포구 월드컵북로 58길 10, The PAN 7층
영화저작물 (전송)	한국영화제작가협회	(02)2267-9983	www.kfpa.net 04555 서울 마포구 동교로 114, 태복빌딩 202호
비디오,DVD (공연)	한국영화배급협회	(02)3452-1001	07548 서울 강서구 양천로 500, 904호
공공저작물	한국문화정보원	(02)3153-2820	www.kcisa.kr 03925 서울 마포구 월드컵북로 400, 서울경제진흥원 6층-8층
온라인상 뉴스저작물	한국언론진흥재단	(02)2001-7114	www.kpf.or.kr 04520 서울 중구 세종대로 124
저작권 정책	문화체육관광부 저작권정책과 저작권산업과 저작권보호과 문화통상협력과	 (044)203-2475 (044)203-2487 (044)203-2494 (044)203-2404	www.mcst.go.kr 30119 세종시 갈매로 388, 정부세종청사 15동
저작권 상담, 분쟁 조정, 등록, 감정, 상담 등	한국저작권위원회 저작권 상담	(055)792-0000 (02)2669-0010 1800-5455	www.copyright.or.kr 52851 경남 진주시 소호로 117 04323 서울 용산구 후암로 107, 5/16층
저작권 침해대응	한국저작권보호원	1588-0190	www.kcopa.or.kr 서울 마포구 월드컵북로 400, 서울경제진흥원 4/9/10층

※ 저작권 관련 국내·외 법령, 국제조약 등은 한국저작권위원회 홈페이지(http://www.copyright.or.kr)에서, 그 밖의 국내 법령은 법제처 국가법령정보센터 (http://www.law.go.kr)에서 찾아볼 수 있다.

별표 2 | 저작물 이용 검토 순서도

다른 사람의 저작물을 이용하는 경우, 과연 허락을 받아야 하는 것인지, 그리고 어떻게 허락을 받아야 하는 것인지 막막할 때가 있다. 다음의 순서도를 하나씩 차례대로 따라가면 도움이 될 것이다.

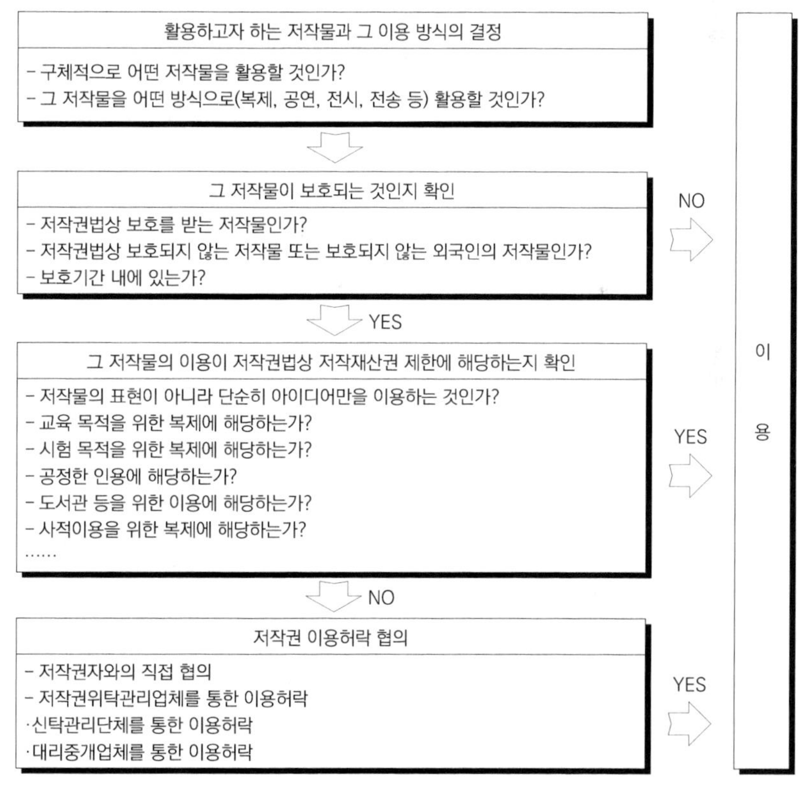

※ 저작물은 이용허락 조건에 맞게 이용해야 하며, 저작재산권 제한 및 예외에 해당되어 허락을 받지 않고 이용하는 경우에도 반드시 출처 표시 등을 해야 한다.

별표 3 | 2023년도 교과용도서의 저작물 이용 보상금 기준

문화체육관광부 고시 제2023-0002호

저작권법 제25조 제6항에 의거하여 교과용도서의 저작물 이용에 대한 보상금 기준을 다음과 같이 고시합니다.

2023년 1월 12일

문화체육관광부장관

1. 적용기간 : 2023년 1월 1일 ~ 차기개정일
2. 보상대상 : 교과용도서에 관한 규정(대통령령 제32547호) 제2조에서 규정한 교과서 및 지도서로서 전자저작물 포함
3. 보상기준
   1) 교과서와 지도서별로 각각 보상하며, 교과용도서 발행 형태와 저작물 이용 형태에 따라 적용
   ※ 교과용도서 발행 형태 : ①서책 또는 전자저작물로만 발행, ②서책, 전자저작물 동시발행
   ※ 저작물 이용 형태 : ①교과용도서에 게재(저작권법 제25조 제1항), ②게재한 저작물 복제 · 배포 · 공중송신(저작권법 제25조 제2항)
   2) 발행부수 및 전송대상자의 수를 기준으로 다음과 같이 보상
   ㅇ '발행부수' 기준
   ① 서책 및 전자저작물(CD/DVD/USB로 배포) 형태로 발행되는 교과용도서
   ② 교과용도서를 발행한 자가 교과용도서(서책 및 전자저작물〈CD/DVD/USB로 배포〉 형태)에 게재한 저작물을 복제 · 배포 · 공중송신하는 경우. 이 경우 기준이 되는 '발행부수'는 위 ①번 교과용도서의 발행부수임
   ㅇ '전송대상자의 수' 기준
   ① 온라인 전송의 형태로 배포되는 전자저작물(디지털교과서)
   ② 교과용도서를 발행한 자가 디지털교과서에 게재한 저작물을 복제 · 배포 · 공중송신하는 경우. 이 경우 기준이 되는 '전송대상자의 수'는 위 ①번의 디지털교과서 온라인 전송대상자의 수임.
   3) 원 저작물을 번역 · 변형 · 각색 등의 방법으로 작성한 2차적 저작물을 게재한 경우에는 다음과 같이 보상
   ㅇ 원 저작권자와 2차적 저작물 저작권자가 사전에 협의한 경우에는 그 비율로 보상
   ㅇ 협의가 이루어지지 않을 경우에는 원 저작권자와 2차적 저작물 저작권자에게 각 50/100씩 지급하고, 음악저작물을 편곡한 경우 원 저작권자에게 70/100, 편곡자에게 30/100을 각각 지급

4) 컴퓨터 화면 캡처의 경우에는 해당 화면을 구성하는 각 저작물에 대하여 보상기준에 따라 각각 지급

4. 저작물별 보상 기준 및 보상금액 (5천부 또는 5천명 기준)

<table>
<tr><th colspan="2" rowspan="2">저작물별</th><th rowspan="2">보 상 기 준</th><th colspan="4">보상금액(원)</th><th rowspan="2">비 고</th></tr>
<tr><th>기준 1</th><th>기준 2</th><th>기준 3</th><th>기준 4</th></tr>
<tr><td rowspan="4">어문 저작물</td><td>산문</td><td>200자 원고지 1매 분량</td><td>805</td><td>963</td><td>963</td><td>1,127</td><td>수필, 논설, 소설, 희곡, 설명문 및 이와 유사한 것</td></tr>
<tr><td rowspan="3">운문</td><td>1/2편 이상 1편 이하</td><td>8,064</td><td>9,673</td><td>9,673</td><td>11,289</td><td rowspan="3">시, 시조, 향가 및 이와 유사한 것</td></tr>
<tr><td>1/4편 이상 1/2편 미만</td><td>4,024</td><td>4,829</td><td>4,829</td><td>5,633</td></tr>
<tr><td>1/4편 미만</td><td>2,423</td><td>2,904</td><td>2,904</td><td>3,392</td></tr>
<tr><td colspan="2" rowspan="3">음악저작물</td><td>1/2편 이상 1편 이하</td><td>5,192</td><td>6,233</td><td>6,233</td><td>7,268</td><td rowspan="3">작사, 작곡 별도 지급</td></tr>
<tr><td>1/4편 이상 1/2편 미만</td><td>2,588</td><td>3,109</td><td>3,109</td><td>3,623</td></tr>
<tr><td>1/4편 미만</td><td>1,539</td><td>1,846</td><td>1,846</td><td>2,154</td></tr>
<tr><td colspan="2" rowspan="3">미술·사진저작물</td><td>1/2쪽 이상 1쪽 이하</td><td>7,922</td><td>9,508</td><td>9,508</td><td>11,090</td><td rowspan="3"></td></tr>
<tr><td>1/4쪽 이상 1/2쪽 미만</td><td>3,953</td><td>4,742</td><td>4,742</td><td>5,535</td></tr>
<tr><td>1/4쪽 미만</td><td>2,351</td><td>2,825</td><td>2,825</td><td>3,292</td></tr>
<tr><td rowspan="5">멀티 미디어 저작물</td><td rowspan="3">음원 형태의 저작물</td><td>1/2편 이상 1편 이하</td><td colspan="2">13,681</td><td colspan="2">16,418</td><td rowspan="3">·작사, 작곡 별도 지급
·저작물을 5% 미만으로 사용하는 경우 보상대상에서 제외하되, 그 최대한은 30초로 제한</td></tr>
<tr><td>1/4편 이상 1/2편 미만</td><td colspan="2">6,833</td><td colspan="2">8,199</td></tr>
<tr><td>1/4편 미만</td><td colspan="2">4,048</td><td colspan="2">4,857</td></tr>
<tr><td rowspan="2">영상 저작물</td><td>30초 이하</td><td colspan="2">26,700</td><td colspan="2">32,040</td><td rowspan="2">·영화, 방송, 애니메이션 및 이와 유사한 것
·30초 이상은 10초 단위로 산정하되 10초 미만은 10초로 산정
·저작물을 5% 미만으로 사용하는 경우 보상대상에서 제외하되, 그 최대한은 1분으로 제한</td></tr>
<tr><td>30초 이상 추가분 10초당</td><td colspan="2">2,675</td><td colspan="2">3,210</td></tr>
</table>

※ 5천부(또는 5천명) 이하는 5천부로 하고 5천부를 초과하는 경우에는 발행 부수 및 전송대상자의 수에 비례함

※ 기준 구분

구분	기준 1	기준 2	기준 3	기준 4
교과용도서 발행 형태	서책 또는 전자저작물	서책, 전자저작물 동시발행	서책 또는 전자저작물	서책, 전자저작물 동시발행
저작물 이용 형태	ㅇ교과용도서에 게재 (저작권법 제25조 제1항)		ㅇ교과용도서에 게재 (저작권법 제25조 제1항) ㅇ게재한 저작물 복제 · 배포 · 공중송신 (저작권법 제25조 제2항)	

※ 저작권자는 별지 1호 서식에 따라 교과용도서에 저작물을 무료로 게재하는 것에 대한 보상금 청구권 포기 동의서를 한국문학예술저작권협회에 제출할 수 있으며, 이 경우 보상금을 감액 징수하거나 보상금 분배시 무료 게재분에 대해 환급 정산함

※ 교과용도서 보상금은 사단법인 한국문학예술저작권협회(저작권법 제25조 제7항에 의거 문화체육관광부장관에 의해 지정된 보상금 수령단체)에서 수령하여 저작권자에게 분배함

5. 재검토기한 : 문화체육관광부장관은 「훈령·예규 등의 발령 및 관리에 관한 규정」에 따라 이 고시에 대하여 시행일을 기준으로 매 3년이 되는 시점(매 3년째의 12월 31일까지를 말한다)마다 그 타당성을 검토하여 개선 등의 조치를 취하여야 함

별표 4 | 수업목적 저작물 이용 보상금 기준

문화체육관광부고시 제2023-0003호

「저작권법」 제25조 제3항 및 제6항에 의거하여 수업목적 저작물 이용에 대한 보상금 기준을 다음과 같이 고시합니다.

2023년 1월 12일
문화체육관광부장관

1. 관련근거 : 「저작권법」 제25조 제3항, 제6항-제12항, 동법 시행령 제2조-제9조
2. 적용기간 : 2023년 1월 1일부터 차기 개정일까지 적용
3. 적용범위 : 「저작권법」 제25조 제3항에 따라 수업 목적상 필요하다고 인정되는 경우 공표된 저작물 일부분의 복제 · 배포 · 공연 · 전시 또는 공중송신 이용. 단, 저작물의 성질이나 그 이용의 목적 및 형태 등에 비추어 저작물의 전부를 이용하는 것이 부득이한 경우에는 전부를 이용 가능
4. 적용대상
 1) 특별법에 따라 설립된 학교 및 「고등교육법」에 따른 학교
 2) 국가나 지방자치단체가 운영하는 교육기관
5. 보상금 납부 : 위와 같은 저작물 이용의 경우, 저작권자의 사전 허락을 받을 필요는 없으나, 이용에 따른 보상금을 아래 기준에 따라 「저작권법」 제25조 제7항에 의거 문화체육관광부장관이 지정한 보상금수령단체(사단법인 한국문학예술저작권협회)에 지급
6. 보상금 기준
 1) 보상금 기준 및 산정

이용형태	산정방식 및 납부 기준액 (납부자가 종량/포괄방식 중 선택)		
	종량방식	포괄방식	
		특별법에 따라 설립된 학교 및 「고등교육법」에 따른 학교	국가나 지방자치단체가 운영하는 교육기관
저작권법 상 복제 · 배포 · 공연 · 전시 또는 공중송신 (단, 중복 산정하지 않음)	o 어문: A4 1쪽 분량 당 7.7원 - 파워포인트는 1매당 3.8원 o 이미지: 1건당 7.7원 o 음악: 1곡당 42원 o 영상물: 5분 이내 176원 * 어문 저작물의 1% 이내, 음악 및 영상 저작물의 5% 이내(최대 30초) 이용의 경우는 보상금 대상에서 제외	학생 1인당 연간 기준금액은 다음으로 함. o 일반대 1,300원 o 전문대 1,200원 o 원격대 1,100원	수강생 1인의 시간당 기준금액은 다음으로 함. (대면수업) 12원/인·시간 (원격수업) 32원/인·시간

2) 기준에 대한 해석

ㅇ "일반대"는 고등교육법 제2조 각 호의 학교 중 수업연한이 4년 이상 6년 이하의 학교와 같은 법 제30조에 의한 대학원대학교를 포함

ㅇ "전문대"는 고등교육법 제2조 각 호의 학교 중 수업연한이 2년 이상 3년 이하의 학교

ㅇ "원격대"는 고등교육법 제2조 제5호에 해당하는 학교

ㅇ 「저작권법」 제25조 제3항에 따른 '국가나 지방자치단체가 운영하는 교육기관'은 공무원교육훈련기관(국가공무원인재개발원, 지방자치인재개발원 등)을 의미함

ㅇ "종량방식"은 저작물의 이용량(저작물의 총 이용횟수 및 분량)에 따른 보상금 지급방식

ㅇ "포괄방식"은 적용대상에 따라 아래와 같음

1) 특별법에 따라 설립된 학교 및 「고등교육법」에 따른 학교 : 이용학생 수에 따른 보상금 지급방식임

2) 국가나 지방자치단체가 운영하는 교육기관 : 과정별 수강생 수 및 교육시간에 따른 보상금 지급방식임

ㅇ 산정방식(종량 또는 포괄)은 납부자가 선택하되, 보상금수령단체가 공지한 기한 내 납부자가 선택하지 않을 경우 문화체육관광부장관의 승인을 받아 보상금수령단체가 결정

ㅇ 방송대 등 설립목적이 특수한 대학의 경우 "포괄방식"의 기준 금액 감면 가능

ㅇ 영상물의 5분 이내의 사용은 5분으로 보며, 초과 이용은 10초당 10원씩 가산

ㅇ 저작권법시행령 제2조에 따라 이용자가 이용내역을 제출하되, 구체적인 이용내역 제출 방식은 보상금수령단체와 별도 협의

ㅇ 보상금은 「저작권법」 제25조 제7항에 의거 문화체육관광부장관이 지정한 보상금수령단체인 한국문학예술저작권협회에서 수령하여 저작권자에게 분배함

ㅇ 보상금 기준 고시 이후 저작권자는 별지 1호 서식에 따라 수업에서 저작물을 무료로 이용하는 것에 대한 보상금 청구권 포기 동의서를 한국문학예술저작권협회에 제출할 수 있으며, 동의서를 제출한 이후의 종량방식 보상금을 감액 징수하거나 보상금 분배 시 무료 이용분에 대해 환급 정산함

ㅇ 한국문학예술저작권협회(이용자 요청 시 공동)는 저작물 이용에 대한 실태조사를 정기적으로 실시하여 보상금 기준 고시 개정 및 분배 정산에 활용함

ㅇ 포괄방식 이용내역 확인 등을 위한 실태조사 비용 부담은 이용자와 보상금 수령단체 간 별도 합의에 따름

7. 참고사항

ㅇ "수업 목적"이란 교육과정에 따라 해당 학교의 재학생 및 교육기관의 수강생을 대상으로 하는 기관

장의 관리 감독 하의 대면수업 또는 이에 준하는 원격수업*에 제공할 목적을 말함

- 학교 및 교육기관의 저작물 이용 중, 교과과정 이외의 학습 또는 교육훈련 관련 개별법률에 근거하지 않은 일반인 대상 강좌, 공개강좌 등에서의 저작물 이용은 "수업 목적"의 범위를 벗어나므로 저작권자로부터 별도로 사전 이용허락을 받아야 함

  * 원격수업 : 교육기관이 지능정보기술(「지능정보화 기본법」 제2조제4호에 따른 지능정보기술을 말한다)과 정보통신매체를 이용하여 시간적 · 공간적 제약에 구애받지 아니하고 실시하는 일체의 수업활동(다수의 교육기관이 공동으로 운영하는 것을 포함한다)을 의미함

ㅇ 교사·강사·대학교수 등의 개별적인 연구 활동은 "수업 목적"에 포함되지 않음

- 그러나, 공표된 저작물을 영리를 목적으로 하지 아니하고 개인적으로 이용하거나 가정 및 이에 준하는 한정된 범위 안에서 이용하는 경우에는 그 이용자는 이를 복제할 수 있음. 다만, 공중의 사용에 제공하기 위하여 설치된 복사기기, 스캐너, 사진기 등 문화체육관광부령으로 정하는 복제기기에 의한 복제는 그러하지 아니함 (저작권법 제30조)

ㅇ '프로그램 저작물'은 본 기준 고시의 적용 대상이 아니며, 적용대상에 따라 아래와 같음

1) 특별법에 따라 설립된 학교 및 「고등교육법」에 따른 학교

- 프로그램 저작물'에 대해서는 별도로 저작권법 제101조의3 제1항 제2호에 의거, 동 조의 요건에 해당하는 경우에는 저작권자 허락을 받지 아니하고 이용할 수 있으며, 이에 대해서는 보상금 납부 의무가 없음
- 위 요건에 해당하지 않는 경우에 대해서는 수업 목적이라 하더라도 원칙적으로 저작권자의 이용허락을 받아야 함

> ※ 저작권법 제101조의3(프로그램저작재산권의제한) ① 다음 각 호의 어느 하나에 해당하는 경우에는 그 목적상 필요한 범위에서 공표된 프로그램을 복제 또는 배포할 수 있다. 다만, 프로그램의 종류·용도, 프로그램에서 복제된 부분이 차지하는 비중 및 복제의 부수 등에 비추어 프로그램의 저작재산권자의 이익을 부당하게 해치는 경우에는 그러하지 아니하다.
>
> 2.「유아교육법」, 「초·중등교육법」, 「고등교육법」에 따른 학교 및 다른 법률에 따라 설립된 교육기관(상급학교 입학을 위한 학력이 인정되거나 학위를 수여하는 교육기관에 한한다)에서 교육을 담당하는 자가 수업과정에 제공할 목적으로 복제 또는 배포하는 경우
>
> *【예시】학교 수업에서 프로그램 소스코드 등을 사용할 수는 있으나, 상업용 S/W를 복제하여 학생들에게 배포 또는 전송하는 행위 등은 불가

2) 국가나 지방자치단체가 운영하는 교육기관 : '프로그램 저작물'에 대해서는 수업 목적이라 하더라도 원칙적으로 저작권자의 이용허락을 받아야 함

부칙 〈제2023-0003호, 2023. 1. 12.〉

제1조(시행일) 이 고시는 발령한 날부터 시행한다.

제2조(재검토기한) 문화체육관광부장관은 「훈령·예규 등의 발령 및 관리에 관한 규정」에 따라 이 고시에 대하여 시행일을 기준으로 매 3년이 되는 시점(매 3년째의 12월 31일까지를 말한다)마다 그 타당성을 검토하여 개선 등의 조치를 하여야 한다.

별표 5 | 수업지원목적 저작물 이용에 대한 보상금 기준

문화체육관광부고시 제2023-0003호

「저작권법」 제25조 제3항 및 제6항에 의거하여 수업목적 저작물 이용에 대한 보상금 기준을 다음과 같이 고시합니다.

2023년 1월 12일

문화체육관광부장관

1. 관련근거 : 「저작권법」 제25조 제3항, 제6항-제12항, 동법 시행령 제2조-제9조
2. 적용기간 : 2023년 1월 1일부터 차기 개정일까지 적용
3. 적용범위 : 「저작권법」 제25조 제3항에 따라 수업 목적상 필요하다고 인정되는 경우 공표된 저작물 일부분의 복제 · 배포 · 공연 · 전시 또는 공중송신 이용. 단, 저작물의 성질이나 그 이용의 목적 및 형태 등에 비추어 저작물의 전부를 이용하는 것이 부득이한 경우에는 전부를 이용 가능

4. 적용대상
 1) 특별법에 따라 설립된 학교 및 「고등교육법」에 따른 학교
 2) 국가나 지방자치단체가 운영하는 교육기관

5. 보상금 납부 : 위와 같은 저작물 이용의 경우, 저작권자의 사전 허락을 받을 필요는 없으나, 이용에 따른 보상금을 아래 기준에 따라 「저작권법」 제25조 제7항에 의거 문화체육관광부장관이 지정한 보상금수령단체(사단법인 한국문학예술저작권협회)에 지급

6. 보상금 기준
 1) 보상금 기준 및 산정

이용형태	산정방식 및 납부 기준액 (납부자가 종량/포괄방식 중 선택)		
	종량방식	포괄방식	
		특별법에 따라 설립된 학교 및 「고등교육법」에 따른 학교	국가나 지방자치단체가 운영하는 교육기관
저작권법 상 복제 · 배포 · 공연 · 전시 또는 공중송신 (단, 중복 산정하지 않음)	o 어문: A4 1쪽 분량 당 7.7원 - 파워포인트는 1매당 3.8원 o 이미지: 1건당 7.7원 o 음악: 1곡당 42원 o 영상물: 5분 이내 176원 * 어문 저작물의 1% 이내, 음악 및 영상 저작물의 5% 이내(최대 30초) 이용의 경우는 보상금 대상에서 제외	학생 1인당 연간 기준금액은 다음으로 함. o 일반대 1,300원 o 전문대 1,200원 o 원격대 1,100원	수강생 1인의 시간당 기준금액은 다음으로 함. (대면수업) 12원/인·시간 (원격수업) 32원/인·시간

2) 기준에 대한 해석

- ○ “일반대”는 고등교육법 제2조 각 호의 학교 중 수업연한이 4년 이상 6년 이하의 학교와 같은 법 제30조에 의한 대학원대학교를 포함
- ○ “전문대”는 고등교육법 제2조 각 호의 학교 중 수업연한이 2년 이상 3년 이하의 학교
- ○ “원격대”는 고등교육법 제2조 제5호에 해당하는 학교
- ○ 「저작권법」 제25조 제3항에 따른 ’국가나 지방자치단체가 운영하는 교육기관‘은 공무원교육훈련기관(국가공무원인재개발원, 지방자치인재개발원 등)을 의미함
- ○ "종량방식"은 저작물의 이용량(저작물의 총 이용횟수 및 분량)에 따른 보상금 지급방식
- ○ "포괄방식"은 적용대상에 따라 아래와 같음
  1) 특별법에 따라 설립된 학교 및 「고등교육법」에 따른 학교 : 이용학생 수에 따른 보상금 지급방식임
  2) 국가나 지방자치단체가 운영하는 교육기관 : 과정별 수강생 수 및 교육시간에 따른 보상금 지급방식임
- ○ 산정방식(종량 또는 포괄)은 납부자가 선택하되, 보상금수령단체가 공지한 기한 내 납부자가 선택하지 않을 경우 문화체육관광부장관의 승인을 받아 보상금수령단체가 결정
- ○ 방송대 등 설립목적이 특수한 대학의 경우 “포괄방식”의 기준 금액 감면 가능
- ○ 영상물의 5분 이내의 사용은 5분으로 보며, 초과 이용은 10초당 10원씩 가산
- ○ 저작권법시행령 제2조에 따라 이용자가 이용내역을 제출하되, 구체적인 이용내역 제출 방식은 보상금수령단체와 별도 협의
- ○ 보상금은 「저작권법」 제25조 제7항에 의거 문화체육관광부장관이 지정한 보상금수령단체인 한국문학예술저작권협회에서 수령하여 저작권자에게 분배함
- ○ 보상금 기준 고시 이후 저작권자는 별지 1호 서식에 따라 수업에서 저작물을 무료로 이용하는 것에 대한 보상금 청구권 포기 동의서를 한국문학예술저작권협회에 제출할 수 있으며, 동의서를 제출한 이후의 종량방식 보상금을 감액 징수하거나 보상금 분배 시 무료 이용분에 대해 환급 정산함
- ○ 한국문학예술저작권협회(이용자 요청 시 공동)는 저작물 이용에 대한 실태조사를 정기적으로 실시하여 보상금 기준 고시 개정 및 분배 정산에 활용함
- ○ 포괄방식 이용내역 확인 등을 위한 실태조사 비용 부담은 이용자와 보상금 수령단체 간 별도 합의에 따름

7. 참고사항

ㅇ "수업 목적"이란 교육과정에 따라 해당 학교의 재학생 및 교육기관의 수강생을 대상으로 하는 기관장의 관리 감독 하의 대면수업 또는 이에 준하는 원격수업*에 제공할 목적을 말함

- 학교 및 교육기관의 저작물 이용 중, 교과과정 이외의 학습 또는 교육훈련 관련 개별법률에 근거하지 않은 일반인 대상 강좌, 공개강좌 등에서의 저작물 이용은 "수업 목적"의 범위를 벗어나므로 저작권자로부터 별도로 사전 이용허락을 받아야 함

* 원격수업 : 교육기관이 지능정보기술(「지능정보화 기본법」 제2조제4호에 따른 지능정보기술을 말한다)과 정보통신매체를 이용하여 시간적 · 공간적 제약에 구애받지 아니하고 실시하는 일체의 수업활동(다수의 교육기관이 공동으로 운영하는 것을 포함한다)을 의미함

ㅇ 교사·강사·대학교수 등의 개별적인 연구 활동은 "수업 목적"에 포함되지 않음

- 그러나, 공표된 저작물을 영리를 목적으로 하지 아니하고 개인적으로 이용하거나 가정 및 이에 준하는 한정된 범위 안에서 이용하는 경우에는 그 이용자는 이를 복제할 수 있음. 다만, 공중의 사용에 제공하기 위하여 설치된 복사기기, 스캐너, 사진기 등 문화체육관광부령으로 정하는 복제기기에 의한 복제는 그러하지 아니함 (저작권법 제30조)

ㅇ '프로그램 저작물'은 본 기준 고시의 적용 대상이 아니며, 적용대상에 따라 아래와 같음

1) 특별법에 따라 설립된 학교 및 「고등교육법」에 따른 학교

- 프로그램 저작물'에 대해서는 별도로 저작권법 제101조의3 제1항 제2호에 의거, 동 조의 요건에 해당하는 경우에는 저작권자 허락을 받지 아니하고 이용할 수 있으며, 이에 대해서는 보상금 납부 의무가 없음

- 위 요건에 해당하지 않는 경우에 대해서는 수업 목적이라 하더라도 원칙적으로 저작권자의 이용 허락을 받아야 함

> ※ 저작권법 제101조의3(프로그램저작재산권의제한) ① 다음 각 호의 어느 하나에 해당하는 경우에는 그 목적상 필요한 범위에서 공표된 프로그램을 복제 또는 배포할 수 있다. 다만, 프로그램의 종류·용도, 프로그램에서 복제된 부분이 차지하는 비중 및 복제의 부수 등에 비추어 프로그램의 저작재산권자의 이익을 부당하게 해치는 경우에는 그러하지 아니하다.
> 2.「유아교육법」, 「초·중등교육법」, 「고등교육법」에 따른 학교 및 다른 법률에 따라 설립된 교육기관(상급학교 입학을 위한 학력이 인정되거나 학위를 수여하는 교육기관에 한한다)에서 교육을 담당하는 자가 수업과정에 제공할 목적으로 복제 또는 배포하는 경우
> *【예시】학교 수업에서 프로그램 소스코드 등을 사용할 수는 있으나, 상업용 S/W를 복제하여 학생들에게 배포 또는 전송하는 행위 등은 불가

2) 국가나 지방자치단체가 운영하는 교육기관 : '프로그램 저작물'에 대해서는 수업 목적이라 하더라도 원칙적으로 저작권자의 이용허락을 받아야 함

부칙 〈제2023-0003호, 2023. 1. 12.〉

제1조(시행일) 이 고시는 발령한 날부터 시행한다.

제2조(재검토기한) 문화체육관광부장관은 「훈령·예규 등의 발령 및 관리에 관한 규정」에 따라 이 고시에 대하여 시행일을 기준으로 매 3년이 되는 시점(매 3년째의 12월 31일까지를 말한다)마다 그 타당성을 검토하여 개선 등의 조치를 하여야 한다.

별표 6 | 도서관의 저작물 복제·전송이용 보상금 기준

문화체육관광부 고시 제2016-20호

저작권법 제31조 제5항에 의거하여 도서관의 저작물 복제 및 전송 이용에 대한 보상금 기준을 다음과 같이 고시합니다.

2016년 7월 29일

문화체육관광부장관

1. 적용기간: 2016년 9월 1일 - 차후 개정 시까지

2. 보상대상: 저작권법 제31조 제1항 제1호의 규정에 의하여 디지털 형태의 도서 등(다른 도서관 등으로부터 복제·전송받은 도서 등을 포함)을 복제하는 경우 및 같은 법 같은 조 제3항의 규정에 의하여 비매품이거나 발행된 지 5년이 경과한 판매용 도서 등을 다른 도서관등의 안에서 열람할 수 있도록 전송하는 경우

3. 보상 기준 및 보상 금액

구 분		이용 형태 및 보상금 기준	
		출력	전송(전송을 위한 복제 포함)
단행본	판매용	1면당 6원	1파일당 25원
	비매용	1면당 3원	1파일당 0원
정기간행물	판매용	1면당 6원	1파일당 25원
	비매용	1면당 3원	1파일당 0원

* 파일을 전송하는 도서관이 출력·전송 이용에 따른 보상금을 납부하고자 하는 경우, 상기기준을 고려한 보상금액을 보상금수령단체와 협의하여 정할 수 있다.

4. 본 기준에서 사용하는 용어정의

1) 출력: 저작권법 제31조 제1항 제1호의 규정에 의하여 디지털 형태의 도서 등을 아날로그 형태로 복제(프린트아웃)하는 것을 말함

2) 전송: 다른 도서관 이용자가 컴퓨터 모니터 등을 통하여 열람할 수 있도록 디지털 형태의 도서 등을 일반 공중이 접근할 수 있는 컴퓨터 서버에 저장하는 것과 실제 이용자의 요구에 의하여 디지털 송신을 하는 것을 모두 포함하는 것을 말함

3) 1면: 이용 대상이 된 단행본 또는 정기간행물의 1쪽을 말함

4) 1파일: 단행본의 경우에는 전체에 해당하는 디지털물을, 정기간행물의 경우에는 이에 수록된 각각의 기사 또는 논문에 해당하는 디지털물을 말함

별표 7 | 커피 전문점·기타 비알코올 음료점·생맥주 전문점·기타 주점 상업용 음반을 사용하는 공연에 대한 보상금 기준

문화체육관광부 고시 제2021-0073호

저작권법 제76조 제4항, 제76조의2 제2항 및 제83조의2 제2항에 의거하여 커피 전문점·기타 비알코올 음료점·생맥주 전문점·기타 주점의 상업용 음반을 사용하는 공연에 대한 보상금 기준을 다음과 같이 고시합니다.

2022년 1월 1일

문화체육관광부장관

1. 관련 근거: 저작권법 제76조 제4항, 제76조의2 제2항 및 제83조의2 제2항

2. 적용 기간: 시행 일로부터 차기 개정일까지

3. 적용범위: 상업용 음반을 사용하여 「저작권법 시행령」 제11조 제1호 가-나목의 영업소*에서 하는 공연

   * ▲「식품위생법 시행령」 제21조 제8호가목에 따른 휴게음식점 중 한국표준산업분류에 따른 커피 전문점 또는 기타 비알코올 음료점업, ▲「식품위생법 시행령」 제21조 제8호나목에 따른 일반음식점 중 한국표준산업분류에 따른 생맥주 전문점 또는 기타 주점업

4. 보상금 납부: 상업용 음반을 사용하는 공연에 대한 보상금은 (사)한국음악실연자연합회 및 (사)한국연예제작자협회*에서 아래 기준에 따른 보상금을 각각 수령하여 권리자에게 분배

   * 저작권법 제25조 제7항, 제76조의2 제2항 및 제83조의2 제2항에 의거 문화체육관광부장관이 지정한 보상금 수령단체

5. 보상금 기준

등급	영업허가면적	월정액(원)	비고
1	50m^2 이상 100m^2 미만	1,000	1) 농어촌 지역의 읍·면 단위에서는 1등급씩 하향 적용한다.(1등급 제외) 2) 영업허가면적 50㎡ 미만은 징수대상에서 제외한다.
2	100m^2 이상 200m^2 미만	1,800	
3	200m^2 이상 300m^2 미만	2,450	
4	300m^2 이상 500m^2 미만	3,100	
5	500m^2 이상 1,000m^2 미만	3,900	
6	1,000m^2 이상	5,000	

주) 부가가치세법 제31조(거래징수)에 따라 부가가치세는 별도로 징수함.

6. 재검토 기한: 문화체육관광부장관은 「훈령·예규 등의 발령 및 관리에 관한 규정」에 따라 이 고시에 대하여 2022년 1월 1일 기준으로 매 3년이 되는 시점(매 3년째의 12월 31일까지를 말한다)마다 그 타당성을 검토하여 개선 등의 조치를 하여야 함.

별표 8 | 체력단련장의 상업용 음반을 사용하는 공연에 대한 보상금 기준

문화체육관광부 고시 제2021-0072호

저작권법 제76조 제4항, 제76조의2 제2항 및 제83조의2 제2항에 의거하여 체력단련장의 상업용 음반을 사용하는 공연에 대한 보상금 기준을 다음과 같이 고시합니다.

2022년 1월 1일

문화체육관광부장관

1. 관련 근거: 저작권법 제76조 제4항, 제76조의2 제2항 및 제83조의2 제2항

2. 적용 기간: 시행일부터 차기 개정일까지

3. 적용범위: 상업용 음반을 사용하여 「저작권법 시행령」 제11조 제3호 나목의 체력단련장*에서 하는 공연
   * 「체육시설의 설치·이용에 관한 법률 시행령」 별표 1의 체력단련장

4. 보상금 납부 : 상업용 음반을 사용하는 공연에 대한 보상금은 (사)한국음악실연자연합회 및 (사)한국연예제작자협회*에서 아래 기준에 따른 보상금을 각각 수령하여 권리자에게 분배
   * 저작권법 제25조 제7항, 제76조의2 제2항 및 제83조의2 제2항에 의거 문화체육관광부장관이 지정한 보상금 수령단체

5. 보상금 기준

등급	영업허가면적	월정액(원)	비고
1	50m² 이상 100m² 미만	2,850	1) 농어촌 지역의 읍·면 단위에서는 1등급씩 하향 적용한다.(1등급 제외) 2) 영업허가면적 50㎡ 미만은 징수대상에서 제외한다.
2	100m² 이상 200m² 미만	5,500	
3	200m² 이상 300m² 미만	7,200	
4	300m² 이상 500m² 미만	9,250	
5	500m² 이상 1,000m² 미만	11,600	
6	1,000m² 이상	14,900	

주) 부가가치세법 제31조(거래징수)에 따라 부가가치세는 별도로 징수함.

6. 재검토 기한: 문화체육관광부장관은 「훈령·예규 등의 발령 및 관리에 관한 규정」에 따라 이 고시에 대하여 2022년 1월 1일 기준으로 매 3년이 되는 시점(매 3년째의 12월 31일까지를 말한다)마다 그 타당성을 검토하여 개선 등의 조치를 하여야 함.

별표 9 | 『기술적 보호조치의 무력화 금지에 대한 예외』 고시

문화체육관광부고시 제2024-0004호

저작권법(이하 "법"이라 한다) 제104조의2제1항에 따른 법 제2조제28호 가목의 기술적 보호조치(이하 "접근통제 기술적 보호조치"라 한다)의 무력화 금지에 의하여 특정 종류의 저작물등을 정당하게 이용하는 것이 불합리하게 영향을 받거나 받을 가능성이 있다고 인정되는 경우를 법 제104조의2제1항제8호에 따라 다음과 같이 고시합니다.

2024년 1월 31일

문화체육관광부장관

1. 관련근거 : 법 제104조의2제1항제8호, 법 시행령 제46조의2
2. 효력기간 : 2024. 1. 31. - 2027. 1. 30.
3. 기술적 보호조치의 무력화 금지에 대한 예외

① 합법적으로 제작 · 취득한 영상저작물(영상 기록매체에 수록되었거나 정보통신망을 통해 취득한 경우로 한정한다)의 일부를 비평 · 논평 · 분석 · 연구 등 정당한 목적으로 다음 각 호의 어느 하나에 이용하기 위하여 영상저작물에 적용된 접근통제 기술적 보호조치를 무력화 하는 경우

1. 영화 · 미디어 관련 교육
2. 영화분석을 위한 전자책의 제작
3. 다큐멘터리 영화의 제작
4. 영상 클립을 패러디에 이용하는 영화의 제작
5. 전기성(傳記性) 또는 역사적 중요성 때문에 영상 클립을 이용하는 영화의 제작
6. 비상업적인 영상물의 제작

② 합법적으로 취득한 영상저작물에 적용된 기술적 보호조치가 다음 각 호의 어느 하나의 기능을 방지하거나 억제하는 경우에 그러한 기능을 가능하게 하기 위하여 영상저작물에 적용된 접근통제 기술적 보호조치를 무력화하는 경우. 다만, 그 기능을 제공하는 다른 전자적 형태의 동일한 영상저작물이 있는 경우에는 그러하지 아니하다.

1. 음성 · 음향이나 점자 등의 방식을 활용하여 시각장애인 등이 인지할 수 있는 대체자료로 변환하는 기능
2. 자막이나 수어 등의 방식을 활용하여 청각장애인 등이 인지할 수 있는 대체자료로 변환하는 기능

③ 전자적 형태의 어문저작물 및 악보에 적용된 기술적 보호조치가 다음 각 호의 어느 하나의 기능을 방지하거나 억제하는 경우에 그러한 기능을 가능하게 하기 위하여 접근통제 기술적 보호조치를 무력화하는 경우. 다만, 그 기능을 제공하는 다른 전자적 형태의 동일한 어문저작물 및 악보가 있는 경우에는 그러하지 아니하다.

1. 음성 · 음향이나 점자 등의 방식을 활용하여 시각장애인 등이 인지할 수 있는 대체자료로 변환하는 기능
2. 자막이나 수어 등의 방식을 활용하여 청각장애인 등이 인지할 수 있는 대체자료로 변환하는 기능

④ 다음 각 호의 어느 하나의 장치에 대한 운영체제와 합법적으로 취득한 응용 컴퓨터프로그램저작물(이하 "프로그램"이라 한다)간의 호환(interoperability)을 위하여 운영체제 및 펌웨어(Firmware)에 적용된 접근통제 기술적 보호조치를 무력화하는 경우. 다만, 제1호에 따른 휴대용 정보처리장치의 경우 응용 프로그램을 삭제하는 것을 포함한다.

1. 휴대용 정보처리장치(휴대용 전화기를 포함하며, 게임 전용기기 및 전자책 전용기기는 제외한다)
2. 스마트 TV
3. 영상저작물 등을 스트리밍하는 응용 프로그램이 TV에서 실행될 수 있도록 하는 장치
4. 음성 보조 장치(voice assistant device)
5. 라우터(router), 스위치(switch), 허브(hub), 게이트웨이(gateway) 등을 포함하는 네트워크 장치

⑤ 무선 통신망에 접속하기 위하여, 휴대용 통신기기(휴대용 전화기, 태블릿 컴퓨터, 휴대용 통신망 연결기기, 핫스팟 및 착용형 무선기기를 포함한다)를 통신망에 접속하도록 하는 프로그램에 적용된 접근통제 기술적 보호조치를 무력화하는 경우. 다만, 그 통신망 운영자가 접속을 승인한 경우로 한정한다.

⑥ 정당한 권한을 가지고 프로그램을 사용하는 자가 프로그램의 결함이나 취약성 등을 검사 · 조사 · 보정하기 위하여 프로그램에 적용된 기술적 보호조치를 무력화하는 경우. 다만, 다음 각 호의 조건을 충족하여야 한다.

1. 검사 등을 통해 취득한 정보는 보안 강화에 이용되어야 하며 저작권을 침해하거나 다른 법률의 위반을 용이하게 하지 않는 방법으로 이용되거나 관리될 것
2. 검사 등의 행위는 개인이나 공중에 대하여 발생할 수 있는 위험을 방지할 수 있는 조건에서 실시될 것

⑦ 삼차원 프린터 제조자가 공급 또는 인증한 소재 이외의 대체 소재를 사용할 목적으로, 삼차원 프린터에 사용되는 소재의 사용을 제한하는 프로그램에 적용된 기술적 보호조치를 무력화하는 경우. 다만, 다음 각 호의 어느 하나에 해당하는 경우에는 그러하지 아니하다.

1. 디자인 프로그램, 디자인 파일 또는 보호되는 데이터에 접근할 목적으로 무력화가 이루어지는 경우
2. 삼차원 프린터에 의하여 생산되어 판매될 물품이 안전 등과 관련된 법률의 규제나 승인을 받아야 하는 경우

⑧ 도서관 · 기록물관리기관 · 박물관 등이 현재 시장에서 합리적 가격으로 구할 수 없는 프로그램(비디오게임을 제외한다. 이하 이 항에서 같다.) 또는 특정 프로그램을 통해서만 접근할 수 있는 프로그램에 종속된 자료를 합법적으로 보존하기 위하여 프로그램에 적용된 기술적 보호조치를 무력화 하는 경우. 다만, 상업적 이익을 목적으로 하거나 관외에서 이용제공하는 경우는 제외한다.

⑨ 인증을 위한 서버 지원이 상당기간 중단되거나 종료된 비디오게임을 이용자가 개인적으로 게임을 계속 진행하게 하기 위하여 비디오게임에 적용된 기술적 보호조치를 무력화하는 경우. 다만, 비디오게임이 합법적으로 취득되고, 서버에 저장된 저작물, 실연 · 음반 · 방송 또는 데이터베이스(이하 "저작물등"이라 한다)에 접근하거나 이를 복제하지 않고 게임을 진행할 수 있는 것이어야 한다.

⑩ 도서관 · 기록물관리기관 · 박물관 등이 현재 시장에서 합리적 가격으로 구할 수 없는 비디오게임 또는 영상저작물을 진행이나 재생이 가능한 형태로 보존하거나 대체 복제물로 제작하기 위하여(상업적 이익을 목적으로 하거나 관외에서 이용할 수 있도록 제공하는 경우는 제외한다) 합법적으로 취득한 비디오게임이나 영상저작물에 적용된 기술적 보호조치를 무력화하는 경우. 다만, 비디오게임의 경우 서버에 저장된 저작물등에 접근하거나 이를 복제하지 않고 게임을 진행할 수 있는 것이어야 한다.

⑪ 차량 기능의 진단, 수리, 변경 등의 목적으로 차량의 기능을 통제하는 프로그램에 적용된 접근통제 기술적 보호조치를 무력화는 경우. 다만, 다음 각 호의 어느 하나에 해당하는 경우에는 그러하지 아니하다.

1. 무력화에 의한 차량 기능의 진단, 수리, 변경이 차량의 안전이나 환경 등과 관련된 관련 법률을 위반하는 경우
2. 별도의 구독 서비스를 통해서만 이용할 수 있는 프로그램에 접근하기 위한 경우

⑫ 다음 각 호의 어느 하나에 해당하는 장치 또는 시스템(합법적으로 취득한 경우로 한정한다)의 진단, 유지보수 또는 수리를 목적으로 장치의 기능을 통제하는 프로그램에 적용된 접근통제 기술적 보호조치를 무력화한 경우. 다만, 무력화가 필수적인 단계이고 다른 저작물에 접근할 목적이 아닌 경우로 한정하며, 비디오 게임 전용 기기의 수리는 광학 디스크의 정보를 읽고 쓰는 데이터 저장 장치(Optical Disk Drive)의 수리 또는 교체로 한정하며 무력화되거나 장애가 발생한 모든 기술적 보호조치를 복구할 것을 요한다.

1. 소비자용으로 고안된 장치
2. 의료 장치 또는 시스템

⑬ 환자 자신의 의료기기에 의해 생성된 데이터베이스에 적법하게 접근하는 것을 목적으로 해당 데이터베이스에 적용된 기술적 보호조치를 무력화하는 경우(환자의 보호자로서 그 환자를 위해 무력화하는 경우를 포함한다)

⑭ 자유 및 오픈소스 프로그램의 권리자가 다음 각 호의 어느 하나에 해당하는지를 조사하기 위하여 합법적으로 취득한 장치 또는 기기(비디오게임 전용 기기를 제외한다)에 적용된 접근통제 기술적 보호조치를 무력화하는 경우

1. 해당 프로그램에 적용된 이용 조건 위반 여부
2. 해당 프로그램의 저작권 침해 여부

별표 10 | 특수한 유형의 온라인서비스제공자의 범위

문화체육관광부고시 제2025-0003호

제1조(특수한 유형의 온라인서비스제공자) 다음 각 호의 어느 하나에 해당하는 경우에는 「저작권법」 제104조의 규정에 의한 특수한 유형의 온라인서비스제공자로 본다.

1. 개인 또는 법인(단체 포함)의 컴퓨터 등에 저장된 저작물 등을 공중이 이용할 수 있도록 업로드 한 자에게 상업적 이익 또는 이용편의를 제공하는 온라인서비스제공자

※ 상업적 이익 또는 이용편의 제공 예시 : 적립된 포인트를 이용해 쇼핑, 영화 및 음악감상, 현금교환 등을 할 수 있게 하거나, 사이버머니, 파일 저장공간 제공 등을 통하여 저작물 등을 공유하는 자에게 경제적 혜택이 돌아가도록 하는 경우

2. 개인 또는 법인(단체 포함)의 컴퓨터 등에 저장된 저작물 등을 공중이 다운로드 할 수 있도록 기능을 제공하고 다운로드 받는 자가 비용을 지급하는 형태로 사업을 하는 온라인서비스제공자

※ 비용 지급 예시 : 저작물 등을 이용 시 포인트 차감, 쿠폰사용, 사이버머니 지급, 공간제공 등의 방법으로 경제적 대가를 지급해야 하는 경우

3. P2P 기술을 기반으로 개인 또는 법인(단체 포함)의 컴퓨터 등에 저장된 저작물 등을 업로드 하거나 다운로드 할 수 있는 기능을 제공하여 상업적 이익을 얻는 온라인서비스제공자

※ 상업적 이익 예시 : 저작물 등을 공유하는 웹사이트 또는 프로그램에 광고게재, 타 사이트 회원가입 유도 등의 방법으로 경제적 수익을 창출하는 경우

제2조(재검토기한) 문화체육관광부장관은 「훈령 · 예규 등의 발령 및 관리에 관한 규정」에 따라 이 고시에 대하여 2025년 1월 1일 기준으로 매 3년이 되는 시점(매 3년째의 12월 31일까지를 말한다)마다 그 타당성을 검토하여 개선 등의 조치를 하여야 한다.

부 칙

이 고시는 발령한 날부터 시행한다.

찾아보기

ㅇ

ㅈ

지은이 **임 원 선**

현 성균관대 문헌정보학과 초빙교수((사)한중지적재산권학회 회장)

· 문화체육관광부 저작권정책관, 국립중앙도서관 관장, 한국저작권위원회 위원장 역임
· 세계지식재산기구(WIPO) 컨설턴트, 미국 프랭클린 피어스 로 센터 객원연구원 역임
· 동국대 법학박사, 서울대 행정대학원(정책학 전공) 행정학 석사, 미국 프랭클린 피어스 로 센터 (Franklin Pierce Law Center) 지식재산권 석사(MIP), 숭실대 행정학과
· 변리사시험 출제위원 역임
· 성균관대 사서교육원(1급 정사서)
· 제30회 행정고시 합격(1986)

저서
· 『교사를 위한 저작권』(저작권심의조정위원회, 2003)
· 『세계지적재산권기구 저작권조약 및 실연·음반조약해설』(문화체육부, 1997)

역서
· 『인공지능과 저작권: 1, 2, 3부』(한국저작권위원회, 2025)
· 『도서관을 위한 저작권 예외조항의 검토』(한국저작권위원회, 2018)
· 『저작권과 음악시장』(한국저작권위원회, 2015)
· 『저작권, 무엇이 문제인가?』(한울아카데미, 2013)
· 『디지털 딜레마: 정보화 시대의 지적재산권』(한울아카데미, 2001)
· 『미국저작권법』(한국저작권위원회, 2000, 2010, 2024)
· 『초고속통신망과 저작권』(한울아카데미, 1996)

연구논문 및 보고서
· 「저작권 이용허락 효율화를 위한 법적 방안 연구」(저작권단체연합회, 2007)
· 「독서장애인의 정보접근성 제고를 위한 법적 연구」(한국복사전송권관리센터, 2006)
· 「저작권 보호를 위한 기술조치의 법적 보호에 관한 연구」(동국대 박사학위 논문, 2004)
· "판매용 음반의 의미에 대한 오해와 해법: 대법원 2025. 1. 23. 선고 2023다300436 판결을 중심으로," 『계간 저작권』, 제38권 제2호 (2025년 여름호) 외 다수